NH농협
중앙회 | 은행
필기전형

NH농협 중앙회│은행
필기전형

개정2판 1쇄 발행	2023년 03월 06일	
개정3판 1쇄 발행	2025년 01월 17일	

편 저 자	취업적성연구소
발 행 처	(주)서원각
등록번호	1999-1A-107호
주 소	경기도 고양시 일산서구 덕산로 88-45(가좌동)
대표번호	031-923-2051 / 070-4233-2507
팩 스	02-324-2057
교재문의	카카오톡 플러스 친구 [서원각]
홈페이지	www.goseowon.com

NH농협은 교육지원, 금융, 경제부문에서 다방면으로 기여를 하고 있습니다. 교육을 통해서 농업인의 권익을 대변하고 농업발전 및 농가 소득 증대를 위해 도움을 주고 있으며, 농업인이 영농활동에 안정적으로 전념할 수 있도록 다양한 경제사업을 지원하고 있습니다. 또한, 농협 본연의 활동에 필요한 자금과 수익 확보 및 차별화된 농업금융 서비스를 제공하기 위해서 카드, 보험, 외국환 등의 다양한 서비스도 함께 제공하여 가정, 농업, 국가 경제까지 책임을 다하는 금융기관입니다.

다방면에서 활동을 하며 우리나라의 대표적인 기업 중에 하나인 농협은 신뢰받는 조직으로 성장하기 위해 시너지 창출, 행복의 파트너, 전문가, 정직 및 도덕성, 진취적인 도전가 성향의 인재를 채용합니다. 수험생 여러분의 성공적인 취업을 위해서 농협의 채용전형을 분석하여 수록하였습니다. 농협의 필기전형은 다양한 분야에서 예측할 수 없는 문항이 출제되곤 합니다. 당황하지 않고 풀 수 있도록 본서를 구성하였습니다.

– 필기시험 대비를 위한 본서의 구성 –

- 농협 정보 및 농업·농촌, 경제 관련 최신 기사
- 기출후기 및 키워드로 복원한 5개년 기출복원문제
- 다양한 유형의 직무능력평가와 직무상식평가의 실전 대비 문제
- 인·적성평가(Level2) 실전 대비 문제
- 논술 예제 및 기출문제
- 면접의 기본 및 15개년 기출복원질문

하루하루 꾸준하게 이뤄내는 작은 성취가 결국에는 합격이라는 큰 성과를 이뤄내도록 도와줍니다. 꾸준한 성취를 이루기 위해 노력하는 수험생 여러분을 응원합니다.

Structure

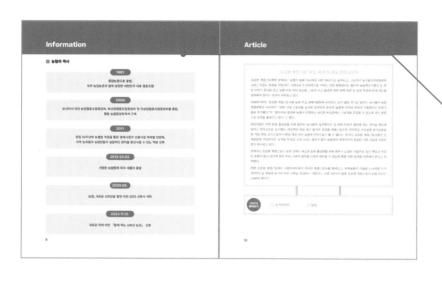

농협 소개

NH농협의 미션 및 비전, 핵심가치, 조직도, 사업 등 농협의 전반적인 정보를 담았습니다.

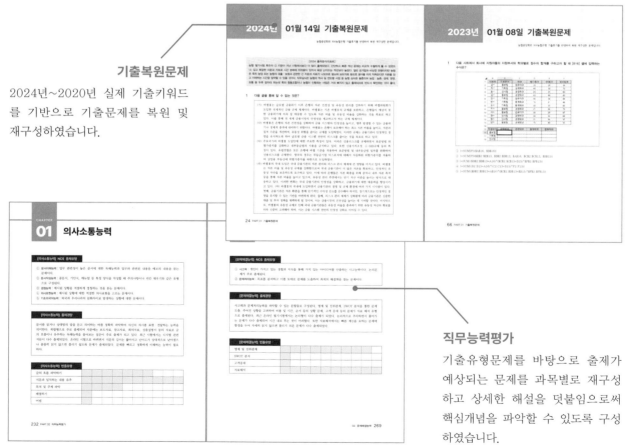

기출복원문제

2024년~2020년 실제 기출키워드를 기반으로 기출문제를 복원 및 재구성하였습니다.

직무능력평가

기출유형문제를 바탕으로 출제가 예상되는 문제를 과목별로 재구성하고 상세한 해설을 덧붙임으로써 핵심개념을 파악할 수 있도록 구성하였습니다.

Structure

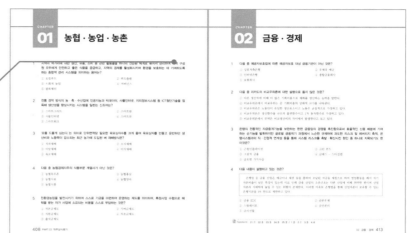

직무상식평가

농협·농업·농촌, 금융·경제, 디지털·IT 분야의 문제를 수록하여 직무상식평가에 대비할 수 있도록 구성하였습니다.

인·적성평가, 논술

인·적성평가 시험이 나오는 유형을 수록하였습니다. 또한 논술 예제 및 논술 기출을 수록하여 논술에도 대비할 수 있도록 하였습니다.

면접 및 기출질문

면접의 기본 및 면접 기출을 수록하여 필기 이후 면접에도 대비할 수 있도록 하였습니다.

Structure

01 기출복원문제

02 직무능력평가

03 직무상식평가

■ 농협의 역사

1961

종합농협으로 출범,
우리 농업농촌과 함께 성장한 대한민국 대표 협동조합

2000

분산되어 있던 농업협동조합중앙회, 축산업협동조합중앙회 및 인삼업협동조합중앙회를 통합,
통합 농협중앙회체계 구축

2011

창립 50주년에 농협법 개정을 통한 경제사업과 신용사업 체제를 전문화,
지역 농축협과 농업인들의 실질적인 권익을 향상시킬 수 있는 역량 강화

2012.03.02.

개정된 농협법에 따라 새롭게 출발

2020.05.

농협, 새로운 100년을 향한 비전 2025 선포식 개최

2023.11.13.

새로운 미래 비전 「함께 하는 100년 농촌」 선포

2 농업 · 농촌, 그리고 농협

1960년대 "식량 증산으로 국민 먹거리 문제 해결에 기여"

종합농협 발족(1961년), 비료·농약 전담 공급 개시(1962년), 부산배합사료공장 준공(1963년), 체질개선운동 선언(1964년), 새농민운동 선언(1965년), 이동조합 읍면단위 합병 추진(1969년)

1970년대 "상호금융 · 생활물자 사업을 통해 농촌발전 도모"

상호금융사업 개시(1969년), 생활물자사업(연쇄점) 개시(1970년), 최초의 농산물집하장 개장(1971년), 독농가연수원 설치(1972년), 새마을운동 선도(1972년), 농림수산업자 신용보증업무 실시(1972년), 상호금융특별회계 설치(1973년), 축산물공판장(성내동) 개장(1974년), 우편저금 인수(1977년)

1980년대 "자립경영 달성으로 농업생산성 증대 지원"

계통조직 3단계화(시군조합 폐지)(1981년), 축협분리(1981년), 친절봉사운동 전개(1982년), 농협지도자교육원 개원(1983년), 새농민기술대학 개원, 은행 신용카드 업무 개시(1984년), 농협전산센터 설립(1985년), 농기계용 면세유 공급 개시(1986년), 농업박물관 개관(1987년)

1990년대 "민주농협 출범으로 농축산물 시장개방 적극 대응"

최초 조합장 직접선거 실시(1989년), 최초 농협중앙회장 직접선거 실시(1990년), 쌀 수입개방 반대 천만인 서명운동(1991년), 농민실익 100대 사업 추진(1994년), 독립사업부제 도입·농협유통 설립(1995년) 양재동 농산물 물류센터 개장(1998년), 남해화학 인수(1998년)

2000년대 "통합농협 출범으로 조합원 편익 증진"

통합농협 발족, 인터넷뱅킹서비스 개시(2000년), 농협사료 출범(2002년), 농협문화복지재단(現 NH농협재단) 출범(2004년), 새농촌새농협운동 선포(2004년), NH투자증권 출범(2006년), 농협목우촌 출범(2006년), 농기계은행사업 개시(2008년), 농협 독자카드(채움카드) 출시(2009년), 스마트뱅킹서비스 개시(2010년)

2010년대 이후 "사업구조 개편으로 전문성 강화"

사업구조개편(1중앙회-2지주 체제)(2012년), 안성농식품물류센터 개장(2013년), 농우바이오 인수(2014년), 농협하나로유통 설립(2015년), NH콕뱅크 출시(2016년), 농업가치 헌법반영 1천만 명 서명운동(2017년), 범농협 NH멤버스 출범(2019년), 코로나 위기 대응(2020년), 소매유통 자회사 통합(2021년), 디지털 영농지도 플랫폼(NH오늘농사)구축(2023년)

*농업가치 헌법 반영 1천만 명 서명운동 … 농업의 공익적 기능을 헌법에 구체적으로 명시하고 재정 지원을 포함한 국가 의무를 명문화해야 한다는 운동

Information

③ 농업 · 농촌운동의 흐름

우리 농산물을 애용하자! 신토불이 운동

농협에 의해 만들어진 신조어 신토불이(身土不二)는 당시에도 현재에도 우리 농산물 애용운동의 대명사가 되었다. 특히 처음 신토불이가 등장한 1989년에는 시장개방에 대해 농민들의 반대가 거셌던 터라 국민적 공감대는 이루 말할 수 없을 정도였다. 쌀시장 개방방대 범국민 서명운동은 돌입 42일 만에 1,307만여 명에 달해 기네스북에 오르기도 했다. 이후 신토불이 운동은 농도불이운동, 농촌사랑 운동 등으로 가지를 뻗었다.

1사 1촌 자매결연 행사 실시

강원농협지역본부는 자매결연을 맺은 홍천군을 찾아 일손돕기 봉사활동을 실시했다고 전했다. 현장에는 본부장을 비롯한 직원 스무 명과 조합장, 홍천군지부장 등이 함께 했다. 비닐하우스 작업 외에도 코로나19 예방을 위해 방역용 마스크를 전달하기도 했다. 강원농협은 해당 마을은 1994년부터 자매결연을 한 이래로 일손 지원 및 농산물 판매 등 지속적인 교류를 이어오고 있다.

1
새농민운동
1965년

- 농민 스스로 농촌사랑의 선구자 역할
- 자립, 과학, 협동하는 농민

2
신토불이 운동
1989년

- 우리 농산물 애용 확대
- 쌀시장 개방반대 범국민 서명운동

3
농토불이 운동
1996년 ~ 2002년

- 농촌과 도시는 서로 돕는 하나
- 농산물 직거래 사업

4
농촌사랑운동
2003년 ~ 2020년

- 농업·농촌 문제 범국민적 해결 모색
- 1사 1촌 자매결연

5 식사랑 농사랑 운동
2011년 ~ 2015년

식생활식문화운동

6 또 하나의 마을 만들기
2016년 ~ 현재

• 명예이장 위촉 등 노동교류활성화
• 농업의 공익적 가치 확산
• 깨끗하고 아름다운 농촌마을 가꾸기

7 국민과 함께하는 도농상생 활성화
2020년 ~ 현재

농촌 봉사활동 전개

6

모두가 힘을 합쳐 만드는 또 하나의 마을

또 하나의 마을 만들기는 농촌마을의 활력증대와 도농교류 확대를 통한 농촌의 가치와 이해 증진을 위하여 농협중앙회에서 2016년부터 전국적으로 추진하는 운동이다. 현재 농촌 마을은 인구 감소를 비롯하여 농산물 수입 자유화 등으로 점점 활력을 잃어가고 있다. 이는 결국 우리 농업의 경쟁력 약화 및 농가 소득 정체로 이어지며 농업 관계자들의 숙제가 아닐 수 없다. 이에 따라 농협에서는 농협 임직원을 필두로 전국의 농촌 마을 '명예 이장'으로 위촉하여 농촌 예술화 등 다양한 활동을 전개하고 있다.

7

(사)도농상생국민운동본부 · NH농협은행 서울본부, 잠원동 주민센터에 목우촌햄 100세트 전달

NH농협은행 서울본부는 지역사회에 온정을 나누기 위해 목우촌 햄 세트 100개를 잠원동 주민센터에 전달하는 행사를 진행했다. 도농상생국민운동본부의 후원으로 마련됐으며, 서울시 교육위원장, 잠원동장, NH농협지부 서울지역위원장 등이 참석했다. 도농상생국민운동본부는 도시와 농촌 간 상생 협력을 통해 국민의 행복 증진과 농촌 활성화를 목표로 다양한 사업을 추진하고 있다.

④ 비전 2030

① 수립 방향

농업·농촌의 위기	농업·농촌의 기회	농협이 안고 있는 문제	농협에 대한 새로운 기대
• 농업성장 둔화 • 농업소득 감소 • 미래영농세대 부족 • 농촌활력 저하 • 지역소멸위기	• 식량안보 중요성 • 농업농촌 인식전환 • 애그테크 확산 • 정책 지원 증가 • 귀농·귀촌 증가	• 조합원 고령화·이질화 • 농축협 양극화 • 정체성 약화 • 중앙회 중심 사업리드 • 관료적 조직문화	• 사업/서비스 확대 요구 • K-food 확산 • 글로벌 협동조합 위상 제고 • 협동조합 간 협동 • 국제 경쟁력 확보

• 농협이 추구하는 「농업·농촌의 미래상」 반영 : 희망농업·행복농촌
• 「농협의 정체성」이 살아있는 농협의 미래상 반영 : 국민의 농협, 농민의 농협, 농축협 중심의 농협, 글로벌 농협
• 기존의 「경영 패러다임의 대전환」을 위한 변화·혁신 강조 : 농축협이 중심에 서는 중앙회, 농산업을 선도하는 농협경제, 지역발전에 앞장 서는 농축협, 농축협 성장을 지원하는 농협 금융, 국민의 자랑이 되는 세계 속의 농협, 변화와 혁신으로 도전하는 농협·人

② 비전
변화와 혁신을 통한 새로운 대한민국 농협
중앙회 중심 경영, 열위한 사업 경쟁력, 구조적 비효율을 벗어나 인식, 사람, 조직, 제도 등 근본적인 패러다임의 대전환 추진

③ 슬로건
희망농업. 행복농촌 농협이 만들어 갑니다
• **희망농업** : 모두에게 행복과 안심을 선사하고 대한민국을 성장시키는 농업
• **행복농촌** : 젊음과 지혜로 다시 살아나고, 쉼과 즐거움으로 찾아오는 농촌
• 농업·농촌의 '새롭고 당당한 미래상'을 '농협이 중심'이 되어 '추진'

④ 4대 핵심가치
• 국민에게 사랑받는 농협 : 지역사회와 국가경제 발전에 공헌하여 온 국민에게 신뢰받고 사랑받는 농협 구현
• 농업인을 위한 농협 : 농업인의 행복과 발전을 위해 노력하고, 농업인의 경제적·사회적·문화적 지위 향상 추구
• 지역 농축협과 함께 하는 농협 : 협동조합의 원칙과 정신에 의거, 협동과 상생으로 지역 농축협이 중심에 서는 농협 구현
• 경쟁력 있는 글로벌 농협 : 미래 지속가능한 성장을 위하여 국내를 벗어나 세계 속에서도 경쟁력을 갖춘 농협으로 도약

⑤ **혁신 전략**

농업인·국민과 함께 「농사같이(農四價值) 운동」 전개

- 농사같이(農四價值) : 농민존중(국민들로부터 인정받고 존경받는 농업인), 농업성장(농업에 대한 본질을 농업; Agriculture에서 농산업; Agribusiness으로 전환), 농촌재생(살기 좋은 농촌, 찾고 싶은 농촌, 활력 넘치는 농촌으로 전환), 농협혁식(농업인과 농축협이 중심이 되는 농협, 농업인의 눈높이에 맞는 농협)
- 60년 농협·농촌 운동의 전통과 정신 계승
- 농업변화·혁신의 대전환을 위한 성장동력 내재화

중앙회 지배구조 혁신과 지원체계 고도화로 「농축협 중심」의 농협 구현

- 농축협의 눈높이에 맞춘 중앙회 지배구조 혁신
- 농축협 지원확대와 지원체계 고도화로 지속성장 기반 확보
- 산지유통 중점 지원으로 농축협 경제사업 활성화

디지털 기반 「생산·유통 혁신」으로 미래 농산업 선도, 농업소득 향상

- 금융—경제 시너지로 애그테크 기반 미래 농산업 선도
- 스마트 영농 정착과 농자재 가격안정으로 농업소득 향상
- 유통혁신을 통한 농축산물 수급안정과 디지털 인프라 확충

「금융부문 혁신」과 「디지털 경쟁력」을 통해 농축협 성장 지원

- 상호금융특별회계의 안정적인 수익창출로 농축협 경영지원 강화
- 상호금융 정체성 강화 및 제1금융권 수준의 사업경쟁력 확보
- 디지털 기반 초일류 금융그룹으로 도약하여 농축협 수익센터 역할 강화

「미래 경영」과 「조직문화 혁신」을 통해 새로운 농협으로 도약

- 미래전략실 설치로 농축협—중앙회 성장과 혁신을 주도
- 범농협 위기대응체제 구축 및 디지털 전환
- 미래 인재 육성 및 조직문화 혁신으로 경쟁력과 전문성 확보

⑥ 엠블럼 의미

- 'ㄴ'과 'ㅎ'이 결합하여 '농'의 완성 : 농업·농촌의 새롭고 당당한 미래상의 중심에 「새로운 대한민국 농협」이 있음을 부각
- 변화와 혁신을 담은 수레 : 새수레에 변화와 혁신의 황금빛 불꽃을 담아 희망농업, 행복농촌을 만들겠다는 의미

5 조직현황

① 농협중앙회

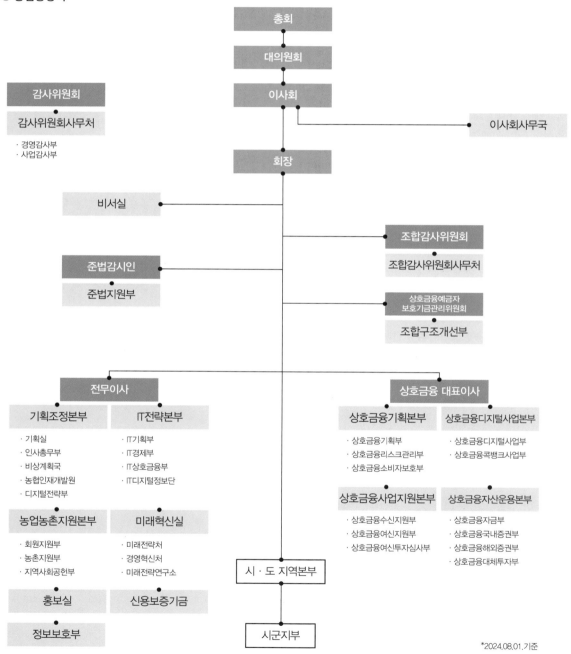

- 총회
- 대의원회
- 이사회
  - 이사회사무국
- 감사위원회
  - 감사위원회사무처
    - · 경영감사부
    - · 사업감사부
- 회장
- 비서실
- 조합감사위원회
  - 조합감사위원회사무처
- 준법감시인
  - 준법지원부
- 상호금융예금자 보호기금관리위원회
  - 조합구조개선부

전무이사

- 기획조정본부
  - · 기획실
  - · 인사총무부
  - · 비상계획국
  - · 농협인재개발원
  - · 디지털전략부
- IT전략본부
  - · IT기획부
  - · IT경제부
  - · IT상호금융부
  - · IT디지털정보단
- 농업농촌지원본부
  - · 회원지원부
  - · 농촌지원부
  - · 지역사회공헌부
- 미래혁신실
  - · 미래전략처
  - · 경영혁신처
  - · 미래전략연구소
- 홍보실
- 신용보증기금
- 정보보호부

상호금융 대표이사

- 상호금융기획본부
  - · 상호금융기획부
  - · 상호금융리스크관리부
  - · 상호금융소비자보호부
- 상호금융디지털사업본부
  - · 상호금융디지털사업부
  - · 상호금융콕뱅크사업부
- 상호금융사업지원본부
  - · 상호금융수신지원부
  - · 상호금융여신지원부
  - · 상호금융여신투자심사부
- 상호금융자산운용본부
  - · 상호금융자금부
  - · 상호금융국내증권부
  - · 상호금융해외증권부
  - · 상호금융대체투자부

- 시·도 지역본부
  - 시군지부

*2024.08.01.기준

② 농협계열사

중앙회 교육 지원 계열사(4개사) 자회사3 손자회사1

농협정보시스템	농협자산관리	농협네트웍스
		└ 농협파트너스

농협 금융계열사(12개사) 지주1 자회사9 손자회사2

은행	보험	증권	기타
NH농협은행	NH농협생명	NH투자증권	NH-Amundi 자산운용
	NH농협손해보험	└ NH선물	NH농협캐피탈
		└ NH헤지자산운용	NH저축은행
			NH농협리츠운용
			NH벤처투자

농협 경제계열사(16개사) 지주1 자회사13 모자회사2

유통	제조	식품/서비스	축산
농협하나로유통	농우바이오	농협홍삼	농협사료
농협유통	남해화학	농협양곡	└ 농협TMR
	└ 엔이에스 머티리얼즈	농협식품	농협목우촌
	농협케미컬	농협물류	
	농협에코아그로	NH농협무역	

15

Information

⑥ 농협이 하는 일

교육지원부문	경제부문	금융부문
• 농업인의 권익을 대변하고 농가 소득 증대를 통해 농업인 삶의 질 향상에 도움을 주고 있다. • 또 하나의 마을 만들기 운동 등을 통해 농업과 농촌에 활력을 불어넣고 농업인과 도시민이 동반자 관계로 성장·발전하는 데 기여하고 있다.	• 농업인이 영농활동에 안정적으로 전념할 수 있도록 농산물 생산·유통·가공·소비에 이르는 다양한 경제사업을 지원하고 있다. • 국민의 건강과 행복을 위하여 안전한 축산식품을 저렴한 값으로 공급하고자 축산물 유통혁신을 주도하고 있다.	• 농협 본연의 활동에 필요한 자금과 수익을 확보하고, 차별화된 농업금융 서비스 제공을 목적으로 하고 있다. • 시중은행의 업무 외에도 NH카드, NH보험, 외국환 등 다양한 금융서비스를 제공하고 있다.
 교육지원사업 • 농·축협 육성·발전지도, 영농 및 회원 육성·지도 • 농업인 복지증진 • 농촌사랑, 또 하나의 마을 만들기 운동 • 농정활동 및 교육사업·사회공헌 및 국제협력활동 등	 농업경제사업 • 영농자재(비료, 농약, 농기계, 면세유 등) 공급 • 산지유통혁신 • 도매 사업 • 소비지 유통 활성화 • 안전한 농식품 공급 및 판매 축산경제사업 • 축산물 생산·도축·가공·유통·판매 사업 • 축산지도(컨설팅 등) • 지원 및 개량 사업 • 축산 기자재(사료 등) 공급 및 판매	 상호금융사업 • 농촌지역 농업금융 서비스 및 조합원 편익 제공 • 서민금융 활성화 농협금융지주 • 종합금융그룹(은행, 보험, 증권, 선물 등)

⑦ 농협의 10대 이슈

(1) 농업인 정의 및 과세 논의

현장에서는 농지만 소유하고 실제로는 경작하지 않는 '가짜 농업인'이 정책 대상에 포함되고, 진성 농업인이나 농업인 요건을 증명하지 못해 정책 대상에서 제외되는 사례가 발생되고 있다. 따라서 농업인을 새롭게 정의해야 한다고 꾸준히 제기되고 있다. 코로나19 재난지원금 지원 시 농업인은 정확한 피해 규모 산정이 어려워 지원 대상에서 소외되었고, 이는 농업부문이 과세 대상이 아니라 발생된 문제라고 볼 수 있다. 농가 소득정보 파악을 위해 과세 체계 도입의 필요성이 대두되고 있다. 향후 선진농정을 위해 농업인의 재정의뿐만 아니라 과세 해법 모색이 필요하다.

(2) 농업 경영비 불안정성 확대

대내외 여건 약화로 인한 농업소득이 큰 폭으로 감소했다. 국제 원자재 가격 상승 및 지속적인 고금리는 농가의 경영부담을 더욱 가중될 것으로 예상된다. 정부는 중소농의 경영비 부담 완화를 위해 주요 농자재 구입비 지원과 농자재세제 지원, 공공형 계절근로 확대 등 다양한 정책을 추진하고 있으며, 이상기후에 대응한 재해보험 대상 품목과 범위를 확대해 나갈 계획이다.

(3) 농지 취득 규제 완화

LH직원 농지투기 사태를 계기로 농지 취득 규제가 강화되었다. 농지 규제가 강화되면서 농지 거래량이 감소하여, 이에 대해 농지법 개정 요구가 높아지고 있다. 농지소유 농업인의 재산권 보호와 농촌소멸 방지를 위해 현행의 농지법 개정에 대한 요구가 높아질 것으로 전망된다.

(4) 농산물 가격 안정화 장치 마련

농가 경영의 불확실성이 커지면서 농가 경영 안정을 위한 정책 논의가 지속되고 있다. 야당을 중심으로 쌀 및 주요 농산물의 가격 보장제를 담은 「양곡관리법」과 「농수산물 유통 및 가격안정에 관한 법률」 개정안을 발의했다. 정부와 여당은 제도가 도입되면 가격을 보장해주는 품목의 재배가 늘어나면서 오히려 가격이 더 하락하고, 그로 인해 기준가격과 시장가격과의 차이가 더 벌어져 정부의 재정투입이 더 커지고, 농업보조금 한도를 초과하여 국제 규범을 위반할 수 있다며 제도 도입에 반대하는 입장이다. 야당은 농산물 가격 불안정에 따른 농가 경영위험을 완화하고 수급안정을 통한 소비자 보호를 강화하기 위해 가격보장제 도입을 주장한다. 기준가격을 보장해준다면 농가수취가격이 안정되어, 과잉·과소생산 현상이 사라져 농업소득 안정과 밥상물가 안정에 기여할 수 있다는 입장이다.

(5) 농산물 온라인 도매시장 출범

도매유통의 효율성 제고를 위해 2023년에 농산물 온라인 도매시장을 개설했다. 시장 참여자 간 경쟁을 촉진하여 거래 효율성을 높일 수 있도록 판매자와 구매자 간의 통합 거래를 허용하였다. 향후 온라인 도매시장 활성화될 경우, 거래 효율성이 제고되고 유통비용이 절감할 것으로 기대하고 있다.

(6) 농업과 연계한 푸드테크(Food Tech) 확산

최근 환경·가치·건강·편의 중심의 소비트렌드 변화 등 농식품 시장 환경이 급변하면서 푸드테크가 새로운 성장동력으로 주목을 받고 있다. 대표적인 사업 카테고리로는 대체식품, 식품프린팅, 온라인유통 플랫폼, 식품제조·배달 로봇, 푸드 업사이클링 등이 있다. 「푸드테크 산업 발전방안」 3대 전략으로는 푸드테크 산업을 선도할 혁신기업 육성, 푸드테크 사업 저변 확대, 푸드테크 산업의 성장기반 마련 등이 있다. 농업과 푸드테크 산업 간 연계 강화를 위한 노력 강화가 필요할 것으로 보인다.

(7) '농식품바우처' 본 사업 전환

잇따른 물가상승으로 취약계층의 식품 접근성이 더욱 악화될 것으로 우려된다. 시범사업 5년차를 맞은 '농식품바우처'가 본 사업 전환을 위한 논의와 촉구가 확대되고 있다. 본 사업으로 전환할 경우, 전국적으로 수혜대상 지역이 확대될 것으로 전망된다.

(8) 농업·농촌 이민정책 활성화

지방소멸위기가 현실화됨에 따라 정부는 외국인력 공급 및 이민정책 활성화를 위해 '농어업고용인력 지원특별법' 제정, 지역특화형 비자발급 등 관련 정책을 추진하고 있다. 고용허가제, 계절근로제 공급 확대로 농촌일손부족 문제를 완화할 것으로 기대하고 있다. 시범사업으로 진행되었던 지역특화형 비자사업은 2024년에 본격적으로 시행될 전망이며, 농촌지역에 취·창업 또는 거주 조건으로 우수인력 장기체류를 유도하고, 가족에게도 특례를 부여하는 이민정책이 활성화될 예정이다.

(9) 농촌지역 의료공백 완화

열악한 농촌지역의 의료여건 개선에 대한 요구가 증가되고 있다. 한시적으로 허용되었던 비대면 진료가 종료되고(2023년 6월) 제도화 전까지 제한적 범위에서 비대면 진료 시범사업이 시행되고 있다. 재외국민을 대상으로 비대면 진료의 전면 허용 및 초진 허용지역을 98개 시군구로 넓힐 계획이다. 비대면 진료 지속 추진으로 농촌지역 의료 접근성이 다소 개선될 것이라는 기대와 공중보건의 지원 감소를 해결하기 위한 활발한 논의가 진행될 전망이다. 정부는 지역인재를 지역 의사로 성장하도록 '지역인재전형'을 확대할 것으로 전망되며, 지역의료 인력 확충 정책이 농촌 의료 취약성을 개선하는 기회로 작용할 것으로 기대하고 있다.

(10) 지역가치(로컬리즘) 창출사업 확대

빠른 저출산 진행 속도와 수도권 집중현상이 심화되면서 학령인구 감소와 지방대학 위기가 현실화되고 있다. 지방소멸 문제를 해결하기 위한 대안으로서 최근 지역별 차별화된 개념의 '로컬리즘'이 새롭게 부상하고 있다. 지방정부 주도의 일자리 창출, 교육개혁, 문화콘텐츠 조성사업 등을 확대할 전망이다(기회발전특구, 교육자유특구, 도심융합특구, 문화특구). '인구감소지역 지원 특별법'이 시행되면서 체류의 개념을 포함한 '생활인구' 개념이 새롭게 등장하였고, 고향사랑기부제 시행을 계기로 지역관 관계를 맺는 관계인구 유입·창출 전략도 주목을 받고 있다. 정부·지자체 차원의 생활인구 활성화 및 관계인구 창출 등을 위한 사업추진과 재정·제도적 지원 등도 확대될 것으로 예상된다.

'공공형 계절근로' 제도, 확대 전 제도 정비 급선무

공공형 계절근로제에 참여하는 농협이 올해 70곳에서 내년 90곳으로 늘어나고, 근로자의 농산물산지유통센터(APC) 투입도 허용될 전망이다. 사업규모가 지속적으로 커지는 만큼 현장에서는 법무부·농림축산식품부 등 관련 부처가 중심을 잡고 농협 비용 부담 최소화, 근로자 사고 발생에 대한 대책 마련 등 농업 특성에 맞게 제도를 보완해야 한다는 의견이 지속되고 있다.

2025년부터는 공공형 계절근로자를 농협 주요 경제사업장에 파견하는 길이 열릴 것으로 보인다. 농식품부 농업경영정책과 사무관은 "우천 시에 근로자를 농가에 파견하지 못하면 농협에 인건비 부담이 가중된다는 문제가 줄곧 제기됐다"며 "법무부와 협의해 농협이 운영하는 APC와 육묘장에는 근로자를 투입할 수 있도록 하는 방향으로 의견을 좁혀가고 있다"고 했다.

담당자들은 인력 운용 활성화를 위해 법무부·농식품부·보건복지부 등 관련 부처가 협의해 제도 전반을 정비해달라고 한목소리로 요구했다. 대표적인 예로 최근 불거진 공공형 계절근로자의 국민연금·건강보험 장기요양보험 가입 제외, 상시근로자수 편입 제외 등은 농업계 단독으로는 풀 수 없다는 것이다. 공공형 계절근로자들은 산재보험에 가입하지만, 농작업 특성상 크게 다치는 경우가 많아 농협과의 계약기간이 종료된 이후 의료비 부담문제가 대두되고 있다.

관계자는 공공형 계절근로는 농촌 인력난 해소와 농촌 활성화를 위해 정부가 도입한 사업인데, 모든 책임과 부담은 농협이 맡고 있다며 정부 부처·기관이 업무를 신속히 처리할 수 있도록 통합 지원 체계를 마련해야 한다고 지적했다.

한편 공공형 계절근로제는 지방자치단체가 외국인 계절근로자를 들여오고, 지역농협이 이들을 5~8개월 단기 계약직으로 채용해 농가에 하루 단위로 공급하는 사업이다. 사업 3년차인 올해 공공형 계절근로자 운용 규모는 2,500여 명이다.

기사 더 찾아보기　　☐ 농가인력난　　　　☐ APC

01 위 기사를 세 줄 이내로 요약 정리해 보세요.

02 위 기사에 대한 생각을 세 줄 이내로 요약 정리해 보세요.

03 헷갈리는 용어 및 중요한 용어를 정리해 보세요.

가루쌀 안정생산, 밀·콩 신품종 개발·보급 등을 통해 식량자급률 향상

식량주권을 확보하기 위해서 가루쌀 신품종 육성 및 안정생산을 위한 재배기술 지원체계를 구축하고, 밀가루 대체와 소비 촉진을 위해 수요자 맞춤형 산업화 기술을 개발한다. 첨단기술을 적용하여 바로미2를 대체할 수 있는 신품종·재배기술 개발 및 종자·원료곡 생산 지원을 하고 있다. 또한, 생산성 향상을 위한 재배기술을 확립하고 이모작 작부체계도 개발을 하고있다. 가루쌀의 종자·원료곡 생산 목표 달성을 위해 중앙-지방-민간 협력을 통해 생산단지별 현장 지원을 강화하고 종자생산을 위한 채종포 선정(100헥타르)과 재배지 관리 교육도 함께 추진하면서 바로미2를 대체하기 위한 생산지원을 하고 있다. 또한, 밀가루 대체 신수요 발굴 및 산업화를 위해서 가루쌀의 저장·유통 중 품질 유지를 위한 표준관리법을 개발하고, 농식품부와 협업하여 가루쌀의 가공 특성 분석과 대량 제분 기술을 개발하여 산업화를 촉진할 계획이다. 또한, 가루쌀 생산단지와 연계한 저장-가공-유통 자립형 전문단지를 조성(8개소)하여 제분·가공 등에 필요한 시설지원, 기술교육, 가공제품 개발 컨설팅 등을 지원을 하여 밀가루를 대체하기 위해 기술을 개발하고 있다.

논 재배에 적합한 밀·콩의 신품종 보급을 확대하고, 이모작 재배기술의 개발·보급을 통해 식량작물의 안정생산과 식량자급률을 높이기 위해서 논 재배 확대를 위한 품종 개발 및 이모작 재배기술 보급 확대와 다수성·고품질 신품종 보급 확대 및 안정생산을 위한 기반 기술 확산에 힘쓰고 있다. 논 재배에 적합한 콩 품종 '장풍'과, 논 재배·기계화에 적합하고 수량성이 높은 계통 '밀양 403호'에 대한 현장 적응성을 시험한다. 빵용 밀 신품종 '황금알' 보급과 이모작에 적합한 콩 신품종 '선유2호'의 조기 보급을 추진한다.

기사 더 찾아보기

☐ 바로미2   ☐ 식량안보

01	위 기사를 세 줄 이내로 요약 정리해 보세요.

02	위 기사에 대한 생각을 세 줄 이내로 요약 정리해 보세요.

03	헷갈리는 용어 및 중요한 용어를 정리해 보세요.

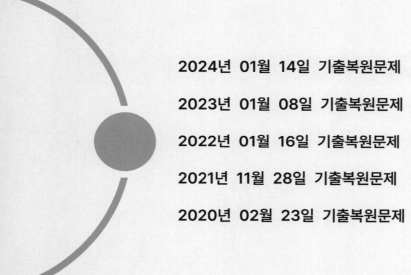

PART
01

기출복원문제

농협중앙회와 NH농협은행 기출후기를 반영하여 복원·재구성한 문제입니다.

1 다음 글을 통해 알 수 없는 것은?

(가) 바젤Ⅲ는 글로벌 금융위기 이후 은행의 자본 건전성 및 유동성 관리를 강화하기 위해 바젤위원회가 도입한 국제적인 금융 규제 체계이다. 바젤Ⅲ는 기존 바젤Ⅱ의 규제를 보완하고, 은행들이 예상치 못한 금융위기에 더욱 잘 대응할 수 있도록 자본 비율 및 유동성 비율을 강화하는 것을 목표로 하고 있다. 이를 통해 전 세계 금융시장의 안정성을 제고하고자 하는 규제 체계이다.

(나) 바젤Ⅲ은 은행의 자본 건전성을 강화하여 금융 시스템의 안정성을 높이고, 향후 발생할 수 있는 금융위기나 경제적 충격에 대비하기 위함이다. 바젤Ⅲ는 은행이 보유해야 하는 최소 자본 비율을 높이고, 자본의 질적 수준을 개선하며, 유동성 위험을 줄이는 규제를 도입하였다. 이러한 규제는 금융기관이 안정적인 경영을 유지하도록 하여 글로벌 금융 시스템 전반의 리스크를 줄이는 것을 목표로 하고 있다.

(다) 주요국가의 바젤Ⅲ 도입안에 대한 주요한 특징이 있다. 미국은 신용리스크를 규제하면서 표준방법 위험가중치를 강화하고 내부등급법의 사용을 금지하고 있다. 또한 신용가치조정, G-SIB규제 등의 특징이 있다. 유럽연합은 모든 은행에 바젤 기준을 적용하여 표준방법 및 내부등급법 일부를 완화하여 신용리스크를 규제한다. 영국의 경우는 무등급기업 익스포저에 대해서 차등화된 위험가중치를 적용하며 상업용 부동산에 위험가중치를 하한으로 도입하였다.

(라) 바젤Ⅲ의 국내 도입은 국내 금융기관의 자본 관리와 리스크 관리 체계에 큰 영향을 미치고 있다. 바젤Ⅲ는 자본 비율 및 유동성 규제를 강화함으로써 국내 금융기관이 더 많은 자본을 확보하고, 안정적인 유동성 자산을 보유하도록 요구하고 있다. 이에 따라 은행들은 자본 확충을 위해 증자나 내부 자본 축적 등을 통해 자본 비율을 높이고 있으며, 유동성 관리 측면에서는 단기 자산 비중을 늘리는 방식으로 대응하고 있다. 이러한 변화는 국내 금융기관의 안정성을 강화하고, 금융위기에 대한 대응력을 향상시키고 있다. (마) 바젤Ⅲ의 국내에 도입하면서 금융기관의 경영 및 규제 환경에 여러 가지 시사점이 있다. 첫째, 금융기관은 자본 확충을 통해 단기적인 수익성 감소를 감수해야 하지만, 장기적으로는 안정적인 경영을 유지할 수 있는 기반을 마련하게 된다. 둘째, 리스크 관리 체계가 강화됨에 따라 금융기관은 신중한 대출 및 투자 정책을 채택하게 될 것이며, 이는 금융시장의 건전성을 높이는 데 기여할 것이다. 마지막으로, 바젤Ⅲ의 유동성 규제로 인해 국내 금융기관들은 유동성 비율을 충족하기 위한 유동성 자산의 확보를 더욱 신중히 고려해야 하며, 이는 금융 시스템 전반의 안정성 강화로 이어질 수 있다.

2 다음 지문에 대한 설명으로 옳은 것은?

유럽중앙은행(ECB)에서는 디지털 유로 프로젝트를 준비하기 위해서 디지털 유로 준비단계 작업을 진행하고 있다. 디지털 유로란 유로지역에서의 소매 지급서비스 이용이 가능한 법정화폐(범용 CBDC)로, ECB와 회원국 중앙은행이 발행하고 지급서비스 제공업자(PSP)에서 유통을 담당한다. 디지털 유로 프로젝트 준비단계 1차 보고서에서는 디지털 유로 개발에 있어서 최우선 과제를 정리하고 있다.

첫 번째는 개인정보 및 데이터 보호와 관련한 기술 솔루션 제공이다. 온라인 거래를 하는 경우에는 지급서비스 제공업자(PSP)는 제한된 정보에만 접근이 가능하다. 온라인 거래는 PSP가 EU 법률이 허용하는 범위의 정보에만 접근 가능하도록 기술적 안전장치를 마련할 계획이다. 오프라인 결제의 경우는 현금 수준으로 관련된 데이터가 보호되도록 설계할 계획이다. 오프라인 거래 내역은 지급인과 수취인만 알 수 있다.

두 번째는 복수계좌를 개설하는 경우 개인정보보호에 미치는 영향을 분석하는 것이다. EU 집행위원회가 제안한 디지털 유로 법안은 사용자의 디지털 유로 계좌 수를 제한하지 않고 있다. 복수계좌를 허용하는 경우에도 계좌가 하나만 있는 경우와 비교하여 처리되는 개인 데이터에 차이가 없기에 개인정보 보호에 추가적인 영향이 없는 것으로 판단하고 있다. 기술적으로는 사용자의 보유한도가 여러 개의 계좌로 배분되어 관리하는 것이 가능하나, 운영 측면에서는 복잡성이 높아질 우려가 있다.

마지막으로 소비자, 상점, 디지털 유로의 유통을 담당하는 PSP 등 모든 경제주체가 디지털 유로의 혜택을 받을 수 있도록 보상 모델(compensation model)을 설계할 계획이다. 디지털 유로의 최종 소비자에게는 수수료를 부과하지는 않아 비용 없이 사용이 가능하며 발행 비용은 실물 화폐와 마찬가지로 중앙은행에서 부담을 할 예정이다. PSP가 디지털 유로 유통 과정에서 발생하는 비용을 충당할 수 있도록 현행 여타 디지털 지급수단과 같이 상점에 수수료를 부과하고 수익 추구를 위한 추가적인 서비스를 개발할 수 있도록 설계할 계획이다.

준비단계를 진행하고 추후에 다음 단계로 전환할지의 여부를 결정할 예정이다. ECB는 주요 은행들과 함께 디지털 유로가 은행의 유동성, 실물 화폐에 미치는 영향 등에 대한 데이터를 수집 · 분석하여 적정 보유한도를 제안할 것으로 보인다.

① 디지털 유로란 유로지역에서 온라인상으로만 지급서비스 이용이 가능한 법정화폐에 해당한다.
② 온라인 거래를 하는 경우에는 PSP는 모든 정보에만 접근이 가능하다.
③ 디지털 유로의 복수계좌를 허용하는 경우에도 개인정보보호에 추가적인 큰 영향은 없는 것으로 판단한다.
④ 디지털 유로는 소비자 주체가 유로 혜택을 볼 수 있도록 설계할 계획이다.
⑤ 현재 ECB에서는 준비 단계를 마치고 시행 단계를 진행하고 있다.

Answer. 1.② 2.③

3 다음 글에서 추론할 수 있는 내용으로 적절한 것은?

한국은행은 대한민국의 경제 안정과 성장에 중요한 역할을 수행한다. 가장 기본적인 기능은 통화 정책을 통해 물가 안정과 금융 안정을 도모하는 것이다. 이를 위해 한국은행은 시중 통화량을 관리하고, 정책 금리를 조정하여 경제 활동을 조절한다. 또한, 한국은행은 금융 시스템의 안정성을 유지하며, 외환 시장에서 환율 안정화를 목표로 다양한 활동을 펼친다. 이 외에도 은행들의 지급결제 시스템을 운영하고, 금융 시장의 유동성을 관리하여 경제의 지속 가능한 성장을 도모한다. 한국은행은 다양한 역할을 하지만 대표적인 역할 중에 하나는 발권업무에 해당한다.

한국은행의 발권업무 중 하나는 새 화폐의 발행이다. 새로운 화폐는 주로 기존 화폐가 물리적으로 손상되거나, 경제 성장에 따른 통화 수요 증가로 인해 발행된다. 한국은행은 화폐 발행의 권한을 독점적으로 보유하고 있으며, 이를 통해 국가 경제의 신뢰성과 통화 시스템의 안전성을 보장한다. 새 화폐의 발행은 국가 경제 상황을 고려한 철저한 계획에 따라 이루어지며, 화폐의 디자인과 보안 요소도 경제 상황과 기술 발전에 맞추어 지속적으로 개선되고 있다.

화폐의 지급과 수납은 한국은행의 또 다른 중요한 발권업무이다. 한국은행은 시중 은행에 화폐를 공급하고, 이들이 요구하는 만큼의 화폐를 지급한다. 또한, 시중에서 회수된 화폐는 한국은행으로 다시 들어오며, 그 과정에서 손상되거나 더 이상 유통이 어려운 화폐는 폐기되고 새로운 화폐로 대체된다. 이를 통해 시중에 유통되는 화폐의 질을 유지하고, 원활한 통화 유통을 보장할 수 있다.

화폐정사는 손상된 화폐를 회수하고 폐기하는 업무를 말한다. 일상생활에서 유통되는 화폐는 시간이 지나면서 물리적으로 훼손이 되면 손상된 화폐를 한국은행으로 회수하여 교체된다. 한국은행은 일정 기준에 따라 화폐의 손상 정도를 평가하고, 더 이상 사용하기 어려운 화폐를 폐기하며 새로운 화폐로 교체한다. 이는 화폐 유통 과정에서 화폐의 품질을 유지하기 위한 필수적인 과정이다.

한국은행은 구 화폐와 신 화폐 간의 교환도 담당한다. 화폐의 디자인이 변경되거나 새로운 화폐가 발행될 때, 기존에 유통되던 구 화폐는 일정 기간 동안 시중에서 사용되다가 한국은행을 통해 신 화폐로 교환된다. 이 과정에서 구 화폐는 점차 유통이 중단되고, 신 화폐가 그 자리를 대신하게 된다. 한국은행은 이러한 교환 과정을 원활히 관리하여 국민들이 불편함 없이 신 화폐로 전환할 수 있도록 지원한다.

한국은행의 발권업무 중 중요한 역할은 화폐의 유통을 원활하게 유지하는 것이다. 이를 위해 한국은행은 시중의 통화 수요를 면밀히 관찰하고, 필요한 양의 화폐를 적시에 공급하여 경제 활동이 원활히 이루어지도록 한다. 또한, 화폐가 특정 지역에 과잉 공급되거나 부족해지지 않도록 균형을 유지하고, 화폐 유통 경로의 효율성을 제고하는 다양한 정책을 시행한다. 이러한 과정을 통해 한국은행은 경제 전반에 걸쳐 안정적인 화폐 공급을 보장하고, 국민들이 필요로 하는 화폐를 적시에 사용할 수 있도록 한다.

① 한국은행에서는 국가경제의 안정성을 유지하기 위해서 발권업무를 담당한다.
② 한국은행은 화폐의 디자인 변경 시 기존 화폐를 즉시 폐기하고 신 화폐만 유통한다.
③ 발권업무는 경제 상황과 상관없이 일정한 주기로 이루어진다.
④ 한국은행에서 개인을 대상에게 화폐를 공급하고 대출업무를 진행한다.
⑤ 화폐 보안요소는 한번 정해진 경우에는 변화하지 않는다.

4 다음 글에서 알 수 있는 것은?

> 외상은 개인의 자아가 감당하기 어려운 충격적 사건을 경험할 때 발생한다. 이러한 경험은 자아가 처리하기에는 너무나 고통스러워 무의식으로 억압되거나, 처리되지 못한 채 마음속에 남게 되는 것이다. 이때 외상은 심리적 고착으로 이어질 수 있는데, 이는 개인이 그 외상적 경험을 떨쳐내지 못하고 반복적으로 그 사건과 관련된 감정이나 행동을 재현하는 것이다. 프로이트는 이러한 고착이 개인의 심리적 발달을 방해하고, 그 결과 신경증과 같은 정신적 문제가 발생할 수 있다고 보았다.
>
> 무의식은 프로이트 정신분석에서 핵심적인 개념으로 자아가 의식적으로 다루지 못한 감정이나 생각이 억압되어 저장되는 심리적 공간을 의미한다. 외상 경험은 너무나 고통스럽기 때문에 의식적으로 다루는 것이 어려워지고, 그 결과 무의식 속으로 밀려난다. 이때 무의식은 외상적 기억을 보존하면서도 그것이 의식적으로 떠오르지 않도록 방어기제를 작동시킨다. 하지만 무의식 속에 억압된 외상은 완전히 사라지지 않고 다양한 방식으로 간접적으로 의식에 영향을 미친다.
>
> 외상에 대한 고착은 무의식 속에 억압되어 있더라도, 개인의 행동이나 감정에서 다양한 방식으로 표현된다. 프로이트는 외상이 억압된 후에도 그 영향이 개인의 삶에 계속해서 나타날 수 있다고 주장했다. 예를 들어, 외상적 사건과 관련된 반복적인 꿈, 특정 상황에서 불안 발작, 또는 강박적인 행동 등이 외상의 무의식적 표현이 될 수 있다. 이러한 표현들은 무의식에 억압된 외상적 기억이 외부로 발현되려는 시도로 정신분석을 통해 분석되고 치료될 수 있다.
>
> 외상에 대한 고착이 장기적으로 지속될 경우, 이는 다양한 정신병리적 문제를 야기할 수 있다. 프로이트는 신경증, 우울증, 강박증 등의 문제들이 외상에 대한 무의식적 고착과 밀접한 관련이 있다고 보았다. 외상적 경험이 무의식 속에 억압된 상태로 남아 있는 한, 개인은 계속해서 심리적 갈등을 겪게 되며, 이는 정신적 에너지를 소모시켜 일상생활에서 적응하기 어려운 상황을 만들어낸다. 따라서 외상에 대한 고착을 풀어내기 위해 무의식을 탐구하는 것이 필요하다.
>
> 프로이트의 정신분석 이론에서 외상에 대한 고착과 무의식은 상호 밀접한 관계를 가지고 있다. 외상은 자아가 감당할 수 없을 때 무의식 속으로 억압되지만, 무의식은 외상적 기억을 지속적으로 보존하면서 다양한 방식으로 개인의 행동과 감정에 영향을 미친다. 고착된 외상은 정신병리를 야기할 수 있기 때문에 해결하기 위해서는 무의식 속 억압된 외상을 의식으로 끌어올려 치료하는 과정이 필요하다. 따라서 정신분석적 치료는 이러한 무의식적 고착을 해소하고, 개인이 과거 외상을 극복할 수 있도록 돕는 중요한 역할을 한다.

① 외상적 경험은 항상 자아에 의해 즉각적으로 의식에서 처리된다.
② 무의식은 일상적인 행동과 감정에 영향을 미치지 않는다.
③ 정신분석 치료는 외상적 경험을 무의식 속에 더 깊이 억압하여 문제를 해결하는 방식이다.
④ 외상에 대한 고착은 무의식에 억압된 외상이 간접적으로 표현되는 방식이다.
⑤ 외상에 대한 고착이 무의식에 억압된 경우 외상은 개인의 심리적 발달을 촉진하고 문제를 해결하는 데 기여한다.

Answer. 3.① 4.④

5 다음 글에서 알 수 있는 것은?

인류 역사에서 여러 위대한 문명들이 찬란한 발전을 이루었지만, 시간이 흐르면서 결국 몰락을 맞이했다. 문명의 몰락은 단순히 하나의 요인으로 설명될 수 없다. 정치적, 경제적, 환경적, 사회적 요인들이 복합적으로 작용한 결과이다. 대표적으로 문명의 몰락과 관련된 것으로 로마 제국, 마야 문명, 그리고 메소포타미아 문명이 있다.

위대한 문명들이 몰락하는 주요 요인 중 하나는 정치적 불안정과 내부 권력의 부패이다. 예를 들어, 로마 제국의 몰락은 정치 체제의 붕괴와 지도층의 부패로부터 시작되었다. 로마는 한때 지중해를 중심으로 거대한 제국을 형성했지만, 정치적 권력의 분산과 황제들의 무능함, 정치적 음모가 끊임없이 일어나며 내부가 붕괴되었다. 이로 인해 외부 침입에 대한 방어력이 약화되었고, 결국 게르만족의 침입으로 서기 476년에 서로마 제국이 멸망하게 되었다.

경제적 요인 역시 문명의 몰락에 중요한 역할을 한다. 경제적 자원이 고갈되거나 분배가 불평등하게 이루어질 때, 사회적 혼란이 발생하고 문명은 쇠퇴하게 된다. 마야 문명의 경우, 농업 생산량 감소와 상업 교류의 붕괴가 주요 몰락 원인으로 지적된다. 마야 문명은 정교한 도시 국가를 건설하고, 천문학과 수학에서 높은 성취를 이루었지만, 인구 과밀과 농업 생산의 한계로 인해 경제가 붕괴했다. 이로 인해 도시 국가 간의 전쟁이 발생했고, 결국 많은 마야 도시들이 버려지게 되었다.

환경 변화는 문명의 존속에 중요한 영향을 미치며, 기후 변화나 자원의 고갈이 문명을 멸망에 이르게 할 수 있다. 메소포타미아 문명은 기원전 수천 년 동안 티그리스와 유프라테스 강 사이에서 번영했으나, 환경적 요인으로 인해 쇠퇴했다. 특히, 과도한 관개 농업으로 인해 토양 염분화가 진행되었고, 이는 농업 생산성의 급격한 하락을 초래했다. 또한, 기후 변화로 인한 가뭄과 홍수가 반복되면서 도시들은 생존하기 어려운 환경에 직면하게 되었고, 이는 문명의 붕괴로 이어졌다.

사회적 불평등과 문화적 퇴보 또한 문명 몰락의 주요 요인이다. 사회 내부에서 계층 간의 갈등이 심화되면 문명은 내부적 균열을 겪게 된다. 로마 제국의 경우, 지배계층과 피지배계층 간의 갈등이 격화되었으며, 시민의 권리와 의무가 불평등하게 분배되었다. 이로 인해 로마 시민들의 충성심이 약화되었고, 제국을 유지하기 위한 사회적 연대가 붕괴되었다. 이러한 사회적 분열은 제국을 외부 침략에 더욱 취약하게 만들었다.

위대한 문명의 몰락은 정치적, 경제적, 환경적, 사회적 요인들이 복합적으로 작용한 결과로 설명할 수 있다. 로마 제국의 정치적 부패, 마야 문명의 경제적 붕괴, 메소포타미아 문명의 환경적 악화는 문명 몰락의 다양한 요인을 보여준다. 이러한 몰락의 원인들은 현대 사회에도 경고를 준다. 문명이 지속되기 위해서는 정치적 안정, 경제적 번영, 환경적 균형, 그리고 사회적 연대가 필요하며, 이들 중 하나라도 실패할 경우 문명은 붕괴의 길로 들어설 수 있다.

① 로마 제국은 외부 침략보다는 내부의 정치적 부패와 무능함으로만 몰락했다.
② 마야 문명은 경제적 요인 외에도 기후 변화와 같은 환경적 요인으로 몰락했다.
③ 메소포타미아 문명은 토양 염분화 문제를 극복해 번영을 유지했다.
④ 지배계층과 피지배계층의 갈등은 사회적 연대를 발달시킨다.
⑤ 문명의 몰락은 정치적, 경제적, 환경적, 사회적 요인이 복합적으로 작용한다.

6 다음 글에 대한 이해로 적절하지 않은 것은?

수상음악(Water Music)은 헨델의 대표적인 관현악 모음곡이다. 이 모음곡은 1717년 영국 국왕 조지 1세가 템스강에서 연주회를 열었을 때 처음 연주된 작품이다. 수상음악은 관악기와 현악기의 화려한 조합으로 이루어진 다채로운 곡들로 구성되어 있으며, 당시 왕실의 행사에서 장엄한 분위기를 자아내는 데 큰 역할을 했다. 헨델은 이 작품을 통해 당시 군주가 요구했던 화려함과 귀족 사회의 취향을 동시에 만족시키는 음악적 성과를 이뤘다.

수상음악은 세 개의 모음곡으로 구성되어 있다. 각 모음곡은 여러 개의 짧은 악장으로 나뉘며, 각 악장은 독립적인 성격을 띤다. 첫 번째 모음곡은 F장조로 시작하며, 활기차고 웅장한 느낌을 전달한다. 두 번째 모음곡은 D장조, 세 번째 모음곡은 G장조로, 각기 다른 분위기와 스타일을 가지고 있어 다양한 감정적 변화를 제공한다. 이러한 다양한 장조 사용은 헨델 음악의 주요 특징 중 하나로, 청중에게 음악적 흥미를 지속적으로 유지하게 한다.

수상음악의 첫 번째 모음곡의 대표적인 악장으로는 알르망드(Allemande)와 쿠랑트(Courante)가 있다. 알르망드는 느린 템포와 우아한 리듬으로 시작하며, 전체 곡의 웅장한 분위기를 조성하는 역할을 한다. 이어지는 쿠랑트는 빠른 템포로 전환되며, 경쾌하고 활기찬 분위기를 형성한다. 이러한 리듬적 대조는 헨델의 음악적 구성에서 중요한 요소로 작용한다.

두 번째 모음곡은 호른파이프(Hornpipe) 악장이 두드러진다. 호른파이프는 독특한 리듬 패턴과 관악기의 음색을 활용하여 장엄하고 축제적인 느낌을 극대화한다. 이 악장은 수상음악의 가장 잘 알려진 부분으로, 강한 리듬과 밝은 멜로디가 특징적이다. 이러한 악장들은 왕실의 행사를 위한 음악적 배경으로 이상적이었으며, 당대의 귀족적 취향을 반영했다.

세 번째 모음곡에서는 부레(Bourrée)와 메뉴에트(Minuet)가 눈에 띄는데, 이 악장들은 상대적으로 차분하고 우아한 분위기를 전달한다. 메뉴에트는 3박자 계통의 춤곡으로, 그 우아함과 정형화된 리듬 패턴이 청중들에게 평온함을 제공한다. 이러한 악장들은 전반적인 모음곡의 구조에서 완급 조절을 통해 청중의 집중을 유지하는 데 기여한다.

헨델은 수상음악에서 각 장조의 성격을 극대화하여 음악적 표현력을 강화했다. F장조는 밝고 화려한 느낌을 전달하며, 종종 축제적이고 희망적인 분위기를 나타낼 때 사용되었다. 이 장조는 수상음악의 첫 번째 모음곡에 잘 어울리며, 국왕의 위엄과 장엄함을 강조하는 데 적합하다.

반면, D장조는 조금 더 강렬하고 진지한 감정을 전달하는 장조로, 주로 장대한 순간이나 중요한 행사를 위한 음악에 사용된다. 헨델은 D장조를 통해 작품에 무게감을 더하고, 관악기의 음색을 활용하여 강한 인상을 남겼다. 마지막으로, G장조는 부드럽고 안정적인 느낌을 주며, 휴식과 안정을 상징하는 장조로 자주 사용되었다. 헨델은 이러한 장조 선택을 통해 음악적 대비를 극대화하고, 청중의 감정적 반응을 다양하게 유도했다.

헨델은 그의 수상음악을 통해 바로크 시대의 음악적 특징을 완벽히 구현했으며, 정치적, 사회적 맥락에서 중요한 역할을 한 음악 작품을 남겼다. 그의 교향곡적 특징은 대조와 변형, 명확한 구조를 중시하는 음악적 접근에서 드러나며, 수상음악의 각 악장은 이러한 특징을 반영하고 있다. 장조별 특징을 적절히 활용한 헨델의 음악적 선택은 작품의 감정적 깊이를 더한다.

① 수상음악은 현악기만을 사용하여 곡을 구성했다.
② 수상음악은 각기 다른 모음곡으로 구성된다.
③ 호른파이프는 느리고 우아한 리듬을 사용하여 차분한 분위기를 조성한다.
④ G장조는 밝고 희망찬 느낌을 전달하여 축제적인 분위기를 표현한다.
⑤ 메뉴에트는 변주가 빠른 리듬 패턴으로 집중 유지에 기여한다.

Answer. 5.⑤ 6.②

7 다음 글에 대한 이해로 적절하지 않은 것은?

에탄올의 역사는 고대 문명에서 발효 과정을 통해 자연적으로 생성된 알코올을 사용하는 것으로 시작된다. 고대 이집트와 메소포타미아 등 여러 문명에서 발효된 음료가 발견되었으며, 이는 에탄올의 가장 초기 형태이다. 현대 과학적 방법으로 에탄올을 합성하거나 정제하는 기술은 19세기 후반에 이르러 발달되었다. 그 이후 에탄올은 다양한 연구와 기술 발전을 통해 정제 및 생산이 효율적으로 이루어지며, 산업용, 연료용 등 다양한 분야에서 활용되기 시작했다.

에탄올은 C_2H_5OH라는 화학식을 가진 유기 화합물로 알코올 군에 속한다. 에탄올의 구조는 2개의 탄소 원자에 수소 원자들이 결합한 에틸기와, 수산화기($-OH$)로 구성되어 있다. 에탄올은 무색 투명한 액체로, 특유의 알코올 냄새를 가지고 있으며, 물과 잘 섞이고 다양한 유기용매에도 잘 용해된다. 끓는점은 약 78.37°C로 상대적으로 낮으며, 이 때문에 연료로서도 유용하다. 에탄올은 휘발성이 강하며, 산소와 결합할 때 연소하여 물과 이산화탄소를 생성한다.

에탄올은 다양한 분야에서 활용되며 응용 범위는 매우 넓다. 가장 잘 알려진 용도는 음료용 알코올로, 발효 과정을 통해 제조된 에탄올은 술의 주성분이다. 그러나 에탄올은 이외에도 연료로 사용되며, 특히 바이오에탄올로 불리는 재생 가능한 연료로 각광받고 있다. 자동차 연료나 보일러 연료로 사용될 수 있으며, 이산화탄소 배출량을 줄이는 데 기여할 수 있다. 또한, 에탄올은 의료용 소독제로서 광범위하게 사용되며, 다양한 산업에서 용매로도 활용된다. 특히 화장품, 의약품, 향료 제조 등에서도 필수적인 성분으로 사용된다.

에탄올은 화학적으로 중간 극성 물질로, 극성 물질인 물과 비극성 물질인 유기 화합물 모두와 혼합될 수 있는 특징을 가지고 있다. 이로 인해 에탄올은 용매로서의 역할이 매우 중요하다. 또한, 에탄올은 상대적으로 반응성이 적은 안정한 분자로, 실온에서는 화학적으로 안정하지만, 산화되면 아세트알데하이드로 전환될 수 있다. 에탄올은 에너지 밀도가 낮지 않아 연료로도 적합하며, 연소 시 상대적으로 깨끗한 연료로 평가된다. 에탄올의 본성은 이러한 다용도성 덕분에 다양한 산업 분야에서 필수적으로 활용된다.

에탄올은 발효 과정에서 자연스럽게 생성된 화합물로 시작하여 현대에는 다양한 방식으로 제조 및 활용되고 있다. 화학적으로 중간 극성 물질로서 독특한 물리적, 화학적 특성을 가지고 있으며, 이러한 특성은 에탄올이 여러 산업에서 중요한 자원으로 사용되는 이유이다. 에탄올은 연료, 음료, 용매, 소독제 등 다방면에서 중요한 역할을 하고 있다.

① 에탄올은 발효 과정을 통해 고대 문명에서부터 사용되었다.
② 에탄올은 물과 잘 섞이며 휘발성이 강하다.
③ 의료용 소독제로 주요하게 사용되는 것은 에탄올이다.
④ 에탄올은 다양한 물질과 혼합되어 불안정한 분자에 해당한다.
⑤ 음료용으로도 에탄올을 활용할 수 있다.

8 다음 글에 대한 이해로 적절하지 않은 것은?

> LLM은 주로 트랜스포머(Transformer) 기반의 신경망 구조를 사용한다. 트랜스포머는 입력된 텍스트 데이터를 여러 층의 셀프 어텐션(self-attention) 메커니즘을 통해 처리하며, 이 과정을 통해 각 단어 간의 상호작용과 관계를 깊이 있게 학습한다. LLM의 훈련은 대규모 데이터셋을 기반으로 이루어지며, 문장 내의 단어 순서, 문맥적 의미, 그리고 텍스트 구조 전반에 대한 패턴을 인식할 수 있도록 설계된다. 이를 통해 모델은 주어진 입력에 맞는 적절한 답변을 생성할 수 있다. 특히, GPT(Generative Pre-trained Transformer)와 같은 모델은 사전 훈련(pre-training)과 미세 조정(fine-tuning) 과정을 거쳐 특정 작업에 최적화된다.
>
> AI가 LLM을 이용해 답변을 생성하는 과정은 질문-응답 시스템(Q&A system)의 형태로 이루어진다. 이 과정에서 AI는 먼저 입력된 텍스트, 즉 사용자의 질문을 처리하고, 해당 질문의 문맥적 의미와 핵심 개념을 이해한 후, 이에 대한 답변을 생성하게 된다. 토큰화(tokenization) 과정을 통해 텍스트는 개별 단어 또는 단위로 나뉘며, 모델은 이를 기반으로 문맥적 관계를 추론한다. 이후 AI는 훈련된 패턴을 활용해 가장 적절한 답변을 생성한다. 이때, 모델은 질문의 의도, 주제, 문맥을 분석하여 높은 수준의 자연스러운 답변을 도출할 수 있다.
>
> LLM을 통한 답변의 품질을 향상시키기 위해서는 미세 조정(fine-tuning)과 지속적 학습(continual learning)이 중요하다. 미세 조정은 특정 도메인이나 작업에 맞춰 모델을 세밀하게 조정하는 과정으로, 이를 통해 보다 정교한 답변 생성이 가능해진다. 또한, AI 모델은 최신 데이터를 지속적으로 학습함으로써 실시간으로 변화하는 정보에 대응할 수 있다. 답변의 정확성, 일관성, 문맥성을 유지하기 위해서는 다양한 훈련 데이터와 상황에 맞는 학습 환경이 필요하다. 이러한 기술적 개선은 AI가 보다 전문적이고 신뢰성 높은 답변을 제공하는 데 기여한다.
>
> LLM 기반 AI는 뛰어난 성능을 보이지만, 여전히 몇 가지 한계가 존재한다. 첫째, 대규모 데이터로 학습된 모델은 편향(bias) 문제를 내포할 수 있다. 이는 훈련 데이터에 포함된 편향된 정보가 모델의 답변에 영향을 미치는 현상이다. 둘째, LLM은 추론 능력에서 한계를 보일 수 있으며, 복잡한 논리적 질문에 대해 부정확한 답변을 제공할 가능성도 있다. 이러한 문제를 해결하기 위해서는 다양한 도메인에서의 학습, 편향성 제거 기술, 그리고 추론 능력 강화를 위한 추가적인 연구가 필요하다. 또한, 설명 가능 인공지능(XAI, Explainable AI)의 도입을 통해 AI의 의사결정 과정을 투명하게 할 수 있다.
>
> AI가 LLM을 통해 답변을 생성하는 방법은 트랜스포머 기반의 언어 모델과 복잡한 자연어 처리 기술을 결합하여 이루어진다. LLM은 입력된 텍스트 데이터를 문맥적으로 이해하고, 학습된 패턴을 바탕으로 정교한 답변을 생성할 수 있다. 그러나 LLM 기반 AI는 편향 문제와 추론 능력의 한계와 같은 도전 과제에 직면해 있으며, 이를 해결하기 위한 추가적인 연구가 필요하다. 지속적인 기술 발전을 통해 LLM은 보다 정확하고 신뢰성 있는 답변을 제공하는 도구로 자리매김할 것이며, 이는 AI의 다양한 응용 분야에서 혁신적인 변화를 이끌어낼 것이다.

① LLM은 문맥적 관계를 파악하기 위해 셀프 어텐션 메커니즘을 사용한다.

② 미세 조정(fine-tuning)과 지속적 학습을 통해 LLM의 답변 정확성과 일관성을 높일 수 있다.

③ LLM은 편향과 추론 능력에서 한계가 존재한다.

④ LLM은 토큰화로 텍스트의 단위를 나누고 문맥을 추론한다.

⑤ XAI(설명 가능 인공지능)는 답변의 정확성을 향상시키기 위한 기술적 방법이다.

📄 Answer. 7.④ 8.⑤

9 다음 글을 근거로 판단할 때 옳은 것은?

제00조(국민건강보험종합계획의 수립 등)

① 보건복지부장관은 이 법에 따른 건강보험의 건전한 운영을 위하여 건강보험정책심의위원회의 심의를 거쳐 5년마다 국민건강보험종합계획(이하 종합계획)을 수립하여야 한다. 수립된 종합계획을 변경할 때도 또한 같다.

② 종합계획에는 다음 각 호의 사항이 포함되어야 한다.

　　1. 건강보험정책의 기본목표 및 추진방향

　　2. 건강보험 보장성 강화의 추진계획 및 추진방법

　　3. 건강보험의 중장기 재정 전망 및 운영

　　4. 보험료 부과체계에 관한 사항

　　5. 요양급여비용에 관한 사항

　　6. 건강증진 사업에 관한 사항

　　7. 취약계층 지원에 관한 사항

　　8. 건강보험에 관한 통계 및 정보의 관리에 관한 사항

　　9. 그 밖에 건강보험의 개선을 위하여 필요한 사항으로 대통령령으로 정하는 사항

③ 보건복지부장관은 종합계획에 따라 매년 연도별 시행계획(이하 시행계획)을 건강보험정책심의위원회의 심의를 거쳐 수립·시행하여야 한다.

④ 보건복지부장관은 매년 시행계획에 따른 추진실적을 평가하여야 한다.

⑤ 보건복지부장관은 다음 각 호의 사유가 발생한 경우 관련 사항에 대한 보고서를 작성하여 지체 없이 국회 소관 상임위원회에 보고하여야 한다.

　　1. 제1항에 따른 종합계획의 수립 및 변경

　　2. 제3항에 따른 시행계획의 수립

　　3. 제4항에 따른 시행계획에 따른 추진실적의 평가

⑥ 보건복지부장관은 종합계획의 수립, 시행계획의 수립·시행 및 시행계획에 따른 추진실적의 평가를 위하여 필요하다고 인정하는 경우 관계 기관의 장에게 자료의 제출을 요구할 수 있다. 이 경우 자료의 제출을 요구받은 자는 특별한 사유가 없으면 이에 따라야 한다.

⑦ 그 밖에 제1항에 따른 종합계획의 수립 및 변경, 제3항에 따른 시행계획의 수립·시행 및 제4항에 따른 시행계획에 따른 추진실적의 평가 등에 필요한 사항은 대통령령으로 정한다.

제00조(건강보험정책심의위원회)

① 건강보험정책에 관한 다음 각 호의 사항을 심의·의결하기 위하여 보건복지부장관 소속으로 건강보험정책심의위원회(이하 심의위원회)를 둔다.

　　1. 종합계획 및 시행계획에 관한 사항(의결은 제외한다)

　　2. 요양급여의 기준

　　3. 요양급여비용에 관한 사항

　　4. 직장가입자의 보험료율

　　5. 지역가입자의 보험료율과 재산보험료부과점수당 금액

　　5의2. 보험료 부과 관련 제도 개선에 관한 다음 각 목의 사항(의결은 제외한다)

　　　　가. 건강보험 가입자의 소득 파악 실태에 관한 조사 및 연구에 관한 사항

　　　　나. 가입자의 소득 파악 및 소득에 대한 보험료 부과 강화를 위한 개선 방안에 관한 사항

　　　　다. 그 밖에 보험료 부과와 관련된 제도 개선 사항으로서 심의위원회 위원장이 회의에 부치는 사항

6. 그 밖에 건강보험에 관한 주요 사항으로서 대통령령으로 정하는 사항

② 심의위원회는 위원장 1명과 부위원장 1명을 포함하여 25명의 위원으로 구성한다.

③ 심의위원회의 위원장은 보건복지부차관이 되고, 부위원장은 제4항 제4호의 위원 중에서 위원장이 지명하는 사람이 된다.

④ 심의위원회의 위원은 다음 각 호에 해당하는 사람을 보건복지부장관이 임명 또는 위촉한다.
    1. 근로자단체 및 사용자단체가 추천하는 각 2명
    2. 시민단체, 소비자단체, 농어업인단체 및 자영업자단체가 추천하는 각 1명
    3. 의료계를 대표하는 단체 및 약업계를 대표하는 단체가 추천하는 8명
    4. 다음 각 목에 해당하는 8명
        가. 대통령령으로 정하는 중앙행정기관 소속 공무원 2명
        나. 국민건강보험공단의 이사장 및 건강보험심사평가원의 원장이 추천하는 각 1명
        다. 건강보험에 관한 학식과 경험이 풍부한 4명

⑤ 심의위원회 위원(제4항 제4호 가목에 따른 위원은 제외한다)의 임기는 3년으로 한다. 다만, 위원의 사임 등으로 새로 위촉된 위원의 임기는 전임위원 임기의 남은 기간으로 한다.

⑥ 보건복지부장관은 심의위원회가 제1항 제5호의2에 따라 심의한 사항을 국회에 보고하여야 한다.

⑦ 심의위원회의 운영 등에 필요한 사항은 대통령령으로 정한다.

① 보건복지부장관은 수립된 종합계획을 변경할 때 건강보험정책심의위원회 심의를 거쳐 국민건강보험종합계획을 변경한다.

② 보건복지부장관은 연도별 시행계획을 수립하면 건강보험정책심의위원회에서 시행계획의 추진실적을 평가한다.

③ 종합계획의 수립 및 변경이나 시행계획의 수립을 해야 하는 경우 관련 사항은 특별한 사유가 없으면 보고를 하지 않아도 된다.

④ 건강보험정책에 관한 심의·의결하기 위하여 국회 소관 상임위원회 소속으로 건강보험정책심의위원회를 둔다.

⑤ 건강보험정책심의위원회에서는 가입자의 소득 파악 및 소득에 대한 보험료 부과 강화를 위한 개선 방안에 관한 사항을 의결한다.

10 다음 지문의 내용에 따라 빈칸에 들어갈 것으로 가장 적절한 것은?

> 현대사회에서 '평균의 종말'이라는 사회현상이 점점 두드러지고 있다. 과거에는 대다수의 사람들이 특정한 중간값이나 평균적인 삶의 방식, 행동 양식에 맞추어 살아가는 경향이 강했지만, 오늘날 사회는 더 이상 평균적인 기준이 주를 이루지 않는다. 급격한 기술 발전, 개인화된 소비 패턴, 그리고 다양한 사회적 변화가 복합적으로 작용하면서, 평균보다는 개별화된 경험과 특화된 요구가 더욱 중요시되고 있다.
>
> 평균의 종말은 주로 (   )에서 기인한다. 디지털화된 세상에서는 데이터를 통해 개인의 취향, 습관, 행동을 정밀하게 분석할 수 있으며, 이를 바탕으로 맞춤형 제품과 서비스를 제공하는 것이 가능해졌다. 예를 들어, 스트리밍 서비스는 사용자 개개인의 시청 기록에 따라 추천 콘텐츠를 제공하고, 광고 산업 역시 특정 그룹이 아닌 개별 사용자에게 최적화된 광고를 보여준다. 이러한 변화는 평균적 대중을 위한 보편적인 제품이 아닌, 다양한 개별화된 요구에 맞춘 제품과 서비스가 주를 이루게 만들었다.
>
> 이와 같은 '평균의 종말' 현상은 사회 전반에 걸쳐 개인화와 다양성의 증가를 가져왔다. 교육, 소비, 정치 등 모든 영역에서 사람들은 평균적인 선택을 하기보다는 자신만의 독특한 성향과 요구에 맞는 결정을 내리기 시작했다. 이는 사회의 다원화와 선택의 폭이 넓어졌다는 긍정적인 측면도 있지만, 동시에 개인 간 격차가 심화되고, 공통의 경험이나 가치가 줄어드는 부작용도 초래할 수 있다.

① 광고산업의 발달
② 기술 발전과 데이터 분석의 세분화
③ 자국우선주의에 따른 획일성
④ 성과우선주의와 계급의 서열화
⑤ 사회의 단일화

11 다음 글을 근거로 판단할 때 옳지 않은 것은?

> 제00조(국가 및 지방자치단체 등의 책무)
> ① 국가 및 지방자치단체는 산림의 보전, 산림의 공익기능 증진, 임업의 발전 및 산촌의 진흥 등 산림의 보전 및 이용에 관한 종합적인 시책을 수립하고 이를 시행할 책무를 진다.
> ② 국가 및 지방자치단체는 산림의 보전 및 이용에 관한 시책을 추진함에 있어서 필요한 법제 및 재정에 관한 조치를 하여야 한다.
> ③ 국민은 산림이 합리적으로 보전 및 이용될 수 있도록 국가 및 지방자치단체의 산림시책에 적극 협력하여야 한다.
> ④ 산림의 소유자 또는 산림을 이용하여 수익을 얻으려는 자는 지속가능한 산림경영을 위하여 노력하여야 한다.
>
> 제00조(산림의 합리적 보전 및 이용)
> ① 국가 및 지방자치단체는 산림시책과 이에 관련된 사업을 추진함에 있어서 지속가능한 산림경영을 위하여 산림의 보전과 이용이 조화를 이루도록 노력하여야 한다.
> ② 국가 및 지방자치단체는 지속가능한 산림경영과 종합적·효율적인 산림관리를 위하여 산림을 이용목적에 따라 구분·관리하여야 한다.

제00조(산림기능의 증진)

국가 및 지방자치단체는 산림이 지니고 있는 국토환경의 보전, 임산물의 공급, 산림복지의 증진 및 탄소흡수원의 유지·증진 등 다양한 기능들이 충분하게 발휘될 수 있도록 장기적인 목표와 방향을 설정하여 산림을 조성·보호하고 관리하여야 한다.

제00조(임업의 육성)

국가 및 지방자치단체는 임업의 균형적인 성장 및 임업인의 건전한 육성을 위하여 임업의 경쟁력을 높이고 임업인의 소득이 향상될 수 있도록 노력하여야 한다.

제00조(산촌의 진흥)

국가 및 지방자치단체는 국토의 균형있는 발전과 산림자원의 효율적인 관리를 위하여 산촌의 소득증진 및 산촌주민의 복지증진을 위하여 노력하여야 한다.

제00조(국제협력 및 통일대비 정책)

① 국가 및 지방자치단체는 지구의 산림 보전을 위한 국제협력을 강화하고 통일에 대비하기 위하여 필요한 산림에 관한 시책을 수립하고 시행하기 위하여 노력하여야 한다.
② 국가는 남북 간 산림 보전 및 이용의 상호교류와 협력을 증진할 수 있도록 노력하여야 한다.
③ 국가는 남북 간 산림 보전 및 이용의 상호교류와 협력을 증진하기 위하여 북한의 산림에 관한 정책·제도 및 현황 등에 관하여 조사·연구하여야 한다.
④ 국가는 남북 간 산림 보전 및 이용의 상호교류와 협력을 증진하기 위하여 외국정부, 국제기구 또는 관련 기관·단체 등과의 국제협력을 촉진하는 방안을 마련할 수 있다.

① 지방자치단체는 산촌의 진흥을 위한 종합적인 시책을 수립하여야 한다.
② 국가는 산림의 보전에 필요한 재정에 관한 조치를 하여야 한다.
③ 탄소흡수원의 유지를 위해서 국가는 장기적인 목표를 설정하여야 한다.
④ 국가는 통일에 대비하여 필요한 산림 시책을 수립하기 위하여 노력하여야 한다.
⑤ 산촌주민 복지증진은 시책의 수립에 포함하지 않는다.

12 다음 빈칸에 들어갈 숫자의 합으로 적절한 것은?

> A, B, C, D는 매일 최대한 많이 걷기로 하고, 특정 시간에 만나서 각자의 걸음 수와 그 합을 기록하였다. 그 기록한 걸음 수의 합은 299,997걸음이었다. 하지만 기록된 걸음 수 중 몇 개의 숫자가 잘 보이지 않아 빈칸(□)으로 표기되었다.
> A: 1, □, 7, 3, 5
> B: 8, 2, □, 9, 6
> C: 9, □, 1, □, 8,
> D: 7, 8, □, 6, 4,

① 15   ② 16
③ 17   ④ 18
⑤ 19

13 다음 글을 근거로 판단할 때, 〈보기〉에서 옳은 것만 모두 고른 것은?

> 철수는 세 가지 색상의 공을 〈조건〉에 따라서 상자 안에 각각 나누어 담으려고 한다.
>
> | 색상 | 무게(kg) | 개수 |
> | --- | --- | --- |
> | 빨강 | 20 | 5 |
> | 파랑 | 30 | 3 |
> | 초록 | 50 | 2 |
>
> 〈조건〉
>
> • 각 상자에는 100kg을 초과해 담을 수 없다.
> • 각 상자에는 최소한 2가지 색상의 공을 담아야 한다.

> 〈보기〉
>
> ㉠ 빨간색 공은 서로 다른 상자에 담긴다.
> ㉡ 한 상자에는 상자에 빨강색 공은 3개, 초록색 공은 1개를 담을 수 있다.
> ㉢ 빨간색 공이 담긴 상자에는 파란색 공이 담기지 않는다.
> ㉣ 세 개의 상자 중에서 공의 무게 합이 가장 큰 상자는 초록색 공이 포함된다.

① ㉠㉡   ② ㉡㉢
③ ㉢㉣   ④ ㉡㉣
⑤ ㉠㉣

14 다음 폐수 처리시설 현황에 관한 자료에 대한 설명으로 옳은 것은?

구분	시설수	연간처리량	관리인원
A	700	500,000m^3	150명
B	900	700,000m^3	200명
C	400	200,000m^3	80명
D	500	100,000m^3	70명
합계	2,500	1,500,000m^3	500명

※ 시설수는 각 시설이 처리할 수 있는 최대 일일 처리 용량을 의미한다.

① 연간처리량이 많은 시설일수록 관리인원이 적다.

② 시설수 대비 연간처리량 비율이 가장 높은 시설은 A이다.

③ 연간처리량은 B가 C의 3배에 달한다.

④ D의 시설수는 전체 시설수의 25% 이상이다.

⑤ B의 2024년 기준 일일 처리량은 2,000㎥ 이상이다.

15 다음을 근거로 판단할 때 〈보기〉에서 옳은 것을 모두 고르면?

> 암호화 알고리즘은 크게 대칭키 암호화(symmetric-key cryptography)와 비대칭키 암호화(asymmetric-key cryptography)로 구분된다. 두 방식은 키의 사용 방식에서 차이가 있으며, 보안성, 성능, 사용 용도에 따라 상호 보완적인 관계를 가진다.
>
> 대칭키 암호화는 암호화와 복호화에 동일한 키를 사용하는 알고리즘이다. 이 방식의 대표적인 알고리즘으로는 DES(Data Encryption Standard), AES(Advanced Encryption Standard) 등이 있다.
>
> 대칭키 암호화는 키 관리가 어려운 점이 단점으로 꼽히지만, 비대칭키 방식보다 훨씬 더 빠르다는 장점이 있다. 대칭키 암호화에서는 데이터의 기밀성을 유지하기 위해 키의 길이를 충분히 길게 설정해야 하며, 현재 일반적으로 128비트 이상의 키가 사용된다.
>
> 비대칭키 암호화는 서로 다른 두 개의 키, 즉 공개키(public key)와 개인키(private key)를 사용하는 방식이다. 공개키는 암호화를 위해 사용되며, 개인키는 복호화를 위해 사용된다. 대표적인 비대칭키 알고리즘으로는 RSA(Rivest-Shamir-Adleman), Elliptic Curve Cryptography(ECC) 등이 있다.
>
> 비대칭키 암호화는 키 관리가 상대적으로 용이하다는 장점이 있지만, 대칭키 암호화에 비해 속도가 느리다는 단점이 있다. 따라서 대칭키와 비대칭키를 혼합하여 사용하는 하이브리드 암호화 방식이 종종 사용되는데, 이는 비대칭키로 세션 키를 교환한 후 해당 세션 키를 사용해 대칭키 방식으로 데이터를 암호화하는 방법이다.
>
> 암호화의 보안 수준은 주로 사용되는 키 길이(key length)에 의해 결정된다. 키 길이가 길어질수록 브루트 포스 공격에 대한 저항력이 커지며, 더 안전한 암호화를 제공한다. 하지만 키 길이가 증가하면 암호화 및 복호화에 소요되는 시간이 길어지고, 시스템의 처리 성능에 영향을 미칠 수 있다.
>
> 대칭키 암호화에서 권장되는 키 길이는 일반적으로 128비트 이상이다. 예를 들어, AES 알고리즘의 경우 128비트 키는 충분한 보안성을 제공하지만, 향후 컴퓨터의 처리 능력 향상에 따른 공격 가능성을 대비하기 위해 192비트 또는 256비트 키가 선호되기도 한다.
>
> 비대칭키 암호화는 대칭키 암호화에 비해 훨씬 긴 키 길이를 요구한다. 현재 대부분의 보안 시스템에서 2048비트 이상의 RSA 키가 사용되며, ECC의 경우 256비트 키가 널리 사용된다. 특히, ECC는 RSA에 비해 짧은 키로도 강력한 보안을 제공하기 때문에, 미래의 암호화 기술에서 더욱 주목받고 있다.

〈보기〉
ㄱ. 128비트, 192비트, 256비트의 다양한 키 길이를 지원하는 AES는 키 관리가 어렵다.
ㄴ. 개인키는 암호화와 복호화에 동일한 키를 사용하는 알고리즘이다.
ㄷ. 키 길이는 암호화 보안 수준을 결정한다.
ㄹ. 대칭키 암호화는 비대칭키 암호화에 비해 훨씬 긴 키 길이이다.

① ㄱㄴ   ② ㄱㄷ
③ ㄴㄷ   ④ ㄴㄹ
⑤ ㄷㄹ

16 다음 글을 근거로 판단할 때, 인쇄에 필요한 A4용지의 장수는?

회사에서는 프로젝트 보고서를 작성하고, 이를 여러 부서에 인쇄하여 배포하려고 한다. 아래는 인쇄 규칙에 따른 보고서의 인쇄 지침이다.

〈인쇄규칙〉

• 문서는 A4 용지에 인쇄한다.
• 2페이지 이상인 문서는 양면으로 인쇄한다. 단, 중요한 문서는 한 면만 인쇄한다.
• 문서의 중요도에 따라, 상, 중, 하로 구분된다. '상'에 해당하는 문서는 모두 단면 인쇄를 하며, '중'이나 '하'에 해당하는 문서는 양면 인쇄를 적용한다.
• 각 문서는 다른 부서에 배포되므로, 한 문서당 한 장의 A4용지에는 오직 해당 문서의 내용만 담긴다.

문서의 종류	페이지 수	중요도
A	3	상
B	8	중
C	5	하
D	7	상

① 14장
② 15장
③ 16장
④ 17장
⑤ 18장

17 다음을 근거로 판단할 때 〈보기〉에서 옳은 것을 모두 고르면?

회사에서는 임원 선발을 위해 사내 순위 1위에서 10위까지의 직원 중 4명을 선발하려고 한다. 임원으로 선발된 직원은 직급에 따라 순위가 높은 직원이 우선권을 가지며, A, B, C, D 부서의 소속 직원 중에서 최소한 1명씩은 포함되어야 한다.

〈상황〉
• 사내 순위 1위에서 10위까지는 공통 순위가 없다.
• 직원 10명 중 4명은 A 부서, 3명은 B 부서, 2명은 C 부서, 1명은 D 부서 소속이다.
• A 부서 직원 중 사내 순위가 가장 높은 직원은 1위이며, B 부서 직원 중 가장 높은 직원은 2위이다.
• C 부서의 직원 중 가장 높은 순위는 5위이고, D 부서의 직원은 8위에 속해 있다.
• 각 부서에서 선발된 직원은 각각 다른 직급으로 임명되며, 동일 부서에서 한 명 이상 선발되지 않는다.

〈보기〉
㉠ 사내 순위 1위 직원의 소속 부서는 A 부서이다.
㉡ C 부서 직원 중 사내 순위가 가장 높은 직원은 5위에 해당한다.
㉢ B 부서 직원 중 사내 순위가 가장 높은 직원은 3위이다.
㉣ 사내 순위 8위 직원은 D 부서에 속해 있다.

① ㉠
② ㉠㉡
③ ㉠㉡㉣
④ ㉡㉢㉣
⑤ ㉣

18 다음 글을 근거로 판단할 때, 〈보기〉에서 옳은 것만 모두 고른 것은?

회사는 제품 P를 생산하는 데 두 가지 재료 M과 N을 3:2의 비율로 혼합해야 한다. 이를 통해 P 1kg을 생산할 수 있다. 아래의 공정을 통해 M과 N을 각각 생산하며, 이를 혼합하여 P를 생산한다.

• M은 재료 X와 Y를 1:2의 비율로 혼합하여 만들 수 있다. X 1kg과 Y 2kg을 혼합하면 M 1kg이 생산된다.
• N은 재료 W와 Z를 1:1의 비율로 혼합하여 만들 수 있다. W 1kg과 Z 1kg을 혼합하면 N 1kg이 생산된다.
• 각 재료의 가격은 다음과 같다. 재료 간의 혼합에 따른 가공비용은 발생하지 않는다.

재료	가격(원/kg)
X	2,000원
Y	1,500원
W	3,000원
Z	2,500원

---

① 21,000원

② 22,500원

③ 23,000원

④ 24,500원

⑤ 26,000원

19 다음은 2018년부터 2023년까지 신선식품의 평균 가격과 가격 지수 변동에 대한 자료이다. 이에 대한 설명으로 옳은 것은?

〈2018 ~ 2023년 신선식품 평균 가격 및 가격지수〉

구분	2018년	2019년	2020년	2021년	2022년	2023년
평균가격(원)	4,500	4,800	5,200	5,600	6,000	( )
가격지수	100	106.7	115.6	124.4	133.3	144.4

〈2018 ~ 2023년 주요 식재료의 판매단위당 가격〉

(단위 : 원)

품목	단위	2018년	2019년	2020년	2021년	2022년	2023년
쌀	1kg	3,000	3,200	3,500	3,800	4,000	4,300
고구마	1kg	4,000	4,200	4,500	4,800	5,200	5,600
양파	1kg	1,500	1,600	1,800	2,000	2,200	2,500
돼지고기	500g	7,000	7,200	7,500	7,800	8,200	8,500

① 2023년 평균 가격은 2018년 대비 40% 이하로 상승했다.

② 2023년 쌀 2kg, 고구마 1kg, 양파 2kg의 총 비용은 17,200원이다.

③ 2023년 평균가격은 약 6,500원에 해당한다.

④ 2018년에 비해 2023년에 가격이 2배 이상 상승한 품목은 3가지이다.

⑤ 신선식품 가격지수가 80이면 신선식품의 가격은 4,000원 이상이다.

20 다음은 XYZ 회사의 각 부서별 프로젝트 완료 및 교육 수료 현황에 관한 자료이다. 이에 대한 설명으로 옳지 않은 것은?

〈XYZ 회사 부서별 프로젝트 완료 및 교육 수료 현황〉

부서	직원 수	프로젝트 완료자 수	완료율	교육 수료자 수	수료율
영업부	600명	360명	( )	90명	15.0%
기획부	500명	250명	( )	75명	15.0%
경영부	400명	240명	( )	40명	10.0%
합계	1,500명	850명	56.7%	205명	13.7%

※ 1) 프로젝트 완료율(%) = (프로젝트 완료자 수 ÷ 직원 수) × 100
   2) 교육 수료율(%) = (교육 수료자 수 ÷ 직원 수) × 100
   3) 미수료 비율(%) = 100 − (프로젝트 완료율 + 교육 수료율)

① 영업부의 프로젝트 완료율은 기획부보다 높다.
② 교육 미수료 비율은 경영부가 가장 낮다.
③ 교육 수료자가 10% 증가하면, 전체 교육 수료율은 15% 이상이 된다.
④ 교육 수료자가 5% 감소하면, 전체 교육 수료율은 13% 이하가 된다.
⑤ 교육 수료율 경영부가 가장 낮다.

21 다음은 자동차가 일정 시간 동안 이동한 거리에 대한 자료이다. 이에 대한 설명으로 옳지 않은 것은?

〈자동차의 이동 시간에 따른 거리〉

시간	1시간	2시간	3시간	4시간	5시간
거리(km)	60	130	200	270	340

※ 1) 평균 속력 = (총 이동 거리 ÷ 총 시간)
    2) 시간당 속력 변화 = (다음 시간 거리 − 이전 시간 거리) ÷ 1시간

① 자동차는 처음 2시간 동안 평균 65km/h로 이동했다.
② 자동차는 매 시간 일정한 속도로 이동했다.
③ 4시간까지의 총 이동 거리는 270km이다.
④ 5시간 동안 평균 속력은 68km/h이다.
⑤ 1시간에서 3시간까지의 속력 변화는 35km/h이다.

22 다음은 X사 각 팀의 프로젝트 현황에 관한 자료이다. 자료에 대한 설명으로 옳지 않은 것은?

〈X사 부서별 프로젝트 현황〉

팀	진행 중 프로젝트 수	완료된 프로젝트 수	직원 수
A팀	100개	60개	150개
B팀	50개	30개	100개
C팀	75개	45개	120개
D팀	75개	45개	130개
합계	300개	180개	500개

〈조건〉
- 팀별 완료된 프로젝트 수는 진행 중 프로젝트 수에 비례한다.
- 완료된 프로젝트 수 ÷ 진행 중 프로젝트 수는 각 팀의 프로젝트 완성률을 나타낸다.
- 직원 수 ÷ 진행 중 프로젝트 수는 팀당 평균 담당 프로젝트 수를 나타낸다.

① A팀은 C팀에 비해 프로젝트 완성률이 높다.
② D팀의 평균 담당 프로젝트 수가 B팀보다 높다.
③ B팀의 프로젝트 완성률은 60%이다.
④ 전체 완료된 프로젝트 수는 진행 중 프로젝트 수의 60% 이상이다.
④ C팀과 D팀의 완료된 프로젝트 수는 동일하다.

23 다음 X국의 상위 5개 은행의 자산 규모와 연간 수익 현황에 관한 자료이다. 이에 대한 〈보기〉의 설명 중 옳은 것을 모두 고르면?

〈상위 5개 은행 자산 규모 및 연간 수익 현황〉

(단위 : 억 원, 천 원/억 원)

순위	은행	자산규모(억 원)	연간 수익(천 원)	자산 대비 수익(천 원/억 원)
1	A	12,000	840,000	70
2	B	14,500	1,015,000	70
3	C	13,000	910,000	70
4	D	10,200	680,000	67
5	E	9,500	627,500	66

㉠ X국의 전체 은행 자산 규모는 70,000억 원 이상이다.
㉡ A ~ E 중, 자산 대비 수익률이 가장 높은 은행은 B이다.
㉢ A ~ E 은행의 자산 대비 수익률이 동일하다.
㉣ A ~ E 은행의 연간 수익 합계는 C 은행의 연간 수익보다 크다.
㉤ 자산 대비 수익률이 가장 작은 은행은 E이다.

① ㉠㉡
② ㉡㉢㉣
③ ㉢㉣㉤
④ ㉣㉤
⑤ ㉠㉡㉢㉣㉤

24 다음은 2023년 甲 국가의 산업 폐기물 처리실적에 관한 자료이다. 이에 대한 설명으로 옳은 것은?

처리 주체	재활용	소각	매립	기타
공공	500	350	300	50
자가	200	100	50	20
위탁	150	120	80	30
합계	850	570	430	100

① 전체 처리실적 중 매립의 비율은 20% 이하이다.
② 기타를 제외하고, 공공의 재활용 실적은 위탁보다 2배 이하이다.
③ 각 처리주체에서 소각의 비율은 자가가 가장 높다.
④ 처리주체가 위탁인 경우 기타의 비율은 10% 이상이다.
⑤ 소각 처리 산업 폐기물 중 공공의 비율은 60% 이상이다.

25 다음은 C 고등학교의 올해 도서관 도서 대출 현황에 관한 자료이다. 이에 대한 설명으로 옳은 것은?

학년	문학	과학	역사	기타	합
1학년	200	150	100	50	500
2학년	180	120	90	60	450
3학년	220	130	80	70	500
합계	600	400	270	180	1,450

① 전체 도서 대출 중 문학의 비율은 40% 이상이다.
② 2학년의 과학 대출 수는 1학년보다 많다.
③ 각 학년에서 기타 대출의 비율은 2학년이 가장 높다.
④ 역사 도서 대출 중 3학년의 비율은 30% 이상이다.
⑤ 1학년 도서 대출 중 문학의 비율은 35% 미만이다.

26 다음은 甲국이 구매를 고려 중인 A ~ E 자동차의 제원과 평가 방법에 관한 자료이다. 이를 근거로 A ~ E 중 甲국이 구매할 자동차를 고른 것은?

자동차 종류	최고속도 (km/h)	연비 (km/L)	안전성 (점)	가격 (억 달러)	공공도로 주행 가능 여부	오프로드 주행 가능 여부
A	220	15	4	1.6	○	×
B	180	18	5	1.8	○	○
C	200	12	3	1.5	○	×
D	250	10	5	2.1	×	○
E	240	8	4	1.9	×	○

- 평가항목 중 최고 속도, 연비, 안전성은 높을수록, 가격은 낮을수록 우수하다.
- 각 평가항목별로 1위에서 5위를 순서대로 5점, 4점, 3점, 2점, 1점을 부여한다.
- 공공도로 주행 가능 여부와 오프로드 주행 가능 여부는 가능 시 1점, 불가능 시 0점을 부여한다.
- 甲국은 평가항목의 총점이 가장 높은 자동차를 구매한다. 단, 동점일 경우 공공도로 주행 가능 여부에서 가격이 낮은 자동차를 구매한다.

① A
② B
③ C
④ D
⑤ E

27 다음은 甲국가의 장학금 신청 학생에 관한 자료이다. 이를 근거로 학생 A ~ D 중 산정된 장학금이 가장 많은 학생과 가장 적은 학생을 바르게 연결한 것은?

- 장학금 = 학생 성적 지수 × (평균 가계 소득 × 4) + (참여활동 수 × 활동 시간 × 5)
- 평균 가계 소득이 높을수록 장학금은 감소한다.

〈장학금 신청 학생 현황〉

(단위 : 만 원, 시간, 명))

학생	성적 지수	평균 가계 소득	참여활동 수	활동 시간
A	150	200	5	30
B	130	150	4	25
C	170	300	3	20
D	120	250	6	40

	가장 많은 학생	가장 적은 학생
①	A	B
②	A	D
③	B	C
④	C	D
⑤	D	A

▌28 ~ 29▐ 다음은 N회사의 직원 목록과 관련 정보가 정리된 표이다. A 열은 직원 ID, B 열은 직원 이름, C 열은 부서명, D 열은 월급이다. 각 직원의 ID를 기준으로 다른 시트에서 해당 직원의 정보를 조회하려고 한다. 표를 확인 하고 다음 물음에 답하시오.

A	B	C	D
101	김철수	마케팅부	3,500
102	이영희	인사부	3,200
103	박민수	개발부	4,500
104	정수정	마케팅부	3,800
105	최준영	영업부	3,900

28 B 시트에 직원 ID가 입력되어 있을 때, A 시트에서 해당 직원의 이름을 조회하는 공식으로 옳은 것은? (단, B 시트에서 A1 셀에 직원 ID가 있고, A 시트가 "EmployeeData"라는 이름으로 되어 있다고 가정한다)

① =VLOOKUP(A1, EmployeeData!$A$1:$D$5, 2, TRUE)
② =VLOOKUP(A1, EmployeeData!$A$1:$D$5, 2, FALSE)
③ =VLOOKUP(A1, EmployeeData!$B$1:$D$5, 2, FALSE)
④ =VLOOKUP(A1, EmployeeData!$A$1:$D$5, 3, TRUE)
⑤ =VLOOKUP(A1, EmployeeData!$A$1:$C$5, 3, FALSE)

29 C 시트에서 직원의 ID에 따라 월급을 조회하려고 할 때, A 시트에서 월급 정보를 가져오는 공식으로 옳은 것은? (단, C 시트에서 B1 셀에 직원 ID가 있고, A 시트가 "EmployeeData"라는 이름으로 되어 있다고 가정한다)

① =VLOOKUP(B1, EmployeeData!$A$1:$D$5, 4, FALSE)
② =VLOOKUP(B1, EmployeeData!$A$1:$D$5, 4, TRUE)
③ =VLOOKUP(B1, EmployeeData!$A$1:$C$5, 3, FALSE)
④ =VLOOKUP(B1, EmployeeData!$B$1:$D$5, 4, FALSE)
⑤ =VLOOKUP(B1, EmployeeData!$A$1:$D$5, 5, TRUE)

30 다음 데이터가 있는 엑셀 워크시트에 총점 열에 각 학생의 수학, 영어, 과학 점수를 더한 값을 구하고, 결과 열에는 총점이 200점 이상이면 '합격', 그렇지 않으면 '불합격'이라는 값을 표시한다면 결과 열에 들어갈 적절한 수식은?

	A	B	C	D	E	F
1	이름	수학	영어	과학	총점	결과
2	홍길동	70	80	90		
3	김영희	60	70	60		
4	박철수	80	90	70		

① =IF(SUM(B2:D2)>=200, "합격", "불합격")

② =IF(AVERAGE(B2:D2)>=200, "합격", "불합격")

③ =IF(SUM(B2:D2)<=200, "합격", "불합격")

④ =IF(MAX(B2:D2)>=200, "합격", "불합격")

⑤ =IF(SUM(B2:D2)>300, "합격", "불합격")

31 다음 수식을 엑셀에 입력하면 B2 셀이 빈 셀일 때, 결과값은?

> =IFERROR(10 / B2, "Error")

① 0

② #DIV/0!

③ Error

④ 10

⑤ #VALUE!

32 IPv4(인터넷 프로토콜 버전 4)의 주요 특징으로 옳은 것은?

① 128비트 주소 체계를 사용한다.

② 주소는 A, B, C, D, E의 다섯 개 클래스로 나뉜다.

③ 주소의 수량이 무한하게 생성 가능하다.

④ 데이터 무결성 및 재전송은 상위 프로토콜(예: TCP)을 담당한다.

⑤ 멀티캐스트를 사용한다.

33 다음 C언어 코드의 출력 결과로 옳은 것은?음 수식을 엑셀에 입력하면 B2 셀이 빈 셀일 때, 결과값은?

```c
#include <stdio.h>
int main() {
    int a = 5, b = 10;
    int result = 0;
    result = a * 2 + b / 2;
    printf("%d\n", result);
    return 0;
}
```

① 15

② 20

③ 25

④ 30

⑤ 35

34 다음 C언어 코드의 출력 결과로 옳은 것은?

```c
#include <stdio.h>
int main() {
    int num = 8;
    if (num % 2 == 0) {
        printf("Even\n");
    } else {
        printf("Odd\n");
    }
    return 0;
}
```

① 8

② Even

③ Odd

④ 0

⑤ Error

35 다음 JAVA에서 코드의 출력 결과로 올바른 것은?

```java
public class Main {
    public static void main(String[] args) {
        int x = 5;
        int y = 10;
        int result = calculateSum(x, y);
        System.out.println(result);
    }
    public static int calculateSum(int a, int b) {
        return a + b;
    }
}
```

① 5
② 10
③ 15
④ 50
⑤ 오류발생

36 조합 논리 회로의 특징으로 옳은 것은?

① 입력과 출력 사이에 피드백(반환) 경로가 존재한다.
② 입력이 변화해도 출력이 변하지 않는다.
③ 출력은 현재 입력의 상태에만 의존한다.
④ 회로의 상태를 저장할 수 있다.
⑤ 클럭 신호에 의해 동작한다.

37 새로운 디렉토리를 생성하는 명령어로 옳은 것은?

① mkdir   ② del
③ copy   ④ cd
⑤ move

38 다음 조건에 따라서 A회사의 본사와 해외 LA지사 근무시간에 따라서 회의시간을 설정하고자 한다. 화상 회의가 가능한 서울 본사 시간을 기준으로 선택할 수 있는 적절한 회의 시작 시간은?

- 근무시간

  서울 본사 근무 시간 : 오전 9시 ~ 오후 6시(KST)

  로스앤젤레스 지사 근무 시간 : 오전 8시 ~ 오후 5시(PST)
- 화상 회의는 각 지사의 근무 시간 내에만 가능합니다.
- 화상 회의는 최소 1시간 이상 진행되어야 합니다.
- 회의는 근무 시작 1시간 후, 근무 종료 1시간 전까지만 가능합니다.

---

① 오전 9시   ② 오전 10시

③ 오후 1시   ④ 오후 4시

⑤ 오후 6시

39 甲회사의 팀은 두 가지 프로젝트(A, B)를 동시에 진행하고 있다. 각 프로젝트의 마감 시간이 다가오고 있으며, 팀원들은 두 프로젝트 모두 시간 내에 완료해야 한다. 팀원의 근무 시간은 오전 9시부터 오후 6시일 경우 다음 〈조건〉을 모두 만족하기 위해 작업을 시작해야 하는 최적의 시간은?

〈조건〉

- 프로젝트 A는 총 8시간이 필요하며, 반드시 프로젝트 B를 완료한 후에 시작해야 합니다.
- 프로젝트 B는 총 4시간이 필요하며, 오후 1시까지 완료되어야 합니다.
- 점심시간(오후 12시 ~ 오후 1시)에는 모든 작업을 중단해야 합니다.
- 프로젝트 B를 먼저 시작하고, 완료된 후에 프로젝트 A를 시작할 수 있습니다.
- 점심시간 동안은 작업을 진행할 수 없습니다.
- 프로젝트 A는 프로젝트 B 완료 후 즉시 시작합니다.

---

① 오전 8시   ② 오전 9시

③ 오전 10시   ④ 오전 11시

⑤ 오전 12시

40 다음은 甲 국가 공무원의 특별휴가에 대한 규정이다. 다음 규정에 대한 설명으로 옳지 않은 것은?

제20조(특별휴가)

① 행정기관의 장은 소속 공무원이 결혼하거나 그 밖의 경조사가 있는 경우에는 해당 공무원의 신청에 따라 별표 2의 기준에 따른 경조사휴가를 주어야 한다.

② 임신 중인 공무원은 출산 전과 출산 후를 통하여 90일(한 번에 둘 이상의 자녀를 임신한 경우에는 120일)의 출산휴가를 사용할 수 있되, 출산 후의 휴가기간이 45일(한 번에 둘 이상의 자녀를 임신한 경우에는 60일) 이상이 되도록 해야 한다. 다만, 임신 중인 공무원은 다음 각 호의 어느 하나에 해당하는 사유로 출산휴가를 신청하는 경우에는 출산 전 어느 때라도 최장 44일(한 번에 둘 이상의 자녀를 임신한 경우에는 59일)의 범위에서 출산휴가를 나누어 사용할 수 있다.

  1. 임신 중인 공무원이 유산·사산의 경험이 있는 경우

  2. 임신 중인 공무원이 출산휴가를 신청할 당시 연령이 40세 이상인 경우

  3. 임신 중인 공무원이 유산·사산 또는 조산(早産)의 위험이 있다는 의료기관의 진단서를 제출한 경우

③ 여성공무원은 생리기간 중 휴식을 위하여 매월 1일의 여성보건휴가를 사용할 수 있다. 이 경우 여성보건휴가는 무급으로 한다.

④ 임신 중인 여성공무원은 1일 2시간의 범위에서 휴식이나 병원 진료 등을 위한 모성보호시간을 사용할 수 있다. 이 경우 모성보호시간의 사용 기준 및 절차 등에 관하여 필요한 사항은 인사혁신처장이 정한다.

⑤ 8세 이하 또는 초등학교 2학년 이하의 자녀가 있는 공무원은 자녀를 돌보기 위하여 36개월의 범위에서 1일 최대 2시간의 육아시간을 사용할 수 있다. 이 경우 육아시간의 사용 기준 및 절차 등에 관하여 필요한 사항은 인사혁신처장이 정한다.

⑥ 한국방송통신대학교에 재학 중인 공무원은 출석수업에 참석하기 위하여 연가 일수를 초과하는 출석수업 기간에 대한 수업휴가를 받을 수 있다.

⑦ 재난으로 피해[배우자, 부모(배우자의 부모를 포함한다) 또는 자녀가 입은 피해를 포함한다. 이하 이 항에서 같다]를 입은 공무원과 재난 발생 지역에서 자원봉사활동을 하려는 공무원은 5일 이내의 재해구호휴가를 받을 수 있다.

⑧ 유산하거나 사산한 여성공무원은 다음 각 호의 구분에 따른 유산휴가 또는 사산휴가를 사용할 수 있다.

  1. 임신기간이 15주 이내인 경우 : 유산하거나 사산한 날부터 10일까지

  2. 임신기간이 16주 이상 21주 이내인 경우 : 유산하거나 사산한 날부터 30일까지

  3. 임신기간이 22주 이상 27주 이내인 경우 : 유산하거나 사산한 날부터 60일까지

  4. 임신기간이 28주 이상인 경우 : 유산하거나 사산한 날부터 90일까지

⑨ 남성공무원은 배우자가 유산하거나 사산한 경우3일의 유산휴가 또는 사산휴가를 사용할 수 있다.

---

① 쌍둥이를 임신한 경우 출산 전과 출산 후를 통하여 120일의 출산휴가를 사용가능하다.

② 임신 중인 여성은 1일 3시간의 범위에서 휴식을 위해 모성보호시간을 사용할 수 있다.

③ 8세 이하 자녀가 있는 공무원은 자녀를 돌보기 위하여 36개월의 범위에서 1일 최대 2시간의 육아시간을 사용할 수 있다.

④ 한국방송통신대학교에 재학 중인 공무원은 출석수업을 위한 휴가를 받을 수 있다.

⑤ 남성공무원은 배우자가 유산한 경우 3일의 유산휴가를 사용할 수 있다.

41 K 씨의 급여 총액은 700만 원이고, 공제 총액은 200만 원에 해당한다. 이번 달에 시간외근무를 10시간을 한 경우 K 씨의 시간외수당 금액으로 적절한 것은?

① 250,000원

② 320,000원

③ 360,000원

④ 375,000원

⑤ 400,000원

42 K 씨는 팀원들과 야근을 하면서 저녁 식사로 자장면, 짬뽕, 샐러드 중에서 선택하여 주문하려고 한다. 총 야근 인원은 10명이지만 팀장과 대리는 식사를 하지 않는다. 회사에서 제공되는 야근 식대 금액은 70,000원에 해당한다. 자장면 7,000원, 짬뽕 8,500원, 샐러드 10,000원일 때 8명에게 식사를 제공할 수 있는 메뉴를 모두 고른 것은?

㉠ 자장면
㉡ 짬뽕
㉢ 샐러드
㉣ 자장면과 샐러드를 혼합하여 주문

① ㉠㉢

② ㉠㉡

③ ㉡㉣

④ ㉡㉢

⑤ ㉠㉣

┃43～44┃ 다음은 甲 기업의 임직원 경조사 업무처리지침이다. 다음을 보고 물음에 답하시오.

〈임직원 경조사 업무처리지침〉
① 배우자, 부모 또는 배우자 부모 사망 시
 • 근조화환 및 근조기 송부
 • 조의금 지급 : 10만 원 이내
 • 경조회보로 공지
 • 경조금 지급(화환/조의금 지급 시 미지급)
② 본인 결혼식
 • 축의금 지급
 • 경조회보로 공지
 • 경조금 지급(축의금 지급 시 미지급)
 • 화환 및 축기 송부
③ 위에서 언급되지 않은 사항은 알림조치만 진행

43 다음 임직원 경조사 업무처리지침에 따라 바르게 말한 임직원은?

① A과장 : 이번에 부모님 회갑이라서 회사에서 현금을 지급받을 예정입니다.
② B대리 : 제 결혼식에 축의금을 받지 못해서 경조금을 받습니다.
③ C부장 : 딸 결혼식에 회사에서 화환과 축의금이 나옵니다.
④ D사원 : 아들 돌잔치에 회사에서 축의금이 나올 것으로 생각합니다.
⑤ E사원 : 제 배우자 부친의 사망이 경조회보에 공지되겠네요.

44 다음 임직원 중에서 현금과 화환을 모두 받을 수 있는 사람은 몇 명인가?

 • 배우자의 부모가 사망한 甲 대리
 • 부모님이 사망한 乙 부장
 • 자녀가 결혼을 하게 되는 丙 전무
 • 부모님의 칠순잔치를 하는 丁 차장
 • 결혼기념일을 맞이한 戊 사원

① 1명 ② 2명
③ 3명 ④ 4명
⑤ 5명

45 다음은 구매해야 하는 A, B, C, D, E 업체별로 비품의 가격이다. 전사원 100명에게 각각 한 개씩 노트와 볼펜을 증정하는 경우 가장 저렴한 업체는?

업체	노트	볼펜
A업체	1,400원	600원
B업체	1,200원	700원
C업체	1,500원	500원
D업체	1,300원	550원
E업체	1,250원	650원

① A업체
② B업체
③ C업체
④ D업체
⑤ E업체

46 다음 중 농협의 인재상이 아닌 것은?

① 행복의 파트너
② 정직과 도덕성을 갖춘 인재
③ 진취적 도전가
④ 최고의 전문가
⑤ 신뢰를 통한 협업

47 농협의 혁신전략으로 적절하지 않은 것은?

① 농업인·국민과 함께「농사같이 운동」전개
② 중앙회 지배구조 혁신과 지원체계 고도화로「농축협 중심」의 농협 구현
③ 디지털 기반「생산·유통 혁신」으로 미래 농산업 선도, 농업소득 향상
④「금융부문 혁신」과「디지털 경쟁력」을 통해 농축협 성장 지원
⑤「AI기술 습득」과「조직구조 혁신」을 통해 새로운 농협으로 도약

Answer. 43.② 44.② 45.④ 46.⑤ 47.⑤

48 다음 농협에 대한 설명으로 옳지 않은 것은?

① 2023년 2월 6일 「범농협 3행 3무 실천운동」을 결의하였다.
② 2019년 2월 1일 산지유통혁신 112운동을 전개하였다.
③ 1999년 9월 1일 사이버 쌀도매시장을 국내최초로 개장하였다.
④ 1989년 8월 11일 신토불이 운동을 전개하였다.
⑤ 1963년 1월 20일 ICA집행위원회, 한국농협 준회원으로 가입을 결정하였다.

49 협동조합 기본법에 따라 조합원의 출자 및 책임에 대한 것으로 옳은 것은?

① 조합원은 정관으로 정하는 바에 따라 5좌 이상을 출자하여야 한다.
② 조합원 1인의 출자좌수는 총 출자좌수의 100분의 20을 넘어서는 아니 된다.
③ 조합원이 납입한 출자금은 질권의 목적이다.
④ 협동조합에 납입할 출자금은 협동조합에 대한 채권과 상계하지 못한다.
⑤ 조합원의 책임은 납입한 출자액을 이하로 한다.

50 협동조합 기본법의 기본원칙에 해당하는 것이 아닌 것은?

① 협동조합은 그 업무 수행 시 조합원을 위하여 최대한 봉사하여야 한다.
② 협동조합연합회는 그 업무 수행 시 회원을 위하여 최대한 봉사하여야 한다.
③ 협동조합은 자발적으로 결성하여 공동으로 소유하고 민주적으로 운영되어야 한다.
④ 협동조합은 투기를 목적으로 하는 행위를 하여서는 아니 된다.
⑤ 협동조합은 일부 조합원등의 이익만을 목적으로 하는 업무와 사업을 할 수 있다.

51 우루과이 라운드에 대한 설명으로 옳지 않은 것은?

① 우루과이 라운드는 GATT 체제 하에서 시작된 무역 협상이다.

② 농산물과 서비스 분야에 대한 무역 자유화를 논의하였다.

③ 우루과이 라운드는 1994년에 종료되었다.

④ 협상의 결과로 세계무역기구(WTO)가 설립되었다.

⑤ 우루과이 라운드는 환경 보호와 관련된 규제를 강화하였다.

52 도덕적 해이를 예방하는 방법으로 적절하지 않은 것은?

① 책임과 권한을 명확히 구분한다.

② 성과에 따른 보상 제도를 마련한다.

③ 감독과 감시 체계를 강화한다.

④ 보상 체계를 단순화하여 모든 직원에게 동일한 보상을 제공한다.

⑤ 직원들에게 윤리 교육을 시행한다.

53 경제활동인구에 해당하지 않는 사람은?

① 정년퇴직 후 연금을 받으며 생활하는 사람

② 직장을 구하고 있는 실업자

③ 회사에서 일하는 직장인

④ 자영업을 하는 소상공인

⑤ 아르바이트를 하는 대학생

Answer. 48.② 49.④ 50.⑤ 51.⑤ 52.④ 53.①

54 체계적 위험과 비체계적 위험에 대한 설명으로 적절하지 않은 것은?

① 체계적 위험은 시장 전반에 영향을 미치기 때문에 분산투자를 통해 줄일 수 없다.

② 비체계적 위험은 특정 기업이나 산업에만 영향을 미치기 때문에 분산투자를 통해 줄일 수 있다.

③ 체계적 위험은 금리 변화, 환율 변동과 같은 요인에서 발생한다.

④ 비체계적 위험은 정치적 불안정이나 경제 전반의 변화와 같은 요인에서 발생한다.

⑤ 비체계적 위험은 주식 포트폴리오를 다양화함으로써 감소시킬 수 있다.

55 보통주의 특징이 아닌 것은?

① 주주에게 의결권이 부여된다.

② 배당이 우선주보다 우선적으로 지급된다.

③ 회사의 이익에 따라 배당금이 변동될 수 있다.

④ 회사 청산 시 잔여 자산 배분에서 우선주보다 후순위이다.

⑤ 보통주는 회사 경영에 참여할 수 있는 권리를 제공한다.

56 다음 채권에 대한 설명으로 틀린 것은?

① 국채는 정부가 발행하는 채권이다.

② 단기채는 만기가 1년 이하인 채권이다.

③ 사모채는 특정 투자자들을 대상으로 발행되는 채권이다.

④ 이표채는 이자를 한 번만 지급하고, 만기 시 원금과 함께 상환한다.

⑤ 액면발행채는 발행 시 액면가로 발행되는 채권이다.

57 J커브의 특징으로 옳지 않은 것은?

① 초기에는 무역수지가 악화되지만 시간이 지나면 개선된다.

② J커브는 환율 상승 후 무역수지 변화 패턴을 설명한다.

③ 무역수지는 환율 변동에 즉각적으로 반응하여 개선된다.

④ 환율 상승 초기에는 수입 가격이 상승해 무역수지가 악화될 수 있다.

⑤ 시간이 지나면서 수출이 증가하고 수입이 감소하여 무역수지가 개선된다.

58 립진스키 정리에 대한 설명으로 옳은 것은?

① 한 국가의 기술 수준이 높아질수록 모든 상품의 생산량이 증가한다.

② 특정 생산 요소가 증가하면, 그 요소를 많이 사용하는 상품의 생산량이 감소한다.

③ 특정 생산 요소가 증가하면, 그 요소를 적게 사용하는 상품의 생산량이 증가한다.

④ 특정 생산 요소가 증가하면, 그 요소를 많이 사용하는 상품의 생산량이 증가한다.

⑤ 두 상품의 생산량은 생산 요소의 변동에 상관없이 일정하게 유지된다.

59 CDS의 특징으로 옳지 않은 것은?

① 채무 불이행에 대비한 보험 역할을 한다.

② 채권 발행자의 신용위험을 피하기 위한 파생상품이다.

③ 채권자가 채무 불이행 위험을 회피하는 유일한 방법이다.

④ 매입자는 채권 발행자가 파산할 경우 손실 보상을 받을 수 있다.

⑤ 시장에서 채권의 신용위험을 측정하는 지표로 사용된다.

60 맨델 플레밍 모델(Mundell-Fleming Model)의 특징으로 옳은 것은?

① 개방 경제에서 자본 이동이 불가능한 상황을 가정한다.
② 고정 환율 제도에서는 통화정책이 매우 효과적이다.
③ 유동 환율 제도에서는 재정정책이 매우 효과적이다.
④ 고정 환율 제도에서는 재정정책이 유효하게 작용한다.
⑤ 유동 환율 제도에서는 자본 이동에 제한이 있다.

61 콜옵션의 특징으로 옳지 않은 것은?

① 콜옵션은 특정 자산을 미래의 일정 시점에 미리 정해진 가격으로 매수할 수 있는 권리이다.
② 콜옵션은 옵션 보유자가 자산을 매도할 수 있는 권리를 제공한다.
③ 콜옵션의 구매자는 자산 가격이 상승할 경우 이익을 얻는다.
④ 콜옵션은 기초 자산의 시장 가격이 옵션 행사 가격보다 높을 때 가치가 있다.
⑤ 콜옵션 보유자는 기초 자산을 사야 할 의무는 없다.

62 독점시장의 특징으로 옳지 않은 것은?

① 시장에서 유일한 공급자가 모든 수요를 충족한다.
② 상품이나 서비스의 가격을 자유롭게 결정할 수 없다.
③ 다른 기업이 시장에 진입하는 것을 어렵게 만드는 장벽이 있다.
④ 제공되는 상품이나 서비스는 대체재가 없다.
⑤ 독점자는 생산량을 늘려도 다른 기업이 제공하는 것과 경쟁하지 않는다.

63 다음 중 공공재에 해당하는 것은?

① 공원
② 영화관
③ 스포츠 경기장
④ 유료 도로
⑤ 콘서트 티켓

64 웹 프로그래밍 언어에 대한 설명으로 옳지 않은 것은

① HTML은 웹 페이지의 구조를 정의하는 언어로, 스타일링과 레이아웃을 제어할 수 있다.
② CSS는 웹 페이지의 시각적 스타일을 지정하는 언어로, 레이아웃과 색상 등을 제어할 수 있다.
③ JavaScript는 웹 페이지에 동적 기능을 추가하는 언어로, 사용자와의 상호작용을 가능하게 한다.
④ PHP는 서버 측에서 실행되는 스크립트 언어로, 데이터베이스와의 상호작용을 지원한다.
⑤ Python은 웹 서버와 함께 사용될 수 있는 언어로, 데이터 처리와 분석을 위한 다양한 라이브러리를 제공한다.

65 그래픽 파일 형식에 대한 설명으로 옳지 않은 것은?

① JPEG는 손실 압축 방식을 사용하여 사진과 같은 고해상도 이미지를 저장하는 데 적합하다.
② PNG는 투명한 배경을 지원하며, 손실 압축 방식을 사용한다.
③ GIF는 애니메이션을 지원하며, 256색 이하의 이미지를 저장하는 데 적합하다.
④ SVG는 벡터 그래픽 형식으로, 확대해도 화질이 유지된다.
⑤ BMP는 압축되지 않은 이미지 파일 형식으로, 일반적으로 파일 크기가 크다.

농협중앙회와 NH농협은행 기출후기를 반영하여 복원·재구성한 문제입니다.

1 다음 시트에서 회사에 지원자들의 지원부서와 학과별로 점수의 합계를 구하고자 할 때 [B16] 셀에 입력하는 수식은?

	A	B	C	D	E	F
1	지원자	지원부서	학과	필기평가	PT평가	점수합계
2	김**	홍보팀	컴퓨터과	35	20	55
3	차**	기획팀	경제학과	40	30	70
4	윤**	인사팀	경영학과	25	35	60
5	김**	홍보팀	경영학과	45	40	85
6	민**	기획팀	컴퓨터과	46	38	84
7	한**	기획팀	통계학과	15	31	46
8	유**	기획팀	통계학과	30	35	65
9	주**	홍보팀	경영학과	41	38	79
10	이**	홍보팀	컴퓨터과	38	29	67
11	연**	인사팀	경제학과	34	34	68
12	정**	인사팀	경영학과	21	36	57
13	양**	홍보팀	경제학과	15	40	55
14						
15	지원부서	경제학과	경영학과	통계학과	컴퓨터과	
16	홍보팀					
17	기획팀					
18	인사팀					

① {=SUMIFS($A$16, $B$16)}

② {=SUMIFS($E$2:$E$13, $B$2:$B$13, $A$16, $C$2:$C$13, $B$15)}

③ {=SUM(($B$2:$B$13=A16)*($C$2:$C$13=B15)*$F$2:$F$13)}

④ {=SUM((B2:B13=A16)*(C2:C13=B15)*F2:F13)}

⑤ {=SUM(($B$2:$B$13=A$16)*($C$2:$B$13=$B15)*$F$2:$F$13)}

2 다음 아래 시트에서 [A9] 셀에서 수식 OFFSET(B3,2,-1)를 입력한 경우 결과 값은?

	A	B	C	D	E
1	직급	학과	연차	성명	주소
2	사원	경제학과	1	최**	서울
3	대리	외교학과	5	허**	경기
4	과장	경영학과	8	윤**	인천
5	부장	경영학과	15	박**	고양
6	부사장	경제학과	17	김**	서울
7					
8					
9					

① 외교학과

② 5

③ 경기

④ 최**

⑤ 부장

3 다음 [A1:D1] 영역을 선택하고 채우기 핸들을 이용하여 아래로 드래그를 할 때, 동일한 데이터로 채워지는 것은?

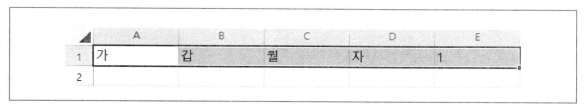

① 가

② 갑

③ 월

④ 자

⑤ 1

Answer. 1.③ 2.⑤ 3.①

4 다음 지원자의 수험번호[B2:B5]를 통해 성별[D2:D5]을 표시하고자 한다. 수험번호에서 M은 '남'이고, F는 '여'에 해당하는 경우 [D2]에 들어가는 수식으로 적절한 것은?

	A	B	C	D
1	지원자	합계 점수	수험번호	성별
2	한유미	70	F0001	
3	김준석	65	M0002	
4	고정혁	95	M0003	
5	정주연	80	F0004	
6				
7	코드	성별		
8	M	남		
9	F	여		

① =IFERROR(IF(SEARCH(C2, "M"), "남"), "여")

② =VLOOKUP(MID(C2, 4, 1), $A$2:$B$5, 2, FALSE)

③ =INDEX(C2:C5,A8:B9)

④ =INDEX($A$2:$B$5, 2)

⑤ =IF(MID(C2, 1, 1)="M", "남", "여")

5 다음 엑셀 함수에 대한 정의로 옳지 않은 것은?

① SUM : 인수들의 합을 구한다.

② ROUND : 수를 지정한 자릿수로 반올림을 한다.

③ IFERROR : 논리검사를 수행하여 식의 true와 false에 해당하는 값을 반환한다.

④ DCOUNT : 지정한 조건에 맞는 데이터베이스 필드에서 숫자를 포함한 셀의 수를 구한다.

⑤ COUNT : 범위에 숫자가 포함된 셀의 개수를 구한다.

6 다음에서 [C4] 셀에 원금과 예금이율이 곱해진 수식을 입력한 뒤에 나머지 모든 셀을 [자동 채우기] 기능으로 채우고자 할 때 [C4] 셀에 입력해야 하는 수식은?

	A	B	C	D	E	F
1						
2			원금			
3			1,500,000	2,000,000	2,500,000	3,000,000
4	예	1.0%				
5	금	1.5%				
6	이	2.0%				
7	율	2.5%				
8		3.0%				
9		3.5%				

① =C3:F9

② =C3*B4

③ =$C3*B$4

④ =C$3*$B4

⑤ =$C$3*$B$4

7 다음에서 각 기업의 평가점수의 평균 이상이 되는 평균점수를 true와 false로 구하는 고급 필터의 조건은?

	A	B
1	기업	평가점수
2	A회사	60
3	B회사	70
4	C회사	80
5	D회사	90
6	E회사	55
7	F회사	40
8	G회사	95

① =AVERAGE($B$2:$B$8)

② =$B2 〉 AVERAGE($B$2:$B$8)

③ =LARGE(B2:B8,1)

④ =INDEX(B2:B8,1) 〈 $B2

⑤ =SMALL(B2:B8, AVERAGE({1;2;3;4;5}))

8 다음 워크시트 [C1] 셀에 '=A1+B1+C1'을 입력하는 경우 나타나는 것은?

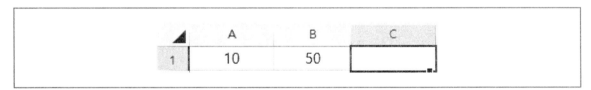

	A	B	C
1	10	50	

① #REF!

② #NUM!

③ #SPILL!

④ 순환 참조 경고 메시지

⑤ 60

9 다음 워크시트를 확인하여 '전진수' 사원의 입사일자를 [B11] 셀에 나타나게 하기 위한 함수는?

	A	B
1	사원명	입사일자
2	김찬성	2002.12.10
3	진미령	2005.11.5
4	김태호	2015.1.23
5	전진수	2020.3.5
6	차승미	2001.4.5
7	민호연	2009.11.5
8		
9		
10	이름	입사일자
11	전진수	

① =VLOOKUP(A2:B7,A11,2,1)

② =VLOOKUP(A11,A2:B7,2,0)

③ =HLOOKUP(A11,A2:B7,2,1)

④ =HLOOKUP(A2:B7,A11,2,1)

⑤ =XLOOKUP(A11,A2:B7,A2,A5,A2)

10 다음 워크시트에서 [A1:E8] 영역에서 B열과 D열만 아래와 같이 배경색을 설정하려고 한다. 수식을 사용하여 서식을 지정할 셀을 결정하기 위한 조건부 서식의 규칙으로 옳은 것은?

	A	B	C	D	E
1	지원자	국어	영어	한국사	경제학
2	김필영	75	89	75	55
3	이진수	85	50	89	95
4	정성오	80	95	88	85
5	김연주	99	75	95	75
6	진효리	89	88	87	95
7	주성현	75	80	85	88
8	연미정	90	95	80	80

① =MOD(COLUMN(A$1),2)=0

② =MOD(COLUMN($A1),2)=0

③ =MOD(COLUMNS($A1),2)=1

④ =MOD(COLUMNS($A1),1)=1

⑤ =MOD(COLUMNS($A$1),1)=1

11 다음 함수식의 결과로 옳은 것은?

① =COUNT(1, "참", TRUE, "1") → 1

② =COUNTA(5, "거짓", TRUE, "5") → 2

③ =POWER(10,3) → 15

④ =ROUND(151.5, −2) → 215.14

⑤ =COLUMN(C5) → 3

12 다음 워크시트에서 [C2:C6]은 품목별 공장에서 출고한 날짜이다. 제품별 출시일은 공장 출고일에서 1개월 이후이다. [C9] 항목에 수식으로 적절한 것은?

	A	B	C
1	코드	품목명	공장 출고일
2	20200115	새우과자	2022-11-05
3	20180506	초코과자	2020-05-05
4	20051215	나쵸	2019-11-06
5	20050101	초콜렛	2015-11-07
6	20220505	젤리	2021-01-01
7			
8		품목명	출시일
9		새우과자	2022-12-31

① =EOMONTH(C2, 1)

② =EOMONTH(C2, −1)

③ =EOMONTH(C2:C6, 1)

④ =EOMONTH(C$2, 2)

⑤ =EOMONTH($C2:$C6, 1)

13 전과목 점수 평균이 75점을 초과하는 경우 합격을 하는 기업이 있다. 다음 시트와 같이 [F3:F6]의 값이 나오기 위해서 [F3] 셀에 들어가야 하는 수식은?

	A	B	C	D	E	F
1						
2	이름	국어	영어	한국사	평균	합/불
3	민기영	95	75	45	71.7	불합격
4	고주연	99	65	95	86.3	합격
5	길호영	80	50	80	70.0	불합격
6	김혜련	88	97	54	79.7	합격

① =AVERAGE(B3:D3)

② =COUNTIF(E3:E6,E3>75)

③ =ROUNDDOWN(E3,1)

④ =SUMIF(B3:D3,E3,B3:D6)

⑤ =IF(E3>75,"합격","불합격")

14 다음 워크시트에서 이름을 개인정보보호를 위해 두 번째 자리에서부터 **로 표시하려고 할 때, [D2]에 사용되는 함수수식은?

	A	B	C	D
1	이름	지역	입사일	정보보호
2	김연수	서울	2020-05-05	
3	최갑순	고양	2015-10-10	
4	정만오	파주	2010-11-01	
5	한정길	인천	2021-12-03	

① =REPLACE(A1,1,2,"**")

② =REPLACE(A2,2,2,"**")

③ =REPLACE(A2:A5,2,"**")

④ =REPLACE($A$2:A5,1,"**")

⑤ =REPLACE(A2,1,1,"**")

15 다음 워크시트 [C7] 셀에 =SUM(C2:C5) 수식을 등록한 경우 결과 값으로 옳은 것은?

	A	B	C
1	코드	품목명	출고수량
2	A1K1DD	프린트	수량:1000
3	BD1KF2	토너	수량:500
4	CEC21D	마우스	수량:750
5	A2KDZX	모니터	수량:997
6			
7		합계	

① #NAME?

② #N/A

③ #DIV/0!

④ 0

⑤ #BLOCKED

16 다음은 농작물재해보험(밭작물) 보험 약관의 일부이다. 보험의 목적이 인삼작물인 경우 해석을 바르게 한 경우는?

① 작물특성 및 시설종합위험방식

보상하는 손해	보험기간	
보험의 목적	보장개시	보장종료
인삼	1형(4~5월 가입) : 판매개시년도 5월 1일(단, 5월 1일 이후 보험에 가입하는 경우에는 계약체결일 24시)	1형(4~5월 가입) : 이듬해 4월 30일 24시(단, 6년근은 판매개시년도 10월 31일을 초과할 수 없음)
	2형(10~11월 가입) : 판매개시년도 11월 1일(단, 11월 1일 이후 보험에 가입하는 경우에는 계약체결일 24시)	2형(10~11월 가입) : 이듬해 10월 31일 24시(단, 10월 31일 이전에 수확이 완료된 경우에는 보장 종료)

② 인삼(작물) 보장하는 손해

회사는 보험의 목적에 아래에 재해로 인해 입은 손해를 보상합니다.

1. 태풍(강풍) : 기상청에서 태풍에 대한 특보(태풍주의보, 태풍경보)를 발령한 때 해당지역의 바람과 비 또는 최대순간풍속 14m/s이상 강풍을 말합니다. 이 때 강풍은 해당지역에서 가장 가까운 3개 기상관측소(기상청 설치 또는 기상청이 인증하고 실시간 관측 자료를 확인할 수 있는 관측소)에 나타난 측정자료 중 가장 큰 수치의 자료로 판정합니다.

2. 폭설 : 기상청에서 대설에 대한 특보(대설주의보, 대설경보)를 발령한 때 해당 지역의 눈 또는 24시간 신적설이 해당지역에서 가장 가까운 3개 기상관측소(기상청 설치 또는 기상청이 인증하고 실시간 관측 자료를 확인할 수 있는 관측소)에 나타난 측정자료 중 가장 큰 수치의 자료가 5cm이상인 상태를 말합니다.

3. 집중호우 : 기상청에서 호우에 대한 특보(호우주의보, 호우경보)를 발령한 때 해당 지역의 비 또는 해당 지역에서 가장 가까운 3개소의 기상관측장비(기상청 설치 또는 기상청이 인증하고 실시간 관측 자료를 확인할 수 있는 관측소)로 측정한 24시간 누적강수량이 80mm이상인 강우상태를 말합니다.

4. 침수 : 태풍, 집중호우 등으로 인하여 인삼 농지에 다량의 물(고랑 바닥으로부터 침수 높이가 최소 15cm 이상)이 유입되어 상면에 물이 잠긴 상태를 말합니다.

5. 우박 : 적란운과 봉우리 적운 속에서 성장하는 얼음알갱이나 얼음덩이가 내려 발생하는 피해를 말합니다.

6. 냉해 : 출아 및 전엽기(4~5월로 한정) 중에 해당지역에서 가장 가까운 3개소의 기상관측장비(기상청 설치 또는 기상청이 인증하고 실시간 관측 자료를 확인할 수 있는 관측소)에서 측정한 최저기온 0.5℃ 이하의 찬 기온으로 인하여 발생하는 피해를 말하며, 육안으로 판별 가능한 냉해 증상이 있는 경우에 피해를 인정합니다.

7. 폭염 : 해당 지역에 최고기온 30℃ 이상이 7일 이상 지속되는 상태를 말하며, 잎에 육안으로 판별 가능한 타들어간 증상이 50% 이상 있는 경우에 인정합니다.

8. 화재 : 화재로 인하여 발생하는 피해

③ 추가지급

회사는 ②에서 보장하는 위험으로 인하여 손해가 발생한 경우 계약자 또는 피보험자가 지출한 아래의 비용을 추가로 지급합니다. 다만, 보험의 목적 중 인삼의 경우 잔존물 제거비용은 지급하지 않습니다.

1. 잔존물 제거비용 : 사고현장에서의 잔존물의 해체비용, 청소비용 및 차에 싣는 비용. 다만, ②에서 보장하지 않는 위험으로 보험의 목적이 손해를 입거나 관계법령에 의하여 제거됨으로써 생긴 손해에 대하여는 보상하여 드리지 않습니다(청소비용에서 사고현장 및 인근 지역의 토양, 대기 및 수질 오염물질 제거 비용과 차에 실은 후 폐기물 처리비용은 포함되지 않습니다.)
2. 손해방지비용 : 손해의 방지 또는 경감을 위하여 지출한 필요 또는 유익한 비용
3. 대위권 보전비용 : 제3자로부터 손해의 배상을 받을 수 있는 경우에는 그 권리를 지키거나 행사하기 위하여 지출한 필요 또는 유익한 비용
4. 잔존물 보전비용 : 잔존물을 보전하기 위하여 지출한 필요 또는 유익한 비용. 다만, 잔존물에 의해 회사가 잔존물을 취득한 경우에 한합니다.
5. 기타 협력비용 : 회사의 요구에 따르기 위하여 지출한 필요 또는 유익한 비용
④ 보상하지 않는 손해 : 회사는 보험의 목적이 인삼인 경우 아래의 사유로 인한 손해는 보상하여 드리지 않습니다.
1. 계약자, 피보험자 또는 이들의 법정대리인의 고의 또는 중대한 과실
2. 수확기에 계약자 또는 피보험자의 고의 또는 중대한 과실로 수확하지 못하여 발생한 손해
3. 제초작업, 시비관리 등 통상적인 영농활동을 하지 않아 발생한 손해
4. 원인의 직접, 간접을 묻지 않고 병충해로 발생한 손해
5. 연작장해, 염류장해 등 생육 장해로 인한 손해
6. 보상하지 않는 재해로 제방, 댐 등이 붕괴되어 발생한 손해
7. 해가림 시설 등의 노후 및 하자로 생긴 손해
8. 계약체결 시점 현재 기상청에서 발령하고 있는 기상특보 발령 지역의 기상특보 관련 재해로 인한 손해
9. 보상하는 손해에 해당하지 않은 재해로 발생한 손해
10. 전쟁, 혁명, 내란, 사변, 폭동, 소요, 노동쟁의, 기타 이들과 유사한 사태로 생긴 손해
   ※ 기상 특보 관련 재해 : 태풍, 호우, 홍수, 강풍, 풍랑, 해일, 대설, 폭염 등을 포함합니다.
   ※ 시비관리 : 수확량 또는 품질을 높이기 위해 비료성분을 토양 중에 공급하는 것
⑤ 보험금의 청구 : 피보험자가 보험금을 청구할 때에는 다음의 서류를 회사에 제출하여야 합니다.
1. 보험금 청구서(회사양식)
2. 신분증(주민등록증이나 운전면허증 등 사진이 붙은 정부기관발행 신분증, 본인이 아닌 경우에는 본인의 인감증명서 또는 본인서명사실확인서 포함)
3. 기타 회사가 요구하는 증거자료

① 영희 : 조수해(鳥獸害)로 발생한 피해도 보장해주겠다.
② 민지 : 인삼작물은 적란운과 봉우리 적운 속에서 성장하는 얼음알갱이나 얼음덩이가 내려와서 발생하는 피해도 보상하겠군.
③ 연주 : 사고현장에서의 잔존물의 해체비용, 청소비용을 추가지급을 받을 수 있겠다.
④ 혜령 : 수확량 또는 품질을 높이기 위한 비료성분을 토양에 공급하지 않아서 발생한 손해를 보상한다.
⑤ 준수 : 보험금 청구할 때에는 회사에서 준 양식에 보험금 청구서만 작성하여 제출한다.

Answer. 16.②

17 다음은 운전자 보험 상품설명서와 약관의 일부이다. 다음 상품설명서에 대한 설명으로 옳지 않은 것은?

〈○○손해보험 운전자보험〉

① 보장금액
1. 운전자보험의 기본 보장 가입금액을 높였습니다.
2. 보장금액
   • 교통사고처리지원금 – 최대 2억원
   • 자동차사고변호사선임비용 – 최대 3,000만원(자가용)
   • 자동차사고벌금비용 – 2,000만원 한도
   • 스쿨존 어린이 사고 3,000만원 한도
   • 보복운전사고를 당한 입장(피해자)에서 운전자를 지켜주는 보복운전피해 위로금 제공합니다.
   ※ 단, 위의 금액 및 위로금은 특약에 가입한 경우에 보장됩니다.
3. 보장내용

보장명		보장 상세	지급금액
기본계약	자동차사고부상치료비 (1~7급단일)	교통사고로 발생한 상해로 「자동차손해배상보장법 시행령」 제3조 자동차사고부상등급표의 부상등급 (1~7급)을 받은 경우	가입금액
선택계약	일반상해사망	일반상해로 사망 시	가입금액
	교통사고처리지원금 (6주 미만, 중대법규위반)	자동차 운전 중 발생한 중대법규위반 교통사고로 피해자(피보험자의 부모, 배우자 및 자녀 제외)에게 상해를 입혀 피해자가 42일 미만(피해자1인기준) 치료를 요한다는 진단을 받은 경우(1사고당 피보험자가 실제로 지급한 형사합의금 지급)	• 28일(4주) 미만 진단 시 : 3백만 원 한도 • 28일(4주) 이상 42일(6주) 미만 진단 시 : 7백만 원 한도
	자동차사고벌금	자동차 운전 중 교통사고로 타인의 신체에 상해를 입힘으로써 신체상해와 관련하여 벌금액을 확정받은 경우 1사고당 2,000만 원 한도(단, 어린이보호구역에서 어린이 치사상의 가중처벌에 따른 벌금액 확정 시 1사고당 3,000만 원 한도)로 실제 손해액 보상	가입금액 한도
	보복운전피해위로금 (운전자)	자동차 운전 중 보복운전의 피해자가 되어 수사기관에 신고, 고소, 고발 등이 접수되고, 검찰에 의해 공소제기(이하 "기소"라 하며, 약식기소를 포함합니다) 또는 기소유예 된 경우	가입금액
	자전거사고벌금	자전거 운전 중 급격하고도 우연히 발생한 자전거 사고로 타인의 신체에 상해를 입힘으로써, 신체상해와 관련하여 벌금액을 확정 받은 경우 1사고당 2,000만 원 한도로 실제손해액 보상	2,000만 원(1사고당)

② 보험기간

   1. 5/10/15/20년 만기

   2. 70/80/90/100세 만기

③ 납입기간 및 납입방법

   1. 납입기간 : 3년납/10년납, 전기납, 10/20/30년납

   2. 납입방법 : 매월납입, 매년납입

④ 보험료 할인

   1. 당사 장기 보장성보험 기가입자(계약자) 영업보험료의 2% 할인

   2. 당사 농기계종합보험 기가입자(계약자) 영업보험료의 2% 할인

   3. 전기자동차, 하이브리드자동차, 수소전기자동차(계약자) 소유자 2% 할인

   ※ 단, 기가입자 할인, 농기계 종합보험의 경우 할인 중복적용 불가

⑤ 비고

   1. 회사에서 정하는 기준에 의거 피보험자의 가입연령 및 건강상태, 직업 또는 직무 등에 따라 보험가입 금액이 제한되거나 가입이 불가능할 수 있습니다.

   2. 실제 손해를 보상하는 담보를 다수의 보험계약으로 체결되어 있는 경우(공제계약 포함) 약관내용에 따라 비례보상합니다.

   3. 중도인출은 1년 이후부터 기본계약 해지환급금과 적립부분 해지환급금 중 적은 금액의 80% 한도, 연 12회

① 기본계약 보장금액으로 교통사고처리지원금이 최대 2억 원까지 보장된다.

② 「자동차손해배상보장법 시행령」 제3조 자동차사고부상등급표의 부상등급으로 3급을 받은 경우 가입한 금액으로 보험금이 지급이 된다.

③ 10년만기/10년납으로 보장기간 동안 납입하는 조건으로 가입이 가능하다.

④ 할인 적용을 받지 않았던 농기계종합보험 기가입자는 2% 할인을 받을 수 있다.

⑤ 중도인출은 1년 이후부터 조건이 맞는 경우에 받을 수 있으며 연12회 가능하다.

18 다음은 가축재해보험에 관련한 상품설명서의 일부이다. 상품설명서에 대한 설명으로 옳은 것은?

〈가축재해보험(돼지)〉

구분	내용
보험기간	1년 원칙
납입방법	일시납
상품형태	순수보장형(소멸성)
상품구성	보통약관 + 특별약관 + 추가특별약관

1. 가입대상
   • 돼지 : 종돈(모돈, 웅돈), 자돈, 육성돈, 비육돈 등
   • 축사 : 가축사육 건물 및 관련 시설(태양광, 태양열 등 관련 시설은 제외)

2. 보장내용
• 주계약

구분	보상하는 손해	자기부담금
가축	• 화재에 의한 손해 • 풍재·수재·설해·지진에 의한 손해	손해액의 5%, 10%, 20%
축사	• 화재(벼락 포함)에 의한 손해 • 풍재·수재·설해·지진에 의한 손해	손해액의 0%, 5%, 10% (풍·수재, 설해·지진 최저 50만원)

• 특약

구분	보상하는 손해	자기부담금
질병위험보장 특약	TGE, PED, Rota virus에 의한 손해 ※ 신규가입일 경우 가입일로부터 1개월 이내 질병 관련 사고는 보상하지 않습니다.	손해액의 20%, 30%, 40% 중 자기부담금과 200만원 중 큰 금액
축산휴지 위험보장 특약	돼지보험(보통약관 및 특약)에서 보상하는 사고로 인한 경영손실 손해	–
전기적장치 위험보장 특약	전기적장치의 고장에 따른 손해	손해액의 10%, 20%, 30%, 40% 중 자기부담금과 200만원 중 큰 금액
폭염재해보장 추가특약	폭염에 의한 손해	손해액의 10%, 20%, 30%, 40% 중 자기부담금과 200만원 중 큰 금액
동물복지인증계약 특약	동물복지축산농장 인증(농림축산검역본부) 시 5% 할인	

① 보험기간은 1년 이상의 기간은 가입할 수 없다.

② 가입대상에 모돈, 웅돈, 가금 등이 포함된다.

③ 가축이 냉해로 인한 피해를 입은 경우 자기부담금은 손해액의 5%, 10%, 20%이다.

④ 축사가 화재로 인해서 손해를 입은 경우 자기부담금은 50만원이다.

⑤ TGE가 가입일로부터 1개월 이내에 발생했다면 자기부담금은 200만원에 해당한다.

19 다음 보고서에 대한 설명으로 옳은 것은?

글로벌 금융부문 총자산에서 NBFI가 차지하는 비중이 거의 절반에 이르고 ('08년 42% → '20년 48.3%) 사업 역시 다각화되면서, 잠재리스크의 평가 및 대응의 필요성이 증대되었다. 특히 2020년 3월 글로벌 시장불안에서 대부분의 국가가 NBFI 부문의 자금이탈 등 극심한 스트레스를 경험한 바, FSB는 NBFI 복원력 강화를 위한 포괄적인 작업을 진행하고 있다. 포괄적인 작업에는 위기시 충격 확산 경로 식별, 관련 시스템 리스크 분석, 복원력 강화 정책수단 평가 등이 있다.

NBFI 생태계의 원활한 작동과 복원력은 시장 스트레스 상황에서도 충분한 유동성을 확보하는 것에 기반한다. NBFI 취약성 평가는 유동성 불균형(liquidity imbalances)의 축적요인 및 확산경로 식별에 중점을 두고 있다. 유동성불균형의 축적요인 및 확산경로는 3가지로 식별할 수 있다.

첫 번째로는 유동성 수요이다. 유동성 불일치 유발행위, 파생상품거래의 예상외 대규모 마진콜, 대외자금 조달시 통화불일치, 레버리지 등이 있다. 두 번째로는 유동성 공급으로 급증한 유동성 수요 대비 유동성 공급 기능 약화, 주요 도매자금시장의 구조적 한계 등이 있다. 마지막으로 스트레스 발생 시 상호연계구조 도식화 등이 있다.

FSB는 기존 미시건전성 정책·투자자보호 수단에 더해 NBFI의 복원력제고를 위한 정책으로 3가지 방안을 제시하였다. 유동성 수요 급증 억제 방안을 위해 NBFI 복원력 제고를 위한 핵심과제로서 NBFI 자산·부채의 유동성 불일치 및 레버리지 감축, 펀드 조기환매 유인 축소, 마진콜 등에 대비한 유동성 자산 확충 등이 있다. 또한, 유동성 공급여력 확충 방안으로 정부채와 RP 거래의 중앙청산소 활용을 확대하고, 채권시장과 RP시장의 투명성 제고, 채권 중개거래 의존도축소 및 직접거래 확대 등이 있다. 마지막으로 시스템 리스크 모니터링 강화로 NBFI의 히든 레버리지(hidden leverage) 등과 관련된 취약성 모니터링을 강화하고 필요시 정책수단을 마련할 계획이다.

① FSB는 NBFI 복원력 강화를 위한 포괄적인 작업을 자금이탈 등의 극심한 스트레스로 진행하지 못하고 있다.
② 유동성불균형의 축적요인 및 확산경로를 정확하게 식별이 불가능하다.
③ 대외자금 조달시 통화불일치, 레버리지 등의 유동성 수요가 유동성 불균형의 요인 중에 하나이다.
④ 레버리지를 늘리는 것은 NBFI 복원력 제고를 위한 핵심과제이다.
⑤ 유동성 공급여력을 늘리기 위해서 간접거래를 확대한다.

20 다음 요약문의 제목으로 적절한 것은?

> 신흥시장국의 대외채무는 3.3조 달러에서 5.6조 달러로 크게 늘어났다. 대부분 미 달러화표시 부채를 중심으로 크게 증가했으나 경제주체별(은행, 비금융기업, 정부부문 등) 부채의 특징이 상이하고 외환보유액 및 장기외채비중의 확대로 복원력은 향상된 편이다. 또한 NBFIs의 신흥시장국 투자 증가로 신흥시장국의 글로벌 자본시장 접근성이 높아지고 조달 비용이 축소되는 등 시장의 효율성이 증대되었으나 동시에 자본유출입 변동성도 확대되었다. 신흥시장국 대외 자금조달 과정은 글로벌 금융시스템 내 다수의 기관·국가·시장에 걸쳐 일어나는 자금순환이기 때문에 금융시스템 내 충격의 전파 속도와 범위도 함께 확장되며 복잡성이 나타난다.

① 신흥시장국의 대외채무 비용
② 신흥시장국의 대외자금조달의 특징
③ 신흥시장국의 글로벌투자 스트레스
④ 신흥시장국의 금융시장 긴장 완화를 위한 조치
⑤ 신흥시장국의 금융정책

21 세 사람의 나이를 모두 곱하면 2450이고 모두 더하면 46이다. 최고령자의 나이는?

① 21   ② 25
③ 28   ④ 35
⑤ 40

22 A, B, C, D, E 5명 중에서 3명을 순서를 고려하지 않고 뽑을 경우 방법의 수는?

① 5가지   ② 8가지
③ 10가지   ④ 15가지
⑤ 20가지

23 4명의 신입직원 중에서 2명만이 회의실 A, B에 들어가야 할 때, 회의실에 들어가야 하는 2명의 인원을 고르는 경우의 수는?

① 1   ② 2

③ 4   ④ 6

⑤ 7

24 5개의 숫자 1, 1, 2, 2, 3를 일렬로 나열하기 위한 경우의 수는?

① 10   ② 20

③ 30   ④ 40

⑤ 50

25 다음은 1봉(1회 제공량)의 포장단위가 20g인 K사 아몬드초콜릿의 영양성분표이다. 이에 대한 설명으로 옳지 않은 것은?

		100g 당 함량	% 영양소 기준치
열량		605kcal	
탄수화물		30g	10%
	당류	20g	
단백질		20g	35%
지방		45g	90%
	포화지방	7.5g	50%
트랜스지방		0g	
콜레스테롤		25mg 미만	5%
나트륨		25mg	0%

① K사 아몬드초콜릿 1회 제공량의 탄수화물 함량은 6g이다.

② K사 아몬드초콜릿이 제공하는 열량 중 60% 이상이 지방으로부터 얻어진다.

③ K사 아몬드초콜릿으로 지방의 1일 영양소 기준치를 100% 이상 섭취하려면 6봉 이상 섭취해야 한다.

④ K사 아몬드초콜릿 2봉을 섭취하면 1일 영양소 기준치 이상의 포화지방을 섭취하게 된다.

⑤ K사 아몬드 초콜릿의 100g 당 열량은 605kcal이다.

26 전체 창업지원금 신청자 대비 회사원 비율이 가장 높은 해는 몇 년인가?

(단위 : 명)

직업 \ 연도	2019년	2020년	2021년	2022년
교수	54	34	152	183
연구원	49	73	90	118
대학생	23	17	59	74
대학원생	12	31	74	93
회사원	357	297	481	567
기타	295	350	310	425
계	790	802	1,166	1,460

① 2018년
② 2019년
③ 2020년
④ 2021년
⑤ 전부 동일하다.

27 다음은 2019 ~ 2022년까지 주요 진료과목별 병·의원의 사업자 수이다. 다음 자료에 대한 설명으로 옳은 것은?

(단위 : 명)

진료과목 \ 연도	2019년	2020년	2021년	2022년
신경정신과	1,270	1,317	1,392	1,488
가정의학과	2,699	2,812	2,952	3,057
피부과 · 비뇨의학과	3,267	3,393	3,521	3,639
이비인후과	2,259	2,305	2,380	2,461
안과	1,485	1,519	1,573	1,603
치과	16,424	16,879	17,217	17,621
일반외과	4,282	4,369	4,474	4,566
성형외과	1,332	1,349	1,372	1,414
내과 · 소아과	10,677	10,861	10,975	11,130
산부인과	1,726	1,713	1,686	1,663

① 2019 ~ 2022년에서 사업자 수가 제일 많은 진료과목은 내과 · 소아과이다.

② 매년 사업자 수의 총 인원은 증가하고 있다.

③ 연도별로 사업자 수가 줄고 있는 것은 성형외과이다.

④ 2022년에 전년대비 사업자 수가 제일 많이 증가한 것은 치과 다음으로 피부과 · 비뇨의학과이다.

⑤ 2022년 사업자 수가 가장 적은 것은 신경정신과이다.

28 다음은 '갑'국의 초등돌봄교실에 관한 자료이다. 다음 자료에 대한 설명으로 옳지 않은 것은?

〈표 1〉 초등돌봄교실 이용학생 현황

(단위 : 명)

구분	학년	1	2	3	4	5	6
오후 돌봄교실	학생 수	124,000	91,166	16,421	7,708	3,399	2,609
저녁 돌봄교실	학생 수	5,215	3,355	772	471	223	202

① 오후 돌봄교실 2학년의 학생 수 비율은 오후 돌봄교실 전 학년의 40% 이상이다.
② 학년이 올라갈수록 돌봄교실 학생수는 감소한다.
③ 전 학년에서 오후 돌봄교실이 저녁 돌봄교실보다 학생 수가 많다.
④ 3학년에서 저녁 돌봄교실을 이용하는 학생 수의 비율이 오후 돌봄교실 학생 수 비율보다 더 높다.
⑤ 저녁 돌봄교실 1학년의 학생 수 비율은 50.9%이다.

29 다음은 사원별 매출 현황 보고서이다. 매출액이 가장 큰 사원은 누구인가?

(단위 : 천 원)

사원 번호	이름	부서	1사분기	2사분기	3사분기	4사분기	합계	평균
ZH1001	김성은	영업부	8,602	7,010	6,108	5,058	26,778	6,695
ZH1002	윤두현	개발부	8,872	5,457	9,990	9,496	33,815	8,454
ZH1003	노정희	총무부	8,707	6,582	9,638	7,837	32,764	8,191
ZH1004	강일중	영업부	6,706	7,432	6,475	4,074	26,687	6,672
ZH1005	황인욱	영업부	7,206	8,780	8,034	5,832	29,852	7,463
ZH1006	노성일	영업부	9,142	6,213	6,152	9,699	31,206	7,802
ZH1007	전용국	개발부	6,777	8,104	8,204	7,935	31,020	7,755
ZH1008	박민하	총무부	6,577	8,590	9,726	8,110	33,003	8,251
ZH1009	백금례	영업부	9,468	9,098	8,153	9,082	35,801	8,950
ZH1010	서은미	개발부	5,945	7,873	5,168	9,463	28,449	7,112

① 윤두현
② 노정희
③ 박민하
④ 백금례
⑤ 서은미

30 다음 조건을 바탕으로 을순이의 사무실과 어제 갔던 식당이 위치한 곳을 올바르게 짝지은 것은?

- 갑동, 을순, 병호는 각각 10동, 11동, 12동 중 한 곳에 사무실이 있으며 서로 같은 동에 사무실이 있지 않다.
- 이들 세 명은 어제 각각 자신의 사무실이 있는 건물이 아닌 다른 동에 있는 식당에 갔었으며, 서로 같은 동의 식당에 가지 않았다.
- 병호는 12동에서 근무하며, 갑동이와 을순이는 어제 11동 식당에 가지 않았다.
- 을순이는 병호가 어제 갔던 식당이 있는 동에서 근무한다.

```
   사무실   식당
① 11동    10동
② 10동    11동
③ 12동    12동
④ 11동    12동
```

농협중앙회와 NH농협은행 기출후기를 반영하여 복원·재구성한 문제입니다.

1 다음은 맹견사고배상책임 보험 상품 요약서이다. 보험 상품에 대해 바르게 이해한 사람은?

---

1. **가입자격제한**
   가. 「동물보호법 시행규칙」 제1조의3(맹견의 범위)에서 정하는 개를 제외한 다른 종의 반려견 등은 가입할 수 없다.
   나. 위의 범위에 속하는 맹견이라 하더라도 「동물보호법」 제15조(등록대상동물의 등록 등)에 의해 등록대상동물로 등록되지 아니한 맹견은 가입이 제한될 수 있다.

2. **보장내용**
   가. 가입대상 및 가입시점 : '맹견소유자'가 맹견(동물등록 가능한 3개월령 이상)을 소유하는 즉시
   나. 보험기간 : 소멸성 1년

3. **보험금 지급 사유** … 대한민국 내에서 보험기간 중 보험가입증서에 기재된 맹견의 행위에 기인하는 우연한 사고로 타인의 신체장해 및 타인 소유의 동물에 손해를 입혀 법률상의 배상책임을 부담함으로써 입은 손해를 보상하여 드립니다.

4. **보상한도액**
   가. 사망보험금 및 후유장해보험금 : 보험가입금액을 한도로 실제로 발생한 손해액
   나. 대인 사망 · 후유장해 : 1인당 8,000만 원
   다. 대인 부상 : 1인당 1,500만 원
   라. 대동물 피해 1사고당 : 200만 원(단, 자기부담금 : 대인과 대동물 1사고당 각각 10만 원)

5. **보험금을 지급하지 않는 사유**
   가. 회사는 계약자, 피보험자, 보험수익자 등의 고의로 인해 보험금 지급사유가 발생한 때에는 보험금을 지급하지 않습니다.
   나. 다음 중 하나의 사유로 보험금 지급사유가 발생한 때에는 지급하지 않습니다.
   • 보험개시시점 이전에 발생한 보험사고에 대해서는 보상하지 않습니다.
   • 계약자, 피보험자(법인인 경우에는 그 이사 또는 법인의 업무를 집행하는 그 밖의 기관) 또는 이들의 법정대리인의 고의로 생긴 손해에 대한 배상책임. 단, 「동물보호법」을 위반하였더라도 고의가 아닌 사고는 보상하여 드립니다.
   • 전쟁, 혁명, 내란, 사변, 테러, 폭동, 소요, 노동쟁의 기타 이들과 유사한 사태로 생긴 손해에 대한 배상책임
   • 범죄행위, 경주, 수색, 폭약탐지, 구조, 투견, 실험 및 이와 유사한 목적으로 이용하는 중에 발생한 손해에 대한 배상책임
   • 가입 맹견의 소음, 냄새, 털날림으로 인하여 발생한 배상책임
   • 가입 맹견이 질병을 전염시켜 발생한 배상책임

6. 지급 기일

　가. 회사는 피보험자가 서류를 제출한 서류를 접수받은 후 지체 없이 지급할 보험금을 결정하고 지급할 보험금이 결정되면 7일 이내에 이를 지급한다. 지급할 보험금이 결정되기 전이라도 피보험자의 청구가 있을 때에는 회사가 추정한 보험금의 50% 상당액을 가지급보험금으로 지급합니다.

　나. 지급기일이 지나도록 보험금을 지급하지 않은 경우 '보험금을 지급할 때의 적립이율'에 따라 연단위 복리로 계산한 금액을 보험금에 더하여 지급한다. 그러나 피보험자의 책임 있는 사유로 지급될 때에는 그 해당기간에 대한 이자를 더하여 드리지 않는다.

〈부표〉 보험금을 지급할 때의 적립이율

기간	지급 이자
지급 기일의 다음 날부터 30일 이내 기간	보험계약대출이율
지급 기일의 31일 이후부터 60일 이내 기간	보험계약대출이율 + 가산이율(4.0%)
지급 기일의 61일 이후부터 90일 이내 기간	보험계약대출이율 + 가산이율(6.0%)
지급 기일의 91일 이후 기간	보험계약대출이율 + 가산이율(8.0%)

　※ 보험계약대출이율은 보험개발원이 공시하는 보험계약대출이율을 적용한다.

7. 보험금 등의 지급한도

　가. 보상하는 손해 : 보험증권상 아래금액의 초과금액이 기재된 경우에는 보험증권상의 금액을 한도로 보험금을 지급한다. 다만 아래의 단서를 제외하고 실손해액(피해자의 과실 및 직업, 나이, 수입 등을 고려한 법률상 손해배상금)을 한도로 한다.

　　1. 대인사고 사망의 경우 : 피해자 1인당 8,000만 원(단, 실손해액이 2,000만 원 미만인 경우에는 2,000만 원)

　　2. 대인사고 부상의 경우 : 피해자 1인당 상해 등급별 맹견배상책임보험 보험금액의 한도에서 정하는 금액

　　3. 부상의 경우 그 치료가 완료된 후부터 당해 부상이 원인이 되어 신체장해가 생긴 때에는 피해자 1인당 후유장해 등급별 맹견배상책임보험 보험금액의 한도에서 정하는 금액

　　4. 부상자가 치료중에 당해 부상이 원인이 되어 사망한 경우에는 피해자 1인당 제1호와 제2호의 금액의 합산액

　　5. 부상한 자에게 당해 부상이 원인이 되어 후유장해가 생긴 경우에는 피해자 1인당 제2호와 제3호 금액의 합산액

　　6. 제3호의 금액을 지급한 후 당해 부상이 원인이 되어 사망한 경우에는 피해자 1인당 제1호의 금액에서 제3호의 규정에 의한 금액중 사망한 날 이후에 해당하는 손해액을 공제한 금액

　　7. 대동물피해의 경우에는 1사고당 200만 원을 한도로 합니다.

① 가현 : 대인사고의 사망은 실손해액이 1,500만 원이라면 피해자 1인당 8,000만 원을 수령받겠다.

② 나현 : 대동물피해 사고가 대인, 대동물 각각 1건이 발생한다면 자기부담금은 10만 원이겠다.

③ 다현 : 계약자가 고의로 낸 사고가 아니더라도 「동물보호법」을 위반하면 보험금 수령이 불가하겠다.

④ 라현 : 맹견이 사람을 구조하다가 생긴 대인사고 부상의 경우는 보험금을 지급하지 않겠구나.

⑤ 마현 : 1월 3일에 서류 접수해서 보험금이 결정됐는데 1월 29일에도 지급이 안 되면 이율 4.0%를 가산해서 받을 수 있겠구나.

Answer. 1.④

2 다음 글의 주제로 옳은 것은?

2020년은 일본·중국에 편중된 수출시장을 신남방 등으로 다변화하기 위해 유망품목 육성 및 검역장벽 해소에 주력한 한 해라고 볼 수 있다. 수출 전 농약검사 확대 등 품질·안전성 관리를 강화하고 수출전문 생산단지의 예냉시설 확충과 선도 유지기술을 적용한 물류체계 등 저온유통체계 구축에 힘썼다. 이와 같은 노력으로 파프리카의 경우 농식품 수출에서 처음으로 비대면 영상검역을 도입하였고 총 53건의 검역장벽을 해소하여 수출시장 다변화의 계기를 마련하였다.

코로나19의 확산에 따라 마케팅 방식을 비대면으로 전환하여 해외 온라인몰 입점, 화상 수출상담, 온라인 박람회 등 비대면 수출 홍보를 도입하기도 하였다. 수출 대상국의 물류마비에 따라 항공운수 차질에 대응한 신선기술 적용 선박 수출, 전세기를 이용한 수출에 대해서도 지원을 개시하였다.

이러한 노력의 결과 세계적인 전염병 확산에도 불구하고 전년 대비 김치 수출이 37.6%, 포도 수출이 32.4% 증가한 것으로 추산된다. 농식품 수출 전년 대비 7.7% 증가한 75.7억 불에 달했다. 아울러 신남방에 대한 수출이 20.4억 달러에 달하여 우리 농식품의 최대 수출시장으로 부상하고 있다

① 농식품 수출시장 확대
② 농산물 관련 법안의 입법
③ 농산물 가격 급등과 급락의 최소화 방안
④ 농업·농촌 세대별 맞춤형 일자리 창출
⑤ 예산 규모 확대 방안

3 다음은 소비자 · 생산자 물가상승률을 나타낸 자료이다. 이에 대한 설명으로 옳지 않은 것은?

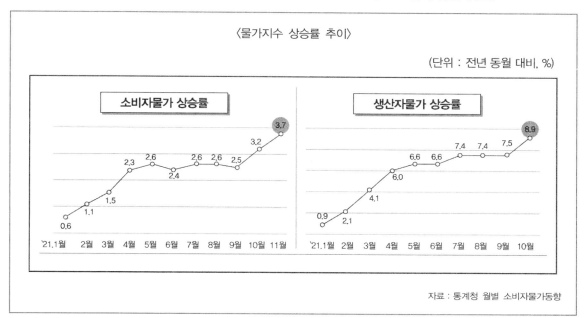

〈물가지수 상승률 추이〉

(단위 : 전년 동월 대비, %)

자료 : 통계청 월별 소비자물가동향

① 1월부터 10월까지 생산자물가 상승률 평균이 소비자물가 상승률 평균보다 높다.
② 10월에 소비자물가와 생산자물가 상승폭이 제일 크다.
③ 소비자물가와 생산자물가는 7월과 8월에는 변동이 없다.
④ 생산자물가가 제일 큰 폭으로 상승한 시기는 3월이다.
⑤ 1월부터 4월까지 생산자물가 상승폭이 소비자물가 상승폭보다 높다.

4 다음은 2021년 기준 농림어업 생산액 상위 20개국의 GDP 및 농림어업 생산액에 관한 자료이다. 이에 대한 설명으로 옳지 않은 것은?

〈2021년 기준 농림어업 생산액 상위 20개국의 GDP 및 농림어업 생산액 현황〉

(단위 : 십억 달러, %)

연도 \ 구분 \ 국가	2021년			2017년		
	GDP	농림어업 생산액	GDP대비비율	GDP	농림어업 생산액	GDP대비비율
중국	12,237	967	7.9	8,560	806	9.4
인도	2,600	403	15.5	1,827	307	16.8
미국	19,800	198	1.0	16,155	194	1.2
인도네시아	1,015	133	13.1	917	122	13.3
브라질	2,055	93	4.5	2,465	102	4.1
나이지리아	375	78	20.8	459	100	21.8
파키스탄	304	69	20.7	224	53	23.7
러시아	1,577	63	4.0	2,210	70	3.2
일본	4,872	52	1.1	6,230	70	1.1
터키	851	51	6.0	873	67	7.7
이란	454	43	9.5	598	45	7.5
태국	455	39	8.6	397	45	11.3
멕시코	1,150	39	3.4	1,201	38	3.2
프랑스	2,582	38	1.5	2,683	43	1.6
이탈리아	1,934	37	1.9	2,072	40	1.9
호주	1,323	36	2.7	1,543	34	2.2
수단	117	35	29.9	68	22	32.4
아르헨티나	637	35	5.5	545	31	5.7
베트남	223	34	15.2	155	29	18.7
스페인	1,311	33	2.5	1,336	30	2.2
전세계	80,737	3,351	4.2	74,993	3,061	4.1

① 2021년 농림어업 생산액 상위 5개국 중에서 2017년 대비 농림어업 생산액이 하락한 국가는 브라질뿐이다.

② 2021년 농림어업 생산액 상위 3개국의 GDP 합은 전세계 GDP의 50% 이상이다.

③ 2017년 대비 2021년 농림어업 생산액의 GDP대비비율이 증가한 국가는 모두 2017년 대비 2021년 GDP가 감소하였다.

④ 2017년 대비 2021년 농림어업 생산이 상승한 국가 중에서 2021년 GDP대비비율이 제일 높은 국가는 수단이다.

⑤ 2017년 대비 2021년 GDP가 상승한 국가 중에서 전세계 GDP대비비율보다 낮은 국가는 미국이다.

5 다음 보기에서 하계작물 공급계획에 대한 자료와 기사이다. 다음 자료에 대한 설명으로 옳지 않은 것은?

〈작물별 종자 공급 계획〉

1. 벼
- 25개 품종, 21,800톤 공급
- 고품질 품종 공급계획 : 새청무 3,100톤, 삼광 3,090톤, 일품 2,285톤, 친들 1,350톤, 참드림 1,150톤
- 공급량 : ('20) 22.5천톤 → ('21) 22.3천톤 → ('22) 21.8천톤 → ('23) 21.8천톤
- 다수확 품종 공급량(비율) : ('20) 6,340톤(28.2%) → ('21) 5,345톤(24.0%) → ('22) 4,400톤(20.2%) → ('23) 3,464톤(15.9%)
- 외래품종 공급량(비율) : ('22) 1,978톤(9%) → ('23) 1,420톤(7%)

2. 콩
- 9개 품종, 1,292톤 공급
- 공급량 : ('20) 1,500톤 → ('21) 1,300톤 → ('22) 1,292톤 → ('23) 1,292톤
- 선풍콩 : ('22) 166톤 → ('23) 210톤(44톤 증)
- 대찬콩 : ('22) 120톤 → ('23) 142톤(22톤 증)

3. 팥
- 아라리 품종 50톤 공급
- 아라리 품종 공급량 : ('20) 11톤 → ('21) 22톤 → ('22) 50톤 → ('23) 50톤

농림축산식품부, 하계작물 종자 공급 계획 발표….

농업인이 필요로 하는 고품질 우량종자 생산·공급으로 농업 생산성 향상 및 농업인의 소득 증대하기 위해서 정부보급종 생산·공급사업을 진행한다. 「종자산업법」 제22조에 근거하여 하계에는 벼, 콩, 팥을 생산하고 동계에는 보리, 밀, 호밀을 생산한다. 종자수급계획 결정체계도는 국립종자원에서 종자수급 계획 기본방향 시달하면 도별 지역종자에서 생산·공급을 협의한다. 국립종자원에서 도별 수급 계획량을 종합하고 조정하면 농림축산식품부에서 작물별 수급계획 확정하고 시달한다. 벼는 쌀 품질 고급화, 소비를 고려한 수급 동향을 반영하여 고품질 품종인 새청무, 삼광, 일품, 참드림 등 25개 품종 21,800톤을 공급할 계획이다.

쌀 적정생산 및 품질고급화 등의 정책방향을 고려하여 다수확 및 외래품종의 지속적인 축소할 계획이다. 신동진을 포함한 다수확 품종은 전체 공급량의 16% 수준으로 축소하고, 일본유래 외래품종(고시히카리, 추청)은 '참드림'으로 점진적 대체할 계획이다. 콩은 논 재배에 적합하며 기계화 작업이 적합하며 수량성도 우수한 품종인 선풍, 대찬을 공급을 확대할 예정이다. 선풍, 대찬 대원, 대찬, 선품 등 9개 품종 1,292톤을 공급할 계획이다. 팥은 국산 팥 종자수요 증가 등을 반영하여 농기계 작업이 쉬운 품종이다. 국산팥 종자수요 및 재배면적을 반영하여 생산성이 높고 통팥, 앙금제조용 등으로 소비에 용이한 아라리 품종 50톤을 공급할 계획이다.

---

① 벼의 고시히카리 수급은 지속적으로 축소하고 있는 추세이다.
② 선풍콩과 대찬콩의 경우는 수확이 용이하므로 공급이 확대하고 있다.
③ 2023년 팥의 수급계획은 전년도 수준과 동일하게 유지할 계획이다.
④ 2023년에 다수확 품종은 전체 쌀의 공급량의 약 16% 수준으로 축소할 계획이다.
⑤ 하계·동계작물의 종자수급계획은 국립종자원에서 시행하고 작물별 수급계획을 결정한다.

Answer. 4.② 5.⑤

6 다음 자료를 근거로 판단한 것으로 옳은 것은?

제12조(농어촌 자연환경 및 경관 보전시책 등)

국가와 지방자치단체는 농어촌의 자연환경 및 경관 보전시책을 추진할 때에는 다음 사항을 포함하는 자연환경 및 경관 보전계획을 수립·시행하여야 한다.

1. 농어촌의 자연환경 및 경관 보전을 위한 기본목표 및 방향
2. 농어촌의 자연환경 및 경관 보전을 위한 추진시책 및 기준에 관한 사항
3. 농어촌의 자연환경 및 경관 보전을 위한 활동 및 지원에 관한 사항
4. 농어촌의 자연환경 및 경관에 대한 분석·평가 및 관리계획에 관한 사항
5. 그 밖에 농어촌의 자연환경 및 경관 보전에 필요한 사항

제12조의2(농업·농촌공간정보 등의 종합정보체계 구축 대상)

"대통령령으로 정하는 농업·농촌공간정보 등"이란 농업·농촌과 관련된 객체의 위도·경도, 주소 등 위치정보를 포함하는 정보로서 관계 기관이 수집·생성·가공하는 다음 각 호의 정보를 말한다.

1. 고해상(高解像)의 위성·항공 영상을 활용하여 농경지에 대한 면적 및 속성 정보(논, 밭, 과수원, 시설 등)를 구축한 농경지 전자지도 정보
2. 무인항공기 등에서 촬영한 농경지 영상정보
3. 자동화된 농림축산물의 생산·유통·가공 시설의 환경, 생육, 제어, 경영 등 관련 정보
4. 국가가축방역통합정보시스템의 축산차량이동 정보 등 가축방역 관련 정보
5. 농어업경영정보, 공익직접지불제도 및 직접지불제도에 관한 농식품사업 관련 정보
6. 토지대장 및 건축물대장 등 토지 관련 정보
7. 비옥도 등 농경지의 변동사항 및 토양도(土壤圖) 등 토양환경 관련 정보
8. 종자, 농약잔류허용기준, 병해충 및 면세석유류 등 영농 관련 정보
9. 농작물·가축 및 농업용 시설물에 대한 농업재해 및 농업재해보험 관련 정보
10. 농수산물유통 종합정보시스템의 농축산물 가격 및 농축산물의 유통 관련 정보
11. 이력추적관리 정보 및 농축산물의 이력관리 정보 등 농축산물의 안전 관련 정보

제13조(기반시설의 지원 대상)

농어촌에 투자되는 시설의 해당 용도로 쓰이는 건축물의 바닥면적 합계가 1천 제곱미터 이상이거나 부지면적 합계가 5천 제곱미터 이상인 시설이다.

제16조(정책 등의 분석·평가의 방법 및 절차 등)

제1항 중앙행정기관의 장 및 지방자치단체의 장은 국가 차원의 중장기 계획 및 소관 중요 정책이 농어촌에 미칠 영향을 분석·평가할 때에는 농어업인 등 및 관계 전문가의 의견을 충분히 수렴하여야 한다.

제2항 농림축산식품부장관은 정책 등의 분석·평가에 필요한 지침을 제정할 때에는 분석·평가의 주체, 방향, 절차, 대상 정책 등 및 세부기준 등에 관한 사항을 포함하여야 한다.

제3항 중앙행정기관의 장 및 지방자치단체의 장은 정책 등이 농어촌에 미칠 영향을 분석·평가할 때 지침에 따라 분석·평가하여야 한다.

제4항 중앙행정기관의 장 및 지방자치단체의 장은 정책 등이 농어촌에 미칠 영향을 분석·평가할 때 관계 전문가, 연구기관 및 단체에 의견수렴을 위한 설문조사, 여론조사 등 조사를 의뢰하거나 분석·평가 업무를 위탁할 수 있다.

① 농림축산식품부장관은 농어촌 자연경관 보전을 위해서 추진시책 및 기준에 관한 사항을 설정하고 보전시책을 추진한다.
② 농어촌에 투자 용도로 쓰이는 건축물의 바닥면적 합계가 1,000㎡ 이상인 경우 기반시설의 지원대상이다.
③ 농업 · 농촌공간정보에는 부동산종합증명서, 차상위 본인부담경감 증명서, 장애인증명서가 들어가야 한다.
④ 농업 · 농촌공간정보에는 농림축산물의 가공시설 환경은 포함되지 않지만 토양환경에 관한 정보는 포함된다.
⑤ 농림축산식품부장관은 국가차원의 중장기 계획이 농어촌에 주는 영향을 평가할 때 전문가 의견을 수렴한다.

7 다음 사업시행지침에서 알 수 없는 것은?

> 농어촌지역과 준농어촌지역의 주민이 직접 거주하고 있는 단독주택(다가구주택 포함)을 이용하여 농어촌 주민의 소득 증대를 위해서 '농어촌민박사업'이 진행되고 있다. 농어촌 및 준농어촌지역의 주민이 본인이 거주하고 있는 연면적 230제곱미터 미만의 단독주택을 이용하여 투숙객에게 숙박 · 취사시설 · 조식 등을 제공하는 사업이다. 농어촌지역 및 준농어촌지역 주민이거나 본인이 직접 거주하는 주택에 한하여 농어촌민박사업이 가능하다. 「소방시설 설치유지 및 안전관리에 관한 법률」에 따라서 소화기, 단독 경보형 감지기, 휴대용 비상 조명등을 설치해야 하며, 연면적 150제곱미터 이하인 경우에는 유도표지, 연면적이 150제곱미터를 초과하는 경우 피난구유도등을 설치해야 한다. 연면적 150제곱미터를 초과하면서 3층 이상인 건물은 3층부터 객실마다 완강기 설치한다. 난방기 및 화기를 취급하면 일산화탄소경보기, 가스누설경보기(가스보일러 사용 시), 소화기 및 자동확산 소화기를 설치해야 한다. 조식 제공만 가능하며 투숙객 이외의 자에게 식사를 제공 · 판매할 수 없고, 그 비용은 민박요금에 포함시켜야 한다.
> 농어촌민박사업자 신고필증 및 요금표를 해당 민박의 잘 보이는 곳에 게시하고 농어촌민박을 운영한다. 숙박위생 · 식품위생 · 소방안전 · 풍기문란 영업행위 금지 등 서비스 · 안전기준을 준수하고, 매년 소방 · 안전 교육 2시간, 서비스 · 위생 교육 1시간을 이수해야 한다. 농어촌민박사업을 하려는 자는 「농어촌정비법」에 따라 농어촌민박사업자 신고서를 작성하여 해당 시장 · 군수 · 구청장에게 제출하고 시장 · 군수 · 구청장은 농어촌민박사업자 요건 및 시설기준 등을 검토 및 확인받는다. 농어촌민박사업자로 적합한 경우 농어촌민박사업자 신고확인증을 발급한다.

① 사업의 목적   ② 소방시설 기준
③ 서비스 · 위생 교육 내용   ④ 사업자 자격요건
⑤ 거주하는 단독주택 연면적

8 다음 정리한 '농지연금'에 관련한 자료에 대한 설명으로 바르게 이해하는 사람은?

1. 목적 : 농업인 노후생활안정 지원 및 농지의 효율적 이용을 위해 농업인이 소유한 농지를 담보로 매월 연금처럼 월지급금 지급
2. 가입연령 : 본인이 만 60세 이상
3. 지원대상 : 영농경력 5년 이상
   - 신청일 기준 5년 이상일 것. 경력은 직전 계속 연속적이지 않아도 되고 영농기간 합산 5년 이상이면 된다.
   - 영농경력 5년 이상 여부는 농지대장(구 농지원부), 농업경영체등록확인서, 농협조합원가입증명서(준조합원 제외), 국민연금보험료 경감대상농업인 확인서류 등으로 확인한다.
4. 대상농지
   ① 「농지법」상의 농지 중 공부상 지목이 전,답,과수원으로서 사업대상자가 소유하고 있고 실제 영농에 이용되고 있는 농지
   ② 사업대상자가 2년 이상 보유한 농지(단, 상속받은 농지는 피상속인의 보유기간 포함)
   ③ 사업대상자의 주소지(주민등록상 주소지 기준)를 담보농지가 소재하는 시,군,구 및 그와 연접한 시ㆍ군ㆍ구 내에 두거나, 주소지와 담보농지까지의 직선거리가 30km 이내의 지역에 위치하고 있는 농지
      ※ 단, ②와 ③의 요건은 2020년 1월 1일 이후 신규 취득한 농지부터 적용한다.
   ④ 저당권 등 제한물권이 설정되지 아니한 농지(단, 선순위 채권최고액이 담보농지 가격의 100분의 15 미만인 농지는 가입이 가능하다.)
   ⑤ 압류ㆍ가압류ㆍ가처분 등의 목적물이 아닌 농지
5. 제외 농지
   - 불법건축물이 설치되어 있는 토지
   - 본인 및 배우자 이외의 자가 공동소유하고 있는 농지
   - 개발 지역 및 개발계획이 지정 및 시행 고시되어 개발계획이 확정된 지역의 농지 등 농지연금 업무처리요령에서 정한 제외농지
   - 2018년 1월 1일 이후 경매 및 공매(경매,공매후 매매 및 증여 포함)를 원인으로 취득한 농지(단, 농지연금 신청일 현재 신청인의 담보농지 보유기간이 2년 이상이면서 '담보농지가 소재하는 시ㆍ군ㆍ구 및 그와 연접한 시군구 또는 담보농지까지 직선거리 30km 이내'에 신청인이 거주(주민등록상 주소지 기준)하는 경우 담보 가능)
6. 지급방식 : 종신형은 사망 시까지, 기간형은 설정한 기간 동안 연금을 수령하는 것입니다.
   - 종신정액형 : 가입자(배우자) 사망 시까지 매월 일정한 금액을 지급하는 유형
   - 전후후박형 : 가입초기 10년 동안은 정액형보다 더 많이 11년째부터는 더 적게 받는 유형
   - 수시인출형 : 총지급가능액의 30% 이내에서 필요금액을 수시로 인출할 수 있는 유형
   - 기간정액형(5년/10년/15년) : 가입자가 선택한 일정기간 동안 매월 일정한 금액을 지급받는 유형

지급방식	종신형/경영이양형	기간정액형(5년)	기간정액형(10년)	기간정액형(15년)
가입연령	만 60세 이상	만 78세 이상	만 73세 이상	만 68세 이상

   - 경영이양형 : 지급기간 종료 시, 공사에 소유권 이전을 전제로 더 많은 연금을 받는 유형
7. 적용금리 : 대출이자율은 농지연금 가입신청시 신청자가 다음 중 한가지를 선택할 수 있습니다.
   - 고정금리 : 2%
   - 변동금리 : 농업정책자금 변동금리대출의 적용금리, 최초 월지급금 지급일로부터 매 6개월 단위로 재산정

① 영호 : 만 60세가 되신 아버지가 설정한 기간 동안 연금을 받을 수 있도록 가입해야겠다.
② 준식 : 2018년 1년간 농사를 하다가 가뭄이 들어 2019년부터 2022년까지 농사를 안했는데 영농경력이 연속적이지 않아도 되니까 지원대상이 되겠군.
③ 진우 : 농지가 압류상황이긴 하지만 제외 농지가 아니니까 가입은 가능하겠다.
④ 춘미 : 아버지가 10년을 보유하신 농지를 2020년 3월에 상속받았으니 대상농지에 해당하네.
⑤ 진숙 : 2% 고정금리로 가입하고 1년 뒤에는 최초 월지급금 지급일로부터 6개월 단위로 금리를 재산정받아야겠어.

9 다음 글을 읽고 이 글을 뒷받침할 수 있는 주장으로 가장 적합한 것은?

> X선 사진을 통해 폐 질환 진단법을 배우고 있는 의과대학 학생을 생각해 보자. 그는 암실에서 환자의 흉부 X선 사진을 보면서, 이 사진의 특징을 설명하는 방사선 전문의의 강의를 듣고 있다. 그 학생은 흉부 X선 사진에서 늑골뿐만 아니라 그 밑에 있는 폐, 늑골의 음영, 그리고 그것들 사이에 있는 아주 작은 반점들을 볼 수 있다. 하지만 처음부터 그럴 수 있었던 것은 아니다. 첫 강의에서는 X선 사진에 대한 전문의의 설명을 전혀 이해하지 못했다. 그가 가리키는 부분이 무엇인지, 희미한 반점이 과연 특정질환의 흔적인지 전혀 알 수가 없었다. 전문가가 상상력을 동원해 어떤 가상적 이야기를 꾸며내는 것처럼 느껴졌을 뿐이다. 그러나 몇 주 동안 이론을 배우고 실습을 하면서 지금은 생각이 달라졌다. 그는 문제의 X선 사진에서 이제는 늑골뿐 아니라 폐와 관련된 생리적인 변화, 흉터나 만성 질환의 병리학적 변화, 급성 질환의 증세와 같은 다양한 현상들까지도 자세하게 경험하고 알 수 있게 될 것이다. 그는 전문가로서 새로운 세계에 들어선 것이고, 그 사진의 명확한 의미를 지금은 대부분 해석할 수 있게 되었다. 이론과 실습을 통해 새로운 세계를 볼 수 있게 된 것이다.

① 관찰은 배경지식에 의존한다.
② 과학에서의 관찰은 오류가 있을 수 있다.
③ 과학 장비의 도움으로 관찰 가능한 영역은 확대된다.
④ 관찰정보는 기본적으로 시각에 맺혀지는 상에 의해 결정된다.
⑤ X선 사진의 판독은 과학 데이터 해석의 일반적인 원리를 따른다.

10 다음 〈표〉는 4,000명을 대상으로 홈페이지 비밀번호 변경주기를 조사한 자료이다. 이에 대한 설명에서 옳지 않은 것은?

〈표〉 홈페이지 비밀번호 변경주기 조사 결과

(단위 : 명, %)

구분		대상자 수	변경하였음	1년 초과	6개월 초과 1년 이하	3개월 초과 6개월 이하	3개월 이하	변경하지 않았음
전체		4,000	70.0	30.9	21.7	10.5	6.9	29.7
성별	남성	2,059	70.5	28.0	23.2	11.7	7.6	29.1
	여성	1,941	69.5	34.0	20.1	9.2	6.2	30.3
연령대	15 ~ 19세	367	55.0	22.9	12.5	12.0	7.6	45.0
	20대	702	67.7	32.5	17.0	9.5	8.7	32.3
	30대	788	74.7	33.8	20.4	11.9	8.6	24.5
	40대	922	71.0	29.5	25.1	10.1	6.4	28.5
	50대 이상	1,221	72.0	31.6	25.5	10.0	4.9	27.8
직업	전문직	691	70.3	28.7	23.7	11.4	6.5	29.2
	사무직	1,321	72.7	30.8	23.1	11.6	7.3	26.7
	판매직	374	74.3	32.4	22.2	11.5	8.3	25.4
	기능직	242	73.1	29.8	25.6	9.1	8.7	26.9
	농림어업직	22	81.8	13.6	31.8	18.2	18.2	18.2
	학생	611	58.9	27.5	12.8	11.0	7.7	41.1
	전업주부	506	73.5	36.4	24.5	7.5	5.1	26.5
	기타	233	63.5	35.6	19.3	6.0	2.6	36.1

※ 항목별로 중복응답은 없으며, 전체 대상자 중 무응답자는 12명이다.

① 변경주기가 1년 이하인 응답자수는 남성이 여성보다 많다.

② 비밀번호를 변경한 응답자 중 변경주기가 1년 초과인 응답자수는 '학생'이 '전업주부'보다 많다.

③ 20대 응답자 중 변경주기가 6개월 이하인 비율은 40대 응답자 중 변경주기가 6개월 이하인 비율보다 높다.

④ 사무직의 무응답자는 2명 이상이다.

⑤ 20대 이하의 연령과 학생에게는 무응답자가 없다.

11 다음 글을 읽고 추론할 수 있는 것으로 옳지 않은 것은?

메트포르민은 식이를 조절하고 운동을 해도 혈당이 조절되지 않는 제2형 당뇨병을 위한 의약품의 성분 중에 하나이다. 메트포르민은 포도당 생성을 막고 포도당 흡수를 감소시켜서 인슐린 민감성을 개선시키는 작용을 한다.

제2형 당뇨병(type 2 diabetes mellitus, T2DM)은 인슐린의 조절 활성도(regulatory activity)에 문제가 생겨서 발생하는 것으로 일반적으로 성인 당뇨병이며 대부분의 당뇨병 환자가 이에 해당한다. 일반적으로 연령이 높거나 비만도가 심할수록 발병확률이 높아진다.

우리 몸에 혈액에 존재하는 포도당은 간에서 글리코겐으로 저장되어 있다. 활동을 하거나 혈당이 부족해질 때에는 글리코겐이 분해되어 장에서 흡수되면서 사용된다. 비구아니드(biguanide) 계열의 메트포르민은 포도당의 생성과 흡수작용에 관여로 인슐린의 민감성을 증가하면서 혈당 감소에 효과가 있다.

메트포르민을 투여한 환자는 식욕저하와 체중감소 효과가 있다. 상대적으로 저혈당 부작용이 적어서 당뇨병 초기 환자에 자주 사용하는 약물이며 복합제로도 널리 사용하고 있다. 가장 흔한 부작용으로는 식욕부진, 설사, 구토, 복부팽만 등이 있다. 위장관계에 이상이 있을 수 있지만 식사와 함께 복용하면서 용법을 늘리면서 위장관계 부작용 위험을 낮출 수 있다.

신장 질환자, 제1형 당뇨병이나 대사성산증이나 케톤산증 병력이 있는 환자, 기아상태로 영양상태가 좋지 않은 환자, 뇌하수체·부신기능 부전 환자, 간 장애 환자 등에게 금기이다. 또한 메트포르민 의약품을 장기 복용하면 비타민 B12가 결핍될 수 있으므로 정기적으로 비타민 B12 수치를 검사하는 것이 좋다. 알코올을 병용 투여하거나 식사를 충분히 하지 않고 격렬한 운동을 후에 혈당 섭취가 부족한 경우에는 저혈당이 발생할 수 있다.

당뇨병 치료약물인 메트로포르민이 식약처 의약품안전성을 조사한 결과 완제품 의약품 'A'제품과 'B'제품에서 비의도적 불순물인 N-니트로소디메틸아민(NDMA)이 검출되었다. 미국과 유럽 등의 국가에서는 메트포르민 의약품을 시험검사를 진행중에 있으며 일부 국가에서는 NDMA 초과 상품을 전면 회수조치를 취하고 있다.

NDMA은 유기 화학 물질로 모든 산업에서 사용이 금지된 약물 중에 하나이다. 제조공정에서 비의도적으로 생성되는 물질 중에 하나로 강한 메틸화제로 발암 물질로 분류되고 있다. 원료에서 존재하지 않더라도 제조공정에서 NDMA이 생겨날 수 있다. 피부, 심혈관계, 생식, 기형유발, 신경계, 소화기계, 신장, 면역성, 간, 유전, 호흡 등에 독성을 유발하는 것으로 보고되고 있다.

① 부작용이 적으므로 제2형 당뇨병이 처음 발병한 환자에게 사용하는 것이 좋다.
② 저혈당 부작용은 다른 당뇨 처방약에 비해서 적지만 식사가 적절하지 않으면 저혈당 위험이 있을 수 있다.
③ 제1형 당뇨병 병력이 있었던 환자에게는 메트포르민 약물을 사용하지 않는다.
④ 메트포르민 완제품에서 NDMA가 검출되었으므로 메트포르민 원료를 의약품에서 더 이상 사용하지 않는다.
⑤ 비만이 있고 연령이 높을수록 제2형 당뇨병 발병확률이 증가한다.

Answer. 10.② 11.④

12 다음 글의 내용과 부합하지 않는 것은?

> 1776년 애덤 스미스가 '국부론(The Wealth of Nations)'을 펴낼 때는 산업혁명이 진행되는 때여서, 그는 공장과 새로운 과학기술에 매료되었다. 공장에서 각 부품을 잘 연결해 만든 기계에 연료를 투입하면 동륜(動輪)이 저절로 돌아가는 것이 신기했던 애덤 스미스는 시장경제도 커다란 동륜처럼 생각해서 그것을 구동하는 원리를 찾은 끝에 '자기 이득(Self-Interest)'이라는 에너지로 작동하는 시장경제의 작동원리를 발견했다. 이는 개인이 자기 자신의 이득을 추구하기만 하면 '보이지 않는 손'에 의해 공동체 이익을 달성할 수 있다는 원리다. 이것은 모두가 잘살기 위해서는 자신의 이득을 추구하기에 앞서 공동체 이익을 먼저 생각해야 한다는 당시 교회의 가르침에 견주어 볼 때 가히 혁명적 발상이었다. 경제를 기계로 파악한 애덤 스미스의 후학들인 고전학파 경제학자들은 우주의 운행원리를 '중력의 법칙'과 같은 뉴턴의 물리학 법칙으로 설명하듯, 시장경제의 작동원리를 설명해주는 '수요 공급의 법칙'을 비롯한 수많은 경제법칙을 찾아냈다.
>
> 경제를 기계로 보았던 18세기 고전학파 경제학자들의 전통은 200년이나 지난 지금까지도 내려오고 있다. 경제예측을 전문으로 하는 이코노미스트들은 한 나라 거시경제를 여러 개 부문으로 구성된 것으로 상정하고, 각 부문 사이의 인과관계를 수식으로 설정하고, 에너지인 독립변수를 입력하면 국내총생산량이 얼마일지 계산할 수 있을 것으로 본다. 그래서 매년 연말이 되면 다음 해 국내총생산이 몇 % 증가할 것인지 소수점 첫째 자리까지 계산해서 발표하고, 매스컴에서는 이를 충실하게 게재하고 있다.
>
> 경제를 기계처럼 보는 인식은 기업의 생산량을 자본과 노동의 함수로 상정하고 있는 경제원론 교과서에 나오는 생산함수에서도 볼 수 있는데 기업이 얼마의 자본(기계)과 얼마의 노동을 투입하면 얼마의 제품을 생산할 수 있다고 설명한다. 하지만 이러한 인식에서 기업의 생산 과정 중 인간인 기업가의 위험부담 의지나 위기를 기회로 만드는 창의적 역할이 작용할 여지는 없다. 기계는 인간의 의지와 관계없이 만들어진 원리에 따라서 자동으로 작동하는 것이기 때문이다.
>
> 우리나라가 60년대 말에 세계은행(IBRD)에 제철소 건립에 필요한 차관을 요청했을 때 당시 후진국 개발 차관 담당자였던 영국인 이코노미스트가 후진국에서 일관제철소 건설은 불가능하다면서 차관 제공을 거절한 것은 기계론적 기업관으로 보면 이해할 수 있는데, 우리나라 기술 수준으로 보아 아무리 포항제철에 자본(기계)과 노동을 투입해도 철강이 생산되지 않을 것은 분명해 보였을 것이기 때문이다. 박태준 포철 회장이 생존해 있을 때 박 회장은 그 영국인을 만나서 "아직도 후진국에서 일관제철소 건설은 불가능하다고 생각하느냐?"라고 질문하였고 그는 여전히 "그렇다"고 대답했다고 한다. 박 회장이 세계적 종합제철소로 부상한 포항제철을 예로 들면서 한국은 가능했지 않았느냐고 반론을 제기하자, 그 사람은 "박태준이라는 인적 요인을 참작하지 못했다"고 실토했다는 이야기는 기업가와 기업가 정신의 중요성을 웅변적으로 보여주고 있다.

① 애덤 스미스는 시장 경제를 움직이는 작동 원리인 '자기 이득' 에너지를 발견하였다.
② 고전학파 경제학자들은 경제를 기계처럼 보았다.
③ 일정량의 제품 생산을 투입되는 자본과 노동의 함수로 설명하는 것이 기업가 정신의 핵심이다.
④ 기업가와 기업가 정신 측면에서의 생산량 예측은 자본 및 노동 투입량만으로 계산하기 어렵다.
⑤ 포철의 종합제철소 건설은 고전학파 경제학자들의 관점을 뛰어넘은 결과였다.

13 다음은 주간회의를 끝마친 영업팀이 작성한 회의록이다. 다음 회의록을 통해 유추해 볼 수 있는 내용으로 적절하지 않은 것은?

[영업팀 1월 회의록]

회의일시	2022. 01. 11. 10:00 ~ 11:30	회의장소	5층 대회의실
참석자	팀장 이하 전 팀원		
회의안건	• 작년 4/4분기 실적 분석 및 올해 1/4분기 실적 예상 • 본부장, 팀장 해외 출장 관련 일정 수정 • 5월 바이어 내방 관련 계약 준비상황 점검 및 체류 일정 점검 • 월말 부서 등반대회 관련 행사 담당자 지정 및 준비사항 확인		

안건별
F/up
사항
	• 작년 4/4분기 매출 및 이익 부진 원인 분석 보고서 작성(오 과장)
	• 항공 일정 예약 변경 확인(최 대리)
	• 법무팀 계약서 검토 상황 재확인(박 대리)
	• 바이어 일행 체류 일정(최 대리, 윤 사원)
	  - 호텔 예약 및 차량 이동 스케줄 수립
	  - 업무 후 식사, 관광 등 일정 수립
	• 등반대회 진행 담당자 지정(민 과장, 서 사원)
	  - 참가 인원 파악
	  - 배정 예산 및 회사 지원 물품 수령 등 유관부서 협조 의뢰
	  - 이동 계획 수립 및 회식 장소 예약		

협조부서	총무팀, 법무팀, 회계팀		

① 오 과장은 회계팀에 의뢰하여 작년 4/4분기 팀 집행 비용에 대한 자료를 확인해 볼 것이다.

② 최 대리와 윤 사원은 바이어 일행의 체류 기간 동안 업무 후 식사 등 모든 일정을 함께 보내게 될 것이다.

③ 윤 사원은 바이어 이동을 위하여 차량 배차 지원을 총무팀에 의뢰할 것이다.

④ 민 과장과 서 사원은 담당한 업무를 수행하기 위하여 회계팀과 총무팀의 협조를 의뢰하게 될 것이다.

⑤ 총무팀은 본부장과 팀장의 변경된 항공 일정에 따른 예약 상황을 영업팀 최 대리에게 통보해 줄 것이다.

14 다음은 N사의 신입사원 채용에 관한 안내문의 일부 내용이다. 다음 내용을 근거로 할 때, N사가 안내문의 내용에 부합되게 취할 수 있는 행동이라고 볼 수 없는 것은?

- 모든 응시자는 1인 1개 분야만 지원할 수 있습니다.
- 응시 희망자는 지역제한 등 응시자격을 미리 확인하고 응시원서를 접수하여야 하며, 응시원서의 기재사항 착오·누락, 공인 어학능력시험 점수, 자격증, 장애인·취업 지원 대상자 가산 점수, 가산비율 기재 착오, 연락불능 등으로 발생되는 불이익은 일체 응시자의 책임으로 합니다.
- 입사지원서 작성내용은 추후 증빙서류 제출 및 관계기관에 조회할 예정이며 내용을 허위로 입력한 경우에는 합격이 취소됩니다.
- 응시자는 시험장소 공고문, 답안지 등에서 안내하는 응시자 주의사항에 유의하여야 하며, 이를 준수하지 않을 경우에 본인에게 불이익이 될 수 있습니다.
- 원서 접수 결과 지원자가 채용 예정 인원 수와 같거나 미달하더라도 적격자가 없는 경우 선발하지 않을 수 있습니다.
- 시험 일정은 사정에 의하여 변경될 수 있으며 변경내용은 7일 전까지 당사 채용 홈페이지를 통해 공고할 계획입니다.
- 제출된 서류는 본 채용 목적 이외에는 사용하지 않으며, 채용 절차의 공정화에 관한 법령에 따라 최종합격자 발표일 이후 180일 이내에 반환 청구를 할 수 있습니다.
- 최종합격자 중에서 신규 임용 후보자 등록을 하지 않거나 관계법령에 의한 신체검사에 불합격한 자 또는 당사 인사 규정 제21조에 의한 응시자격 미달자는 신규 임용 후보자 자격을 상실하고 차순위자를 추가합격자로 선발할 수 있습니다.
- 임용은 교육성적을 포함한 채용시험 성적순으로 순차적으로 임용하되, 장애인 또는 경력자의 경우 성적순위에도 불구하고 우선 임용될 수 있습니다.
- ※ 당사 인사 규정 제22조 제2항에 의거 신규 임용 후보자의 자격은 임용 후보자 등록일로부터 1년으로 하며, 필요에 따라 1년의 범위 안에서 연장될 수 있습니다.

① 동일한 응시자가 기계직과 운영직에 동시 응시를 한 사실이 뒤늦게 발견되어 임의로 기계직 응시 관련 사항 일체를 무효처리하였다.
② 대학 졸업예정자로 채용된 A 씨는 마지막 학기 학점이 부족하여 졸업이 미뤄지는 바람에 채용이 취소되었다.
③ 50명 선발이 계획되어 있었고, 45명이 지원을 하였으나 42명만 선발하였다.
④ 최종합격자 중 신규 임용 후보자 자격을 상실한 자가 있어 불합격자 중 임의의 인원을 추가 선발하였다.
⑤ 채용시험 성적이 합격권이 아닌 경력자 B 씨를 채용하였다.

15 다음 글의 내용과 부합하는 것을 〈보기〉에서 모두 고른 것은?

> (가) "회원이 카드를 분실하거나 도난당한 경우에는 즉시 서면으로 신고하여야 하고 분실 또는 도난당한 카드가 타인에 의하여 부정 사용되었을 경우에는 신고접수일 이후의 부정사용액에 대하여는 전액을 보상하나, 신고접수한 날의 전날부터 15일 전까지의 부정사용액에 대하여는 금 2백만 원의 범위 내에서만 보상하고, 16일 이전의 부정사용액에 대하여는 전액 지급할 책임이 회원에게 있다."고 신용카드 발행회사 회원규약에 규정하고 있는 경우, 위와 같은 회원규약을 신의성실의 원칙에 반하는 무효의 규약이라고 볼 수 없다.
>
> (나) 카드의 월간 사용한도액이 회원 본인의 책임한도액이 되는 것은 아니므로 부정사용액 중 월간 사용한도액의 범위 내에서만 회원의 책임이 있는 것은 아니다.
>
> (다) 「신용카드업법」에 의하면 "신용카드 가맹점은 신용카드에 의한 거래를 할 때마다 신용카드 상의 서명과 매출전표 상의 서명이 일치하는지를 확인하는 등 당해 신용카드가 본인에 의하여 정당하게 사용되고 있는지 여부를 확인하여야 한다."라고 규정하고 있다. 따라서 가맹점이 위와 같은 주의의무를 게을리하여 손해를 자초하거나 확대하였다면, 그 과실의 정도에 따라 회원의 책임을 감면해 주는 것이 거래의 안전을 위한 신의성실의 원칙상 정당하다.

〈보기〉

> ㉠ 신용카드사는 회원에 대하여 카드의 분실 및 도난 시 서면신고 의무를 부과하고, 부정사용액에 대한 보상액을 그 분실 또는 도난당한 카드의 사용 시기에 따라 상이하게 정할 수 있다.
>
> ㉡ 카드의 분실 또는 도난 사실을 서면으로 신고접수한 날의 전날까지의 부정사용액에 대해서는 자신의 월간 카드 사용한도액의 범위를 초과하여 회원이 책임을 질 수 있다.
>
> ㉢ 월간 사용한도액이 회원의 책임한도액이 되므로 부정사용액 중 월간 사용한도액의 범위 내에는 회원의 책임이 있다.
>
> ㉣ 신용카드 가맹점이 신용카드의 부정사용 여부를 확인하지 않은 경우에는 가맹점 과실의 경중을 묻지 않고 회원의 모든 책임이 면제된다.

① ㉠㉡ ② ㉠㉢
③ ㉡㉢ ④ ㉡㉣
⑤ ㉢㉣

16 다음 조건이 참이라고 할 때 항상 참인 것을 고르면?

> • 민수는 A기업에 다닌다.
> • 영어를 잘하면 업무 능력이 뛰어난 것이다.
> • 영어를 잘하지 못하면 A기업에 다닐 수 없다.
> • A기업은 우리나라 대표 기업이다.

① 민수는 업무 능력이 뛰어나다.
② A기업에 다니는 사람들은 업무 능력이 뛰어나지 못하다.
③ 민수는 영어를 잘하지 못한다.
④ 민수는 수학을 매우 잘한다.
⑤ 업무 능력이 뛰어난 사람은 A기업에 다니는 사람이 아니다.

17 A, B, C, D, E, F가 달리기 경주를 하여 보기와 같은 결과를 얻었다. 1등부터 6등까지 순서대로 나열한 것은?

> ㉠ A는 D보다 먼저 결승점에 도착하였다.
> ㉡ E는 B보다 더 늦게 도착하였다.
> ㉢ D는 C보다 먼저 결승점에 도착하였다.
> ㉣ B는 A보다 더 늦게 도착하였다.
> ㉤ E가 F보다 더 앞서 도착하였다.
> ㉥ C보다 먼저 결승점에 들어온 사람은 두 명이다.

① A − D − C − B − E − F
② A − D − C − E − B − F
③ F − E − B − C − D − A
④ B − F − C − E − D − A
⑤ C − D − B − E − F − A

18 다음 조건을 만족할 때, 영호의 비밀번호에 쓰일 수 없는 숫자는 어느 것인가?

- 영호는 회사 컴퓨터에 비밀번호를 설정해 두었으며, 비밀번호는 1 ~ 9까지의 숫자 중 중복되지 않는 네 개의 숫자이다.
- 네 자리의 비밀번호는 오름차순으로 정리되어 있으며, 네 자릿수의 합은 20이다.
- 가장 큰 숫자는 8이며, 짝수가 2개, 홀수가 2개이다.
- 짝수 2개는 연이은 자릿수에 쓰이지 않았다.

① 2

② 3

③ 4

④ 5

⑤ 6

19 다음 글의 내용이 참일 때 최종 선정되는 단체는 어디인가?

　　문화체육관광부는 우수 문화예술 단체 A, B, C, D, E 중 한 곳을 선정하여 지원하려 한다. 문화체육관광부의 금번 선정 방침은 다음 두 가지이다. 첫째, 어떤 형태로든 지원을 받고 있는 단체는 최종 후보가 될 수 없다. 둘째, 최종 선정 시 올림픽 관련 단체를 엔터테인먼트 사업(드라마, 영화, K － POP) 단체보다 우선한다.

　　A 단체는 자유무역협정을 체결한 필리핀에 드라마 콘텐츠를 수출하고 있지만 올림픽과 관련한 사업은 하지 않는다. B 단체는 올림픽의 개막식 행사를, C 단체는 올림픽의 폐막식 행사를 각각 주관하는 단체이다. E 단체는 오랫동안 한국 음식문화를 세계에 보급해 온 단체이다. A와 C 단체 중 적어도 한 단체가 최종 후보가 되지 못한다면, 대신 B와 E 중 적어도 한 단체는 최종 후보가 된다. 반면 게임 개발로 각광을 받는 단체인 D가 최종 후보가 된다면, 한국과 자유무역협정을 체결한 국가와 교역을 하는 단체는 모두 최종 후보가 될 수 없다.

　　후보 단체들 중 가장 적은 부가가치를 창출한 단체는 최종 후보가 될 수 없고, 최종 선정은 최종 후보가 된 단체 중에서만 이루어진다.

　　문화체육관광부의 조사 결과, 올림픽의 개막식 행사를 주관하는 모든 단체는 이미 보건복지부로부터 지원을 받고 있다. 그리고 위 문화예술 단체 가운데 한국 음식문화 보급과 관련된 단체의 부가가치 창출이 가장 저조하였다.

① A

② B

③ C

④ D

⑤ E

20 김 대리는 모스크바 현지 영업소로 출장을 갈 계획이다. 4일 오후 2시 모스크바에서 회의가 예정되어 있어 모스크바 공항에 적어도 오전 11시에는 도착하고자 한다. 인천에서 모스크바까지 8시간이 걸리며, 시차는 인천이 모스크바보다 6시간이 더 빠르다. 김 대리는 인천에서 늦어도 몇 시에 출발하는 비행기를 예약하여야 하는가?

① 3일 09 : 00 　　　　　　② 3일 19 : 00

③ 4일 09 : 00 　　　　　　④ 4일 11 : 00

⑤ 5일 02 : 00

21 다음은 면접관 A ~ E가 응시자 갑 ~ 정에게 부여한 면접 점수이다. 〈보기〉 중 옳은 내용만 모두 고른 것은?

〈응시자 면접 점수〉

(단위 : 점)

면접관＼응시자	갑	을	병	정	범위
A	7	8	8	6	2
B	4	6	8	10	( )
C	5	9	8	8	( )
D	6	10	9	7	4
E	9	7	6	5	4
중앙값	( )	( )	8	( )	-
교정점수	( )	8	( )	7	-

※ 1) 범위는 해당 면접관이 각 응시자에게 부여한 면접 점수 중 최댓값에서 최솟값을 뺀 값이다.
　2) 중앙값은 해당 응시자가 면접관에게서 받은 모든 면접 점수를 크기순으로 나열할 때 한가운데 값이다.
　3) 교정점수는 해당 응시자가 면접관에게 받은 모든 면접 점수 중 최댓값과 최솟값을 제외한 면접 점수의 산술 평균값이다.

〈보기〉

㉠ 면접관 중 범위가 가장 큰 면접관은 'B'이다.
㉡ 응시자 중 중앙값이 가장 작은 응시자는 '정'이다.
㉢ 교정점수는 '병'이 '갑'보다 크다.

① ㉠ 　　　　　　② ㉡

③ ㉠㉢ 　　　　　　④ ㉡㉢

⑤ ㉠㉡㉢

22 다음은 1960 ~ 1964년 동안 전남지역 곡물 재배면적 및 생산량을 정리한 표이다. 이에 대한 설명으로 옳은 것은?

(단위 : 천 정보, 천 석)

곡물	구분	1960	1961	1962	1963	1964
두류	재배면적	450	283	301	317	339
	생산량	1,940	1,140	1,143	1,215	1,362
맥류	재배면적	1,146	773	829	963	1,034
	생산량	7,347	4,407	4,407	6,339	7,795
미곡	재배면적	1,148	1,100	998	1,118	1,164
	생산량	15,276	14,145	13,057	15,553	18,585
서류	재배면적	59	88	87	101	138
	생산량	821	1,093	1,228	1,436	2,612
잡곡	재배면적	334	224	264	215	208
	생산량	1,136	600	750	633	772
전체	재배면적	3,137	2,468	2,479	2,714	2,883
	생산량	26,520	21,385	20,585	25,176	31,126

① 1961 ~ 1964년 동안 재배면적의 전년 대비 증감 방향은 미곡과 두류가 동일하다.

② 생산량은 매년 두류가 서류보다 많다.

③ 재배면적은 매년 잡곡이 서류의 2배 이상이다.

④ 1964년 재배면적당 생산량이 가장 큰 곡물은 미곡이다.

⑤ 1963년 미곡과 맥류 재배면적의 합은 1963년 곡물 재배면적 전체의 70% 이상이다.

23 다음은 지난 10년간의 농가경제의 변화 추이를 나타낸 표이다. 표에 대한 설명으로 옳지 않은 것은?

〈표 1〉 농가 판매가격 및 농가 구입가격 지수 추이

(단위 : %)

구분	2011년	2014년	2018년	2019년	2020년
농가 판매가격 지수	92.5	100.0	117.5	113.2	111.3
농가 구입가격 지수	81.8	100.0	106.1	107.1	108.4

〈표 2〉 2011년 ~ 2020년 농가 판매 및 구입가격 증감률

(단위 : %)

농가 판매가격 지수		농가 구입가격 지수	
농산물 전체	20.3	구입용품 전체	32.5
곡물	14.0	가계용품	25.5
청과물	31.2	농업용품	46.7
축산물	5.9	농촌임료금	51.9

※ 1) 농가교역조건지수 : 농가가 판매하는 농축산물과 구입하는 가계용품·농업용품·농촌임료금의 가격상승 정도를 비교하여 가격 측면에서 농가의 채산성을 나타내는 지표

2) 농가교역조건지수 $= \dfrac{\text{농가판매가격지수}}{\text{농가구입가격지수}} \times 100$

① 지난 10년간 농가가 농축산물을 판매한 가격보다 가계용품·농업용품·농촌임료금 등을 구입한 가격이 더 크게 상승하였다.

② 지난 10년간 농가구입 품목 중 농촌임료금은 51.9% 증가하였다.

③ 지난 10년간 농가 판매가격은 곡물 14.0%, 청과물 31.2%, 축산물 5.9% 증가하는 데 그쳤다.

④ 지난 10년간 가격 측면에서 농가의 채산성을 나타내는 '농가교역조건'이 악화되고 있음을 알 수 있다.

⑤ 지난 10년간 농가교역조건지수는 약 14.0%p 하락하였다.

24 다음 표와 그림은 올해 한국 골프 팀 A ~ E의 선수 인원수 및 총 연봉과 각각의 전년 대비 증가율을 나타낸 것이다. 이에 대한 설명으로 옳지 않은 것은?

〈표〉 올해 골프 팀 A ~ E의 선수 인원수 및 총 연봉

(단위 : 명, 억 원)

골프 팀	선수 인원수	총 연봉
A	5	15
B	10	25
C	8	24
D	6	30
E	6	24

※ 팀 선수 평균 연봉 $= \dfrac{\text{총 연봉}}{\text{선수 인원수}}$

〈그림〉 올해 골프 팀 A ~ E의 선수 인원수 및 총 연봉의 전년 대비 증가율

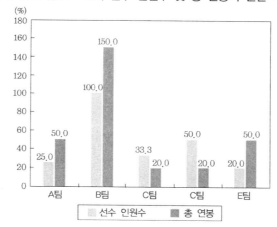

※ 전년 대비 증가율은 소수점 둘째자리에서 반올림한 값이다.

① 올해 팀 선수 평균 연봉은 D팀이 가장 많다.
② 올해 전년 대비 증가한 선수 인원수는 C팀과 D팀이 동일하다.
③ 올해 A팀이 팀 선수 평균 연봉은 전년 대비 증가하였다.
④ 올해 선수 인원수가 전년 대비 가장 많이 증가한 팀은 총 연봉도 가장 많이 증가하였다.
⑤ 올해 총 연봉은 A팀이 E팀보다 많다.

25 다음은 미국의 신용협동조합과 상업은행을 비교한 표이다. 표에 대한 설명으로 옳지 않은 것은?

	신용협동조합		상업은행	
	2021년	2020년	2021년	2020년
기관 수	6,395	6,679	6,508	6,809
기관당 지점 수	3	3	15	14
기관당 자산(백만$)	178	161	2,390	2,162
총 대출(백만$)	723,431	655,006	8,309,427	7,891,471
총 저출(백만$)	963,115	922,033	11,763,780	11,190,522
예대율(%)	75.1	71.0	70.6	70.5
자산 대비 대출 비중(%)	60.9	63.7	51.7	52.6
핵심 예금 비중(%)	45.8	47.6	32.2	33.4
순 자본 비율(%)	10.8	11.0	11.2	11.2

① 2020년 대비 2021년 상업은행의 감소폭은 같은 기간 신용협동조합의 감소폭보다 크다.

② 2021년 상업은행의 기관당 지점 수는 신용협동조합의 5배에 달한다.

③ 2020년 대비 2021년 예대율 증가폭은 신용협동조합이 상업은행보다 크다.

④ 2020년 대비 2021년 순 자본 비율은 신용협동조합이 0.2%p 감소한 반면 상업은행은 변화가 없다.

⑤ 2021년 자산 대비 대출 비중은 상업은행이 신용협동조합보다 8.2%p 높다.

26 다음의 스프레드시트(엑셀)에서 [A1:E1] 영역에 '조건부 서식'을 지정하였다. '굵게, 취소선'으로 적용되는 셀 값으로 옳은 것은?

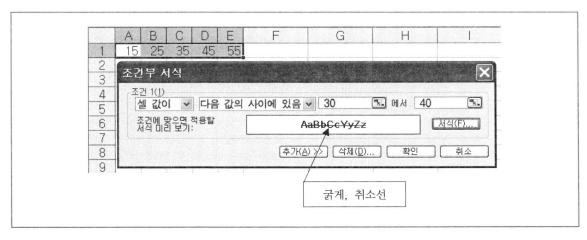

① 15   ② 25

③ 35   ④ 45

⑤ 55

27 〈조건〉을 참고하여 스프레드시트(엑셀) 문서를 작성하였다. ㉠에 사용된 함수와 ㉡의 결과를 바르게 연결한 것은?

〈조건〉
• 성별은 주민등록번호의 8번째 문자가 '1'이면 '남자', '2'이면 '여자'로 출력한다.
• [G5]셀의 수식은 아래와 같다.
  =IF(AND(D5〉=90,OR(E5〉=80,F5〉=90)),"합격","불합격")

	A	B	C	D	E	F	G
1	○○회사 신입사원 선발 시험						
2							
3	이름	주민등록번호	성별	면접	회화	전공	평가
4	김유신	900114-1010XXX	남자	90	80	90	합격
5	송시열	890224-1113XXX	남자	90	80	70	㉡
6	최시라	881029-2335XXX	여자	90	70	80	불합격
7	이순신	911201-1000XXX	남자	90	90	90	합격
8	강리나	890707-2067XXX	여자	80	80	80	불합격

㉠

	㉠	㉡
①	=IF(MID(B4,8,1)="1","남자","여자")	합격
②	=IF(MID(B4,8,1)="1","여자","남자")	불합격
③	=IF(RIGHT(B4,8)="1","남자","여자")	합격
④	=IF(RIGHT(B4,8)="1","여자","남자")	불합격
⑤	=IF(LEFT(B4,8)="1","남자","여자")	합격

28 스프레드시트(엑셀)에서 다음과 같이 블록을 지정한 후 채우기 핸들을 아래로 '셀 복사'를 하여 드래그 하였다. [B6], [C6], [D6]셀에 들어갈 값은?

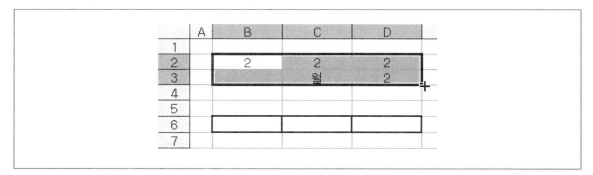

	[B6]셀	[C6]셀	[D6]셀
①	2	월	2
②	2	화	2
③	6	수	4
④	2	2	2
⑤	6	6	6

29 다음 인터넷 옵션에 대한 설명 중 옳은 것을 모두 고른 것은?

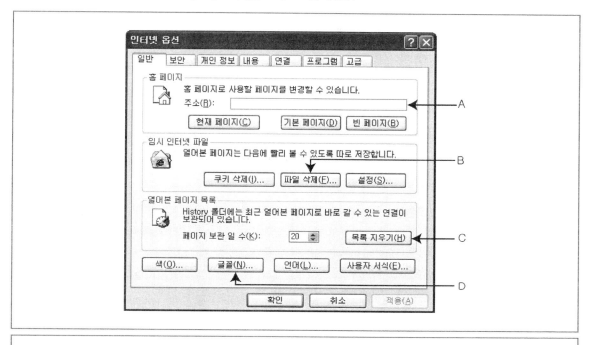

> ㉠ A는 브라우저를 실행하면 처음으로 연결되는 홈페이지 주소를 설정한다.
> ㉡ B를 선택하면 임시 인터넷 파일이 삭제된다.
> ㉢ C는 즐겨찾기 목록을 삭제한다.
> ㉣ D는 브라우저에서 사용되는 언어를 설정한다.

① ㉠㉡
② ㉠㉢
③ ㉡㉢
④ ㉡㉣
⑤ ㉢㉣

30 다음은 산업에너지 마스터플랜 수립 보도자료이다. 이를 분석한 것으로 옳지 않은 것은?

新북방, 新남방 등 전략적 ODA 본격 추진을 위한 밑그림 완성

- □ 한국산업기술진흥원(이하 KIAT)은 산업통상자원부의 공적개발원조(Official Development Assistance, ODA) 사업인 '산업통상협력개발지원사업(산업 ODA)'과 '에너지산업협력개발지원사업(에너지 ODA)'의 밑그림인 「2020 산업 · 에너지 ODA 마스터플랜」을 수립하고, 이를 바탕으로 지정공모를 추진한다고 발표했다.
- ○ 산업 · 에너지 ODA는 우리 제조업 역량을 활용해 신흥국의 산업역량 강화에 기여하여, 우리 중소 · 중견기업들의 신흥 시장 진출이나 에너지 인프라 수주 등을 지원하는 사업이다.
- − 산업 · 에너지 ODA는 '12년 사업 시작 이후, 우리 기업 82개社의 신흥국 제품 수출, 현지 에너지 프로젝트 수주 및 현지 거점 마련 등 우리 기업의 해외 진출을 지원하는 실질적인 성과를 창출했다.
  - ※ (성과예시 1) 베트남 농기계 개량보급 사업('15 ~ '18년, 86억 원)을 통해 우리 중소중견기업은 '25년까지 2,018억 원 부품 수출 성과 창출
  - ※ (성과예시 2) 에콰도르 마이크로그리드구축사업('18 ~ '20년, 70억 원)을 통해 S社는 유사 사업 설계용역 및 120만 달러 시공계약 수주 성과 창출
- − 이 사업이 원하는 성과를 창출하기 위해서는 국내외 여건을 고려한 민간 수요 발굴과 개도국 특성에 맞는 협력 모델 설계를 위한 기획 작업(사전기획 및 타당성 조사)이 매우 중요하다.
- − 특히 기업이 주도하는 후속 성과 창출 극대화를 위해서는 민간 수요기반의 상향식 수요 발굴 외에도 마스터플랜을 기반으로 한 하향식 과제 기획이 필요하다.
- − 이에 따라 KIAT는 「2020 산업 · 에너지 ODA 마스터플랜」을 수립하고, ODA를 중점 추진할 대상국 및 산업 분야를 선정했다.
- □ 마스터플랜에서는 (수요)대상 국가를 선정해 해당국의 세부 수요를 분석하고 (공급)협력이 가능한 산업군을 선정한 뒤, 이를 상호 매칭 하는 방식으로 4개 권역 12국, 12개 ODA 과제를 최종 발굴했다.
- − 4개 권역 : 신북방 · 신남방 국가 등 아시아 / 중동 · CIS / 아프리카 / 중남미

[산업 · 에너지 ODA 우선 추진국별 전략 산업군 선정 결과]

국가 업종	아시아					중동		아프리카			중남미	
	인도네시아	베트남	캄보디아	방글라데시	스리랑카	우즈베키스탄	요르단	모잠비크	케냐	탄자니아	콜롬비아	볼리비아
제조업	스마트 팩토리					냉장/ 냉동			섬유			
농업		농기계										
에너지/ 천연 자원		화력 발전			전지		전구		폐기물		폐기물	측정 기기
환경/ 산업		기체 여과기		수처리								

○ [수요 : 대상국 선정] KIAT는 국가 ODA 중점협력국 및 산업부 일반협력국 등 67개국을 대상으로 1 제조업 환경, 2 내수시장 매력도, 3 천연자원 보유 여부, 4 혁신기술 수용도를 고려하여 22개 우선 추진국을 선정하고,

– 국가별 현황 분석과 전문가 자문을 거쳐 대상 국가의 개발 수요를 도출했다.

○ [공급 : 지원 대상 산업 선정] 또한 우리 산업의 해외 시장 진출 준비 정도, ODA를 통한 경제적 파급 효과를 감안해 총 36개 지원 산업군을 선정했다.

○ 이렇게 발굴된 국가별 수요와 산업별 우선순위를 서로 매칭하여 국가별 중점 협력 분야를 도출하게 된 것이다.

□ KIAT는 지난 18일 '2020 산업·에너지 ODA 사업 상세기획 공고'를 게시했으며, 7월 중으로 참여 기관을 선정할 계획이다.

○ ODA 세부 프로젝트 모델을 상세 설계하고 사업 타당성 조사를 수행하는 내용으로, 산업 ODA 13개 (스마트 팩토리, 농기계, 자동차 부품 등), 에너지 ODA 7개(소수력 마이크로그리드, 스마트 미터링 등) 분야가 대상이다.

○ 이번 공고에는 마스터플랜으로 도출된 과제 외에 대사관 세미나 등 협력 네트워킹 활동을 통해 여러 개도국 정부로부터 ODA협력 요청을 받은 과제들이 다수 포함돼 있다.

○ 공고에 대한 자세한 내용은 KIAT 홈페이지(www.kiat.or.kr)사업 공고에서 확인할 수 있다.

□ KIAT 원장은 "코로나19는 극적으로 성장해 온 대한민국 제조업의 경쟁력을 다시 보게 하는 계기가 됐다"며 "우리의 산업적 강점을 최대한 발휘하여 수원국과 우리나라 모두 원원하는 지속가능한 ODA를 전략적으로 추진하겠다"고 말했다.

① 산업·에너지 ODA는 2020년 기준으로 9년째 추진 중이며 제조업을 지원하는 사업이다.

② 베트남의 수출 성과 창출을 위한 사업비는 에콰도르 시공계약 수주 성과 창출을 위한 사업비보다 연평균 1.8억 원 가량 차이가 난다.

③ 지원 대상에 대한 발굴은 국가별 수요뿐만 아니라 산업별 우선순위를 함께 고려하여 국가별 중점 협력 분야를 도출하였다.

④ 오직 아프리카 국가들만이 에너지/천연자원 부문에서 전략 산업군으로 공통적으로 폐기물을 선정하였다.

⑤ ODA 협력 요청을 받은 과제들이 공고에 포함되어 있으며 공고에 대한 자세한 내용은 보도자료에 수록되어 있지 않기 때문에 홈페이지에서 확인해야 한다.

Answer. 30.④

31 다음은 스프레드시트(엑셀)를 이용하여 진급 대상자 명단을 작성한 것이다. 〈보기〉 중 옳은 설명만을 모두 고른 것은?(단, 순위[E4:E8]은 '자동채우기' 기능을 사용한다)

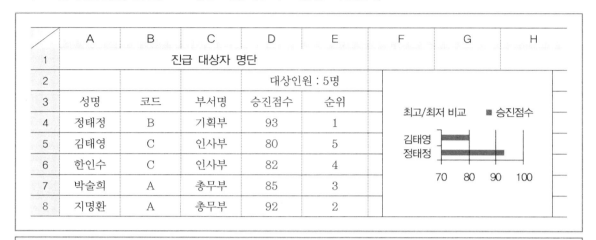

〈보기〉
㉠ 차트는 '가로 막대형'으로 나타냈다.
㉡ 부서명을 기준으로 '오름차순' 정렬을 하였다.
㉢ 순위 [E4]셀의 함수식은 '=RANK(D4,$D$4:$D$8,0)'이다.

① ㉠
② ㉡
③ ㉠㉢
④ ㉡㉢
⑤ ㉠㉡㉢

32 다음 글의 내용이 참일 때, 반드시 참인 것은?

> 외교부에서는 남자 6명, 여자 4명으로 이루어진 10명의 신임 외교관을 A, B, C 세 부서에 배치하고자 한다.
> 이때 따라야 할 기준은 다음과 같다.
> ○ 각 부서에 적어도 한 명의 신임 외교관을 배치한다.
> ○ 각 부서에 배치되는 신임 외교관의 수는 각기 다르다.
> ○ 새로 배치되는 신임 외교관의 수는 A가 가장 적고, C가 가장 많다.
> ○ 여자 신임 외교관만 배치되는 부서는 없다.
> ○ B에는 새로 배치되는 여자 신임 외교관의 수가 새로 배치되는 남자 신임 외교관의 수보다 많다.

① A에는 1명의 신임 외교관이 배치된다.
② B에는 3명의 신임 외교관이 배치된다.
③ C에는 4명의 신임 외교관이 배치된다.
④ B에는 1명의 남자 신임 외교관이 배치된다.
⑤ C에는 2명의 여자 신임 외교관이 배치된다.

33 다음 〈표〉는 6개 지목으로 구성된 A 지구의 토지수용 보상비 산출을 위한 자료이다. 이에 대한 〈보기〉의 설명 중 옳은 것만을 모두 고르면?

〈표〉 지목별 토지수용 면적, 면적당 지가 및 보상 배율

(단위 : m², 만 원/m²)

지목	면적	면적당 지가	보상 배율	
			감정가 기준	실거래가 기준
전	50	150	1.8	3.2
답	50	100	1.8	3.0
대지	100	200	1.6	4.8
임야	100	50	2.5	6.1
공장	100	150	1.6	4.8
창고	50	100	1.6	4.8

※ 1) 총보상비는 모든 지목별 보상비의 합임

2) 보상비 = 용지 구입비 + 지장물 보상비

3) 용지 구입비 = 면적 × 면적당 지가 × 보상 배율

4) 지장물 보상비는 해당 지목 용지 구입비의 20%임

〈보기〉
㉠ 모든 지목의 보상 배율을 감정가 기준에서 실거래가 기준으로 변경하는 경우, 총보상비는 변경 전의 2배 이상이다.
㉡ 보상 배율을 감정가 기준에서 실거래가 기준으로 변경하는 경우, 보상비가 가장 많이 증가하는 지목은 '대지'이다.
㉢ 보상 배율이 실거래가 기준인 경우, 지목별 보상비에서 용지 구입비가 차지하는 비율은 '임야'가 '창고'보다 크다.
㉣ '공장'의 감정가 기준 보상비와 '전'의 실거래가 기준 보상비는 같다.

① ㉠㉢
② ㉠㉣
③ ㉡㉢
④ ㉡㉣
⑤ ㉠㉡㉣

34 다음 중 글의 내용과 일치하지 않는 것은?

1 시간 예술이라고 지칭되는 음악에서 템포의 완급은 대단히 중요하다. 동일곡이지만 템포의 기준을 어떻게 잡아서 재현하느냐에 따라서 그 음악의 악상은 달라진다. 그런데 중요한 템포의 인지 감각도 문화권에 따라, 혹은 민족에 따라서 상이할 수 있다. 동일한 속도의 음악을 듣고도 누구는 빠르게 느끼는 데 비해서 누구는 느린 것으로 인지하는 것이다. 결국 문화권에 따라서 템포의 인지 감각이 다를 수도 있다는 사실은 바꿔 말해서 서로 문화적 배경이 다르면 사람에 따라 적절하다고 생각하는 모데라토의 템포도 큰 차이가 있을 수 있다는 말과 같다. 한국의 전통 음악은 서양 고전 음악에 비해서 비교적 속도가 느린 것이 분명하다. 대표적 정악곡 (正樂曲)인 '수체천(壽齊天)'이나 '상령산(上靈山)' 등의 음악을 들어보면 수긍할 것이다.

2 또한 이 같은 구체적인 음악의 예가 아니더라도 국악의 첫인상을 일단 '느리다고 간주해 버리는 일반의 통념을 보더라도 전래의 한국 음악이 보편적인 서구 음악에 비해서 느린 것은 틀림없다고 하겠다. 그런데 한국의 전통 음악이 서구 음악에 비해서 상대적으로 속도가 느린 이유는 무엇일까? 이에 대한 해답도 여러 가지 문화적 혹은 민족적인 특질과 연결해서 생각할 때 결코 간단한 문제가 아니겠지만, 여기서는 일단 템포의 계량적 단위인 박 (beat)의 준거를 어디에 두느냐에 따라서 템포 관념의 차등이 생겼다는 가설 하에 설명을 하기로 한다.

3 한국의 전통 문화를 보면 그 저변의 잠재의식 속에는 호흡을 중시하는 징후가 역력함을 알 수 있는데, 이 점은 심장의 고동을 중시하는 서양과는 상당히 다른 특성이다. 우리의 문화 속에는 호흡에 얽힌 생활 용어가 한두 가지가 아니다. 숨을 한 번 내쉬고 들이마시는 동안을 하나의 시간 단위로 설정하여 일식간(一息間) 혹은 이식간(二息間)이니 하는 양식척(量息尺)을 써 왔다. 그리고 감정이 격앙되었을 때는 긴 호흡을 해서 감정을 누그러뜨리거나 건강을 위해 단전 호흡법을 수련한다. 이것은 모두 호흡을 중시하고 호흡에 뿌리를 둔 문화 양식의 예들이다. 더욱이 심장의 정지를 사망으로 단정하는 서양과는 달리 우리의 경우에는 '숨이 끊어졌다'는 말로 유명을 달리했음을 표현한다.

4 이와 같이 확실히 호흡의 문제는 모든 생리현상에서부터 문화 현상에 이르기까지 우리의 의식 저변에 두루 퍼져있는 민족의 공통적 문화요소이다. 이와 같은 동서양 간의 상호 이질적인 의식 성향을 염두에 두고 각자의 음악을 관찰해 보면, 서양의 템포 개념은 맥박, 곧 심장의 고동에 기준을 두고 있으며, 우리의 그것은 호흡의 주기, 즉 폐부의 운동에 뿌리를 두고 있음을 알 수 있다.

5 서양의 경우 박자의 단위인 박을 비트(beat), 혹은 펄스(pulse)라고 한다. 펄스라는 말이 곧 인체의 맥박을 의미하듯이 서양음악은 원초적으로 심장을 기준으로 출발한 것이다. 이에 비해 한국의 전통 음악은 모음 변화를 일으켜 가면서까지 길게 끌며 호흡의 리듬을 타고 있음을 볼 때, 근원적으로 호흡에 뿌리를 둔 음악임을 알 수 있다. 결국 한국 음악에서 안온한 마음을 느낄 수 있는 모데라토의 기준 속도는, 1분간의 심장의 박동 수와 호흡의 주기와의 차이처럼, 서양 음악의 그것에 비하면 무려 3배쯤 느린 것임을 알 수 있다.

① 각 민족의 문화에는 민족의식이 반영되어 있다.
② 서양 음악은 심장 박동수를 박자의 준거로 삼았다.
③ 템포의 완급을 바꾸어도 악상은 변하지 않는다.
④ 우리 음악은 서양 음악에 비해 상대적으로 느리다.
⑤ 우리 음악의 박자는 호흡 주기에 뿌리를 두고 있다.

📖 Answer. 33.⑤ 34.③

35 다음은 ○○기관 디자인팀의 주간회의록이다. 자료에 대한 내용으로 옳은 것은?

주간회의록					
회의일시	2022-1-10(목)	부서	디자인팀	작성자	D 사원
참석자	김 과장, 박 주임, 최 사원, 이 사원				
회의안건	• 개인 주간 스케줄 및 업무 점검 • 2022년 회사 홍보 브로슈어 기획				

	내용	비고
회의내용	1. 개인 스케줄 및 업무 점검 • 김 과장 : 브로슈어 기획 관련 홍보팀 미팅, 외부 디자이너 미팅 • 박 주임 : 신제품 SNS 홍보이미지 작업, 회사 영문 서브페이지 2차 리뉴얼 작업 진행 • 최 사원 : 2022년도 홈페이지 개편 작업 진행 • 이 사원 : 2분기 사보 편집 작업 2. 2022년도 회사 홍보 브로슈어 기획 • 브로슈어 주제 : '신뢰' 　- 창립 ○○주년을 맞아 고객의 신뢰로 회사가 성장했음을 강조 　- 한결같은 모습으로 고객들의 지지를 받아왔음을 기업 이미지로 표현 • 20페이지 이내로 구성 예정	• 2월 20일 AM 10:00 디자인팀 전시회 관람 • 3월 20일까지 홍보팀에서 2022년도 브로슈어 최종원고 전달 예정

	내용	작업자	진행일정
결정사항	브로슈어 표지 이미지 샘플 조사	최 사원, 이 사원	2022-01-10 ~ 02-22
	브로슈어 표지 시안 작업 및 제출	박 주임	2022-02-22 ~ 03-30

특이사항	다음 회의 일정 : 4월 4일 • 브로슈어 표지 결정, 내지 1차 시안 논의

① ○○기관은 외부 디자이너에게 브로슈어 표지 이미지 샘플을 요청하였다.
② 디자인팀은 이번 주 금요일에 전시회를 관람할 예정이다.
③ 김 과장은 이번 주에 내부 미팅, 외부 미팅이 모두 예정되어 있다.
④ 이 사원은 이번 주에 7월 사보 편집 작업만 하면 된다.
⑤ 최 사원은 2022년도 홈페이지 개편 작업을 완료한 후, 사보 편집 작업과 브로슈어 표지 이미지 샘플을 조사할 예정이다.

36 다음은 OO 공사의 식수 오염을 주제로 한 보고서의 내용이다. A ~ E 사원 중 보고서를 바르게 이해한 사람은?

---

① 식수 오염의 방지를 위해서 빠른 시간 내 식수의 분변 오염 여부를 밝히고 오염의 정도를 확인하기 위한 목적으로 지표 생물의 개념을 도입하였다. 병원성 세균, 바이러스, 원생동물, 기생체 소낭 등과 같은 병원체를 직접 검출하는 것은 비싸고 시간이 많이 걸릴 뿐만 아니라 숙달된 기술을 요구하지만, 지표 생물을 이용하면 이러한 문제를 많이 해결할 수 있다.

② 식수가 분변으로 오염되어 있다면 분변에 있는 병원체 수와 비례하여 존재하는 비병원성 세균을 지표 생물로 이용한다. 이에 대표적인 것은 대장균이다. 대장균은 그 기원이 전부 동물의 배설물에 의한 것이므로, 시료에서 대장균의 균체 수가 일정 기준보다 많이 검출되면 그 시료에는 인체에 유해할 만큼의 병원체도 존재한다고 추정할 수 있다. 그러나 온혈 동물에게서 배설되는 비슷한 종류의 다른 세균들을 배제하고 대장균만을 측정하기는 어렵다. 그렇기 때문에 대장균이 속해 있는 비슷한 세균군을 모두 검사하여 분변 오염 여부를 판단하고, 이 세균군을 총대장균군이라고 한다.

③ 총대장균군에 포함된 세균이 모두 온혈동물의 분변에서 기원한 것은 아니지만, 온혈동물의 배설물을 통해서도 많은 수가 방출되고 그 수는 병원체의 수에 비례한다. 염소 소독과 같은 수질 정화 과정에서도 병원체와 유사한 저항성을 가지므로 식수, 오락 및 휴양 용수의 수질 결정에 좋은 지표이다. 지표 생물로 사용하는 또 다른 것은 분변성 연쇄상구균군이다. 이는 대장균을 포함하지는 않지만 사람과 온혈동물의 장에 흔히 서식하므로 물의 분변 오염 여부를 판정하는 데 이용된다. 이들은 잔류성이 높고 장 밖에서는 증식하지 않기 때문에 시료에서도 그 수가 일정하게 유지되어 좋은 상수 소독 처리지표로 활용된다.

---

① A 사원 : 온혈동물의 분변에서 기원되는 균은 모두 지표 생물이 될 수 있다.

② B 사원 : 수질 정화 과정에서 총대장균군은 병원체보다 높은 생존율을 보인다.

③ C 사원 : 채취된 시료 속의 총대장균군의 세균 수와 병원체 수는 비례하여 존재한다.

④ D 사원 : 지표 생물을 검출하는 것은 병원체를 직접 검출하는 것보다 숙달된 기술을 필요로 한다.

⑤ E 사원 : 분변성 연쇄상구균은 시료 채취 후 시간이 지남에 따라 시료 안에서 증식하여 정확한 오염지표로 사용하기 어렵다.

---

37 다음은 신용보증기금의 'IP-Plus 보증' 시행 보도자료이다. 자료를 읽고 IP-Plus를 가장 적절히 설명할 수 있는 ㉠ 문구를 제시한 사람은?

신용보증기금은 지식재산금융 활성화를 위해 'IP-Plus 보증'을 시행한다고 밝혔다.

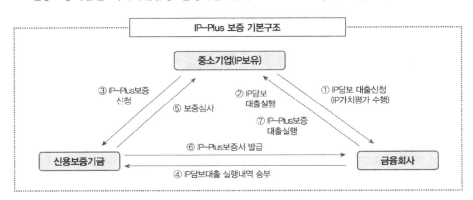

IP-Plus 보증 기본구조

보증은 정부가 발표한 '지식재산(IP) 금융 활성화 종합대책'에 따른 것으로 신보가 국민, 기업, 농협, 산업, 신한, 우리, 하나은행 등 7개 금융회사와 (㉠   )
지원대상은 평가기준일이 1년 이내인 'IP가치평가보고서'를 보유하고, 은행에 특허권, 실용신안권 등 IP를 담보로 제공해 'IP담보대출'을 받은 중소기업이다.

신보는 이들 기업에 IP담보대출금액의 50% 범위에서 기업당 최대 10억 원까지 운전자금을 추가 지원한다. 다만, IP담보대출과 신보 보증부대출의 합계액이 IP가치평가금액을 초과할 수는 없다. 예컨대 IP가치평가금액 10억 원, IP담보대출 4억 원을 받은 기업은 최대 2억 원(IP담보대출금액의 50%)의 추가 보증이 가능하다.

또한, 보증비율(90%)과 보증료(0.2%p 차감)를 우대 적용해 IP담보를 활용하는 중소기업의 금융비용 부담도 완화한다.

① A : IP담보대출 및 연계보증 활성화를 위한 업무협약을 체결하고 신용보증을 지원한다.
② B : IP담보대출 보증서 발급을 통해 보증료를 면제하는 협약을 체결한다.
③ C : IP-Plus 보증 신청을 대행하여 중소기업을 지원하는 계획을 마련한다.
④ D : IP담보대출금액의 100%의 범위에서 기업당 최대 20억 원까지 운전자금을 추가 지원한다.
⑤ E : IP담보대출 실행 내역을 송부하여 IP 가치평가를 수행하도록 협의한다.

38 다음은 국민연금공단의 연금보험료 지원사업의 공고문이다. 공고문을 본 A ~ E의 반응으로 적절하지 않은 것은?

구분	내용
지원대상	□ 국민연금 가입 기간이 10년 미만인 가입자 중 아래의 조건을 충족시키는 자 – 저소득자 : 기준 중위소득 80% 이하인 자 ☞ 확인방법 건강보험료 납부확인서, 소득금액증명(국세청) 등으로 확인되는 신청 직전 연도의 월평균소득 또는 월평균 건강보험료 납부액이 아래 표에 표기된 금액 이하인 자

구분		1인 가구	2인 가구	3인 가구	4인 가구	5인 이상
기준중위소득 80%		1,366,000원	2,325,000원	3,008,000원	3,691,000원	4,374,000원
건강 보험료	직장가입자	44,120원	75,600원	97,680원	120,060원	142,720원
	지역가입자	15,550원	40,670원	82,340원	113,530원	142,330원

구분	내용
	– 연금수급 연령에 도달한 자 중 대부를 통해 연금수급이 가능한 자
지원금액	□ 1인당 300만 원 이내
상환조건	□ 대부조건 : 무담보, 무보증, 무이자 □ 상환조건 : 연금수급 개시 월부터 5년 이내 원금균등분할상환
지원절차	□ 신청접수 → 대출심사 → 대출실행(약정 및 연금보험료 납부) → 연금 청구 및 상환
접수기간	□ 수시접수 : ~ 자금 소진 시 마감
구비서류	□ 제출서류 – 지원신청서 1부(홈페이지 내 양식, 첨부파일 참조) – 개인정보 조회동의서 1부(홈페이지 내 양식, 첨부파일 참조) – 약정서 1부(홈페이지 내 양식, 첨부파일 참조) – CMS출금이체 동의서 1부(홈페이지 내 양식, 첨부파일 참조) – 연금산정용 가입내역확인서 1부(국민연금공단 지사 방문하여 발급) – 주민등록등본 1부 – 소득금액 증빙서류 1부(건강보험 납부확인서, 소득금액증명서 중 택1)
접수방법	□ 우편접수 – 홈페이지 알림마당 내 공지사항 신청 양식 다운로드 및 작성, 구비서류와 함께 등기우편으로 제출 – 접수처 : 서울 OO구 OO로 지원사업 담당자 앞
문의사항	□ 연금보험 지원사업 담당자 ☎ OO-OOO-OOOO □ 국민연금공단 지사

① A : 연금보험료는 무이자, 무담보로 지원되며 국민연금 수령 후에 연금으로 분할 상환하는 사업이다.

② B : 2인 가구의 경우 중위소득이 2,350,000원이라면 지원대상자에 해당되지 않는다.

③ C : 지원을 받고자 하는 사람은 개인정보 조회동의서를 제출해야 한다.

④ D : 1인당 300만 원 이내로 지원되며 지원사업 공고일로부터 연말까지 접수받는다.

⑤ E : 연금수급 개시월부터 3년간 원금균등분할상환이 가능하다.

📋 Answer. 37.① 38.④

1 프레임(frame)은 영화와 사진 등의 시각 매체에서 화면 영역과 화면 밖의 영역을 구분하는 경계로서의 틀을 말한다. 카메라로 대상을 포착하는 행위는 현실의 특정한 부분만을 떼어 내 프레임에 담는 것으로, 찍는 사람의 의도와 메시지를 내포한다. 그런데 문, 창, 기둥, 거울 등 주로 사각형이나 원형의 형태를 갖는 물체를 이용하여 프레임 안에 또 다른 프레임을 만드는 경우가 있다. 이런 기법을 '이중 프레이밍', 그리고 안에 있는 프레임을 '이차 프레임'이라 칭한다.

2 이차 프레임의 일반적인 기능은 크게 세 가지로 구분할 수 있다. 먼저, 화면 안의 인물이나 물체에 대한 시선 유도 기능이다. 대상을 틀로 에워싸기 때문에 시각적으로 강조하는 효과가 있으며, 대상이 작거나 구도의 중심에서 벗어나 있을 때도 존재감을 부각하기가 용이하다. 또한, 프레임 내 프레임이 많을수록 화면이 다층적으로 되어, 자칫 밋밋해질 수 있는 화면에 깊이감과 입체감이 부여된다. 광고의 경우, 설득력을 높이기 위해 이차 프레임 안에 상품을 위치시켜 주목을 받게 하는 사례들이 있다.

3 다음으로, 이차 프레임은 작품의 주제나 내용을 암시하기도 한다. 이차 프레임은 시각적으로 내부의 대상을 외부와 분리하는데, 이는 곧잘 심리적 단절로 이어져 구속, 소외, 고립 따위를 환기한다. 그리고 이차 프레임 내부의 대상과 외부의 대상 사이에는 정서적 거리감이 조성되기도 한다. 어떤 영화들은 작중 인물을 문이나 창을 통해 반복적으로 보여주면서, 그가 세상으로부터 격리된 상황을 암시하거나 불안감, 소외감 같은 인물의 내면을 시각화하기도 한다.

4 마지막으로, 이차 프레임은 '이야기 속 이야기'인 액자형 서사 구조를 지시하는 기능을 하기도 한다. 일례로, 어떤 영화는 작중 인물의 현실 이야기와 그의 상상에 따른 이야기로 구성되는데, 카메라는 이차 프레임으로 사용된 창을 비추어 한 이야기의 공간에서 다른 이야기의 공간으로 들어가거나 빠져나온다.

5 그런데 현대에 이를수록 시각 매체의 작가들은 ㉠이차 프레임의 범례에서 벗어나는 시도들로 다양한 효과를 끌어내기도 한다. 가령 이차 프레임 내부 이미지의 형체를 식별하기 어렵게 함으로써 관객의 지각 행위를 방해하여, 강조의 기능을 무력한 것으로 만들거나 서사적 긴장을 유발하기도 한다. 또 문이나 창을 봉쇄함으로써 이차 프레임으로서의 기능을 상실시켜 공간이나 인물의 폐쇄성을 드러내기도 한다. 혹은 이차 프레임 내의 대상이 그 경계를 넘거나 파괴하도록 하여 호기심을 자극하고 대상의 운동성을 강조하는 효과를 낳는 사례도 있다

39 워크숍에서 아래 〈보기〉의 자료를 추가로 보여주었다. 이에 대한 사원들의 평가로 가장 적절한 것은?

〈보기〉

1950년대 어느 도시의 거리를 담은 이 사진은 ㉮ 자동차의 열린 뒷문의 창이 우연히 한 인물을 테두리 지어 작품의 묘리를 더하는데, 이는 이중 프레임의 전형적인 사례이다.

① 김 사원 : ㉮로 인해 화면이 평면적으로 느껴지는군.
② 이 사원 : ㉮가 없다면 사진 속 공간의 폐쇄성이 강조되겠군.
③ 박 사원 : ㉮로 인해 창 테두리 외부의 풍경에 시선이 유도되는군.
④ 한 사원 : ㉮ 안의 인물은 멀리 있어서 ㉮가 없더라도 작품 내 존재감이 비슷하겠군.
⑤ 채 사원 : ㉮가 행인이 들고 있는 원형의 빈 액자 틀로 바뀌더라도 이차 프레임이 만들어지겠군.

40 워크숍에서 ㉠의 사례를 발표한 것으로 가장 적절하지 않은 것은?

① 김 사원 : 한 그림에서 화면 안의 직사각형 틀이 인물을 가두고 있는데, 팔과 다리는 틀을 빠져나와 있어 역동적인 느낌을 준다.
② 이 사원 : 한 영화에서 주인공이 속한 공간의 문이나 창은 항상 닫혀 있는데, 이는 주인공의 폐쇄적인 내면을 상징적으로 보여준다.
③ 박 사원 : 한 그림에서 문이라는 이차 프레임을 이용해 관객의 시선을 유도한 뒤, 정작 그 안은 실체가 불분명한 물체의 이미지로 처리하여 관객에게 혼란을 준다.
④ 한 사원 : 한 영화에서 주인공이 앞집의 반쯤 열린 창틈으로 가족의 화목한 모습을 목격하고 계속 지켜보는데, 이차 프레임으로 사용된 창틈이 한 가정의 행복을 드러내는 기능을 한다.
⑤ 채 사원 : 한 영화는 자동차 여행 장면들에서 이차 프레임인 차창을 안개로 줄곧 뿌옇게 보이게 하여, 외부 풍경을 보여 주며 환경과 인간의 교감을 묘사하는 로드 무비의 관습을 비튼다.

📄 **Answer.** 39.⑤ 40.④

‖41 ~ 42‖ ○○공단의 기획조정실에서 근무하는 H 주임은 '국민이 참여하는 혁신제안 공모전'을 담당하고 있다. 아래의 자료를 읽고 물음에 답하시오.

혁신성장을 위한 공공서비스를 제공하고자 '국민이 참여하는 혁신제안 공모전'을 실시하오니, 여러분의 많은 관심과 참여 부탁드립니다.

1. 응모대상 : 공단 사업에 관심 있는 국민 누구나
2. 공모주제 : 공단 사업 혁신 또는 사업 관련 동반성장 아이디어
   • 아이디어 예시 : 신규 사업 발굴, 지역사회 공헌, 중소기업 등 동반성장
3. 접수기간 : 20XX. 03. 01.(월) ~ 20XX. 03. 05.(금)
4. 접수방법 : E-Mail 제출
5. 제출서류 : 요약서, 아이디어 제안서, 개인정보 활용 동의서 각 1부
6. 심사 및 포상
   • 심사방법 : 제출된 자료에 대해 서면심사 진행
   • 포상 : 최우수(1점, 100만 원) 우수(2점, 50만 원) 장려(5점, 30만 원)
7. 결과발표 : 6월초(수상자 개별 연락)
8. 유의사항
   • 입상 작품에 대한 소유권은 ○○공단에 있음
   • 필요한 경우 개인정보 제공에 동의하여야 함
   • 타 공모전 입상작, 다른 작품과 유사·모방성이 인정되는 작품은 심사대상에서 제외되며, 사후 판명 시 입상을 취소할 수 있음
9. 문의
   • ○○공단 혁신기획부 (○○○-○○○-○○○)

〈아이디어 제출 유형 및 작성방향〉

구분		작성방향
사업 혁신	신규 사업 발굴	공단에서 실시하고 있는 사업 외의 신규 사업 발굴 (예) 기업 자율형 일학습병행
	사업 수행 혁신	공단에서 실시하고 있는 사업수행 관련 혁신 (예) 중소기업에서의 산업현장교수 활용 방안
동반 성장	지역사회	공단의 지역사회 공헌 관련 아이디어 (예) 산업현장교수의 지역사회를 위한 재능기부
	중소기업·소상공인 등	중소기업 일자리창출 등 동반성장 (예) 외국인 근로자를 도입한 영세사업자를 위한 노무관리 지원

〈평가기준〉

구분	평가내용
고객 효용성	제안의 효과가 내·외부 고객의 효용 향상에 미치는 정도
실시 가능성	제안의 실시 가능성 정도
창의성	독창성, 창의성의 정도
효과성	업무개선과 비용이 감소하는 등 정성·정량적 효과가 발생하는 정도

〈작성요령〉

1. 제목 : 아이디어의 핵심내용이 드러나게 구체적으로 작성
   ※ 예시 : 중소기업 관련 일자리 창출 (×), 퇴직한 고숙련 기술인력을 활용한 중소기업 현장 컨설팅 (O)
2. 제안자 : 제안자 이름 명시, 2명 이상 제안일 경우 모두 명시(예시 : 홍길동(1명일 경우), 홍길동, 김철수 (2명일 경우))
3. 전화번호 : 휴대폰, 사무실 전화번호(제안자 2명 이상일 경우 대표 제안자만 명시)
4. 아이디어 제출 분야 : 작성 과제가 공단혁신 관련인지 동반성장 관련인지

5. 타 공모전 아이디어 제출 여부 : 동일 사례로 타 공모전에 아이디어 제출한 사실 및 내역 기재
   ※ 타 대회 수상작 및 국내외 논문 발표작은 제출 불가하며, 추후 모방 또는 차용한 사실 적발 시 입상 취소, 상금회수 등 불이익이 있음
   ※ 제출된 아이디어의 저작권, 초상권 등과 관련된 분쟁 발생 시 모든 책임은 참가자에 있음
6. 배경 : 아이디어 제안 배경, 문제점, 추진해야 하는 이유 등 설명
7. 세부시행방안 : 제안의 구체적인 내용 기술, 추진전략 및 실행방법, 시민사회의 참여방안, 민관협업 방안 등을 세부적 기술
8. 기대효과 : 아이디어 시행에 따른 경제·사회적 효과를 기술하고 아이디어 추진 이전(As-Is)과 이후(To-Be)의 모습이 대비되게 작성
9. 서식 : 기본 글꼴(휴먼명조 15p), 줄간격 140% 준수
10. 분량 : A4 3페이지 이내로 작성하고 관련 참고자료는 별첨
    ※ 참고자료는 제출서식에 붙여 제출하되, 별도 형식(ppt, pdf 등)의 경우 파일제목에 사례제목과 제안자 명시
    (예시 : OOO 지원사례_홍길동)
11. 용량 : 용량이 큰 사진 등은 반드시 파일 용량을 작게 하여 제출

41 자료의 내용과 일치하는 것은?

① 갑 : 유관기관 근무자는 공모전에 참여할 수 없으나 관련 경력을 보유했을 경우 참여 가능하다.
② 을 : 최우수상은 100만 원이 포상으로 주어지며 발표 평가를 통해 11월 초에 결정된다.
③ 병 : 수상자는 홈페이지 게시판을 통해 공지되며 타 공모전 입상이 판명될 경우 입상이 취소될 수 있다.
④ 정 : 영세사업자와의 동반성장을 주제로 A와 B가 공동으로 제안할 경우 제출 서류에 A, B 이름을 모두 명시한다.
⑤ 무 : 아이디어 시행을 하고난 이후에 변화하는 기대효과만을 명확하고 상세하게 작성한다.

42 담당자에게 공모전 문의가 오고 있다. 답변으로 부적절한 것은?

① 문 의 : 제안서를 작성하려는데 분량 제한은 없는 건가요?
   답 변 : A4 3페이지 이내로 작성하면 됩니다. 참고자료가 있을 경우 별도 첨부해주세요.
② 문 의 : 제안서를 쓰다 보니 사진이 많이 들어갑니다. 용량은 몇 메가까지 가능할까요?
   답 변 : 용량 제한은 별도로 명시하지 않았으나, 파일 용량을 작게 하여 첨부해주세요.
③ 문 의 : 2명 이상이 제안서를 작성했는데 이름은 두 명 모두 기재하였습니다. 그런데 핸드폰 번호는 한 명만 기재하였습니다.
   답 변 : 전화번호는 제안자가 2명 이상일 경우 대표 제안자만 명시하면 됩니다.
④ 문 의 : 아이디어가 있어서 제안서를 쓰려고 하는데요, 도입 후의 효과를 중심으로 쓰면 되는 건지 문의드립니다.
   답 변 : 아이디어 추진 이전과 이후의 모습이 대비되게 작성해야 합니다.
⑤ 문 의 : 일학습병행의 효과성 분석으로 박사논문을 받았습니다. 사업 수행 혁신 분야로 제안하면 될까요?
   답 변 : 일학습병행의 효과성 분석은 사업 수행 혁신 분야보다는 신규 사업 발굴 분야에 가깝습니다.

Answer. 41.④ 42.⑤

┃43 ~ 44┃ 귀하는 OO은행의 자료조사업무를 수행하고 있다. 아래의 글을 읽고 물음에 답하시오.

1 과거에 일어난 금융위기에 대해 많은 연구가 진행되었어도 그 원인에 대해 의견이 모아지지 않는 경우가 대부분이다. 이것은 금융위기가 여러 차원의 현상이 복잡하게 얽혀 발생하는 문제이기 때문이기도 하지만, 사람들의 행동이나 금융 시스템의 작동 방식을 이해하는 시각이 다양하기 때문이기도 하다. 은행위기를 중심으로 금융위기에 관한 주요 시각을 다음과 같은 네 가지로 분류할 수 있다. 이들이 서로 배타적인 것은 아니지만 주로 어떤 시각에 기초해서 금융위기를 이해하는가에 따라 그 원인과 대책에 대한 의견이 달라진다고 할 수 있다.

2 우선, 은행의 지불능력이 취약하다고 많은 예금주들이 예상하게 되면 실제로 은행의 지불능력이 취약해지는 현상, 즉 ⊙'자기 실현적 예상'이라 불리는 현상을 강조하는 시각이 있다. 예금주들이 예금을 인출하려는 요구에 대응하기 위해 은행이 예금의 일부만을 지급준비금으로 보유하는 부분준비제도는 현대 은행 시스템의 본질적 측면이다. 이 제도에서는 은행의 지불능력이 변화하지 않더라도 예금주들의 예상이 바뀌면 예금 인출이 쇄도하는 사태가 일어날 수 있다. 예금은 만기가 없고 선착순으로 지급하는 독특한 성격의 채무이기 때문에, 지불능력이 취약해져서 은행이 예금을 지급하지 못할 것이라고 예상하게 된 사람이라면 남보다 먼저 예금을 인출하는 것이 합리적이기 때문이다. 이처럼 예금 인출이 쇄도하는 상황에서 예금 인출 요구를 충족시키려면 은행들은 현금 보유량을 늘려야 한다. 이를 위해 은행들이 앞다투어 채권이나 주식, 부동산과 같은 자산을 매각하려고 하면 자산 가격이 하락하게 되므로 은행들의 지불능력이 실제로 낮아진다.

3 둘째, ⓒ은행의 과도한 위험 추구를 강조하는 시각이 있다. 주식회사에서 주주들은 회사의 모든 부채를 상환하고 남은 자산의 가치에 대한 청구권을 갖는 존재이고 통상적으로 유한책임을 진다. 따라서 회사의 자산 가치가 부채액보다 더 커질수록 주주에게 돌아올 이익도 커지지만, 회사가 파산할 경우에 주주의 손실은 그 회사의 주식에 투자한 금액으로 제한된다. 이러한 ⓐ 비대칭적인 이익 구조로 인해 수익에 대해서는 민감하지만 위험에 대해서는 둔감하게 된 주주들은 고위험 고수익 사업을 선호하게 된다. 결과적으로 주주들이 더 높은 수익을 얻기 위해 감수해야 하는 위험을 채권자에게 전가하는 것인데, 자기자본비율이 낮을수록 이러한 동기는 더욱 강해진다. 은행과 같은 금융 중개 기관들은 대부분 부채비율이 매우 높은 주식회사 형태를 띤다.

4 셋째, ⓒ은행가의 은행 약탈을 강조하는 시각이 있다. 전통적인 경제 이론에서는 은행의 부실을 과도한 위험 추구의 결과로 이해해왔다. 하지만 최근에는 은행가들에 의한 은행 약탈의 결과로 은행이 부실해진다는 인식도 ⓑ강해지고 있다. 과도한 위험 추구는 은행의 수익률을 높이려는 목적으로 은행의 재무 상태를 악화시킬 위험이 큰 행위를 은행가가 선택하는 것이다. 이에 비해 은행 약탈은 은행가가 자신에게 돌아올 이익을 추구하여 은행에 손실을 초래하는 행위를 선택하는 것이다. 예를 들어 은행가들이 자신이 지배하는 은행으로부터 남보다 유리한 조건으로 대출을 받는다거나, 장기적으로 은행에 손실을 초래할 것을 알면서도 자신의 성과급을 높이기 위해 단기적인 성과만을 추구하는 행위 등은, 지배 주주나 고위 경영자의 지위를 가진 은행가가 은행에 대한 지배력을 사적인 이익을 위해 사용한다는 의미에서 약탈이라고 할 수 있다.

5 넷째, ⓓ이상 과열을 강조하는 시각이 있다. 위의 세 가지 시각과 달리 이 시각은 경제 주체의 행동이 항상 합리적으로 이루어지는 것은 아니라는 관찰에 기초하고 있다. 예컨대 많은 사람이 자산 가격이 일정 기간 상승하면 앞으로도 계속 상승할 것이라 예상하고, 일정 기간 하락하면 앞으로도 계속 하락할 것이라 예상하는 경향을 보인다. 이 경우 자산 가격 상승은 부채의 증가를 낳고 이는 다시 자산 가격의 더 큰 상승을 낳는다. 이러한 상승 작용으로 인해 거품이 커지는 과정은 경제 주체들의 부채가 과도하게 늘어나 금융 시스템을 취약하게 만들게 되므로, 거품이 터져 금융 시스템이 붕괴하고 금융위기가 일어날 현실적 조건을 강화시킨다.

43 부서장으로부터 아래 〈보기〉의 자료를 받았고, 윗글에 제시된 네 가지 시각으로 〈보기〉에 대한 평가를 받아오라는 지시를 받았다. 가장 적절한 평가는?

〈보기〉

1980년대 후반에 A국에서 장기 주택담보 대출에 전문화한 은행인 저축대부조합들이 대량 파산하였다. 이 사태와 관련하여 다음과 같은 사실들이 주목받았다.

■ 1970년대 이후 석유 가격 상승으로 인해 부동산 가격이 많이 오른 지역에서 저축대부조합들의 파산이 가장 많았다.

■ 부동산 가격의 상승을 보고 앞으로도 자산 가격의 상승이 지속될 것을 예상하고 빚을 얻어 자산을 구입하는 경제 주체들이 늘어났다.

■ A국의 정부는 투자 상황을 낙관하여 저축대부조합이 고위험채권에 투자할 수 있도록 규제를 완화하였다.

■ 예금주들이 주인이 되는 상호회사 형태였던 저축대부조합들 중 다수가 1980년대에 주식회사 형태로 전환하였다.

■ 파산 전에 저축대부조합의 대주주와 경영자들에 대한 보상이 대폭 확대되었다.

---

① 최 팀장 : ㉠은 위험을 감수하고 고위험채권에 투자한 정도와 고위 경영자들에게 성과급 형태로 보상을 지급한 정도가 비례했다는 점을 들어, 은행의 고위 경영자들을 비판할 것이다.

② 박 과장 : ㉡은 부동산 가격 상승에 대한 기대 때문에 예금주들이 책임질 수 없을 정도로 빚을 늘려 은행이 위기에 빠진 점을 들어, 예금주의 과도한 위험 추구 행태를 비판할 것이다.

③ 김 대리 : ㉢은 저축대부조합들이 주식회사로 전환한 점을 들어, 고위험채권 투자를 감행한 결정이 궁극적으로 예금주의 이익을 더욱 증가시켰다고 은행을 옹호할 것이다.

④ 홍 부장 : ㉢은 저축대부조합이 정부의 규제 완화를 틈타 고위험채권에 투자하는 공격적인 경영을 한 점을 들어, 저축대부조합들의 행태를 용인한 예금주들을 비판할 것이다.

⑤ 이 과장 : ㉣은 차입을 늘린 투자자들, 고위험채권에 투자한 저축대부조합들, 규제를 완화한 정부 모두 낙관적인 투자 상황이 지속될 것이라고 예상한 점을 들어, 그 경제 주체 모두를 비판할 것이다.

📖 **Answer.** 43.⑤

44 ⓐ에 대한 의견으로 적절하지 않은 것은?

① 김 주임 : 파산한 회사의 자산 가치가 부채액에 못 미칠 경우에 주주들이 져야 할 책임은 한정되어 있다.

② 박 대리 : 회사의 자산 가치에서 부채액을 뺀 값이 0보다 클 경우에, 그 값은 원칙적으로 주주의 몫이 된다.

③ 전 팀장 : 회사가 자산을 다 팔아도 부채를 다 갚지 못할 경우에, 얼마나 많이 못 갚는지는 주주들의 이해와 무관하다.

④ 오 대리 : 주주들이 선호하는 고위험 고수익 사업은 성공한다면 회사가 큰 수익을 얻지만, 실패한다면 회사가 큰 손실을 입을 가능성이 높다.

⑤ 이 과장 : 주주들이 고위험 고수익 사업을 선호하는 것은, 이런 사업이 회사의 자산 가치와 부채액 사이의 차이가 줄어들 가능성을 높이기 때문이다.

45 다음 글은 OO농수산 식품연구원의 보고서의 일부이다. 이 글을 읽고 평가한 것으로 옳지 않은 것은?

> ① 유엔 식량농업기구(FAO)에 따르면 곤충의 종류는 2,013종인데, 그 중 일부가 현재 식재료로 사용되고 있다. 곤충은 병균을 옮기는 더러운 것으로 알려져 있지만 깨끗한 환경에서 사육된 곤충은 식용에 문제가 없다.
>
> ② 식용으로 귀뚜라미를 사육할 경우 전통적인 육류 단백질 공급원보다 생산에 필요한 자원을 절감할 수 있다. 귀뚜라미가 다른 전통적인 단백질 공급원보다 뛰어난 점은 다음과 같다. 첫째, 쇠고기 0.45kg을 생산하기 위해 필요한 자원으로 식용 귀뚜라미 11.33kg을 생산할 수 있다. 이것이 가능한 가장 큰 이유는 귀뚜라미가 냉혈동물이라 돼지나 소와 같이 체내 온도 유지를 위한 먹이를 많이 소비하지 않기 때문이다.
>
> ③ 둘째, 식용 귀뚜라미 0.45kg을 생산하는 데 필요한 물은 감자나 당근을 생산하는 데 필요한 수준인 3.8L이지만, 닭고기 0.45kg을 생산하려면 1,900L의 물이 필요하며, 쇠고기는 닭고기의 경우보다 4배 이상의 물이 필요하다. 셋째, 귀뚜라미를 사육할 때 발생하는 온실가스의 양은 가축을 사육할 때 발생하는 온실가스양의 20%에 불과하다.
>
> ④ 현재 곤충 사육은 많은 지역에서 이루어지고 있지만, 식용 곤충의 공급이 제한적이고 사람들에게 곤충도 식량이 될 수 있다는 점을 이해시키는 데 어려움이 있다. 따라서 새로운 식용 곤충 생산과 공급방법을 확충하고 곤충 섭취에 대한 사람들의 거부감을 줄이는 방안이 필요하다.
>
> ⑤ 현재 식용 귀뚜라미는 주로 분말 형태로 100g당 10달러에 판매된다. 이는 같은 양의 닭고기나 쇠고기의 가격과 큰 차이가 없다. 그러나 인구가 현재보다 20억 명 더 늘어날 것으로 예상되는 2050년에는 귀뚜라미 등 곤충이 저렴하게 저녁식사 재료로 공급될 것이다.

① 김 연구원 : 쇠고기 생산보다 식용 귀뚜라미 생산에 자원이 덜 드는 이유 중 하나는 귀뚜라미가 냉혈동물이라는 점이다.

② 이 연구원 : 현재 곤충 사육은 많은 지역에서 이루어지고 있지만, 식용으로 사용되는 곤충의 종류는 일부에 불과하다.

③ 박 연구원 : 식용 귀뚜라미와 동일한 양의 쇠고기를 생산하려면, 귀뚜라미 생산에 필요한 물보다 500배의 물이 필요하다.

④ 정 연구원 : 식용 귀뚜라미 생산에는 쇠고기 생산보다 자원이 적게 들지만, 현재 이 둘의 100g당 판매 가격은 큰 차이가 없다.

⑤ 임 연구원 : 가축을 사육할 때 발생하는 온실가스의 양은 귀뚜라미를 사육할 때의 5배다.

46 다음 〈조건〉을 근거로 판단할 때, 〈보기〉에서 옳은 것만을 모두 고르면?

〈조건〉

- A사와 B사는 신제품을 공동개발하여 판매한 총 순이익을 아래와 같은 기준에 의해 분배하기로 약정하였다.
  ⓐ A사와 B사는 총 순이익에서 각 회사 제조원가의 10%에 해당하는 금액을 우선 각자 분배받는다.
  ⓑ 총 순이익에서 위 ⓐ의 금액을 제외한 나머지 금액에 대한 분배기준은 연구개발비, 판매관리비, 광고홍보비 중 어느 하나로 결정하며, 각 회사가 지출한 비용에 비례하여 분배액을 정하기로 한다.
- 신제품 개발과 판매에 따른 비용과 총 순이익은 다음과 같다.

(단위 : 억 원)

구분	A사	B사
제조원가	200	600
연구개발비	100	300
판매관리비	200	200
광고홍보비	300	150
총 순이익	200	

〈보기〉

㉠ 분배받는 순이익을 극대화하기 위한 분배기준으로, A사는 광고홍보비를, B사는 연구개발비를 선호할 것이다.
㉡ 연구개발비가 분배기준이 된다면, 총 순이익에서 B사가 분배받는 금액은 A사의 3배이다.
㉢ 판매관리비가 분배기준이 된다면, 총 순이익에서 A사와 B사의 분배받은 금액은 동일하다.
㉣ 광고홍보비가 분배기준이 된다면, 총 순이익에서 A사가 분배받은 금액은 B사보다 많다.

① ㉠㉡
② ㉠㉢
③ ㉠㉣
④ ㉡㉣
⑤ ㉢㉣

▌47 ~ 48 ▌다음 자료를 읽고 물음에 답하시오.

1 하드 디스크는 고속으로 회전하는 디스크의 표면에 데이터를 저장한다. 데이터는 동심원으로 된 트랙에 저장되는데, 하드 디스크는 트랙을 여러 개의 섹터로 미리 구획하고 트랙을 오가는 헤드를 통해 섹터 단위로 읽기와 쓰기를 수행한다. 하드 디스크에서 데이터 입출력 요청을 완료하는 데 걸리는 시간을 접근 시간이라고 하며, 이는 하드 디스크의 성능을 결정하는 기준 중 하나가 된다. 접근 시간은 원하는 트랙까지 헤드가 이동하는 데 소요되는 탐색 시간과 트랙 위에서 해당 섹터가 헤드의 위치까지 회전해 오는 데 걸리는 대기 시간의 합이다. 하드 디스크의 제어기는 '디스크 스케줄링'을 통해 접근 시간이 최소가 되도록 한다.

2 ⊙200개의 트랙이 있고 가장 안쪽의 트랙이 0번인 하드 디스크를 생각해보자. 현재 헤드가 54번 트랙에 있고 대기 큐*에는 '99, 35, 123, 15, 66' 트랙에 대한 처리 요청이 들어와 있다고 가정하자. 요청 순서대로 데이터를 처리하는 방법을 'FCFS 스케줄링'이라 하며, 이때 헤드는 '54 → 99 → 35 → 123 → 15 → 66'과 같은 순서로 이동하여 데이터를 처리하므로 헤드의 총 이동 거리는 356이 된다.

3 만일 헤드가 현재 위치로부터 이동 거리가 가장 가까운 트랙 순서로 이동하면 '54 → 66 → 35 → 15 → 99 → 123'의 순서가 되므로, 이때 헤드의 총 이동 거리는 171로 줄어든다. 이러한 방식을 'SSTF 스케줄링'이라 한다. 이 방법을 사용하면 FCFS 스케줄링에 비해 헤드의 이동 거리가 짧아 탐색 시간이 줄어든다. 하지만 현재 헤드 위치로부터 가까운 트랙에 대한 데이터 처리 요청이 계속 들어오면 먼 트랙에 대한 요청들의 처리가 미뤄지는 문제가 발생할 수 있다.

4 이러한 SSTF 스케줄링의 단점을 개선한 방식이 'SCAN 스케줄링'이다. SCAN 스케줄링은 헤드가 디스크의 양 끝을 오가면서 이동 경로 위에 포함된 모든 대기 큐에 있는 트랙에 대한 요청을 처리하는 방식이다. 위의 예에서 헤드가 현재 위치에서 트랙 0번 방향으로 이동한다면 '54 → 35 → 15 → 0 → 66 → 99 → 123'의 순서로 처리하며, 이때 헤드의 총 이동 거리는 177이 된다. 이 방법을 쓰면 현재 헤드 위치에서 멀리 떨어진 트랙이라도 최소한 다음 이동 경로에는 포함되므로 처리가 지나치게 늦어지는 것을 막을 수 있다. SCAN 스케줄링을 개선한 'LOOK 스케줄링'은 현재 위치로부터 이동 방향에 따라 대기 큐에 있는 트랙의 최솟값과 최댓값 사이에서만 헤드가 이동함으로써 SCAN 스케줄링에서 불필요하게 양 끝까지 헤드가 이동하는 데 걸리는 시간을 없애 탐색 시간을 더욱 줄인다.

※ 대기 큐 : 하드 디스크에 대한 데이터 입출력 요청을 임시로 저장하는 곳

47 〈보기〉는 주어진 조건에 따라 ㉠에서 헤드가 이동하는 경로를 나타낸 것이다. ⑺, ⑷에 해당하는 스케줄링 방식으로 적절한 것은?

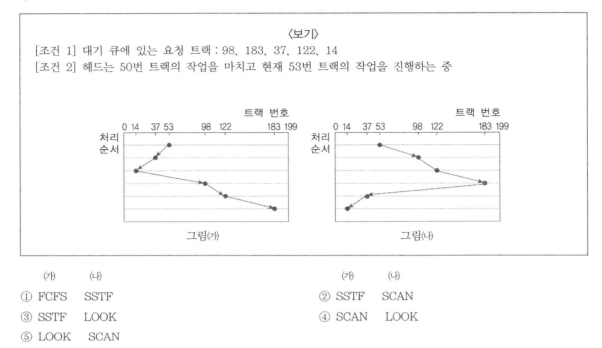

〈보기〉
[조건 1] 대기 큐에 있는 요청 트랙 : 98, 183, 37, 122, 14
[조건 2] 헤드는 50번 트랙의 작업을 마치고 현재 53번 트랙의 작업을 진행하는 중

그림⑺   그림⑷

	⑺	⑷			⑺	⑷
①	FCFS	SSTF		②	SSTF	SCAN
③	SSTF	LOOK		④	SCAN	LOOK
⑤	LOOK	SCAN				

48 헤드의 위치가 트랙 0번이고 현재 대기 큐에 있는 요청만을 처리한다고 할 때, 각 스케줄링의 탐색 시간의 합에 대한 비교로 옳은 것은?

① 요청된 트랙 번호들이 내림차순이면, SSTF 스케줄링과 LOOK 스케줄링에서 탐색 시간의 합은 같다.
② 요청된 트랙 번호들이 내림차순이면, FCFS 스케줄링이 SSTF 스케줄링보다 탐색 시간의 합이 작다.
③ 요청된 트랙 번호들이 오름차순이면, FCFS 스케줄링과 LOOK 스케줄링에서 탐색 시간의 합은 다르다.
④ 요청된 트랙 번호들이 오름차순이면, FCFS 스케줄링이 SCAN 스케줄링보다 탐색 시간의 합이 크다.
⑤ 요청된 트랙 번호들에 끝 트랙이 포함되면, LOOK 스케줄링이 SCAN 스케줄링보다 탐색 시간의 합이 크다.

49 다음 〈표〉는 올해 화학제품 매출액 상위 9개 기업의 매출액에 대한 자료이다. 〈표〉와 〈조건〉에 근거하여 ㉠ ~ ㉣에 해당하는 기업을 바르게 나열한 것은?

〈표〉 올해 화학제품 매출액 상위 9개 기업의 매출액

(단위 : 십억 달러, %)

기업 \ 구분	화학제품 매출액	전년 대비 증가율	총매출액	화학제품 매출액 비율
A기업	72.9	17.8	90.0	81.0
㉠	62.4	29.7	( )	100.0
㉡	54.2	28.7	( )	63.2
B기업	37.6	5.3	39.9	94.2
㉢	34.6	26.7	( )	67.0
C기업	32.1	14.2	55.9	57.4
㉣	29.7	10.0	( )	54.9
D기업	28.3	15.0	34.5	82.0
E기업	23.2	24.7	48.2	48.1

※ 화학제품 매출액 비율(%) = $\dfrac{\text{화학제품 매출액}}{\text{총매출액}} \times 100$

〈조건〉
- 'F기업'과 'G기업'의 전년 화학제품 매출액은 각각 해당 기업의 올해 화학제품 매출액의 80 % 미만이다.
- 'H기업'과 'I기업'의 올해 화학제품 매출액은 각각 총매출액에서 화학제품을 제외한 매출액의 2배 미만이다.
- 올해 총매출액은 'C기업'이 'G기업'보다 작다.
- 전년 화학제품 매출액은 'B기업'이 'I기업'보다 크다.

	㉠	㉡	㉢	㉣
①	F기업	H기업	G기업	I기업
②	F기업	I기업	G기업	H기업
③	H기업	G기업	I기업	F기업
④	G기업	I기업	F기업	H기업
⑤	G기업	H기업	F기업	I기업

50 다음 〈표〉와 〈보고서〉는 2014 ~ 2017년 IT산업 3개(소프트웨어, 인터넷, 컴퓨터) 분야의 인수·합병에 대한 자료이다. 이를 근거로 판단할 때, A ~ E 국 중 '갑'국에 해당하는 국가의 2017년 IT산업 3개 분야 인수·합병 건수의 합은?

〈표 1〉 소프트웨어 분야 인수·합병 건수

(단위 : 건)

국가 연도	미국	A	B	C	D	E
2014	631	23	79	44	27	20
2015	615	47	82	45	30	19
2016	760	72	121	61	37	19
2017	934	127	118	80	49	20
계	2,940	269	400	230	143	78

〈표 2〉 인터넷 분야 인수·합병 건수

(단위 : 건)

국가 연도	미국	A	B	C	D	E
2014	498	17	63	68	20	16
2015	425	33	57	52	19	7
2016	528	44	64	61	31	14
2017	459	77	69	70	38	21
계	1,910	171	253	251	108	58

〈표 3〉 컴퓨터 분야 인수·합병 건수

(단위 : 건)

국가 연도	미국	A	B	C	D	E
2014	196	12	33	32	11	3
2015	177	17	38	33	12	8
2016	200	18	51	35	16	8
2017	240	24	51	58	18	9
계	813	71	173	158	57	28

〈보고서〉

'갑'국의 IT산업 3개(소프트웨어, 인터넷, 컴퓨터) 분야 인수·합병 현황은 다음과 같다. '갑'국의 IT산업 인수·합병 건수는 3개 분야 모두에서 매년 미국의 10 % 이하에 불과했다. 또한, 연도별 인수·합병 건수 증가 추이를 살펴보면, 소프트웨어 분야와 컴퓨터 분야의 인수·합병 건수는 매년 증가하였고, 인터넷 분야 인수·합병 건수는 한 해를 제외하고 매년 증가하였다.

① 50   ② 105

③ 208   ④ 228

⑤ 238

51 농협의 교육지원 사업으로 옳지 않은 것은?

① 농·축협육성

② 또하나의 마을 만들기 운동

③ 농업인 복지증진

④ 영농 및 회원 육성

⑤ 농촌지역 농업금융 서비스 제공

52 농협의 ICA 집행위원회 가입연도로 옳은 것은?

① 1997년   ② 1983년

③ 1975년   ④ 1970년

⑤ 1963년

53 협동조합에 대한 설명으로 옳지 않은 것은?

① 협동조합은 용역의 구매·생산·판매·제공 등을 협동으로 영위함으로써 조합원의 권익을 향상하고 지역 사회에 공헌하고자 하는 사업조직을 의미한다.

② 협동조합 중에서 지역주민의 권익과 복리 증진과 관련한 사업을 수행하는 것은 사회적 협동조합을 의미한다.

③ 국가 및 공공단체에서는 협동조합 사업에 협조는 가능하지만 자금 지원을 하는 것은 금지된다.

④ 협동조합의 설립목적은 조합원의 복리 증진과 상부상조를 목적으로 한다.

⑤ 협동조합은 조합원등의 권익 증진을 위하여 교육·훈련 및 정보 제공 등의 활동을 적극적으로 수행하여야 한다.

Answer. 50.② 51.⑤ 52.⑤ 53.③

54 「협동조합기본법」에 따른 기본원칙으로 적절하지 않은 것은?

① 협동조합에서 특정 정당을 지지하는 행위를 할 수 있다.

② 협동조합은 자발적으로 결성할 수 있다.

③ 협동조합은 공동으로 소유해야 한다.

④ 협동조합은 업무를 수행할 때 조합원을 위해 봉사해야 한다.

⑤ 협동조합은 일부 조합원의 이익을 목적으로 하는 사업을 해서는 안 된다.

55 협동조합 조합원에 대한 설명으로 옳은 것은?

① 협동조합에 납입할 출자금은 채권과 상계한다.

② 지분환급청구권은 소멸되지 않고 영구적이다.

③ 1인당 출자좌수는 제한 없이 출자할 수 있다.

④ 출자액수와 관계없이 1인당 1개의 의결권과 선거권을 가진다.

⑤ 조합원이 납입한 출자금은 질권의 목적이다.

56 농민운동과 관련한 설명으로 옳지 않은 것은?

① 신토불이운동, 농도불이운동, 농촌사랑운동 순서로 가치확산운동이 전개되었다.

② '식사랑 농사랑 운동'은 우루과이라운드(UR) 협상으로 농축산물 수입 개방을 저지하기 위해서 전개되었다.

③ '신풍운동'의 목표는 농협의 이미지를 쇄신하고 농협운영을 활성화하는 것이다.

④ '새마을운동'은 근면 · 자조 · 협동을 기반으로 농민의 자조와 협동으로 새마을지도자를 양성하고자 했다.

⑤ 도농협동을 위해서 도시민과 농업인이 함께 발전하는 것을 목표로 '또 하나의 마을만들기 운동'이 전개되었다.

57 「헌법」 121조에 따라 농지는 농업인만이 가지고 있을 수 있다는 원칙에 사용되는 용어이며, 농업인에게는 땅을 주어야한다는 의미의 고사성어는?

① 육지행선(陸地行船)
② 계무소출(計無所出)
③ 신토불이(身土不二)
④ 경자유전(耕者有田)
⑤ 양금택목(良禽擇木)

58 머신러닝, 인공지능, 클라우드 등의 첨단기술을 활용해서 금융규제에 대응하고 금융법규를 준수하는 업무를 자동화하여 효율적으로 대응하기 위한 기술을 의미하는 것은?

① 인슈어테크
② 핀테크
③ 섭테크
④ 레그테크
⑤ 블랙테크

59 IC칩에 저장된 상품정보를 무선주파수를 이용하여 태그나 리더기 등으로 수십 미터 거리에도 정보를 보내면 비접촉식으로 판독해서 데이터를 식별하는 기술을 의미하는 용어는?

① NFC
② 페어링
③ RFID
④ 지그비
⑤ 블루투스

📄 **Answer.** 54.① 55.④ 56.② 57.④ 58.④ 59.③

60 4G와는 차별되는 5G의 핵심기술로 고사양 물리적 네트워크를 가상화 기술을 이용해서 분할해서 다양한 서비스를 제공하는 기술을 의미하는 용어는?

① 네트워크 슬라이싱

② 웹 어셈블리

③ 양자암호통신

④ DNS

⑤ MIME

61 모바일 신분증에 대한 설명으로 옳지 않은 것은?

① 개인 스마트폰에 신분증을 저장하고 사용하는 것이다.

② 블록체인 기반의 분산 DID 기술을 적용한다.

③ 온라인과 오프라인에서 구분 없이 서비스를 사용할 수 있다.

④ IC운전면허증은 실물 운전면허증보다 제한적인 효력을 가진다.

⑤ 신원확인자는 검증앱을 통해 진위여부가 확인가능하다.

62 이용자의 행동을 분석하여 맞춤정보를 제공하면서 클릭과 구매율을 높이는 광고 전략으로 아마존에서 사용하는 추천 알고리즘 기술을 의미하는 용어는?

① 아마존 웹서비스

② 아마존 레코그니션

③ AI 머신비전

④ 사물인터넷

⑤ 협업필터링

63 하나의 앱에서 다양한 서비스를 지원하는 것으로 문자, 쇼핑, 송금, 투자 등의 서비스를 한번에 이용할
    수 있는 앱을 의미하는 용어는?

    ① 네이티브 앱
    ② 수퍼앱
    ③ 하이브리드 앱
    ④ 웹 앱
    ⑤ 반응형 웹

64 다양한 증강현실의 모든 기술을 혼합 활용하여 확장된 현실을 창조하는 것으로 디바이스가 없어도 가
    상체험이 가능한 것을 의미하는 용어는?

    ① XR
    ② MR
    ③ AR
    ④ VR
    ⑤ 홀로그램

65 전자상거래에서 신용카드 지불정보를 안전하게 처리하기 위해 사용되는 프로토콜에서 쓰이지 않는 기
    술은?

    ① 전자봉투
    ② 공개키 암호
    ③ 전자서명
    ④ 전자화폐
    ⑤ 해시함수

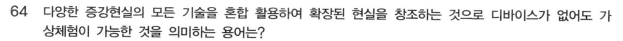

Answer. 60.① 61.④ 62.⑤ 63.② 64.① 65.④

66 경기불황을 극복하기 위해 정부가 고려할 수 있는 정책을 모두 고른 것은?

> ㉠ 법인세율 인상   ㉡ 국책사업의 확장
> ㉢ 지급준비율 인하   ㉣ 통화안정증권 매각

① ㉠㉡   ② ㉡㉢
③ ㉢㉣   ④ ㉠㉢
⑤ ㉡㉣

67 IPO를 할 때 공모물량보다 초과한 양의 청약이 있을 경우 공모주식을 차입하여 초과 배정하는 것을
    의미하는 용어는?

① 공개매수   ② 랩어카운트
③ 공매도   ④ 그린슈
⑤ 매수옵션

68 주식시장에서 지분을 대량으로 매각거래를 체결시켜주는 제도로 정해놓은 가격과 물량을 특정한 주체
    에게 일정 지분을 일괄 매각하는 방식을 의미하는 용어는?

① 유상증자   ② 오버행
③ 데이트레이딩   ④ 데드크로스
⑤ 블록세일

69 다음 중 재무 건전성이 가장 취약한 기업은?

구분	영업이익	당기순이익	이자비용
A기업	100	40	50
B기업	200	90	160
C기업	300	120	200
D기업	200	100	75
E기업	100	50	250

① A기업   ② B기업
③ C기업   ④ D기업
⑤ E기업

70 다음 중 선물의 개념에 관한 설명으로 옳지 않은 것은?

① 선물은 현재 외환, 채권, 주식 등을 기초자산으로 하는 금융선물만 존재한다.
② 현물이 인도되어 선물계약의무가 이행되는 날을 선물만기일이라고 한다.
③ 선물가격은 기초자산의 현물가격에 연동해서 변화한다.
④ 현금결재방식은 선물가격과 선물만기일의 현물가격과의 차이만큼 정산하는 방식이다.
⑤ 선물계약은 만기 이전에 반대매매를 통해 거래가 종료되는 것이 일반적이다.

71 그림과 같이 환율이 변화할 때 나타날 수 있는 반응으로 적절한 것을 모두 고른 것은?

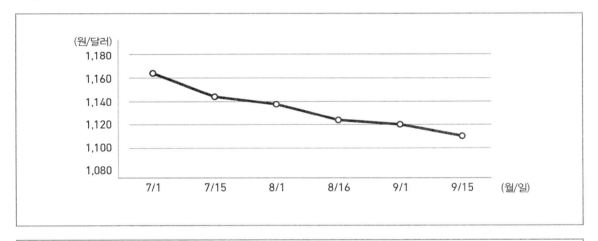

㉠ 국민들 사이에서 해외여행이 늘어날 것이다.
㉡ 물가안정에는 도움이 될 것이다.
㉢ 수출율이 떨어지면서 기업 내에서 연말 보너스가 줄어들 것이다.
㉣ 국민들이 수입품 소비가 줄고 있는 것을 나타내는 것이다.

① ㉠㉡
② ㉡㉢
③ ㉢㉣
④ ㉠㉡㉢
⑤ ㉡㉢㉣

72 철호는 라면과 우동을 파는 포장마차를 개업하였다. 그러나 경기침체로 인하여 우동의 판매량은 줄었지만 라면의 판매량은 크게 늘었다고 할 경우 라면과 우동의 관계에 대한 설명으로 옳지 않은 것은?

① 라면은 열등재에 해당한다.

② 우동과 라면은 대체관계라고 볼 수 있다.

③ 라면의 가격을 올릴 경우 우동의 수요가 증가하게 된다.

④ 우동은 열등재에 해당한다.

⑤ 라면은 기펜재가 될 가능성이 높다.

73 다음 그래프에 해당하는 재화는 국내가격이 국제가격보다 상대적으로 높아 국제가격으로 거래가 이루어질 경우 자국의 생산량의 감소로 발생하는 경제적 손실을 막기 위하여 관세를 부과하고 있다. 그렇지만 현재 관세부과로 인하여 총잉여의 일부가 감소하였다. 관세를 철폐하고 자유무역을 할 경우 관세부과 후 가격수준에서 발생했던 총잉여 감소분이 다시 증가하게 되는데 그 크기는?(단, 유통비용 및 추가적인 부대비용은 없다고 가정)

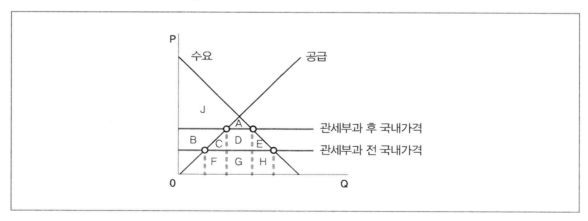

① B + C + D + E   ② C + D + E

③ B + E   ④ C + E

⑤ F + H

74 소비자물가가 전년동기대비 3.6%가 상승하여 3년 2개월 만에 가장 높은 상승률을 기록하는 등 가파른 상승세를 지속하고 곡물 등 원자재 가격의 상승으로 수입물가상승률도 15.6%에 달하고 있다. 다음 중 이에 대한 추론이 적절한 것은?

① 수입물가 상승은 경상수지 흑자 요인으로 작용한다.

② 지난해 초 정기예금을 든 사람들이 유리하다.

③ 부동산을 가지고 있는 사람들이 불리하다.

④ 고정금리보다 변동금리로 대출 받은 사람들이 불리하다.

⑤ 금융자산을 보유하고 있는 사람이 유리하다.

75 다음 중 CAPM의 가정인 완전시장의 요건에 해당하지 않는 것은?

① 세금 및 거래비용이 없다.

② 자산은 무한 분할이 가능하다.

③ 모든 투자자는 가격순응자이다.

④ 필요한 정보는 대가없이 누구나 얻을 수 있다.

⑤ 다수의 투자자가 존재한다.

76 다음 자료에서 국내 외환 시장의 변동 후 균형점으로 가장 적절한 것은?

> 〈외환 시장 동향 분석 보고서〉
>
> 1. 외환 수급 상황의 변동 요인
>   〈요인 1〉 유학생 부모의 해외 송금 및 내국인의 해외 여행 증가
>   〈요인 2〉 외국인의 국내 주식 매수 증가
> 2. 국내 외환 시장 분석
>   〈요인 1〉로 인해 발생하는 달러화 수급 변동 폭이 〈요인 2〉로 인해 발생하는 달러화 수급 변동 폭보다 작다.

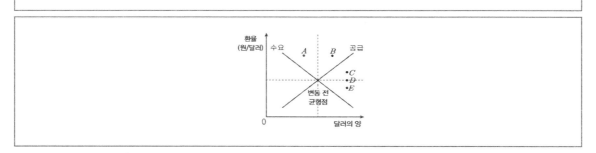

① A   ② B
③ C   ④ D
⑤ E

77 다음은 화폐의 시간가치를 나타내는 기본 공식이다. 이 공식과 관련된 아래의 설명 중 옳은 것을 모두 고른 것은?

$$FV = PV \times (1+i)^n$$

* FV(Future Value) : 미래가치, PV(Present Value) : 현재가치
* i(interest) : 이자율, n : 기간 또는 복리 횟수

> ㉠ 투자기간이 길수록, 복리횟수가 많을수록 동일한 현재가치를 위한 미래가치의 크기가 크다.
> ㉡ 연 복리 이자율 6%로 8천9백만 원을 투자하면 2년 후 1억 원이 된다.
> ㉢ 위 공식을 활용하면 현재 자신이 가진 돈으로 미래 특정시점에 목표한 금액을 갖기 위해 어느 정도 수익률의 상품에 투자해야 하는지를 판단할 수 있다.
> ㉣ 연 복리 이자율이 5%일 경우, 위 공식에 따르면 지금 현재의 100만 원이 10년 후의 200만 원보다 가치가 높다.
> ㉤ 위 ㉡의 사례에 반기 복리 이자율 3%을 적용하여도 2년 후 동일하게 1억 원을 얻을 수 있다.

① ㉠㉡㉤   ② ㉡㉢㉣
③ ㉠㉡㉢   ④ ㉢㉣㉤
⑤ ㉠㉣㉤

78 영국의 경제학자인 알프리드 마셜은 애덤 스미스나 칼 마르크스와 달리 재화의 시장가격이 무엇에 의해서 결정된다고 주장하였는가?

① 생산비용
② 소비자가 느끼는 사용가치
③ 생산비용과 사용가치
④ 재화에 투입된 노동의 가치
⑤ 재화에 투입된 노동과 자본의 가치

79 어느 상품의 수요곡선은 $P = 6 - 2Q$, 공급곡선은 $P = 3 + Q$와 같다고 한다. 다음 중 균형가격과 소비자잉여의 크기를 올바르게 계산한 것은?

① 균형가격 = 5, 소비자잉여 = 0.5
② 균형가격 = 4, 소비자잉여 = 1
③ 균형가격 = 4, 소비자잉여 = 0.5
④ 균형가격 = 3, 소비자잉여 = 1
⑤ 균형가격 = 1, 소비자잉여 = 4

80 폭설로 도로가 막혀 교통이 두절되고 농촌 비닐하우스가 무너져 농작물 피해가 발생하였다. 우하향하는 총수요곡선과 우상향하는 총공급곡선을 이용하여 이러한 자연재해가 단기적으로 경제에 미치는 영향은 무엇인가?

① 물가수준은 상승하고 실질 GDP는 감소한다.
② 물가수준은 하락하고 실질 GDP는 감소한다.
③ 물가수준은 상승하고 실질 GDP는 증가한다.
④ 물가수준은 하락하고 실질 GDP는 증가한다.
⑤ 물가수준과 실질 GDP 모두 불변이다.

Answer. 76.⑤ 77.③ 78.③ 79.② 80.①

농협중앙회와 NH농협은행 기출후기를 반영하여 복원·재구성한 문제입니다.

┃1 ~ 3┃ 다음은 「농업협동조합법」에 관한 법률의 일부이다. 이어지는 물음에 답하시오.

제26조(의결권 및 선거권) 조합원은 출자액의 많고 적음에 관계없이 평등한 의결권 및 선거권을 가진다. 이 경우 선거권은 임원 또는 대의원의 임기만료일 전 180일까지 해당 조합의 조합원으로 가입한 자만 행사할 수 있다.

제27조(의결권의 대리)

제1항 조합원은 대리인에게 의결권을 행사하게 할 수 있다. 이 경우 그 조합원은 출석한 것으로 본다.

제2항 대리인은 다른 조합원 또는 본인과 동거하는 가족이어야 하며, 대리인이 대리할 수 있는 조합원의 수는 1인으로 한정한다.

제3항 대리인은 ㉠ <u>대리권</u>을 증명하는 서면을 지역농협에 제출하여야 한다.

제28조(가입)

제1항 지역농협은 정당한 사유 없이 조합원 자격을 갖추고 있는 자의 가입을 거절하거나 다른 조합원보다 불리한 가입 조건을 달 수 없다. 다만, 제30조 제1항 각 호의 어느 하나에 해당되어 제명된 후 2년이 지나지 아니한 자에 대하여는 가입을 거절할 수 있다.

제2항 조합원은 해당 지역농협에 가입한 지 1년 6개월 이내에는 같은 구역에 설립된 다른 지역농협에 가입할 수 없다.

제3항 새로 조합원이 되려는 자는 정관으로 정하는 바에 따라 출자하여야 한다.

제4항 지역농협은 조합원 수를 제한할 수 없다.

제5항 사망으로 인하여 탈퇴하게 된 조합원의 상속인이 제19조 제1항에 따른 조합원 자격이 있는 경우에는 피상속인의 출자를 ㉡ <u>승계</u>하여 조합원이 될 수 있다.

제6항 제5항에 따라 출자를 승계한 상속인에 관하여는 제1항을 준용한다.

제29조(탈퇴)

제1항 조합원은 지역농협에 탈퇴 의사를 알리고 탈퇴할 수 있다.

제2항 조합원이 다음의 어느 하나에 해당하면 당연히 탈퇴된다.

    1. 조합원의 자격이 없는 경우

    2. 사망한 경우

    3. 파산한 경우

    4. 성년후견개시의 심판을 받은 경우

    5. 조합원인 법인이 해산한 경우

제3항 이사회는 조합원의 전부 또는 일부를 대상으로 제2항 각 호의 어느 하나에 해당하는지를 확인하여야 한다.

제30조(제명)

제1항 지역농협은 조합원이 다음 각 호의 어느 하나에 해당하면 총회의 의결을 거쳐 제명할 수 있다.

　　1. 1년 이상 지역농협의 사업을 이용하지 아니한 경우

　　1의2. 2년 이상 경제사업을 이용하지 아니한 경우. 다만, 정관에서 정하는 정당한 사유가 있는 경우는 제외한다.

　　2. 출자 및 경비의 ⓒ 납입, 그 밖의 지역농협에 대한 의무를 이행하지 아니한 경우

　　3. 정관으로 금지한 행위를 한 경우

제2항 지역농협은 조합원이 제1항 각 호의 어느 하나에 해당하면 총회 개회 10일 전까지 그 조합원에게 제명의 사유를 알리고 총회에서 의견을 진술할 기회를 주어야 한다.

제31조(지분환급청구권과 환급정지)

제1항 탈퇴 조합원(제명된 조합원 포함)은 탈퇴(제명 포함) 당시의 회계연도의 다음 회계연도부터 정관으로 정하는 바에 따라 그 지분의 ⓓ 환급을 청구할 수 있다.

제2항 제1항에 따른 청구권은 2년간 행사하지 아니하면 소멸된다.

제3항 지역농협은 탈퇴 조합원이 지역농협에 대한 채무를 다 갚을 때까지는 제1항에 따른 지분의 환급을 정지할 수 있다.

제32조(탈퇴 조합원의 손실액 부담) 지역농협은 지역농협의 재산으로 그 ⓔ 채무를 다 갚을 수 없는 경우에는 제31조에 따른 환급분을 계산할 때 정관으로 정하는 바에 따라 탈퇴 조합원이 부담하여야 할 손실액의 납입을 청구할 수 있다. 이 경우 제31조 제1항 및 제2항을 준용한다.

제33조(의결 취소의 청구 등)

제1항 조합원은 총회(창립총회 포함)의 소집 절차, 의결 방법, 의결 내용 또는 임원의 선거가 법령, 법령에 따른 행정처분 또는 정관을 위반한 것을 사유로 하여 그 의결이나 선거에 따른 당선의 취소 또는 무효 확인을 농림축산식품부장관에게 청구하거나 이를 청구하는 소를 제기할 수 있다. 다만, 농림축산식품부장관은 조합원의 청구와 같은 내용의 소가 법원에 제기된 사실을 알았을 때에는 제2항 후단에 따른 조치를 하지 아니한다.

제2항 제1항에 따라 농림축산식품부장관에게 청구하는 경우에는 의결일이나 선거일부터 1개월 이내에 조합원 300인 또는 100분의 5 이상의 동의를 받아 청구하여야 한다. 이 경우 농림축산식품부장관은 그 청구서를 받은 날부터 3개월 이내에 이에 대한 조치 결과를 청구인에게 알려야 한다.

제3항 제1항에 따른 소에 관하여는 「상법」 제376조부터 제381조까지의 규정을 준용한다.

제4항 제1항에 따른 의결 취소의 청구 등에 필요한 사항은 농림축산식품부령으로 정한다.

1　　위의 법률을 보고 판단한 내용으로 적절하지 않은 것은?

　　① 탈퇴 조합원은 그 지분의 환급금 청구를 2년간 행사하지 않을 경우 소멸된다.

　　② 1년 이상 지역농협 사업을 이용하지 아니한 경우에는 조합원 가입을 거절할 수 있다.

　　③ 위반의 사유로 의결의 취소를 청구할 경우 의결일로부터 2개월 이내에 청구할 수 있다.

　　④ 조합원은 출자액의 많고 적음에 관계없이 의결권과 선거권을 평등하게 가진다.

　　⑤ 다른 조합원, 본인, 동거 가족에게만 조합원 대신 의결권을 행사할 수 있다.

Answer. 1.③

2 다음 A 씨의 의결권 대리 행사가 가능한 것은?

① 지방에 살고 계신 부모님이 대리권을 행사해도 출석이 인정된다.

② 조합원 B와 C가 함께 의결권을 행사할 수 있다.

③ A가 사전에 등록한 대리인일 경우에는 의결권을 행사할 수 있다.

④ A와 함께 사는 동생이 대리권을 증명하기 위해서는 서면을 제출해야 한다.

⑤ 조합원의 경우에 서면을 제출하지 않아도 된다.

3 ㉠ ~ ㉤에 해당하는 한자가 아닌 것은?

① ㉠ - 代理權

② ㉡ - 承繼

③ ㉢ - 納入

④ ㉣ - 還給

⑤ ㉤ - 債貿

4 다음 기사에 대한 주제로 가장 적절한 것은?

> 정부는 소규모 농가에 30만 원 상당의 바우처를 지급하기로 결정했다. 코로나19 피해에 취약한 소농의 경영지원을 위해서라지만, 일각에선 소농으로 위장한 이른바 '가짜 농민'이 지원금을 받아가는 것은 아니냐는 우려도 제기되고 있다. 농림축산식품부는 지난해 소농직불금을 받은 대상자의 71%가 65세 이상 고령농이라는 점을 고려하면 이번 바우처 지원이 영세 고령농을 위한 폭넓은 지원이 될 것으로 기대하고 있다. 바우처 지급이 결정된 이후 정부는 지원 취지와는 달리 농업계 여론의 질타를 피할 수 없었는데, 정부의 결정이 전체 농업인을 위한 보편적 지원이 아닌 선별적 지원이라는 이유에서다. 농식품부는 비농업인의 부정수급 문제는 없을 것으로 밝혔으나, 소농은 농사짓지 않는 비농업인이나 투기꾼 등 '가짜 농민'도 포함돼, 이들에게도 지원금이 돌아갈 수 있다는 우려의 목소리가 크다.

① 공익직불금에 대한 안내

② 소농바우처의 사용 요건

③ 지원금의 부정수급에 대한 우려

④ 소농바우처 지급에 대한 해결책

⑤ 농가 지원을 위한 예산 마련 안건

┃5 ~ 6┃ 다음 보험의 상품설명서를 확인하고 물음에 답하시오.

<농작업 근로자 안전보험>

1. 상품 특징
   - 농가 경영 안정화를 위한 농작업 근로자 대상 상품
   - 농작업 중 일어날 수 있는 재해 및 질병 중점 보장
   - 보험료의 50% 이상 정부에서 지원(단, 국고 지원 자격 충족 시)

2. 가입내용
   - 보험계약자 : 농업인 및 농업 관련 법인
   - 피보험자 : 보험계약자가 농작업 수행을 위해 고용한 단기 피고용인
   - 주 계약 : 기본형, 상해 · 질병치료급여금 부담보형
   - 가입 나이 : 만 15 ~ 87세
   - 보험 기간 : 1일 ~ 89일
   - 납입 방법 : 일시납

3. 보장내용

급부명	지급사유	지급 금액
유족급여금	농업작업안전재해 또는 농업작업안전질병으로 사망하였을 경우 (다만, 농업작업안전질병 중 '유해생물방제제(농약)의 독성효과' 제외)	1,000만 원
재해장해급여금	농업작업안전재해로 인해 장해분류표에서 정한 장해지급률 중 3% 이상 80% 미만 장해상태가 되었을 경우	1,000만 원 × 장해지급률
휴업(입원) 급여금	농업작업안전재해 또는 농업작업안전질병으로 치료를 직접목적으로 하여 4일 이상 계속 입원하였을 경우(1회 입원당 120일 한도)	3일 초과 입원일수 1일 2만 원
고도장해 급여금	농업작업안전재해 또는 동일한 농업작업안전질병으로 인해 장해분류표 상 여러 신체부의 장해 지급률을 더하여 80% 이상인 장해상태가 되었을 경우(최초 1회 한)	1,000만 원
재활(재해장해) 급여금	농업작업안전재해로 인하여 장해분류표에서 정한 장해지급률 중 3% 이상 80% 미만의 장해상태가 되었을 경우	500만 원 × 장해지급률
특정 질병수술 급여금	특정 질병으로 수술을 받았을 경우	수술 1회당 30만 원
특정 감염병진단 급여금	특정 감염병으로 진단 확정되었을 경우	진단 1회당 30만 원

※ 농업작업업안정질병은 '농업작업 관련 질병 분류표'를 따른다.

Answer. 2.④ 3.⑤ 4.③

4. 주요 유의사항
  - 청약 시 보험상품명, 기간, 보험료, 납입기간, 피보험자 등을 반드시 확인하고 보험상품에 대한 설명을 받아야 한다.
  - 보험계약자 및 피보험자는 청약서상의 자필서명란에 반드시 본인 자필서명(전자서명 포함)을 해야 한다. 만일, 고의나 중대한 과실로 중요한 사항에 대해 사실과 다르게 알린 경우 회사가 별도로 정한 방법에 따라 계약 해지 또는 보장을 제한할 수 있다.
  - 청약 시 직업·나이·운전여부·병력 등에 따라 가입이 거절될 수 있다.
  - 약관 및 청약서를 받지 못한 경우, 약관의 중요내용을 설명 받지 못한 경우, 자필서명이 없는 경우에는 계약 성립일의 3개월 이내에 계약 취소가 가능하며 납입 보험료 및 보험료 전액과 정해진 이자를 돌려준다.

〈농업작업 관련 질병 분류표〉

대상 질병명	분류번호	대상 질병명	분류번호
피부염 및 습진	L20 − L30	파라티푸스	A01.0 − A01.4
두드러기 및 홍반	L50 − L54	급성 A형간염	B15
부식물질의 독성효과	T52	파상풍	A33 − A35
유해생물방제제의 독성효과	T60	디프테리아	A36
윤활막 및 힘줄장애	M60 − M63	일본뇌염	A37
관절통	M25.5	홍역	B05
기타 연조직장애	M70 − M79	탄저병	A22
과다한 자연열 노출	X30	렙토스피라병	A27
팔의 단일신경병증	G56	비폐렴성 재향군인병	A48.2
콜레라	A00		

5 다음의 내용을 분석한 것으로 적절하지 않은 것은?

① 특정 감염병진단 급여금은 진단 확정이 되면 1회당 30만 원을 지급받는다.
② 보험계약자 및 피보험자는 농협 관련 법인이다.
③ T60으로 사망한 경우에는 유족급여금이 지급되지 않는다.
④ 청약서에는 보험계약자 및 피보험자의 자필서명은 전자서명으로도 가능하다.
⑤ 만 15세 미만은 본 상품의 가입이 제한된다.

6 농작업 중 사고로 장해지급률 85%인 장해상태가 되었다. 이 경우 보험금 지급 금액은?

① 지급 불가
② 425만 원
③ 500만 원
④ 850만 원
⑤ 1,000만 원

┃7 ~ 8┃ 다음을 제시된 글을 읽고 물음에 답하시오.

갑의 주장은 토지 문제를 토지 시장에 국한하지 않고 경제 전체의 흐름과 밀접하게 연결해 파악하면 된다는 것이다. 이는 토지 문제를 이용의 효율에만 국한하는 단순한 문제가 아닌 경제의 성장, 물가, 실업 등의 거시경제적 변수를 함께 고려해야 하는 복잡한 문제로 본다. (㉠) 토지 문제는 경기 변동과 직결되며 사회 정의와도 관련이 있다고 주장하고 있다.

을은 토지 문제도 다른 상품과 마찬가지로 수요와 공급의 법칙에 따라 시장이 자율적으로 조정하도록 맡기면 된다는 주장이다. 토지의 투자는 상품 투자의 일종으로 [   ]

부동산의 자본 이득이 충분히 클 경우에는 좋은 투자 대상이 되어 막대한 자금이 금융권으로부터 부동산 시장으로 흘러 들어간다. 반대로 자본의 이득이 떨어지게 될 경우 부동산에 투입되었던 자금이 다시 금융권에 회수되어 다른 시작으로 흘러 들어간다. 따라서 부동산의 자본 이득은 금융권과 부동산 시장 사이를 이어주는 것이다.

갑은 을과 달리 상품 투자와 토지 투자를 구분한다. 상품 투자는 상품 가격을 상승시키고 상품 공급을 증가시킬 수 있다. 공급이 증가하면 다시 상품의 투자가 억제되므로 상품투자에는 내재적 한계를 포함한다. (㉡) 토지는 공급이 한정되어 있기 때문에 토지 투자는 가격 상승의 제어장치가 마련되어 있지 않다. 이러한 토지 투자는 지가의 상승을 부추기며 거품이 잔뜩 낀 부동산 가격을 만들게 된다.

---

7 다음 ㉠ ~ ㉡에 들어갈 접속사는?

	㉠	㉡
①	그러나	따라서
②	따라서	그러나
③	그리고	따라서
④	반면에	그리고
⑤	하지만	그리하여

8 다음 [   ] 에 들어갈 문장으로 옳은 것은?

① 토지는 투자대상으로 볼 수 없다.
② 거시경제적 관점에서 보면 토지와 상품 투자는 상호보완적이다.
③ 상품 생산 수단으로 토지에 대한 투자가 활용된다.
④ 귀금속, 주식, 은행 예금만큼 좋은 투자의 대상으로 본다.
⑤ 부동산 시장과 금융권의 사이를 이어준다.

> ㉠ 월요일에서 금요일까지 하루에 8시간씩 소정근로시간 동안 일하는 근로자를 확인해보자. '소정근로시간'은 근로자와 사용자가 합의한 근로시간이다. 사실 기존 「근로기준법」도 최대 근로시간이 52시간으로 규정되어 있어 보였다. 하루 최대 소정근로시간이 8시간으로 1주에는 소정근로시간이 최대 40시간이며 연장근로는 1주에 12시간만 허용되므로 총 52시간이 되기 때문이다. 그러나 최대 68시간까지 허용했는데 이는 휴일근로의 성격을 어떤 것으로 보는가에 달려있다. 기존 「근로기준법」에 휴일근로란 소정근로도 연장근로도 아닌 것으로 간주되었으며 소정근로 40시간에 12시간 연장근로 후 휴일근로가 더해진 것으로 보았다. 따라서 52시간이 초과되어도 법을 위반하지 않게 되는 것이다.
>
> ㉡ 일요일은 휴일이다. 하지만 토요일은 휴일이 아닌 근로의무가 없는 휴무일로 특별 규정이 없는 한 근로를 시킬 수 없다. 기존 「근로기준법」하에서 더 근로를 시키고 싶던 기업은 단체협약으로 '토요일을 휴일로 한다'라는 규정을 특별하게 만들어 꼼수를 쓰는 경우가 많았다. 이렇게 되면 2일간 휴일근로를 추가로 근무를 시킬 수 있기 때문에 근로시간이 늘어난 것이다.
>
> ㉢ 「근로기준법」이 개정되며 일명 '52시간 근무제'에 대한 관심이 높아졌다. 하지만 개정된 「근로기준법」에 '최대 근로시간을 1주에 52시간으로 규정한다'라는 조문이 명시적으로 추가된 것이 아니다. 다만, '1주란 휴일을 포함한 7일을 말한다'는 한 문장이 「근로기준법」에 추가되었을 뿐이다. 이 한 문장의 추가가 어떻게 52시간 근무제를 보장한다는 것일까?
>
> ㉣ 현 개정 「근로기준법」과 다르게 기존 판례가 휴일근로를 연장근로가 아니라고 한 이유는 연장근로는 소정근로의 연장으로 하여 1주 최대 소정근로시간을 정할 경우 1주를 5일로 보았기 때문이다. 즉, 1주 중 소정근로일은 월요일부터 금요일까지의 5일로 보고 이 기간 동안의 근로만이 「근로기준법」상 소정근로시간 한도에 포함된다고 본 것이다. 다만, 연장근로가 아닌 한 1일의 근로시간은 8시간을 초과할 수 없다고 기존 「근로기준법」에 규정되어 있으므로 이미 52시간을 근로한 근로자에게 휴일에 1일 8시간을 넘는 근로를 시킬 수 없다. 따라서 휴일근로가 가능한 시간은 16시간이 되어 주 68시간이 최대 근로시간이 된 것이다.

9 다음 문단의 순서를 바르게 배열한 것은?

① ㉠ - ㉡ - ㉣ - ㉢
② ㉠ - ㉢ - ㉣ - ㉡
③ ㉢ - ㉠ - ㉡ - ㉣
④ ㉢ - ㉠ - ㉣ - ㉡
⑤ ㉢ - ㉡ - ㉠ - ㉣

10 위 글에 대한 내용을 바르게 적용한 견해는?

> A 씨가 일하는 회사의 소정근로시간은 주 4일 10시간 근로이며 월요일부터 목요일만 출근하고 나머지 금, 토, 일은 휴일이다. 바쁜 경우에는 휴일에 나와 근무하기도 한다.

① 개정 「근로기준법」을 따를 경우, A 씨는 소정근로시간이 1주에 40시간이므로 연장근로는 최대 14시간 가능하다.

② 기존 「근로기준법」을 따를 경우, 월요일부터 수요일까지 12시간씩 일할 경우 휴일근로 시간은 6시간이다.

③ 금요일 출근하여 10시간 근무했을 경우 「근로기준법」을 위반하게 된다.

④ 개정 「근로기준법」에 따를 경우 남은 요일에 허용되는 최대 근로시간은 12시간이다.

⑤ 월요일부터 목요일까지 12시간 근무 후 금요일 6시간 근무를 하게 될 경우 연장근로시간은 15시간이다.

11 다음 글의 내용이 참일 경우, 반드시 참인 것을 보기에서 고른 것은?

> 해양자원기술 A연구소는 세계 최초의 해양자원을 통한 전기기술을 개발하였다. 연구소는 해양자원을 통한 전기의 상용화를 위하여 학술대회를 열었는데, 연구원들이 학술대회로 자리를 비운 사이 누군가가 해양자원 상용화를 위한 핵심 기술의 기밀자료를 훔쳐갔다. 경찰은 용의자로 민경, 성아, 지수, 혜민을 지목하였고 학술대회의 상황을 물어 심문하였는데 아래와 같은 답변을 하였다.
>
> 〈답변〉
> 민경 : 학술대회에서 발표한 상용화 아이디어 중 적어도 하나는 참석한 모든 사람들의 관심을 받았습니다. 성아는 범인이 아닙니다.
> 성아 : 학술대회에 참석한 누구나 학술대회에서 발표한 하나 이상의 아이디어에 관심을 가졌습니다. 범인은 지수이거나 혜민입니다.
> 지수 : 학술대회에 참석한 몇몇 사람은 학술대회에서 발표한 상용화 아이디어 중 적어도 하나에 관심이 있었습니다. 혜민은 범인이 아닙니다.
> 혜민 : 학술대회에 참석한 모든 사람들이 어떤 상용화 아이디어에도 관심이 없었습니다. 범인은 민경입니다.
>
> 수사 결과 이들은 각각 참만 말하거나 거짓만을 말하는 것으로 나타났다. 또한 네 명 중 한 명만 범인으로 드러났다.

> 〈보기〉
> ㉠ 민경과 지수 모두 참일 수 있다.
> ㉡ 성아와 지수의 말이 모두 참일 수는 없다.
> ㉢ 거짓말한 사람이 단 한 명이라면, 범인은 지수이다.

① ㉠

② ㉢

③ ㉠㉡

④ ㉠㉢

⑤ ㉠㉡㉢

12 다음 보고서에 대한 분석으로 적절한 것을 고른 것은?

〈보고서〉

제 목 : 인식론의 '자연화'

이 름 : 철학자 A

내 용 : 자연과학 방법론의 자연과학이 수용하는 존재론에 따라 연구를 수행하는 것을 '자연화'라고 한다. 하지만 심리학을 자연과학의 하나라고 생각하며 인식론의 '자연화'를 주장하기 위하여 다음과 같은 논증을 제시한다.

〈논증〉

(가) 전통적 인식론은 적어도 다음과 같은 목표를 가진다.

　1. 세계에 관한 믿음을 정당화 한다.

　2. 세계에 관한 믿음을 나타내는 문장을 감각 경험을 나타내는 문장으로 번역한다.

(나) 전통적 인식론은 두 가지 목표 모두 달성할 수 없다.

(다) 만약 두 가지 목표 중 어느 하나도 달성할 수 없을 경우, 전통적 인식론은 폐기해야 한다.

(라) 전통적 인식론은 폐기해야 한다.

(마) 만약 전통적 인식론이 폐기되면 인식론자는 전통적 인식론 대신 심리학을 연구해야 한다.

(바) 인식론자는 전통적 인식론 대신 심리학을 연구한다.

〈보기〉

㉠ (다)의 논증이 없어도 (바)의 도출이 가능하다.

㉡ (라)는 어떤 진술들의 결론이며 전체적인 논증의 또 다른 전제이기도 하다.

㉢ (가)의 '세계에 관한 믿음을 정당화 한다'는 목표가 이뤄질 경우 (바)는 도출되지 않는다.

㉣ 철학자 A는 심리학을 자연과학의 한 부분으로 생각하며 연구에 대한 논증을 제시하고 있다.

① ㉠㉡

② ㉠㉢

③ ㉡㉢

④ ㉡㉣

⑤ ㉠㉡㉢

13 다음 자료를 보고 12월 1일부터 6일까지의 지역 농산물 유통센터에서 판매된 ○○시의 감귤(box)의 총 판매액으로 옳은 것은?

〈지역 농산물 유통센터 운영사항〉

• 농산물의 판매를 촉진을 위하여 ○○시는 지역 농산물 유통센터를 운영하고 있다. 해당 유통센터는 농산물을 수확 당일 모두 판매하는 것을 목표로 운영한다.
• 유통센터는 당일 판매하지 못한 농산물들을 판매가에서 25%를 할인하여 다음 날 판매한다.
• 농부 A는 12월 1일부터 5일까지 매일 수확한 감귤 100박스를 수확 당일 ○○시 지역 농산물 유통센터에 공급하였다.
• 농부 A로부터 공급받은 감귤의 당일 판매가는 박스 당 2만 원이며, 매일 판매된 감귤 박스의 수는 아래와 같다.

날짜	1일	2일	3일	4일	5일	6일
판매된 감귤	70박스	110박스	100박스	100박스	110박스	10박스

※ 단. 수확 당일 판매되지 않은 감귤은 다음 날 모두 판매되었다.

① 930만 원
② 940만 원
③ 945만 원
④ 950만 원
⑤ 960만 원

14 다음 글과 보기를 근거로 판단할 경우, K 씨의 계약 의뢰 날짜와 공고 종료 후 결과통지 날짜를 올바르게 짝지은 것은?

<표>

〈OO기업의 통신인프라 도입을 위한 계약 체결 절차〉

순서	단계	소요기간
1	계약 의뢰	1일
2	서류 검토	2일
3	입찰 공고	30일(긴급계약의 경우 10일)
4	공고 종료 후 결과통지	1일
5	입찰서류 평가	7일
6	우선순위 대상자와 협상	5일

※ 1) 소요 기간은 해당 절차의 시작부터 종료까지 걸리는 기간
   2) 모든 절차는 하루 단위이며 주말 및 공휴일에도 중단이나 중복 없이 진행

〈보기〉

OO기업의 K 씨는 통신인프라 도입에 대해 6월 23일에 계약 체결을 목표로 하여 계약부서에 긴급으로 계약을 의뢰하려고 한다. 계약은 우선순위 대상자와의 협상이 끝난 날의 다음 날 체결이 이뤄진다고 한다.

	계약 의뢰 날짜	공고 종료 후 결과통지 날짜
①	5월 27일	6월 10일
②	5월 27일	6월 11일
③	5월 28일	6월 10일
④	5월 28일	6월 11일
⑤	5월 28일	6월 12일

┃15 ~ 16┃ 다음 자료를 보고 물음에 답하시오.

〈경기도 지역별 자가격리자 및 모니터링 요원 현황(12월 12일 기준)〉

(단위 : 명)

구분	지역명	A	B	C	D
내국인	자가격리자	9,778	1,287	1,147	9,263
	신규 인원	900	70	20	839
	해제 인원	560	195	7	704
외국인	자가격리자	7,796	508	141	7,626
	신규 인원	646	52	15	741
	해제 인원	600	33	5	666
모니터링 요원		10,142	710	196	8,898

※ 해당일 기준 자가격리자 = 전일 기준 자가격리자 + 신규 인원 − 해제 인원

〈회의록〉

- 회의 일시 : 2021.12.12. 14 : 00 ~ 16 : 00
- 회의 장소 : 본청 4층 회의실
- 작성자 : ○ ○ ○
- 작성일 : 2021.12.12.
- 안건 : 감염병 확산 확인 및 모니터링 요원 추가 배치의 건
- 회의내용
  1. 지역별 자가격리자 및 모니터링 요원 현황 확인(2021.12.12. 기준)
     − 과천시 제외 3개의 도시 모두 전일보다 자가격리자가 증가하였다.
  2. 모니터링 요원의 업무 관련 통계 자료 확인(2021.12.12. 기준)
     − 고양시, 과천시, 파주시 모니터링 요원 대비 자가격리자의 비율은 18% 이상이다.
  3. 지역별 모니터링 요원 추가 배치
     − 고양시가 자가격리자 중 외국인 비중이 가장 높다.
     − 고양시에 외국어 구사가 가능한 모니터링 요원의 우선적 배치를 검토한다.

15 **자료에 대한 설명으로 옳지 않은 것은?**

① 해당 회의는 2021년 12월 12일에 진행되었으며 회의록 작성도 같은 날 작성되었다.

② 해제 인원이 재확진이 된 경우에도 다시 신규 인원으로 포함된다.

③ 해당일 기준으로 총 자가격리자 수가 가장 많은 지역은 A이다.

④ B지역의 외국인의 전일 기준 자가격리자 수는 내국인의 해제 인원보다 294명 더 많다.

⑤ 내국인 신규 인원이 가장 적은 지역과 외국인 신규 인원이 가장 적은 지역은 같다.

16 **다음 보고서의 내용을 토대로 C와 D에 해당하는 지역구가 바르게 연결된 것은?**

	C	D
①	고양	과천
②	파주	고양
③	파주	과천
④	남양주	파주
⑤	남양주	고양

Answer. 14.③ 15.② 16.④

1월 1일이 되면 나이 한 살을 먹는다. 전 국민이 모두 단체로 한 살씩 더해지는 것이다. 이는 한국 나이 계산법으로 이처럼 우리나라에서만 사용하고 있으며 법적으로 인정되지 않는다. 하지만 만 나이만이 표준으로 정해져 법적 인정을 받고 있다. 우리나라는 여러 가지 방법으로 나이를 셀 수 있다.

첫째, 한국식 세는 나이이다. 한국에서만 일상적으로 사용하는 나이로 우리나라의 모든 국민들은 해가 바뀌면 한 살씩 더해지는 방식이다. 또한 태어나는 동시에 한 살을 가진다.

둘째, 만 나이이다. 세계 공통으로 사용하는 계산 방법으로 태어났을 당시는 0살로 측정하며 그 후 생일이 돌아올 때마다 한 살이 더해진다. 우리나라에서도 법과 언론 보도, 서류상에 만 나이를 사용하고 있다.

셋째, 연 나이는 많이 사용하지 않지만, 현재 연도에 태어난 연도를 뺀 값이 나이가 되는 것이다. 해가 바뀔 때마다 한 살이 더해지므로 한국 세는 나이와 같지만 태어났을 때는 0살이므로 다르다.

그렇다면 왜 우리나라는 나이 계산법이 왜 다른 것일까? 우리나라에서 사용하는 나이 계산법의 유래는 여러 가지 있지만 고대 중국에서 시작된 방식으로 보고 있다. 아기가 엄마 뱃속에 있는 동안에도 나이를 먹는다고 본 것이기 때문에 태어나면서 한 살이 된다는 주장과 동양에는 0이라는 숫자가 없기 때문에 한 살로 보았다는 주장이 있다. 또 다른 주장은 서양과 달리 동양은 태어난 날보다 새해의 시작일인 1월 1일을 더 중요하게 생각했기 때문이라는 것이다.

                                   베트남은 서양식의 만 나이 보편화로 프랑스 식민지 시대 이후 사용하였으며, 일본과 중국, 북한까지 일상생활에도 만 나이를 사용하고 있다. 우리나라는 만 나이의 도입을 1962년에 사용하였지만 일상생활에는 적용되지 않고 있다.

한국식의 세는 나이는 공공기관의 행정 업무, 병원 등 의료기관에서 소통이 원활하게 이루어지지 않아 일상생활에 불편함을 가진다. 또한, 외국인들과의 소통에서도 한국식 나이를 이해하기 어려우며 외국에 나가서도 헷갈리는 경우가 대다수이기 때문이다. 또한 12월에 태어난 아이와 다음해의 1월에 태어난 아이는 한 달 밖에 차이나지 않지만 한 살이라는 차이로 나이가 바뀌어 형과 동생으로 나뉜다.

한국인이 이렇게 나이를 나누는 것은 서열 문제로 즉, 나이가 많은 이유만으로 대접을 받아야 한다는 인식이 크게 자리 잡고 있기 때문이다. 이러한 인식을 바꾸기 위해서는 나이에 가치를 두기보다 경험과 인성을 중요시하고 누구든 친구가 될 수 있다는 문화를 만들어 가는 것이 중요하다.

17 다음 [   ] 에 들어갈 알맞은 문장은?

① 서양의 국가들이 만 나이를 사용하는 이유는 무엇일까?

② 연 나이는 다른 나라에서 어떻게 사용되고 있을까?

③ '0'이 없는 동양의 국가들도 세는 나이를 사용하고 있다.

④ 다른 나라와 같이 나이 사용을 위한 법제화가 필요하다.

⑤ 그렇다면 동양의 다른 나라들은 어떤 방법으로 나이를 세고 있는가?

18 다음 내용이 주장하는 내용으로 알맞은 것은?

① 다양한 방법으로 나이를 세는 것은 우리의 인식을 바꾼다.
② 나이를 세는 방법보다는 나이에 대한 인식이 바뀌어야 한다.
③ 현재까지 만 나이를 하지 않은 이유는 동양의 문화 때문이다.
④ 나이 계산법을 통해 우리나라 전통 고유의 문화를 확인할 수 있다.
⑤ 우리나라는 만 나이의 도입으로 나이를 세는 방법이 더욱 어려워졌다.

19 다음 자료를 확인하여 글에 대한 설명으로 옳지 않은 것은?

내용	연령
투표 가능 연령	만 18세 이상
방역패스 예외 연령	만 18세 이하
운전면허 취득 가능 연령	만 18세 이상
워킹 홀리데이 신청 연령	만 18세 이상 ~ 만 30세

※ 2021년 12월 17일을 기준으로 함

㉠ 찬휘 : 2002년 7월 18일   ㉡ 종석 : 1990년 5월 13일
㉢ 한솔 : 2003년 12월 19일   ㉣ 성은 : 1991년 12월 21일
㉤ 혜미 : 2005년 9월 25일

① 종석이와 한솔이는 만으로 14살 차이이다.
② 한솔이는 내년 3월 선거에 투표할 수 있다.
③ 찬휘는 종석이의 도움을 받아 운전면허를 취득했다.
④ 워킹 홀리데이를 신청할 수 있는 사람은 찬휘와 성은이뿐이다.
⑤ 음식점 이용을 위해서는 혜미를 제외한 모두가 방역패스 인증을 해야 한다.

20 A지역에 거주하는 사람은 모두 2,000만 명이다. 가구는 4명의 가구로 구성되어 있으며, 가구 중 1/3만 정수기를 사용한다. 정수기를 사용하는 가구는 2개월에 한 번 정수기 점검을 받을 때, 정수기 직원은 4시간에 3가구를 점검할 수 있다고 한다. 정수기 직원은 하루 8시간, 일주일 5번 근무하고, 1년은 총 52주로 구성되어 있다고 할 경우 A지역의 정수기 직원은 몇 명이 필요한가? (단, 소수 첫째 자리에서 반올림 한다)

① 5,400명   ② 5,410명
③ 6,400명   ④ 6,410명
⑤ 7,400명

| 21 ~ 22 | 다음은 최저임금제도에 대한 현황을 나타낸 표이다. 이어지는 물음에 답하시오.

(단위 : 원, %, 천 명)

구분	2016년	2017년	2018년	2019년	2020년	2021년
시간급 최저시급	6,030	6,470	7,530	8,350	8,590	8,720
전년 대비 인상률(%)	8.1	7.3	㉠	10.9	㉣	1.5
영향률(%)	23.9	㉡	24	25.9	24.3	25.9
적용대상 근로자 수	18,510	18,734	19,240	㉢	21,678	21,453
수혜 근로자 수	4,420	4,366	4,625	5,376	5,264	5,546

※ 영향률 = $\dfrac{수혜근로자수}{적용대상근로자수} \times 100$. 최저임금 인상으로 수혜를 받을 것으로 추정되는 근로자 비율

21 제시된 표의 ㉠ ~ ㉣에 들어갈 알맞은 것은?

	㉠	㉡	㉢	㉣
①	16.4	23.3	20,757	2.9
②	16.4	24.3	20,757	2.9
③	17.4	23.3	20,687	1.9
④	17.4	24.3	20,687	1.9
⑤	18.4	23.5	20,557	1.9

22 다음 중 자료의 내용과 일치하는 것을 모두 고른 것은?

㉠ 수혜 근로자 수는 2017년부터 계속해서 증가하고 있다.
㉡ 2015년 최저시급의 차이가 450원일 경우 전년 대비 인상률이 8% 이상이다.
㉢ 2022년 전년 대비 인상률이 가장 높아지기 위해서는 10,000원 이상이어야 한다.
㉣ 적용 대상 근로자 수가 가장 많이 증가한 시기는 2019년이다.

① ㉠㉡   ② ㉡㉢
③ ㉡㉣   ④ ㉡㉢㉣
⑤ ㉠㉡㉢㉣

23 다음은 유통업체 A ~ F의 계약직 간접 고용 현황에 관한 자료이다. 〈보기〉 중 옳은 것을 모두 고르면?

〈유통업체 A ~ F의 계약직 간접 고용 현황〉

(단위 : 명, %)

유통업체	사업장	업종	계약직 간접 고용 수(비율)
A	가	은행	384(70.2)
	나	은행	306(29.5)
B	다	마트	269(36.6)
	라	은행	256(19.8)
C	마	마트	694(34.3)
	바	마트	433(41.1)
D	사	은행	718(48.3)
	아	마트	316(22.6)
E	자	마트	619(73.7)
	차	마트	557(57.2)
F	카	은행	944(90.5)
	타	은행	612(32.6)

※ 계약직 간접 고용 비율(%) = $\dfrac{\text{계약직 간접 고용 인원}}{\text{계약직 간접 고용 인원 + 계약직 직접 고용 인원}} \times 100$

〈보기〉
㉠ 계약직 직접 고용 인원은 '타'가 '사'의 5배 이상이다.
㉡ 유통업체 계약직 간접 고용 비율은 E가 B보다 높다.
㉢ 은행의 계약직 간접 고용 인원은 마트보다 2배 이상 많다.
㉣ 계약직 간접 고용 비율이 가장 높은 사업장과 가장 낮은 사업장의 직접 고용 인원의 합은 1,000명 이상이다.

① ㉠㉢
② ㉡㉢
③ ㉡㉣
④ ㉠㉡㉢
⑤ ㉡㉢㉣

24 외환사업부서는 직원들에게 설 선물세트를 주려고 한다. 다음의 자료를 보고 해당 부서가 지불해야 하는 총 비용을 고르시오.

〈설 선물세트 선호도 조사〉

(단위 : 만 원, 명)

구분	개당 가격	수요
한과	10	5
보리굴비	15	11
한돈	11	8
한우	15	14
곶감	13	4
꿀	12	3

※ 1) 수요 인원 5명마다 해당 선물세트의 가격 할인율은 4%씩 증가한다. 단, 5명 미만은 해당되지 않는다.
    2) 위 조건이 반영되었을 경우 구매 가격이 70만 원 이상인 경우 추가로 3%를 할인해준다.

① 5,525,956원
② 5,589,331원
③ 5,654,800원
④ 5,696,800원
⑤ 5,726,316원

▌25 ~ 26▐ 다음은 2월 19 ~ 20일 환전 고시 환율이다. 이어지는 물음에 답하시오.

(단위 : 원)

날짜	통화	매매기준율	현찰		송금	
			사실 때	파실 때	보내실 때	받으실 때
2월 19일	미국USD(달러)	1,186.00	1,206.75	1,165.25	1,197.60	1,174.40
	유럽연합EUR(유로)	1,342.55	1,369.26	1,315.84	1,355.97	1,329.13
	일본JPY(100엔)	1,044.48	1,055.44	1,030.41	1,053.27	1,048.34
	중국CNY(위안)	185.56	194.83	176.29	187.41	183.71
2월 20일	미국USD(달러)	1,185.50	1,207.69	1,194.31	1,198.19	1,184.22
	유럽연합EUR(유로)	1,344.52	1,370.38	1,326.74	1,341.85	1,327.39
	일본JPY(100엔)	1,044.61	1,062.89	1,026.33	1,054.80	1,034.38
	중국CNY(위안)	185.56	193.71	174.28	189.11	184.16

25 고객이 2월 19일에 원화 통장으로 미국에서 5천 달러를 송금 받고, 같은 통장에서 2월 20일에 일본으로 엔화 90,000엔을 송금하고자 한다. 송금 후 고객의 통장에 남아 있는 금액은?(단, 송금 전 통장은 0원이며 수수료는 고려하지 않는다.)

① 4,924,057원

② 4,922,680원

③ 5,013,462원

④ 5,014,660원

⑤ 5,021,369원

26 박 대리는 2월 20일 원화 통장으로 유로화 3,000유로를 송금받았다. 이를 원화로 환전하여 출금할 수 있는 금액은?(단, 수수료는 고려하지 않는다.)

① 3,495,750원

② 3,552,660원

③ 3,980,220원

④ 3,982,170원

⑤ 4,012,610원

27 N사 신입행원 채용 과정에서 지원자 전체의 15%만이 2차 필기시험을 치렀다. 1차 서류전형을 통과한 남녀 비율이 2 : 3이고 2차 필기시험을 통과한 남녀의 비율이 4 : 6이다. 2차 필기시험을 통과한 합격자가 180명이라고 할 때 필기시험에 합격한 여자 지원자의 수는 몇 명인가?

① 72명

② 94명

③ 101명

④ 108명

⑤ 116명

28 연말을 맞이하여 N사에서는 뮤지컬 단체 관람을 준비했다. 직원들의 편의를 위해 회사에서부터 공연장까지 단체 버스를 운행하려고 할 때, 14시 30분에 직원을 픽업할 수 있는 버스는 최소 몇 대가 필요한가?(단, 버스 한 대당 60명씩 태울 수 있다)

<공연 관람 시간>

공연 관람 시간	전체 직원 대비 비율(%)
13시	20
15시 30분	35
18시	20
21시 30분	25

※ 1) 전체 직원 수는 560명이다.
　 2) 관람 시간 1시간 전에 직원들을 픽업할 수 있다.

① 2대

② 3대

③ 4대

④ 5대

⑤ 6대

29 다음은 하루특가로 판매 중인 상품이다. 甲과 乙의 총결제 금액으로 옳은 것은?

〈하루특가 판매 상품〉

상품	가격(무게)	비고
대구축협 한우 1++ 등급 등심	29,900원(300g)	선착순 300명 10% 할인
경북능금농협 문경 사과	15,800원(5kg)	10kg 이상 주문 시 2,000원 할인
고산농협 한돈 수제 떡갈비	22,000원(120g × 5개)	선착순 500명 5% 할인
위미농협 한라봉	19,000원(1.8kg)	3kg 이상 주문 시 1,500원 할인
경북농협 감말랭이	23,800원(1.6kg)	2kg 이상 주문 시 2,000원 할인
북창원농협 단감	21,900원(5kg)	−

※ 1) 기본 배송비는 3,000원, 산간지역은 6,000원
　 2) N카드 결제 시 5% 추가 할인
　 3) 100,000원 이상 주문 시 무료 배송

〈보기〉

• 甲은 문경 사과 10kg, 한라봉 1.8kg를 주문하였다. 그리고 한돈 수제 떡갈비를 구매하였는데 선착순 200등 안에 들었다.
• 乙은 감말랭이 1.6kg와 단감 5kg, 한우 등심 600g을 N카드로 결제하였다.

	甲	乙
①	69,500원	100,220원
②	69,500원	100,550원
③	72,500원	100,250원
④	72,500원	100,550원
⑤	72,500원	100,225원

30 A기업에서 고객에게 배부할 기념품을 제작하려고 한다. 제작하는 기념품의 총 제작비용을 구하면?

〈신년 기념품〉

구분	수량(1인 기준)	개당 제작비용	비고
마스코트 인형	1개	5,000원	–
다이어리	1개	3,000원	예상 인원의 10% 여유분 준비
우산	1개	5,000원	
수건	2매	1,000원	
3색 볼펜	1개	500원	예상 인원의 20% 여유분 준비

※ 수령 예상 인원 300명

① 4,567,000원

② 4,669,000원

③ 4,965,000원

④ 4,974,600원

⑤ 4,980,000원

31 다음은 지점별 과일 가격할인율과 할인 시간에 관한 자료이다. 〈표〉에 대한 내용으로 옳은 것을 〈보기〉에서 모두 고르면?

〈표 1〉 지점별 과일 가격 할인율

구분	사과	딸기	바나나	샤인머스캣
A지점	50%	40%	50%	60%
B지점	60%	60%	80%	60%
C지점	70%	80%	50%	60%

〈표 2〉 과일 가격 할인 시간

구분	월	화	수	목	금
사과	13 : 00 ~ 16 : 00	15 : 00 ~ 18 : 00	—	15 : 00 ~ 17 : 00	16 : 00 ~ 18 : 00
딸기	13 : 00 ~ 16 : 00	—	13 : 00 ~ 15 : 00	—	18 : 00 ~ 20 : 00
바나나	16 : 00 ~ 17 : 00	14 : 00 ~ 16 : 30	—	15 : 30 ~ 17 : 30	17 : 00 ~ 19 : 00
샤인머스캣	17 : 00 ~ 20 : 00	—	13 : 00 ~ 15 : 00	14 : 00 ~ 16 : 00	13 : 00 ~ 15 : 30

〈보기〉
- 甲 : 18시 퇴근 후 딸기를 싸게 사려면 금요일에 들려야겠다.
- 乙 : 샤인머스캣이랑 바나나를 한 번에 싸게 사려면 수요일과 목요일 13시에 가야겠네.
- 丙 : 학원이 17시에 끝나는데…. 바나나를 싸게 사려면 목요일과 금요일뿐이네.
- 丁 : 모든 과일을 할인된 가격으로 사고 싶으면 최소 이틀은 마트에 들려야 하네.

① 甲, 乙
② 甲, 丙
③ 乙, 丙
④ 乙, 丁
⑤ 丙, 丁

32 다음 자료를 보고 유추했을 때 김 대리와 한 대리의 점수의 합은?

> N사는 매년 인사평가로 팀 평가를 실시한다. IT전략본부의 甲 팀장은 팀원에 대해 25점 만점을 기준으로 평가 점수를 부여하였다.
> ㉠ 김 대리는 22점이다.
> ㉡ 정 대리와 한 대리의 점수 합은 김 대리와 동일하다.
> ㉢ 이 대리는 김 대리보다 5점이 적다
> ㉣ 김 대리와 이 대리의 점수 차보다 정 대리와 한 대리의 점수 차가 1점 더 크다.
> ㉤ 정대리 점수가 한 대리보다 크며, 네 사람의 점수 합은 61점이다.

① 30점
② 32점
③ 35점
④ 36점
⑤ 39점

33 다음은 정보 검색 연산자에 관한 설명이다. 〈보기〉에서 필요한 자료를 검색하기 위해 김 사원이 사용할 검색 조건으로 옳은 것은?

정보 검색 연산자는 검색과 관련이 있는 두 개 이상의 단어를 조합하여 키워드로 사용할 때를 말한다. 단, 정보 검색 연산자를 사용할 때는 대문자와 소문자의 구분이 없으며 앞뒤로 반드시 공백(Space)을 넣어 주어야 한다.

기호	연산자	검색 조건
* &	AND	두 단어가 모두 포함된 자료 검색 예) 수도권 and 서울, 수도권 * 서울
|	OR	두 단어가 모두 포함되거나 하나만 포함된 자료 검색 예) 수도권 or 서울, 수도권 | 서울
− !	NOT	'−', '!' 다음에 오는 단어는 포함하지 않는 자료 검색 예) 수도권 not 서울, 수도권 ! 서울
~ near	인접검색	앞뒤 단어가 가깝게 인접해 있는 자료 검색 예) 수도권 near 서울

〈보기〉

강 부장 : 김 사원, 이번 보고서에는 한국형 스마트팜에 대해 다룰 예정인데 혹시 관련된 자료를 가지고 있나?

김 사원 : 아뇨, 부장님. 이전에 관련 주제를 다룬 적이 없어서 새로 찾아봐야 할 것 같습니다.

강 부장 : 리서치에 시간이 좀 걸리겠군. 이번에는 우수 사례를 중점적으로 다룰 건데, 전북 진안에 대해서 만 상세히 분석하려고 해. 다른 지역과 혼재되지 않도록 주의하고…. 특히 충북 청주에 대한 내용은 따로 준비하고 있으니 더욱 각별히 주의하자고.

김 사원 : 네. 알겠습니다.

① '한국형 스마트팜 near 충북 청주 * 전북 진안'
② '한국형 스마트팜 or 충북 청주'
③ '한국형 스마트팜 and 전북 진안 * 충북 청주'
④ '한국형 스마트팜 ! 전북 진안'
⑤ '한국형 스마트팜 * 전북 진안', '한국형 스마트 팜 ! 충북 청주'

┃ 34 ~ 35 ┃ N사에서는 대학생을 대상으로 팜스테이 광고 공모전을 주최하려고 한다. 이어지는 물음에 답하시오.

〈참가 대학〉

대학	참가번호
A	101101가03
B	101102라09
D	112903아02
G	102904라08
H	120605가02
K	111806바01
O	121107다06
S	112808나05

〈참가 번호 부여 기준〉

참가신청 일자 - 대학 번호 - 학과 코드 - 신청 순서

참가 신청	대학 번호		학과 코드		신청 순서
월일 예) 0921 : 9월 21일 참가 신청	A	01	가	경영학과	• 01부터 시작하여 순서대로 번호 부여 • 참가 신청 일자에 따라 번호 부여
	B	02	나	디자인과	
	D	03	다	관광학과	
	G	04	라	신문방송학과	
	H	05	마	철학과	
	K	06	바	미디어학과	
	O	07	사	광고홍보학과	
	S	08	아	영화예술학과	

예) 092104마03 → 9월 21일에 G대학의 철학과가 3번째로 신청
　　101308아02 → 10월 13일에 S대학의 영화예술학과가 2번째로 신청

34 공모전에 참가하는 S대학에 대한 설명으로 옳은 것은?

① 2월 8일에 참가 신청을 하였다.
② 8번째로 참가 신청을 하였다.
③ 디자인과 학생들이 5번째로 신청하였다.
④ 신문방송학과 학생들이 신청하였다.
⑤ 신청 순서는 무작위로 부여되었다.

35 D대학과 같은 달에 참가 신청을 한 대학 팀은 몇 개인가?

① 1팀

② 2팀

③ 3팀

④ 4팀

⑤ 5팀

36 다음은 2022년도 상반기 신입사원 명부이다. 인사팀 함 대리가 개인정보보호를 위해 주민등록번호 뒷자리를 *로 바꾸려고 할 때 옳은 수식은?

	A	B	C	D	E	F
1			2022년도 신입사원 명부			
2	구분	성명	주민등록번호	입사 예정일	부서	
3	1	강송이	950619-2224312	2022-05-01	마케팅전략부	
4	2	정두정	930316-1346951	2022-05-01	기업고객부	
5	3	김하나	930218-2018934	2022-05-01	기업고객부	
6	4	박국경	890630-2789571	2022-05-01	디지털전략부	
7	5	한다영	970421-1675783	2022-05-01	디지털전략부	
8	6	지민아	920715-2024567	2022-05-01	IT기획부	
9	7	전석희	890508-1647897	2022-05-01	IT금융부	
10	8	박태한	901229-1159314	2022-05-01	마케팅전략부	
11	9	강세경	950322-2689457	2022-05-01	인사부	
12	10	박세민	960111-1033412	2022-05-01	인사부	
13						
14						

① =REPLACE(C3, 8, 7, "*******")

② =REPLACE(C3, 9, 6, "******")

③ =TEXT(C3, 8, 7, "*******")

④ =TEXT(C3, 9, 6, "******")

⑤ =FIND(C3, 9, 6, "******")

---

37 인사 담당자 김 대리는 최종 선발을 앞두고 지원자 A 씨가 작년에 음주운전 교통사고로 인해 집행유예 6개월을 선고받은 사실을 알게 되었다. 채용 규정에 따라 A 씨의 채용 취소 사유를 써낼 때 ㉠ ~ ㉤ 중 해당하는 사유는?

〈상반기 신입사원 채용 안내문〉

1. 채용 분야 및 인원

분야	인원	비고
일반	지역별 10명	지역 단위
IT(전산)	13명	전국 단위
IT(기술)	5명	

2. 지원 자격
   • 학력 및 전공 : 제한 없음
   • 연령 및 성별 : 제한 없음
   • 병역 : 남자의 경우 병역필 또는 면제자
   • 당사 내규상의 신규채용 결격사유가 없는 자

3. 신규 채용 결격 사유
   • 피성년후견인 · 피한정후견인 · 피특정후견인
   • ㉠ 파산자로서 복권되지 아니한 자
   • ㉡ 금고 이상의 형을 선고 받고 그 집행이 종료되거나 집행을 받지 아니하기로 확정된 후 3년이 경과되지 아니한 자
   • ㉢ 금고 이상의 형을 선고 받고 그 집행유예의 기간이 만료된 날부터 1년이 경과되지 아니한 자
   • ㉣ 금고 이상의 형의 선고유예를 받고 그 선고유예기간 중에 있는 자
   • ㉤ 징계 해직의 처분을 받고 2년이 경과되지 아니한 자
   • 법원의 판결 또는 법률에 의하여 자격이 상실 또는 정지된 자
   • 병역의무를 기피 중인 자
   • 부정한 채용 청탁을 통해 합격된 사실이 확인된 자
   • 그 외 채용 전 파렴치 범죄, 폭력 및 경제 관련 범죄, 기타 불량한 범죄를 범하여 직원으로 부적당하다고 인정되는 자

4. 전형 절차

단계	구분	문항 수	시간	비고
2차 필기	인 · 적성평가	객관식 325문항	45분	–
	직무능력평가	객관식 50문항	70분	–
	직무상식평가	객관식 30문항	25분	–
3차 면접	집단 면접	–	–	5 ~ 6명이 1조를 이루어 多대多 면접으로 진행
	토의 면접	–	–	주어진 주제 및 상황에 대하여 지원자 간, 팀 간 토의 형식으로 진행

※ 상기 내용은 일부 변경될 수 있음

① ㉠   ② ㉡
③ ㉢   ④ ㉣
⑤ ㉤

┃38 ~ 39┃ 다음의 회의록을 읽고 물음에 답하시오.

서울시	회의록		회의일자	2021. 11. 7.
	사업명	2022년 서울특별시 공간정보 플랫폼 고도화 구축 사업	문서번호	회의록_1107_01

회의명	온라인 시민참여단 오프라인 간담회	장소	서울시 소서문별관 1관 3층 회의실
작성자	김OO	회의시간	19 : 00 ~ 21 : 00
참석자	서울시 : 송OO 팀장, 이OO 주무관 온라인 시민참여단 : 유미O, 김미O, 박강O, 김미O, 이O, 김치O, 김누O, 심준O, 류영O, 김의O 수행사 : 김OO(홍보담당자)		

〈회의안건〉
• 공간정보 플랫폼 설명 및 온라인 시민참여단 활동 방안
• 공간정보 플랫폼 운영을 위한 간담회 : 추천 테마 / 홍보 / 개선사항 등

〈회의내용〉

1. 서울형 지도태깅 공유마당의 목적 및 방향성

[이 O] 서울형 지도태깅 공유마당의 목적이 불분명함.

[수행사] 목적은 '지도를 통한 소통'을 하는 것이었음. 현재 '보는 지도 또는 만드는 지도'에 대한 방향성을 지속적으로 고민 중임.

[이 O] 보는 지도의 경우 사기업에서 이미 하고 있기 때문에 지도를 만드는 것으로 목적을 잡는 게 좋을 것 같음.

[유미O] 만드는 지도, 보는 지도의 구분이 모호함. 만드는 지도라고 해도 '검색' 등 보는 사람 위주의 인터페이스가 필요함.

[수행사] 2022년 공간정보 플랫폼의 방향성에 대해 분석하고 기획하는 사업계획이 잡혀 있기 때문에, 2022년에는 공간정보 플랫폼의 목적 및 방향성이 명확하게 될 것으로 생각됨.

2. 서울형 지도태깅 공유마당 개선 방향

1) 사용 가이드 강화

[이 O] 가이드가 없어 사용하기 어려움. 기능은 많은 것 같지만 이용하기 어려워 해당 기능을 사용할 수 없음. 특히 테마나 콘텐츠를 등록하기 위해서는 로그인, 시민테마 이동 등을 해야 하는데 그러한 가이드가 없어 자신만의 정보를 등록할 수 있다는 것을 알기 어려움.

[김미O] 가이드가 제공되고 있으나 숨어 있는 느낌임. 사용자가 쉽게 찾을 수 있도록 제공하는 것이 중요함.

[심준O] 처음 방문객을 위해 쉽게 사용할 수 있도록 '앱의 따라하기'와 같은 가이드가 필요함.

[수행사] 도시생활지도 가이드를 시작으로 체계적인 가이드를 제작하여 배포하도록 하겠음.

2) 공유마당 개선 사항

[박강O] 작은 시스템적인 오류가 있음(이미지 중복 등록 / 폴리라인 끊김 등). 콘텐츠를 등록할 때 기등록되어 있는 다른 테마의 정보를 가져와 등록할 수 있는 기능이 있으면 편리할 것 같음. 지도 레퍼런싱을 하는 데 어려움이 있음. 이미지 지도를 레퍼런싱할 수 있는 기능이 강화되었으면 좋겠음. 시민 테마는 서브 카테고리를 추가할 수 없는데 이 부분이 개선되었으면 좋겠음.

[수행사] 지도 레퍼런싱의 경우 올해 일반 사용자도 이미지 지도를 타일로 만들 수 있는 기능을 제공할 예정이었지만 전문가와 비전문가의 활용도를 구분할 필요가 있는 부분이 어려움. 올해 시민테마도 서브 카테고리를 등록할 수 있는 기능 구현 예정.

[이 O] 전공자 중심의 맵핑과 일반 사용자 중심의 맵핑으로 구분되면 좋을 것 같음.

[김미O] 배경지도를 네이버 외 다음지도, 구글지도 등을 선택할 수 있으면 좋을 것 같음.

[수행사] 다음지도, 구글지도 등은 좌표 체계가 다르기 때문에 배경지도로 적용하기에는 어려움이 있음.

[박강O] 길 정보에서 선의 방향성에 대한 표출이 있었으면 좋겠음.

[수행사] 지도의 시각화가 지속적으로 개발할 예정이며, 선의 방향성은 2022년 적용 예정임.

3) 공유마당 UI / UX

[심준O] 좌측 테마 선택창의 아이콘이 너무 많아 원하는 정보를 찾기 어려움. 검색을 통해 쉽게 테마에 접근할 수 있는 구성이 필요함.

[이 O] 정보 배열 등의 기능 정리가 필요함.

[류영O] 시민이 가입할 때 관심 분야를 설정할 수 있으면 자신이 원하는 정보를 얻을 수 있어 테마에 대한 접근성이 높아질 것 같음.

[수행사] 현재 운영되는 테마가 너무 많다 보니 테마를 보기 어려운 것이 사실이며, 이를 보완하기 위해 서비스하는 것이 '테마 갤러리'임. 2022년에는 방향성 설정을 통해 접근성을 향상시키는 방안을 모색할 예정임.

[이 O] 등록 버튼만 첫 화면에 나와 있어도 시민이 직접 지도를 만들 수 있다는 점이 보여 좋을 것 같음.

[박강O] 지도 만들기 버튼이 밖으로 나왔으면 좋겠음.

3. 홍보

[김치O] 꾸준히 알리는 것이 중요할 것 같음.

[김누O] 시민이 참여할 수 있다는 의도가 무척 좋은데 접근성이 약해 홍보가 되지 않는 것 같음. 포탈 검색 등을 이용하여 접근성이 조금 더 좋아졌으면 좋겠음.

[박강O] 네이버나 다음의 연계 검색 홍보가 좋지 않을까?

[수행사] 네이버나 다음의 경우 대표 URL(seoul.go.kr)로 검색되어 현실적으로 어려움.

[유미O] 시민참여단 전용 페이스북이나 블로그를 운영하면 좋을 듯함.

[수행사] 블로그는 현실적으로 운영이 어렵고 페이스북을 운영할 예정임.

〈핵심내용 진행 예정사항〉

1. 사용 가이드의 강화
   1) 도시생활지도 가이드 제작 및 배포 : 2021년 12월
   2) 사이트 내 가이드 강화 : 2021년 12월
2. 기능 개선
   1) 지도 레퍼런싱 : 2021년 12월 이미지 지도 타일화 기능 제공(단, 일반 시민은 신청을 통해 사용 가능)
   2) 시민 테마 서브 카테고리 적용 : 2021년 12월 적용 및 서비스 예정
   3) 테마 표출 형식 변경 : 방향성 설정 후 개선 예정
   4) 등록 버튼 메인 표출 : 등록 프로세스 변경이 이루어져야 하기 때문에 2022년 적용 예정
3. 홍보
   1) 도시생활지도 가이드북을 시작으로 지속적인 가이드 및 홍보 예정
   2) 공간정보 플랫폼 페이스북 운영을 통한 SNS 홍보 예정

38 회의록의 내용을 잘못 이해한 사람은?

① P 사원 : 만드는 지도와 보는 지도의 구분이 모호하고 보는 지도는 참신함이 없다.
② L 사원 : 가이드가 필요해 보이며 도시생활지도 가이드가 제일 먼저 나올 것이다.
③ K 팀장 : 길 정보에서 선에 대한 방향성이 표출되는 기능은 현재 없다.
④ H 대리 : 가입자의 관심 분야를 설정할 수 있는 것에 접근성이 탁월하다.
⑤ Y 주임 : 시민참여단 전용 페이스북이 운영될 예정이다.

39 다음 회의에 준비해야 할 것으로 옳지 않은 것은?

① 도시생활지도 가이드 시안 준비
② 이미지 지도 타일화 기능 시연
③ 구글지도 선택기능 개발
④ 등록 프로세스 변경 계획(안)
⑤ 시민 테마 서브 카테고리 준비

Answer. 38.④ 39.③

40 편람의 ㈏를 바탕으로 〈보기〉의 상황을 이해한 내용으로 적절한 것은?

㈎ 보험은 같은 위험을 보유한 다수인이 위험 공동체를 형성하여 보험료를 납부하고 보험 사고가 발생하면 보험금을 지급받는 제도이다. 보험 상품을 구입한 사람은 장래의 우연한 사고로 인한 경제적 손실에 대비할 수 있다. 보험금 지급은 사고 발생이라는 우연적 조건에 따라 결정되는데, 이처럼 보험은 조건의 실현 여부에 따라 받을 수 있는 재화나 서비스가 달라지는 조건부 상품이다.

㈏ 위험 공동체의 구성원이 납부하는 보험료와 지급받는 보험금은 그 위험 공동체의 사고 발생 확률을 근거로 산정된다. 특정 사고가 발생할 확률은 정확히 알 수 없지만 그동안 발생된 사고를 바탕으로 그 확률을 예측한다면 관찰 대상이 많아짐에 따라 실제 사고 발생 확률에 근접하게 된다. 본래 보험 가입의 목적은 금전적 이득을 취하는 데 있는 것이 아니라 장래의 경제적 손실을 보상받는 데 있으므로 위험 공동체의 구성원은 자신이 속한 위험 공동체의 위험에 상응하는 보험료를 납부하는 것이 공정할 것이다. 따라서 공정한 보험에서는 구성원 각자가 납부하는 보험료와 그가 지급받을 보험금에 대한 기댓값이 일치해야 하며 구성원 전체의 보험료 총액과 보험금 총액이 일치해야 한다. 이때 보험금에 대한 기댓값은 사고가 발생할 확률에 사고 발생 시 수령할 보험금을 곱한 값이다. 보험금에 대한 보험료의 비율(보험료/보험금)을 보험료율이라고 하는데, 보험료율이 사고 발생 확률보다 높으면 구성원 전체의 보험료 총액이 보험금 총액보다 더 많고, 그 반대의 경우에는 구성원 전체의 보험료 총액이 보험금 총액보다 더 적게 된다. 따라서 공정한 보험에서는 보험료율과 사고 발생 확률이 같아야 한다.

㈐ 물론 현실에서 보험사는 영업 활동에 소요되는 비용 등을 보험료에 반영하기 때문에 공정한 보험이 적용되기 어렵지만 기본적으로 위와 같은 원리를 바탕으로 보험료와 보험금을 산정한다. 그런데 보험 가입자들이 자신이 가진 위험의 정도에 대해 진실한 정보를 알려주지 않는 한, 보험사는 보험 가입자 개개인이 가진 위험의 정도를 정확히 파악하여 거기에 상응하는 보험료를 책정하기 어렵다. 이러한 이유로 사고 발생 확률이 비슷하다고 예상되는 사람들로 구성된 어떤 위험 공동체에 사고 발생 확률이 높은 사람들이 동일한 보험료를 납부하고 진입하게 되면, 그 위험 공동체의 사고 발생 빈도가 높아져 보험사가 지급하는 보험금의 총액이 증가한다. 보험사는 이를 보전하기 위해 구성원이 납부해야 할 보험료를 인상할 수밖에 없다. 결국, 자신의 위험 정도에 상응하는 보험료보다 더 높은 보험료를 납부하는 사람이 생기게 되는 것이다. 이러한 문제는 정보의 비대칭성에서 비롯하는데 보험 가입자의 위험 정도에 대한 정보는 보험 가입자가 보험사보다 더 많이 갖고 있기 때문이다. 이를 해결하기 위해 보험사는 보험 가입자의 감춰진 특성을 파악할 수 있는 수단이 필요하다.

㈑ 우리 상법에 규정되어 있는 고지 의무는 이러한 수단이 법적으로 구현된 제도이다. 보험 계약은 보험 가입자의 청약과 보험사의 승낙으로 성립된다. 보험 가입자는 반드시 계약을 체결하기 전에 '중요한 사항'을 알려야 하고, 이를 사실과 다르게 진술해서는 안 된다. 여기서 '중요한 사항'은 보험사가 보험 가입자의 청약에 대한 승낙을 결정하거나 차등적인 보험료를 책정하는 근거가 된다. 따라서 고지 의무는 결과적으로 다수의 사람들이 자신의 위험 정도에 상응하는 보험료보다 더 높은 보험료를 납부해야 하거나, 이를 이유로 아예 보험에 가입할 동기를 상실하게 되는 것을 방지한다.

㈒ 보험 계약 체결 전 보험 가입자가 고의나 중대한 과실로 '중요한 사항'을 보험사에 알리지 않거나 사실과 다르게 알리면 고지 의무를 위반하게 된다. 이러한 경우에 우리 상법은 보험사에 계약 해지권을 부여한다. 보험사는 보험 사고가 발생하기 이전이나 이후에 상관없이 고지 의무 위반을 이유로 계약을 해지할 수 있고, 해지권 행사는 보험사의 일방적인 의사 표시로 가능하다.

해지를 하면 보험사는 보험금을 지급할 책임이 없게 되며, 이미 보험금을 지급했다면 그에 대한 반환을 청구할 수 있다. 일반적으로 법에서 의무를 위반하게 되면 위반한 자에게 그 의무를 이행하도록 강제하거나 손해 배상을 청구할 수 있는 것과 달리, 보험 가입자가 고지 의무를 위반했을 때에는 보험사가 해지권만 행사할 수 있다. 그런데 보험사의 계약 해지권이 제한되는 경우도 있다. 계약 당시에 보험사가 고지 의무 위반에 대한 사실을 알았거나 중대한 과실로 알지 못한 경우에는 보험 가입자가 고지 의무를 위반했어도 보험사의 해지권은 배제된다. 이는 보험 가입자의 잘못보다 보험사의 잘못에 더 책임을 둔 것이라 할 수 있다. 또 보험사가 해지권을 행사할 수 있는 기간에도 일정한 제한을 두고 있는데, 이는 양자의 법률관계를 신속히 확정함으로써 보험 가입자가 불안정한 법적 상태에 장기간 놓여 있는 것을 방지하려는 것이다. 그러나 고지해야 할 '중요한 사항' 중 고지 의무 위반에 해당되는 사항이 보험 사고와 인과 관계가 없을 때에는 보험사는 보험금을 지급할 책임이 있다. 그렇지만 이때에도 해지권은 행사할 수 있다.

(ㅂ) 보험에서 고지 의무는 보험에 가입하려는 사람의 특성을 검증함으로써 다른 가입자에게 보험료가 부당하게 전가되는 것을 막는 기능을 한다. 이로써 사고의 위험에 따른 경제적 손실에 대비하고자 하는 보험 본연의 목적이 달성될 수 있다.

〈보기〉

사고 발생 확률이 각각 0.1과 0.2로 고정되어 있는 위험 공동체 A와 B가 있다고 가정한다. A와 B에 모두 공정한 보험이 항상 적용된다고 할 때, 각 구성원이 납부할 보험료와 사고 발생 시 지급받을 보험금을 산정하려고 한다.

※ 단, 동일한 위험 공동체의 구성원끼리는 납부하는 보험료가 같고, 지급받는 보험금이 같다. 보험료는 한꺼번에 모두 납부한다.

---

① 허 주임 : A에서 보험료를 두 배로 높이면 보험금은 두 배가 되지만 보험금에 대한 기댓값은 변하지 않는다.

② 박 사원 : B에서 보험금을 두 배로 높이면 보험료는 변하지 않지만 보험금에 대한 기댓값은 두 배가 된다.

③ 임 대리 : A에 적용되는 보험료율과 B에 적용되는 보험료율을 서로 같다.

④ 손 사원 : A와 B에서 보험금이 서로 같다면 A에서의 보험료는 B에서의 보험료의 두 배이다.

⑤ 하 사원 : A와 B에서의 보험료가 서로 같다면 A와 B에서의 보험금에 대한 기댓값은 서로 같다.

41 다음은 OO농산물품질관리원에서 연구한 정책보고서의 내용이다. 이 글을 근거로 판단할 때, 일반적으로 종자 저장에 가장 적합한 함수율을 가진 원종자의 무게가 10g이면 건조 종자의 무게는 얼마인가?

채종하여 파종할 때까지 종자를 보관하는 것을 '종자의 저장'이라고 하는데, 채종하여 1년 이내 저장하는 것을 단기 저장, 2 ~ 5년은 중기 저장, 그 이상은 장기 저장이라고 한다.

종자의 함수율(moisture content)은 종자의 수명을 결정하는 가장 중요한 인자이다. 함수율은 아래와 같이 백분율로 표시한다.

$$함수율(\%) = \frac{원종자\ 무게 - 건조\ 종자\ 무게}{원종자\ 무게} \times 100$$

일반적으로 종자 저장에 가장 적합한 함수율은 5 ~ 10%이다. 다만 참나무류 등과 같이 수분이 많은 종자들은 함수율을 약 30% 이상으로 유지해주어야 한다. 또한, 유전자 보존을 위해서는 보통 장기 저장을 하는데 이에 가장 적합한 함수율은 4 ~ 6%이다. 일반적으로 온도와 수분은 종자의 저장 기간과 역의 상관관계를 갖는다.

종자는 저장 용이성에 따라 '보통저장성' 종자와 '난저장성' 종자로 구분한다. 보통저장성 종자는 종자 수분 5 ~ 10%, 온도 0℃ 부근에서 비교적 장기간 보관이 가능한데 전나무류, 자작나무류, 벚나무류, 소나무류 등 온대 지역의 수종 대부분이 이에 속한다. 하지만 대사작용이 활발하여 산소가 많이 필요한 난저장성 종자는 0℃ 혹은 약간 더 낮은 온도에서 저장하여야 건조되는 것을 방지할 수 있다. 이에 속하는 수종은 참나무류, 칠엽수류 등의 몇몇 온대수종과 모든 열대수종이다.

한편 종자의 저장 방법에는 '건조저장법'과 '보습저장법'이 있다. 건조저장법은 '상온저장법'과 '저온저장법'으로 구분한다. 상온저장법은 일정한 용기 안에 종자를 넣어 창고 또는 실내에서 보관하는 방법으로 보통 가을부터 이듬해 봄까지 저장하며, 1년 이상 보관 시에는 건조제를 용기에 넣어 보관한다. 반면에 저온저장법의 경우 보통저장성 종자는 함수율이 5 ~ 10% 정도 되도록 건조하여 주변에서 수분을 흡수할 수 없도록 밀봉 용기에 저장하여야 한다. 난저장성 종자는 -3℃ 이하에 저장해서는 안 된다.

보습저장법은 '노천매장법', '보호저방법', '냉습적법' 등이 있다. 노천매장법은 양지바르고 배수가 잘되는 곳에 50 ~ 100cm 깊이의 구덩이를 파고 종자를 넣은 뒤 땅 표면은 흙을 덮어 겨울 동안 눈이나 빗물이 그대로 스며들 수 있도록 하는 방식이다. 보호저장법은 건사저장법이라고 하는데 참나무류, 칠엽수류 등 수분이 많은 종자가 부패하지 않도록 저장하는 방법이다. 냉습적법은 용기 안에 보습제인 이끼, 모래와 종자를 섞어서 놓고 3 ~ 5℃의 냉장고에 저장하는 방법이다.

① 6 ~ 6.5g

② 7 ~ 7.5g

③ 8 ~ 8.5g

④ 9 ~ 9.5g

⑤ 1g ~ 10.5g

42 다음은 지자체와 기업이 제공하는 농민 복지 프로그램이다. 甲이 신청할 수 있는 복지 프로그램은 모두 몇 개인가?(단 제시된 내용만 참고하며, 각각의 프로그램은 다른 사람이 대신 신청할 수 있다)

복지 프로그램	지원 대상
여성 농업인 바우처	• 당해 연도 1월 1일 기준 주민등록상 나이가 만 19세 이상 ~ 만 75세 미만인 자 • 경영주 또는 경영주 외 농업인으로 농업 경영체를 등록한 사람
농업인 무료 법률 구조사업	기준 중위소득 150% 이하인 농업인 및 별도의 소득이 없는 농업인의 배우자, 미성년 직계비속, 주민등록상 동일 세대를 구성하는 직계존속 및 성년의 직계비속
농촌 여성 결혼 이민자 모국 방문 지원 사업	• 농촌 지역 거주 실제 영농종사 여성농업인 • 농촌 지역에 거주하며, 농업을 주업으로 하고 국내거주 3년 이상자로서 경제적인 사정 등으로 모국 방문을 하지 못한 부부 및 그 자녀 ※ 단, 농촌 외의 지역에 거주하는 여성농업인의 경우 「농업소득의 보전에 관한 법률」 시행령 제5조를 충족하는 경우 지원 가능
청년 농업인 영농 정착 지원 사업	• 사업 시행 연도 기준 만 19세 이상 ~ 만 45세 미만 • 영농 경력 : 독립경영 3년 이하(독립경영 예정자 포함)
농업인 고교생 자녀 학자금 지원 사업	농어촌지역 및 개발제한구역에 거주하는 농어업인으로 농어업외 소득이 연간 4,800만 원 이하이며, 교육부장관이나 도교육감이 인정하는 고등학교에 재학하는 자녀나 직접 부양하는 손 · 자녀, 동생이 있는 농어업인
농업인 행복 콜센터	70세 이상 고령 · 취약 · 홀몸 농업인(조합원)
함께 나누는 프로젝트	저소득층 및 긴급 재난 재해로 현물 지원이 필요한 대상

〈보기〉

甲은 25세 여성이며 다문화 가정 자녀이다. 1년 전 본인 명의의 영농기반을 마련하여 농업에 뛰어들었다. 호기롭게 도전하였으나 바로 얼마 전 태풍이 불어닥치는 바람에 농사를 짓던 작물이 피해를 입었다. 엎친 데 덮친 격으로 어머니가 크게 다치셨다. 다치시고 난 이후부터 한국으로 이민오고나서 단 한 번도 방문하지 못한 고향을 그리워하고 계신다.

① 1개
② 2개
③ 3개
④ 4개
⑤ 5개

---

43 다음 글을 근거로 판단할 때 '현재 정상적으로 사용 중인 개량하지 않은 일반 비행기'의 식별코드 형식을 옳게 제시한 사람은?

> OO국의 항공기 식별코드는 '(현재상태부호)(특수임무부호)(기본임무부호)(항공기종류부호) – (설계번호)(개량형부호)'와 같이 최대 6개 부분(앞부분 4개, 뒷부분 2개)으로 구성된다.
>
> 항공기종류부호는 특수 항공기에만 붙이는 부호로, G는 글라이더, H는 헬리콥터, Q는 무인항공기, S는 우주선, V는 수직단거리이착륙기에 붙인다. 항공기종류부호가 생략된 항공기는 일반 비행기이다.
>
> 모든 항공기 식별코드는 기본임무부호나 특수임무부호 중 적어도 하나를 꼭 포함하고 있다. 기본임무부호는 항공기가 기본적으로 수행하는 임무를 나타내는 부호이다. A는 지상공격기, B는 폭격기, C는 수송기, E는 전자전기, F는 전투기, K는 공중급유기, L은 레이저탑재항공기, O는 관측기, P는 해상초계기, R은 정찰기, T는 훈련기, U는 다목적기에 붙인다.
>
> 특수임무부호는 항공기가 개량을 거쳐 기본임무와 다른 임무를 수행할 때 붙이는 부호이다. 부호에 사용되는 알파벳과 그 의미는 기본임무부호와 동일하다. 항공기가 기본임무와 특수임무를 모두 수행할 수 있을 때에는 두 부호를 모두 표시하며, 개량으로 인하여 더 이상 기본임무를 수행하지 못하게 된 경우에는 특수임무부호만을 표시한다.
>
> 현재상태부호는 현재 정상적으로 사용되고 있지 않은 항공기에만 붙이는 부호이다. G는 영구보존처리된 항공기, J와 N은 테스트를 위해 사용되고 있는 항공기에 붙이는 부호이다. J는 테스트 종료 후 정상적으로 사용될 항공기에 붙이는 부호이며, N은 개량을 많이 거쳤기 때문에 이후에도 정상적으로 사용될 계획이 없는 항공기에 붙이는 부호이다.
>
> 설계번호는 항공기가 특정 그룹 내에서 몇 번째로 설계되었는지를 나타낸다. 1 ~ 100번은 일반 비행기, 101 ~ 200번은 글라이더 및 헬리콥터, 201 ~ 250번은 무인항공기, 251 ~ 300번은 우주선 및 수직단거리이착륙기에 붙인다. 예를 들어 107번은 글라이더와 헬리콥터 중 7번째로 설계된 항공기라는 뜻이다.
>
> 개량형부호는 한 모델의 항공기가 몇 차례 개량되었는지를 보여주는 부호이다. 개량하지 않은 최초의 모델은 항상 A를 부여받으며, 이후에는 개량될 때마다 알파벳 순서대로 부호가 붙게 된다.

① 김 연구원 : (기본임무부호) – (설계번호)
② 한 연구원 : (기본임무부호) – (개량형부호)
③ 박 연구원 : (기본임무부호) – (설계번호)(개량형부호)
④ 최 연구원 : (현재상태부호)(특수임무부호) – (설계번호)(개량형부호)
⑤ 우 연구원 : (현재상태부호)(특수임무부호)(항공기종류부호) – (설계번호)(개량형부호)

44 다음은 농촌 지역 성평등 전문 강사 교육 과정에 대한 공지다. 공지를 참고하여 일정표를 만들 때 옳지 않은 것은?

〈농촌 지역 성평등 전문 강사 교육 과정 공지〉

1. '성평등 교육 이해'는 정해진 요일에만 1회 교육이 있으며 월, 수, 목 중에 할 수 있다.
2. '인간의 성별과 성차에 대한 이해'는 화요일과 금요일을 제외한 다른 요일에 시행할 수 있으며 수업은 해당 요일에 2회 이상 실시하지 않는다.
3. '혐오 프레임 분석 교육'은 10월 11일 이전에만 진행하며, 이틀 연속 수강할 수 있다.
4. 농촌지역 성평등 전문 강사 교육은 하루에 한 과목만 들을 수 있고, 주말에는 교육이 없다.
5. 전문 강사는 계획한 모든 교육을 반드시 10월 25일 이전에 수료해야 한다.

※ 10월 4일(월)부터 3주 동안 성평등 교육 이해 주 3회, 인간의 성별과 성차에 대한 이해 주 3회, 혐오 프레임 분석 교육은 주 2회 실시한다.

---

① 모든 교육은 주말에 시행되지 않는다.
② 10월 21일에는 '성평등 교육 이해' 과목을 수강할 수 있다.
③ '혐오 프레임 분석 교육'은 첫째 주에만 수강할 수 있다.
④ 매주 목요일 '성평등 교육 이해'를 들은 사람은 '인간의 성별과 성차에 대한 이해 과목'을 금요일에만 수강할 수 있다.
⑤ 첫째 주에 '성평등 교육 이해'를 3회 들은 사람은 '혐오 프레임 분석'을 5일과 8일에 들어야 한다.

Answer. 43.③ 44.④

45 다음은 ○○ 통계교육원의 신입사원 교육자료이다. 이 자료를 근거로 가장 옳은 판단을 내린 신입사원은?

> ㉠ 독일의 통계학자 A는 가계지출을 음식비, 피복비, 주거비, 광열비, 문화비(교육비, 공과금, 보건비, 기타 잡비)의 5개 항목으로 구분해 분석했다. 그 결과 소득의 증가에 따라 총 가계지출 중 음식비 지출 비중은 점차 감소하는 경향이 있지만, 피복비 지출은 소득의 증감에 비교적 영향을 받지 않는다는 사실을 발견했다. 또 주거비와 광열비에 대한 지출 비중은 소득 수준에 관계없이 거의 일정하고, 문화비 지출비중은 소득의 증가에 따라 급속하게 증가한다는 것도 알아냈다. 이러한 사실을 모두 아울러 'A의 법칙'이라고 한다. 특히 이 가운데서 가계지출 중 음식비 지출 비중만을 따로 떼어 내어 'A계수'라고 한다. A계수는 총 가계지출에서 차지하는 음식비의 비중을 백분율로 표시한 것으로, 소득 수준이 높을수록 낮아지고 소득 수준이 낮을수록 높아지는 경향을 보인다.
>
> ㉡ 가계지출 중 자녀 교육비의 비중을 나타낸 수치를 'B계수'라고 한다. 지난 1분기 가계소득 하위 20% 가구의 월평균 교육비 지출액은 12만 원으로 가계지출의 10%였다. 반면 가계소득 상위 20% 가구의 월평균 교육비 지출은 72만 원으로 가계소득 하위 20% 가구의 6배에 달했고 가계지출에서 차지하는 비중도 20%였다.

① 김 사원 : 가계소득이 증가할 때 A계수와 B계수는 모두 높아질 것이다.

② 이 사원 : 소득이 높은 가계라도 가계구성원 모두가 값비싼 음식을 선호한다면 소득이 낮은 가계보다 A계수가 높을 수 있다.

③ 허 사원 : A의 법칙에 의하면 소득이 증가할수록 음식비 지출액이 줄어든다고 할 수 있다.

④ 문 사원 : 지난 1분기 가계소득 상위 20% 가구의 월평균 소득은 가계 소득 하위 20% 가구의 월평균 소득의 3배이다.

⑤ 최 사원 : 지난 1분기 가계소득 분위별 교육비 지출액 현황을 볼 때 가계소득이 낮을수록 교육열이 높다고 볼 수 있다.

46 다음 〈통역경비 산정 기준〉과 아래의 〈상황〉을 근거로 판단할 때, A시에서 개최한 설명회에 쓴 총 통역경비는?

〈통역경비 산정 기준〉

통역경비는 통역료와 출장비(교통비, 이동보상비)의 합으로 산정한다.

■ 통역료(통역사 1인당)

구분	기본요금(3시간까지)	추가요금(3시간 초과 시)
영어, 아랍어, 독일어	500,000원	100,000원/시간
베트남어, 인도네시아어	600,000원	150,000원/시간

■ 출장비(통역사 1인당)
- 교통비는 왕복으로 실비 지급
- 이동보상비는 이동 시간당 10,000원 지급

〈상황〉

A시에서 설명회를 개최하였다. 통역은 영어와 인도네시아어로 진행되었고, 영어 통역사 2명과 인도네시아어 통역사 2명이 통역하였다. 설명회에서 통역사 1인당 영어 통역은 4시간, 인도네시아어 통역은 2시간 진행되었다. A시까지는 편도로 2시간이 소요되며, 개인당 교통비는 왕복으로 100,000원이 들었다.

① 244만 원
② 276만 원
③ 288만 원
④ 296만 원
⑤ 326만 원

47 귀하는 홍보 담당자인 L 사원이다. 아래의 자료를 근거로 판단할 때, L 사원이 선택할 광고수단은?

- 주어진 예산은 월 3천만 원이며, L 사원은 월별 광고 효과가 가장 큰 광고수단 하나만을 선택한다.
- 광고비용이 예산을 초과하면 해당 광고수단은 선택하지 않는다.
- 광고효과는 아래와 같이 계산한다.

$$광고효과 = \frac{총\ 광고\ 횟수 \times 회당\ 광고노출자\ 수}{광고비용}$$

- 광고수단은 한 달 단위로 선택된다.
- 광고수단 및 비용

광고수단	광고 횟수	회당 광고노출자 수	월 광고비용(천 원)
TV	월 3회	100만 명	30,000
버스	일 1회	10만 명	20,000
KTX	일 70회	1만 명	35,000
지하철	일 60회	2천 명	25,000
포털사이트	일 50회	5천 명	30,000

① TV
② 버스
③ KTX
④ 지하철
⑤ 포털사이트

48 다음은 성별·연령대별 전자금융서비스 인증수단 선호도에 관한 자료이다. 이 자료를 검토한 반응으로 옳지 않은 것은?

〈성별, 연령대별 전자금융서비스 인증수단 선호도 조사결과〉

(단위 : %)

구분	인증수단	휴대폰 문자 인증	공인 인증서	아이핀	이메일	전화 인증	신용카드	바이오 인증
성별	남자	72.2	69.3	34.5	23.1	22.3	21.1	9.9
	여자	76.6	71.6	27.0	25.3	23.9	20.4	8.3
연령대	10대	82.2	40.1	38.1	54.6	19.1	12.0	11.9
	20대	73.7	67.4	36.0	24.1	25.6	16.9	9.4
	30대	71.6	76.2	29.8	15.7	28.0	22.3	7.8
	40대	75.0	77.7	26.7	17.8	20.6	23.3	8.6
	50대	71.9	79.4	25.7	21.1	21.2	26.0	9.4
전체		74.3	70.4	30.9	24.2	23.1	20.8	9.2

※ 1) 응답자 1인당 최소 1개에서 최대 3개까지 선호하는 인증수단을 선택함

　2) 인증수단 선호도는 전체 응답자 중 해당 인증수단을 선호한다고 선택한 응답자의 비율임

　3) 전자금융서비스 인증수단은 제시된 7개로만 한정됨

① 박 주임 : 연령대별 인증수단 선호도를 살펴보면, 30대와 40대 모두 아이핀이 3번째로 높다.

② 이 팀장 : 전체 응답자 중 선호하는 인증수단을 3개 선택한 응답자 수는 40% 이상이다.

③ 홍 사원 : 선호하는 인증수단으로 신용카드를 선택한 남성 수는 바이오 인증을 선택한 남성 수의 3배 이하이다.

④ 김 주임 : 20대와 50대 간의 인증수단별 선호도 차이는 공인인증서가 가장 크다.

⑤ 오 팀장 : 선호하는 인증수단으로 이메일을 선택한 20대 모두가 아이핀과 공인인증서를 동시에 선택했다면, 신용카드를 선택한 20대 모두가 아이핀을 동시에 선택한 것이 가능하다.

49 다음은 우리나라 시도별 2020 ~ 2021년 경지 면적, 논 면적, 밭 면적에 대한 자료이다. 이에 대한 설명으로 〈보기〉에서 옳은 것을 모두 고르면?

〈자료 1〉 2020년

(단위 ha, %)

구분	경지 면적(논 면적 + 밭면적)	논 면적	밭 면적
서울특별시	347	150	197
부산광역시	5,408	2,951	2,457
대구광역시	7,472	3,513	3,958
인천광역시	18,244	11,327	6,918
광주광역시	9,252	5,758	3,494
대전광역시	3,742	1,358	2,384
울산광역시	9,977	5,281	4,696
세종특별자치시	7,588	4,250	3,338
경기도	160,181	84,125	76,056
강원도	100,756	33,685	67,071
충청북도	101,900	38,290	63,610
충청남도	210,428	145,785	64,644
전라북도	195,191	124,408	70,784
전라남도	288,249	169,090	119,159
경상북도	260,237	118,503	141,734
경상남도	142,946	81,288	61,658
제주특별자치도	59,039	17	59,022
전 국	1,580,957	829,778	751,179

구분	경지 면적(논 면적 + 밭면적)	논 면적	밭 면적
서울특별시	343	145	199
부산광역시	5,306	2,812	2,493
대구광역시	7,458	3,512	3,947
인천광역시	18,083	11,226	6,857
광주광역시	9,083	5,724	3,359
대전광역시	3,577	1,286	2,292
울산광역시	9,870	5,238	4,632
세종특별자치시	7,555	4,241	3,314
경기도	156,699	82,790	73,909
강원도	99,258	32,917	66,341
충청북도	100,880	37,970	62,910
충청남도	208,632	145,103	63,528
전라북도	193,791	123,638	70,153
전라남도	286,396	168,387	118,009
경상북도	257,323	117,936	139,387
경상남도	141,889	80,952	60,937
제주특별자치도	58,654	17	58,637
전 국	1,564,797	823,895	740,902

〈보기〉

㉠ 2021년 경지 면적 중 상위 5개 시·도는 전남, 경북, 충남, 전북, 경기이다.
㉡ 울산의 2021년 논 면적은 울산의 2020년 밭 면적의 두 배이다.
㉢ 2020년 대비 2021년 전국 밭 면적의 증감률은 −1.4이다.
㉣ 2020년 논 면적 중 상위 5개 시·도는 전남, 충남, 경북, 전북, 제주이다.

① ㉠㉡
② ㉠㉢
③ ㉡㉢
④ ㉢㉣
⑤ ㉠㉡㉣

50 다음〈화재위험 점수 산정 방법〉자료를 보고 〈보기〉와 같은 점수 평가표가 도출되었을 때, 해당 업소의 화재 위험 점수는?

〈화재위험 점수 산정 방법〉

- 산정 방법 : 화재위험 점수 = 기본 점수(화재 강도 점수 + 화재확률 점수) × 업소형태별 가중치
- 평가 점수에 대한 위험수준 환산표

화재강도		화재확률	
위험도	점수	위험도	점수
80 이상	20점	80 이상	20점
60 ~ 79	40점	60 ~ 79	40점
40 ~ 59	60점	40 ~ 59	60점
20 ~ 39	80점	20 ~ 39	80점
20 미만	점수 부여 없이 업소 일시 폐쇄	20 미만	점수 부여 없이 업소 일시 폐쇄

- 업소 형태별 가중치

구분	가중치	구분	가중치
일반음식점	1.00	산후조리원	1.00
휴게음식점	1.00	PC방	1.00
게임제공업	1.00	찜질방	0.90
고시원	0.95	찜질방(100인 이상)	0.95

〈보기〉

- 업소명 : 休 Dream
- 업종 : 고시원
- 평가일시 : 2022.01.02.
- 담당자 : 김○○
- 결과
  - 화재강도 위험도 : 31
  - 화재확률 위험도 : 48

① 120점　　　　　　　　　　　② 127점

③ 133점　　　　　　　　　　　④ 140점

⑤ 145점

51 ID와 비밀번호 없이 생체인식기술을 활용하여 온라인 환경에서 신속하게 본인임을 인증을 받는 기술을 의미하는 것은?

① FIDO

② FDS

③ ICO

④ AML

⑤ OLAP

52 '마이데이터'에 대한 설명으로 옳지 않은 것은?

① 제3자는 마이데이터를 사용할 때마다 개인의 동의를 받아야 한다.

② 각종 기업과 기관에 흩어져 있는 정보를 한 번에 확인할 수 있다.

③ 자발적인 개인정보 제공을 통해 맞춤 상품 및 서비스 추천이 가능하다.

④ 제도의 기반은 개인신용정보 전송요구권(「신용정보법」 제33조의2)을 따른다.

⑤ 자신의 정보를 신용 및 자산관리에 수동적으로 활용하는 것이다.

53 ㉠에 들어갈 말로 옳은 것은?

인공지능(AI)의 기계학습을 통해 원본에 기존의 사진과 영상을 합성하여 가짜 제작물을 만드는 기술이다. 이는 연예인들을 합성한 불법 동영상을 시초로 많은 유명인들이 피해를 입었으며 또한 가짜 뉴스에 대한 위험성이 제기되기도 하였다. (㉠)의 위험성을 알리기 위한 유명 정치인의 얼굴이 합성된 (㉠)연설 연상을 공개하기도 하였다.

---

① 딥러닝

② 딥페이크

③ 확장현실

④ 텐서플로

⑤ 프리소프트웨어

54 다음에서 설명하는 용어는?

> 나이팅게일은 계속되는 전쟁에서 환자 대부분이 전쟁이 아닌 전염병으로 죽는다는 것을 발견하여 야전병원의 비위생적인 상황을 개선하려고 노력하였다. 상관들을 설득하기 위한 정보를 수집하고 이를 쉽게 설명하기 위해 그림으로 표현하였다. 따라서 질서가 없는 병원에 규율을 세우고 환자의 사망률을 42%에서 2%로 낮추었다.

① 빅데이터
② 블록 다이어그램
③ 로즈 다이어그램
④ 클래스 다이어그램
⑤ 보로노이 다이어그램

55 빔포밍(Beam forming)기술에 대한 설명으로 옳지 않은 것은?

① 안테나를 통해 신호를 여러 방향으로 보내는 것이다.
② 빠른 정보전달이 가능하며 신호 전송 시 오류가 적다.
③ 사용자 채널 환경에 따라 정보 신호를 다르게 송출할 수 있다.
④ 신호가 특정 방향으로 집중시켜 신호 품질이 향상된다.
⑤ 여러 안테나를 일정 간격으로 배치하여 신호를 송수신한다.

56 공매도에 대한 설명으로 옳은 것은?

① 가지고 있는 주식을 싼값에 매도하는 것이다.
② 상승장일 경우에 공매도로 수익을 얻을 수 있다.
③ 공매도는 증권시장의 유동성이 떨어지게 하는 단점을 가진다.
④ 중장기 전략으로 매매차익이 가장 높을 때 매도한다.
⑤ 공매도 후 주식을 확보하지 못하면 채무불이행의 단점을 가진다.

57 블록 세일에 대한 설명으로 옳지 않은 것은?

① 블록 세일은 다른 말로 '일괄매각'이라고 부른다.

② 블록 세일은 정규 매매거래시간에 이뤄진다.

③ 사전에 가격과 물량을 정해두고 일정지분을 묶어 매각하는 것이다.

④ 주가에 큰 영향을 주지 않으며 나누어 팔 경우 경영권 분산의 효과를 가진다.

⑤ 매각 주관사는 정해진 물량을 사들인 후 옵션을 넣어 재매각하기도 한다.

58 선물거래의 특징으로 옳지 않은 것은?

① 선물계약에 참여하는 사람들은 거래 상대방의 신용상태를 알 수 없다.

② 실제 매매가 이뤄진 경우 현금 흐름에 바로 반영되는 것을 확인할 수 있다.

③ 선물계약 참여자들은 계약금의 일정비율인 초기증거금을 납부해야 거래에 참여할 수 있다.

④ 선물가격 종가로 매일 선물거래의 손익을 계산하여 증거금에서 차감 또는 가산한다.

⑤ 선물가격이 상승할 경우 매입 측에 이익이 발생하고 매도측에는 손실이 발생한다.

59 총수요곡선이 우측으로 이동하는 요인으로 옳은 것은?

① 세금 인상으로 인한 소비의 변동

② 기업 경기의 비관적 전망으로 인한 투자지출 감소

③ 정부의 재화 및 서비스 수요량의 감소

④ 주식 시장의 호황으로 지출 증가

⑤ 해외 경제의 불황으로 인한 화폐가치 상승

Answer. 54.③ 55.① 56.⑤ 57.② 58.② 59.④

60 청약이 초과되었을 경우 주관사가 증권발행사로부터 추가로 공모주식을 취득할 수 있는 콜옵션은?

① 그린슈
② 테이퍼링
③ IPO
④ PMI
⑤ LOI

61 ㉠에 들어갈 말로 옳은 것은?

> 메타버스와 NFT와 융합된 (㉠   )시장이 급부상중이다. SNS나 메타버스 속 자아에 적극적인 투자를 하는 MZ세대들을 타켓으로 해외 명품 브랜드부터 스타트업까지 메타패션에 뛰어들고 있다. 해외 명품의 경우에는 가상세계에서 입어보며 대리 만족이 가능하며 구매한 (㉠   )을(를) 통해 가상 피팅도 가능하다.

① XR
② NFT
③ HMD
④ 라이프로깅
⑤ 디지털 드레스

62 사람의 습관과 행동 데이터를 수집하여 분석하고 이를 예측해 특정 행동을 유도하는 인터넷은?

① ICT
② IoT
③ IoB
④ OTA
⑤ KLUE

63 다음에서 설명하는 기술은?

> 블록체인 기술을 기반으로 개인의 정보를 분산시켜 보관하며 개인이 자신의 정보를 관리하고 통제할 수 있는 기술이다. 개인이 승인한 정보만 기업과 기관에 제공할 수 있다. 전자증명 서비스와 모바일 서비스 모두 이 기술로 사용하며, 이로 인해 금융 거래를 보다 빠르고 편리하게 사용할 수 있다.

① DID
② DIY
③ GPI
④ Wi － Fi 6
⑤ API

64 사물인터넷에 대한 설명으로 옳은 것은?

① 연결될 수 있는 사물은 극히 제한적이다.
② 사람과 직접적으로 연관되므로 윤리적 · 사회적 논쟁을 야기할 수 있다.
③ 센서나 통신기능을 통하여 데이터를 수집하고 분석한 정보를 전달한다.
④ 사용자의 건강 정보를 실시간으로 확인할 수 있는 서비스를 제공한다.
⑤ 소비자의 데이터를 모아서 실시간 구매 과정을 파악할 수 있다.

65 슈퍼앱에 대한 설명으로 옳은 것을 모두 고른 것은?

> ㉠ 반독점 구조가 심화되어 기존 산업이 타격을 입을 수 있다.
> ㉡ 하나의 앱 안에 모든 기능을 넣으면서 오류 발생에 대한 부작용이 존재한다.
> ㉢ 핵심서비스를 연계하여 하나의 앱에 넣으면서 계열사에 장벽이 없어진다.
> ㉣ 고객이 앱에 체류하는 시간을 늘려서 고객의 데이터를 쌓을 수 있다.
> ㉤ 쇼핑 서비스에서만 국한되어 사용할 수 있는 기술이다.

① ㉠㉢
② ㉡㉣
③ ㉢㉣㉤
④ ㉡㉢㉣㉤
⑤ ㉠㉡㉢㉣

📄 Answer. 60.① 61.⑤ 62.③ 63.① 64.③ 65.⑤

66 다음 기사를 읽고 ㉠에 들어갈 말로 옳은 것은?

> ○○은행이 (㉠)으로 구현한 인공지능(AI) 은행원을 채용할 계획이라고 밝혔다. AI은행원은 현재 근무 중인 MZ세대 직원들의 얼굴을 합성하였으며 목소리와 입모양이 맞도록 장시간의 학습을 통해 제작됐다. 디지털휴먼 AI은행원은 신규직원 채용 일정에 맞춰 인사발령을 받고 정식 사원처럼 사번도 부여받는다. 또한, 입사동기들과 함께 3개월의 연수 및 수습 과정을 거쳐 임용장을 교부받는다. 이들은 사내 홍보모델 및 SNS로 고객과 소통하는 업무를 할 예정이며 차후 고객을 대상으로 상품설명서를 읽어주는 등 업무 영역이 확대될 것으로 보인다.

① 머신러닝
② 메타버스
③ 딥러닝
④ API
⑤ 챗봇

67 빅데이터의 특징으로 옳지 않은 것은?

① 정확성(Veracity) : 분석을 할 때 수집한 데이터가 신뢰성을 가지는지 확인한다.
② 가변성(Variability) : 실시간 저장 · 유통 · 수집 · 분석처리가 가능하다.
③ 속도(Velocity) : 대용량의 데이터를 빠르게 분석하고 처리한다.
④ 크기(Volume) : 물리적 크기를 말하며 테라바이트, 페타바이트 이상 규모를 가진다.
⑤ 다양성(Variety) : 여러 종류의 데이터를 정형화 종류에 따라 분류할 수 있다.

68 다음 블록체인의 유형에 대해 옳은 것은?

> 누구나 계정을 만들고 참여가 가능하며 익명성을 보장하는 장점을 가진다. 하지만 악의적으로 임의의 계정을 많이 생성하거나 합의 알고리즘에 영향을 주는 시빌 공격이 일어날 수 있다.

① 퍼블릭 블록체인
② 프라이빗 블록체인
③ 허가형 블록체인
④ 비허가형 블록체인
⑤ 서비스형 블록체인

69 5G 시대의 핵심 기술 서비스를 모두 고른 것은?

> ㉠ 초고화질(UHD) 동영상
> ㉡ 홀로그램
> ㉢ LTE
> ㉣ 자율주행 자동차
> ㉤ 증강·가상현실 기반의 콘텐츠

① ㉠㉡㉢ ② ㉠㉢㉣
③ ㉠㉡㉢㉣ ④ ㉠㉡㉣㉤
⑤ ㉠㉡㉢㉣㉤

70 아마존이 사용한 추천 소프트웨어로 이용자들의 소비형태 기록을 분석하여 이를 기반으로 상품을 제안하는 기술은?

① 알고리즘
② 협업필터링
③ 모델링
④ 클러스터링
⑤ 프로파일링

71 상품의 가격 변화에 따라서 실직 소득이 변화하며 상품의 소비량에도 변화가 일어난다. 예를 들어 상품 가격이 떨어지면 소비자의 실질소득이 증가하여 상품 구매력이 늘어나는 것은?

① 소득 효과
② 대체 효과
③ 가격 효과
④ 기펜재
⑤ 정상재

📖Answer. 66.③ 67.② 68.④ 69.④ 70.② 71.①

72 근로자가 이직하거나 퇴직할 경우 받은 퇴직급여를 향후에 연금화가 가능하도록 하는 퇴직연금제도는?

① DB(Defined Benefit) : 확정급여형 퇴직금
② DC(Defined Contribution) : 확정기여형 퇴직금
③ CB(Convertible Bond) : 전환사채
④ IRP(Individual Retirement Pension) : 개인형 퇴직연금
⑤ MFN(Most Favored Nation Treatment) : 최혜국 대우

73 변액보험에 대한 설명으로 옳은 것은?

① 국책 금융기관에서 보장하는 보험이다.
② 보험계약 당사자에 의해 보험가액이 약정되지 않은 보험이다.
③ 금융시장의 변동에 따라 신축성과 현실성을 반영하기 위한 생명보험이다.
④ 보험료를 낮게 산정하여 보험료 운용과 관한 배당을 지급하지 않는다.
⑤ 보장기능 · 저축기능 · 뮤추얼펀드의 형식이 혼합된 구조의 보험으로 투자성과에 따라 원금이 손실되거나 원금 이상의 보험금이 발생할 수 있다.

74 농협의 교육지원부문 사업으로 옳은 것은?

① 축산지도사업
② 서민금융 활성화 사업
③ 산지유통혁신 사업
④ 영농자재 공급사업
⑤ 농업인의 복지증진 사업

75 협동조합의 7대 원칙이 아닌 것은?

ⓐ 자발적이고 개방적인 조합원 제도
ⓑ 조합원의 정치적 참여
ⓒ 조합원에 의한 민주적 관리
ⓓ 자율과 독립
ⓔ 교육·훈련 및 정보 제공
ⓕ 협동조합 간의 협동
ⓖ 지역사회에 대한 기여

---

① ㉡
② ㉢
③ ㉡㉢
④ ㉤㉤
⑤ ㉡㉢㉦

76 농업·농촌운동의 시작 순서가 올바르게 연결된 것은?

㉠ 식사랑농사랑운동
㉡ 새농민운동
㉢ 농도불이운동
㉣ 신토불이운동
㉤ 또 하나의 마을 만들기
㉥ 국민과 함께하는 도농상생 활성화
㉦ 농촌사랑운동

---

① ㉠ - ㉢ - ㉡ - ㉦ - ㉥ - ㉣ - ㉤
② ㉡ - ㉣ - ㉢ - ㉦ - ㉠ - ㉤ - ㉥
③ ㉡ - ㉣ - ㉦ - ㉠ - ㉤ - ㉢ - ㉥
④ ㉢ - ㉣ - ㉠ - ㉡ - ㉤ - ㉥ - ㉦
⑤ ㉢ - ㉤ - ㉠ - ㉡ - ㉣ - ㉦ - ㉥

---

77 다음이 의미하는 용어는?

> 선진국 또는 다국적 기업의 자본과 기술로 열대·아열대 기후 지역에서 원주민의 값싼 노동력이 더해져 대규모로 경작하는 농업방식으로 대표적인 작물은 커피, 카카오, 사탕수수, 담배, 차 등이 있다.

① 직파재배   ② 팜스테이
③ 플랜테이션   ④ 푸드테크
⑤ 애그플레이션

78 스마트팜에 대한 설명으로 옳은 것을 모두 고른 것은?

> ㉠ 시간과 공간의 제약 없이 원격으로 작물의 생육환경을 관측하고 관리하는 방식이다.
> ㉡ PC나 모바일로 온·습도나 기상상황을 모니터링하고 원격으로 관수나 병해충 관리를 할 수 있다.
> ㉢ 농장의 환경을 관리하는 기능은 포함되지 않는다.
> ㉣ 동물의 세포를 채취하여 배양한 뒤에 배양육을 만들어내는 기술이 있다.
> ㉤ 생육환경 유지관리 소프트웨어를 통해 O_2수준을 유지·관리할 수 있다.

① ㉠
② ㉠㉡
③ ㉢㉤
④ ㉡㉣㉤
⑤ ㉠㉡㉢㉣㉤

79 농업활동을 통해 환경보전 및 농촌 공동체 유지, 먹거리 안전 등 공익 기능을 증진할 수 있도록 농업인에게
보조금을 지원하는 제도는?

① 공익직불제
② 논농업직불제
③ 공공비축제도
④ 농산물가격 지지제도
⑤ 농산물품질인증제

80 두 나라 간의 교역량과 물가변동을 반영하여 산출한 환율은?

① 명목환율
② 실질환율
③ 실효환율
④ 균형환율
⑤ 실질실효환율

Answer. 77.③ 78.② 79.① 80.⑤

2020년 02월 23일 기출복원문제

농협중앙회와 NH농협은행 기출후기를 반영하여 복원·재구성한 문제입니다.

1. 다음 글을 통해 알 수 있는 것은?

> 식량부족 해결책으로 품종 개발을 계획하였다. 1962년 필리핀에 설립된 국제미작연구소에서 생산성이 높은 품종 개발 연구를 시작하였는데, 당시 반 왜성 품종의 밀과 벼가 생산성이 높다고 인정되었기 때문에 반 왜성 품종 유전자와 열대지역의 인디카, 온대지역의 자포니카 품종을 결합하는 교배를 진행하였다. 이를 통해 만들어진 벼들 가운데 우수종자를 선발하고 교배하여 더욱 발전시켰다. 그 결과 1971년에 통일벼가 개발되었고 이듬해 농가에 보급되어 본격적인 재배가 시작되었다. 통일벼는 키가 짧고 내비성과 광합성 능력이 높아 당시 다른 품종보다 약 30 ~ 40% 가량 생산성이 높은 다수확 품종이었다. 또한 도열병, 줄무늬잎마름병, 흰잎마름병 등 주요 병해에도 강하다는 특성이 있었다. 때문에 정부에서도 이를 적극 권장하였으며, 이중곡가제를 실시하였다. 1976년에는 통일벼의 재배면적은 전체 44%로 확대되면서 521.5만 톤을 생산해냈고, 안정적인 자급자족이 이루어졌다. 이후 세계 벼 육종학자들은 물론, 농학계의 관심 대상이 되었다. 그러나 인디카 품종유전자가 높았기 때문에 저온에 대한 내성이 약했다. 찰기가 많고 품질이 좋은 자포니아 품종에 비하여 찰기가 없고 품질이 다소 떨어지며 탈립성이 약해서 수확기에 알맹이가 쉽게 떨어져 나가는 등의 단점이 있었다. 이를 개선하기 위한 연구를 추진하여 조생통일, 영남조생, 유신 등의 통일형 품종이 개발·보급되었으나 1980년대부터는 통일벼 과다생산의 우려와 양질의 쌀을 추구함에 따라 재배면적이 줄어들었다. 하지만 기적의 볍씨라고도 불리는 통일벼의 개발은 우리나라 식량자급의 직접적인 계기가 되었고, 작물육종 기술 격상과 나라의 안정 및 발전에 크게 이바지하였다. 이를 바탕으로 최근에는 농·식품 수출시장 확대를 위하여 쌀의 품질을 보다 끌어올려 생산량은 유지하되 해외시장을 공략하려는 사업이 일고 있다.

① 통일벼가 본격적으로 보급된 시기의 재배 면적은 44%에 달하였다.
② 역사상 최초로 자급자족을 이루었다.
③ 정부에서는 농민에게 비싸게 사들이고, 저렴한 가격으로 보급하였다.
④ 열대지역 품종 특성상 주요 병해 피해가 적다.
⑤ 후에 비탈립성의 단점 등의 이유로 재배면적이 줄어들었다.

2 농협의 비전을 표현한 사자성어로 적절한 것은?

> "농업이 대우받고 농촌이 희망이며 농업인이 존경받는 함께하는 100년 농협"은 농업인과 국민, 농촌과 도시, 농축협과 중앙회, 그리고 임직원 모두 협력하여 농토피아를 구현하겠다는 의지이다. 60년을 넘어 새로운 100년을 향한 위대한 농협으로 도약하겠다는 의지를 담고 있다.

① 동심동덕(同心同德)　　　　　　　② 동공이곡(同工異曲)
③ 동기일신(同氣一身)　　　　　　　④ 동업상구(同業相仇)
⑤ 동귀수도(同歸殊塗)

▌3~4▌ 다음 글을 읽고 물음에 답하시오.

> 영국 경제학자 콜린 클라크는 산업을 1차~3차 산업으로 분류했는데, 1차 산업은 자연환경과 직접적으로 연관된 농업, 임업, 어업 등을 말한다. 2차 산업은 1차 산업의 결과물을 다른 상품으로 생산하는 산업을 말하는데 공업이나 건설업 등이 대표적이다. 3차 산업은 1~2차 산업의 생산물을 서비스로 제공하는 산업이기 때문에 서비스업이라고도 한다. 3차 산업은 도매 및 ㉠소매업, 운송업, 음식점업 등이 ㉡포함되는데, 현재는 대부분의 산업을 3차 산업으로 분류할 수 있다. 3차 산업을 다시 4~5차 산업으로 분류할 수 있다. 4차 산업은 정보, ㉢의료, 교육, 서비스 산업 등 지식 산업을 말하며, 5차 산업은 패션 및 오락, 레저 등 취미 산업을 의미한다. 산업의 변화로 1.5차 산업과 2.5차 산업, 6차 산업 등 새로운 형태의 산업이 등장하였다. 1.5차 산업은 1차와 2차의 중간으로 농수산물을 가공하는 가공업 등이 해당하며, 2.5차 산업은 제조업과 제품과 서비스를 결합하여 경쟁력을 확보하는 새로운 산업이다. 우리나라에서는 구례군 산수유 마을이 1.5차 산업으로 지정되었다. 6차 산업은 1~3차 산업이 복합된 산업으로, 최근에는 농촌의 발전과 성장을 위한 6차 산업이 강조되고 있다. 농촌의 인구 감소와 고령화, 수입 농산물 ㉣개방으로 인한 국내 농산물 경쟁력 약화 등의 문제로 새롭게 등장하였으며 국내 공식 명칭은 농촌 융·복합 산업이다. 현재 농림축산식품부에서 6차 산업 사업자를 대상으로 성장 가능성을 고려하여 심사를 거친 뒤 사업자 ㉤인증서를 수여하고 있다. 농촌 융·복합 산업 사업자 인증제도는 농업인과 농업법인을 인증하여 핵심 경영체를 육성하는 시스템으로, 농촌의 다양한 유무형 자원을 활용하고 새로운 부가가치를 창출하기 위하여 도입되었다.

3 글을 읽고 알 수 있는 내용으로 옳은 것은?

① 농촌과 국내 농산물 경쟁력을 제고하기 위해 6차 산업이 등장하였다.
② 2007년에 구례군 산수유 마을이 1.5차 산업으로 지정되었다.
③ 6차 산업은 1차 산업부터 취미 산업까지 이르는 새로운 산업이다.
④ 6차 산업은 농업인과 농업법인 핵심 경영체를 육성하기 위한 산업이다.
⑤ 6차 산업은 농촌의 다양한 유무형 자원을 활용하고 부가가치를 창출할 수 있다.

📝 Answer.　1.③　2.①　3.①

4 밑줄 친 부분의 한자어 표기로 옳지 않은 것은?

① ㉠ － 小賣業
② ㉡ － 包含
③ ㉢ － 醫療
④ ㉣ － 開方
⑤ ㉤ － 認證書

5 다음은 N은행 ○○여행적금 상품에 대한 설명이다. 옳은 것은?

〈○○여행적금〉

가. **상품특징**

고객의 풍요로운 삶과 행복을 지향하기 위하여 A여행사와 연계한 적금상품으로 (가족)여행과 관련된 고객니즈를 반영한 특화상품

나. **가입대상**

실명의 개인

다. **가입기간**

• 정기적금 : 6개월 이상 5년 이내 월 단위
• 자유적립적금 : 3개월 이상 5년 이내 월 단위

라. **가입금액**

구분	초입금 및 월 적립금	가입 한도
정기적금	• 초입금 : 500원 이상 • 월 적립금 : 500원 이상	제한 없음
자유적립적금	• 초입금 : 1천 원 이상 • 월 적립금 : 1천 원 이상	제한 없음 ※ 단, 계좌별 계약기간의 3/4경과 후 적립할 수 있는 금액은 이전 적립금액의 1/2이내, 만기 1개월 이내에는 전월의 입금액을 초과한 입금 불가

마. 기본 이율(연%, 세전)

가입기간	기본이율
3개월 이상	1%
6개월 이상	1%
12개월 이상	1.4%
24개월 이상	1.45%
36개월 이상	1.5%
48개월 이상	1.5%
60개월 이상	1.5%

바. 이자계산법
- 정기적금 : 월 저축금액을 매월 이 계약에서 정한 날짜에 입금하였을 때에는 입금건별로 입금일부터 해지일 전일까지 예치일수에 대하여 이자율로 계산하여 지급하고, 정한 날짜보다 빨리 혹은 늦게 입금하였을 때에는 적립식 예탁금 약관에서 정한대로 이자 지급
- 자유적립적금 : 저축금마다 입금일부터 해지일 전일까지 기간에 대하여 약정이율로 셈한 후 이자를 더하여 지급

  ※ 저축금별 이자 계산 예시 : 입금액 × 약정금리 × 예치일수 / 365

사. 이자지급방식

  만기일시지급식 : 가입기간 동안 약정이율로 계산하여 만기일에 일시지급

아. A여행사 연계 우대 서비스
- 서비스 이용대상은 신규 가입고객(예금금액 제한 없음)이며 서비스의 이용기간은 신규일로부터 적금만기 후 3개월 이내로 한다.
- 서비스 이용방법
- 신규가입 시 안내문구 통장인자 및 인증번호 부여
- 고객이 A여행사 홈페이지에서 회원가입 시 ○○여행적금 인증번호를 입력(최초 접속 시만 해당, 회원가입 후 에는 개인아이디로 접속)
- 회원정보 입력 및 메일수령 동의여부 등을 입력
- 회원가입 절차를 마친 후 상품안내 화면으로 이동하여 해당 서비스 이용 가능
- 서비스 신청은 예금주 본인 명의로 신청해야 하되, 실제 서비스 이용자는 본인이 아니어도 가능

① N은행에서 급여통장 이용고객이면 적금 인터넷 신규 시 1%p의 우대이율을 받을 수 있다.
② 가입 시 지정 여행사의 제휴 여행상품을 할인받을 수 있다.
③ 전 직원 단체 여행 시 법인도 여행적금 상품에 가입할 수 있다.
④ 가입기간이 36개월인 사람과 60개월인 사람의 이율은 동일하다.
⑤ 서비스의 이용기간은 적금만기 후 3개월부터이다.

▎6~7▎ 다음 글을 읽고 물음에 답하시오.

(가) 사물인터넷(IoT)은 사물통신(M2M)과 혼용하여 사용되곤 하지만 사물통신의 의미와는 차이가 있다. M2M은 인간이 직접 제어하지 않는 상태에서 장비나 사물 또는 지능화된 기기들이 인간을 대신하여 통신 모두를 맡는 기술을 의미한다. 센서 등을 통해 전달하고 수집하며 위치나 시각, 날씨 등의 데이터를 다른 장비나 기기 등에 전달하기 위한 통신이다.

(나) 사물인터넷(IoT)의 궁극적인 목표는 우리 주변의 사물 인터넷 연결을 통하여 사물이 가진 특성을 지능화하고 인간의 개입을 최소화하여 자동화시키는 것을 목표로 한다. 더불어 다양한 연결을 통한 정보 융합이 인간에게 양질의 서비스를 제공하는 데에 있다. 이를 위하여 사물끼리의 연결로 다양한 정보를 수집하고 분석하여 서로 공유하도록 하는 것이 중요하다. 더 나아가 사물인터넷을 구현하기 위해서는 상황 인지 기술, 통신 · 네트워크 기술, 빅데이터 기술, 데이터 마이닝 기술, 프라이버시 보호 기술 등이 요구된다.

(다) 사물인터넷(IoT)은 기본적으로 모든 사물을 인터넷으로 연결하는 것이다. 상호 운용 가능한 정보 기술 및 통신 기술을 활용하여 다양한 물리 · 가상 사물 간의 상호 연결을 하고, 이를 통하여 발전된 서비스를 제공할 수 있게 하는 글로벌 네트워크 인프라라고 정의할 수 있는 것이다. 즉, 사물인터넷은 사람과 사물, 공간, 데이터 등 모든 것이 인터넷으로 연결되어 정보가 생성되고 수집 및 공유, 활용되는 초연결 인터넷이다.

(라) 사물통신(M2M)과 사물인터넷(IoT)은 사물 간 통신이라는 공통점이 있다. 하지만 M2M이 이동통신 주체인 사물이 중심인 데 비해, 사물인터넷은 인간을 둘러싼 환경이 중심이다. 오히려 사물인터넷은 인간 중심이라는 점에서 사용자가 장소, 시간에 구애받지 않고 자유롭게 네트워크에 접속할 수 있는 환경인 유비쿼터스(Ubiquitous)와 흡사하다. 정리하자면 M2M은 하나의 기술로 존재하며, 이를 활용하는 서비스가 사물인터넷(IoT)인 것이다.

※ 데이터 마이닝 … 방대한 양의 데이터로부터 유용한 정보를 추출하는 기술을 말한다.

6 제시문을 문맥상 가장 자연스럽게 순서로 배열한 것은?

① (가) - (나) - (다) - (라)
② (나) - (다) - (라) - (가)
③ (나) - (라) - (가) - (다)
④ (다) - (나) - (가) - (라)
⑤ (다) - (라) - (가) - (나)

7 밑줄 친 '융합'과 그 의미가 유사한 것으로 가장 적절한 것은?

① 협합
② 합성
③ 상충
④ 융화
⑤ 분경

8 다음 글을 읽고 유추할 수 있는 내용으로 옳지 않은 것은?

> 스마트팜은 사물인터넷(IoT)과 빅데이터, 인공지능 등을 기반으로 한 ICT(정보통신기술)를 온실과 축사 등에 접목하여 PC나 스마트폰을 통해 원격·자동으로 생육환경을 제어하고 관리하는 기술이다. 즉, 비닐하우스나 농장·과수원 등의 생육환경을 최적으로 유지하고 관리하여 생산의 효율성과 노동의 편리성을 향상시키는 농업시스템이다. 4차 산업의 등장과 농촌 고령화 및 노동인력 부족, 생산성 향상 둔화 등의 구조적인 문제를 해결하고 재배기술과 ICT 강점을 활용하여 농업의 미래를 제고하기 위하여 추진되었다. 스마트 온실은 PC나 스마트폰을 통하여 온실의 온·습도 등을 모니터링하고 창문 개폐 및 영양분 공급 등을 제어하여 유지하고 관리하도록 적용하고 있으며, 스마트 과수원의 경우 기상상황 등을 모니터링하여 관수나 병해충 관리 등에 적용하고 있다. 스마트 축사인 경우 사료 및 물 공급 시기와 양 등을 원격·자동으로 제어하고 있다. 2016년 농림부 통계에 의하면 스마트팜을 도입한 농가는 도입 전보다 생산량은 25% 가량 증가하였으며, 노동비는 16% 가량 감소하는 것으로 나타났다. 이에 농림축산식품부는 실증단지 구축, 스마트팜 관련 R&D체계화, 빅데이터 활용 및 기자재 표준화 등으로 관련 산업 인프라 구축을 추진 중이며, 2022년까지 스마트팜 혁신밸리를 전국에 4개소를 조성할 것을 목표로 내놓았다. 스마트팜은 해외에서도 적극 적용되고 있다. 미국의 살리나스 밸리는 실리콘밸리의 첨단 ICT산업을 접목하여 스마트 농업을 실현하는 프로젝트를 추진하였다. 농약 살포량을 조절하는 스마트 스프레이 시스템, 마이크로 워터 센서, 드론 등의 스마트팜 기술을 적용하고 있으며, 벨기에 홀티플란(Hortiplan)에서는 재배베드자동이송시스템(MGS)을 중심으로 묘 자동이식 로봇, 자동재식거리조정방식, 등을 사용하고 있어 최소 인력으로 유지·관리하고 있다. 한편 스마트팜은 청년들의 농촌 진출 장려와 농산물 생산성의 효율을 위해 도입하고 있으나 고령 농업인에게는 활용이 어렵다는 점과 개인 농업인 대상의 금전적 지원 및 교육 환경이 부족하다는 단점이 있다.

① 수집한 빅데이터를 기반으로 최적의 생육환경을 조성하여 생산량을 향상시킨다.
② 모니터링을 통하여 온·습도 및 병충해 관리 등을 원격·자동으로 제어한다.
③ 한 토마토 농장은 스마트팜 도입 후 양질의 토마토 수확량이 25% 가량 증가하였다.
④ 정부는 스마트팜 혁신밸리를 전국 네 곳에 조성할 것을 추진 중이다.
⑤ 스마트팜 기술을 적용한 대표적 해외 성공사례로 미국과 벨기에 등이 있다.

▮9~10▮ 다음 글을 읽고 물음에 답하시오.

〈OO직장인적금〉

가. **상품특징** : 급여이체 및 교차거래 실적에 따라 금리가 우대되는 직장인 전용 적금상품

나. **가입대상** : 만 18세 이상 개인

※ 단, 개인사업자 제외

다. **가입기간** : 12개월 이상 36개월 이내(월 단위)

라. **가입금액** : 초입금 및 매회 입금 1만 원 이상 원단위(계좌당), 분기당 3백만 원 이내(1인당)

※ 단, 계약기간 3/4 경과 후 적립할 수 있는 금액은 이전 적립누계액의 1/2 이내

마. **이자 지급 방식** : 입금액마다 입금일부터 만기일 전일까지 기간에 대하여 약정금리로 계산한 이자를 월복리로 계산하여 지급

※ 단, 중도해지금리 및 만기 후 금리는 단리로 계산

바. **우대 금리** : 최고 0.8%p

• 가입기간 동안 1회 이상 당행으로 건별 50만 원 이상 급여를 이체한 고객이 다음에 해당할 경우

조건내용	우대금리
당행 입출식통장으로 3개월 이상 급여이체실적	0.3%p
당행 신용/체크카드의 결제실적이 100만 원 이상인 경우	0.2%p
당행 주택청약종합저축(청약저축, 청년우대형 포함) 또는 적립식 펀드 중 한 개 이상 신규가입 시	0.2%p

• 인터넷(스마트)뱅킹 또는 올원뱅크로 이 적금에 가입할 경우 0.1%p

사. **유의사항**

• 급여이체 실적이 없는 경우 가입이 제한됨

• 우대금리는 만기해지 계좌에 대해 계약기간 동안 적용함

• 급여이체 실적 인정기준

– 당행에서 입금된 급여이체 : 월 누계금액 50만 원 이상

– 창구 입금 : 급여코드를 부여받은 급여 입금분

– 인터넷뱅킹 입금 : 개인사업자 또는 법인이 기업인터넷뱅킹을 통해 대량입금이체(또는 다계좌이체)에서 급여코드로 입금한 급여

– 타행에서 입금된 급여이체 : 입금 건당 50만 원 이상

– '급여, 월급, 봉급, 상여금, 보너스, 성과급, 급료, 임금, 수당, 연금' 문구를 포함한 급여이체 입금분

– 전자금융공동망을 통한 입금분 중 급여코드를 부여받아 입금된 경우

– 급여이체일을 전산등록한 후 해당 일에 급여이체 실적이 있는 경우, 급여이체일 ± 1영업일에 이체된 급여를 실적으로 인정

※ 단, 공휴일 및 토요일 이체 시 실적 불인정

– 급여이체일 등록 시 재직증명서, 근로소득원천징수영수증, 급여명세표 中 하나를 지참 후 당행 영업점 방문

• 자동이체일이 말일이면서 휴일인 경우 다음 달 첫 영업일에 자동이체 처리

---

9 ○○직장인적금에 대한 설명으로 옳은 것은?

① 18세 이상이면 무직자라도 가입할 수 있다.

② 매달 300만 원 이내로 적립할 수 있다.

③ 전산등록한 급여이체일이 16일(금)일 때 17일(토)에 이체되었을 경우에 실적으로 인정한다.

④ 당행 영업점을 방문하여 급여이체일 등록은 모바일로도 가능하다.

⑤ 말일에 자동이체되는 경우 휴일과 겹쳤을 때 내달 첫 영업일에 처리된다.

10 밑줄 친 '지급'의 반의어의 한자 표기로 옳은 것은?

① 領收

② 領水

③ 英數

④ 領袖

⑤ 靈邃

11 다음 기준을 읽고 문의사항 답변으로 적절하지 않은 것은?

깨끗하고 아름다운 농촌마을 가꾸기 경진대회

가. 응모대상 : 사계절 깨끗하고 아름다운 마을 가꾸기를 실천하고 있는 농촌형 마을
  • 마을 규모 : 읍·면소재 25호 이상의 가구
  • 마을 가꾸기 경진대회 기 수상마을은 응모 제외
    ※ 기 수상마을 중 '동상' 수상마을은 수상년도 포함 3년 경과 시 응모 가능

나. 신청 기간 : 21.5.1.~21.6.1.

다. 시상내역
  상패 : 24개소(행정안전부 장관상 2개소, 농협중앙회장상 22개소)
  시상금 : 5억 원 규모

구분	대상	금상	은상	동상
시상금	5천만 원	3천만 원	2천만 원	1천5백만 원
수상마을 수	1개소	3개소	5개소	15개소

  ※ 시상금은 아름다운 마을 공간 조성을 위한 마을숲원사업 지원금으로 활용(수령액 기준)
  ※ 들녘 가꾸기 우수마을은 전체 24개소 중 20% 내외 시상 예정
  ※ 시상내역은 본회 상황에 따라 변경될 수 있음

라. 공모절차 : 마을 → 지역농축협·시군지부 → 지역본부 → 중앙본부

마을	지역농축협·시군지부	지역본부	중앙본부
• 신청서 제출 • 결과 제출	• 마을추천 • 현지확인	예선심사 (지역심사위원회)	본선심사 (중앙심사위원회)

  ※ 공모 세부일정은 본회 상황에 따라 변경될 수 있음

마. 제출서류
  • 공모신청(6.1.까지)
  –마을 공모신청서
  –개인정보 수집·이용·제공 동의서
  –마을 추천서(추천권자 : 농축협 조합장·시군지부장·지역본부장)
  • 마을 결과제출(7.31.까지)
  –결과보고서 및 활동사진, 사업실적 근거자료, 언론 보도자료 등 각종 증빙자료 첨부
  –결과보고서 작성 시 최근 1년간 농촌마을 재생을 위한 마을주민의 참여도·노력도 위주 작성

바. 신청 및 제출방법 : 마을대표가 (관할)지역농축협으로 공모신청서 및 결과보고서 제출

사. 평가부문 : 최근 1년간 마을가꾸기 신규 사업 중심으로써 농촌마을 재생을 위한 「연간 마을주민의 참여도·노력도」 종합평가

분야	평가내용 및 비율
아름다운 농촌마을	• 아름다운 마을환경 • 깨끗한 농업생산환경
다시 찾고 싶은 힐링 공간	• 농촌 어메니티 자원 보존·활용 • 도시민 휴식공간 • 도농교류 마을역량
가점	• 독창적인 마을사업 추진

  ※ 세부 평가내용은 심사위원회 의견 등 본회 상황에 따라 변동될 수 있음

아. 결과발표 : 농협홈페이지(공지사항)에 게재

자. 기타 유의사항
- 허위 또는 과장하여 신청서를 작성 제출하여 선정되었거나 선정 후 신청내용이 허위사실로 확인된 경우에는 시상대상자 선정을 취소할 수 있으며 이에 따른 상패 및 상금 등을 환수함
- 신청서 제출마을 중 기일 내 결과보고서 미제출 마을은 공모에서 제외됨
- 본회가 심사에 필요한 추가자료 요청 시 신청마을에서는 추가 자료를 요청기일 내에 제출하여야 하며, 미제출 시 심사대상에서 제외됨
- 참가자 제출서류는 일체 반환되지 않으며, 입상한 마을이 제출한 각종 제출 자료는 농협중앙회의 깨끗하고 아름다운 농촌마을 가꾸기 사업에 무상으로 이용할 수 있도록 동의한 것으로 봄
  ※ 사진 등에 인물, 건축물, 개인·법인소유지 등이 포함되었을 경우 응모자는 초상권 등 저작권, 개인정보와 관련하여 발생할 수 있는 문제를 해결한 후 응모, 향후 분쟁이 발생할 경우 민·형사상 모든 법적 책임은 신청자에게 있음
- 시상금은 마을숲원사업 진행 시 관할 농축협에서 확인 후 지급예정
  ※ 시상마을은 종합소득세 신고 대상이 될 수 있음에 유의

① 고객 : 우리 마을은 2018년에 동상을 수상했는데 올해 응모할 수 없나요?

담당 : 기 수상마을 중 '동상' 수상마을은 수상년도를 포함, 3년 경과 시 응모가 가능합니다. 따라서 2018년에 동상을 수상한 경우 2021년 올해부터 응모가 가능합니다.

② 고객 : 사진 촬영 여건이 마땅하지 않아 인터넷에 있는 사진을 첨부한 경우에도 선정 후 허위사실로 확인되나요?

담당 : 응모 전 초상권 및 저작권, 개인정보를 확인해야 해야 하며, 선정 후 해당 촬영분이 허위 또는 과장한 사실을 나타낼 시 선정을 취소할 수 있습니다.

③ 고객 : 결과보고서를 어제 제출하였는데, 제출 서류 중에 개인정보 수집·이용·제공 동의서를 빠트렸어요. 추가로 제출할 수 있나요?

담당 : 개인정보 수집·이용·제공 동의서는 신청서 제출 시 함께 제출하는 서류이므로 추가 제출은 하지 않아도 됩니다.

④ 고객 : 결과보고서 증빙자료에 재작년 8월에 찍은 사진을 첨부해도 되나요?

담당 : 결과보고서 작성 시 최근 1년간의 증빙자료를 첨부해야 하므로 결과보고서 제출 마감일 (7.31.)이후인 작년 8월 사진자료부터 첨부해 주시기 바랍니다.

⑤ 고객 : 마을 대표가 개인적인 사유로 신청서 제출이 어려울 경우 대리인이 대리인 위임장을 동봉하여 송부해도 되나요?

담당 : 대리인 위엄장을 동봉하여 (관할)지역농축협으로 공모신청서 및 결과보고서 제출하실 수 있습니다.

📄 Answer. 11.⑤

|12~13| 다음은 농촌체험 팜스테이(Farmstay) 마을 숙박 안내 규정이다. 이어지는 물음에 답하시오.

깔끔한 가족 펜션

가. 객실 이용

※ 1박 기준

방 이름	방 형태	최대 정원	비수기	성수기	
				주중	주말
A	원룸 7평	3명	5만 원	8만 원	9만 원
B	방, 거실 13평	6명	8만 원	14만 원	15만 원
C	방, 거실 16평	8명	10만 원	17만 원	18만 원
D	온돌방 12평	5명	7만 원	13만 원	14만 원
E	온돌방 13평	6명	8만 원	14만 원	15만 원

나. 기타 사항
- 숙박 인원 추가는 각 방 1명만 가능하며 1만 원의 요금이 추가됩니다.
- 성수기는 7~8월(휴가철인 7월 20일부터 8월 10까지는 성수기 주말 요금 적용)입니다.
- 주말은 매주 금, 토 그리고 공휴일 전날과 연휴기간입니다.

다. 예약 확인
- 예약과 취소는 010-0000-0000으로 연락주세요.
- 예약 후 24시간 이내에 요금이 입금되지 않으면 취소처리 됩니다.
- 객실 체크인 시간은 오후 2시부터 가능하며 체크아웃 시간은 다음날 오전 11시입니다.

라. 환불 규정
- 예정일 10일 전 취소 또는 계약 체결 당일 취소 : 예약금 100% 환불
- 예정일 7일 전 취소 : 예약금 90% 환불
- 사용 예정일 5일 전 취소 : 예약금 70% 환불
- 사용 예정일 3일 전 취소 : 예약금 50% 환불
- 사용 예정일 1일 전 또는 당일 취소 : 예약금 20% 환불

12 다음 중 환불받을 수 있는 금액으로 옳지 않은 것은?

인원	방	일정	취소 날짜	환불 금액
9명	C	7월 22일(수)부터 1박2일	7월 16일	① 133,000원
4명	D	6월 9일(화)부터 2박3일	당일 취소	② 28,000원
3명	A	7월 21일(화)부터 2박3일	7월 14일	③ 162,000원
7명	E	8월 14일(금)부터 1박2일	8월 7일	④ 126,000원
6명	B	4월 17일(금)부터 2박3일	4월 14일	⑤ 80,000원

13 다음 상황에 근거할 때 甲, 乙, 丙 일행이 각각 지불한 요금 중 가장 큰 금액과 가장 작은 금액의 차이는?

> 상황
> 甲 일행 : 성인 2명과 어린이 4명이 6월 13일(월)부터 3박 4일간 D방을 이용하였다.
> 乙 일행 : 성인 5명이 8월 6일(목)부터 2박 3일간 B방을 이용하였다.
> 丙 일행 : 성인 7명이 11월 19일(목)부터 2박 3일간 E방을 이용하였다.

① 150,000원 ② 120,000원
③ 90,000원   ④ 50,000원
⑤ 30,000원

14 다음 SWOT 분석 결과를 보고 가장 적절한 전략을 고르면?

내부환경 외부환경	강점(Strength)	약점(Weakness)
기회(Opportunity)	SO 전략(강점-기회 전략) : 강점으로 시장기회를 활용하는 전략	WO 전략(약점-기회전략) : 약점을 극복하여 시장기회를 활용하는 전략
위협(Threat)	ST 전략(강점-위협 전략) : 강점으로 시장위협을 회피하는 전략	WT 전략(약점-위협 전략) : 시장위협을 회피하고 약점을 최소화하는 전략

〈농협 하나로 마트 환경 분석 결과〉

강점(Strength)	• 강력한 브랜드 파워 • 전국 지역 농·축협을 통한 안전하고 신선한 농축산물 공급
약점(Weakness)	• 농촌 이미지가 강해 젊은 층 고객에게는 선호도가 다소 떨어짐 • 소비자 니즈 변화에 다소 느린 대응
기회(Opportunity)	• 다점포 운영 시스템 • 인터넷 직거래 유통 판로 확대
위협(Threat)	• 대형 마트 입점 포화 • 인터넷 새벽배송 확대로 인한 매출 급감 우려

① SO 전략 : 가격할인 프로모션을 통하여 브랜드를 홍보한다.
② WO 전략 : 대형 마트를 벤치마킹하여 최근 트렌드와 소비자 니즈를 반영한다.
③ ST 전략 : 상품의 축소를 통해 비용을 감축한다.
④ WT 전략 : 기존 제품의 강점을 가격할인을 제공하며 적극적으로 홍보한다.
⑤ WT 전략 : 농민 친화적 이미지를 적극 홍보하여 가격경쟁에 대응한다.

15 다음과 같은 사례에서 밑줄 친 부분 중 문제해결 절차 과정으로 옳은 것은?

K 씨는 거래처의 부탁으로 농협몰에서 상품을 구매하였으나 구입한 상품의 일부만 배송되었다고 연락받았다. 당장 이번 주에 상품이 필요하다며 배송 예상날짜를 물어보는 거래처에 난감해진 K 씨는 고객센터에 문의를 남겼고 다음과 같은 메일을 받았다.

> 안녕하세요, 고객님.
> 저희 ○○ 홈페이지를 방문해 주셔서 감사합니다.
> 상품을 여러 개 담아 한 번에 결제하셨는데 일부 상품만 도착해서 궁금하셨을 텐데 안내해드리겠습니다. 택배배송 상품을 주문했으나 동일한 상품이 아닌 경우 각 업체별 상황에 따라 준비 및 배송 시점이 다를 수 있습니다. 또한 부피가 큰 상품, 가구, 수량 등 상품 특성에 따라 부분 발송될 수 있습니다. 배송되지 않은 상품에 대한 정보는 마이페이지〉주문 · 배송 현황에서 확인이 가능합니다. 또한 진행현황의 배송조회를 클릭하시면 운송장번호로 배송추적이 가능합니다. 다른 문의사항이 있으실 경우 고객센터로 문의하시면 친절하고 상세하게 안내해 드리겠습니다.
> ※ 본 메일은 발신 전용으로 회신이 불가합니다.

답변에 따라 운송장 번호로 배송추적하여 예상 날짜를 파악하여 부분배송 이유와 함께 거래처에 이 같은 사실을 알렸다.

① 문제 인식
② 문제 도출
③ 원인 분석
④ 해결안 개발
⑤ 실행 및 평가

📝 Answer. 14.② 15.③

16 다음은 팜스테이(Farmstay) 마을 신규 지정 및 취소 기준이다. 이에 대한 설명으로 옳은 것은?

팜스테이(Farmstay) 마을 신규 지정 및 취소기준

가. 지정기준
- 「도시와 농어촌 간의 교류촉진에 관한 법률」에 의해 '농어촌 체험 · 휴양마을사업자'로 지정 받을 것
  ※ 농어촌 체험 · 휴양마을 사업자로 지정되지 않을 경우에는 음식 · 숙박 등 관련법령에 의한 저촉이 없는 마을 및 사업 참여 주민이 농업경영체 등록이 되어 있는 「농업협동조합법」상의 조합원일 것
- 마을 주민의 3/4 이상이 사업에 동의하고 10호 이상의 농가가 사업에 참여가 가능한 마을
- 농촌관광 관련 교육 등을 수료하고 마을 주민들의 적극적 참여를 유도할 수 있는 대표가 있을 것
- 단체배상책임보험에 가입할 것
- 고객이 사용할 수 있는 편의시설을 갖추고 농업 · 농촌체험프로그램을 개발 완료한 마을
- 우수 농산물을 생산하는 마을
- 관할 농협 조합장 및 지역본부장의 추천
- 대표가 「농업협동조합법」상의 조합원일 것

나. 취소기준
- 협의회원의 의무를 이행하지 아니한 때
- 본회의 사업을 방해하거나 중대한 손실을 초래한 때
- 마을등급제를 위한 마을 평가 후 평가표상 3회 이상 65점 미만을 득점 시 또는 특별한 사유 없이 2회 이상 65점 미만을 득점 시 또는 특별한 사유 없이 3회 이상 등급평가에 응하지 않을 경우
- 본래의 사업 추진 목적에 어긋나거나 전체 마을의 사업 진행에 큰 영향을 미칠 민원을 발생시킨 경우 또는 참여 농가 간 분쟁 발생 등으로 더 이상 사업을 유지할 수 없다고 판단될 경우
- 팜스테이 사업의 추진 실적이 없거나 향후 추진의사가 없다고 인정될 때
- 팜스테이 마을이 소수(1~3개 참여농가)에 의해서만 운영되거나 단순히 음식판매업 또는 민박전업화 된 경우

다. 등급평가
- 목적
  -팜스테이 마을 방문 고객에게 마을의 등급수준을 감안하여 선택적으로 이용할 수 있도록 정보 제공
  -팜스테이 마을 고객 서비스 향상 및 마을 수준 향상 유도
- 등급평가 방법
  -N업체에 등급평가를 위탁하여 진행
  -등급 평가자가 마을을 방문하여 현지 확인 및 주민 인터뷰를 진행
  -세부 평가기준으로 공정평가
  -등급분류

등급	등급 평가표 점수
최우수마을	90점 이상
우수마을	75점 이상
표준마을	65점 이상
기본마을	65점 미만

① 마을 전체 인구수가 140명인 경우 70명이 사업에 동의했을 경우 팜스테이 마을로 지정될 수 있다.

② 적극적으로 참여를 유도하는 「농업협동조합법」상의 조합원이 대표로 있어야 한다.

③ 평가표상 2회 이상 표준마을로 지정된 경우 취소기준에 해당된다.

④ 등급을 평가하는 자는 서면으로만 평가를 진행하고 지원자와 일체 접촉이 불가하다.

⑤ 팜스테이 마을로 지정된 후 N업체에서 개발해주는 고객 편의시설 및 체험 프로그램을 적용한다.

17 다음 조건에 일치하는 것은?

> ㉠ 농촌지원부와 지역사회공헌부는 복사기를 같이 쓴다.
> ㉡ 3층에는 홍보실이 있다.
> ㉢ IT전본부실은 디지털혁신실 바로 아래층에 있다
> ㉣ 디지털혁신실은 농촌지원부 아래쪽에 있으며 2층의 복사기를 쓰고 있다.
> ㉤ 홍보실은 위층의 복사기를 쓰고 있다.

① 농촌지원부는 지역사회공헌부와 같은 층에 있다.

② 홍보실은 4층의 복사기를 쓰고 있다.

③ 디지털혁신실은 2층에 있다.

④ 지역사회공헌부는 4층에 있다.

⑤ 지역사회공헌부는 농촌지원부 아래층에 있다.

18 다음은 A 씨의 금융 상품별 투자 보유 비중이 (가)에서 (나)로 변경된 내용이다. 다음 중 옳은 것을 모두 고른 것은?

금융상품		보유 비중(%)	
		(가)	(나)
주식	A ㈜	30	20
	B ㈜	20	0
저축	정기예금	10	20
	정기적금	20	40
채권	국·공채	20	20

㉠ 직접금융 종류에 해당하는 상품 투자 보유 비중이 낮아졌다.
㉡ 수익성보다 안전성이 높은 상품 투자 보유 비중이 높아졌다.
㉢ 배당 수익을 받을 수 있는 자본 증권 투자 보유 비중이 높아졌다.
㉣ 예금의 이자율이 많이 하락된 것으로 예상된다.

① ㉠㉡
② ㉠㉢
③ ㉡㉢
④ ㉡㉣
⑤ ㉠㉢㉣

19 다음은 영업지원부서에서 내년 예산을 편성하기 위해 전년도 시행되었던 정책들을 평가하여 얻은 결과이다. 영업지원부서의 예산 편성에 대한 설명으로 옳지 않은 것은?

〈정책 평가 결과〉

정책	계획 충실성	계획 대비 실적	성과지표 달성도
A	96	95	76
B	93	83	81
C	94	96	82
D	98	82	75
E	95	92	79
F	95	90	85

가. 정책 평가 영역과 각 영역별 기준 점수는 다음과 같다.
• 계획의 충실성 : 기준 점수 90점
• 계획 대비 실적 : 기준 점수 85점
• 성과지표 달성도 : 기준 점수 80점
나. 평가 점수가 해당 영역의 기준 점수 이상인 경우 '통과'로 판단하고 기준 점수 미만인 경우 '미통과'로 판단한다.
• 모든 영역이 통과로 판단된 정책에는 전년과 동일한 금액을 편성하며, 2개 영역이 통과로 판단된 정책에는 10% 감액, 1개 영역이 통과로 판단된 정책에는 15% 감액하여 편성한
다. 다만 '계획 대비 실적' 영역이 미통과인 경우 위 기준과 상관없이 15% 감액하여 편성한다.
• 전년도 영업지원부서의 A~F 정책 예산은 각각 20억 원으로 총 120억 원이었다.

① 전년도와 비교하여 예산의 삭감 없이 예산이 편성될 정책은 2개 이상이다.
② '성과지표 달성도' 평가에서 '통과'를 받았음에도 예산을 감액해야하는 정책이 있다.
③ 영업지원부서의 올해 예산은 총 110억 원이 될 것이다.
④ 전년 대비 15% 감액하여 편성될 정책은 모두 '계획 대비 실적'에서 '미통과'를 받았다.
⑤ 전년 대비 10% 감액하게 될 정책은 총 4개이다.

20 다음은 정미 씨가 A지점에서 B지점을 거쳐 C지점으로 출근을 할 때 각 경로의 거리와 주행속도를 나타낸 것이다. 정미 씨가 오전 8시 정각에 A지점을 출발해서 B지점을 거쳐 C지점으로 갈 때, 이에 대한 설명 중 옳은 것은?

구간	경로	주행속도(km/h)		거리(km)
		출근 시간대	기타 시간대	
A → B	경로 1	30	45	30
	경로 2	60	90	
B → C	경로 3	40	60	40
	경로 4	80	120	

※ 단, 출근 시간대는 오전 8시부터 오전 9시까지이며, 그 외의 시간은 기타 시간대이다.

① C지점에 가장 빨리 도착하는 시각은 오전 9시 10분이다.

② C지점에 가장 늦게 도착하는 시각은 오전 9시 20분이다.

③ B지점에 가장 빨리 도착하는 시각은 오전 8시 20분이다.

④ B지점에 가장 늦게 도착하는 시각은 오전 8시 40분이다.

⑤ 경로 2와 경로 3을 이용하는 경우와 경로1과 경로 4를 이용하는 경우 C지점에 도착하는 시각은 동일하다.

21 상품개발부 사원 S는 일산에서 열리는 박람회에 참여하고자 한다. 당일 회의 후 출발해야 하며 회의 종료 시간은 오후 3시라고 할 때, 사원 S가 선택할 교통편으로 가장 적절한 것은?

가. 개최장소 및 일시

장소	일시
일산 킨텍스 제 2전시장	2021.5.20.(목) PM 15 : 00 ～ 19 : 00(종료 2시간 전까지 입장 가능)

나. 오시는 길
- 지하철 : 4호선 대화역(도보 30분 거리)
- 버스 : 8109번, 8407번(도보 5분 거리)

다. 회사에서 버스정류장 및 지하철역까지 소요시간

출발지	도착지	소요시간	
회사	A정류장	도보	15분
		택시	5분
	지하철역	도보	30분
		택시	10분

라. 일산 킨텍스 가는 길

교통편	출발지	도착지	소요시간
지하철	강남역	대화역	1시간 25분
버스	A정류장	일산 킨텍스 정류장	1시간 45분

① 도보 - 지하철
② 도보 - 버스
③ 택시 - 지하철
④ 택시 - 버스
⑤ 자차이용

22 영업 1부문 춘계 워크숍에서 총무를 담당하게 된 사원 K는 다음과 같은 계획에 따라 예산을 진행하였으나, 불가피하게 비용 항목을 줄여야 하는 경우 비용 항목을 줄이기 가장 적절한 것은?

〈영업 1부문 춘계 워크숍〉

가. 해당 부서 : 농축협사업부, 영업지원부, 고객지원부
나. 일정 : 20XX년 4월 16일～18일(2박3일)
다. 장소 : 강원도 속초 A연수원
라. 행사내용 : 바다열차탑승, 체육대회, 친교의 밤 행사, 행사 참가 상품 증정, 기타

① 숙박비
② 식비
③ 교통비
④ 기념품비
⑤ 상품비

Answer. 20.⑤ 21.④ 22.④

23 사원 L은 직원들의 출장비용을 관리하고 있다. 회사 규정이 다음과 같을 때 L이 甲부장에게 지급해야 하는 총일비와 총숙박비는 각각 얼마인가?(지역 간 이동은 모두 KTX편이라고 가정한다.)

가. 출장 일수 계산
　　출장일수는 실제 소요되는 일수에 의한다. 출발일은 목적지를, 도착일은 출발지를 여행하는 것으로 본다.

나. 여비의 구분계산
　•여비 각 항목은 구분하여 계산한다.
　•같은 날에 여비액을 달리하여야 할 경우에는 많은 액을 기준으로 지급한다.

다. 일비 · 숙박비 지급
　•〈국내여비정액표〉에 따라 지급한다.
　•일비는 출장일수에 따라 지급한다.
　•숙박비는 숙박하는 밤의 수에 따라 지급한다. 다만 KTX 이동 중에는 따로 숙박비를 지급하지 아니한다.

〈국내여비정액표〉

(단위 : 만 원)

구분	지역	일비	숙박비
부장	A지역	50	15
	B지역	40	13

〈甲의 출장 일정〉

1일째	2일째	3일째	4일째
14 : 00 출발 17 : 00 A지역 도착 18 : 00 만찬	09 : 00 회의 15 : 00 A지역 출발 17 : 00 B지역 도착 18 : 00 회의	09 : 00 회의 13 : 00 만찬	09 : 00 회의 11 : 00 B지역 출발 15 : 00 도착

	총 일비	총 숙박비
①	180	41
②	180	45
③	170	45
④	170	43
⑤	190	41

24 다음 인재 개발원 대관 방법을 읽고 원하는 날짜에 예약할 수 있다고 할 때 예약금과 9일 전에 취소했을 때 돌려받을 수 있는 환불금액으로 옳은 것은?

인재개발원 강당 대관 방법

가. 대관 절차 : 인터넷 홈페이지를 통한 접수

장소	기본 대관료	철수 후 환급금액	수용 인원	기본 이용 시간
회의장	80만 원	10만 원	최대 60명	6시간
소강당	100만 원	15만 원	최대 70명	8시간
대강당	120만 원	20만 원	최대 90명	10시간

※ 이용 기준 초과 시 환급 금액에서 시간당 5만원 씩 차감
※ 이용 가능 시간 06:00~24:00
※ 기본 대관료의 50%의 금액이 입금되어야 예약 확정(차액은 대관 당일에 지급)

나. 취소에 의한 위약금 안내
 • 2주일 전 : 위약금 없음
 • 1주일 전 : 예약금의 20%
 • 3일 전 : 예약금의 50%
 • 당일 취소 : 예약금 반환 없음

다. 대여 가능한 시설 안내

시설물	사용 금액(1개당)	수량	시설물	사용 금액(1개당)	수량
무선마이크	30,000	10	빔 프로젝터	40,000	4
유선마이크	20,000	5	녹화 시스템	50,000	4

※ 장소 대관 시간만큼만 대여 가능
※ 사용료 당일 지급, 사용 후 반납 시 50% 환급

안녕하세요. 대외마케팅부 사원 K입니다. 단합대회를 위해 강당을 빌리려고 합니다. 인원은 모두 80명이며 오전 8시부터 오후 5시까지 사용하고 싶습니다. 부대시설로는 무선마이크 4개와 녹화 시스템은 전부 사용하고 싶습니다.

	예약금	반환금		예약금	반환금
①	76만 원	61만 원	②	76만 원	38만 원
③	66만 원	33만 원	④	60만 원	38만 원
⑤	60만 원	48만 원			

25 다음은 사업지원본부의 5월 신입사원 교육장소 현황에 관한 자료이다. 다음 문의에 할 수 있는 질문으로 옳지 않은 것은?

가. 사업지원본부 5월 신입사원 교육장소 현황

강의실	수용 최대 인원	수용 최소 인원	비고
A강당	200명	90명	의자/테이블 이동불가
B강당	150명	90명	의자 이동가능
회의장	40명	30명	라운드 테이블
나눔방	100명	50명	의자/테이블 이동가능
채움방	80명	50명	개별 PC

나. 사업지원본부 5월 신입사원 교육장소 예약 현황

월	화	수	목	금	토
3 A강당 (9시/3시간) 나눔방 (1시/4시간)	4 회의장 (9시/3시간) 나눔방 (1사/4시간)	5 회의장 (1시/3시간)	6 나눔방 (9시/4시간) 회의장 (9시/3시간)	7 회의장 (1시/5시간) 나눔방 (1시/5시간)	8 점검
10 회의장 (1시/5시간)	11	12 A강당 (1시/5시간)	13 채움방 (1시/5시간)	14 A강당 (3시/3시간) 채움방 (4시/2시간)	15 점검

※ 필요한 부대시설은 개별 연락

안녕하세요. P대리입니다. 5월 13~15일 사이에 신입직원 교육을 위해 교육장소를 예약하려고 합니다. 총 인원은 90명이며 월요일과 화요일을 제외한 요일에 예약이 가능할까요?

① 교육 시작 시간은 몇 시부터 입니까?
② 부대시설이 추가로 필요합니까?
③ 교육은 몇 시간으로 예상합니까?
④ 개별 PC를 사용해야 합니까?
⑤ 의자 및 테이블의 이동이 필요합니까?

26 다음 글을 가장 잘 설명하고 있는 것은?

> 경쟁력과 체계를 확보하기 위해 해외에 새로운 지사를 운영하게 되었다. 이를 위해 컨설팅부에서는 새로운 프로젝트팀으로 L을 배정하였다. 팀장이 된 L은 해외 지사에서 일하는 모든 근로자가 자유롭게 새로운 제안과 건의 등을 할 수 있는 소통의 장을 만들었으며, 그에 따른 보상도 계획하였다. 프로젝트팀은 팀원 개개인에게 맞는 역할로 꾸렸다. L은 프로젝트에 대한 예산을 작성하고 본사 결재를 받았으나 프로젝트를 진행 중 계획서에 작성하지 않은 식자재 관리 전산 시스템에 대한 비용을 추가해야 하는 상황이 발생했다. 계획서에 없는 내용이 추가되다 보니 계획한 항목의 비용을 조절해야 하는 경우가 발생하여 프로젝트를 이끌어 감에 어려움을 겪었다. 계속해서 문제가 발생하다 보니 업무시간을 초과하여 일을 하게 되고 기한 내에 끝내지 못하는 업무들이 생겨났다. 이는 L이 모든 업무를 직접 눈으로 확인하고 검사해야 하는 성격도 한 몫하여 발생하는 문제이기도 했다.

① L에게 발생한 문제들은 우선순위를 정하여 순차적으로 해결해 나가는 시간관리가 제대로 실행되지 않아 생기는 문제들이다.

② 인적자원에 대한 계획은 바르게 수립하였으나 물적 자원관리 계획을 제대로 수립하지 못하여 전반적으로 어려움을 겪고 있다.

③ 식자재의 선납선출을 할 수 있게 해주는 식자재 관리 전산 시스템은 재고관리를 수월하게 하고, 물품 품목들이 정리되어 있기 때문에 누구나 현재의 상황을 쉽게 파악할 수 있게 해준다. 때문에 계획되어 있지 않은 부분이라도 예산을 사용한 것은 옳은 대처이다.

④ 팀원들의 의견을 반영하지 않고 사적인 감정으로만 진행하기 때문에 문제가 발생하고 있다.

⑤ 위의 문제점은 L의 성격으로 인해 생기는 문제로 볼 수 있으므로 팀을 적극 활용하여 해결방안을 모색하는 게 바람직하다.

27 인사부에서 근무하는 S는 다음 〈상황〉과 〈조건〉에 근거하여 부서배정을 하려고 한다. 〈상황〉과 〈조건〉을 모두 만족하는 부서 배정으로 옳은 것은?

〈상황〉

지역사회공헌부, IT기획부, 정보보호부에는 각각 3명, 2명, 3명의 인원을 배정하여야 한다. 이번에 선발한 인원으로는 5급이 A, B, C가 있으며, 6급은 D, E가 있고 7급이 F, G, H, 가 있다.

〈조건〉

조건 1 : 지역사회공헌부에는 5급 두 명이 배정되어야 한다.
조건 2 : B와 C는 서로 다른 부서에 배정되어야 한다.
조건 3 : 정보보호부에는 7급 두 명이 배정되어야 한다.
조건 4 : A와 H는 같은 부서에 배정되어야 한다.

	지역사회공헌부	IT기획부	정보보호부
①	A, B, E	D, G	C, F, H
②	A, C, H	D, E	B, F, G
③	A, D, F	B, C	E, G, H
④	B, C, H	A, D	E, F, G
⑤	A, H, D	G, F	B, C, E

28 다음은 성과상여금 지급기준이다. 다음의 기준에 따를 때 성과상여금을 가장 많이 받는 사원과 가장 적게 받는 사원의 금액 차이는?

〈성과상여금 지급기준〉

가. 지급원칙

5급 이상	6~7급	8~9급	계약직
500만 원	400만 원	200만 원	200만 원

※ 성과상여금은 적용대상사원에 대하여 성과(근무성적, 업무난이도, 조직 기여도의 평점 합) 순위에 따라 지급한다.

나. 지급 등급 및 지급률
• 5급 이상

지급 등급	S등급	A등급	B등급	C등급
성과 순위	1위	2위	3위	4위
지급률	180%	150%	120%	80%

• 6급 이하

지급 등급	S등급	A등급	B등급
성과 순위	1~2위	3~4위	5위 이하
지급률	150%	130%	100%

다. 지급액 산정방법
   개인별 성과상여금 지급액은 지급기준액에 해당 등급의 지급율을 곱하여 산정한다.

〈소속사원 성과 평점〉

사원	평점			직급
	근무성적	업무난이도	조직 기여도	
경운	8	5	10	계약직
혜민	10	7	9	계약직
허윤	8	8	6	4급
성민	6	5	6	6급
세훈	9	8	8	5급
정아	7	8	6	7급

① 100만 원   ② 160 만원
③ 370만 원   ④ 400만 원
⑤ 490만 원

29 다음 적금 상품설명서를 보고 바르게 이해한 사람은?

〈A은행 환경보호적금〉

가. 상품 특징 : 종이통장을 발급받지 않는다면 높은 금리(+0.3%p)를 제공

나. 상품 유형 : 자유적립식 예금(매월 1일~말일에 자유롭게 저축이 가능)

다. 거래조건
- 가입대상 : 개인
  - 1인 3계좌까지 가입 가능
  - 개인사업자 및 서류미제출 임의단체 가입 가능, 공동명의 가입 불가
- 가입금액
  - 초입금 5만 원 이상, 매회 1만 원 이상(계좌당)
  - 매월 3백만 원 이내(1인당)
- 계약기간 : 1년 이상 3년 이내 월 단위
- 계약금리

계약기간	1년 이상	2년	3년
금리	1.95	2.15	2.35

- 우대이율
  - 종이통장을 발급을 받지 않는 경우 : 0.3%p
  - 모바일에서 가입한 경우 : 0.1%p
  - 종이서식이 아닌 영업점의 디지털태블릿을 이용하여 적금에 가입한 경우 : 0.15%p
  - 가입일부터 만기일 전월 말까지 A은행에서 발급한 모든 본인명의 카드 이용실적이 100만 원 이상인 경우 : 0.2%p(단, 모바일페이 및 모바일카드 서비스 이용건은 실적으로 미인정)
  - 예금가입 고객이 타인에게 이 상품을 추천하고 타인이 이 상품에 가입한 경우 : 추천 및 피추천계좌 각 0.1%p(단, 최대 0.3%p)
  - A은행 행복적금 가입한 경우 : 0.2%p
- 유의사항
  - 모바일에서 가입한 경우 종이통장이 발급되지 않고, '종이서식이 아닌 영업점의 디지털태블릿을 이용하여 적금에 가입한 경우'의 우대이율이 적용되지 않음
  - 영업점에서 가입한 상품은 모바일에서 만기해지만 가능하고 중도해지는 불가
  - 이 통장을 해지하기 전에 A은행에서 다른 상품으로 한번이라도 통장을 발행하시는 경우 '종이통장을 발급을 받지 않는 경우'에 해당하는 우대이율이 제공되지 않습니다.

---

① 효성 : 적금이 2년 만기되었어. 나는 모바일 가입하고, A은행 행복적금 종이통장을 발급 받았어. 그러면 이율을 2.72%p 받을 수 있겠다.

② 진미 : 총 4명에게 이 상품을 추천했어. 그러면 나는 0.3%p 우대이율을 혜택을 받겠다.

③ 준성 : 실물 A은행카드 50만원 A은행에서 발급받은 모바일카드 70만원 이용까지 합하면 만기일까지 매달 120만 원 정도를 사용한 것 같아. 0.2%p 우대이율을 받을 수 있겠다.

④ 선아 : 종이통장을 발급 받아서 우대이율 혜택이 없네. 모바일에서 적금을 중도해지를 해야겠다.

⑤ 주선 : 이 상품은 비대면으로만 가입할 수 있겠구나.

30 다음에 주어진 내용만을 고려했을 때 그림의 기점에서 ㉠, ㉡ 각 지사까지 총 운송비가 가장 저렴한 교통수단으로 옳은 것은?

비용 \ 교통수단	전남지사	경북지사	경남지사
기종점 비용(원)	1,000	3,000	5,000
단위 거리당 주행 비용(원/km)	400	350	300

	㉠	㉡
①	전남지사	경북지사
②	전남지사	경남지사
③	경남지사	경북지사
④	경남지사	전남지사
⑤	전남지사	경북지사

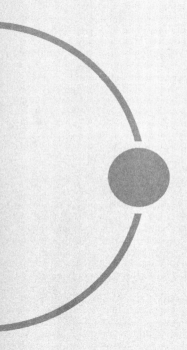

PART
02

직무능력평가

01 의사소통능력

[의사소통능력] NCS 출제유형

① 문서이해능력 : 업무 관련성이 높은 문서에 대한 독해능력과 업무와 관련된 내용을 메모의 내용을 묻는 문제이다.
② 문서작성능력 : 공문서, 기안서, 매뉴얼 등 특정 양식을 작성할 때 주의사항이나 빈칸 채우기와 같은 유형으로 구성된다.
③ 경청능력 : 제시된 상황을 적절하게 경청하는 것을 묻는 문제이다.
④ 의사표현능력 : 제시된 상황에 대한 적절한 의사표현을 고르는 문제이다.
⑤ 기초외국어능력 : 외국과 우리나라의 문화차이로 발생하는 상황에 대한 문제이다.

[의사소통능력] 출제경향

문서를 읽거나 상대방의 말을 듣고 의미하는 바를 정확히 파악하여 자신의 의사를 표현·전달하는 능력을 의미한다. 복합형으로 주로 출제되며 지문에는 보도자료, 참고자료, 회의자료, 상품설명서 등의 자료로 글의 흐름이나 유추하는 독해능력을 물어보는 질문이 주로 출제가 되고 있다. 최근 시험에서는 디지털 관련 지문이 다수 출제되었다. 온라인 시험으로 바뀌면서 지문의 길이는 짧아지고 난이도가 상대적으로 낮아졌으나 꼼꼼히 읽지 않으면 틀리기 쉽도록 문제가 출제되었다. 문제를 빠르고 정확하게 이해하는 능력이 필요하다.

[의사소통능력] 빈출유형

글의 흐름 파악하기									
지문과 일치하는 내용 유추									
목적 및 주제 파악									
배열하기									
어법									

예제 01 문제이해능력

다음은 신용카드 약관의 주요내용이다. 규정 약관을 제대로 이해하지 못한 사람은?

[부가서비스]

카드사는 법령에서 정한 경우를 제외하고 상품을 새로 출시한 후 1년 이내에 부가서비스를 줄이거나 없앨 수가 없다. 또한 부가서비스를 줄이거나 없앨 경우에는 그 세부내용을 변경일 6개월 이전에 회원에게 알려주어야 한다.

[중도 해지 시 연회비 반환]

연회비 부과기간이 끝나기 이전에 카드를 중도해지하는 경우 남은 기간에 해당하는 연회비를 계산하여 10 영업일 이내에 돌려줘야 한다. 다만, 카드 발급 및 부가서비스 제공에 이미 지출된 비용은 제외된다.

[카드 이용한도]

카드 이용한도는 카드 발급을 신청할 때에 회원이 신청한 금액과 카드사의 심사 기준을 종합적으로 반영하여 회원이 신청한 금액 범위 이내에서 책정되며 회원의 신용도가 변동되었을 때에는 카드사는 회원의 이용한도를 조정할 수 있다.

[부정사용 책임]

카드 위조 및 변조로 인하여 발생된 부정사용 금액에 대해서는 카드사가 책임을 진다. 다만, 회원이 비밀번호를 다른 사람에게 알려주거나 카드를 다른 사람에게 빌려주는 등의 중대한 과실로 인해 부정사용이 발생하는 경우에는 회원이 그 책임의 전부 또는 일부를 부담할 수 있다.

---

① 혜수 : 카드사는 법령에서 정한 경우를 제외하고는 1년 이내에 부가서비스를 줄일 수 없어.
② 진성 : 카드 위조 및 변조로 인하여 발생된 부정사용 금액은 일괄 카드사가 책임을 지게 돼.
③ 영훈 : 회원의 신용도가 변경되었을 때 카드사가 이용한도를 조정할 수 있어.
④ 영호 : 연회비 부과기간이 끝나기 이전에 카드를 중도해지하는 경우에는 남은 기간에 해당하는 연회비를 카드사는 돌려줘야 해.

출제의도
주어진 약관의 내용을 읽고 그에 대한 상세 내용의 정보를 이해하는 능력을 측정하는 문항이다.

해설
부정사용에 대해 고객의 과실이 있으면 회원이 그 책임의 전부 또는 일부를 부담할 수 있다.

※ ②

예제 02 문서작성능력

다음은 들은 내용을 구조적으로 정리하는 방법이다. 순서에 맞게 배열하면?

> ㉠ 관련 있는 내용끼리 묶는다.
> ㉡ 묶은 내용에 적절한 이름을 붙인다.
> ㉢ 전체 내용을 이해하기 쉽게 구조화한다.
> ㉣ 중복된 내용이나 덜 중요한 내용을 삭제한다.

① ㉠㉡㉢㉣　　　　　　　② ㉠㉡㉣㉢
③ ㉡㉠㉢㉣　　　　　　　④ ㉡㉠㉣㉢

예제 03 문서작성능력

다음 중 공문서 작성에 대한 설명으로 가장 적절하지 못한 것은?

① 공문서나 유가증권 등에 금액을 표시할 때에는 한글로 기재하고 그 옆에 괄호를 넣어 숫자로 표기한다.
② 날짜는 반드시 연도와 월, 일을 언급하며, 날짜 다음에 괄호를 사용할 때는 마침표를 찍지 않는다.
③ 첨부물이 있는 경우에는 붙임 표시문 끝에 1자 띄우고 "끝."이라고 표시한다.
④ 공문서의 본문이 끝났을 경우에는 1자를 띄우고 "끝."이라고 표시한다.

예제 04 의사표현능력

당신은 팀장님께 업무 지시내용을 수행하고 결과물을 보고 드렸다. 하지만 팀장님께서는 "최 대리, 업무를 이렇게 처리하면 어떡하나? 누락된 부분이 있지 않은가."라고 말하였다. 이에 대해 당신이 행할 수 있는 가장 부적절한 대처 자세는?

① "죄송합니다. 제가 잘 모르는 부분이라 이수혁 과장님께 부탁을 했는데 과장님께서 실수를 하신 것 같습니다."
② "주의를 기울이지 못해 죄송합니다. 어느 부분을 수정보완하면 될까요?"
③ "지시하신 내용을 제가 충분히 이해하지 못하였습니다. 내용을 다시 한 번 여쭤보아도 되겠습니까?"
④ "부족한 내용을 보완하는 자료를 취합하기 위해서 하루정도가 더 소요될 것 같습니다. 언제까지 재작성하여 드리면 될까요?"

출제의도
상사가 잘못을 지적하는 상황에서 어떻게 대처해야 하는지를 묻는 문항이다.

해설
상사가 부탁한 지시사항을 다른 사람에게 부탁하는 것은 옳지 못하며 설사 그렇다고 해도 그 일의 과오에 대해 책임을 전가하는 것은 지양해야 할 자세이다.

※ ①

예제 05 경청능력

다음은 면접스터디 중 일어난 대화이다. 민아의 고민을 해소하기 위한 조언으로 가장 적절한 것은?

> 영주 : 민아 씨, 어디 아파요? 표정이 안 좋아 보여요.
> 민아 : 제가 원서 넣은 공단이 내일 면접이어서요. 그동안 스터디를 통해서 면접 연습을 많이 했는데도 벌써부터 긴장이 되네요.
> 영주 : 민아 씨는 자기 의견도 명확히 피력할 줄 알고 조리 있게 설명을 잘 하시니 걱정 안하셔도 될 것 같아요. 아, 손에 꽉 쥐고 계신 건 뭔가요?
> 민아 : 아, 제가 예상 답변을 정리해서 모아둔 거예요. 내용은 거의 외웠는데 이렇게 쥐고 있지 않으면 불안해서….
> 영주 : 그 정도로 준비를 철저히 하셨으면 걱정할 이유 없을 것 같아요.
> 민아 : 그래도 압박면접이거나 예상치 못한 질문이 들어오면 어떻게 하죠?
> 영주 : _____

① 시선을 적절히 처리하면서 부드러운 어투로 말하는 연습을 해보는 건 어때요?
② 공식적인 자리인 만큼 옷차림을 신경 쓰는 게 좋을 것 같아요.
③ 당황하지 말고 질문자의 의도를 잘 파악해서 침착하게 대답하면 되지 않을까요?
④ 예상 질문에 대한 답변을 좀 더 정확하게 외워보는 건 어떨까요?

출제의도
상대방이 하는 말을 듣고 질문 의도에 따라 올바르게 답하는 능력을 측정하는 문항이다.

해설
민아는 압박질문이나 예상치 못한 질문에 대해 걱정을 하고 있으므로 침착하게 대응하라고 조언을 해주는 것이 좋다.

※ ③

1   다음은 A기업의 회의실 사용에 대한 안내문이다. 안내문의 내용을 올바르게 이해한 것은?

■ 이용 안내

임대 시간	기본 2시간, 1시간 단위로 연장
요금 결제	이용일 7일 전까지 결제(7일 이내 예약 시에는 예약 당일 결제)
취소 수수료	• 결제완료 후 계약을 취소 시 취소 수수료 발생 • 이용일 기준 7일 이전 : 전액 환불 • 이용일 기준 6일 ~ 3일 이전 : 납부금액의 10% • 이용일 기준 2일 ~ 1일 이전 : 납부금액의 50% • 이용일 당일: 환불 없음
회의실/일자 변경	• 사용가능한 회의실이 있는 경우, 사용일 1일 전까지만 변경 가능 (담당자 전화 신청 필수) • 단, 회의실 임대일 변경, 사용시간 단축은 취소 수수료 기준 동일 적용
세금계산서	• 세금계산서 발행을 원할 경우 반드시 법인 명의로 예약하여 사업자등록번호 입력 • 현금영수증 발행 후에는 세금계산서 변경 발행 불가

■ 회의실 이용 시 준수사항(회의실 사용자는 A기업의 승인 없이 다음 행위를 할 수 없습니다.)
• 공중에 대하여 불쾌감을 주거나 또는 통로, 기타 공용시설에 간판, 광고물의 설치, 게시, 부착 또는 각종 기기의 설치 행위
• 폭발물, 위험성 있는 물체 또는 인체에 유해하고 불쾌감을 줄 우려가 있는 물품 반입 및 보관 행위
• A기업의 동의 없이 시설물의 이동, 변경 배치 행위
• A기업의 동의 없이 장비, 중량물을 반입하는 등 제반 금지 행위
• 공공질서 및 미풍양식을 위해하는 행위
• 알코올성 음료의 판매 및 식음 행위
• 흡연 행위 및 음식물 등 반입 행위
• 임대의 위임 또는 재임대

① 이용일 4일 전에 예약이 되었을 경우 요금 결제는 회의실 사용 당일에야 한다.
② 회의실 임대 예약 날짜를 변경할 경우 3일 전 변경을 신청하면 10%의 수수료가 발생한다.
③ 이용 당일 임대 회의실을 변경하고자 하면 이용 요금 50%를 추가 지불해야 한다.
④ 개인카드로 결제한 뒤에 세금계산서를 발급받을 수 있다.
⑤ 회의 중 빔 프로젝터가 급히 필요할 경우 A기업의 승인이 없어도 반입이 가능하다.

┃ 2 ~ 3 ┃ 다음 글을 읽고 이어지는 물음에 답하시오.

4차 산업혁명이 문화예술에 영향을 끼치는 사회적 변화 요인으로는 급속한 고령화 사회와 1인 가구의 증가 등 인구구조의 변화와 문화 다양성 사회로의 진전, 디지털 네트워크의 발전 등을 들 수 있다. 이로 인해 문화예술 소비층이 시니어와 1인 중심으로 변화하고 있으며 문화 복지대상도 어린이, 장애인, 시니어로 확장되고 있다.

디지털기기 사용이 일상화 되면서 문화향유 범위도 이전의 음악, 미술, 공연 중심에서 모바일 창작과 게임, 놀이 등으로 점차 확대되고 특히 고령화가 심화됨에 따라 높은 문화적 욕구를 지닌 시니어 층이 새로운 기술에 관심을 보이고 자신들의 건강한 삶을 위해 테크놀로지 수용에 적극적인 모습을 보이면서 문화예술 향유 계층도 다양해질 전망이다. 유쾌함과 즐거움 중심의 일상적 여가는 스마트폰을 통한 스낵컬처적 여가활동이 중심이 되겠지만 지식과 경험을 획득하고 삶의 의미를 찾고 성취감을 느끼고 싶어 하는 진지한 여가에 대한 열망도 점차 높아질 것으로 관측된다.

기술의 발전과 더불어 근로시간의 축소 등으로 여가시간이 늘어나면서 일과 여가의 균형을 맞추려는 워라밸(Work and Life Balance) 현상이 자리 잡아가고 있다. 문화관광연구원에서 실시한 국민인식조사에 따르면 기존에 문화여가를 즐기지 않던 사람들이 문화여가를 즐기기 시작하고 있다고 답한 비율이 약 47%로 나타난 것은 문화여가를 여가활동의 일부로 인식하는 국민수준이 높아지고 있다는 것을 보여준다. 또한, 경제적 수준이나 지식수준에 상관없이 문화예술 활동을 다양하게 즐기는 사람들이 많아지고 있다고 인식하는 비율이 38%로 나타났다. 이는 문화가 국민 모두가 향유해야 할 보편적 가치로 자리 잡아가고 있다는 것을 말해 준다.

디지털·스마트 문화가 일상문화의 많은 부분을 차지하는 중요 요소로 자리 잡으면서 일상적 여가뿐 아니라 콘텐츠 유통, 창작활동 등에 많은 변화를 가져오고 있다. 이러한 디지털 기기의 사용이 문화산업 분야에서는 소비자 및 향유자들의 적극적인 참여로 그 가능성에 주목하고 있으나, 순수문화예술 부분은 아직까지 홍보의 부차적 수단 정도로 활용되고 있어 기대감은 떨어지고 있다.

2   윗글의 제목으로 가장 적절한 것은?

① 4차 산업혁명이 변화시킬 노인들의 삶   ② 4차 산업혁명이 문화예술에 미치는 영향
③ 4차 산업혁명에 의해 나타나는 사회적 부작용   ④ 순수문화예술과 디지털기기의 접목
⑤ 문화여가 활용 실태와 변화의 방향

3   윗글을 통해 알 수 있는 필자의 의견과 일치하지 않는 설명은?

① 4차 산업혁명은 문화의 다양성을 가져다 줄 것으로 기대된다.
② 디지털기기는 순수문화예술보다 문화산업 분야에 더 적극적인 변화를 일으키고 있다.
③ 4차 산업혁명으로 인해 문화를 향유하는 사회 계층이 다양해질 것이다.
④ 문화는 특별한 계층만이 향유할 수 있다는 인식이 줄어들고 있다.
⑤ 스마트폰의 보급으로 인해 내적이고 진지한 여가 시간에 대한 욕구는 줄어들 것이다.

Answer. 1.② 2.② 3.⑤

┃4 ～ 5┃다음 글을 읽고 이어지는 물음에 답하시오.

경쟁의 승리는 다른 사람의 재산권을 침탈하지 않으면서 이기는 경쟁자의 능력, 즉 경쟁력에 달려 있다. 공정경쟁에서 원하는 물건의 소유주로부터 선택을 받으려면 소유주가 원하는 대가를 치를 능력이 있어야 하고 남보다 먼저 신 자원을 개발하거나 신 발상을 창안하려면 역시 그렇게 해낼 능력을 갖추어야 한다. 다른 기업보다 더 좋은 품질의 제품을 더 값싸게 생산하는 기업은 시장경쟁에서 이긴다. 우수한 자질을 타고났고, 탐사 또는 연구개발에 더 많은 노력을 기울인 개인이나 기업은 새로운 자원이나 발상을 대체로 남보다 앞서서 찾아낸다.

개인의 능력은 천차만별인데, 그 차이는 타고나기도 하고 후천적 노력에 의해 결정되기도 한다. 능력이 후천적 노력만의 소산이라면 능력의 우수성에 따라 결정되는 경쟁 결과를 불공정하다고 불평하기는 어렵다. 그런데 능력의 많은 부분은 타고난 것이거나 부모에게서 직간접적으로 물려받은 유무형적 재산에 의한 것이다. 후천적 재능 습득에서도 그 성과는 보통 개발자가 타고난 자질에 따라 서로 다르다. 타고난 재능과 후천적 능력을 딱 부러지게 구분하기도 쉽지 않은 것이다.

어쨌든 내가 능력 개발에 소홀했던 탓에 경쟁에서 졌다면 패배를 승복해야 마땅하다. 그러나 순전히 타고난 불리함 때문에 불이익을 당했다면 억울함이 앞선다. 이 점을 내세워 타고난 재능으로 벌어들이는 소득은 그 재능 보유자의 몫으로 인정할 수 없다는 의견에 동의하는 학자도 많다. 자신의 재능을 발휘하여 경쟁에서 승리하였다 하더라도 해당 재능이 타고난 것이라면 승자의 몫이 온전히 재능 보유자의 것일 수 없고 마땅히 사회에 귀속되어야 한다는 말이다.

그런데 재능도 노동해야 발휘할 수 있으므로 재능 발휘를 유도하려면 그 노고를 적절히 보상해주어야 한다. 이론상으로는 재능 발휘로 벌어들인 수입에서 노고에 대한 보상만큼은 재능보유자의 소득으로 인정하고 나머지만 사회에 귀속시키면 된다.

4 윗글을 읽고 나눈 다음 대화의 ㉠ ~ ㉤ 중, 글의 내용에 따른 합리적인 의견 제기로 볼 수 없는 것은 어느 것인가?

> A : "타고난 재능과 후천적 노력에 대하여 어떻게 보아야 할지에 대한 필자의 의견이 담겨 있는 글입니다."
>
> B : "맞아요. 앞으로는 ㉠선천적인 재능에 대한 경쟁이 더욱 치열해질 것 같습니다."
>
> A : "그런데 우리가 좀 더 확인해야 할 것은, ㉡과연 얼마만큼의 보상이 재능 발휘 노동의 제공에 대한 몫 이냐 하는 점입니다."
>
> B : "그와 함께, ㉢얻어진 결과물에서 어떻게 선천적 재능에 의한 부분을 구별해낼 수 있을까에 대한 물음 또한 과제로 남아 있다고 볼 수 있겠죠."
>
> A : "그뿐이 아닙니다. ㉣타고난 재능이 어떤 방식으로 사회에 귀속되어야 공정한 것인지, ㉤특별나게 열 심히 재능을 발휘할 유인은 어떻게 찾을 수 있을지에 대한 고민도 함께 이루어져야 하겠죠."

① ㉠   ② ㉡

③ ㉢   ④ ㉣

⑤ ㉤

5 윗글에서 필자가 주장하는 내용과 견해가 다른 것은?

① 경쟁에서 승리하기 위해서는 능력이 필요하다.

② 능력에 의한 경쟁 결과가 불공정하다고 불평하면 안 된다.

③ 선천적인 능력이 우수한 사람은 경쟁에서 이길 수 있는 확률이 높다.

④ 후천적인 능력이 모자란 결과에 대해서는 승복해야 한다.

⑤ 타고난 재능에 의해 얻은 승자의 몫은 일정 부분 사회에 환원해야 한다.

6 다음은 정보공개제도에 대하여 설명하고 있는 글이다. 이 글의 내용을 제대로 이해하지 못한 것은?

☞ 정보공개란?

「정보공개제도」란 공공기관이 직무상 작성 또는 취득하여 관리하고 있는 정보를 수요자인 국민의 청구에 의하여 열람 · 사본 · 복제 등의 형태로 청구인에게 공개하거나 공공기관이 자발적으로 또는 법령 등의 규정에 의하여 의무적으로 보유하고 있는 정보를 배포 또는 공표 등의 형태로 제공하는 제도를 말한다. 전자를 「청구공개」라 한다면, 후자는 「정보제공」이라 할 수 있다.

☞ 정보공개 청구권자

대한민국 모든 국민, 외국인(법인, 단체 포함)

− 국내에 일정한 주소를 두고 거주하는 자, 국내에 사무소를 두고 있는 법인 또는 단체
− 학술 · 연구를 위하여 일시적으로 체류하는 자

☞ 공개 대상 정보

공공기관이 직무상 또는 취득하여 관리하고 있는 문서(전자문서를 포함), 도면, 사진, 필름, 테이프, 슬라이드 및 그 밖에 이에 준하는 매체 등에 기록된 사항

☞ 공개 대상 정보에 해당되지 않는 예(행정안전부 유권해석)

− 업무 참고자료로 활용하기 위해 비공식적으로 수집한 통계자료
− 결재 또는 공람절차 완료 등 공식적 형식 요건 결여한 정보
− 관보, 신문, 잡지 등 불특정 다수인에게 판매 및 홍보를 목적으로 발간된 정보
− 합법적으로 폐기된 정보
− 보유 · 관리하는 정보만이 대상이므로 공공기관은 정보를 새로 작성(생성)하거나 취득하여 공개할 의무는 없음

☞ 비공개 정보(공공기관의 정보공개에 관한 법률 제9조)

− 법령에 의해 비밀 · 비공개로 규정된 정보
− 국가안보 · 국방 · 통일 · 외교관계 등에 관한 사항으로 공개될 경우 국가의 중대한 이익을 해할 우려가 있다고 인정되는 정보
− 공개될 경우 국민의 생명 · 신체 및 재산의 보호에 현저한 지장을 초래할 우려가 있다고 인정되는 정보
− 진행 중인 재판에 관련된 정보와 범죄의 예방, 수사, 공소의 제기 등에 관한 사항으로서 공개될 경우 그 직무수행을 현저히 곤란하게 하거나 피고인의 공정한 재판을 받을 권리를 침해한다고 인정되는 정보
− 감사 · 감독 · 검사 · 시험 · 규제 · 입찰계약 · 기술개발 · 인사관리 · 의사결정과정 또는 내부검토과정에 있는 사항 등으로서 공개될 경우 업무의 공정한 수행이나 연구 · 개발에 현저한 지장을 초래한다고 인정되는 정보
− 당해 정보에 포함되어 있는 이름 · 주민등록번호 등 개인에 관한 사항으로서 공개될 경우 개인의 사생활의 비밀 · 자유를 침해할 수 있는 정보
− 법인 · 단체 또는 개인(이하 "법인 등"이라 한다)의 경영 · 영업상 비밀에 관한 사항으로서 공개될 경우 법인 등의 정당한 이익을 현저히 해할 우려가 있다고 인정되는 정보
− 공개될 경우 부동산 투기 · 매점매석 등으로 특정인에게 이익 또는 불이익을 줄 우려가 있다고 인정되는 정보

① 공공기관은 국민이 원하는 정보를 요청자의 요구에 맞추어 작성 및 배포해 주어야 한다.

② 공공기관의 정보는 반드시 국민의 요구가 있어야만 공개하는 것은 아니다.

③ 공공의 이익에 저해가 된다고 판단되는 정보는 공개하지 않을 수 있다.

④ 공식 요건을 갖추지 않은 미완의 정보는 공개하지 않을 수 있다.

⑤ 관광을 위해 한국에 잠시 머물러 있는 외국인은 정보공개 요청의 권한이 없다.

7 다음 글에서 제시한 '자유무역이 가져다주는 이득'과 거리가 먼 것은?

> 오늘날 세계경제의 개방화가 진전되면서 국제무역이 계속해서 크게 늘어나고 있다. 국가 간의 무역 규모는 수출과 수입을 합한 금액이 국민총소득(GNI)에서 차지하는 비율로 측정할 수 있다. 우리나라의 2014년 기준 '수출입 합 대비 GNI 비율'은 99.5%로 미국이나 일본 등과 비교할 때 매우 높은 편에 속한다.
>
> 그렇다면 국가 간의 무역은 왜 발생하는 것일까? 가까운 곳에서 먼저 예를 찾아보자. 어떤 사람이 복숭아를 제외한 여러 가지 과일을 재배하고 있다. 만약 이 사람이 복숭아가 먹고 싶을 때 이를 다른 사람에게서 사야만 한다. 이와 같은 맥락에서 나라 간의 무역도 부존자원의 유무와 양적 차이에서 일차적으로 발생할 수 있다. 헌데 이러한 무역을 통해 얻을 수 있는 이득이 크다면 왜 선진국에서조차 완전한 자유무역이 실행되고 있지 않을까? 세계 각국에 자유무역을 확대할 것을 주장하는 미국도 자국의 이익에 따라 관세 부과 등의 방법으로 무역에 개입하고 있는 실정이다. 그렇다면 비교우위에 따른 자유무역이 교역 당사국 모두에게 이익을 가져다준다는 것은 이상에 불과한 것일까?
>
> 세계 각국이 보호무역을 취하는 것은 무엇보다 자국 산업을 보호하기 위한 것이다. 비교우위가 없는 산업을 외국기업과의 경쟁으로부터 어느 정도의 경쟁력을 갖출 때까지 일정 기간 보호하려는 데 그 목적이 있는 것이다. 우리나라의 경우 쌀 농업에서 특히 보호주의가 강력히 주장되고 있다. 우리의 주식인 쌀을 생산하는 농업이 비교우위가 없다고 해서 쌀을 모두 외국에서 수입한다면 식량안보 차원에서 문제가 될 수 있으므로 국내 농사를 전면적으로 포기할 수 없다는 논리이다.
>
> 교역 당사국 각자는 비교우위가 있는 재화의 생산에 특화해서 자유무역을 통해 서로 교환할 경우 기본적으로 거래의 이득을 보게 된다. 자유무역은 이러한 경제적 잉여의 증가 이외에 다음과 같은 측면에서도 이득을 가져다준다.

① 각국 소비자들에게 다양한 소비 기회를 제공한다.

② 비교우위에 있는 재화의 수출을 통한 규모의 경제를 이루어 생산비를 절감할 수 있다.

③ 비교우위에 의한 자유무역의 이득은 결국 한 나라 내의 모든 경제주체가 누리게 된다.

④ 경쟁을 활성화하여 경제 전체의 후생 수준을 높일 수 있다.

⑤ 각국의 기술 개발을 촉진해주는 긍정적인 파급 효과를 발휘하기도 한다.

Answer. 6.① 7.③

8 다음 글의 이후에 이어질 만한 내용으로 가장 거리가 먼 것은?

철도교통의 핵심 기능인 정거장의 위치 및 역간거리는 노선, 열차평균속도, 수요, 운송수입 등에 가장 큰 영향을 미치는 요소로 고속화, 기존선 개량 및 신선 건설시 주요 논의의 대상이 되고 있으며, 과다한 정차역은 사업비를 증가시켜 철도투자를 저해하는 주요 요인으로 작용하고 있다.

한편, 우리나라의 평균 역간거리는 고속철도 46km, 일반철도 6.7km, 광역철도 2.1km로 이는 외국에 비해 59 ~ 84% 짧은 수준이다. 경부고속철도의 경우 천안·아산역 ~ 오송역이 28.7km, 신경주역 ~ 울산역이 29.6km 떨어져 있는 등 1990년 기본계획 수립 이후 오송, 김천·구미, 신경주, 울산역 등 다수의 역 신설로 인해 운행 속도가 저하되어 표정속도가 다른 선진국의 78% 수준이며, 경부선을 제외한 일반철도의 경우에도 표정속도가 45 ~ 60km/h 수준으로 운행함에 따라 타 교통수단 대비 속도경쟁력이 저하된 실정이다. 또한, 추가역 신설에 따른 역간거리 단축으로 인해 건설비 및 운영비의 대폭 증가도 불가피한 바, 경부고속철도의 경우 오송역 등 4개 역 신설로 인한 추가 건설비는 약 5,000억 원에 달한다. 운행시간도 당초 서울 ~ 부산 간 1시간 56분에서 2시간 18분으로 22분 지연되었으며, 역 추가 신설에 따른 선로분기기, 전환기, 신호기 등 시설물이 추가로 설치됨에 따라 유지보수비 증가 등 과잉 시설의 한 요인으로 작용했다. 이러한 역간거리와 관련하여 도시철도의 경우 도시철도건설규칙에서 정거장 간 거리를 1km 이상으로 규정함으로써 표준 역간거리를 제시하고 있으나, 고속철도, 일반철도 및 광역철도의 정거장 위치와 역간거리는 교통수요, 정거장 접근거리, 운행속도, 여객 및 화물열차 운행방법, 정거장 건설 및 운영비용, 선로용량 등 단일 차량과 단일 정차패턴이 기본인 도시철도에 비해 복잡한 변수를 내포함으로써 표준안을 제시하기가 용이하지 않았으며 관련 연구가 매우 부족한 상황이다.

① 외국인 노선별 역간거리 비교
② 역간거리가 철도 운행 사업자에게 미치는 영향 분석
③ 역간거리 연장을 어렵게 하는 사회적인 요인 파악
④ 신설 노선 적정 역간거리 유지 시 기대효과 및 사회적 비용 절감 요소 분석
⑤ 역세권 개발과 부동산 시장과의 상호 보완요인 파악

9 다음은 홍보팀의 디지털출판산업 활성화를 위한 세미나에 대한 기획서이다. 추가적으로 들어가야 하는 내용으로 적절하지 않은 것은?

〈디지털출판산업 활성화를 위한 세미나 기획서〉

제목 : 디지털출판산업 활성화를 위한 세미나
「디지털출판산업 활성화를 위한 세미나」는 4차 산업혁명시대인 현재, 독자들의 독서문화 변화 방향 인식과 나아가 디지털시대에 걸맞는 디지털출판산업의 전략 및 성장기회를 도모하기 위한 행사입니다. 디지털출판산업 활성화를 주제로 해외시장의 성공 요인을 분석하고 국내 출판 환경 및 소비자 행동, 국내 다양한 디지털 마케팅을 어떻게 적용해야 할지 고민해보는 장을 마련하려고 합니다.

－다음－

1) 일정 : 20XX년 10월
2) 장소 : 비대면 진행

20XX년 5월 1일
홍보팀

---

① 세미나를 개최하는 기획의도
② 구체적인 세미나 세부 일정
③ 세미나 담당자 및 참여직원
④ 비대면 진행의 세부적인 방식
⑤ 세미나에 참여에 예상되는 인원

📖 Answer. 8.⑤ 9.①

10 다음 글의 문맥을 참고할 때, 빈 칸에 들어갈 단어로 가장 적절한 것은?

> 최근 과학기술 평준화 시대에 접어들며 의약품과 의료기술 성장은 인구 구조의 고령화를 촉진하며 노인 인구의 급증은 치매를 포함한 신경계 질환 (   ) 증가에 영향을 주고 있다. 따라서 질병치료 이후의 재활, 입원 기간 동안의 삶의 질 등 노년층의 건강한 생활에 대한 사회적 관심이 증가되고 있다. 사회적 통합 기능이 특징인 음악은 사람의 감정과 기분에 강한 영향을 주는 매체로 단순한 생활 소음과는 차별되어 아동기, 청소년기의 음악교과 활동뿐만 아니라 다양한 임상 분야와 심리치료 현장에서 활용되고 있다. 일반적으로 부정적 심리상태를 안정시키는 역할로 사용되던 음악은 최근 들어 구체적인 인체 부위의 생리적 기전(Physiological Mechanisms)에 미치는 효과에 관심을 갖게 되었다.

① 유병률
② 전염률
③ 발병률
④ 점유율
⑤ 질병률

11 다음 글의 문맥으로 보아 밑줄 친 단어의 쓰임이 올바른 것은?

> 우리나라의 저임금근로자가 소규모사업체 또는 자영업자에게 많이 고용되어 있기 때문에 최저임금의 급하고 과도한 인상은 많은 자영업자의 추가적인 인건비 인상을 ㉠표출할 것이다. 이것은 최저임금위원회의 심의 과정에서 지속적으로 논의된 사안이며 ㉡급박한 최저임금 인상에 대한 가장 강력한 반대 논리이기도 하다. 아마도 정부가 최저임금 결정 직후에 매우 포괄적인 자영업 지원 대책을 발표한 이유도 이것 때문으로 보인다. 정부의 대책에는 기존의 자영업 지원대책을 비롯하여 1차 분배를 개선하기 위한 장·단기적인 대책과 단기적 충격 완화를 위한 현금지원까지 포함되어 있다. 현금지원의 1차적인 목적은 자영업자 보호이지만 최저임금제도가 근로자 보호를 위한 제도이기 때문에 궁극적인 목적은 근로자의 고용 안정 도모이다. 현금지원에 고용안정자금이라는 꼬리표가 달린 이유도 이 때문일 것이다.
>
> 정부의 현금지원 발표 이후 이에 대한 비판이 쏟아졌다. 비판의 요지는 자영업자에게 최저임금 인상으로 인한 추가적인 인건비 부담을 현금으로 지원할 거면 최저임금을 덜 올리고 현금지원 예산으로 근로장려세제를 ㉢축소하면 되지 않느냐는 것이다. 그러나 이는 두 정책의 대상을 ㉣혼동하기 때문에 제기되는 주장이라고 판단된다. 최저임금은 1차 분배 단계에서 임금근로자를 보호하기 위한 제도적 틀이고 근로 장려세는 취업의 의지가 낮은 노동자의 노동시장 참여를 ㉤유보하기 위해 고안된 사회부조(2차 분배)라는 점을 기억해야 할 것이다. 물론 현실적으로 두 정책의 적절한 조합이 필요할 것이다.

① ㉠
② ㉡
③ ㉢
④ ㉣
⑤ ㉤

12 다음 글의 중심 화제로 적절한 것은?

전통은 과거로부터 이어 온 것을 말한다. 이 전통은 대체로 그 사회 및 그 사회의 구성원인 개인의 몸에 배어 있는 것이다. 그러므로 스스로 깨닫지 못하는 사이에 전통은 우리의 현실에 작용하는 경우가 있다. 그러나 과거에서 이어 온 것을 무턱대고 모두 전통이라고 한다면, 인습이라는 것과의 구별이 서지 않을 것이다. 우리는 인습을 버려야 할 것이라고는 생각하지만, 계승해야 할 것이라고는 생각하지 않는다. 여기서 우리는, 과거에서 이어 온 것을 객관화하고, 이를 비판하는 입장에 서야 할 필요를 느끼게 된다. 그 비판을 통해서 현재의 문화 창조에 이바지할 수 있다고 생각되는 것만을 우리는 전통이라고 불러야 할 것이다. 이같이 전통은 인습과 구별될뿐더러, 또 단순한 유물과도 구별되어야 한다. 현재의 문화를 창조하는 일과 관계가 없는 것을 우리는 문화적 전통이라고 부를 수가 없기 때문이다.

① 전통의 본질
② 인습의 종류
③ 문화 창조의 본질
④ 외래 문화 수용 자세
⑤ 과거에 대한 비판

Answer. 10.① 11.④ 12.①

▮ 13 ~ 14 ▮ 다음은 N은행의 직장인 대출 상품의 안내문이다. 이를 보고 이어지는 물음에 답하시오.

〈N은행 직장인 자동대출 상품〉

- 상품 특징 : 직장인이라면 누구나 신청이 가능한 상품
- 대출금액 : 최대 1억 원 이내(단, 재직기간 1년 미만의 사회초년생은 최대 5천만 원 이내)
  - 금융소외계층(최근 2년 이내 신용카드 실적 및 최근 3년 이내 대출실적 없는 고객)은 최대 3백만 원 이내 기본 한도 제공
  - 대출한도는 신용평가결과에 따라 차등 적용됩니다.
- 대출 대상
  - 재직기간 3개월 이상 당행 선정 우량 직장인
  - 재직기간 6개월 이상 일반 직장인(단, 정규직 공무원(최종합격자 포함), 군인(중사 이상), 교사는 재직기간과 관계없음)
  - 최초 약정한 금액 범위 내에서 사용한도의 자유로운 증액·감액이 가능
- 대출 금리

	기준금리	가산금리	우대금리	최저금리	최고금리
3개월	3.68	3.59	0.9	6.37	7.27
6개월	3.78	3.39	0.9	6.27	7.17

- 실적연동 우대금리(최고 연 0.9%p)
  - N은행카드 이용실적 : 0.3%p(은행 결제계좌가 N은행으로 지정, 최근 3개월 30만 원(연 0.1%p), 60만원(연 0.2%p), 90만 원(연 0.3%p) 이상 이용실적)
  - 급여이체 관련 실적 : 연 0.3%p(최근 3개월간 30만 원 이상 급여이체 실적 확인되는 경우)
  - N은행 적립식예금(40만 원 이상) 보유 : 연 0.1%p
  - N은행 자동이체(3건 이상) 실적 우대 : 연 0.1%p(아파트관리비, 지로, 금융결제원CMS, 펌뱅킹 자동이체)
  - N은행 모바일뱅킹 이용 : 연 0.1%p
  - 실적연동 우대금리는 각 항목의 우대조건 충족여부에 따라 대출신규 3개월 이후 매월 재산정되어 적용
- 중도상환수수료
  - 중도상환원금 × 수수료율(0.6%) × 잔존일수 ÷ 대출기간
  - 단, 직장인 자동대출 상품은 제외

13 위 대출 상품의 대출 금리에 대하여 올바르게 판단한 설명으로 옳은 것은?

① 3개월 상품을 대출받으려 한다면 대출금리는 3.68%p이다.

② N은행카드를 이용하고 결제계좌가 N은행이라면 0.3%p의 우대금리를 받을 수 있다.

③ 정규직 공무원에 최종으로 합격이 되었다면 재직기간이 없더라도 대출을 받을 수 있다.

④ 중도상환원금이 100만원이고 잔존일수가 30일, 대출기간이 3개월일 때, 중도상환을 한다면 수수료는 540,000원이다.

⑤ 최근 3개월 50만원의 급여이체 관련 실적, N은행에서 2건의 자동이체 실적, N은행 모바일뱅킹 이용을 하고 있다면 연 0.3%p 우대금리가 가능하다.

14 다음은 N은행의 직장인 자동대출 상품을 알아보기 위한 고객과 은행 직원과의 질의응답 내용이다. 응답 내용이 상품 안내문의 내용과 부합되지 않는 것은 어느 것인가?

Q. 재직기간이 4개월 정도 되는 사회초년생입니다. 3개월 대출 1억 원 가량 받을 수 있을까요?
A. ① 네. 하지만 1년 미만의 사회초년생은 최대 5천만 원 이내로 가능하십니다.

Q. 2년을 학교에서 재직한 교사입니다. 제가 최대로 받을 수 있는 대출금이 5천만 원이 가능한가요?
A. ② 네. 최대 1억 원 이내로 대출이 가능합니다.

Q. 최근 3년 동안 신용카드랑 대출 이용실적이 없습니다. 하지만 재직기간이 7개월 정도 되었어요. 대출을 받을 수 있나요?
A. ③ 네. 하지만 최대 3백만 원 이내로 가능합니다.

Q. 제가 N은행에서 급여이체를 하고 있는데 왜 우대금리가 반영되지 않는건가요?
A. ④ 3개월간 30만 원 이상에 급여이체 실적이 확인되어야 합니다. 급여이체를 3개월간 30만 원 이상 하셨나요?

Q. 제가 가입할 때에는 N은행카드를 이용해서 우대금리를 연0.3%p정도 받았습니다. 제가 N은행 모바일 뱅킹도 이용하고, 자동이체 실적도 3건 이상되는데 우대금리 재산정이 가능한가요?
A. ⑤ 네. 실적연동 우대금리는 각 항목의 우대조건 충족여부에 따라 대출신규 3개월 이후 매월 재산정 되어 적용됩니다.

---

15 다음은 은행의 보수적인 금융행태의 원인에 대하여 설명하는 글이다. 다음 글에서 지적한 가장 핵심적인 은행의 보수적인 모습으로 적절한 것은 어느 것인가?

> 외환위기 이후 구조조정 과정에서 은행은 생존을 위해서는 양호한 경영실적을 올리는 것이 중요하다는 것을 절감하였다. 특히 단기수익을 중시하는 성향이 높은 외국인의 지분 확대는 은행의 단기수익성 제고에 대한 부담을 가중시켰다. 이에 따라 은행은 상대적으로 위험부담이 적고 수익창출이 용이한 가계대출을 중심으로 대출을 증가시키게 되었다. 2000년대 초반 가계대출의 예대마진이 중소기업대출보다 높았던 데다 부동산시장이 활황세를 나타냄에 따라 은행은 가계대출을 증가시킴으로써 수익을 향상시킬 수 있었다. 중소기업대출의 예대마진이 가계대출을 상회한 2000년대 중반 이후에도 부동산시장의 호조와 상대적으로 낮은 연체율 등에 힘입어 은행은 가계대출 중심의 대출행태를 지속하였다.
>
> 단기수익 중시의 단견주의(Short Termism)는 은행 임직원의 행태에도 큰 영향을 미쳤다. 대체로 3년 정도가 임기인 은행장은 장기 비전을 가지고 은행을 경영하기보다는 단기수익을 극대화할 수 있는 영업전략을 선택할 수밖에 없게 되었다. 또한 직원에 대한 핵심성과지표(KPI)가 수익성 및 여수신 유치실적 등 단기성과 중심으로 구성되어 있어 위험성이 높지만 성장 가능성이 높은 유망한 중소 · 벤처 기업에 대한 대출보다는 주택담보대출과 같이 상대적으로 안전하고 손쉬운 대출을 취급하려는 유인이 높아졌다.

① 내부 임직원에 대한 구태의연한 평가방식
② 은행장의 무모한 경영 전략 수립
③ 대기업에 집중된 기업대출 패턴
④ 수익성 추구의 단기성과주의
⑤ 지급준비율 인상을 통한 현금 보유 확대

16 다음 글에 대한 내용으로 가장 적절하지 않은 것은?

> 지속되는 불황 속에서도 남 몰래 웃음 짓는 주식들이 있다. 판매단가는 저렴하지만 시장점유율을 늘려 돈을 버는 이른바 '박리다매', '저가 실속형' 전략을 구사하는 종목들이다. 대표적인 종목은 중저가 스마트폰 제조업체에 부품을 납품하는 업체이다. A증권에 따르면 전 세계적으로 200달러 이하 중저가 스마트폰이 전체 스마트폰 시장에서 차지하는 비중은 35%에서 46%로 급증했다. 세계 스마트폰 시장 1등인 B전자도 최근 스마트폰 판매량 가운데 40% 가량이 중저가 폰으로 분류된다. 중저가용에 집중한 중국 C사와 D사의 2분기 세계 스마트폰 시장점유율은 전 분기 대비 각각 43%, 23%나 증가해 B전자나 E전자 10%대 초반 증가율보다 월등히 앞섰다. 이에 따라 국내외 스마트폰 업체에 중저가용 부품을 많이 납품하는 F사, G사, H사, I사 등이 조명 받고 있다.
>
> 주가가 바닥을 모르고 내려간 대형 항공주와는 대조적으로 저가항공주 주가는 최근 가파른 상승세를 보였다. J항공을 보유한 K사는 최근 두 달 새 56% 상승세를 보였다. 같은 기간 L항공을 소유한 M사 주가도 25% 가량 올랐다. 저가항공사 점유율 상승이 주가 상승으로 이어지는 것으로 보인다. 국내선에서 저가항공사 점유율은 23.5%에서 31.4%까지 계속 상승해왔다. 홍길동 ○○증권 리서치센터 장은 "글로벌 복합위기로 주요국에서 저성장·저투자 기조가 계속되는 데다 개인들은 부채 축소와 고령화에 대비해야 하기 때문에 소비를 늘릴 여력이 줄었다."며 "값싸면서도 멋지고 질도 좋은 제품이 계속 주목받을 것"이라고 말했다.

① '박리다매' 주식은 F사, G사, H사, I사의 주식이다.
② 저가항공사 점유율은 계속 상승세를 보이고 있는 반면 대형 항공주는 주가 하락세를 보였다.
③ 글로벌 복합위기와 개인들의 부채 축소, 고령화 대비에 따라 값싸고 질 좋은 제품이 주목받을 것이다.
④ B전자가 주력으로 판매하는 스마트폰이 중저가 폰에 해당한다.
⑤ 저가항공사의 주가 상승은 국내선에서 저가항공사의 점유율 증가와 관련이 있다.

17 다음 중 글의 주제로 옳은 것은?

당뇨병은 인슐린 분비량이 부족하거나 정상적인 기능이 이루어지지 않는 대사질환의 일종으로, 혈액 중 포도당(혈액)의 농도가 높아 여러 증상 및 징후를 유발한다. 세계적으로 당뇨병 인구가 증가하고 있는데, 우리나라 역시 사회경제적인 발전으로 과식, 운동부족, 스트레스 증가 등으로 인해 당뇨병 인구가 늘어나고 있는 추세다. 발병 원인은 명확하게 규명되어 있지 않지만, 현재까지 밝혀진 바에 의하면 유전적 요인이 가장 가능성이 크다. 당뇨병 환자가 고혈당, 지질이상, 고혈압, 비만 등을 조절하지 못하면 망막증, 신증, 신경병증이나 뇌혈관질환, 관상동맥질환 등 만성 합병증으로 진행된다. 이러한 위험인자를 조절하기 위해서는 식사요법, 운동요법, 약물요법 등으로 환자 스스로 지속적인 자기관리를 할 수 있어야 한다. 이 가운데 당뇨병 교육 프로그램의 일환으로 수행되고 있는 식사요법은 제2형 당뇨병의 주 치료법으로, 이를 잘 수행하는 환자들은 대사이상이 호전되었으며 혈당 조절이 잘 되고 혈액 내 자질도 개선되었다는 보고가 있다. 개인에게 맞는 당뇨병 식사요법 교육을 받고 실천에 옮긴 환자는 공복 혈당 및 식후 2시간 혈당이 유의적으로 감소하였고, 이론 교육뿐만 아니라 실습교육을 함께 받으며 식사요법에 대한 순응도가 높았다. 이는 식후혈당 조절이 더 효과적으로 이루어지게 하였다.

① 당뇨병 환자의 맞춤 식사요법 효과
② 당뇨병과 영양취약계층의 생활습관 관련성
③ 제2형 당뇨병 환자의 운동효과에 대한 고찰
④ 당뇨병 환자의 건강정보 이해능력 요인
⑤ 제2형 당뇨병 예측 가능한 위험 요인 탐색

❙18 ~ 19❙ 다음 글을 논리적으로 바르게 배열한 것은?

18

> ㉠ 왜냐하면 현대예술이 주목하는 것들 또한 인간과 세계의 또 다른 본질적인 부분이기 때문이다. 실제로 이런 가능성은 다양한 분야에서 실현되고 있다.
>
> ㉡ 오늘날에는 다양한 미감(美感)들이 공존하고 있다. 일상 세계에서는 '가벼운 미감'이 향유되는가 하면, 다른 한편에서는 전통예술과는 매우 다른 현대예술의 반미학적 미감 또한 넓게 표출되고 있다. 그러면 이들 사이의 관계를 어떻게 받아들일 것인가
>
> ㉢ 오늘날 현대무용은 성립 시기에 배제했던 고전발레의 동작을 자기 속에 녹여 넣고 있으며, 현대 음악도 전통적 리듬과 박자를 받아들여 풍성한 표현 형식을 얻고 있다.
>
> ㉣ 먼저 순수예술의 미감에 대해서 생각해 보자. 현대예술은 의식보다는 무의식을, 필연보다는 우연을, 균제보다는 파격을, 인위성보다는 자연성을 내세운다. 따라서 얼핏 보면 전통예술과 현대예술은 서로 대립하는 것처럼 보이지만, 이 둘은 겉보기와는 달리 상호 보완의 가능성을 품고 있다.

① ㉠ - ㉡ - ㉢ - ㉣   ② ㉡ - ㉢ - ㉠ - ㉣

③ ㉡ - ㉣ - ㉠ - ㉢   ④ ㉢ - ㉠ - ㉡ - ㉣

⑤ ㉣ - ㉢ - ㉠ - ㉡

19

> ㉠ 오늘날까지 인류가 알아낸 지식은 한 개인이 한 평생 체험을 거듭할지라도 그 몇 만분의 일도 배우기 어려운 것이다.
>
> ㉡ 가령, 무서운 독성을 가진 콜레라균을 어떠한 개인이 먹어 보아서 그 성능을 증명하려 하면, 그 사람은 그 지식을 얻기 전에 벌써 죽어 버리고 말게 될 것이다.
>
> ㉢ 지식은 그 종류와 양이 무한하다.
>
> ㉣ 또 지식 중에는 체험으로써 배우기에는 너무 위험한 것도 많다.
>
> ㉤ 그러므로 체험만으로써 모든 지식을 얻으려는 것은 매우 졸렬한 방법일 뿐만 아니라, 거의 불가능한 일이라 하겠다.

① ㉢ - ㉠ - ㉣ - ㉡ - ㉤

② ㉢ - ㉣ - ㉠ - ㉡ - ㉤

③ ㉠ - ㉢ - ㉡ - ㉤ - ㉣

④ ㉠ - ㉡ - ㉣ - ㉤ - ㉢

⑤ ㉠ - ㉢ - ㉤ - ㉡ - ㉣

📝 Answer. 17.① 18.③ 19.①

20 다음 〈불만 고객 응대 서비스 매뉴얼〉을 참고할 때, 상담 직원이 고객과 나눈 대화 중 매뉴얼에 입각한 답변이라고 볼 수 없는 것은?

〈불만 고객 응대 서비스 매뉴얼〉

▲ 경청
• 고객이 불만족한 사유를 듣는다.
• 끝까지 전부 듣고 반드시 메모한다.
• 절대로 피하지 않는다.
• 변명하거나 논쟁하지 않는다.

▲ 원인 파악
• 고객 불만의 원인을 알아야 한다.
• 원인파악이 충분치 못하면 불평하는 고객을 납득시킬 수 없으며, 그에 대한 올바른 대책을 세울 수 없다.

▲ 해결책 강구
• 고객의 불만에 관심을 나타내 고객을 이해하려고 노력한다.
  ☞ 담당 직원이 처리하기 어려운 경우 : 담당 직원 직접 처리 → 책임자가 즉각 처리 → 책임자가 별도 공간에서 처리
  ☞ 불만이 심한 경우
• 응대자를 바꾼다. 윗사람을 내세워 다시금 처음부터 들어보고 정중하게 사과한다.
• 장소를 바꾼다. 고객이 큰소리로 불만을 늘어놓게 되면 다른 고객에게도 영향을 미치므로 별도 공간으로 안내하여 편안하게 이야기를 주고받는다.
• 따뜻한 차를 대접하고 시간적 여유를 갖는다. 감정을 이성적으로 바꿀 수 있는 시간도 벌고 불평불만 해소 대응책 강구의 여유도 갖는다.

▲ 불만 해소
• 반드시 성의 있는 태도로 불만을 해소시킨다.
• 감정을 표시하지 않고 조용하고 성의 있는 태도로 응대한다.

▲ 종결
• 처리 결과를 알려주고 효과를 검토한다.
• 감정적으로 적당히 처리하여 넘어가는 임시방편이 되어서는 안 되며 반드시 피드백하여 업무에 반영하도록 한다.

고 객 : "그렇게는 안 된다고 몇 번을 말해야 알아들어요? 어떻게 고객의 요청에 이런 일처리 방식으로 응대할 수 있지요?"

직 원 : ① "죄송합니다, 고객님. 그런 방법에 따라 주실 수 없는 이유를 설명해 주신다면 제가 다른 방법을 찾아서 권해드려 보겠습니다."

고 객 : "그럼 내가 이렇게 직접 찾아오기까지 했는데, 오늘 안 되면 나한테 어떻게 하라는 겁니까?"

직 원 : ② "고객님께서 내일 점심시간에 필요하신 서류라고 하셨으니 늦어도 내일 오전 10시까지는 반드시 처리해 드리겠습니다. 고객님께서도 서류를 받으신 후에 이상 없으셨는지 저에게 편하신 방법으로 알려주신다면 업무에 큰 도움 되겠습니다."

고 객 : "아니, 이봐요, 내가 보니까 은행 마감 시간 전에 일처리를 끝내 줄 수 있을 것 같지가 않군요. 처리 시간을 앞당길 수 있도록 책임자를 좀 불러줘야겠어요."

직 원 : ③ "죄송합니다만 고객님, 이 건에 대해서는 고객님의 상황을 제가 가장 잘 알고 있으니 담당자인 제가 어떻게든 마무리를 지어드리도록 하겠습니다. 잠시만 더 기다려 주세요."

고 객 : "아니 도대체 왜 나만 불이익을 당하라는 거지요? 내 얘기는 그렇게 무시해도 됩니까?"

직 원 : ④ "고객님, 우선 왜 그러시는지 저에게 차근차근 말씀을 좀 해 주실 수 있으신지요? 고객님의 말씀을 들어보고 제가 처리해 드리도록 하겠습니다."

고 객 : "이거 봐요. 당신들 내부적인 업무도 중요하겠지만 지금 내가 여기서 1시간 넘게 기다리고 있었는데. 옆 부서에 가서 신청해야 할 서류도 있는 내가 당신들 쓸데없는 얘기 하는 것까지 지켜보고 있어야 한단 말입니까?"

직 원 : ⑤ "어머, 고객님, 1시간이 넘으셨다고요? 이쪽으로 들어오세요. 너무 오래 기다리시게 해 죄송합니다. 옆 부서에서 신청하실 서류를 여기서 처리하실 수 있도록 도와드릴게요.

21 다음은 N사의 단독주택용지 수의계약 공고문 중 일부이다. 공고문의 내용을 바르게 이해한 것은?

〈○○ 블록형 단독주택용지(1필지) 수의계약 공고〉

1. 공급대상토지

면적(㎡)	세대수(호)	평균규모(㎡)	용적률(%)	공급가격(천원)	계약보증금(원)	사용가능 시기
25,479	63	400	100% 이하	36,944,550	3,694,455,000	즉시

2. 공급일정 및 장소

일정	2022년 4월 11일 오전 10시부터 선착순 수의계약 (토 · 일요일 및 공휴일, 업무시간 외는 제외)
장소	N사 ○○지역본부 1층

3. 신청자격

아래 두 조건을 모두 충족한 자
• 실수요자 : 공고일 현재 주택법에 의한 주택건설사업자로 등록한 자
• 3년 분할납부(무이자) 조건의 토지매입 신청자
※ 납부 조건 : 계약체결 시 계약금 10%, 중도금 및 잔금 90%(6개월 단위 6회 납부)

4. 계약체결 시 구비서류

• 법인등기부등본 및 사업자등록증 사본 각 1부
• 법인인감증명서 1부 및 법인인감도장(사용인감계 및 사용인감)
• 대표자 신분증 사본 1부(위임 시 위임장 1부 및 대리인 신분증 제출)
• 주택건설사업자등록증 1부
• 계약금 납입영수증

① 계약이 체결되면 즉시 해당 토지에 단독주택을 건설할 수 있다.
② 계약체결 후 첫 번째 내야 할 중도금은 3,250,095,000원이다.
③ 규모 400㎡의 단독주택용지를 일반 수요자에게 분양하는 공고이다.
④ 계약에 대한 보증금이 공급가격보다 더 높아 실수요자에게 부담을 줄 우려가 있다.
⑤ 토지에 대한 계약은 계약체결 시 구비서류를 갖춰 신청한 사람 중 최고가 입찰액을 작성한 사람에게 이루어진다.

22 다음 내용을 읽고 알 수 없는 것은?

> 사회적 기업은 *취약 계층에게 사회서비스 또는 일자리 등을 제공하여 지역주민의 삶의 질을 높이는 등의 사회적 목적을 추구하면서 재화 및 서비스의 생산·판매 등 영업활동을 수행하는 기업이다. 그래서 흔히 "빵을 팔기 위해 고용하는 것이 아니라, 고용하기 위해 빵을 파는 기업"이라고도 일컫기도 한다.
>
> 주요 특징으로는 취약 계층에 일자리 및 사회서비스 제공 등의 사회적 목적 추구, 영업활동 수행 및 수익의 사회적 목적 재투자, 민주적인 의사결정구조 구비 등을 들 수 있다. 기업의 주요 활동이라 함은 상품이나 서비스의 생산 및 판매, 일자리 제공, 사회적 서비스 제공 등을 말하며, 사회적 목적의 실현 및 사회적 책임 수행 등을 기업 활동의 동기로 한다. 사회적 기업은 전통적 비영리 기관과 전통적 영리 기업의 중간 형태로서 사회적 책임과 영리활동을 동시에 추구하는 형태이다.
>
> 사회적 기업을 분류하자면, 일자리 제공형은 조직의 주된 목적이 취약 계층에게 일자리를 제공하고 사회서비스 제공형은 조직의 주된 목적이 취약 계층에게 사회서비스를 제공한다. 혼합형은 일자리 제공형과 사회서비스 제공형이 결합된 유형이며, 기타형은 사회적 목적의 실현여부를 고용비율과 사회서비스 제공비율 등으로 판단하기 곤란한 사회적 기업을 말한다.
>
> 마지막으로 지역사회 공헌형은 지역사회 주민의 삶의 질 향상에 기여하는 기업을 말한다. 사회적 기업의 목적으로는 취약 계층에게 일자리 또는 사회서비스 제공하여 지역사회 발전 및 공익을 증진하는 것, 민주적 의사결정구조(서비스 수혜자, 근로자, 지역주민 등 이해관계자 참여)와 수익 및 이윤 발생 시 사회적 목적 실현을 위한 재투자(상법상 회사, 이윤 2/3 이상)가 있다. 조직형태는 비영리법인·단체, 조합, 상법상 회사 등 다양하게 인정하고 유급근로자를 고용한다.
>
> ※ 취약계층 : 저소득자, 고령자, 장애인, 성매매피해자, 장기실업자, 경력단절여성 등

① 사회적 기업의 기원
② 사회적 기업의 정의
③ 사회적 기업의 특징
④ 사회적 기업의 분류
⑤ 지역사회 공헌형 사회적 기업의 정의

📖 Answer. 21.① 22.①

23 다음 글에서 추론할 수 있는 내용만을 모두 고른 것은?

'도박사의 오류'라고 불리는 것은 특정 사건과 관련 없는 사건을 관련 있는 것으로 간주했을 때 발생하는 오류이다. 예를 들어, 주사위 세 개를 동시에 던지는 게임을 생각해 보자. 첫 번째 던지기 결과는 두 번째 던지기 결과에 어떤 영향도 미치지 않으며, 이런 의미에서 두 사건은 서로 상관이 없다. 마찬가지로 10번의 던지기에서 한 번도 6의 눈이 나오지 않았다는 것은 11번째 던지기에서 6의 눈이 나온다는 것과 아무런 상관이 없다. 그럼에도 불구하고, 우리는 "10번 던질 동안 한 번도 6의 눈이 나오지 않았으니, 이번 11번째 던지기에는 6의 눈이 나올 확률이 무척 높다."라고 말하는 경우를 종종 본다. 이런 오류를 '도박사의 오류 A'라고 하자. 이 오류는 지금까지 일어난 사건을 통해 미래에 일어날 특정 사건을 예측할 때 일어난다.

하지만 반대 방향도 가능하다. 즉, 지금 일어난 특정 사건을 바탕으로 과거를 추측하는 경우에도 오류가 발생한다. 다음 사례를 생각해보자. 당신은 친구의 집을 방문했다. 친구의 방에 들어가는 순간, 친구는 주사위 세 개를 던지고 있었으며 그 결과 세 개의 주사위에서 모두 6의 눈이 나왔다. 이를 본 당신은 "방금 6의 눈이 세 개가 나온 놀라운 사건이 일어났다는 것에 비춰볼 때, 내가 오기 전에 너는 주사위 던지기를 무척 많이 했음에 틀림없다."라고 말한다. 당신은 방금 놀라운 사건이 일어났다는 것을 바탕으로 당신 친구가 과거에 주사위 던지기를 많이 했다는 것을 추론한 것이다. 하지만 이것도 오류이다. 당신이 방문을 여는 순간 친구가 던진 주사위들에서 모두 6의 눈이 나올 확률은 매우 낮다. 하지만 이 사건은 당신 친구가 과거에 주사위 던지기를 많이 했다는 것에 영향을 받은 것이 아니다. 왜냐하면 문을 열었을 때 처음으로 주사위 던지기를 했을 경우에 문제의 사건이 일어날 확률과, 문을 열기 전 오랫동안 주사위 던지기를 했을 경우에 해당 사건이 일어날 확률은 동일하기 때문이다. 이 오류는 현재에 일어난 특정 사건을 통해 과거를 추측할 때 일어난다. 이를 '도박사의 오류 B'라고 하자.

ⓐ 甲이 당첨 확률이 매우 낮은 복권을 구입했다는 사실로부터 그가 구입한 그 복권은 당첨되지 않을 것이라고 추론하는 것은 도박사의 오류 A이다.
ⓑ 乙이 오늘 구입한 복권에 당첨되었다는 사실로부터 그가 오랫동안 꽤 많은 복권을 구입했을 것이라고 추론하는 것은 도박사의 오류 B이다.
ⓒ 丙이 어제 구입한 복권에 당첨되었다는 사실로부터 그가 구입했던 그 복권의 당첨 확률이 매우 높았을 것이라고 추론하는 것은 도박사의 오류 A도 아니며 도박사의 오류 B도 아니다.

① ㉠
② ㉡
③ ㉠㉢
④ ㉡㉢
⑤ ㉠㉡㉢

24 다음은 「개인정보보호법」과 관련한 사법 행위의 내용을 설명하는 글이다. 다음 글을 참고할 때, '공표' 조치에 대한 올바른 설명이 아닌 것은?

「개인정보보호법」 위반과 관련한 행정처분의 종류에는 처분 강도에 따라 과태료, 과징금, 시정조치, 개선권고, 징계권고, 공표 등이 있다. 이 중, 공표는 행정질서 위반이 심하여 공공에 경종을 울릴 필요가 있는 경우 명단을 공표하여 사회적 낙인을 찍히게 함으로써 경각심을 주는 제재 수단이다.

「개인정보보호법」 위반 행위가 은폐·조작, 과태료 1천만 원 이상, 유출 등 다음 7가지 공표기준에 해당하는 경우, 위반행위자, 위반 행위 내용, 행정처분 내용 및 결과를 포함하여 개인정보 보호위원회의 심의·의결을 거쳐 공표한다.

> ※ 공표기준
> 1. 1회 과태료 부과 총 금액이 1천만 원 이상이거나 과징금 부과를 받은 경우
> 2. 유출·침해사고의 피해자 수가 10만 명 이상인 경우
> 3. 다른 위반 행위를 은폐·조작하기 위하여 위반한 경우
> 4. 유출·침해로 재산상 손실 등 2차 피해가 발생하였거나 불법적인 매매 또는 건강 정보 등 민감 정보의 침해로 사회적 비난이 높은 경우
> 5. 위반 행위 시점을 기준으로 위반 상태가 6개월 이상 지속된 경우
> 6. 행정처분 시점을 기준으로 최근 3년 내 과징금, 과태료 부과 또는 시정조치 명령을 2회 이상 받은 경우
> 7. 위반 행위 관련 검사 및 자료제출 요구 등을 거부·방해하거나 시정조치 명령을 이행하지 않음으로써 이에 대하여 과태료 부과를 받은 경우

공표절차는 과태료 및 과징금을 최종 처분할 때 ▲ 대상자에게 공표 사실을 사전 통보, ▲ 소명자료 또는 의견 수렴 후 개인정보보호위원회 송부, ▲ 개인정보보호위원회 심의·결, ▲ 홈페이지 공표 순으로 진행된다.

공표는 행정안전부장관의 처분 권한이지만 개인정보보호위원회의 심의·의결을 거치게 함으로써 「개인정보 보호법」 위반자에 대한 행정청의 제재가 자의적이지 않고 공정하게 행사되도록 조절해 주는 장치를 마련하였다.

① 공표는 「개인정보보호법」 위반에 대한 가장 무거운 행정 조치이다.
② 행정안전부장관이 공표를 결정한다고 해서 반드시 최종 공표 조치가 취해져야 하는 것은 아니다.
③ 공표 조치가 내려진 대상자는 공표와 더불어 반드시 1천만 원 이상의 과태료를 납부하여야 한다.
④ 공표 조치를 받는 대상자는 사전에 이를 통보받게 된다.
⑤ 반복적이거나 지속적인 위반 행위에 대한 제재는 공표 조치의 취지에 포함된다.

....
📖 **Answer.** 23.④ 24.③

01. 의사소통능력 **257**

25 다음 글에서 관련 없는 부분은?

㉠ 스마트 농업은 농업 가치사슬 전반에 걸쳐 ICT 기술이 융합된 자동화·지능화 농업으로, 기존의 관행적이고 경험적인 방법과 달리 과학적이고 분석적인 농업이다. 노지농업은 인공 시설을 활용하여 가온(加溫)이나 보온(保溫) 없이 자연조건 그대로 작물을 재배하는 농업이다. 노지농업은 외부 환경 변화에 큰 영향을 받는다는 단점이 있는데, 이에 농업 선진국들은 재배 작물의 생육 상태와 외부환경 변화를 측정하고 분석하여 맞춤형 정밀농업을 도입해오고 있다. 이 두 개념을 융합한 노지 스마트 농업은 ICT 기술을 활용한 데이터 기반의 정밀 농업으로, 영농 데이터 흐름에 따라 관찰-처방-농작업-결과분석 4단계로 구분할 수 있으며 각 단계에서는 센서 기술, 정보통신기술, 스마트농기계 기술이 적용된다. ㉡ 먼저 관찰 단계에서는 토양, 생육, 수확량 등의 데이터를 통해서 경작지와 농작물의 상태를 파악하고 기초정보를 구축한다. 그렇기 때문에 양질의 데이터 확보가 중요한데, 최근에는 사물인터넷(IoT)이 도입되면서 실시간 데이터 수집과 처리가 가능해졌다. 처방 단계에서는 수집된 데이터를 기반으로 작업 시기와 농자재 투입량을 결정한다. 빅데이터, 인공지능 등의 기술을 활용하여 보다 정확한 진단과 처방이 가능하다. ㉢ 작물은 자연으로부터 에너지를 얻고 스스로 광합성을 하면서 토양을 통해 필요한 양분을 흡수하지만, 수확량이 중요한 작물에는 특히 많이 필요한 원소인 다량 원소를 적절하게 공급해주기 위해 비료를 사용한다. 농작업 단계에서는 데이터 기반의 처방에 따라서 적재적소에 필요한 만큼의 농자재를 투입하는데, 과거에는 사전 조사된 정보를 작업용 지도에 입력하고 진행했지만, 현재는 자율주행 농기계의 발달로 사람의 개입을 최소화한 자동화·지능화 작업으로 이루어지고 있다. 마지막으로 결과분석 단계에서는 수행한 농작업을 새로운 데이터로 축적하고 다시 활용한다. 정확한 영농일지는 차년도 영농계획에 필요한 주요 데이터로 활용된다. 우리나라도 2020년부터 노지 농업의 스마트화를 본격적으로 추진해오고 있다. ㉣ 현재 정부가 운영하는 시범사업은 궁극적으로는 데이터를 수집하고 활용하는 노지 영농의 스마트화 기반 마련을 목표로 한다. 시범사업은 주산지 중심으로 경작지를 50㏊ 이상으로 규모화하고 단지를 집적화한 지역 공동경영체 단위에서 선정된 특화 품종을 중심으로 추진되고 있다. 1980년대 정밀농업 개념이 정립한 미국은 노지 스마트 농업의 주도국이다. 2000년대에 전국으로 보급되면서, 2010년대부터는 데이터 기반의 정밀농업인 노지 스마트농업으로 발전하고 있다. 네덜란드는 2010년부터 노지 분야에서 정밀농업 확산을 위한 정밀농업 프로그램을 추진했고 2018년부터 데이터의 수집과 활용을 강화하고 정밀농업 활용도를 향상시키기 위하여 정밀농업 국가 실험프로젝트를 추진하고 있다. 국내 노지 스마트 농업은 이제 시작 단계에 머물러 있으나, ㉤ 향후 빅데이터와 인공지능의 발전과 함께 소규모 농업인의 소득 향상, 청년농 유입에 긍정적인 영향을 가져올 것으로 전망된다.

① ㉠

② ㉡

③ ㉢

④ ㉣

⑤ ㉤

26 다음 글을 참고할 때 ⊙에 대한 반응으로 적절하지 않은 것은?

인간은 자신과 얼굴 생김새가 지나치게 비슷하지만 인간이 아닌 존재를 볼 때 불쾌함, 거부감, 섬뜩함 등을 느낀다. 이러한 심리적 현상을 '불쾌한 골짜기' 현상이라고 한다. 일본의 로봇 공학자 모리가 발표한 불쾌한 골짜기 이론에 따르면, 로봇의 외관, 즉 얼굴 형상이 인간과 유사해질수록 점점 호감도가 증가하지만, 유사성이 어느 지점에 도달하면 오히려 호감도가 낭떠러지처럼 급격하게 떨어졌다가 인간과 구별하지 못할 정도로 닮았을 때 호감도는 다시 상승한다. 마치 우리가 등산을 할 때 언덕을 오르고, 내려가는 것처럼, 로봇에 대한 호감도는 로봇 외관의 유사성과 함께 증가하다가 다시 떨어지는 비선형적 관계에 있다는 것이다.

[그림 1]

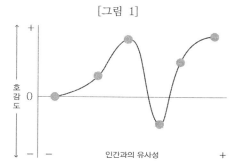

크게 산업용 로봇과 지능형 로봇으로 구분할 수 있는데, 산업용 로봇은 인간과는 전혀 다른 모습으로, 인간은 호감도나 거부감 등을 느끼지 못한다. 하지만 지능형 로봇은 인간, 동물과 유사한 로봇으로 걷고, 뛰는 등의 행위로 할 수 있다. 지능형 로봇을 접한 인간들은 어느 정도 호감을 느끼는데 이는 인간이 아닌 대상으로부터 인간과 유사한 점을 찾으려고 하기 때문이다. 그러나 산업용 로봇부터 인간과 유사한 로봇까지 유사성을 점차 증가시켜 호감도와의 관계를 측정한 결과, 불쾌한 골짜기의 관계가 나타났다. 한 연구 참가자들에게 인형의 얼굴부터 실제 사람의 얼굴까지 합성한 사진에 대해 긍정적/부정적 인상이 형성되는 정도를 평정하도록 하였을 때, 실제 사람의 얼굴과 유사한 지점부터 불쾌한 골짜기가 나타났다. 즉, 인간의 모습과 더 많이 유사할수록 호감도가 오히려 감소될 수 있다는 것을 알 수 있다.

⊙ 甲은 은행에 고객들에게 직원 유니폼을 입고 자동으로 인사하는 마네킹 로봇을 보고 이유 모를 불쾌함과 거부감이 들었다.

① 甲은 인간과 유사한 외관의 마네킹 로봇을 보고 불쾌한 골짜기 현상을 경험했다.
② 마네킹 로봇이 강아지 로봇이었다면 甲은 인간과 유사한 점을 찾으려고 했을 것이다.
③ 마네킹 로봇이 유니폼을 입지 않고 있었다면 호감도가 증가했을 것이다.
④ 산업용 로봇이었다면 甲은 불쾌감과 거부감을 나타내지 않았을 것이다.
⑤ 마네킹 로봇은 인간과 외관이 유사하나 인간과 구별하지 못할 정도로 유사하지는 않을 것이다.

---

27 다음 제시된 글의 내용과 일치하는 것을 모두 고른 것은?

유물(遺物)을 등록하기 위해서는 명칭을 붙인다. 이때 유물의 전반적인 내용을 알 수 있도록 하는 것이 바람직하다. 따라서 명칭에는 그 유물의 재료나 물질, 제작기법, 문양, 형태가 나타난다. 예를 들어 도자기에 청자상감운학문매병(靑瓷象嵌雲鶴文梅瓶)이라는 명칭이 붙여졌다면, '청자'는 재료를, '상감'은 제작기법을, '운학문'은 문양을, '매병'은 그 형태를 각각 나타낸 것이다. 이러한 방식으로 다른 유물에 대해서도 명칭을 붙이게 된다.

유물의 수량은 점(點)으로 계산한다. 작은 화살촉도 한 점이고 커다란 철불(鐵佛)도 한 점으로 처리한다. 유물의 파편이 여럿인 경우에는 일괄(一括)이라 이름 붙여 한 점으로 계산하면 된다. 귀걸이와 같이 쌍(雙)으로 된 것은 한 쌍으로, 하나인 경우에는 한 짝으로 하여 한 점으로 계산한다. 귀걸이 한 쌍은, 먼저 그 유물번호를 적고 그 뒤에 각각 (2 - 1), (2 - 2)로 적는다. 뚜껑이 있는 도자기나 토기도 한 점으로 계산하되, 번호를 매길 때는 귀걸이의 예와 같이 하면 된다.

유물을 등록할 때는 그 상태를 잘 기록해 둔다. 보존상태가 완전한 경우도 많지만, 일부가 손상된 유물도 많다. 예를 들어 유물의 어느 부분이 부서지거나 깨졌지만 그 파편이 남아 있는 상태를 파손(破損)이라고 하고, 파편이 없는 경우를 결손(缺損)이라고 표기한다. 그리고 파손된 것을 붙이거나 해서 손질했을 때 이를 수리(修理)라 하고, 결손된 부분을 모조해 원상태로 재현했을 때는 복원(復原)이라는 용어를 사용한다.

㉠ 도자기 뚜껑의 일부가 손상되어 파편이 떨어진 유물의 경우, 뚜껑은 파편과 일괄하여 한 점이지만 도자기 몸체와는 별개이므로 전체가 두 점으로 계산된다.

㉡ 조선시대 방패의 한 귀퉁이가 부서져나가 그 파편을 찾을 수 없다면, 수리가 아닌 복원의 대상이 된다.

㉢ 위 자료에 근거해 볼 때, 청자화훼당초문접시(靑瓷花卉唐草文皿)는 그 명칭에 비추어 청자상감운학문매병과 동일한 재료 및 문양을 사용하였으나, 그 제작기법과 형태에 있어서 서로 다른 것으로 추정된다.

㉣ 박물관이 소장하고 있는 한 쌍의 귀걸이 중 한 짝이 소실되는 경우에도 그 박물관 전체 유물의 수량이 줄어들지는 않을 것이다.

㉤ 일부가 결손된 철불의 파편이 어느 지방에서 발견되어 그 철불을 소장하던 박물관에서 함께 소장하게 된 경우, 그 박물관이 소장하는 전체 유물의 수량은 늘어난다.

① ㉠   ② ㉡㉢

③ ㉡㉣   ④ ㉠㉢㉤

⑤ ㉡㉣㉤

28 다음 글에서 추론할 수 있는 내용으로 옳은 것만을 고른 것은?

예술과 도덕의 관계, 더 구체적으로는 예술작품의 미적 가치와 도덕적 가치의 관계는 동서양을 막론하고 사상사의 중요한 주제들 중 하나이다. 그 관계에 대한 입장들로는 '극단적 도덕주의', '온건적 도덕주의', '자율성주의'가 있다. 이 입장들은 예술작품이 도덕적 가치판단의 대상이 될 수 있느냐는 물음에 각기 다른 대답을 한다.

극단적 도덕주의 입장은 모든 예술작품을 도덕적 가치판단의 대상으로 본다. 이 입장은 도덕적 가치를 가장 우선적인 가치이자 가장 포괄적인 가치로 본다. 따라서 모든 예술 작품은 도덕적 가치에 의해서 긍정적으로 또는 부정적으로 평가된다. 또한 도덕적 가치는 미적 가치를 비롯한 다른 가치들보다 우선한다. 이러한 입장을 대표하는 사람이 바로 톨스토이이다. 그는 인간의 형제애에 관한 정서를 전달함으로써 인류의 심정적 통합을 이루는 것이 예술의 핵심적 가치라고 보았다.

온건적 도덕주의는 오직 일부 예술작품만이 도덕적 판단의 대상이 된다고 보는 입장이다. 따라서 일부의 예술작품들에 대해서만 긍정적인 또는 부정적인 도덕적 가치판단이 가능하다고 본다. 이 입장에 따르면, 도덕적 판단의 대상이 되는 예술작품의 도덕적 가치와 미적 가치는 서로 독립적으로 성립하는 것이 아니다. 그것들은 서로 내적으로 연결되어 있기 때문에 어떤 예술작품이 가지는 도덕적 장점이 그 예술작품의 미적 장점이 된다. 또한 어떤 예술작품의 도덕적 결함은 그 예술작품의 미적 결함이 된다.

자율성주의는 어떠한 예술작품도 도덕적 가치판단의 대상이 될 수 없다고 보는 입장이다. 이 입장에 따르면, 도덕적 가치와 미적 가치는 서로 자율성을 유지한다. 즉, 도덕적 가치와 미적 가치는 각각 독립적인 영역에서 구현되고 서로 다른 기준에 의해 평가된다는 것이다. 결국 자율성주의는 예술작품에 대한 도덕적 가치판단을 범주착오에 해당하는 것으로 본다.

ⓖ 자율성주의는 극단적 도덕주의와 온건한 도덕주의가 모두 범주착오를 범하고 있다고 볼 것이다.
ⓛ 극단적 도덕주의는 모든 도덕적 가치가 예술작품을 통해 구현된다고 보지만 자율성주의는 그렇지 않을 것이다.
ⓒ 온건한 도덕주의에서 도덕적 판단의 대상이 되는 예술작품들은 모두 극단적 도덕주의에서도 도덕적 판단의 대상이 될 것이다.

① ㉠
② ㉡
③ ㉠㉢
④ ㉡㉢
⑤ ㉠㉡㉢

29 다음에 설명된 '자연적'의 의미를 바르게 적용한 것은?

> 미덕은 자연적인 것이고 악덕은 자연적이지 않은 것이라는 주장보다 더 비철학적인 것은 없다. 자연이라는 단어가 다의적이기 때문이다. '자연적'이라는 말의 첫 번째 의미는 '기적적'인 것의 반대로서, 이런 의미에서는 미덕과 악덕 둘 다 자연적이다. 자연법칙에 위배되는 현상인 기적을 제외한 세상의 모든 사건이 자연적이다. 둘째로, '자연적'인 것은 '흔하고 일상적'인 것을 의미하기도 한다. 이런 의미에서 미덕은 아마도 가장 '비자연적'일 것이다. 적어도 흔하지 않다는 의미에서의 영웅적인 덕행은 짐승 같은 야만성만큼이나 자연적이지 못할 것이다. 세 번째 의미로서, '자연적'은 '인위적'에 반대된다. 행위라는 것 자체가 특정 계획과 의도를 지니고 수행되는 것이라는 점에서, 미덕과 악덕은 둘 다 인위적인 것이라 할 수 있다. 그러므로 '자연적이다', '비자연적이다'라는 잣대로 미덕과 악덕의 경계를 그을 수 없다.

① 수재민을 돕는 것은 첫 번째와 세 번째 의미에서 자연적이다.

② 논개의 살신성인 행위는 두 번째와 세 번째 의미에서 자연적이지 않다.

③ 내가 산 로또 복권이 당첨되는 일은 첫 번째와 두 번째 의미에서 자연적이지 않다.

④ 벼락을 두 번이나 맞고도 살아남은 사건은 첫 번째와 두 번째 의미에서 자연적이다.

⑤ 개가 낯선 사람을 보고 짖는 것은 두 번째 의미에서는 자연적이지 않지만, 세 번째 의미에서는 자연적이다.

30 다음 글의 문맥상 빈칸에 들어갈 말로 가장 적절한 것은?

여름이 빨리 오고 오래 가다보니 의류업계에서 '쿨링'을 컨셉으로 하는 옷들을 앞다퉈 내놓고 있다. 그물망 형태의 옷감에서 냉감(冷感)을 주는 멘톨(박하의 주성분)을 포함한 섬유까지 접근방식도 제각각이다. 그런데 가까운 미래에는 미생물을 포함한 옷이 이 대열에 합류할지도 모르겠다. 박테리아 같은 미생물은 여름철 땀냄새의 원인이라는데 어떻게 옷에 쓰일 수 있을까.

생물계에서 흡습형태변형은 널리 관찰되는 현상이다. 솔방울이 대표적인 예로 습도가 높을 때는 비늘이 닫혀있어 표면이 매끈한 덩어리로 보이지만 습도가 떨어지면 비늘이 삐죽삐죽 튀어나온 형태로 바뀐다. 밀이나 보리의 열매(낟알) 끝에 달려 있는 까끄라기도 습도가 높을 때는 한 쌍이 거의 나란히 있지만 습도가 낮아지면 서로 벌어진다. 이런 현상은 한쪽 면에 있는 세포의 길이(크기)가 반대쪽 면에 있는 세포에 비해 습도에 더 민감하게 변하기 때문이다. 즉 습도가 낮아져 세포 길이가 짧아지면 그쪽 면을 향해 휘어지는 것이다.

MIT의 연구자들은 미생물을 이용해서도 이런 흡습형태변형을 구현할 수 있는지 알아보기로 했다. 즉 습도에 영향을 받지 않는 재질인 천연라텍스 천에 농축된 대장균 배양액을 도포해 막을 형성했다. 대장균은 별도의 접착제 없이도 소수성 상호작용으로 라텍스에 잘 달라붙는다. 라텍스 천의 두께는 $150 \sim 500\mu m$(마이크로미터. $1\mu m$는 100만분의 1m)이고 대장균 막의 두께는 $1 \sim 5\mu m$다. 이 천을 상대습도 15%인 건조한 곳에 두자 대장균 세포에서 수분이 빠져나가며 대장균 막이 도포된 쪽으로 휘어졌다. 이 상태에서 상대습도 95%인 곳으로 옮기자 천이 서서히 펴지며 다시 평평해졌다. 이 과정을 여러 차례 반복해도 같은 현상이 재현됐다.

연구자들은 원자힘현미경(AFM)으로 대장균 막을 들여다봤고 상대습도에 따라 크기(부피)가 변한다는 사실을 확인했다. 즉 건조한 곳에서는 대장균 세포부피가 30% 정도 줄어드는데, 이 효과가 천에서 세포들이 나란히 배열된 쪽을 수축시키는 현상으로 나타나 그 방향으로 휘어지는 것이다. 연구자들은 이런 흡습형태변형이 대장균만의 특성인지 미생물의 일반 특성인지 알아보기 위해 몇 가지 박테리아와 단세포 진핵생물인 효모에 대해서도 같은 실험을 해봤다. 그 결과 정도의 차이는 있었지만 패턴은 동일했다.

다음으로 연구자들은 양쪽 면에 미생물이 코팅된 천이 쿨링 소재로 얼마나 효과적인지 알아보기로 했다. 연구팀은 흡습형태변형이 효과를 낼 수 있도록 독특한 형태로 옷을 디자인했다. 즉, _____

그 결과 공간이 생기면서 땀의 배출을 돕는다. 측정 결과 미생물이 코팅된 천으로 만든 옷을 입을 경우 같은 형태의 일반 천으로 만든 옷에 비해 피부 표면 공기의 온도가 2도 정도 낮아 쿨링 효과가 있는 것으로 나타났다.

① 체온이 높은 등 쪽으로 천이 휘어지게 되는 성질을 이용해 평상시에는 옷이 바깥쪽으로 더 튀어나오도록 디자인했다.

② 미생물이 코팅된 천이 땀으로 인한 습도의 영향을 잘 받을 수 있도록 옷의 안쪽 면에 부착하여 옷의 바깥쪽과는 완전히 다른 환경을 유지할 수 있도록 디자인했다.

③ 땀이 많이 나는 등 쪽에 칼집을 낸 형태로 만들어 땀이 안 날 때는 평평하다가 땀이 나면 피부 쪽 면의 습도가 높아져 미생물이 팽창해 천이 바깥쪽으로 휘어지도록 디자인했다.

④ 땀이 나서 습도가 올라가면 등 쪽의 세포 길이가 짧아질 것을 고려해 천이 안쪽으로 휘어져 공간이 생길 수 있도록 디자인했다.

⑤ 땀이 흐르는 등과 천 사이에 일정한 공간이 유지될 수 있도록 천에 미생물 코팅 면을 부착해 공간 사이로 땀이 흘러내리며 쿨링 효과를 일으킬 수 있도록 디자인했다.

Answer. 29.② 30.③

31 다음 글을 통해 추론할 수 있는 내용으로 가장 적절한 것은?

> 카발리는 윌슨이 모계 유전자인 mtDNA 연구를 통해 발표한 인류 진화 가설을 설득력 있게 확인시켜 줄 수 있는 실험을 제안했다. 만약 mtDNA와는 서로 다른 독립적인 유전자 가계도를 통해서도 같은 결론에 도달할 수 있다면 윌슨의 인류 진화에 대한 가설을 강화할 수 있다는 것이다.
>
> 이에 언더힐은 Y염색체를 인류 진화 연구에 이용하였다. 그가 Y염색체를 연구에 이용한 이유가 있다. 그것은 Y염색체가 하나씩 존재하는 특성이 있어 재조합을 일으키지 않고, 그 점은 연구 진행을 수월하게 하기 때문이다. 그는 Y염색체를 사용한 부계 연구를 통해 윌슨이 밝힌 연구결과와 매우 유사한 결과를 도출했다. 언더힐의 가계도도 윌슨의 가계도와 마찬가지로 아프리카 지역의 인류 원조 조상에 뿌리를 두고 갈라져 나오는 수형도였다. 또 그 수형도는 인류학자들이 상상한 장엄한 떡갈나무가 아니라 윌슨이 분석해 놓은 약 15만 년밖에 안 된 키 작은 나무와 매우 유사하였다.
>
> 별개의 독립적인 연구로 얻은 두 자료가 인류의 과거를 똑같은 모습으로 그려낸다면 그것은 대단한 설득력을 지닌다. mtDNA와 같은 하나의 영역만이 연구된 상태에서는 그 결과가 시사적이기는 해도 결정적이지는 않다. 그 결과의 양상은 단지 DNA의 특정 영역에 일어난 특수한 역사만을 반영하는 것일 수도 있기 때문이다. 하지만 언더힐을 Y염색체에서 유사한 양상을 발견함으로써 그 불완전성은 크게 줄어들었다. 15만 년 전에 아마도 전염병이나 기후 변화로 인해 유전자 다양성이 급격하게 줄어드는 현상이 일어났을 것이다.

① 윌슨의 mtDNA 연구결과는 인류 진화 가설에 대한 결정적인 증거였다.
② 부계 유전자 연구와 모계 유전자 연구를 통해 얻은 각각의 인류 진화 수형도는 매우 비슷하다.
③ 윌슨과 언더힐의 연구결과는 현대 인류 조상의 기원에 대한 인류학자들의 견해를 뒷받침한다.
④ 언더힐은 우리가 갖고 있는 Y염색체 연구를 통해 인류가 아프리카에서 유래했다는 것을 부정했다.
⑤ 언더힐이 Y염색체를 인류 진화 연구에 이용한 것은 염색체 재조합으로 인해 연구가 쉬워졌기 때문이다.

32 다음 글의 내용과 부합하는 것은?

> '청렴(淸廉)'은 현대 사회에서 좁게는 반부패와 동의어로 사용되며 넓게는 투명성과 책임성 등을 포괄하는 통합적 개념으로 사용되고 있다. 유학자들은 청렴을 효제와 같은 인륜의 덕목보다는 하위에 두었지만 군자라면 마땅히 지켜야 할 일상의 덕목으로 중시하였다. 조선의 대표적 유학자였던 이황과 이이는 청렴을 사회 규율이자 개인 처세의 지침으로 강조하였다. 특히 공적 업무에 종사하는 사람이라면 사회 규율로서의 청렴이 개인의 처세와 직결된다는 점에 유념해야 한다고 보았다.
>
> 청렴에 대한 논의는 정약용의 「목민심서」에서 본격적으로 나타난다. 정약용은 청렴이야말로 목민관이 지켜야 할 근본적인 덕목이며 목민관의 직무는 청렴이 없이는 불가능하다고 강조하였다. 정약용은 청렴을 당위의 차원에서 주장하는 기존의 학자들과 달리 행위자 자신에게 실질적 이익이 된다는 점을 들어 설득하고자 한다. 그는 청렴은 큰 이득이 남는 장사라고 말하면서, 지혜롭고 욕심이 큰 사람은 청렴을 택하지만 지혜가 짧고 욕심이 작은 사람은 탐욕을 택한다고 설명한다. 정약용은 "지자(知者)는 인(仁)을 이롭게 여긴다."라는 공자의 말을 빌려 "지혜로운 자는 청렴함을 이롭게 여긴다."라고 하였다. 비록 재물을 얻는 데 뜻이 있더라도 청렴함을 택하는 것이 결과적으로는 지혜로운 선택이라고 정약용은 말한다. 목민관의 작은 탐욕은 단기적으로 보면 눈앞의 재물을 취하여 이익을 얻을 수 있겠지만 궁극에는 개인의 몰락과 가문의 불명예를 가져올 수 있기 때문이다.
>
> 정약용은 청렴을 지키는 것은 두 가지 효과가 있다고 보았다. 첫째, 청렴은 다른 사람에게 긍정적 효과를 미친다. 목민관이 청렴할 경우 백성을 비롯한 공동체 구성원에게 좋은 혜택이 돌아갈 것이다. 둘째, 청렴한 행위를 하는 것은 목민관 자신에게도 좋은 결과를 가져다준다. 청렴은 그 자신의 덕을 높이는 것일 뿐 아니라 자신의 가문에 빛나는 명성과 영광을 가져다줄 것이다.

① 정약용은 청렴이 목민관이 반드시 지켜야 할 덕목임을 당위론 차원에서 정당화하였다.
② 정약용은 탐욕을 택하는 것보다 청렴을 택하는 것이 이롭다는 공자의 뜻을 계승하였다.
③ 정약용은 청렴한 사람은 욕심이 작기 때문에 재물에 대한 탐욕에 빠지지 않는다고 보았다.
④ 정약용은 청렴이 백성에게 이로움을 줄 뿐 아니라 목민관 자신에게도 이로운 행위라고 보았다.
⑤ 이황과 이이는 청렴을 개인의 처세에 있어 주요 지침으로 여겼으나 사회 규율로는 보지 않았다.

33 다음을 읽고 알 수 있는 것은?

> 인간의 몸은 70%의 물로 이루어져 있으며 모든 신체 기관의 기능을 유지하는 데 매우 중요한 부분을 차지한다. 체내 수분은 생태에 일어나는 생화학적 반응의 용매로서 작용할 뿐만 아니라 영양소의 운반·배출·분비, 삼투압 조절 및 체온 조절 등에 관여한다. 적절한 양의 수분 섭취는 혈량을 유지하는 데 필수적이며 체내 영양 공급 및 노폐물 배설에도 주요한 역할을 한다. 신체의 향상성 유지, 면역력 증진 등에도 도움이 된다. 체외로 배출되는 수분은 성인 기준으로 하루 1,400ml, 대변으로 100ml, 땀과 호흡 등으로 1,000ml를 배출한다. 수분 섭취량은 염분 섭취나 체중, 활동량, 신체 칼로리 소모량, 기온 등에 따라 달라지며 매체에서 권장하는 양도 다르지만, 일반적으로 하루에 1.5 ~ 2L까지 섭취할 것을 권장한다.

① 수분 부족으로 나타나는 증상
② 수분 섭취 시 주의사항
③ 하루 권장 체외 수분 배출량
④ 체내 수분의 역할
⑤ 수분이 피부미용에 미치는 영향

34 다음 글을 통해 추론할 수 있는 것은?

'핸드오버'란 이동단말기가 이동함에 따라 기존 기지국에서 이탈하여 새로운 기지국으로 넘어갈 때 통화가 끊기지 않도록 통화 신호를 새로운 기지국으로 넘겨주는 것을 말한다. 이런 핸드오버는 이동단말기, 기지국, 이동전화교환국 사이의 유무선 연결을 바탕으로 실행된다. 이동단말기가 기지국에 가까워지면 그 둘 사이의 신호가 점점 강해지는 데 반해, 이동단말기와 기지국이 멀어지면 그 둘 사이의 신호는 점점 약해진다. 이 신호의 세기가 특정값 이하로 떨어지게 되면 핸드오버가 명령되어 이동단말기와 새로운 기지국 간의 통화 채널이 형성된다. 이 과정에서 이동전화교환국과 기지국 간 연결에 문제가 발생하면 핸드오버가 실패하게 된다.

핸드오버는 이동단말기와 기지국 간 통화 채널 형성 순서에 따라 '형성 전 단절 방식'과 '단절 전 형성 방식'으로 구분될 수 있다. FDMA와 TDMA에서는 형성 전 단절 방식을, CDMA에서는 단절 전 형성 방식을 사용한다. 형성 전 단절 방식은 이동단말기와 새로운 기지국 간의 통화 채널이 형성되기 전에 기존 기지국과의 통화 채널을 단절하는 것을 말한다. 이와 반대로 단절 전 형성 방식은 이동단말기와 기존 기지국 간의 통화 채널이 단절되기 전에 새로운 기지국과의 통화 채널을 형성하는 방식이다. 이런 핸드오버 방식의 차이는 각 기지국이 사용하는 주파수 간 차이에서 비롯된다. 만약 각 기지국이 다른 주파수를 사용하고 있다면, 이동단말기는 기존 기지국과의 통화 채널을 미리 단절한 뒤 새로운 기지국에 맞는 주파수를 할당 받은 후 통화 채널을 형성해야 한다. 그러나 각 기지국이 같은 주파수를 사용하고 있다면, 그런 주파수 조정이 필요 없으며 새로운 통화 채널을 형성하고 나서 기존 통화 채널을 단절할 수 있다.

① 단절 전 형성 방식의 각 기지국은 서로 다른 주파수를 사용한다.

② 형성 전 단절 방식은 단절 전 형성 방식보다 더 빨리 핸드오버를 명령할 수 있다.

③ 이동단말기와 기존 기지국 간의 통화 채널이 단절되면 핸드오버가 성공한다.

④ CDMA에서는 하나의 이동단말기가 두 기지국과 동시에 통화 채널을 형성할 수 있지만 FDMA에서는 그렇지 않다.

⑤ 이동단말기 A와 기지국 간 신호 세기가 이동단말기 B와 기지국 간 신호 세기보다 더 작다면 이동단말기 A에서는 핸드오버가 명령되지만 이동단말기 B에서는 핸드오버가 명령되지 않는다.

35 다음 글을 통해 알 수 있는 것은?

> 고전주의적 관점에서는 보편적 규칙에 따라 고전적 이상에 일치시켜 대상을 재현한 작품에 높은 가치를 부여한다. 반면 낭만주의적 관점에서는 예술가 자신의 감정이나 가치관, 문제의식 등을 자유로운 방식으로 표현한 것에 가치를 부여한다.
>
> 그렇다면 예술작품을 감상할 때에는 어떠한 관점을 취해야 할까? 예술작품을 감상한다는 것은 예술가를 화자로 보고, 감상자를 청자로 설정하는 의사소통 형식으로 가정할 수 있다. 고전주의적 관점에서는 재현 내용과 형식이 정해지기 때문에 화자인 예술가가 중심이 된 의사소통 행위가 아니라 청자가 중심이 된 의사소통 행위라 할 수 있다. 즉, 예술작품 감상에 있어서 청자인 감상자는 보편적 규칙과 경험적 재현 방식을 통해 쉽게 예술작품을 수용하고 이해할 수 있게 된다. 그런데 의사소통 상황에서 청자가 중요시되지 않는 경우도 흔히 발견된다. 가령 스포츠 경기를 볼 때 주변 사람과 관련 없이 자기 혼자서 탄식하고 환호하기도 한다. 또한 독백과 같이 특정한 청자를 설정하지 않는 발화 행위도 존재한다. 낭만주의적 관점에서 예술작품을 이해하고 감상하는 것도 이와 유사하다. 낭만주의적 관점에서는, 예술작품을 예술가가 감상자를 고려하지 않은 채 자신의 생각이나 느낌을 자유롭게 표현한 것으로 보아야만 작품의 본질을 오히려 잘 포착할 수 있다고 본다.
>
> 낭만주의적 관점에서 올바른 작품 감상을 위해서는 예술가의 창작의도나 창작관에 대한 이해가 필요하다. 비록 관람과 감상을 전제하고 만들어진 작품이라 하더라도 그 가치는 작품이 보여주는 색채나 구도 등에 대한 감상자의 경험을 통해서만 파악되는 것이 아니다. 현대 추상회화 창시자의 한 명으로 손꼽히는 몬드리안의 예술작품을 보자. 구상적 형상 없이 선과 색으로 구성된 몬드리안의 작품들은, 그가 자신의 예술을 발전시켜 나가는 데 있어서 관심을 쏟았던 것이 무엇인지를 알지 못하면 이해하기 어렵다.

① 고전주의적 관점과 낭만주의적 관점의 공통점은 예술작품의 재현 방식이다.

② 고전주의적 관점에서 볼 때, 예술작품을 감상하는 것은 독백을 듣는 것과 유사하다.

③ 낭만주의적 관점에서 볼 때, 예술작품 창작의 목적은 감상자 위주의 의사소통에 있다.

④ 낭만주의적 관점에서 볼 때, 예술작품의 창작의도에 대한 충분한 소통은 작품 이해를 위해 중요하다.

⑤ 고전주의적 관점에 따르면 예술작품의 본질은 예술가가 자신의 생각이나 느낌을 창의적으로 표현하는 데 있다.

....

Answer. 35.④

문제해결능력

[문제해결능력] NCS 출제유형

① 사고력 : 개인이 가지고 있는 경험과 지식을 통해 가치 있는 아이디어를 산출하는 사고능력이다. 논리문제가 주로 출제된다.
② 문제처리능력 : 목표를 분석하고 이를 토대로 문제를 도출하여 최적의 해결책을 찾는 문제이다.

[문제해결능력] 출제경향

사고력과 문제처리능력을 파악할 수 있는 문항들로 구성된다. 명제 및 진위관계, SWOT 분석을 통한 문제 도출, 주어진 상황을 고려하여 비용 및 시간, 순서 등의 상황 문제, 고객 응대 등의 문제가 자료 해석 유형으로 출제된다. 최근 온라인 필기시험에서는 논리형이 다수 출제가 되었다. 논리적으로 추리하면서 풀어가는 문제가 다수 출제되어 시간 내로 푸는 것이 어려웠다. 또한 자료해석에서는 빠른 계산을 요하는 문제에 함정을 두어 자세히 읽지 않으면 틀리기 쉬운 문제가 다수 출제되었다.

[문제해결능력] 빈출유형

명제 및 진위관계										
SWOT 분석										
고객응대										
자료해석										

01 문제해결능력 모듈형 연습문제

예제 01 문제처리능력

D사 신입사원으로 입사한 귀하는 신입사원 교육에서 업무 수행과정에서 발생하는 문제 유형 중 설정형 문제를 하나씩 찾아오라는 지시를 받았다. 이에 대해 귀하는 교육받은 내용을 다시 복습하려고 한다. 설정형 문제에 해당하는 것은?

① 현재 직면하여 해결하기 위해 고민하는 문제
② 현재의 상황을 개선하거나 효율을 높이기 위한 문제
③ 앞으로 어떻게 할 것인가 하는 문제
④ 원인이 내재되어 있는 원인지향적인 문제

출제의도
업무 수행 중 문제가 발생하였을 때 문제 유형을 구분하는 능력을 측정하는 문항이다.

해설
업무 수행과정에서 발생하는 문제 유형으로는 발생형 문제, 탐색형 문제, 설정형 문제가 있으며 ①④는 발생형 문제이며 ②는 탐색형 문제, ③이 설정형 문제이다.

※ ③

예제 02 사고력

M사 홍보팀에서 근무하고 있는 귀하는 입사 5년차로 창의적인 기획안을 제출하기로 유명하다. S 부장은 이번 신입사원 교육 때 귀하에게 창의적인 사고란 무엇인지 교육을 맡아 달라고 부탁하였다. 창의적인 사고에 대한 귀하의 설명으로 옳지 않은 것은?

① 창의적인 사고는 새롭고 유용한 아이디어를 생산해 내는 정신적인 과정이다.
② 창의적인 사고는 특별한 사람들만이 할 수 있는 대단한 능력이다.
③ 창의적인 사고는 기존의 정보들을 특정한 요구조건에 맞거나 유용하도록 새롭게 조합시킨 것이다.
④ 창의적인 사고는 통상적인 것이 아니라 기발하거나, 신기하며 독창적인 것이다.

출제의도
창의적 사고에 대한 개념을 정확히 파악하고 있는지를 묻는 문항이다.

해설
흔히 사람들은 창의적인 사고에 대해 특별한 사람들만이 할 수 있는 대단한 능력이라고 생각하지만 그리 대단한 능력이 아니며 이미 알고 있는 경험과 지식을 해체하여 다시 새로운 정보로 결합하여 가치 있는 아이디어를 산출하는 사고라고 할 수 있다.

※ ②

예제 03 문제처리능력

L사에서 주력 상품으로 밀고 있는 TV의 판매 이익이 감소하고 있는 상황에서 귀하는 B부장으로부터 3C분석을 통해 해결방안을 강구해 오라는 지시를 받았다. 다음 중 3C에 해당하지 않는 것은?

① Customer
② Company
③ Competitor
④ Content

출제의도

3C의 개념과 구성요소를 정확히 숙지하고 있는지를 측정하는 문항이다.

해설

3C 분석에서 사업 환경을 구성하고 있는 요소인 자사(Company), 경쟁사(Competitor), 고객을 3C(Customer)라고 한다. 3C 분석에서 고객 분석에서는 '고객은 자사의 상품·서비스에 만족하고 있는지'를, 자사 분석에서는 '자사가 세운 달성목표와 현상 간에 차이가 없는지'를 경쟁사 분석에서는 '경쟁기업의 우수한 점과 자사의 현상과 차이가 없는지'에 대한 질문을 통해서 환경을 분석하게 된다.

※ ④

예제 04 문제처리능력

C사는 최근 국내 매출이 지속적으로 하락하고 있어 사내 분위기가 심상치 않다. 이에 대해 Y 부장은 이 문제를 극복하고자 문제처리 팀을 구성하여 해결방안을 모색하도록 지시하였다. 문제처리 팀의 문제해결절차를 올바른 순서로 나열한 것은?

① 문제 인식 → 원인 분석 → 해결안 개발 → 문제 도출 → 실행 및 평가
② 문제 도출 → 문제 인식 → 해결안 개발 → 원인 분석 → 실행 및 평가
③ 문제 인식 → 원인 분석 → 문제 도출 → 해결안 개발 → 실행 및 평가
④ 문제 인식 → 문제 도출 → 원인 분석 → 해결안 개발 → 실행 및 평가

출제의도

실제 업무 상황에서 문제가 일어났을 때 해결절차를 알고 있는지를 측정하는 문항이다.

해설

일반적인 문제해결절차는 '문제 인식 → 문제 도출 → 원인 분석 → 해결안 개발 → 실행 및 평가'로 이루어진다.

※ ④

02 문제해결능력 출제유형 문제

1   오 부장, 최 차장, 박 과장, 남 대리, 조 사원, 양 사원 6명은 주간회의를 진행하고 있다. 둥근 테이블에 둘러 앉아 회의를 하는 사람들의 위치가 다음과 같을 때, 조 사원의 양 옆에 위치한 사람으로 짝지어진 것은?

> • 최 차장과 남 대리는 마주보고 앉았다.
> • 박 과장은 오 부장의 옆에 앉았다.
> • 오 부장은 회의의 진행을 맡기로 하였다.
> • 남 대리는 양 사원이 앉은 기준으로 오른쪽에 앉았다.

① 양 사원, 최 차장
② 양 사원, 남 대리
③ 박 과장, 최 차장
④ 오 부장, 양 사원
⑤ 남 대리, 오 부장

2   홍보팀에서는 신입사원 6명(A, B, C, D, E, F)을 선배 직원 3명(갑, 을, 병)이 각각 2명씩 맡아 문서작성 및 결재 요령에 대하여 1주일간 교육을 실시하고 있다. 다음 조건을 만족할 때, 신입사원과 교육을 담당한 선배 직원의 연결에 대한 설명이 올바른 것은?

> • B와 F는 같은 조이다.
> • 갑은 A에게 문서작성 요령을 가르쳐 주었다.
> • 을은 C와 F에게 문서작성 및 결재 요령에 대하여 가르쳐 주지 않았다.

① 병은 A를 교육한다.
② D는 을에게 교육을 받지 않는다.
③ C는 갑에게 교육을 받는다.
④ 을은 C를 교육한다.
⑤ 갑과 병 중에 E를 교육하는 사람이 있다.

3 다음 내용을 근거로 판단할 때 참을 말하는 사람은 누구인가?

> A 동아리 학생 5명은 각각 B 동아리 학생들과 30회씩 가위바위보 게임을 하였다. 각 게임에서 이길 경우 5점, 비길 경우 1점, 질 경우 −1점을 받는다. 게임이 모두 끝나자 A 동아리 학생 5명은 자신들이 얻은 합산 점수를 다음과 같이 말하였다.
>
> • 갑 : 내 점수는 148점이다.
> • 을 : 내 점수는 145점이다.
> • 병 : 내 점수는 143점이다.
> • 정 : 내 점수는 140점이다.
> • 무 : 내 점수는 139점이다.
>
> 이들 중 한 명만 참을 말하고 있다.

① 갑   ② 을
③ 병   ④ 정
⑤ 무

4 갑사(社), 을사(社), 병사(社)는 A, B, C 3개 운동 종목에 대한 3사 간의 경기를 실시하였으며, 결과는 다음 표와 같다. 이에 대한 설명으로 올바르지 않은 것은? (단, 무승부인 경기는 없다고 가정한다)

구분	갑	을	병
A 종목	4승 6패	7승 3패	4승 6패
B 종목	7승 3패	2승 8패	6승 4패
C 종목	5승 5패	3승 7패	7승 3패

① 갑사가 병사로부터 거둔 A 종목 경기 승수가 1승뿐이었다면 을사는 병사에 압도적인 우세를 보였다.
② 을사의 B 종목 경기 8패가 나머지 두 회사와의 경기에서 절반씩 거둔 결과라면 갑사와 병사의 상대 전적은 갑사가 더 우세하다.
③ 갑사가 세 종목에서 거둔 승수 중 을사와 병사로부터 각각 적어도 2승 이상씩을 거두었다면, 적어도 을사는 병사보다 A 종목의, 병사는 을사보다 C 종목의 상대 전적이 더 우세하다.
④ 갑사는 C 종목에서 을사, 병사와의 상대 전적이 동일하여 우열을 가릴 수 없다.
⑤ 승과 패에 부여된 승점이 세 종목 모두 동일하다면 세 종목 전체의 성적은 병사, 갑사, 을사 순으로 높다.

5 다음의 조건이 모두 참일 때, 甲이 가장 먼저 처리해야 할 업무는?

> (가) '메일 전송'과 '파일 저장'은 연이어 일어나지 않았다.
> (나) '자료 추합'은 가장 마지막에 일어나지 않았다.
> (다) '메일 전송'은 '보고일지 작성'과 '보고서 작성' 사이에 일어났다.
> (라) '파일 저장'은 '메일 전송'과 '자료 추합' 사이에 일어났다.
> (마) '자료 추합'이 '보고일지 작성'보다 먼저 일어났다면, '보고서 작성'이 '보고일지 작성'보다 먼저 일어났을 것이다.

① 메일 전송   ② 파일 저장
③ 자료 추합   ④ 보고서 작성
⑤ 보고일지 작성

6 다음은 N기업의 채용 시험에 응시한 최종 6명의 평가 결과를 나타낸 자료이다. 다음 중 응시자 A와 D의 면접 점수가 동일하며, 6명의 면접 평균 점수가 17.5점일 경우, 최종 채용자 2명 중 어느 한 명이라도 변경될 수 있는 조건으로 올바른 설명은 어느 것인가?

〈평가 결과표〉

응시자＼분야	어학	컴퓨터	실무	NCS	면접	평균
A	( )	14	13	15	( )	( )
B	12	14	( )	10	14	12.0
C	10	12	9	( )	18	11.8
D	14	14	( )	17	( )	( )
E	( )	20	19	17	19	18.6
F	10	( )	16	( )	16	( )
계	80	( )	( )	84	( )	( )
평균	( )	14.5	14.5	( )	( )	( )

※ 평균 점수가 높은 두 명을 최종 채용자로 결정함

① E의 '컴퓨터' 점수가 5점 낮아질 경우
② A의 '실무' 점수가 최고점, D의 '실무' 점수가 13점일 경우
③ F의 '어학' 점수가 최고점일 경우
④ B의 '실무'와 'NCS' 점수가 모두 최고점일 경우
⑤ C의 '실무' 점수가 최고점일 경우

|7 ～ 8| 다음 SWOT 분석에 대한 설명과 사례를 보고 이어지는 물음에 답하시오.

〈SWOT 분석방법〉

구분		내부환경 요인	
		강점 (Strengths)	약점 (Weaknesses)
외부 환경 요인	기회 (Opportunities)	SO 내부강점과 외부기회 요인을 극대화	WO 외부기회를 이용하여 내부약점을 강점으로 전환
	위협 (Threats)	ST 강점을 이용한 외부환경 위협의 대응 및 전략	WT 내부약점과 외부위협을 최소화

〈사례〉

S	편의점 운영 노하우 및 경험 보유, 핵심 제품 유통채널 차별화로 인해 가격 경쟁력 있는 제품 판매 가능
W	아르바이트 직원 확보 어려움, 야간 및 휴일 등 시간에 타 지역 대비 지역주민 이동이 적어 매출 증가 어려움
O	주변에 편의점 개수가 적어 기본 고객 확보 가능, 매장 앞 휴게 공간 확보로 소비 유발 효과 기대
T	지역주민의 생활패턴에 따른 편의점 이용률 저조, 근거리에 대형 마트 입점 예정으로 매출 급감 우려 존재

7 다음 중 위의 SWOT 분석방법을 올바르게 설명하지 못한 것은?

① 외부환경 요인 분석 시에는 자신을 제외한 모든 것에 대한 요인을 기술하여야 한다.

② 구체적인 요인부터 시작하여 점차 객관적이고 상식적인 내용으로 기술한다.

③ 같은 데이터도 자신에게 미치는 영향에 따라 기회요인과 위협 요인으로 나뉠 수 있다.

④ 외부환경 요인 분석에는 SCEPTIC 체크리스트가, 내부환경 요인 분석에는 MMMITI 체크리스트가 활용될 수 있다.

⑤ 내부환경 요인은 경쟁자와 비교한 나의 강점과 약점을 분석하는 것이다.

8 다음 중 위의 SWOT 분석 사례에 따른 전략으로 적절하지 않은 것은?

① 가족들이 남는 시간을 투자하여 인력 수급 및 인건비 절감을 도모하는 것은 WT 전략으로 볼 수 있다.

② 저렴한 제품을 공급하여 대형 마트 등과의 경쟁을 극복하고자 하는 것은 SW 전략으로 볼 수 있다.

③ 다년간의 경험을 활용하여 지역 내 편의점 이용 환경을 더욱 극대화시킬 수 있는 방안을 연구하는 것은 SO 전략으로 볼 수 있다.

④ 매장 앞 공간을 쉼터로 활용해 지역 주민 이동 시 소비를 유발하도록 하는 것은 WO 전략으로 볼 수 있다.

⑤ 고객 유치 노하우를 바탕으로 사은품 등 적극적인 홍보활동을 통해 편의점 이용에 대한 필요성을 부각시키는 것은 ST 전략으로 볼 수 있다.

9 김 과장은 다음 달로 예정되어 있는 해외 출장 일정을 확정하려 한다. 다음 상황의 조건을 만족할 경우 김 과장의 출장 일정에 대한 설명으로 올바른 것은 어느 것인가?

김 과장은 다음 달 3박 4일간의 해외 출장이 계획되어 있다. 회사에서는 출발일과 복귀일에 업무 손실을 최소화할 수 있도록 가급적 평일에 복귀하도록 권장하고 있고, 출장 기간에 토요일과 일요일이 모두 포함되는 일정은 지양하도록 요구한다. 이번 출장에서는 매우 중요한 계약 건이 이루어져야 하기 때문에 김 과장은 출장 복귀 바로 다음 날 출장 결과 보고를 하고자 한다. 다음 달의 첫째 날은 금요일이며 마지막 주 수요일과 13일은 김 과장이 빠질 수 없는 회사 업무 일정이 잡혀 있다.

① 금요일에 출장을 떠나는 일정도 가능하다.

② 김 과장은 월요일이나 화요일에 출장 결과 보고를 할 수 있다.

③ 김 과장이 출발일로 잡을 수 있는 날짜는 모두 4개이다.

④ 김 과장은 마지막 주에 출장을 가게 될 수도 있다.

⑤ 다음 달 15일 이후가 이전보다 출발 가능한 일수가 더 많다.

10 영업부서에서는 주말을 이용해 1박 2일 동안 워크숍을 다녀올 계획이며, 워크숍 장소로 선정된 N연수원에서는 다음과 같은 시설 이용료와 식사에 대한 견적서를 보내왔다. 다음 내용을 참고할 때, 250만 원의 예산으로 주문할 수 있는 저녁 메뉴가 될 수 없는 것은?

〈N연수원 워크숍 견적서〉

• 참석 인원 : 총 35명(회의실과 운동장 추가 사용 예정)
• 숙박요금 : 2인실 기준 50,000원/룸(모두 2인실 사용)
• 회의실 : 250,000원/40인 수용
• 운동장 : 130,000원
• 1층 식당 석식 메뉴

식사류	설렁탕	7,000원	1인분
	낙지볶음	8,000원	
	비빔밥	6,500원	
안주류	삼겹살	10,000원	1인분
	골뱅이 무침	9,000원	2인분
	마른안주	11,000원	3인 기준
	과일안주	12,000원	
주류	맥주	4,500원	1병
	소주	3,500원	

① 낙지볶음 30인분과 설렁탕 5인분, 삼겹살 55인분과 마른안주 10개, 맥주와 소주 각각 40병
② 식사류 1인분씩과 삼겹살 60인분, 맥주와 소주 각각 30병
③ 삼겹살 60인분과 마른안주, 과일안주 각각 12개, 맥주와 소주 각각 30병
④ 식사류 1인분씩과 삼겹살 60인분, 골뱅이 무침 10개와 맥주 50병
⑤ 식사류 25인분과 삼겹살 50인분, 과일안주 15개와 맥주 30병

11 다음은 인플레이션을 감안하지 않은 명목이자율과 물가변동을 감안한 실질이자율에 대한 설명이다. 다음 설명을 참고할 때, 〈보기〉의 경우 A 씨의 1년 후의 실질이자율은 얼마가 되는가?

누군가가 "이자율이 상승하는 경우 저축을 늘리겠는가?"라는 질문을 했다고 해 보자. 얼핏 생각할 때, 그 대답은 "예"일 것 같지만 보다 정확한 답은 "알 수 없다"이다. 질문 자체가 정확하지 않기 때문이다. 즉, 질문에서 얘기하는 이자율이 명목이자율인지 아니면 실질이자율인지가 불분명하기 때문이다.

만약 질문한 사람이 명목이자율을 염두에 두고 있었다면, 다시 그 사람에게 "물가상승률은 어떻습니까?"라고 되물어야 할 것이다. 명목이자율에서 물가상승률을 뺀 실질이자율이 어느 수준인지가 예금에 대한 의사 결정에 영향을 미치기 때문이다.

현실에서는 예금을 통해 번 이자 소득에 세금이 부과된다. 우리나라의 경우 이자 소득세율은 15.4%이다. 따라서 명목이자율이 물가상승률보다 커 실질이자율이 양(+)의 값을 갖는다 하더라도, 이자 소득세를 납부한 후의 실질이자율은 음(−)의 값을 가질 수도 있다. 물론 이러한 경우 예금을 하면 구매력 차원에서 따졌을 때 오히려 손해를 보게 된다.

〈보기〉

현재 우리나라 금융기관에서 취급하고 있는 1년 만기 정기예금의 연평균 명목이자율은 2.1%이다. A 씨는 1억 원을 1년 동안 예금할 예정이며, 만기 시점인 1년 후의 물가는 1% 상승했다고 가정한다.

① 약 0.56%

② 약 0.77%

③ 약 0.95%

④ 약 2.10%

⑤ 약 2.24%

12 새로 개점한 N은행 ○○지점장은 은행의 수익을 향상시키기 위해 은행 주변의 환경을 조사하였더니 다음과 같이 4개의 블록별로 정리할 수 있었다. 은행에서 판매하는 각종 대출상품을 각 블록에 매치하여 마케팅을 한다고 할 경우 지점장의 마케팅 전략으로 옳지 않은 것은?

A블록 : 30평형대 아파트 단지, 30 ~ 40대가 주로 거주하며 회사원이 대부분이고 전세자가 많다.
B블록 : 40평형대 아파트 단지, 주로 50대 이상이 거주하며 기업을 경영하거나 자영업을 하는 사람들이 많고, 대부분 부부들만 거주한다.
C블록 : 준거주지와 준상업지역으로 음식점, 커피숍 등 상가 밀집지역이다.
D블록 : 학원가와 소규모 사무실이 대부분이며 주간에는 주로 직원들이 근무하고 야간에는 학생들이 활동하는 지역이다.

㉠ 우량기업 직장인을 대상으로 대출 한도 및 대출 금리를 우대하는 신용대출 상품인 「튼튼 직장인 대출」을 적극 홍보한다.
㉡ 은퇴 이후 주요 소득원인 연금소득이 있는 고객에게 주요 가계 지출시 우대금리를 제공하는 시니어전용 대출상품인 「100세 플랜 연금 대출」 상품을 적극 홍보한다.
㉢ 소규모 사업자의 사업경영에 필요한 자금을 시장금리보다 낮은 이자율로 지원하는 「소상공인 정책자금」 상품을 홍보한다.
㉣ 주택도시보증공사의 전세보증금반환보증과 전세자금대출특약보증의 결합상품으로서 전세자금을 지원하고, 반환보증을 통해 전세계약 만료 시 전세보증금을 안전하게 돌려받아 대출금을 상환할 수 있도록 하는 「전세금 안심 대출」 상품을 홍보한다.
㉤ 사업자등록증이 있는 개인사업자에게 담보여신에 추가하여 최대 1억 5천만 원까지 무보증신용여신을 지원하는 「성공 비즈니스 대출」 상품을 홍보한다.

---

① A블록 아파트 단지는 「튼튼 직장인 대출」 상품을 적극 홍보한다.
② B블록 아파트 단지는 거주자 연령대를 감안하여 「100세 플랜 연금 대출」 상품을 홍보하는 게 유리하다.
③ C블록은 상가 형성지역이므로 「소상공인 정책자금」 상품을 수시로 홍보한다.
④ D블록은 학원가와 소규모 사무실이 형성되어 있으므로 농협은행을 주 거래로 하고 거래실적이 높은 학원이나 업체를 대상으로 「성공 비즈니스 대출」 상품을 홍보한다.
⑤ A블록 아파트 단지는 전세자가 많으므로 「전세금 안심 대출」 상품을 홍보하는 게 유리하다.

13 다음은 N은행에서 가입할 수 있는 펀드의 국내투자유형별 등급을 나타낸 표이다. 보기의 대화에서 고객에게 알맞은 유형은?

최고 위험 공격투자형	투자자금 대부분을 주식, 주식형 펀드 또는 파생상품 등의 위험자산에 투자할 의향이 있는 유형
높은 위험 적극투자형	투자자금의 상당 부분을 주식, 주식형 펀드 또는 파생상품 등의 위험자산에 투자할 의향이 있는 유형
중간 위험 위험중립형	예·적금보다 높은 수익을 기대할 수 있다면 일정수준의 손실위험을 감수할 수 있는 유형
낮은 위험 안정추구형	예·적금보다 높은 수익을 위해 자산 중 일부를 변동성 높은 상품에 투자할 의향이 있는 유형
최저 위험 안정형	예금 또는 적금 수준의 수익률을 기대하며 투자원금에 손실이 발생하는 것을 원하지 않는 유형

〈보기〉

직원 : 안녕하십니까? 무엇을 도와드릴까요?

고객 : 네, 펀드에 가입하려고 왔는데요.

직원 : 아, 그러시군요. 그럼 혹시 생각해 두신 펀드가 있으신가요?

고객 : 아니요, 아직 딱히 정한 펀드는 없고 다만 목돈을 마련하고 싶어서요. 일반 예·적금보다 높은 수 익을 낼 수 있는 펀드면 좋겠는데….

직원 : (위의 국내투자유형별 등급 표를 보여주며) 네, 이건 현재 저희 은행에서 가입하실 수 있는 펀드를 투자유형별 등급을 나타낸 표인데요, 그렇다면 혹시 이 유형은 어떠세요? 이 유형은 고객님의 투 자자금 상당 부분을 주식이나 주식형 펀드 또는 그 외 파생상품 등 위험 자산에 투자하는 건데요, 위험 자산에 투자하다보니 아무래도 원금 손실이 클 수도 있지만 반면 높은 수익률도 기대할 수 있는 상품군(群)입니다.

고객 : 음…. 제가 어느 정도 원금 손실을 감수할 생각은 있지만 손실이 과도하게 큰 상품에 투자하기는 좀 부담스러워요.

① 최고 위험 공격투자형

② 높은 위험 적극투자형

③ 중간 위험 위험중립형

④ 낮은 위험 안정추구형

⑤ 최저 위험 안정형

14 다음 명제가 모두 참일 때 항상 옳은 것은?

> • 예금 메뉴를 이용하는 모든 고객은 조회 메뉴를 이용한다.
> • 조회 메뉴를 이용하는 어떤 고객은 이체 메뉴를 이용한다.
> • 펀드 메뉴를 이용하는 모든 고객은 조회 메뉴를 이용한다.
> • 펀드 메뉴와 예금 메뉴를 둘 다 이용하는 고객이 있다.

① 이체 메뉴를 이용하는 모든 고객은 예금 메뉴를 이용하지 않는다.

② 펀드 메뉴를 이용하는 어떤 고객은 이체 메뉴를 이용한다.

③ 예금 메뉴, 조회 메뉴, 펀드 메뉴를 모두 이용하는 고객이 있다.

④ 예금 메뉴를 이용하는 고객 중에는 이체 메뉴를 이용하는 고객이 있다.

⑤ 조회 메뉴를 이용하는 어떤 고객은 펀드 메뉴를 이용하지 않는다.

| 15 ~ 16 | 다음은 N여행카드에 대한 서비스 안내 사항이다. 다음을 읽고 이어지는 물음에 답하시오.

〈특별 할인 서비스〉

• 중국 비자 발급센터에서 비자 발급 수수료 결제 시 50% 청구 할인
• 연 1회/최대 3만 원까지 할인

 ※ 1) 전월 이용 실적 30만 원 이상 시 제공
  2) 본 서비스는 카드 사용 등록하신 달에는 제공되지 않으며, 그 다음 달부터 서비스 조건 충족 시 제공됩니다.

〈여행 편의 서비스〉

인천공항 제1여객터미널(1T) 및 제2여객터미널(2T)에 지정된 K매장에서 N여행카드를 제시하시면, 서비스 이용 가능 여부 확인 후 아래 이용권 중 희망하시는 이용권을 제공해 드립니다.

구분	세부내용
인천공항 고속도로 무료 이용권	소형차(경차, 승용차, 12인승 승합차)에 한하여 인천공항 고속도로 톨게이트(신공항 톨게이트/북인천 톨게이트)에 무료 이용권 제출 시, 통행료 무료 혜택이 제공됩니다. 단, 소형차에 한하며, 중형/대형 차량의 경우는 적용이 불가합니다.
인천공항 리무진 버스 무료 이용권 (1만 원)	[제1여객터미널] 인천공항 1층 입국장 7번 승차장 앞 리무진 버스 옥외 통합매표소에서 무료 이용권 제출 시, 리무진 버스 승차권으로 교환됩니다. 단, 1만 원 이하 승차에 한하며 1만 원 초과 시 차액은 회원별도 부담입니다. 또한 1만 원 미만 승차권 교환 시 잔액은 환불되지 않습니다.
코레일공항철도 직통열차 무료 이용권	공항철도 인천국제공항역 직통열차 안내데스크에서 무료 이용권 제출 시 직통열차 승차권으로 교환됩니다.

〈해외이용 안내〉

해외이용금액은 국제브랜드사가 부과하는 수수료(UnionPay 0.6%)를 포함하여 매출표 접수일의 N은행 고시 1회차 전신환매도율 적용 후, N은행 카드가 부과하는 해외서비스수수료(0.25%)가 포함된 금액이 청구되며, N여행카드 이용 시 UnionPay 수수료 0.03%, 당사 해외서비스수수료의 0.1% 할인 혜택이 주어집니다.

• 해외이용 시 기본 청구금액 $= a + b + c$
• 해외이용대금(a) : 해외이용금액(미화) × N은행 고시 1회차 전신환매도율
• 국제브랜드수수료(b) : 해외이용금액(미화) × (UnionPay 0.6%) × N은행 고시 1회차 전신환매도율
• 해외서비스수수료(c) : 해외이용금액(미화) × 0.25% × N은행 고시 1회차 전신환매도율

15 다음 중 'N여행카드' 상품에 대한 안내 사항을 올바르게 이해한 것은 어느 것인가?

① "올 여름 북경 방문 시 N여행카드 덕분에 비자 수수료 비용을 절반만 지불했으니 내일 상해 출장 시에도 N여행카드를 이용해야겠다."

② "제공받은 인천공항 리무진버스 무료 이용권으로 집까지 오는 리무진을 공짜로 이용할 수 있겠군. 지난번엔 집까지 9,500원의 요금이 나오던데 500원을 돌려받을 수도 있네."

③ "공항 리무진버스 요금이 난 12,000원이고 아들은 8,000원이니까 함께 이용하게 되면 인천공항 리무진버스 무료 이용권이 1장 있어도 추가로 1만 원을 더 내야하는구나."

④ "N여행카드를 이용하면 해외서비스수수료는 0.25%만 포함되어서 청구가 되겠다. "

⑤ "2월 10일에 청도에 있는 친구 집에 놀러 가려 하는데 2월 1일에 카드를 신청해서 비자 발급 수수료 혜택을 봐야겠네. 약 1주일 정도면 비자가 나온다니 시간도 충분하겠군."

16 M 씨는 미국 여행 시 N여행카드를 이용하여 U$ 500짜리의 물건을 구매하였다. 구매 당일의 N은행 전신환 매도 환율이 1U$ = 1,080원이라면, M 씨가 N여행카드를 이용함으로 인해 얻는 할인 혜택 금액을 원화로 환산하면 얼마인가?

① 1,030원

② 980원

③ 883원

④ 702원

⑤ 682원

17 다음은 신용대출상품의 자동심사 알고리즘 설계도에 따라 원하는 대출 요청금액을 수령 받을 수 있는 사람은?

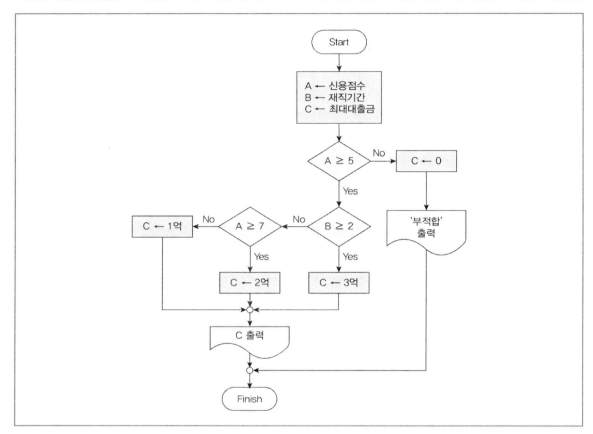

이름	신용점수	재직기간	대출 요청금액
한미영	5	1년	3억 원
이준서	6	1년	1억5천만 원
김민영	3	3년	1억 원
윤초희	5	4년	2억5천만 원
정선영	4	2년	2억 원

① 한미영 ② 이준서
③ 김민영 ④ 정선영
⑤ 윤초희

18 영식이는 자신의 업무에 필요하다고 생각하여 국제인재개발원에서 수강할 과목을 선택하려고 한다. 영식이가 선택할 과목에 대해 주변의 지인 A ~ E가 다음과 같이 진술하였는데, 한 사람의 진술을 거짓이고 나머지 사람들의 진술은 모두 참인 것으로 밝혀졌다. 영식이가 반드시 수강할 과목만으로 바르게 짝지어진 것은?

- A : 영어를 수강할 경우 중국어도 수강한다.
- B : 영어를 수강하지 않을 경우, 일본어도 수강하지 않는다.
- C : 영어와 중국어 중 적어도 하나를 수강한다.
- D : 일본어를 수강할 경우에만 중국어를 수강한다.
- E : 일본어를 수강하지만 영어는 수강하지 않는다.

---

① 일본어

② 영어

③ 일본어, 중국어

④ 일본어, 영어

⑤ 일본어, 영어, 중국어

19 다음은 甲, 乙, 丙, 丁의 OX 시험 답안지이다. 총점 25점 만점 중 점수가 다음과 같을 때 乙의 총점은? (단, 각 문항당 5점이며, 乙은 甲보다 낮거나 같은 점수다)

구분	1번	2번	3번	4번	5번	총점(25점)
甲	O	X	X	X	O	10점
乙	X	O	X	O	O	?
丙	O	X	O	O	O	20점
丁	X	X	O	O	O	15점

① 0점

② 5점

③ 10점

④ 15점

⑤ 알 수 없음

20 다음은 가계대출 상품설명서 중 '개인신용정보의 제공 · 조회 및 연체정보 등록'에 대한 내용이다. 다음을 참고했을 때 〈사례〉에서 진수의 '연체 등' 정보가 등록되는 시기는 언제인가?

〈개인신용정보의 제공 · 조회 및 연체정보 등록〉

- 개인신용정보 제공 · 조회

  다음의 신용정보들은 한국신용정보원 「신용정보관리규약」에 따라 종합신용정보집중기관인 한국신용정보 원에 제공, 집중, 활용된다.
  - 개인식별정보 : 성명, 주민등록번호, 직업
  - '연체 등' 정보 : 대출금 등의 연체사실
  - 신용거래정보 : 대출 현황, 보증 현황 등
- '연체 등' 정보 등록
  - 대출원금, 이자 등을 3개월 이상 연체한 경우에는 3개월이 되는 날을 등록 사유 발생일로 하여 그때 로부터 10일 이내에 '연체 등' 정보거래처로 등록된다.
  - 「신용정보관리규약」 개정으로 '연체 등' 정보 등록 기준이 변경될 수 있다.
  - '연체 등' 정보가 등록되면 금융거래제약 등 불이익을 받을 수 있다.

  > (예시) 원금 또는 이자를 납입해야 할 날 : 5월 10일
  > - 연체발생일 : 5월 11일
  > - 등록 사유 발생일 : 8월 11일
  > ※ 통장대출 형식의 한도거래대출의 경우에는 한도초과일 다음 날부터 3개월 후에 '연체 등' 정보가 등록된다.

- '연체 등' 정보 거래처로 등록된 후 연체금액을 상환하여 등록 사유가 해제되는 경우에도 등록 기간 및 금액에 따라 해제기록이 1년 동안 남아있을 수 있어 동 기록으로 인해 금융상 불편이 초래될 수 있음 에 유의하기 바람
- 단기연체 정보 등록

  "연체기간 5영업일 이상, 연체금액 10만 원 이상"의 단기연체가 발생하는 경우도 신용 조회 회사를 통 해 금융회사 간에 연체정보가 공유되어 신용등급 하락의 원인이 될 뿐만 아니라 신용카드 사용정지 등 금융거래가 제한되어 예상치 못한 불편이 발생할 수 있으므로 신중한 관리가 필요함

〈사례〉

진수는 작년 은행에서 2억 원의 가계대출을 받았고 올해 1월 5일 대출원금을 납입해야 함에도 불구하고 3개월 이상 연체하여 결국 '연체 등' 정보가 등록될 예정이다.

---

① 1월 5일
② 4월 1일
③ 1월 6일
④ 4월 9일
⑤ 4월 20일

21 다음 주어진 조건을 모두 고려했을 때 옳은 것은?

〈조건〉

• A, B, C, D, E의 월급은 각각 10만 원, 20만 원, 30만 원, 40만 원, 50만 원 중 하나이다.
• A의 월급은 C의 월급보다 많고, E의 월급보다는 적다.
• D의 월급은 B의 월급보다 많고, A의 월급도 B의 월급보다 많다.
• C의 월급은 B의 월급보다 많고, D의 월급보다는 적다.
• D는 가장 많은 월급을 받지는 않는다.

---

① 월급이 세 번째로 많은 사람은 A이다.
② E와 C의 월급은 20만 원 차이가 난다.
③ B와 E의 월급의 합은 A와 C의 월급의 합보다 많다.
④ 월급이 제일 많은 사람은 E이다.
⑤ 월급이 가장 적은 사람은 C이다.

22 다음 글을 근거로 유추할 경우 옳은 내용만을 바르게 짝지은 것은?

• 9명의 참가자는 1번부터 9번까지의 번호 중 하나를 부여 받고, 동시에 제비를 뽑아 3명은 범인, 6명은 시민이 된다.
• ‘1번의 오른쪽은 2번, 2번의 오른쪽은 3번, …, 8번의 오른쪽은 9번, 9번의 오른쪽은 1번'과 같이 번호 순서대로 동그랗게 앉는다.
• 참가자는 본인과 바로 양 옆에 앉은 사람이 범인인지 시민인지 알 수 있다.
• "옆에 범인이 있다."라는 말은 바로 양 옆에 앉은 2명 중 1명 혹은 2명이 범인이라는 뜻이다.
• "옆에 범인이 없다."라는 말은 바로 양 옆에 앉은 2명 모두 범인이 아니라는 뜻이다.
• 범인은 거짓말만 하고, 시민은 참말만 한다.

㉠ 1, 4, 6, 7, 8번의 진술이 "옆에 범인이 있다."이고, 2, 3, 5, 9번의 진술이 "옆에 범인이 없다."일 때, 8번이 시민임을 알면 범인들을 모두 찾아낼 수 있다.
㉡ 만약 모두가 "옆에 범인이 있다."라고 진술한 경우, 범인이 부여받은 번호의 조합은 (1, 4, 7) / (2, 5, 8) / (3, 6, 9) 3가지이다.
㉢ 한 명만이 "옆에 범인이 없다."라고 진술한 경우는 없다.

---

① ㉡
② ㉢
③ ㉠㉡
④ ㉠㉢
⑤ ㉠㉡㉢

---

23 다음은 N은행에서 판매하는 일부 펀드상품과 그 특징 및 투자 등급을 나타낸 표이다. 보기에 나와 있는 병수에게 적당한 상품은 무엇인가?

〈표 1〉 N은행에서 판매되는 펀드상품과 그 특징

상품명	특징	투자 등급
㉠ 배당 우선주 증권자투자 신탁1호	• 모투자신탁 90% 이상, 모투자신탁 – 주식 80% 이상, 채권 20% 이하 • 미국 주식시장에 상장된 우선주 및 배당주를 주된 투자대상으로 하여 안정적인 장기 성과 추구	1등급, 최고 위험
㉡ 공모주분리과세 증권투자 신탁	• 자산 총액 60% 이상을 국내 채권에 투자하고 그 밖에 주식 등에 투자하여 발생하는 자본소득 및 이자소득을 획득 • 주식 60% 이상, 채권 40% 이하	2등급, 높은 위험
㉢ 증권투자 신탁1호	• 채권 60% 이상, 주식 30% 이하로 투자하여 주식부문은 코스피 지수의 일방적 추종을 배제하고 시장기회 판단 시에만 진입하여 주도주 단기 트레이딩 • 주식 30% 이하, 채권 60% 이상	3등급, 중간 위험
㉣ 단기 증권자투자 신탁	• 국내 어음을 주된 투자대상자산으로 하는 단기 채권형 상품으로 60% 이상을 국내 어음에 투자하고 일부 자산은 단기성 자금에 투자하여 비교지수 대비 초과수익을 추구하는 상품 • 어음에 60% 이상 투자, 채권 및 유동화증권에 40% 이하 투자	4등급, 낮은 위험
㉤ 단기국공채 증권투자 신탁	• 투자신탁재산의 60% 이상을 국내 채권에 투자하여 이자수익 및 자본수익을 추구하는 것을 목적으로 하며 특히 채권 중 국공채에 투자신탁재산의 50%를 초과하여 투자 • 채권 60% 이상, 자산유동화증권 40% 이하	5등급, 최저 위험

〈표 2〉 투자 등급

최고 위험 공격투자형	투자자금 대부분을 주식, 주식형 펀드 또는 파생상품 등의 위험자산에 투자할 의향이 있는 유형
높은 위험 적극투자형	투자자금의 상당 부분을 주식, 주식형 펀드 또는 파생상품 등의 위험자산에 투자할 의향이 있는 유형
중간 위험 위험중립형	예·적금보다 높은 수익을 기대할 수 있다면 일정수준의 손실위험을 감수할 수 있는 유형
낮은 위험 안정추구형	예·적금보다 높은 수익을 위해 자산 중 일부를 변동성 높은 상품에 투자할 의향이 있는 유형
최저 위험 안정형	예금 또는 적금 수준의 수익률을 기대하며 투자원금에 손실이 발생하는 것을 원하지 않는 유형

〈보기〉

　　젊었을 때부터 펀드에 가입해 큰 재미를 보았던 병수는 40대 중반이 된 지금도 여유자금이 있으면 곧바로 펀드에 가입한다. 주로 원금의 80 ~ 90%를 다우나 나스닥과 같은 해외 증시에 상장된 주식들에 많이 투자했던 병수는 이러한 공격적인 투자방식이 큰 손실을 가져올 수도 있지만 반대로 다른 펀드에 비해 많은 수익도 가져다 줄 수 있다는 점을 잘 안다. 그렇기 때문에 주변에서는 좀 더 안정적인 성향의 투자를 권하기도 하지만 병수는 오늘도 고위험 성향을 가진 펀드를 찾아보고 있다.

① ㉠ 배당 우선주 증권자투자 신탁1호
② ㉡ 공모주분리과세 증권투자 신탁
③ ㉢ 증권투자 신탁1호
④ ㉣ 단기 증권자투자 신탁
⑤ ㉤ 단기국공채 증권투자 신탁

24　갑, 을, 병, 정, 무 다섯 사람은 일요일부터 목요일까지 5일 동안 각각 이틀 이상 아르바이트를 한다. 다음 조건을 모두 충족시켜야 할 때, 다음 중 항상 옳지 않은 것은?

㉠ 가장 적은 수가 아르바이트를 하는 요일은 수요일뿐이다.
㉡ 갑은 3일 이상 아르바이트를 하는데 병이 아르바이트를 하는 날에는 쉰다.
㉢ 을과 정 두 사람만이 아르바이트 일수가 같다.
㉣ 병은 평일에만 아르바이트를 하며, 연속으로 이틀 동안만 한다.
㉤ 무는 항상 갑이나 병과 같은 요일에 함께 아르바이트를 한다.

① 어느 요일이든 아르바이트 인원수는 확정된다.
② 갑과 을, 병과 정의 아르바이트 일수를 합한 값은 같다.
③ 두 사람만이 아르바이트를 하는 요일이 확정된다.
④ 어떤 요일이든 아르바이트를 하는 인원수는 짝수이다.
⑤ 일요일에 아르바이트를 하는 사람은 항상 같다.

25 다음의 ㈎, ㈏는 100만 원을 예금했을 때 기간에 따른 이자에 대한 표이다. 이에 대한 설명으로 옳은 것은?(단, 예금할 때 약정한 이자율은 변하지 않는다)

구분	1년	2년	3년
㈎	50,000원	100,000원	150,000원
㈏	40,000원	81,600원	124,864원

㉠ ㈎는 단순히 원금에 대한 이자만을 계산하는 이자율이 적용되었다.
㉡ ㈎의 경우, 매년 물가가 5% 상승할 경우(원금＋이자)의 구매력을 모든 기간에 같다.
㉢ ㈏의 경우, 매년 증가하는 이자액은 기간이 길어질수록 커진다.
㉣ ㈏와 달리 ㈎와 같은 이자율 계산 방법은 현실에서는 볼 수 없다.

① ㉠㉢
② ㉠㉣
③ ㉡㉣
④ ㉡㉢
⑤ ㉠㉡㉢

26 甲, 乙, 丙, 丁, 戊는 모두 자차로 출퇴근한다. 다음에 제시된 조건이 모두 참일 때 항상 참인 것을 고르시오.

a. 모두 일렬로 주차되어 있으며 지정주차다.
b. 차량의 색은 빨간색, 주황색, 노란색, 초록색, 파란색이다.
c. 7년차, 5년차, 3년차, 2년차, 1년차로 연차가 높을수록 지정번호는 낮다.
d. 지정번호가 가장 낮은 자리에 주차한 차량의 색은 주황색이다.
e. 노란색 차량과 빨간색 차량의 사이에는 초록색 차량이 주차되어 있다.
f. 乙의 차량 색상은 초록색이다.
g. 1이 아닌 맨 뒷자리에 주차한 사람은 丙이다.
h. 2년차 차량 색상은 빨간색이다.
i. 戊의 차량은 甲의 옆자리에 주차되어 있다.

① 甲은 7년차이다.
② 戊의 차량은 주황색 차량이다.
③ 2년차 차량의 색은 빨간색이다.
④ 乙보다 연차가 높은 사람은 한 명이다.
⑤ 丙의 주차장 번호에서 丁의 주차장 번호를 빼면 3보다 크다.

27 다음 글과 〈법률 규정〉을 근거로 판단할 때 설명으로 옳은 것은?

> 가. 채권은 특정인(채권자)이 다른 특정인(채무자)에게 일정한 행위를 요구할 수 있는 권리(임차권, 손해배상채권, 매수인의 매도인에 대한 소유권이전등기청구권 등)이다. 물권은 채권과 달리 특정한 물건에 대한 권리(소유권, *지상권, *전세권, 저당권 등)이므로, 그 권리를 제3자에게도 주장할 수 있다. 가령 甲의 부동산 위에 乙이 지상권을 취득한 후 丙이 소유권을 취득한 경우, 지상권은 물건에 대한 권리이므로, 乙은 丙에 대해서 지상권을 주장할 수 있다.
>
> 나. 동일한 물건 위에 여러 개의 물권이 성립하는 경우, 먼저 성립한 권리가 나중에 성립한 권리에 우선한다. 부동산 물권을 취득하기 위해서는 원칙적으로 자신의 명의로 등기가 이루어져야 한다. 다만 경매 기타 법률규정에 의하여 부동산에 관한 물권을 취득하는 경우에는 등기를 요하지 아니한다.
>
> 다. 동일물에 관하여 물권과 채권이 병존하는 경우에는 그 성립시기를 불문하고 물권이 원칙적으로 우선한다. 가령 甲이 자신의 부동산을 乙에게 매도하기로 약정한 후 다시 丙에게 이중으로 매도하여 그 명의로 소유권이전등기를 해 준 경우, 부동산에 대한 소유권이전채권을 가지는 데 불과한 乙은 丙보다 먼저 甲과 매매계약을 체결하였다는 이유로 부동산에 대한 소유권을 주장할 수 없다. 다만 임차권은 임차인이 임대인에게 임차목적물(토지, 건물 등)에 대한 사용·수익을 청구할 수 있는 권리(채권)이지만, 임차권이 등기가 되면 그 등기 이후에 성립한 물권보다 우선하는 효력이 있다.
>
> ※ 1) 지상권 : 타인의 토지에 건물, 기타 공작물을 소유하기 위하여 그 토지를 사용할 수 있는 물권
> 2) 전세권 : 전세금을 지급하고 타인의 부동산을 점유하여 그 부동산의 용도에 따라 사용·수익하고, 그 부동산 전부에 대하여 후순위 권리자, 기타 채권자보다 전세금을 우선 변제 받을 수 있는 물권

〈법률 규정〉

제00조 경매 절차에서 경매목적물을 매각(경락) 받은 매수인(경락인)은 매각대금(경매대금)을 다 낸 때에 경매목적물에 대한 소유권을 취득한다.

제00조 제1항 매각된 목적물(경매목적물)에 설정된 모든 저당권은 매각으로 소멸한다.

　　　　제2항 지상권·전세권 및 등기된 임차권은 저당권에 대항할 수 없는 경우에는 매각으로 소멸된다.

　　　　제3항 제2항의 경우 외의 지상권·전세권 및 등기된 임차권은 매수인이 인수한다. 다만 그중 전세권의 경우에는 전세권자가 배당요구를 하면 매각으로 소멸된다.

① 乙이 甲소유의 토지에 저당권을 취득한 후 丙이 저당권을 취득하였다. 그 토지가 경매 절차에서 丁에게 매각된 경우, 乙의 저당권도 소멸한다.

② 乙이 甲소유의 토지를 임차한 후 丙이 그 토지에 대해 지상권을 취득한 경우, 乙이 자신의 임차권을 등기하지 않았더라도 乙의 임차권이 丙의 지상권보다 우선한다.

③ 乙이 甲소유의 부동산에 전세권을 취득한 후 丙이 저당권을 취득하였다. 그 부동산이 경매로 매각된 경우, 乙이 배당요구를 하지 않더라도 그의 전세권은 소멸한다.

④ 乙이 甲소유의 토지를 임차하여 그 임차권을 등기한 후 丙이 그 토지에 저당권을 취득하였다. 그 토지가 경매 절차에서 丁에게 매각된 경우, 乙의 임차권은 소멸한다.

⑤ 乙이 甲소유의 부동산에 저당권을 취득한 후 그 부동산이 경매 절차에서 丙에게 매각된 경우, 丙이 매각대금을 다 낸 때에도 부동산에 대한 소유권을 취득하기 위해서는 자신의 명의로 등기가 이루어져야 한다.

28 다음은 영업사원인 윤석 씨가 오늘 미팅해야 할 거래처 직원들과 방문해야 할 업체에 관한 정보이다. 다음의 정보를 모두 반영하여 하루의 일정을 짠다고 할 때 순서가 올바르게 배열된 것은?(단, 장소 간 이동 시간은 없는 것으로 가정한다)

〈거래처 직원들의 요구 사항〉

• A거래처 과장 : 회사 내부 일정으로 인해 미팅은 10시 ~ 12시 또는 16 ~ 18시까지 2시간 정도 가능합니다.

• B거래처 대리 : 12시부터 점심식사를 하거나, 18시부터 저녁식사를 하시죠. 시간은 2시간이면 될 것 같습니다.

• C거래처 사원 : 외근이 잡혀서 오전 9시부터 10시까지 1시간만 가능합니다.

• D거래처 부장 : 외부 일정으로 18시부터 저녁식사만 가능합니다.

〈방문해야 할 장소와 가능 시간〉

• E서점 : 14 ~ 18시, 소요 시간은 2시간

• F은행 : 12 ~ 16시, 소요 시간은 1시간

• G미술관 관람 : 하루 3회(10시, 13시, 15시), 소요 시간은 1시간

---

① C거래처 사원 – A거래처 과장 – B거래처 대리 – E서점 – G미술관 – F은행 – D거래처 부장

② C거래처 사원 – A거래처 과장 – F은행 – B거래처 대리 – G미술관 – E서점 – D거래처 부장

③ C거래처 사원 – G미술관 – F은행 – B거래처 대리 – E서점 – A거래처 과장 – D거래처 부장

④ C거래처 사원 – A거래처 과장 – B거래처 대리 – F은행 – G미술관 – E서점 – D거래처 부장

⑤ C거래처 사원 – A거래처 과장 – G미술관 – B거래처 대리 – F은행 – E서점 – D거래처 부장

29 다음의 내용에 따라 두 번의 재배정을 한 결과, 병이 홍보팀에서 수습 중이다. 다른 신입사원과 최종 수습부서를 바르게 연결한 것은?

> 신입사원을 뽑아서 1년 동안의 수습 기간을 거치게 한 후, 정식사원으로 임명을 하는 한 회사가 있다. 그 회사는 올해 신입사원으로 2명의 여자 직원 갑과 을, 그리고 2명의 남자 직원 병과 정을 뽑았다. 처음 4개월의 수습 기간 동안 갑은 기획팀에서, 을은 영업팀에서, 병은 총무팀에서, 정은 홍보팀에서 각각 근무하였다. 그후 8개월 동안 두 번의 재배정을 통해서 신입사원들은 다른 부서에서도 수습 중이다. 재배정할 때마다 다음의 세 원칙 중 한 가지 원칙만 적용되었고, 같은 원칙은 다시 적용되지 않았다.

> 〈원칙〉
> 1. 기획팀에서 수습을 거친 사람과 총무팀에서 수습을 거친 사람은 서로 교체해야 하고, 영업팀에서 수습을 거친 사람과 홍보팀에서 수습을 거치 사람은 서로 교체한다.
> 2. 총무팀에서 수습을 거친 사람과 홍보팀에서 수습을 거친 사람만 서로 교체한다.
> 3. 여성 수습사원만 서로 교체한다.

① 갑 – 총무팀
② 을 – 영업팀
③ 을 – 총무팀
④ 정 – 영업팀
⑤ 정 – 총무팀

30 다음은 N은행의 외화 송금 수수료에 대한 규정이다. 수수료 규정을 참고할 때, 외국에 있는 친척과 〈보기〉와 같이 3회에 걸쳐 거래를 한 A 씨가 지불한 총 수수료 금액은 얼마인가?

		국내 간 외화 송금(KEB이체)	실시간 국내 송금(결제원이체)
외화자금 국내이체 수수료 (당 · 타발)		• U$5,000 이하 : 5,000원 • U$10,000 이하 : 7,000원 • U$10,000 초과 : 10,000원	• U$10,000 이하 : 5,000원 • U$10,000 초과 : 10,000원
		• 인터넷뱅킹 : 5,000원 • 실시간 이체 : 타발 수수료는 없음	
해외로 외화 송금	송금 수수료	• U$500 이하 : 5,000원 • U$2,000 이하 : 10,000원 • U$5,000 이하 : 15,000원 • U$20,000 이하 : 20,000원 • U$20,000 초과 : 25,000원 ※ 인터넷뱅킹 이용 시 건당 3,000 ~ 5,000원	
		해외 및 중계은행 수수료를 신청인이 부담하는 경우 국외 현지 및 중계은행의 통화별 수수료를 추가로 징구	
	전신료	8,000원 ※ 인터넷뱅킹 및 자동이체 : 5,000원	
	조건변경 전신료	8,000원	
해외/타행에서 받은 송금		건당 10,000원	

〈보기〉
㉠ 외국으로 U$3,500 송금 / 인터넷뱅킹 최저 수수료 적용
㉡ 외국으로 U$600 송금 / 은행 창구
㉢ 외국에서 U$2,500 입금

① 32,000원   ② 34,000원
③ 36,000원   ④ 38,000원
⑤ 40,000원

31 다음 글의 내용이 참이라고 할 때 〈보기〉의 문장 중 반드시 참인 것만을 바르게 나열한 것은?

> 우리는 사람의 인상에 대해서 "선하게 생겼다." 또는 "독하게 생겼다."라는 판단을 할 뿐만 아니라 사람의 인상을 중요시한다. 오래 전부터 사람의 얼굴을 보고 그 사람의 길흉을 판단하는 관상의 원리가 있었다. 관상의 원리를 어떻게 받아들여야 할까?
> 관상의 원리가 받아들일 만하다면, 얼굴이 검붉은 사람은 육체적 고생을 하기 마련이다. 그런데 우리는 주위에서 얼굴이 검붉지만 육체적 고생을 하지 않고 편하게 살아가는 사람을 얼마든지 볼 수 있다. 관상의 원리가 받아들일 만하다면, 우리가 사람의 얼굴에 대해서 갖는 인상이란 한갓 선입견에 불과한 것이 아니다. 사람의 인상이 평생에 걸쳐 고정되어 있다고 할 수 있는 경우에만 관상의 원리는 받아들일 만하다. 또한 관상의 원리가 받아들일 만하지 않다면, 관상의 원리에 대한 과학적 근거를 찾으려는 노력은 헛된 것이다. 실제로 많은 사람들이 관상의 원리가 과학적 근거를 가질 것이라고 기대한다. 그런데 우리는 자주 관상가의 판단이 받아들일 만하다고 느끼고, 그런 느낌 때문에 관상의 원리가 과학적 근거를 가질 것이라고 기대하는 것이다. 관상의 원리가 실제로 과학적 근거를 갖는지의 여부는 논외로 하더라도, 관상의 원리에 대하여 과학적 근거가 있을 것이라고 기대하는 사람은 관상의 원리에 의존하는 것이 우리의 삶에 위안을 주는 필요조건 중의 하나라고 믿는다.

〈보기〉
ㄱ 관상의 원리는 받아들일 만한 것이 아니다.
ㄴ 우리가 사람의 얼굴에 대해서 갖는 인상이란 선입견에 불과하다.
ㄷ 사람의 인상은 평생에 걸쳐 고정되어 있다고 할 수 있다.
ㄹ 관상의 원리에 대한 과학적 근거를 찾으려는 노력은 헛된 것이다.
ㅁ 관상의 원리가 과학적 근거를 갖는다고 기대하는 사람들은 우리가 관상의 원리에 의존하면 삶의 위안을 얻을 것이라고 믿는다.

① ㄱㄹ
② ㄴㅁ
③ ㄹㅁ
④ ㄱㄴㄹ
⑤ ㄴㄷㅁ

32 다음 글에서 추론할 수 있는 내용만을 고르면?

> 빌케와 블랙은 얼음이 녹는점에 있다 해도 이를 완전히 물로 녹이려면 상당히 많은 열이 필요함을 발견하였다. 당시 널리 퍼진 속설은 얼음이 녹는점에 이르면 즉시 녹는다는 것이었다. 빌케는 쌓여있는 눈에 뜨거운 물을 끼얹어 녹이는 과정에서 이 속설에 오류가 있음을 알게 되었다. 눈이 녹는점에 있음에도 불구하고 많은 양의 뜨거운 물은 눈을 조금밖에 녹이지 못했기 때문이다.
> 블랙은 1757년에 이 속설의 오류를 설명할 수 있는 실험을 수행하였다. 블랙은 따뜻한 방에 두 개의 플라스크 A와 B를 두었는데, A에는 얼음이, B에는 물이 담겨 있었다. 얼음과 물은 양이 같고 모두 같은 온도, 즉 얼음의 녹는점에 있었다. 시간이 지남에 따라 B에 있는 물의 온도는 계속해서 올라갔다. 하지만 A에서는 얼음이 녹으면서 생긴 물과 녹고 있는 얼음의 온도가 녹는점에서 일정하게 유지되었는데 이 상태는 얼음이 완전히 녹을 때까지 지속되었다. 얼음을 녹이는 데 필요한 열량은 같은 양의 물의 온도를 녹는점에서 화씨 140도까지 올릴 수 있는 정도의 열량과 같았다. 블랙은 이 열이 실제로 온도계에 변화를 주지 않기 때문에 이를 '잠열(潛熱)'이라 불렀다.

> ㉠ A의 온도계로는 잠열을 직접 측정할 수 없었다.
> ㉡ 얼음이 녹는점에 이르러도 완전히 녹지 않는 것은 잠열 때문이다.
> ㉢ A의 얼음이 완전히 물로 바뀔 때까지, A의 얼음물 온도는 일정하게 유지된다.

① ㉠
② ㉡
③ ㉠㉢
④ ㉡㉢
⑤ ㉠㉡㉢

33 쓰레기를 무단 투기하는 사람을 찾기 위해 고심하던 아파트 관리인 세상 씨는 다섯 명의 입주자 A, B, C, D, E를 면담했다. 이들은 각자 다음과 같이 이야기를 했다. 이 가운데 두 사람의 이야기는 모두 거짓인 반면, 세 명의 이야기는 모두 참이라고 한다. 다섯 명 가운데 한 명이 범인이라고 할 때 쓰레기를 무단 투기한 사람은 누구인가?

- A : 쓰레기를 무단 투기하는 것을 나와 E만 보았다. B의 말은 모두 참이다.
- B : 쓰레기를 무단 투기한 것은 D이다. D가 쓰레기를 무단 투기하는 것을 E가 보았다.
- C : D는 쓰레기를 무단 투기하지 않았다. E의 말은 참이다.
- D : 쓰레기를 무단 투기하는 것을 세 명의 주민이 보았다. B는 쓰레기를 무단 투기하지 않았다.
- E : 나와 A는 쓰레기를 무단 투기하지 않았다. 나는 쓰레기를 무단 투기하는 사람을 아무도 보지 못했다.

---

① A
② B
③ C
④ D
⑤ E

34 직장인 갑은 3년 전 N은행에서 ㉠ 상품에 가입했고, 만기가 되었다. 다음은 현재 N은행에 대한 갑의 거래 실적과 해당 상품에 대한 간략한 설명이다. 갑은 이 상품에서 최대 몇 %의 우대금리를 받게 되는가?

> 갑은 3년 전 N은행에서 '㉠ 예금'이란 상품에 가입할 때까지 한 번도 N은행과 거래를 하지 않다가 이 상품의 가입을 통해 N은행의 최초 거래 고객이 되었다. 그는 이때 추가 우대금리를 받을 수 있다는 직원의 말에 N은행 체크카드를 신청했고 가입 기간이 지난 현재까지 약 120만 원의 이용 실적을 쌓았다. 또한 같은 이유로 현재까지 N은행 보통예금 통장에서 N은행 적립식 펀드로 매달 10만 원씩 자동이체를 신청했고, N투자증권 Asset 글로벌 증권 통장의 증권계좌를 통해 증권 거래를 한다.

〈㉠ 예금〉

1. 상품 특징
   카드, 펀드, 증권 등 교차 거래실적에 따라 우대금리를 제공하는 예금 상품
2. 가입대상
   개인(가입좌수 제한 없음)
3. 가입 기간
   1년 ~ 3년 월 단위
4. 가입금액
   100만 원 이상
5. 적립방법
   정기예금
6. 우대금리(모든 거래 실적은 예금가입일부터 만기월 전전월말까지의 거래실적에 한한다)
   • 특별우대 – 가입시점 N은행 최초 거래 고객 특별우대금리 0.2%
   • 복합거래 카드 N은행 카드(신용, 체크) 100만 원 이상 이용 시 0.1%
   • 복합거래 펀드 N은행 보통예금 통장에서 N은행 적립식 펀드로 자동이체 시 0.1%
   • 복합거래 증권 N투자증권(Asset 통장 및 Asset 글로벌 증권 통장의 증권계좌) 거래실적이 있는 경우 0.1%

① 최대 0.1%   ② 최대 0.2%
③ 최대 0.3%   ④ 최대 0.4%
⑤ 최대 0.5%

35 다음 조건을 참고할 때, 5명이 입고 있는 옷의 색깔을 올바르게 설명하고 있는 것은?

> • 갑, 을, 병, 정, 무 5명은 각기 빨간색, 파란색, 검은색, 흰색 옷을 입고 있으며 같은 색 옷을 입은 사람은 2명이다.
> • 병과 정은 파란색과 검은색 옷을 입지 않았다.
> • 을과 무는 흰색과 빨간색 옷을 입지 않았다.
> • 갑, 을, 병, 정은 모두 다른 색 옷을 입고 있다.
> • 을, 병, 정, 무는 모두 다른 색 옷을 입고 있다.

① 병과 정은 같은 색 옷을 입고 있다.

② 정이 흰색 옷을 입고 있다면 병은 무와 같은 색 옷을 입고 있다.

③ 무가 파란색 옷을 입고 있다면 갑은 검은색 옷을 입고 있다.

④ 병이 빨간색 옷을 입고 있다면 갑은 흰색 옷을 입고 있다.

⑤ 을이 검은색 옷을 입고 있다면 파란색 옷을 입은 사람은 2명이다.

03 수리능력

[수리능력] NCS 출제유형

① 기초연산능력 : 사칙연산, 검산과 관련한 문제가 출제된다. 데이터나 통계를 확인하여 기초연산을 하는 문제가 주로 출제된다.
② 기초통계능력 : 업무 수행에 필요한 수량계산, 표본을 통한 특성 유추, 논리적으로 결론을 추출하기 위한 문제가 출제된다.
③ 도표분석능력 : 도표가 제시되고 그에 따른 연산문제가 출제된다.
④ 도표작성능력 : 제시된 통계를 확인하고 도표를 작성하는 문제이다.

[수리능력] 출제경향

업무를 수행함에 있어 필요한 기본적인 수리능력은 물론이고 지원자의 논리성까지 파악할 수 있는 문항들로 구성된다. 사칙연산, 방정식과 부등식, 응용계산, 수열추리, 자료해석 등이 혼합형으로 출제된다. 난이도가 높은 편은 아니지만 온라인 시험에서 짧은 시간 내에 정확하게 암기해 내는 능력을 요구하며 문제해결능력과 결합된 복합형 문제들로 다수 출제되고 있다.

[수리능력] 빈출유형

응용계산										
도표 분석										
그래프 분석 · 작성										

예제 01 도표 분석능력

다음 자료를 보고 주어진 상황에 대한 물음에 답하시오.

월 급여액(천 원) (비과세 및 학자금 제외)		공제대상 가족 수				
근로소득에 대한 간이 세액표						

이상	미만	1	2	3	4	5
2,500	2,520	38,960	29,280	16,940	13,570	10,190
2,520	2,540	40,670	29,960	17,360	13,990	10,610
2,540	2,560	42,380	30,640	17,790	14,410	11,040
2,560	2,580	44,090	31,330	18,210	14,840	11,460
2,580	2,600	45,800	32,680	18,640	15,260	11,890
2,600	2,620	47,520	34,390	19,240	15,680	12,310
2,620	2,640	49,230	36,100	19,900	16,110	12,730
2,640	2,660	50,940	37,810	20,560	16,530	13,160
2,660	2,680	52,650	39,530	21,220	16,960	13,580
2,680	2,700	54,360	41,240	21,880	17,380	14,010
2,700	2,720	56,070	42,950	22,540	17,800	14,430
2,720	2,740	57,780	44,660	23,200	18,230	14,850
2,740	2,760	59,500	46,370	23,860	18,650	15,280

※ 1) 갑근세는 제시되어 있는 간이 세액표에 따름
    2) 주민세 = 갑근세의 10%
    3) 국민연금 = 급여액의 4.50%
    4) 고용보험 = 국민연금의 10%
    5) 건강보험 = 급여액의 2.90%
    6) 교육지원금 = 분기별 100,000원(매 분기별 첫 달에 지급)

5월 급여내역이 다음과 같고 전월과 동일하게 근무하였으나, 특별수당은 없고 차량지원금으로 100,000원을 받게 된다면, 6월에 받게 되는 급여는 얼마인가?(단, 원 단위 절사)

(주) 서원플랜테크 5월 급여내역			
성명	박○○	지급일	5월 12일
기본급여	2,240,000	갑근세	39,530
직무수당	400,000	주민세	3,950
명절 상여금		고용보험	11,970
특별수당	20,000	국민연금	119,700
차량지원금		건강보험	77,140
교육지원		기타	
급여계	2,660,000	공제합계	252,290
지급총액			2,407,710

① 2,443,910
② 2,453,910
③ 2,463,910
④ 2,473,910

출제의도
업무상 계산을 수행하거나 결과를 정리하고 업무비용을 측정하는 능력을 평가하기 위한 문제로서, 주어진 자료에서 문제를 해결하는 데에 필요한 부분을 빠르고 정확하게 찾아내는 것이 중요하다.

해설

기본급여	2,240,000	갑근세	46,370
직무수당	400,000	주민세	4,630
명절상여금		고용보험	12,330
특별수당		국민연금	123,300
차량지원금	100,000	건강보험	79,460
교육지원		기타	
급여계	2,740,000	공제합계	266,090
지급총액			2,473,910

※ ④

예제 02 기초 연산능력

둘레의 길이가 4.4km인 정사각형 모양의 공원이 있다. 이 공원의 넓이는 몇 a인가?

① 12,100a
② 1,210a
③ 121a
④ 12.1a

출제의도
길이, 넓이, 부피, 들이, 무게, 시간, 속도 등 단위에 대한 기본적인 환산 능력을 평가하는 문제로서, 소수점 계산이 필요하며, 자릿수를 읽고 구분할 줄 알아야 한다.

해설
공원의 한 변의 길이는
$4.4 \div 4 = 1.1(km)$이고
$1km^2 = 10000a$이므로
공원의 넓이는
$1.1km \times 1.1km = 1.21km^2$
$= 12100a$

※ ①

예제 03 기초 통계능력

인터넷 쇼핑몰에서 회원가입을 하고 디지털 캠코더를 구매하려고 한다. 다음은 구입하고자 하는 모델에 대하여 인터넷 쇼핑몰 세 곳의 가격과 조건을 제시한 표이다. 표에 있는 모든 혜택을 적용하였을 때 디지털 캠코더의 배송비를 포함한 실제 구매가격을 바르게 비교한 것은?

구분	A 쇼핑몰	B 쇼핑몰	C 쇼핑몰
정상가격	129,000원	131,000원	130,000원
회원혜택	7,000원 할인	3,500원 할인	7% 할인
할인쿠폰	5% 쿠폰	3% 쿠폰	5,000원
중복할인여부	불가	가능	불가
배송비	2,000원	무료	2,500원

① A < B < C
② B < C < A
③ C < A < B
④ C < B < A

출제의도
직장생활에서 자주 사용되는 기초적인 통계기법을 활용하여 자료의 특성과 경향성을 파악하는 능력이 요구되는 문제이다.

해설
㉠ A 쇼핑몰
• 회원혜택을 선택한 경우 :
129,000 − 7,000 + 2,000 = 124,000
• 5% 할인쿠폰을 선택한 경우 :
$129,000 \times 0.95 + 2,000 = 124,550$
㉡ B 쇼핑몰 :
$131,000 \times 0.97 - 3,500$
$= 123,570$
㉢ C 쇼핑몰
• 회원혜택을 선택한 경우 :
$130,000 \times 0.93 + 2,500$
$= 123,400$
• 5,000원 할인쿠폰을 선택한 경우 :
$130,000 - 5,000 + 2,500 = 127,500$
∴ C < B < A

※ ④

다음 표는 2020 ~ 2021년 지역별 직장인들의 자기개발에 관해 조사한 내용을 정리한 것이다. 이에 대한 분석으로 옳은 것은?

(단위 : %)

연도	2020년				2021년			
구분 지역	자기개발 하고 있음	자기개발 비용 부담 주체			자기개발 하고 있음	자기개발 비용 부담 주체		
		직장 100%	본인 100%	직장50% + 본인50%		직장 100%	본인 100%	직장50% + 본인50%
충청도	36.8	8.5	88.5	3.1	45.9	9.0	65.5	24.5
제주도	57.4	8.3	89.1	2.9	68.5	7.9	68.3	23.8
경기도	58.2	12	86.3	2.6	71.0	7.5	74.0	18.5
서울시	60.6	13.4	84.2	2.4	72.7	11.0	73.7	15.3
경상도	40.5	10.7	86.1	3.2	51.0	13.6	74.9	11.6

① 2020년과 2021년 모두 자기개발 비용을 본인이 100% 부담하는 사람의 수는 응답자의 절반 이상이다.

② 자기개발을 하고 있다고 응답한 사람의 수는 2020년과 2021년 모두 서울시가 가장 많다.

③ 자기개발 비용을 직장과 본인이 각각 절반씩 부담하는 사람의 비율은 2020년과 2021년 모두 서울시가 가장 높다.

④ 2020년과 2021년 모두 자기개발을 하고 있다고 응답한 비율이 가장 높은 지역에서 자기개발비용을 직장이 100% 부담한다고 응답한 사람의 비율이 가장 높다.

출제의도

그래프, 그림, 도표 등 주어진 자료를 이해하고 의미를 파악하여 필요한 정보를 해석하는 능력을 평가하는 문제이다.

해설

② 지역별 인원수가 제시되어 있지 않으므로, 각 지역별 응답자 수는 알 수 없다.

③ 2020년에는 경상도에서, 2021년에는 충청도에서 가장 높은 비율을 보인다.

④ 2020년과 2021년 모두 '자기개발을 하고 있다'고 응답한 비율이 가장 높은 지역은 서울시이며, 2021년의 경우 자기개발 비용을 직장이 100% 부담한다고 응답한 사람의 비율이 가장 높은 지역은 경상도이다.

※ ①

1   NH농협은행의 대출심사부에서는 가계대출 상품의 상품 설명서 내용 중 연체이자에 대한 다음과 같은 사항을 고객에게 안내하려고 한다. 다음을 참고할 때, 주택담보대출(원금 1억 2천만 원, 약정이자율 연 5%)의 월납이자(50만 원)를 미납하여 연체가 발생하고, 연체 발생 후 3개월 시점에 납부할 경우의 연체이자는 얼마인가?

> ■ 연체이자율은 [대출이자율+연체기간별 연체가산이자율]로 적용합니다(연체가산이자율은 연 3%로 적용).
> ■ 연체이자율은 최고 15%로 합니다.
> ■ 상품에 따라 연체이자율이 일부 달라지는 경우가 있으므로 세부적인 사항은 대출거래약정서 등을 참고하시기 바랍니다.
> ■ 연체이자(지연배상금)를 내셔야 하는 경우 : 「이자를 납입하기로 약정한 날」에 납입하지 아니한 때
>   ※ 이자를 납입하여야 할 날의 다음날부터 1개월(주택담보대출의 경우 2개월)까지는 내셔야 할 약정이자에 대한 연체이자가 적용되고, 1개월(주택담보대출의 경우 2개월)이 경과하면 기한이익상실로 인하여 대출원금에 연체이율을 곱한 연체이자를 내셔야 합니다.

① 798,904원 ② 775,304원
③ 750,992원 ④ 731,528원
⑤ 710,044원

2   다음 표와 설명을 참고할 때, '부채'가 가장 많은 기업부터 순서대로 올바르게 나열된 것은?

〈A ～ D기업의 재무 현황〉

(단위 : 억 원, %)

	A기업	B기업	C기업	D기업
유동자산	13	15	22	20
유동부채	10	12	20	16
순운전자본비율	10	8.6	5.6	9.5
타인자본	10	20	12	14
부채비율	90	140	84	88

※ 1) 순운전자본비율 = (유동자산 − 유동부채) ÷ 총 자본 × 100
   2) 부채비율 = 부채 ÷ 자기자본 × 100
   3) 총 자본 = 자기자본 + 타인자본

① D기업 − B기업 − C기업 − A기업 ② B기업 − D기업 − C기업 − A기업
③ D기업 − B기업 − A기업 − C기업 ④ A기업 − B기업 − C기업 − D기업
⑤ D기업 − C기업 − B기업 − A기업

3 다음 최저임금과 관련된 자료를 참고할 때, 2024년 A 씨의 급여명세서상 '급여 합계액'을 기준으로 한 시급
   과 최저임금 지급 규정에 따른 시급과의 차액은 얼마인가? (단, 금액은 절사하여 정수로 표시한다)

〈최저임금 비교〉

구분	2023년	2024년
시급	9,620원	9,860원
일급(1일 8시간 기준)	76,960원	78,880원
월급(1주 40시간, 월 209시간 기준)	2,010,580원	2,060,740원

〈최저임금 계산에 포함되지 않는 임금〉

- 매월 지급되지 않는 임금(정기 상여금, 명절 수당 등)
- 기본급 성격이 없는 임금(초과근무수당, 숙직수당, 연차수당 등)
- 복리후생비 성격을 가진 임금(식대, 가족수당, 통근수당 등)

〈2024년 A 씨의 1월 급여명세서〉

기본급	2,100,000원
식대	200,000원
직무수당	250,000원
초과근무수당	183,200원
가족 수당	30,000원
급여 합계액	2,763,200원

※ A 씨는 1월 209시간 근무한 것으로 가정함

① 1,055원

② 1,059원

③ 1,206원

④ 1,384원

⑤ 1,425원

4 A, B, C 직업을 가진 부모 세대 각각 200명, 300명, 400명을 대상으로 자녀도 동일 직업을 갖는지 여부를 물은 설문조사 결과가 다음과 같았다. 다음 조사 결과를 올바르게 해석한 설명을 〈보기〉에서 모두 고른 것은?

〈세대 간의 직업 이전 비율〉

(단위 : %)

자녀 직업 / 부모 직업	A	B	C	기타
A	35	20	40	5
B	25	25	35	15
C	25	40	25	10

※ 모든 자녀의 수는 부모 당 1명으로 가정한다.

〈보기〉
㉠ 부모와 동일한 직업을 갖는 자녀의 수는 C직업이 A직업보다 많다.
㉡ 부모의 직업과 다른 직업을 갖는 자녀의 비중은 B와 C직업이 동일하다.
㉢ 응답자의 자녀 중 A직업을 가진 사람은 B직업을 가진 사람보다 더 많다.
㉣ 기타 직업을 가진 자녀의 수는 B직업을 가진 부모가 가장 많다.

① ㉡㉢㉣   ② ㉠㉡㉣
③ ㉠㉢㉣   ④ ㉠㉡㉢
⑤ ㉠㉡㉢㉣

5. 급식 봉사활동을 위해 A 온라인 식자재몰에서 식자재를 구매하고자 한다. A 온라인 식자재몰은 식자재를 총 40kg 이상 구매할 시 총 결제금액에서 10%를 할인하는 이벤트를 진행하고 있다. 급식 봉사활동에 필요한 두부 20kg, 상추 4kg, 연근 8kg, 브로콜리 3kg, 부추 2kg, 표고버섯 3kg를 구매할 때 총 결제금액은 얼마인가? (단, 특가 상품은 이벤트 할인이 적용되지 않는다)

식자재(kg)	단가(원)
두부(1kg)	2,500
상추(100g)	2,000
연근(1kg)	4,000
브로콜리(1kg)	~~8,000~~ ★특가상품 20% 할인★
부추(100g)	2,500
표고버섯(1kg)	10,000

① 215,880(원)

② 237,000(원)

③ 235,080(원)

④ 299,000(원)

⑤ 311,230(원)

6 다음 자료에 대한 설명으로 옳지 않은 것은?

(단위 : 억 불)

구분			2016년	2017년	2018년	2019년	2020년
수출	전체		5,525	5,647	5,192	4,861	5,644
		제조업	4,751	4,839	4,473	4,186	4,819
		서비스업	774	808	719	675	825
		도소매	661	677	586	550	692
	중소기업		1,021	1,042	904	915	1,002
		제조업	633	642	547	556	618
		서비스업	388	400	357	359	384
		도소매	357	364	322	325	344
수입	전체		4,612	4,728	3,998	3,762	4,413
		제조업	3,535	3,562	2,798	2,572	3,082
		서비스업	1,077	1,166	1,200	1,190	1,331
		도소매	933	996	998	1,005	1,126
	중소기업		1,084	1,151	1,007	1,039	1,177
		제조업	455	460	364	367	416
		서비스업	629	691	643	672	761
		도소매	571	623	568	597	669

※ 무역수지는 수출액에서 수입액을 뺀 수치가 +이면 흑자, -이면 적자를 의미함

① 중소기업의 제조업 무역수지는 매년 100억 불 이상의 흑자를 나타내고 있다.

② 전체 제조업 수출에서 중소기업의 수출이 차지하는 비중이 가장 낮은 시기는 2018년이 가장 낮다.

③ 전체 수출액 중 도소매업의 구성비는 2018년과 2019년이 모두 11.3%이다.

④ 중소기업의 도소매 수출입액은 2018년 이후 모두 매년 증가하였다.

⑤ 중소기업의 전년 대비 서비스업 수입액 증감률은 2018년이 - 20.9%로 가장 크다.

7 다음은 영업팀의 갑, 을, 병, 정 네 명의 직원에 대한 업무평가 현황과 그에 따른 성과급 지급 기준이다. 갑, 을, 병, 정의 총 성과급 금액의 합은 얼마인가?

〈업무평가 항목별 득점 현황〉

구분	갑	을	병	정
성실도	7	8	9	8
근무태도	6	8	9	9
업무실적	8	8	10	9

※ 가중치 부여 : 성실도 30%, 근무태도 30%, 업무실적 40%를 반영함

〈성과급 지급 기준〉

업무평가 득점	등급	등급별 성과급 지급액
9.5 이상	A	50만 원
9.0 이상 ~ 9.5 미만	B	45만 원
8.0 이상 ~ 9.0 미만	C	40만 원
7.0 이상 ~ 8.0 미만	D	30만 원
7.0 미만	E	20만 원

① 155만 원
② 160만 원
③ 165만 원
④ 170만 원
⑤ 180만 원

8   다음의 〈표〉와 〈그림〉은 2024년 상반기 시가총액 기준 상위 5개 주식현황 및 주식시장 점유율에 대한 자료이다. 이에 대한 설명으로 옳은 것은?

〈표〉 2024년 상반기 시가총액 기준 상위 5개 주식현황

순위	주식	시가총액(억)	발행주식(개)	가격(원)	증가율
1	A전자	38,000	19,000,000	200,000	−4.2
2	B에너지	33,000	11,000,000	300,000	−4.7
3	C에너지	14,700	49,000,000	30,000	−4.5
4	D화학	2,640	22,000,000	12,000	−3.6
5	E자동차	2,100	30,000,000	7,000	−5.2

※ 1) 시가총액은 통화량과 주식 가격을 곱한 값으로, 시장에 존재하는 주식을 현재 가격으로 환산한 총액이다.
   2) 통화량은 시장에 존재하는 주식의 개수이다.
   3) 가격은 주식의 개당 가격이다.
   4) 증가율은 전일 가격 대비 증가율이다.

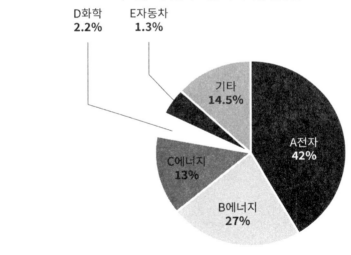

〈그림〉 시가총액 기준 주식시장 점유율

① 전체 주식시장의 시가총액은 15조 원이 넘는다.

② 전체 주식시장에서 통화량이 가장 많은 주식은 C에너지다.

③ 상위 5개 주식 중 전날 대비 가격이 가장 크게 하락한 주식은 B에너지다.

④ 다음 날 모든 주식의 통화량이 그대로이고 다른 주식의 가격은 변동 없이 B에너지의 가격만 35,000원으로 상승한다면 시가총액 상위 1위는 B에너지가 된다.

⑤ 다음 날 모든 주식의 통화량이 그대로이고 다른 주식의 가격은 변동 없이 D화학의 가격만 50,000로 상승한다면 C에너지보다 순위가 높아진다.

■ 9 ~ 10 ■ 제주도의 수출 실적에 대한 다음 자료를 보고 이어지는 물음에 답하시오.

〈연도별 수출 실적〉

(단위 : 천 달러, %)

구분		2022년	2023년
합계		128,994	155,292
1차 산품		68,685	61,401
	농산물	24,530	21,441
	수산물	41,996	38,555
	축산물	2,159	1,405
공산품		60,309	93,891

〈부문별 수출 실적〉

(단위 : 천 달러, %)

구분		농산물	수산물	축산물	공산품
2019년	금액	27,895	50,868	1,587	22,935
	비중	27.0	49.2	1.5	22.2
2020년	금액	23,905	41,088	1,086	40,336
	비중	22.5	38.6	1.0	37.9
2021년	금액	21,430	38,974	1,366	59,298
	비중	17.7	32.2	1.1	49.0
2022년	금액	24,530	41,996	2,159	60,309
	비중	19.0	32.6	1.7	46.7
2023년	금액	21,441	38,555	1,405	93,891
	비중	13.8	24.8	0.9	60.5

9   위의 자료에 대한 올바른 설명을 〈보기〉에서 모두 고른 것은?

〈보기〉
㉠ 2022년과 2023년의 수산물 수출 실적은 1차 산품에서 약 50%의 비중을 차지한다.
㉡ 2019년 ~ 2023년 기간 동안 수출 실적의 증감 추이는 농산물과 수산물이 동일하다.
㉢ 2019년 ~ 2023년 기간 동안 농산물, 수산물, 축산물, 공산품의 수출 실적 순위는 매년 동일하다.
㉣ 2019년 ~ 2023년 기간 동안 전체 수출 실적은 매년 꾸준히 증가하였다.

① ㉠㉡
② ㉡㉣
③ ㉢㉣
④ ㉠㉡㉢
⑤ ㉡㉢㉣

----

10 다음 중 2019년 대비 2023년의 수출 실적 감소율이 가장 큰 1차 산품부터 순서대로 올바르게 나열한 것은?

① 농산물, 축산물, 수산물 ② 농산물, 수산물, 축산물
③ 수산물, 농산물, 축산물 ④ 수산물, 축산물, 농산물
⑤ 축산물, 수산물, 농산물

11 개인종합자산관리(ISA) 계좌는 개인이 운용하는 적금, 예탁금, 파생결합증권, 펀드를 한 계좌에서 운용하면서 각각의 상품의 수익 증감을 합산하여 발생한 수익에 대해 과세하는 금융상품으로 그 내용은 다음과 같다.

가입대상	• 거주자 중 직전 과세기간 또는 해당 과세기간에 근로소득 또는 사업소득이 있는 자 및 대통령령으로 정하는 농어민(모든 금융기관 1인 1계좌) • 신규 취업자 등은 당해 연도 소득이 있는 경우 가입 가능 ※ 직전년도 금융소득과세 대상자는 제외
납입한도	연간 2천만 원(5년간 누적 최대 1억 원) ※ 기가입한 재형저축 및 소장펀드 한도는 납입한도에서 차감
투자가능상품	• 예/적금, 예탁금 • 파생결합증권, 펀드
가입 기간	2022년 12월 31일까지 가능
상품간 교체	가능
의무가입기간	• 일반 5년 • 청년층, 서민층 3년
세제혜택	계좌 내 상품 간 손익통산 후 순이익 중 200만 원까지는 비과세 혜택, 200만 원 초과분 9.9% 분리과세(지방소득세 포함)
기타	• ISA계좌를 5년 이내 해지하면 각 상품에서 실현한 이익금의 15.4%를 세금으로 부과 • 해지수수료 면제

대훈이는 ISA에 가입하고 5년 후에 여유 자금으로 ○○증권과 ○○펀드에 가입하여 1년 후 수익을 따져보니 증권에서는 750만 원의 이익을 보고, 펀드에서는 350만 원의 손해를 보았다. 대훈이가 ISA 계좌를 해지하지 않는다면 얼마의 세금을 내야 하는가? (단, 은행수수료는 없다)

① 198,000원 ② 398,000원
③ 598,000원 ④ 798,000원
⑤ 1,198,000원

12 다음은 N은행의 각 지점별 2년간의 직급자 변동 현황을 나타낸 자료이다. 다음 자료를 보고 판단한 N은행의 인사 정책에 대한 올바른 설명이 아닌 것은?

〈2022년〉

(단위 : 명)

구분	A지점	B지점	C지점	D지점	E지점
부장	1	1	0	1	0
차장	1	0	0	1	1
과장	3	3	2	0	3
대리	7	4	5	11	6
사원	14	12	11	5	13

〈2023년〉

(단위 : 명)

구분	A지점	B지점	C지점	D지점	E지점
부장	2	0	1	0	1
차장	1	0	1	1	0
과장	5	5	4	4	3
대리	10	2	8	3	4
사원	12	10	15	7	10

※ 단, 계산 값은 소수점 둘째 자리에서 반올림한다.

① 5개 지점 전체 인원을 5% 이내에서 증원하였다.

② 인원이 더 늘어난 지점은 모두 2개 지점이다.

③ 사원의 비중이 전년보다 증가한 지점은 D지점뿐이다.

④ N은행은 과장급 직원의 인력을 가장 많이 증원하였다.

⑤ C지점의 대리 수가 전체 대리 수에서 차지하는 비중은 2022년 대비 2023년에 2배 이상 증가하였다.

13 다음 자료에 대한 올바른 설명을 〈보기〉에서 모두 고른 것은?

〈'갑'시의 도시철도 노선별 연간 범죄 발생 건수〉

(단위 : 건)

연도 \ 노선	1호선	2호선	3호선	4호선	합
2022	224	271	82	39	616
2023	252	318	38	61	669

〈'갑'시의 도시철도 노선별 연간 아동 상대 범죄 발생 건수〉

(단위 : 건)

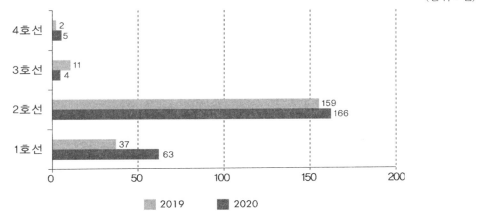

※ 1) 노선별 범죄율 = 노선별 해당 범죄 발생 건수 ÷ 전체 노선 해당 범죄 발생 건수 × 100
2) 언급되지 않은 '갑'시의 다른 노선은 고려하지 않으며, 범죄 발생 건수는 아동 상대 범죄 발생 건수와 비아동 상대 범죄 발생 건수
로만 구성됨

〈보기〉

㉠ 2023년 비아동 상대 범죄 발생 건수는 4개 노선 모두 전년보다 증가하였다.
㉡ 2023년의 전년 대비 아동 상대 범죄 발생 건수의 증가폭은 비아동 상대 범죄 발생 건수의 증가폭보
다 더 크다.
㉢ 2023년의 노선별 전체 범죄율이 10% 이하인 노선은 1개이다.
㉣ 두 해 모두 전체 범죄율이 가장 높은 노선은 2호선이다.

① ㉡㉢ ② ㉡㉣
③ ㉠㉢ ④ ㉠㉡
⑤ ㉠㉣

14 A기업의 직원의 평균 연령은 32살이다. 올해 24살의 신입직원이 들어와서 홍보팀의 평균 연령이 30살이 되었다면 홍보팀 직원의 수는 모두 몇 명인가?

① 2명   ② 3명
③ 4명   ④ 5명
⑤ 6명

15 다음은 NH농협은행 정기예금의 만기지급이자율에 대한 내용이다. 원금 2,000만 원의 6개월 이자와 24개월 이자의 차액은 얼마인가? (단, 단리이며, 세전금액이다)

(연이율, 세전)

이자지급방식	가입 기간	이율
만기 일시 지급 방식	6개월 이상 12개월 미만	1.6%
	12개월 이상 24개월 미만	1.7%
	24개월 이상 36개월 미만	1.8%

① 160,000원   ② 260,000원
③ 360,000원   ④ 460,000원
⑤ 560,000원

16 다음에 대한 설명으로 옳지 않은 것은?

〈표 1〉 유럽 5대 협동조합은행 당기순이익

(단위 : 억 유로)

구분	2015년	2016년	2017년	2018년	2020년
네덜란드 라보뱅크	2,012	2,058	2,627	2,772	2,008
프랑스 크레디아그리꼴	2,505	− 6,389	− 1,470	1,263	1,125
핀란드 OP−Pohjola	672	470	438	440	338
오스트리아 라이파이젠	756	641	728	1,168	571
독일 DZ Bank	1,467	969	609	1,125	346

〈표 2〉 2020년 세계 주요 은행 경영지표 비교

(단위 : 억 달러, %)

구분	자산	BIS비율	대출비중(자산대비)	부실 채권 비율
라보뱅크(27위)	9,298	19.8	74.3	2.9
크레디아그리꼴(13위)	23,536	16.3	48.4	3.4
세계 10대 은행 평균	23,329	14.6	47.9	2.5
국내 5대 은행 평균	284	13.6	58.9	2.3

※ BIS비율 : BIS(Bank for International Settlement : 국제결제은행)가 정한 은행의 위험자산(부실채권) 대비 자기자본비율로 이 비율이 높을수록 은행의 위기상황 대처능력이 높다고 할 수 있다.

① 글로벌 금융위기(2013년) 이후 라보뱅크는 매년 2,000억 유로 이상의 당기순이익을 보이고 있다.
② 세계 10대 은행 평균 자산은 국내 5대 은행 평균 자산의 80배 이상이다.
③ BIS비율 수치를 봤을 때 국내 5대 은행이 세계 10대 은행보다 위기상황 대처능력이 높다.
④ 라보뱅크의 2018년 자산대비 대출비중은 74.3%로 크레디아그리꼴보다 높다.
⑤ 라보뱅크보다 자산규모에서 2배 이상 큰 프랑스 크레디아그리꼴의 당기순이익은 등락을 반복하고 있다.

17 사회초년생인 동근 씨는 결혼자금을 마련하기 위하여 급여의 일부는 저축하기로 하였다. 동근 씨는 재작년 1월 초에 NH농협은행을 방문하여 2년 만기 저축계좌를 개설하였고 매월 100만 원씩 납입하였다. 금리는 연 5%이고, 이자소득세는 15.4%라고 할 때 만기시점에 동근 씨의 통장에 입금될 금액은? (단, 금리는 연말에 단리로 일괄 지급함)

① 24,507,600원 ② 25,015,200원
③ 25,522,800원 ④ 26,030,400원
⑤ 26,538,000원

18 수정이가 네 걸음을 걷는 동안 미연이는 다섯 걸음을 걷는다. 그러나 수정이가 세 걸음을 걷는 거리는 미연이는 네 걸음을 걸어야 한다. 두 사람이 동시에 같은 장소에서 같은 방향으로 걷기 시작하여 미연이가 150m를 나아갔을 때, 수정이와 미연이와의 거리는 몇 m 떨어져 있는가?

① 5m ② 10m
③ 15m ④ 20m
⑤ 25m

19 다음은 어느 해 7월의 달력이다. 색칠된 날짜의 합이 135일 때, 7월 31일은 무슨 요일인가?

日	月	火	水	木	金	土

① 월요일 ② 화요일
③ 수요일 ④ 목요일
⑤ 금요일

20 오후 1시 36분에 사무실을 나와 분속 70m의 일정한 속도로 서울역까지 걸어가서 20분 동안 내일 부산 출장을 위한 승차권 예매를 한 뒤, 다시 분속 50m의 일정한 속도로 걸어서 사무실에 돌아와 시계를 보니 2시 32분이었다. 이때 걸은 거리는 모두 얼마인가?

① 1,050m

② 1,500m

③ 1,900m

④ 2,100m

⑤ 2,400m

21 다음은 소비자물가 총 지수와 주요 품목별 소비자물가 상승률을 연도별로 나타낸 자료이다. 자료를 올바르게 이해한 설명을 〈보기〉에서 모두 고른 것은?

(단위 : %)

구분	2017년	2018년	2019년	2020년	2021년	2022년	2023년
소비자물가 총 지수 (2021년 = 100)	94.7	96.8	98.0	99.3	100.0	101.0	102.9
소비자물가 상승률	4.0	2.2	1.3	1.3	0.7	1.0	1.9
식료품	8.1	4.0	0.9	0.3	1.6	2.3	3.4
주류 및 담배	0.8	1.5	1.7	- 0.1	50.1	0.7	1.5
의류 및 신발	3.3	4.8	2.9	4.0	1.3	1.8	1.1
주택/수도/전기/연료	4.5	4.6	3.5	2.9	- 0.6	- 0.8	1.5
교통	7.0	3.2	- 0.5	- 1.6	- 7.8	- 2.2	3.6
교육	1.7	1.4	1.2	1.5	1.7	1.6	1.1

〈보기〉

㉠ 2021년의 소비자물가 총 지수는 2017년 대비 약 5.6% 증가한 것으로, 기준 연도의 소비자물가 총 지수를 의미한다.

㉡ 2016년 대비 2023년의 소비자물가 지수가 가장 많이 상승한 세 가지 품목은 식료품, 주류 및 담배, 교육이다.

㉢ 평균치로 계산할 때, 2023년의 담배 1갑이 4,500원이라면 2020년의 담배 1갑은 약 2,933.2원이다.

㉣ 2020년의 '연료'의 평균 물가지수가 100이라면, 2023년의 '연료'의 평균 물가지수는 100보다 크지 않다.

※ 단, 계산 값은 소수점 둘째 자리에서 반올림한다.

① ㉠㉡

② ㉡㉢

③ ㉢㉣

④ ㉠㉢

⑤ ㉡㉣

22 두 기업 A, B의 작년 상반기 매출액의 합계는 91억 원이었다. 올해 상반기 두 기업 A, B의 매출액은 작년 상반기에 비해 각각 10%, 20% 증가하였고, 두 기업 A, B의 매출액 증가량의 비가 2 : 3이라고 할 때, 올해 상반기 두 기업 A, B의 매출액의 합계는?

① 96억 원

② 100억 원

③ 104억 원

④ 108억 원

⑤ 112억 원

23 5%의 소금물과 15%의 소금물로 12%의 소금물 200g을 만들고 싶다. 각각 몇 g씩 섞으면 되는가?

	5% 소금물	15% 소금물
①	40g	160g
②	50g	150g
③	60g	140g
④	70g	130g
⑤	80g	120g

┃24 ~ 25┃ 다음 숫자들의 배열 규칙을 찾아 ( ) 안에 들어갈 알맞은 숫자를 고르시오.

24

25　26　13　14　7　8　4　( )

① 1

② 2

③ 3

④ 4

⑤ 5

25

68　71　( )　70　73　68　82　65

① 69

② 70

③ 72

④ 74

⑤ 76

26 반대 방향으로 A, B 두 사람이 3.6km/h로 달리는데, 기차가 지나갔다. A를 지나치는 데 24초, B를 지나치는 데 20초가 걸렸을 때 기차의 길이는?

① 120m

② 180m

③ 240m

④ 300m

⑤ 360m

27 甲이 지원한 기업의 하반기 필기전형 합격 기준은 70점이다. 정답일 경우 4점을 취하며, 오답일 경우 2점이 감점된다. 총 30문항이며, 전부 다 풀었다고 가정할 때 합격하기 위한 최소 문항은 몇 개인가?

① 20

② 21

③ 22

④ 23

⑤ 24

28 다음은 한 통신사의 요금제별 요금 및 할인 혜택에 관한 표이다. 이번 달에 전화통화와 함께 100건 이상의 문자메시지를 사용하였는데, A요금제를 이용했을 경우 청구되는 요금은 14,000원, B요금제를 이용했을 경우 청구되는 요금은 16,250원이다. 이번 달에 사용한 문자메시지는 모두 몇 건인가?

요금제	기본료	통화요금	문자메시지요금	할인 혜택
A	없음	5원/초	10원/건	전체 요금의 20% 할인
B	5,000원/월	3원/초	15원/건	문자메시지 월 100건 무료

① 125건 ② 150건
③ 200건 ④ 250건
⑤ 300건

29 4명의 동업자 A, B, C, D가 하루 매출액을 나누었다. 가장 먼저 A는 10만 원과 나머지의 $\frac{1}{5}$ 을 먼저 받고, 다음에 B가 20만 원과 그 나머지의 $\frac{1}{5}$, 그 이후에 C가 30만 원과 그 나머지의 $\frac{1}{5}$, D는 마지막으로 남은 돈을 모두 받았다. A, B, C D 네 사람이 받은 액수가 모두 같았다면, 하루 매출액의 총액은 얼마인가?

① 100만 원 ② 120만 원
③ 140만 원 ④ 160만 원
⑤ 180만 원

30 11% 소금물 400g과 2% 소금물을 섞어 6%의 소금물을 만들었다. 2%의 소금물 양은 얼마인가?

① 300g
② 350g
③ 450g
④ 500g
④ 600g

31 다음은 갑국의 최종에너지 소비량에 대한 자료이다. 〈보기〉에서 옳은 것들로만 바르게 짝지어진 것은?

〈표 1〉 2018 ~ 2020년 유형별 최종에너지 소비량 비중

(단위 : %)

연도 \ 유형	석탄		석유제품	도시가스	전력	기타
	무연탄	유연탄				
2018	2.7	11.6	53.3	10.8	18.2	3.4
2019	2.8	10.3	54.0	10.7	18.6	3.6
2020	2.9	11.5	51.9	10.9	19.1	3.7

〈표 2〉 2020년 부문별 유형별 최종에너지 소비량

(단위 : 천 TOE)

부문 \ 유형	석탄		석유제품	도시가스	전력	기타	합
	무연탄	유연탄					
산업	4,750	15,317	57,451	9,129	23,093	5,415	115,155
가정·상업	901	4,636	6,450	11,105	12,489	1,675	37,256
수송	0	0	35,438	188	1,312	0	36,938
기타	0	2,321	1,299	669	152	42	4,483
계	5,651	22,274	100,638	21,091	37,046	7,132	193,832

※ TOE는 석유 환산 톤수를 의미

〈보기〉
㉠ 2018 ~ 2020년 동안 전력 소비량은 매년 증가한다.
㉡ 2020년에는 산업부문의 최종에너지 소비량이 전체 최종에너지 소비량의 50% 이상을 차지한다.
㉢ 2018 ~ 2020년 동안 석유제품 소비량 대비 전력 소비량의 비율이 매년 증가한다.
㉣ 2020년에는 산업부문과 가정·상업부문에서 유연탄 소비량 대비 무연탄 소비량의 비율이 각각 25% 이하이다.

① ㉠㉡
② ㉠㉣
③ ㉡㉢
④ ㉡㉣
⑤ ㉢㉣

32 다음은 A국가의 6년간 ODA 지원현황(순지출, 달러기준)을 나타낸 표에 대한 설명으로 옳지 않은 것은?

(단위 : 백만 달러)

구분	2015년	2016년	2017년	2018년	2019년	2020년
총 ODA	696.1	802.3	816.0	1,173.8	1,324.6	1,550.9
양자간 원조금액 (비중)	490.5 (70.5%)	539.2 (67.2%)	581.1 (66.1%)	900.6 (76.7%)	989.6 (74.7%)	1,162.2 (74.9%)
무상원조금액 (비중)	358.3 (73.1%)	368.7 (68.4%)	367.0 (68.1%)	573.9 (63.7%)	575.0 (58.1%)	696.0 (59.9%)
유상원조금액 (비중)	132.2 (26.9%)	170.6 (31.6%)	214.1 (39.7%)	326.7 (36.3%)	414.6 (41.9%)	466.1 (40.1%)
다자간 원조금액 (비중)	205.6 (29.5%)	263.1 (32.8%)	234.9 (28.8%)	273.2 (23.3%)	325.0 (25.3%)	388.8 (25.1%)
GNI	0.07	0.09	0.1	0.12	0.12	0.14

※ ODA : 공적개발원조는 공공기관이 개발도상국의 경제 개발과 복지 증진을 목적으로 물자를 제공하는 국제적인 협력활동을 말한다.

① 2020년 총 ODA에서 양자간 원조 비중은 70% 이상이다.

② GNI는 2015년도에 비해 2020년 현재 약 2배 가량 성장했다.

③ 양자간 원조 비중에서 유상원조 비중이 제일 높은 시기는 2019년이다.

④ 2015년 대비 2020년 무상원조 비중은 약 15%p 감소하였다.

⑤ 다자간 원조금액이 제일 높은 시기는 2020년에 해당한다.

33 다음은 甲연구소에서 제습기 A ~ E의 습도별 연간소비전력량을 측정한 자료이다. 자료를 확인하여 〈보기〉 중 옳은 것을 고르면?

〈제습기 A ~ E 습도별 연간소비전력량〉

(단위 : kWh)

제습기 \ 습도	40%	50%	60%	70%	80%
A	550	620	680	790	840
B	560	640	740	810	890
C	580	650	730	800	880
D	600	700	810	880	950
E	660	730	800	920	970

〈보기〉

㉠ 습도가 70%일 때 연간소비전력량이 가장 적은 제습기는 A이다.

㉡ 각 습도에서 연간소비전력량이 많은 제습기부터 순서대로 나열하면, 습도 60%일 때와 습도 70%일 때의 순서를 동일하다.

㉢ 습도가 40%일 때 제습기 E의 연산소비전력량은 습도가 50%일 때 제습기 B의 연간소비전력량보다 많다.

㉣ 제습기 각각에서 연간소비전력량은 습도가 80%일 때가 40%일 때의 1.5배 이상이다.

① ㉠㉡ ② ㉠㉢
③ ㉡㉣ ④ ㉠㉢㉣
⑤ ㉡㉢㉣

34 다음은 N기업의 5년간 생명보험과 손해보험의 수지 실적에 관한 자료이다. 이에 대한 설명으로 옳은 것은? (단, 소수점 둘째 자리에서 반올림한다)

〈표 1〉 2019 ～ 2023년 생명보험 수지 실적

(단위 : 십억 원)

연도	경과보험료	발생손해액	순사업비
2019	71,653	45,584	20,667
2020	77,468	45,511	22,182
2021	82,640	51,877	23,999
2022	85,129	57,659	22,714
2023	86,957	58,213	23,973

〈표 2〉 2019 ～ 2023년 손해보험 수지 실적

(단위 : 십억 원)

연도	경과보험료	발생손해액	순사업비
2019	31,711	29,732	6,792
2020	37,479	31,630	7,831
2021	46,825	35,300	8,500
2022	46,369	39,145	9,196
2023	51,247	42,378	10,016

※ 1) 손해율(%) = (총 지출액/경과보험료 × 100)

2) 총 지출액 = (발생손해액 + 순사업비)

① 5년간 생명보험과 손해보험 경과보험료는 모두 매년 증가하고 있다.

② 2020년 생명보험의 손해율은 90%가 넘는다.

③ 2021년 생명보험 발생손해액은 2021년 손해보험 발생손해액의 2배가 넘는다.

④ 생명보험의 손해율이 가장 컸던 해는 2023년이다.

⑤ 손해보험의 손해율이 가장 컸던 해와 적었던 해의 손해율 차이는 20 미만이다.

35 다음 표는 통신사 A, B, C의 스마트폰 소매가격 및 평가점수 자료이다. 이에 대한 〈보기〉의 설명 중 옳은 것만을 모두 고른 것은?

〈통신사별 스마트폰의 소매가격 및 평가점수〉

(단위 : 달러, 점)

통신사	스마트폰	소매가격	평가항목					종합품질점수
			화질	내비게이션	멀티미디어	배터리 수명	통화성능	
A	a	150	3	3	3	3	1	13
	b	200	2	2	3	1	2	10
	c	200	3	3	3	1	1	11
B	d	180	3	3	3	2	1	12
	e	100	2	3	3	2	1	11
	f	70	2	1	3	2	1	9
C	g	200	3	3	3	2	2	13
	h	50	3	2	3	2	1	11
	i	150	3	2	2	3	2	12

〈보기〉
㉠ 소매가격이 200달러인 스마트폰 중 '종합품질점수'가 가장 높은 스마트폰은 c이다.
㉡ 소매가격이 가장 낮은 스마트폰은 '종합품질점수'도 가장 낮다.
㉢ 통신사 각각에 대해서 해당 통신사 스마트폰의 '통화성능' 평가점수의 평균을 계산하여 통신사별로 비교하면 C가 가장 높다.
㉣ 평가항목 각각에 대해서 스마트폰 a ~ i 평가점수의 합을 계산하여 평가항목별로 비교하면 '멀티미디어'가 가장 높다.

① ㉠
② ㉢
③ ㉠㉡
④ ㉡㉣
⑤ ㉢㉣

04 정보능력

[정보능력] NCS 출제유형

① 컴퓨터활용능력 : 컴퓨터 프로그램 사용법에 대한 문제를 물어보는 문제이다.
② 정보처리능력 : 엑셀, 알고리즘, 코딩과 관련한 문제를 통해 정보처리 방법을 찾아내는 문제이다.

[정보능력] 출제경향

온라인 필기시험에서 엑셀 함수문제가 다수 출제되었다. 알고리즘, 컴퓨터 일반 등과 관련한 문제의 출제수는 축소되었다. 업무에서 자주 활용할 수 있는 문제를 출제하였다. 컴퓨터활용능력과 관련한 문제 출제가 과반을 차지하면서 매우 중요도가 높아졌다. 엑셀 함수에 대한 이해가 상당히 중요하다.

[정보능력] 빈출유형

엑셀										
알고리즘										
기초 코딩										
자료해석										

01 정보능력 모듈형 연습문제

예제 01 정보처리능력

5W2H는 정보를 전략적으로 수집·활용할 때 주로 사용하는 방법이다. 5W2H에 대한 설명으로 옳지 않은 것은?

① WHAT : 정보의 수집 방법을 검토한다.
② WHERE : 정보의 소스(정보원)를 파악한다.
③ WHEN : 정보의 요구(수집)시점을 고려한다.
④ HOW : 정보의 수집 방법을 검토한다.

예제 02 컴퓨터활용능력

귀하는 커피 전문점을 운영하고 있다. 아래와 같이 엑셀 워크시트로 4개 지점의 원두 구매 수량과 단가를 이용하여 금액을 산출하고 있다. 귀하가 다음 중 [D3] 셀에서 사용하고 있는 함수식으로 옳은 것은?(단, 금액 = 수량 × 단가)

	A	B	C	D
1	지점	원두	수량(100g)	금액
2	A	케냐	15	150,000
3	B	콜롬비아	25	175,000
4	C	케냐	30	300,000
5	D	브라질	35	210,000
6				
7		원두	100g당 단가	
8		케냐	10,000	
9		콜롬비아	7,000	
10		브라질	6,000	
11				

① = C3*VLOOKUP(B3, $B$8 : $C$10, 1, 1)
② = B3*HLOOKUP(C3, $B$8 : $C$10, 2, 0)
③ = C3*VLOOKUP(B3, $B$8 : $C$10, 2, 0)
④ = C3*HLOOKUP($B$8 : $C$10, 2, B3)

예제 03 정보처리능력

인사팀에서 근무하는 J 씨는 회사가 성장함에 따라 직원 수가 급증하기 시작하면서 직원들의 정보관리 방법을 모색하던 중 다음과 같은 甲사의 직원 정보관리 방법을 보게 되었다. J 씨는 甲사가 하고 있는 이 방법을 회사에도 도입하고자 한다. 이 방법은 무엇인가?

> 甲사의 인사부서에 근무하는 H 씨는 직원들의 개인정보를 관리하는 업무를 담당하고 있다. 甲사에서 근무하는 직원은 수천 명에 달하기 때문에 H 씨는 주요 키워드나 주제어를 가지고 직원들의 정보를 구분하여 관리하여, 찾을 때도 쉽고 내용을 수정할 때도 이전보다 훨씬 간편할 수 있도록 했다.

① 목록을 활용한 정보관리
② 색인을 활용한 정보관리
③ 분류를 활용한 정보관리
④ 1 : 1 매칭을 활용한 정보관리

출제의도
본 문항은 정보관리 방법의 개념을 이해하고 있는가를 묻는 문제이다.

해설
주어진 자료의 甲사에서 사용하는 정보관리는 주요 키워드나 주제어를 가지고 정보를 관리하는 방식인 색인을 활용한 정보관리이다. 디지털 파일에 색인을 저장할 경우 추가, 삭제, 변경 등이 쉽다는 점에서 정보관리에 효율적이다.

※ ②

1 다음 중 아래와 같은 자료를 '기록(초)' 필드를 이용하여 최길동의 순위를 계산하고자 할 때 C3에 들어갈 함수식으로 올바른 것은?

	A	B	C
1	이름	기록(초)	순위
2	김길동	53	3
3	최길동	59	4
4	박길동	51	1
5	이길동	52	2
6			

① =RANK(B3,$B$2:$B$5,1)

② =RANK(B3,$B$2:$B$5,0)

③ =RANK(B3,$B$2:B5,1)

④ =RANK(B3,B2:$B$5,0)

⑤ =RANK(B3,B2:B5,0)

2 다음에 제시된 네트워크 관련 명령어들 중, 그 의미가 올바르게 설명되어 있지 않은 것은?

㉠ netstat	활성 TCP 연결 상태, 컴퓨터 수신 포트, 이더넷 통계 등을 표시한다.
㉡ nslookup	DNS가 가지고 있는 특정 도메인의 IP Address를 검색해 준다.
㉢ finger	원격 컴퓨터의 사용자 정보를 알아보기 위해 사용되는 서비스이다.
㉣ ipconfig	현재 컴퓨터의 IP 주소, 서브넷 마스크, 기본 게이트웨이 등을 확인할 수 있다.
㉤ ping	인터넷 서버까지의 경로 추적으로 IP 주소, 목적지까지 거치는 경로의 수 등을 파악할 수 있도록 한다.

① ㉠

② ㉡

③ ㉢

④ ㉣

⑤ ㉤

Answer. 1.① 2.⑤

3 다음 시트에서 1행의 데이터에 따라 2행처럼 표시하려고 할 때, 다음 중 [A2] 셀에 입력된 함수식으로 적절한 것은?

	A	B
1	3	-2
2	양	음

① =IF(A1〈=0,"양","음")

② =IF(A1 IS=0,"양" OR "음")

③ =IF(A1〉=0,"양","음")

④ =IF(A1〉=0,"양" OR "음")

⑤ =IF(A1 IS=0,"양","음")

4 최근에는 정보화 시대를 맞아 직장생활뿐만 아니라 가정생활에 있어서도 컴퓨터와 인터넷을 활용할 줄 아는 능력이 점점 많이 요구되고 있다. 다음에 제시된 정보통신망과 관련된 용어 중 그 의미가 잘못 설명된 것은?

① LAN	근거리의 한정된 지역 또는 건물 내에서 데이터 전송을 목적으로 연결되는 통신망으로 단일기관의 소유이면서 수 km 범위 이내의 지역에 한정되어 있는 통신 네트워크를 말한다.
② MAN	LAN과 WAN의 중간 형태의 통신망으로 특정 도시 내에 구성된 각각의 LAN들을 상호 연결하여 자원을 공유한다.
③ WAN	ISDN보다 더 광범위한 서비스로, 음성 통신 및 고속 데이터 통신, 정지화상 및 고해상도의 동영상 등의 다양한 서비스를 제공한다.
④ VAN	통신 회선을 빌려 단순한 전송기능 이상의 정보 축적이나 가공, 변환 처리 등의 부가가치를 부여한 정보를 제공하는 통신망
⑤ ISDN	음성이나 문자, 화상 데이터를 종합적으로 제공하는 디지털 통신망

5 아래 그림을 참고할 때, 할인율을 변경하여 '판매가격'의 목표값을 150,000으로 변경하려고 한다면 [목표값 찾기] 대화 상자의 '수식 셀'에 입력할 값으로 적절한 것은?

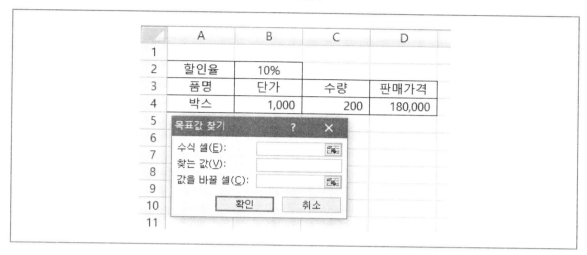

① B4   ② C4
③ B2   ④ B2*C2
⑤ D4

6 A 쇼핑몰의 판매 분야별 일평균 매출이다. [B12] 셀에 수식 '=LARGE(B2:B11,2)'를 입력할 때 출력되는 값은?

	A	B
1	판매 분야	일평균 매출
2	직구	813,450
3	패션	2,465,960
4	미용	976,360
5	가전	2,506,970
6	가구	1,796,800
7	식품	1,348,000
8	문구	539,610
9	여행	3,965,400
10	스포츠	775,200
11	반려동물	643,250
12		
13		

① 직구

② 패션

③ 813,450

④ 2,465,960

⑤ 2,506,970

7　인사팀에서는 다음과 같이 직급별 신체조건을 파악해 운동지수를 알아보았다. 다음 자료를 참고할 때, 수식 '＝DAVERAGE(A4:E10,"체중",A1:C2)'의 결과값으로 알맞은 것은?

	A	B	C	D	E
1	직급	키	키		
2	대리	>170	<180		
3					
4	직급	키	나이	체중	운동지수
5	대리	174	30	72	132
6	대리	178	29	64	149
7	과장	168	33	75	138
8	사원	180	25	80	125
9	대리	168	39	82	127
10	사원	182	27	74	139

① 176

② 29.5

③ 140.5

④ 74

⑤ 68

8   다음과 같은 자료를 참고할 때, [F3] 셀에 들어갈 수식으로 알맞은 것은?

	A	B	C	D	E	F
1	이름	소속	인센티브(원)		구분	인원 수
2	김○○	C팀	160,000		총 인원	12
3	이○○	A팀	200,000		평균 미만	6
4	홍○○	D팀	175,000		평균 이상	6
5	남○○	B팀	155,000			
6	서○○	D팀	170,000			
7	조○○	B팀	195,000			
8	염○○	A팀	190,000			
9	권○○	B팀	145,000			
10	신○○	C팀	200,000			
11	강○○	D팀	190,000			
12	노○○	A팀	160,000			
13	방○○	D팀	220,000			
14						

① =COUNTIF(C2:C13, "〈"&AVERAGE(C2:C13))

② =COUNT(C2:C13, "〈"&AVERAGE(C2:C13))

③ =COUNTIF(C2:C13, "〈", "&"AVERAGE(C2:C13))

④ =COUNT(C2:C13, "〉"&AVERAGE(C2:C13))

⑤ =COUNTIF(C2:C13, "〉"AVERAGE&(C2:C13))

9 다음 자료를 참고할 때, [B7] 셀에 '=SUM(B2 : CHOOSE(2, B3, B4, B5))'의 수식을 입력했을 때 표시되는 결과값으로 올바른 것은?

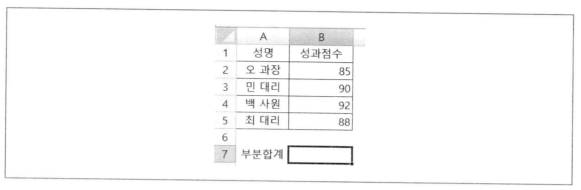

	A	B
1	성명	성과점수
2	오 과장	85
3	민 대리	90
4	백 사원	92
5	최 대리	88
6		
7	부분합계	

① 175

② 355

③ 267

④ 177

⑤ 265

10 다음 스프레드시트 서식 코드 사용 설명 중 올바르지 않은 것은 어느 것인가?

입력 데이터	지정 서식	결과 데이터
㉠ 13 − 03	dd − mm	12 − Mar
㉡ 13 − 03 − 12	dd − mm − yy	2012. 03. 13
㉢ 02:45	hh:mm:ss AM/PM	02:45:00 AM
㉣ 신재생에너지	@에너지	신재생에너지
㉤ 02:45	h:mm:ss	2:45:00

① ㉠

② ㉡

③ ㉢

④ ㉣

⑤ ㉤

∥11 ~ 13∥ 다음은 시스템 모니터링 중에 나타난 화면이다. 다음 화면에 나타나는 정보를 이해하고 시스템 상태를 파악하여 적절한 input code를 고르시오.

〈시스템 화면〉

System is checking........
Run.....

Error Found!
Index GTEMSHFCBA of file WODRTSUEAI

input code : _____

항목	세부사항
index '__' of file '__'	• 오류 문자 : Index 뒤에 나타나는 10개의 문자 • 오류 발생 위치 : file 뒤에 나타나는 10개의 문자
Error Value	오류 문자와 오류 발생 위치를 의미하는 문자에 사용된 알파벳을 비교하여 일치하는 알파벳의 개수를 확인(단, 알파벳의 위치와 순서는 고려하지 않으며 동일한 알파벳이 속해 있는지만 확인한다.)
input code	Error Value를 통하여 시스템 상태를 판단

판단 기준	시스템 상태	input code
일치하는 알파벳의 개수가 0개인 경우	안전	safe
일치하는 알파벳의 개수가 1 ~ 3개인 경우	경계	alert
일치하는 알파벳의 개수가 4 ~ 6개인 경우		vigilant
일치하는 알파벳의 개수가 7 ~ 9개인 경우	위험	danger
일치하는 알파벳의 개수가 10개인 경우	복구 불능	unrecoverable

11

〈시스템 화면〉

System is checking........
Run.....

Error Found!
Index DRHIZGJUMY of file OPAULMBCEX

input code : _____

① safe
③ vigilant
⑤ unrecoverable
② alert
④ danger

12

〈시스템 화면〉

System is checking........
Run.....

Error Found!
Index QWERTYUIOP of file POQWIUERTY

input code : _____

① safe   ② alert
③ vigilant   ④ danger
⑤ unrecoverable

13

〈시스템 화면〉

System is checking........
Run.....

Error Found!
Index QAZWSXEDCR of file EDCWSXPLMO

input code : _____

① safe   ② alert
③ vigilant   ④ danger
⑤ unrecoverable

Answer. 11.② 12.⑤ 13.③

14 다음과 같이 엑셀 워크시트로 서울에 있는 강북, 강남, 강서, 강동 등 4개 매장의 '수량'과 '상품코드'별 단가를 이용하여 금액을 산출하고 있다. 다음 중 [D2] 셀에서 사용하고 있는 함수식으로 옳은 것은?(단, 금액 = 수량 × 단가)

자료

	A	B	C	D
1	지역	상품코드	수량	금액
2	강북	AA-10	15	45,000
3	강남	BB-20	25	125,000
4	강서	AA-10	30	90,000
5	강동	CC-30	35	245,000
6				
7		상품코드	단가	
8		AA-10	3,000	
9		BB-20	7,000	
10		CC-30	5,000	
11				

① =C2*VLOOKUP(B2,$B$8:$C$10, 1, 1)

② =B2*HLOOKUP(C2,$B$8:$C$10, 2, 0)

③ =C2*VLOOKUP(B2,$B$8:$C$10, 2, 0)

④ =C2*HLOOKUP($B$8:$C$10, 2, B2)

⑤ =C2*HLOOKUP($B$8:$C$10, 2, 1)

15 다음 워크시트에서 부서명[E2:E4]을 번호[A2:A11] 순서대로 반복하여 발령부서[C2:C11]에 배정하고자 한다. 다음 중 [C2] 셀에 입력할 수식으로 옳은 것은?

	A	B	C	D	E
1	번호	이름	발령부서		부서명
2	1	황현아	기획팀		기획팀
3	2	김지민	재무팀		재무팀
4	3	정미주	총무팀		총무팀
5	4	오민아	기획팀		
6	5	김혜린	재무팀		
7	6	김윤중	총무팀		
8	7	박유미	기획팀		
9	8	김영주	재무팀		
10	9	한상미	총무팀		
11	10	서은정	기획팀		

① =INDEX($E$2:$E$4, MOD(A2, 3))
② =INDEX($E$2:$E$4, MOD(A2, 3) + 1)
③ =INDEX($E$2:$E$4, MOD(A2 − 1, 3) + 1)
④ =INDEX($E$2:$E$4, MOD(A2 − 1, 3))
⑤ =INDEX($E$2:$E$4, MOD(A2 − 1, 3) − 1)

16 다음과 같은 시트에서 이름에 '철'이라는 글자가 포함된 셀의 서식을 채우기 색 '노랑', 글꼴 스타일 '굵은 기울임꼴'로 변경하고자 한다. 이를 위해 [A2 : A7] 영역에 설정한 조건부 서식의 수식 규칙으로 옳은 것은?

	A	B	C	D
1	이름	편집부	영업부	관리부
2	박초롱	89	65	92
3	강원철	69	75	85
4	김수현	75	86	35
5	민수진	87	82	80
6	신해철	55	89	45
7	안진철	98	65	95

① =COUNT(A2, "*철*")

② =COUNT(A2:A7, "*철*")

③ =COUNTIF(A2, "*철*")

④ =COUNTIF(A2:A7, "*철*")

⑤ =COUNTIF(A7, "*철*")

17 다음 중 아래 워크시트에서 참고표를 참고하여 55,000원에 해당하는 할인율을 [C6] 셀에 구하고자 할 때의 적절한 함수식은?

	A	B	C	D	E	F
1		<참고표>				
2		금액	30,000	50,000	80,000	150,000
3		할인율	3%	7%	10%	15%
4						
5		금액	55,000			
6		할인율	7%			
7						

① =LOOKUP(C5,C2:F2,C3:F3)

② =HLOOKUP(C5,B2:F3,1)

③ =VLOOKUP(C5,C2:F3,1)

④ =VLOOKUP(C5,B2:F3,2)

⑤ =HLOOKUP(C5,B2:F2,2)

18 다음 중 아래 워크시트의 [A1] 셀에 사용자 지정 표시 형식 '#,###,'을 적용했을 때 표시되는 값은?

	A
1	2451648.81
2	

① 2,451

② 2,452

③ 2

④ 2.4

⑤ 2.5

19 다음 중 아래 워크시트에서 수식 '=SUM($B$2:C2)'이 입력된 [D2] 셀을 [D4] 셀에 복사하여 붙여 넣었을
    때의 결과 값은?

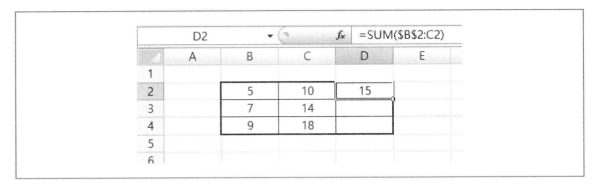

① 15   ② 27
③ 42   ④ 63
⑤ 72

20 다음 [조건]에 따라 작성한 [함수식]에 대한 설명으로 옳은 것을 〈보기〉에서 고른 것은?

[조건]

품목과 수량에 대한 위치는 행과 열로 표현한다.

 예 열⌐→행 B2

행＼열	A	B
1	품목	수량
2	설탕	5
3	식초	6
4	소금	7

[함수 정의]

• IF(조건식, ⓐ, ⓑ) : 조건식이 참이면 ⓐ 내용을 출력하고, 거짓이면 ⓑ 내용을 출력한다.
• MIN(B2, B3, B4) : B2, B3, B4 중 가장 작은 값을 반환한다.

[함수식]

= IF(MIN(B2, B3, B4) > 3, "이상 없음", "부족")

〈보기〉

㉠ 반복문이 사용되고 있다.
㉡ 조건문이 사용되고 있다.
㉢ 출력되는 결과는 '부족'이다.
㉣ 식초의 수량(B3) 6을 1로 수정할 때 출력되는 결과는 달라진다.

① ㉠㉡
② ㉠㉢
③ ㉡㉢
④ ㉡㉣
⑤ ㉢㉣

‖ 21 ～ 23 ‖ 글로벌 기업 N사는 한국, 일본, 중국, 베트남에 지점을 두고 있으며, 주요 품목인 외장하드를 생산하여 판매하고 있다. 다음 코드 부여 규정을 보고 물음에 답하시오.

가. 국가 코드

한국	일본	중국	베트남
1	2	3	4

나. 공장라인 코드

국가	공장	
한국	A	제1공장
	B	제2공장
	C	제3공장
	D	제4공장
일본	A	제1공장
	B	제2공장
	C	제3공장
	D	제4공장
중국	A	제1공장
	B	제2공장
	C	제3공장
	D	제4공장
베트남	A	제1공장
	B	제2공장
	C	제3공장
	D	제4공장

다. 제품코드

분류코드		용량번호	
01	xs1	001	500GB
		002	1TB
		003	2TB
02	xs2	001	500GB
		002	1TB
		003	2TB
03	oz	001	500GB
		002	1TB
		003	2TB
04	스마트S	001	500GB
		002	1TB
		003	2TB
05	HS	001	500GB
		002	1TB
		003	2TB

마. 제조 연월
- 2020년 11월 11일 제조 → 201111
- 2021년 1월 7일 제조 → 210107

바. 완성 순서
- 00001부터 시작하여 완성된 순서대로 번호가 매겨짐
- 1511번째 품목일 시 → 01511

사. 코드 부여
- 2020년 3월 23일에 한국 제1공장에서 제조된 xs1 1TB 326번째 품목
  → 200323 − 1A − 01002 − 00326

21 2020년 6월 19일에 베트남 제3공장에서 제조된 스마트S 모델로 용량이 500GB인 1112번째 품목코드로 알맞은 것은?

① 20200619C00101112
② 2000619C404001012
③ 2006194C0020011102
④ 2006194C0040011012
⑤ 2006194C0400101112

22 상품코드 1912132B03002205201에 대한 설명으로 옳지 않은 것은?

① 2019년 12월 13일에 제조되었다.
② 완성된 품목 중 5201번째 품목이다.
③ 일본 제2공장에서 제조되었다.
④ xs2에 해당한다.
⑤ 용량은 1TB이다.

23 담당자의 실수로 코드번호가 다음과 같이 부여되었을 경우 올바르게 수정한 것은?

> 2021년 12월 23일 한국 제4공장에서 제조된 xs2 2TB 13698번째 품목
> → 2112231D0200213698

① 제조연월일 : 211223 → 20211223
② 생산라인 : 1D → 2D
③ 제품종류 : 02002 → 02003
④ 완성된 순서 : 13698 → 13699
⑤ 수정할 부분 없음

24 다음 시트의 주문 수량 중 문자를 제외한 숫자만 추출하려고 할 때 [C2] 셀에 입력할 수 있는 함수로 옳은 것은?

	A	B	C
1	no.	상품 코드	주문수량
2	1	a216-1000	수량:300
3	2	a116-4000	수량:110
4	3	c003-1693	수량:98
5	4	a139-9700	수량:216
6	5	b210-0001	수량:376
7	6	b113-3102	수량:71
8			

① =SMALL(B2:C2,3)

② =SUMPRODUCT(B:2,C:2,B:7,C7)

③ =SUM(INDIRECT(C2))

④ =RIGHT(C2,LEN(C2)−3)

⑤ =SUBSTITUTE(C2,"수량:")

25 다음 자료는 '발전량' 필드를 기준으로 발전량과 발전량이 많은 순위를 엑셀로 나타낸 표이다. 태양광의 발전량 순위를 구하기 위한 함수식으로 [C3] 셀에 들어가야 할 수식으로 알맞은 것은?

	A	B	C
1	<에너지원별 발전량(단위: Mwh)>		
2	에너지원	발전량	순위
3	태양광	88	2
4	풍력	100	1
5	수력	70	4
6	바이오	75	3
7	양수	65	5

① =ROUND(B3,$B$3:$B$7,0)

② =ROUND(B3,$B$3:$B$7,1)

③ =RANK(B3,$B$3:$B$7,1)

④ =RANK(B3,$B$2:$B$7,0)

⑤ =RANK(B3,$B$3:$B$7,0)

26 다음은 엑셀 프로그램의 논리 함수에 대한 설명이다. 옳지 않은 것은?

① AND : 인수가 모두 TRUE이면 TRUE를 반환한다.

② OR : 인수가 하나라도 TRUE이면 TRUE를 반환한다.

③ NOT : 인수의 논리 역을 반환한다.

④ XOR : 모든 인수의 논리 배타적 AND를 반환한다.

⑤ IF : 조건식이 참이면 '참일 때 값', 거짓이면 '거짓일 때 값'을 출력한다.

27 다음에서 설명하고 있는 것은?

> 1945년 폰노이만(Von Neumann, J)에 의해 개발되었다. 프로그램 데이터를 기억장치 안에 기억시켜 놓은 후 기억된 프로그램에 명령을 순서대로 해독하면서 실행하는 방식으로, 오늘날의 컴퓨터 모두에 적용되고 있는 방식이다.

① IC칩 내장방식

② 송팩 방식

③ 적외선 방식

④ 프로그램 내장방식

⑤ 네트워크 방식

28 구글 검색에서 검색 결과에 pdf만 나오도록 설정하는 고급검색 항목은?

① language

② region

③ last update

④ SafeSearch

⑤ file type

Answer. 24.④ 25.⑤ 26.④ 27.④ 28.⑤

29 다음 중 아래 시트에서 야근일수를 구하기 위해 [B9] 셀에 입력할 함수로 옳은 것은?

	A	B	C	D	E
1	4월 야근 현황				
2	날짜	도준영	전아홍	이진주	강석현
3	4월15일		V		V
4	4월16일	V		V	
5	4월17일	V	V	V	
6	4월18일		V	V	V
7	4월19일	V		V	
8	4월20일	V			
9	야근일수				

① =COUNTBLANK(B3:B8)

② =COUNT(B3:B8)

③ =COUNTA(B3:B8)

④ =SUM(B3:B8)

⑤ =SUMIF(B3:B8)

30 주기억장치 관리기법 중 "Best Fit" 기법 사용 시 8K의 프로그램은 주기억장치 영역 중 어느 곳에 할당되는가?

영역1	9K
영역2	15K
영역3	10K
영역4	30K
영역5	35K

① 영역1

② 영역2

③ 영역3

④ 영역4

⑤ 영역5

31 Java에서 괄호에 주어진 형식대로 출력하는 코드로 옳은 것은?

① System.out.printf()

② System.out.println()

③ System.out.print()

④ System.in.read()

⑤ Scanner

32 다음 중 아래 시트에서 [C6] 셀에 제시된 바와 같은 수식을 넣을 경우 나타나게 될 오류 메시지는?

	A	B	C
1	직급	이름	수당(원)
2	과장	홍길동	750,000
3	대리	조길동	600,000
4	차장	이길동	830,000
5	사원	박길동	470,000
6	합계		= SIN(C2:C5)

① #DIV/0!

② #VALUE!

③ #NAME?

④ #NUM!

⑤ #####

33 다음 스프레드시트(엑셀) 문서에서 [C1] 셀의 채우기 핸들을 [D1] 셀로 드래그 했을 때 ㉠, ㉡에 출력되는 값이 바르게 연결된 것은?

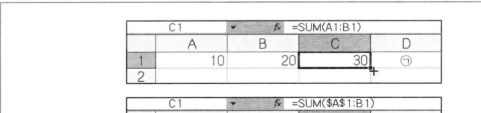

	㉠	㉡			㉠	㉡
①	30	50		②	50	50
③	50	60		④	60	30
⑤	60	60				

34 다음 중 컴퓨터에서 고급 언어로 프로그래밍하는 과정 순서로 옳은 것은?

㉠ 목적프로그램
㉡ 원시프로그램
㉢ 번역(Compile)
㉣ 링킹(Linking)
㉤ 로딩(Loading)
㉥ 프로그램 실행

① ㉠ → ㉡ → ㉣ → ㉤ → ㉢ → ㉥
② ㉠ → ㉥ → ㉣ → ㉡ → ㉢ → ㉤
③ ㉡ → ㉢ → ㉠ → ㉣ → ㉤ → ㉥
④ ㉡ → ㉤ → ㉣ → ㉠ → ㉥ → ㉢
⑤ ㉥ → ㉢ → ㉠ → ㉤ → ㉣ → ㉡

35 다음 설명에 해당하는 용어를 바르게 연결한 것은?

㉠ 개인 정보가 타인에 의해서 도용되거나 유출되는 것을 차단한다.

㉡ 무료로 배포하는 소프트웨어를 인터넷 등으로 내려 받을 때, 그 속에 숨어 있다가 사용자의 컴퓨터에 있는 개인 정보를 빼내 가는 프로그램이다.

	㉠	㉡
①	개인정보보호	코덱
②	개인정보보호	유틸리티
③	개인정보보호	스파이웨어
④	개인정보유출	해킹
⑤	개인정보유출	바이러스

CHAPTER 05 자원관리능력

[자원관리능력] NCS 출제유형

① 시간관리능력 : 시간을 관리하는 문항이 자료와 함께 제시되는 문제이다.
② 예산관리능력 : 예산을 도표, 그래프 등의 자료와 함께 제시되는 문제이다.
③ 인적자원관리능력 : 인적자원을 관리하는 것을 자료와 함께 풀어보는 문제이다.
④ 물적관리능력 : 물적자원을 관리하는 것을 자료를 해석하면서 풀어보는 문제이다.

[자원관리능력] 출제경향

업무 수행에 있어서 필요한 자원을 확인·확보하여 적절히 할당할 수 있는가를 평가한다. 시간·예산관리, 물·인적 자원관리 유형, 회의 시간 정하기, 가격 비교, 업체 선정 등으로 출제된다. 최근에는 의사소통능력, 수리능력, 문제해결능력과 결합되어 복합형 문제로 다수 출제된다. 자료해석 능력을 함께 요하므로 특정한 상황을 빠르게 이해하고 실무에 접목하는 연습을 하는 것이 좋다.

[자원관리능력] 빈출유형

시간관리										
예산관리										
물적자원관리										
인적자원관리										

예제 01 시간관리능력

유아용품 홍보팀의 사원 은이 씨는 일산 킨텍스에서 열리는 유아용품박람회에 참여하고자 한다. 당일 회의 후 출발해야 하며 회의 종료 시간은 오후 3시이다.

장소	일시
일산 킨텍스 제2전시장	2016. 1. 20(금) PM 15:00~19:00 * 입장가능시간은 종료 2시간 전까지

오시는 길
지하철 : 4호선 대화역(도보 30분 거리)
버스 : 8109번, 8407번(도보 5분 거리)

• 회사에서 버스정류장 및 지하철역까지 소요시간

출발지	도착지	소요시간	
회사	×× 정류장	도보	15분
		택시	5분
	지하철역	도보	30분
		택시	10분

• 일산 킨텍스 가는 길

교통편	출발지	도착지	소요시간
지하철	강남역	대화역	1시간 25분
버스	×× 정류장	일산 킨텍스 정류장	1시간 45분

위의 제시 상황을 보고 은이 씨가 선택할 교통편으로 가장 적절한 것은?

① 도보 – 지하철
② 도보 – 버스
③ 택시 – 지하철
④ 택시 – 버스

출제의도
주어진 여러 시간정보를 수집하여 실제 업무 상황에서 시간자원을 어떻게 활용할 것인지 계획하고 할당하는 능력을 측정하는 문항이다.

해설
④ 택시로 버스정류장까지 이동해서 버스를 타고 가게 되면 택시(5분), 버스(1시간 45분), 도보(5분)으로 1시간 55분이 걸린다.
① 도보-지하철 : 도보(30분), 지하철(1시간 25분), 도보(30분)이므로 총 2시간 25분이 걸린다.
② 도보-버스 : 도보(15분), 버스(1시간 45분), 도보(5분)이므로 총 2시간 5분이 걸린다.
③ 택시-지하철 : 택시(10분), 지하철(1시간 25분), 도보(30분)이므로 총 2시간 5분이 걸린다.

※ ④

예제 02 예산관리능력

당신은 가을 체육대회에서 총무를 맡으라는 지시를 받았다. 다음과 같은 계획에 따라 예산을 진행하였으나 확보된 예산이 생각보다 적게 되어 불가피하게 비용항목을 줄여야 한다. 다음 중 귀하가 비용 항목을 없애기에 가장 적절한 것은 무엇인가?

〈○○산업공단 추계 1차 워크숍〉

1. 해당부서 : 인사관리팀, 영업팀, 재무팀
2. 일   정 : 2024년 10월 21일~23일(2박 3일)
3. 장   소 : 강원도 속초 ○○연수원
4. 행사내용 : 바다열차탑승, 체육대회, 친교의 밤 행사, 기타

---

① 숙박비   ② 식비
③ 교통비   ④ 기념품비

출제의도
업무에 소요되는 예산 중 꼭 필요한 것과 예산을 감축해야할 때 삭제 또는 감축이 가능한 것을 구분해내는 능력을 묻는 문항이다.

해설
한정된 예산을 가지고 과업을 수행할 때에는 중요도를 기준으로 예산을 사용한다. 위와 같이 불가피하게 비용 항목을 줄여야 한다면 기본적인 항목인 숙박비, 식비, 교통비는 유지되어야 하기에 항목을 없애기 가장 적절한 정답은 ④다.

※ ④

예제 03 인적자원관리

최근 조직개편 및 연봉협상 과정에서 직원들의 불만이 높아지고 있다. 온갖 소문이 난무한 가운데 인사팀원인 당신에게 사내 게시판의 직원 불만사항에 대한 진위여부를 파악하고 대안을 세우라는 팀장의 지시를 받았다. 다음 중 당신이 조치를 취해야 하는 직원은 누구인가?

① 사원 A는 팀장으로부터 업무 성과가 탁월하다는 평가를 받았는데도 조직개편으로 인한 부서 통합으로 인해 승진을 못한 것이 불만이다.
② 사원 B는 회사가 예년에 비해 높은 영업 이익을 얻었음에도 불구하고 연봉 인상에 인색한 것이 불만이다.
③ 사원 C는 회사가 급여 정책을 변경해서 고정급 비율을 낮추고 기본급과 인센티브를 지급하는 제도로 바꾼 것이 불만이다.
④ 사원 D는 입사 동기인 동료가 자신보다 업무 실적이 좋지 않고 불성실한 근무태도를 가지고 있는데, 팀장과의 친분으로 인해 자신보다 높은 평가를 받은 것이 불만이다.

출제의도
주어진 직원들의 정보를 통해 시급하게 진위여부를 가리고 조치하여 인력 배치를 해야 하는 사항을 확인하는 문제이다.

해설
사원 A, B, C는 각각 조직 정책에 대한 불만이기에 논의를 통해 조직적으로 대처하는 것이 옳지만, 사원 D는 팀장의 독단적인 전횡에 대한 불만이기 때문에 조사하여 시급히 조치할 필요가 있다. 따라서 가장 적절한 답은 ④다.

※ ④

예제 04 물적관리능력

S호텔의 외식사업부 소속인 K 씨는 예약일정 관리를 담당하고 있다. 아래의 예약일정과 정보를 보고 K 씨의 판단으로 옳지 않은 것은?

〈S호텔 일식 뷔페 1월 ROOM 예약 일정〉
* 예약 : ROOM 이름(시작시간)

SUN	MON	TUE	WED	THU	FRI	SAT
					1	2
					백합(16)	장미(11) 백합(15)
3	4	5	6	7	8	9
라일락(15)		백향목(10) 백합(15)	장미(10) 백향목(17)	백합(11) 라일락(18)	백향목(15)	장미(10) 라일락(15)

ROOM 구분	수용가능인원	최소투입인력	연회장 이용시간
백합	20	3	2시간
장미	30	5	3시간
라일락	25	4	2시간
백향목	40	8	3시간

– 오후 9시에 모든 업무를 종료함
– 한 타임 끝난 후 1시간씩 세팅 및 정리
– 동 시간 대 서빙 투입인력은 총 10명을 넘을 수 없음

안녕하세요, 1월 첫째 주 또는 둘째 주에 신년회 행사를 위해 ROOM을 예약하려고 하는데요, 저희 동호회의 총 인원은 27명이고 오후 8시쯤 마무리하려고 합니다. 신정과 주말, 월요일은 피하고 싶습니다. 예약이 가능할까요?

① 인원을 고려했을 때 장미ROOM과 백향목ROOM이 적합하겠군.
② 만약 2명이 안 온다면 예약 가능한 ROOM이 늘어나겠구나.
③ 조건을 고려했을 때 예약 가능한 ROOM은 5일 장미ROOM뿐이겠구나.
④ 오후 5시부터 8시까지 가능한 ROOM을 찾아야해.

출제의도
주어진 정보와 일정표를 토대로 이용 가능한 물적자원을 확보하여 이를 정확하게 안내할 수 있는 능력을 측정하는 문항이다. 고객이 제공한 정보를 정확하게 파악하고 그 조건 안에서 가능한 자원을 제공할 수 있어야 한다.

해설
③ 조건을 고려했을 때 5일 장미 ROOM과 7일 장미ROOM이 예약 가능하다.
① 참석 인원이 27명이므로 30명 수용 가능한 장미ROOM과 40명 수용 가능한 백향목ROOM 두 곳이 적합하다.
② 만약 2명이 안 온다면 총 참석인원 25명이므로 라일락ROOM, 장미ROOM, 백향목ROOM이 예약 가능하다.
④ 오후 8시에 마무리하려고 계획하고 있으므로 적절하다.

※ ③

1 　다음은 자원을 관리하는 기본 과정을 설명한 것이다. ㈎ ~ ㈑를 효율적인 자원관리를 위한 순서에 맞게 바르게 나열한 것은?

> ㈎ 확보된 자원을 활용하여 계획에 맞는 업무를 수행해 나가야 한다. 물론 계획에 얽매일 필요는 없지만 최대한 계획대로 수행하는 것이 바람직하다. 불가피하게 수정해야 하는 경우는 전체 계획에 미칠 수 있는 영향을 고려하여야 할 것이다.
>
> ㈏ 자원을 실제 필요한 업무에 할당하여 계획을 세워야 한다. 여기에서 중요한 것은 업무나 활동의 우선순위를 고려하는 것이다. 최종적인 목적을 이루는 데 가장 핵심이 되는 것에 우선순위를 두고 계획을 세울 필요가 있다. 만약, 확보한 자원이 실제 활동 추진에 비해 부족할 경우 우선순위가 높은 것에 중심을 두고 계획하는 것이 바람직하다.
>
> ㈐ 실제 상황에서 그 자원을 확보하여야 한다. 수집 시 가능하다면 필요한 양보다 좀 더 여유 있게 확보할 필요가 있다. 실제 준비나 활동을 하는 데 있어서 계획과 차이를 보이는 경우가 빈번하기 때문에 여유 있게 확보하는 것이 안전할 것이다.
>
> ㈑ 업무를 추진하는 데 있어서 어떤 자원이 필요하며, 또 얼마만큼 필요한지를 파악하는 단계이다. 자원의 종류에는 크게 시간, 예산, 물적자원, 인적자원으로 나누어지지만 실제 업무 수행에서는 이보다 더 구체적으로 나눌 필요가 있다. 구체적으로 어떤 활동을 할 것이며, 이 활동에 어느 정도의 시간, 돈, 물적 · 인적자원이 필요한지를 파악한다.

① ㈐ − ㈑ − ㈏ − ㈎
② ㈑ − ㈐ − ㈎ − ㈏
③ ㈎ − ㈐ − ㈏ − ㈑
④ ㈑ − ㈏ − ㈐ − ㈎
⑤ ㈑ − ㈐ − ㈏ − ㈎

❚2~3❚ 다음은 특정 시점 A국의 B국에 대한 주요 품목의 수출입 내역을 나타낸 것이다. 이를 보고 이어지는 물음에 답하시오.

(단위 : 천 달러)

수출		수입		합계	
품목	금액	품목	금액	품목	금액
섬유류	352,165	섬유류	475,894	섬유류	828,059
전자전기	241,677	전자전기	453,907	전자전기	695,584
잡제품	187,132	생활용품	110,620	생활용품	198,974
생활용품	88,354	기계류	82,626	잡제품	188,254
기계류	84,008	화학공업	38,873	기계류	166,634
화학공업	65,880	플라스틱/고무	26,957	화학공업	104,753
광산물	39,456	철강금속	9,966	플라스틱/고무	51,038
농림수산물	31,803	농림수산물	6,260	광산물	39,975
플라스틱/고무	24,081	잡제품	1,122	농림수산물	38,063
철강금속	21,818	광산물	519	철강금속	31,784

2 다음 중 위의 도표에서 알 수 있는 A국 ↔ B국 간의 주요 품목 수출입 내용이 아닌 것은? (단, 언급되지 않은 품목은 고려하지 않는다)

① A국은 B국과의 교역에서 수출보다 수입을 더 많이 한다.

② B국은 1차 산업의 생산 또는 수출 기반이 A국에 비해 열악하다고 볼 수 있다.

③ 양국의 상호 수출입 액 차이가 가장 적은 품목은 기계류이다.

④ A국의 입장에서, 총 교역액에서 수출액이 차지하는 비중이 가장 큰 품목은 광산물이다.

⑤ 수입보다 수출을 더 많이 하는 품목 수는 A국이 B국보다 많다.

3 A국에서 무역수지가 가장 큰 품목의 무역수지 액은 얼마인가? (단, 무역수지=수출액-수입액이다)

① 27,007천 달러　　　　　　　　　② 38,937천 달러

③ 186,010천 달러　　　　　　　　　④ 25,543천 달러

⑤ 11,852천 달러

4 다음 표는 E통신사에서 시행하는 이동 통화 요금제 방식이다. 다음과 같은 방식으로 통화를 할 경우, 한 달 평균 이동전화 사용 시간이 몇 분 초과일 때부터 B요금제가 유리한가?

요금제	기본 요금(원)	1분당 전화 요금(원)
A	15,000	180
B	18,000	120

① 35분

② 40분

③ 45분

④ 50분

⑤ 55분

5 다음은 총무팀 오 과장이 팀장으로부터 지시받은 이번 주 업무 내역이다. 팀장은 오 과장에게 가급적 급한 일보다 중요한 일을 먼저 처리해 줄 것을 당부하며 아래의 일들에 대한 시간 분배를 잘 해 줄 것을 지시하였는데, 팀장의 지시사항을 참고로 오 과장이 처리해야 할 업무를 순서대로 바르게 나열한 것은?

Ⅰ 긴급하면서 중요한 일 – 부서 손익실적 정리(A) – 개인정보 유출 방지책 마련(B) – 다음 주 부서 야유회 계획 수립(C)	Ⅱ 긴급하지 않지만 중요한 일 – 월별 총무용품 사용현황 정리(D) – 부산 출장계획서 작성(E) – 내방 고객 명단 작성(F)
Ⅲ 긴급하지만 중요하지 않은 일 – 민원 자료 취합 정리(G) – 영업부 파티션 교체 작업 지원(H) – 출입증 교체 인원 파악(I)	Ⅳ 긴급하지 않고 중요하지 않은 일 – 신입사원 신규 출입증 배부(J) – 프린터기 수리 업체 수배(K) – 정수기 업체 배상 청구 자료 정리(L)

① (D) – (A) – (G) – (K)

② (B) – (E) – (J) – (H)

③ (A) – (G) – (E) – (K)

④ (B) – (F) – (G) – (L)

⑤ (I) – (E) – (C) – (J)

6   경비 집행을 담당하는 H 대리는 이번 달 사용한 비용 내역을 다음과 같이 정리하였다. 이를 본 팀장은 H대리에게 이번 달 간접비의 비중이 직접비의 25%를 넘지 말았어야 했다고 말한다. 다음과 같이 H 대리가 생각하는 내용 중 팀장이 이번 달 계획했던 비용 지출 계획과 어긋나는 것은?

〈이번 달 비용 내역〉

* 직원 급여 1,200만 원
* 출장비 200만 원
* 설비비 2,200만 원
* 자재대금 400만 원
* 사무실 임대료 300만 원
* 수도/전기세 35만 원
* 광고료 600만 원
* 비품 30만 원
* 직원 통신비 60만 원

---

① '비품을 다음 달에 살 걸 그랬네…'
② '출장비가 80만 원만 더 나왔어도 팀장님이 원하는 비중대로 되었을 텐데…'
③ '어쩐지 수도/전기세를 다음 달에 몰아서 내고 싶더라…'
④ '직원들 통신비를 절반으로 줄이기만 했어도…'
⑤ '가만, 내가 설비비 부가세를 포함했는지 확인해야겠다. 그것만 포함되면 될 텐데…'

7 다음 글에서 암시하고 있는 '자원과 자원관리의 특성'을 가장 적절하게 설명한 것은?

> 더 많은 토지를 사용하고 모든 농장의 수확량을 최고의 농민들이 얻은 수확량으로 올리는 방법으로 식량 공급을 늘릴 수 있다. 그러나 우리의 주요 식량 작물은 높은 수확량을 달성하기 위해 좋은 토양과 물 공급이 필요하며 생산 단계에 있지 않은 토지는 거의 없다. 실제로 도시의 스프롤 현상, 사막화, 염화 및 관개용으로 사용된 대수층의 고갈은 미래에 더 적은 토지가 농업에 제공될 수 있음을 암시한다. 농작물은 오늘날 사용되는 것보다 더 척박한 땅에서 자랄 수 있고, 수확량이 낮고 환경 및 생물 다양성이 저하될 환경일지도 모른다. 농작물의 수확량은 농장과 국가에 따라 크게 다르다. 예를 들어, 2013년 미국의 옥수수 평균 수확량은 10.0t/ha, 짐바브웨가 0.9t/ha였는데, 두 국가 모두 작물 재배를 위한 기후 조건은 비슷했다(2015년 유엔 식량 농업기구). 미국의 수확률이 다른 모든 나라의 목표겠지만 각국의 정책, 전문가의 조언, 종자 및 비료에 접근하는 데 크게 의존할 수밖에 없다. 그리고 그 중 어느 것도 새로운 농지에서 확실한 수확률을 보장하지는 않는다. 따라서 좋은 시기에는 수확 잠재력이 개선된 종자가 필요하지 않을 수도 있지만, 아무것도 준비하지 않는 건 위험하다. 실험실에서 혁신적인 방법을 개발하는 것과 그걸 바탕으로 농민에게 종자를 제공하는 것 사이에 20년에서 30년의 격차가 있다는 걸 감안할 때, 분자 공학과 실제 작물 육종 간의 격차를 줄이고 더 높은 수율을 달성하는 일은 시급하다.

① 누구나 동일한 자원을 가지고 있으며 그 가치와 밀도도 모두 동일하다.
② 특정 자원이 없음으로 해서 다른 자원을 확보하는 데 문제가 발생할 수 있다.
③ 자원은 유한하며 따라서 어떻게 활용하느냐 하는 일이 무엇보다 중요하다.
④ 사람들이 의식하지 못하는 사이에 자원은 습관적으로 낭비되고 있다.
⑤ 무엇이 자원이며 자원을 관리하는 방법이 무엇인지를 모르는 것이 자원관리의 문제점이다.

8 다음은 공무원에게 적용되는 '병가' 규정의 일부이다. 다음을 참고할 때, 규정에 맞게 병가를 사용한 것으로 볼 수 없는 사람은?

병가(복무규정 제18조)

▲ 병가사유
  - 질병 또는 부상으로 인하여 직무를 수행할 수 없을 때
  - 감염병의 이환으로 인하여 그 공무원의 출근이 다른 공무원의 건강에 영향을 미칠 우려가 있을 때
▲ 병가기간
  - 일반적 질병 또는 부상 : 연 60일의 범위 내
  - 공무상 질병 또는 부상 : 연 180일의 범위 내
▲ 진단서를 제출하지 않더라도 연간 누계 6일까지는 병가를 사용할 수 있으나, 연간 누계 7일째 되는 시점부터는 진단서를 제출하여야 함
▲ 질병 또는 부상으로 인한 지각·조퇴·외출의 누계 8시간은 병가 1일로 계산, 8시간 미만은 계산하지 않음
▲ 결근·정직·직위해제일수는 공무상 질병 또는 부상으로 인한 병가일수에서 공제함

---

① 공무상 질병으로 179일 병가 사용 후, 같은 질병으로 인한 조퇴 시간 누계가 7시간인 K 씨

② 일반적 질병으로 인하여 직무 수행이 어려울 것 같아 50일 병가를 사용한 S 씨

③ 정직 30일의 징계와 30일의 공무상 병가를 사용한 후 지각 시간 누계가 7시간인 L 씨

④ 일반적 질병으로 60일 병가 사용 후 일반적 부상으로 인한 지각·조퇴·외출 시간이 각각 3시간씩인 H 씨

⑤ 진단서 없이 6일간의 병가 사용 후 지각·조퇴·외출 시간이 각각 2시간씩인 J 씨

A사와 B사는 동일한 S제품을 생산하는 경쟁 관계에 있는 두 기업이며, 다음과 같은 각기 다른 특징을 가지고 마케팅을 진행하였다.

A사

후발 주자로 업계에 뛰어든 A사는 우수한 품질과 생산 설비의 고급화를 이루어 S제품 공급을 고가 정책에 맞추어 진행하기로 하였다. 이미 S제품의 개발이 완료되기 이전부터 A사의 잠재력을 인정한 해외의 K사로부터 장기 공급계약을 체결하는 등의 실적을 거두며 대내외 언론으로부터 조명을 받았다. A사는 S제품의 개발 단계에서, 인건비 등 기타 비용을 포함한 자체 마진을 설비 1대당 1천만 원, 연구개발비를 9천만 원으로 책정하고 총 1억 원에 K사와 계약을 체결하였으나 개발 완료 시점에서 알게 된 실제 개발에 투입된 연구개발비가 약 8천 5백만 원으로 집계되어 추가의 이익을 보게 되었다.

B사

A사보다 먼저 시장에 진입한 B사는 상대적으로 낮은 인건비의 기술 인력을 확보할 수 있어서 동일한 S제품을 생산하는 데 A사보다 다소 저렴한 가격 구조를 형성할 수 있었다. B사는 당초 설비 1대당 5백만 원의 자체 마진을 향유하며 연구개발비로 약 8천만 원이 소요될 것으로 예상, 총 8천 5백만 원으로 공급가를 책정하고, 저가 정책에 힘입어 개발 완료 이전부터 경쟁자들을 제치고 많은 거래선들과 거래 계약을 체결하게 되었다. 그러나 S제품 개발이 완료된 후 비용을 집계해 본 결과, 당초 예상과는 달리 A사와 같은 8천 5백만 원의 연구개발비가 투입되었음을 알게 되어 개발 단계에서 5백만 원의 추가 손실을 보게 되었다

9 다음 중 위와 같은 상황 속에서 판단할 수 있는 설명으로 적절하지 않은 것은?

① A사는 결국 높은 가격으로 인하여 시장점유율이 하락할 것이다.
② B사는 물건을 만들면 만들수록 계속 손실이 커지게 될 것이다.
③ A사가 경쟁력을 확보하려면 가격을 인하하여야 한다.
④ 비용을 가급적 적게 책정한다고 모두 좋은 것은 아니다.
⑤ 결국 실제 들어가는 비용보다 조금 높은 개발비를 책정하여야 한다.

10 예산자원 관리의 측면에서 볼 때, 윗글이 암시하고 있는 예산관리의 특징으로 적절하지 않은 것은?

① 예산만 정확하게 수립되면 실제 활동이나 사업 진행하는 과정상 관리가 크게 개입될 필요가 없다.
② 개발 비용 > 실제 비용의 경우 결국 해당 기업은 경쟁력을 상실하게 된다.
③ 실제 비용 > 개발 비용의 경우 결국 해당 기업은 지속 적자가 발생한다.
④ 실제 비용 = 개발 비용으로 유지하는 것이 가장 바람직하다.
⑤ 예산관리는 최소의 비용으로 최대의 이익을 얻기 위해 요구되는 능력이다.

┃ 11~12 ┃ 다음은 J공단 민원센터의 상담원 다섯 명에 대한 고객 설문지 조사 결과를 표로 나타낸 것이다. 공단에서는 이를 근거로 최우수 상담원을 선정하여 포상을 하려 한다. 제시된 표를 바탕으로 이어지는 물음에 답하시오.

〈상담원별 고객부여 득점 결과표〉

	대면		비대면		
	응대친절	의사소통	신속처리	전문성	사후 피드백
상담원A	75	80	83	92	88
상담원B	92	94	82	82	90
상담원C	80	82	85	94	96
상담원D	84	90	95	90	82
상담원E	93	88	78	86	94

〈최우수 상담원 선정 방법〉

■ 각 항목별 득점에 다음 구간 기준을 적용하여 점수를 부여한다.

96점 이상	90~95점	85~89점	80~84점	79점 이하
5점	4점	3점	2점	1점

■ 각 항목별 점수의 합이 큰 상담원 순으로 선정하되, 다음과 같은 가중치를 적용한다.
· 응대친절과 의사소통 항목 : 점수의 30% 가산
· 신속처리와 전문성 항목 : 점수의 20% 가산
· 사후 피드백 : 점수의 10% 가산
■ 점수가 동일한 경우 왼쪽 항목부터 얻은 점수가 높은 상담원을 우선순위로 선정한다.

11 다음 중 위의 기준에 의해 최우수 상담원으로 선정될 사람은 누구인가?

① 상담원A
② 상담원B
③ 상담원C
④ 상담원D
⑤ 상담원E

12 다음 중 위와 같은 평가 방식과 결과를 잘못 이해한 의견은?

① 대면 상담에서는 상담원E가 상담원D보다 더 우수한 평점을 받았네.
② 이 평가방식은 대면 상담을 비대면 상담보다 더 중요하게 여기는구나.
③ 고객에게 친절하게 응대하는 것을 가장 중요시하는 평가 기준이군.
④ 평가항목 당 가중치가 없었다면 상담원D가 최우수 상담원이 되었겠어.
⑤ 고객이 부여한 득점 결과가 1위인 항목은 상담원C가 가장 많네.

13 다음은 특정 연도 강수일과 강수량에 대한 자료이다. 다음 자료를 참고로 판단한 〈보기〉의 의견 중 자료의 내용에 부합하는 것을 모두 고른 것은?

〈장마 시작일과 종료일 및 기간〉

	2022년			평년(1990~2020년)		
	시작	종료	기간(일)	시작	종료	기간(일)
중부지방	6.25	7.29	35	6.24~25	7.24~25	32
남부지방	6.24	7.29	36	6.23	7.23~24	32
제주도	6.24	7.23	30	6.19~20	7.20~21	32

〈장마기간 강수일수 및 강수량〉

	2022년		평년(1990~2020년)	
	강수일수(일)	강수량(mm)	강수일수(일)	강수량(mm)
중부지방	18.5	220.9	17.2	366.4
남부지방	16.7	254.1	17.1	348.6
제주도	13.5	518.8	18.3	398.6
전국	17.5	240.1	17.1	356.1

〈보기〉

㉠ 중부지방과 남부지방은 평년 대비 2022년에 장마 기간과 강수일수가 모두 늘어났지만 강수량은 감소하였다.
㉡ 2022년의 장마 기간 1일 당 평균 강수량은 제주도-중부지방-남부지방 순으로 많다.
㉢ 중부지방, 남부지방, 제주도의 2022년 장마 기간 대비 강수일수 비율의 크고 작은 순서는 강수일수의 많고 적은 순서와 동일하다.
㉣ 강수일수 및 강수량의 지역적인 수치상의 특징은, 평년에는 강수일수가 많을수록 강수량도 증가하였으나, 2022년에는 강수일수가 많을수록 강수량은 오히려 감소하였다는 것이다.

① ㉠㉡
② ㉡㉢
③ ㉢㉣
④ ㉠㉡㉣
⑤ ㉡㉢㉣

14 기획팀 N 대리는 다음 달로 예정되어 있는 해외 출장 일정을 확정하려 한다. 다음에 제시된 글의 내용을 만족할 경우 N 대리의 출장 일정에 대한 설명 중 올바른 것은?

> N 대리는 다음 달 3박 4일간의 중국 출장이 계획되어 있다. 회사에서는 출발일과 복귀일에 업무 손실을 최소화할 수 있도록 가급적 평일에 복귀하도록 권장하고 있고, 출장 기간에 토요일과 일요일이 모두 포함되는 일정은 지양하도록 요구한다. 이번 출장은 기획팀에게 매우 중요한 문제를 해결할 수 있는 기회가 될 수 있어 팀장은 N 대리의 복귀 바로 다음 날 출장 보고를 받고자 한다.
> 다음 달의 첫째 날은 금요일이며 마지막 주 수요일과 13일은 N 대리가 빠질 수 없는 업무 일정이 잡혀 있다.

① 금요일에 출장을 떠나는 일정도 가능하다.
② 팀장은 월요일이나 화요일에 출장 보고를 받을 수 있다.
③ N 대리가 출발일로 잡을 수 있는 날짜는 모두 4개이다.
④ N 대리는 마지막 주에 출장을 가게 될 수도 있다.
⑤ 다음 달 15일 이후가 이전보다 출발 가능일이 더 많다.

┃15~16┃ S사 홍보팀에서는 사내 행사를 위해 다음과 같이 3개 공급업체로부터 경품 1과 경품 2에 대한 견적서를 받아보았다. 행사 참석자가 모두 400명이고 1인당 경품 1과 경품 2를 각각 1개씩 나누어 주어야 한다. 다음 자료를 보고 이어지는 질문에 답하시오.

공급처	물품	세트당 포함 수량(개)	세트 가격
A업체	경품 1	100	85만 원
	경품 2	60	27만 원
B업체	경품 1	110	90만 원
	경품 2	80	35만 원
C업체	경품 1	90	80만 원
	경품 2	130	60만 원

– A업체 : 경품 2 170만 원 이상 구입 시, 두 물품 함께 구매하면 총 구매가의 5% 할인
– B업체 : 경품 1 350만 원 이상 구입 시, 두 물품 함께 구매하면 총 구매가의 5% 할인
– C업체 : 경품 1 350만 원 이상 구입 시, 두 물품 함께 구매하면 총 구매가의 20% 할인
* 모든 공급처는 세트 수량으로만 판매한다.

15 홍보팀에서 가장 저렴한 가격으로 인원수에 모자라지 않는 수량의 물품을 구매할 수 있는 공급처와 공급가격은?

① A업체 / 5,000,500원
② A업체 / 5,025,500원
③ B업체 / 5,082,500원
④ B업체 / 5,095,000원
⑤ B업체 / 5,120,000원

16 다음 중 C업체가 S사의 공급처가 되기 위한 조건으로 적절한 것은?

① 경품 1의 세트당 포함 수량을 100개로 늘린다.
② 경품 2의 세트당 가격을 2만 원 인하한다.
③ 경품 1의 세트당 수량을 85개로 줄인다.
④ 경품 2의 세트당 포함 수량을 120개로 줄인다.
⑤ 경품 1의 세트당 가격을 5만 원 인하한다.

┃17~18┃ 다음 자료를 읽고 이어지는 물음에 답하시오.

전교생이 560명인 한국개발고등학교의 전교회장 선거에 동철과 혜린이 입후보하였다. 이번 선거의 최대 관심사는 자율학습 시간의 조정이다. 학생들은 자신이 선호하는 시간과 가장 가까운 시간을 공약하는 후보에게 반드시 투표한다. 예컨대, 동철이 2시간, 혜린이 5시간을 공약한다면 3시간을 선호하는 학생은 동철에게 투표한다. 만약 두 후보가 공약한 시간과 자신이 선호하는 시간의 차이가 같다면 둘 중 한 명을 50%의 확률로 선택한다. 설문조사 결과 학생들의 자율학습 시간 선호 분포는 다음 그림과 같다.

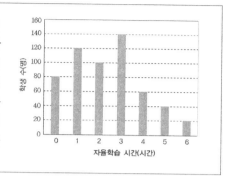

17 위의 자료에 대한 올바른 설명을 〈보기〉에서 모두 고른 것은?

〈보기〉

㉮ 0~2시간을 선호하는 학생들이 4~6시간을 선호하는 학생들보다 많다.

㉯ 혜린이 2시간을 공약하고 동철이 3시간을 공약한다면 동철이 더 많은 표를 얻을 수 있다.

㉰ 혜린이 5시간을 공약한다면 동철은 4시간을 공약하는 것이 5시간을 공약하는 것보다 많은 표를 얻을 수 있다.

㉱ 동철이 1시간을 공약한다면 혜린은 3시간을 공약하는 것이 2시간을 공약하는 것보다 많은 표를 얻을 수 있다.

① ㉮, ㉯   ② ㉮, ㉰

③ ㉮, ㉱   ④ ㉯, ㉱

⑤ ㉰, ㉱

18 각 후보가 자신이 당선될 가능성이 가장 높은 자율학습 시간을 공약으로 내세울 때, 동철과 혜린의 공약으로 적절한 것은?

① 동철은 2시간을 공약하고 혜린은 3시간을 공약한다.

② 동철은 3시간을 공약하고 혜린은 2시간을 공약한다.

③ 동철과 혜린 모두 2시간을 공약한다.

④ 동철과 혜린 모두 3시간을 공약한다.

⑤ 동철과 혜린 모두 4시간을 공약한다.

19   N기업의 집행 비용이 다음과 같을 때, 이에 대한 설명으로 옳지 않은 것은?

- 급여 : 2,000만 원
- 상여금 : 400만 원
- 출장비 : 200만 원
- 광고비 : 350만 원
- 사무비품비 : 40만 원
- 원료비 : 1,500만 원
- 화재보험료 : 85만 원
- 사무실 임대료 : 280만 원
- 사무실 관리비 : 90만 원
- 인터넷 사용료 : 60만 원

---

① 간접비용 항목은 직접비용 항목보다 많다
② 광고비는 간접비용에 해당한다.
③ 간접비용은 직접비용의 30%에 미치지 못한다.
④ 이번 달 출장비가 지급되지 않는다면 직접비용은 간접비용의 3배가 된다.
⑤ 지난달 상여금을 이번 달에 지급한다면 이번 달의 직접비용이 그만큼 증가한다.

20 M업체의 직원 채용시험 최종 결과가 다음과 같다면, 다음 5명의 응시자 중 가장 많은 점수를 얻어 최종 합격자가 될 사람은 누구인가?

〈최종결과표〉

(단위 : 점)

	응시자 A	응시자 B	응시자 C	응시자 D	응시자 E
서류전형	89	86	94	92	93
1차 필기	94	92	89	83	91
2차 필기	88	87	90	97	89
면접	90	94	93	92	93

- 각 단계별 다음과 같은 가중치를 부여하여 해당 점수에 추가 반영한다.
  서류전형 점수 10%, 1차 필기 점수 15%, 2차 필기 점수 20%, 면접 점수 5%
- 4개 항목 중 어느 항목이라도 5명 중 최하위 득점이 있을 경우(최하위 점수가 90점 이상일 경우 제외),최종 합격자가 될 수 없다.
- 동점자는 가중치가 많은 항목 고득점자 우선 채용이다.

① 응시자 A
② 응시자 B
③ 응시자 C
④ 응시자 D
⑤ 응시자 E

| 21~22 | 다음 자료를 보고 이어지는 물음에 답하시오.

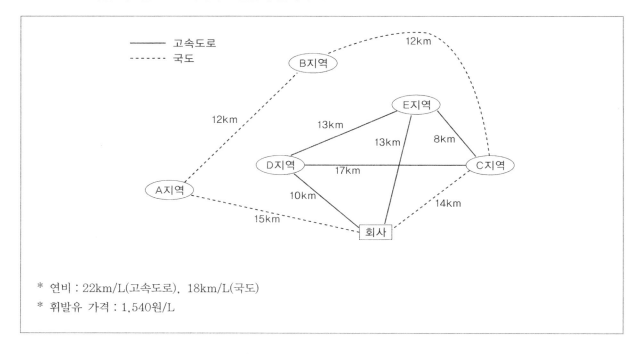

* 연비 : 22km/L(고속도로), 18km/L(국도)
* 휘발유 가격 : 1,540원/L

21 K대리는 '회사'에서 출발하여 A ~ E지역을 모두 다녀와야 한다. 같은 곳을 두 번 지나지 않고 회사로부터 5개 지역을 모두 거쳐 다시 회사까지 돌아오는 경로는 모두 몇 가지인가?

① 2가지　　　　　　　　　　　　　② 3가지
③ 4가지　　　　　　　　　　　　　④ 5가지
⑤ 6가지

22 K대리가 선택할 수 있는 최단 경로를 통해 차량(휘발유 사용)으로 방문을 하고 돌아올 경우, K대리가 사용한 연료비의 총 금액은 모두 얼마인가? (단, 원 단위 이하는 절삭한다)

① 5,230원　　　　　　　　　　　　② 5,506원
③ 5,700원　　　　　　　　　　　　④ 5,704원
⑤ 5,785원

23 ○○기업은 다음과 같은 프로젝트를 진행하려고 한다. 제시된 조건과 상황이 다음과 같을 때, 프로젝트가 완료되기까지의 총 소요기간은 얼마겠는가?

가. 3개 프로젝트에 투입할 수 있는 전문가는 총 8명이다. ※ 단, 모든 전문가의 생산성은 동일하다.
나. 전문가는 모든 프로젝트에 참여할 수 있지만, 동시에 여러 프로젝트에 참여할 수 없다. 참여한 프로젝트가 종료되어야 다음 날, 다른 프로젝트에 투입될 수 있다.
다. 프로젝트 시작 시, 필요한 인원이 동시에 투입되어야 한다. 예를 들어, 두 명이 필요한 프로젝트에는 두 명이 동시에 투입되어야 한다.

구분	프로젝트 甲	프로젝트 乙	프로젝트 丙
투입 필요 인원	3명	5명	4명
소요 기간	1일	4일	2일

① 5일
② 6일
③ 7일
④ 8일
⑤ 9일

24 다음에서 제시되는 인적자원개발의 의미를 참고할 때, 올바른 설명으로 볼 수 없는 것은?

인적자원개발은 행동의 변화를 통해 개인의 능력과 조직성과 향상을 통해 조직목표 달성 등의 다양한 목적이 제시되고 있다. 현행 「인적자원개발기본법」에서는 국가, 지방자치단체, 교육기관, 연구기관, 기업 등이 인적자원의 양성과 활용 및 배분을 통해 사회적 규범과 네트워크를 형성하는 모든 제반 활동으로 정의하고 있다. 이는 생산성 증대뿐만 아니라 직업준비교육, 직업능력개발을 위한 지속적인 교육에서 더 나아가 평생교육을 통한 국민들의 질적 생활을 향상시키는 데 그 목적을 두고 있다고 할 수 있다. 인적자원정책이라는 것은 미시적으로는 개인차원에서부터 거시적으로는 세계적으로 중요한 정책이며, 그 대상도 개인차원(학습자, 근로자, 중고령자 등), 기업차원, 지역차원 등으로 구분하여 볼 수 있다. 인력자원의 양성정책은 학교 및 교육훈련 기관 등의 교육기관을 통해 학습 받은 학습자를 기업이나 기타 조직에서 활용하는 것을 말한다.

① 인적자원개발의 개념은 교육, 개발훈련 등과 같이 추상적이고 복합적이다.
② 인적자원개발의 방법은 개인의 경력개발을 중심으로 전개되고 있다.
③ 인적자원개발은 가정, 학교, 기업, 국가 등 모든 조직에 확대 적용되고 있다.
④ 인적자원개발의 수혜자는 다양한 영역으로 구성되어 있다.
⑤ 인적자원개발은 개인뿐만 아니라 조직의 성장가능성도 높여주는 활동이다.

Answer. 21.③ 22.② 23.② 24.②

25 다음에서와 같은 상황에 대한 적절한 설명이 아닌 것은?

> 신사업을 개발하기 위해 TF팀을 구성한 오 부장은 기술 개발의 가시적인 성과가 눈앞으로 다가와 곧 완제품 출시를 앞두고 있다. 경쟁 아이템이 없는 신제품으로 적어도 사업 초기에는 완벽한 독점 체제를 구축할 수 있을 것으로 전망된다. 오 부장은 그간 투입한 기술개발비와 향후 추가로 들어가게 될 홍보비, 마케팅비, 마진 등을 산정하여 신제품의 소비자 단가를 책정해야 하는 매우 중요한 과제를 앞두고 직원들과 함께 적정 가격 책정을 위해 머리를 맞대고 회의를 진행 중이다.

① 실제비용보다 책정비용을 낮게 산정하면 제품의 경쟁력이 손실될 수 있다.

② 향후 추가될 예상 홍보비를 실제보다 과도하게 책정하여 단가에 반영할 경우 적자가 발생할 수 있다.

③ 개발비 등 투입 예상비용이 실제 집행된 비용과 같을수록 이상적이라고 볼 수 있다.

④ 마케팅 비용을 너무 적게 산정하여 단가에 반영할 경우 적자가 쌓일 수 있다.

⑤ 마케팅비를 과다 선정할 경우 제품 가격 경쟁력이 낮아질 수 있다.

26 다음은 영업1 ～ 4팀의 팀별 총무용품의 구매 금액과 각 팀별 구매 총무용품의 항목별 구성비를 나타낸 자료이다. 다음 자료를 참고로 복사용품, 팩스용품, 탕비용품, 기타 총무용품의 구매를 위한 지출 금액이 각각 가장 큰 팀을 순서대로 올바르게 나열한 것은?

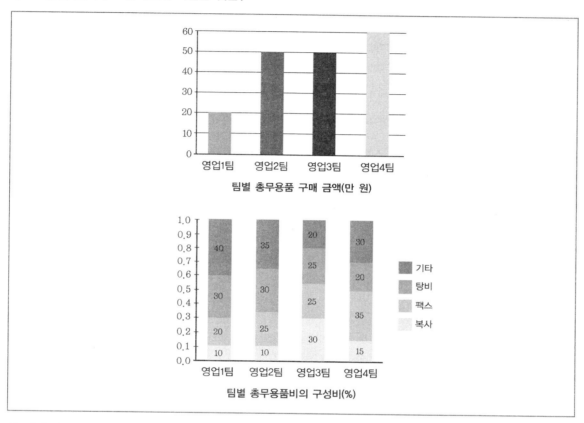

① 영업4팀, 영업3팀, 영업2팀, 영업1팀
② 영업2팀, 영업4팀, 영업3팀, 영업4팀
③ 영업3팀, 영업4팀, 영업2팀, 영업4팀
④ 영업4팀, 영업3팀, 영업2팀, 영업4팀
⑤ 영업3팀, 영업2팀, 영업4팀, 영업1팀

┃27~28┃ 다음 예산 수립 과정에 관한 내용을 읽고 물음에 답하시오.

> 모 기업의 홍보팀 A는 다음 달 외부 홍보 행사의 예산을 수립하려고 한다. A는 먼저 홍보 행사에 필요한 활동 및 활동별로 예상되는 예산을 정리했다. 행사 홀 대여에 3,000,000원, 로고를 새긴 의자 제작에 2,000,000원, 기념 영상 촬영 및 편집에 1,500,000원, 기념품 제작에 2,800,000원이 필요할 것으로 파악되었으나, 홍보 행사 예산은 8,000,000원으로 예산이 다소 부족하다. 동료 직원의 조언에 따라 행사 홀 대여, 기념 영상 촬영 및 편집, 기념품 제작만 진행하기로 결정하였다. 최종적으로 행사 홀 대여 3,475,000원, 기념 영상 촬영 및 편집에 1,500,000원, 기념품 제작에 3,000,000원을 배정하고 행사를 준비하게 되었다.

27 위 내용에서 A의 예산관리 절차 순서로 옳은 것은?

① 우선순위 결정 → 필요한 과업 및 활동 규명 → 예산 배정
② 우선순위 결정 → 예산 배정 → 필요한 과업 및 활동 규명
③ 필요한 과업 및 활동 규명 → 우선순위 결정 → 예산 배정
④ 필요한 과업 및 활동 규명 → 예산 배정 → 우선순위 결정
⑤ 예산 배정 → 필요한 과업 및 활동 규명 → 우선순위 결정

28 예산안과 예산 관련 규정이다. 다음 중 규정에서 어긋난 것을 고르시오.

가. 예산안

항목	내역	금액	비고
행사 홀 대여	• 기본 값 : 2,75,000원 • 기타 소모품 : 200,000원 • ㉠ 보조 인력 : 100,000원 × 3명 　※ ㉡ 식대 지급 : 25,000원 × 3명 • ㉢ 여유 비용 : 150,000원	3,475,000원	보조 인력은 단기직으로 1인당 6시간 근무
기념 영상 촬영 및 편집	• 영상 촬영 대행업체 : 700,000원 • 편집 대행업체 : 800,000원	1,500,000원	㉤ 수의계약
기념품 제작	• 텀블러 : 12,000원 × 250개 • ㉣ 여유분 : 45개	3,000,000원	

나. 예산 관련 규정

> • 단기직으로 보조인력을 고용할 경우, 최저 임금 이상으로 지급할 것. 이때 식대는 별도로 지급하며 인당 전체 금액의 15%를 넘지 않도록 할 것
> • 기념품 여유분은 주문량의 20%로 제작할 것
> • 여유 비용은 전체 금액의 10% 이하로 책정할 것
> • 대행업체와의 계약이 3,000,000원 이하일 경우 수의계약으로 진행할 것

① ㉠
② ㉡
③ ㉢
④ ㉣
⑤ ㉤

┃ 29~30 ┃ 다음은 A공단에서 운영하는 '직장인아파트'에 대한 임대료와 신입사원인 K씨 월 소득 및 비용현황 자료이다. 이를 보고 이어지는 물음에 답하시오.

〈표 1〉 지역별 보증금

(단위 : 원)

구분	아파트	M지역	P지역	D지역	I지역	B지역	C지역
보증금	큰방	990,000	660,000	540,000	840,000	960,000	360,000
	작은방	720,000	440,000	360,000	540,000	640,000	240,000

〈표 2〉 지역별 월 임대료

(단위 : 원)

구분	아파트	M지역	P지역	D지역	I지역	B지역	C지역
월 임대료	큰방	141,000	89,000	71,000	113,000	134,000	50,000
	작은방	91,000	59,000	47,000	75,000	89,000	33,000

〈표 3〉 K 씨의 월 소득 및 비용현황

(단위 : 만 원)

월 급여	외식비	저금	각종세금	의류구입	여가	보험	기타소비
300	50	50	20	30	25	25	30

* 월 소득과 비용 내역은 매월 동일하다고 가정함.

---

29 신입사원인 K 씨는 A공단에서 운영하는 '직장인아파트'에 입주하려고 한다. 근무지역은 별 상관이 없는 K 씨는 월 급여에서 비용을 지출하고 남은 금액의 90%를 넘지 않는 금액으로 가장 넓고 좋은 방을 구하려 한다. K 씨가 구할 수 있는 방으로 가장 적절한 것은?

① P지역 작은 방   ② I지역 작은 방
③ B지역 작은 방   ④ D지역 큰 방
⑤ P지역 큰 방

30 업무상 직접비와 간접비를 구분하는 예산 관리를 개인의 소득과 지출에도 적용해 볼 수 있다. 의식주와 직접적으로 관계된 비용을 직접비라고 할 때, 원하는 아파트에 입주한 K 씨의 입주 둘째 달, 월 급여액에서 직접비가 차지하는 비중을 올바르게 설명한 것은?

① 50%보다 조금 적다.   ② 40%보다 조금 많다.
③ 40%보다 조금 적다.   ④ 30%보다 조금 적다.
⑤ 20%보다 조금 적다.

📑 **Answer.**   27.③   28.④   29.④   30.④

조직이해능력

[조직이해능력] NCS 출제유형

① 경영이해능력 : SWOT 등 경영 활동, 경영 전략에 관한 문제이다.
② 체제이해능력 : 조직의 목표, 문화, 구조 등을 자료와 함께 제시되는 문제다.
③ 업무이해능력 : 업무의 특성, 업무수행 계획, 업무 종류 등이 체크리스트 등과 함께 제시되는 문제다.
④ 국제감각 : 이문화 커뮤니케이션, 국제매너 등에 관한 문제이다.

[조직이해능력] 출제경향

조직이해의 필요성을 인식하고 업무 성과를 높이기 위한 계획 수립이 가능한지를 평가한다. 조직의 환경 변화 및 구성, 조직의 특징 및 의사결정과정, 경영자의 역할과 경영전략, 조직의 목표 구조, 다른 나라의 문화 이해 등이 출제된다. 조직도와 SWOT, 결재 방식 등의 자료가 출제되는데, 연습 시 업무 수행 시 조직의 특성을 이해하고 이를 적용하는 데 중점을 주는 것이 좋다.

[조직이해능력] 빈출유형

경영이해능력											
체제이해능력											
업무이해능력											
국제감각											

01 조직이해능력 모듈형 연습문제

예제 01 경영이해능력

다음은 경영전략을 세우는 방법 중 하나인 SWOT에 따른 어느 기업의 분석결과이다. 다음 중 주어진 기업 분석 결과에 대응하는 전략은?

강점(Strength)	• 차별화된 맛과 메뉴 • 폭넓은 네트워크
약점(Weakness)	• 매출의 계절적 변동폭이 큼 • 딱딱한 기업 이미지
기회(Opportunity)	• 소비자의 수요 트렌드 변화 • 가계의 외식 횟수 증가 • 경기회복 가능성
위협(Threat)	• 새로운 경쟁자의 진입 가능성 • 과도한 가계부채

내부환경 외부환경	강점(Strength)	약점(Weakness)
기회(Opportunity)	① 계절 메뉴 개발을 통한 분기 매출 확보	② 고객의 소비패턴을 반영한 광고를 통한 이미지 쇄신
위협(Threat)	③ 소비 트렌드 변화를 반영한 시장 세분화 정책	④ 고급화 전략을 통한 매출 확대

예제 02 예산관리능력

다음은 I기업의 조직도와 팀장님의 지시사항이다. H 씨가 팀장님의 심부름을 수행하기 위해 연락해야 할 부서로 옳은 것은?

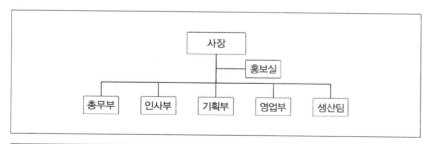

    H 씨! 다음 주 중에 사장님 모시고 클라이언트와 만나야 할 일이 있으니까 사장님 일정을 확인해주시구요. 이번 달에 신입사원 교육·훈련계획이 있었던 것 같은데 정확한 시간이랑 날짜를 확인해주세요.

① 총무부, 인사부
② 총무부, 홍보실
③ 기획부, 총무부
④ 영업부, 기획부

예제 03 업무이해능력

다음 중 업무수행 시 단계별로 업무를 시작해서 끝나는 데까지 걸리는 시간을 바 형식으로 표시하여 전체 일정 및 단계별로 소요되는 시간과 각 업무활동 사이의 관계를 볼 수 있는 업무수행 시트는?

① 간트 차트
② 워크 플로 차트
③ 체크리스트
④ 퍼트 차트

출제의도

업무수행 계획을 수립할 때 간트 차트, 워크 플로 시트, 체크리스트 등의 수단을 이용하면 효과적으로 계획하고 마지막에 급하게 일을 처리하지 않고 주어진 시간 내에 끝마칠 수 있다. 본 문항은 그러한 수단이 되는 차트들의 이해도를 묻는 문항이다.

해설

② 일의 절차 처리의 흐름을 표현하기 위해 기호를 써서 도식화한 것이다.
③ 업무를 세부적으로 나누고 각 활동별로 수행수준을 달성했는지를 확인하는 데 효과적이다.
④ 하나의 사업을 수행하는 데 필요한 다수의 세부사업을 단계와 활동으로 세분하여 관련된 계획 공정으로 묶고, 각 활동의 소요시간을 낙관시간, 최가능시간, 비관시간 등 세 가지로 추정하고 이를 평균하여 기대시간을 추정한다.

※ ①

예제 04 국제감각

국제감각을 키우기 위해서는 문화에 따른 에티켓을 지키는 것이 중요하다. 에티켓 요소별로 고려해야 할 항목이 아닌 것은?

① 인사 – 첫 만남에 무례하지 않은 인사법 숙지
② 식사 – 문화별 적절하지 않은 식사예절 숙지
③ 스몰 토크 – 나이, 자녀 유무 등 친밀감을 위한 질문 준비
④ 시간 약속 – 문화별 허용되는 시간관념 이해

출제의도

주어진 정보와 일정표를 토대로 이용 가능한 물적자원을 확보하여 이를 정확하게 안내할 수 있는 능력을 측정하는 문항이다. 고객이 제공한 정보를 정확하게 파악하고 그 조건 안에서 가능한 자원을 제공할 수 있어야 한다.

해설

③ 조건을 고려했을 때 5일 장미ROOM과 7일 장미ROOM이 예약 가능하다.
① 참석 인원이 27명이므로 30명 수용 가능한 장미ROOM과 40명 수용 가능한 백향목ROOM 두 곳이 적합하다.
② 만약 2명이 안 온다면 총 참석인원 25명이므로 라일락ROOM, 장미ROOM, 백향목ROOM이 예약 가능하다.
④ 오후 8시에 마무리하려고 계획하고 있으므로 적절하다.

※ ③

02 조직이해능력 출제유형 문제

1 다음과 관련된 개념은 무엇인가?

> 조직이 지속되게 되면서 조직구성원들 간에 공유되는 생활양식이나 가치로 조직구성원들의 사고와 행동에 영향을 미치며 일체감과 정체성을 부여하고 조직이 안정적으로 유지되게 한다. 최근 조직문화에 대한 중요성이 부각되면서 긍정적인 방향으로 조성하기 위한 경영층의 노력이 이루어지고 있다.

① 조직문화   ② 조직위계
③ 조직목표   ④ 조직구조
⑤ 조직의 규칙

2 다음 글에 나타난 집단에 관한 설명으로 옳지 않은 것은?

> • ○○ 집단은 정서적인 뜻에서의 친밀한 인간관계를 겨누어 사람들의 역할관계가 개인의 특성에 따라 자연적이고 비형식적으로 분화되어 있는 집단을 말한다.
> • ○○ 집단은 호손 실험에 의하여 '제1차 집단의 재발견'으로 평가되었으며, 그 특질은 자연발생적이며 심리집단적이고 결합 자체를 목적으로 하여 감정의 논리에 따라 유동적 · 비제도적으로 행동하는 데 있다.
> • 관료적인 거대조직에 있어서 인간회복의 수단으로 ○○ 집단을 유효하게 이용하여 관료제의 폐단을 완화하려는 발상이 생겨났는데, 이를 인간관계적 어프로치라고 한다.

① 조직에서 오는 소외감을 감소시켜 준다.
② 조직에서 의식적으로 만든 집단으로 집단의 목표, 임무가 명확하게 규정되어 있다.
③ 조직구성원들의 요구에 따라 자발적으로 형성된 집단이다.
④ 조직구성원들의 사기(morale)와 생산력을 높여 준다.
⑤ 조직구성원들의 상호의사소통이 활발하다.

📖 **Answer.** 1.①   2.②

3 다음 중 ㉠에 들어갈 경영전략 추진과정은?

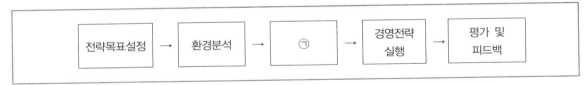

① 경영전략 구성   ② 경영전략 분석
③ 경영전략 도출   ④ 경영전략 제고
⑤ 경영전략 수정

4 다음 중 조직목표의 기능이 아닌 것은?

① 조직이 존재하는 정당성과 합법성 제공   ② 조직이 나아갈 방향 제시
③ 조직구성원 의사결정의 기준   ④ 조직구성원 행동 억제
⑤ 조직구성원 행동수행의 동기유발

5 다음 중 경영참가제도의 특징으로 옳지 않은 것은?

① 사측 단독으로 문제를 해결할 수 있다.
② 경영의 민주성을 제고할 수 있다.
③ 경영의 효율성을 통제할 수 있다.
④ 노사 간 상호 신뢰를 증진시킬 수 있다.
⑤ 경영참가, 이윤참가, 자본참가 유형이 있다.

6 다음 중 조직의 유형으로 옳지 않은 것은?

① 비영리조직은 대표적으로 병원이나 대학이 있다.
② 영리조직은 대표적으로 친목회가 있다.
③ 소규모 조직은 대표적으로 가족 소유의 상점이 있다.
④ 대규모 조직은 대표적으로 대기업이 있다.
⑤ 비공식조직으로 동아리가 있다.

7 다음 글을 읽고 진성이가 소속된 부서로 알맞은 것은?

> 진성이가 소속된 부서는 매주 월요일마다 직원들이 모여 경영계획에 대한 회의를 한다. 이번 안건은 최근 문제가 된 중장기 사업계획으로, 이를 종합하여 조정을 하거나 적절하게 예산수립을 하기 위해 의견을 공유하는 자리가 되었다. 더불어 오후에는 기존의 사업의 손익을 추정하여 관리 및 분석을 통한 결과를 부장님께 보고하기로 하였다.

① 총무부   ② 인사부
③ 기획부   ④ 회계부
⑤ 영업부

8 다음 중 준호가 소속되어있는 부서로 올바른 것은?

> 준호는 매일 아침 회사에 출근하여 그날의 판매 계획·예산·시장·재고 등을 조사하여 정리한다. 또한 외상매출금이나 견적 및 계약 등의 문제를 해결하기 위해 자료를 조사·검토한다.

① 총무부   ② 인사부
③ 기획부   ④ 영업부
⑤ 회계부

9 다음의 빈칸에 들어갈 말을 순서대로 나열한 것은?

> 조직의 (㉠)은/는 조직 내의 부문 사이에 형성된 관계로 조직목표를 달성하기 위한 조직구성원들의 상호작용을 보여준다. 이는 결정권의 집중정도, 명령계통, 최고 경영자의 통제, 규칙과 규제의 정도에 따라 달라지며 구성원들의 업무나 권한이 분명하게 정의된 기계적 조직과 의사결정권이 하부구성원들에게 많이 위임되고 업무가 고정적이지 않은 유기적 조직으로 구분될 수 있다. (㉡)은/는 이를 쉽게 파악할 수 있다. 구성원들의 임무, 수행하는 과업, 일하는 장소 등을 파악하는데 용이하다. 한편 조직이 지속되게 되면 조직구성원들 간 생활양식이나 가치를 공유하게 되는데 이를 조직의 (㉢)라고 한다. 이는 조직구성원들의 사고와 행동에 영향을 미치며 일체감과 정체성을 부여하고 조직이 (㉣)으로 유지되게 한다. 최근 이에 대한 중요성이 부각되면서 긍정적인 방향으로 조성하기 위한 경영층의 노력이 이루어지고 있다.

	㉠	㉡	㉢	㉣
①	구조	조직도	문화	안정적
②	목표	비전	규정	체계적
③	미션	핵심가치	구조	혁신적
④	직급	규정	비전	단계적
⑤	규정	비전	직급	순차적

10 다음에서 설명하고 있는 조직은 무엇인가?

> • 구성원들의 업무가 분명하게 규정된다.
> • 엄격한 상하 간 위계질서가 있다.
> • 다수의 규칙과 규정이 존재한다.

① 정부 조직   ② 기계적 조직
③ 유기적 조직   ④ 환경적 조직
⑤ 전략적 조직

11 S 전자기업의 각 부서별 직원과 업무 간의 연결이 옳지 않은 것을 고르시오.

① 영업부 김 대리 : 제품의 재고조절, 거래처로부터의 불만처리, 판매계획
② 회계부 이 과장 : 재무상태 및 경영실적 보고, 결산 관련 업무
③ 인사부 박 부장 : 인사발령 및 임금제도, 복리후생제도 및 지원업무, 퇴직관리
④ 총무부 정 사원 : 외상매출금의 청구 및 회수, 판매예산의 편성, 견적 및 계약
⑤ 기획부 오 대리 : 경영계획 및 전략수립, 경영진단업무, 단기사업계획 조정

12 A 대기업 경영전략팀은 기업의 새로운 도약을 위하여 2017 1차 경영토론회를 주최 하였다. 다음 중 토론자들의 경영시장 종류에 대한 발언으로 옳지 않은 것을 고르시오.

① 블루오션은 아직 우리가 모르고 있는 가능성의 시장 공간이라 할 수 있습니다.
② 블루오션은 기존 산업의 경계선 바깥에서 새롭게 창출되는 시장을 말합니다.
③ 레드오션은 산업 간 경계선이 명확하게 그어져 있습니다.
④ 레드오션은 어떻게 경쟁자를 앞지를 것인가에 대한 '시장경쟁전략'을 말합니다.
⑤ 블루오션은 경쟁을 목표로 하고 존재하는 소비자와 현존하는 시장에 초점을 맞췄습니다.

13 경영전략의 추진 과정으로 옳은 것은?

① 전략목표 설정 → 경영전략 도출 → 환경 분석 → 경영전략 실행 → 평가 및 피드백
② 전략목표 설정 → 환경 분석 → 경영전략 도출 → 경영전략 실행 → 평가 및 피드백
③ 전략목표 설정 → 환경 분석 → 경영전략 실행 → 경영전략 도출 → 평가 및 피드백
④ 전략목표 설정 → 경영전략 실행 → 환경 분석 → 경영전략 도출 → 평가 및 피드백
⑤ 전략목표 설정 → 경영전략 실행 → 경영전략 도출 → 환경 분석 → 평가 및 피드백

14 국제동향 파악 방법으로 옳지 않은 것은?

① 관련 분야 해외 사이트를 방문하여 최신 이슈를 확인한다.

② 해외 서점 사이트를 방문해 최신 서적 목록과 주요 내용을 파악한다.

③ 업무와 관련된 국제잡지를 정기 구독한다.

④ 일주일에 한 번씩 신문의 국제면을 읽는다.

⑤ 국제학술대회에 참여한다.

15 조직변화 과정의 순서로 옳은 것은?

① 조직변화 방향 수립 → 환경변화 인지 → 조직변화 실행 → 변화결과 평가

② 환경변화 인지 → 조직변화 실행 → 조직변화 방향 수립 → 변화결과 평가

③ 조직변화 실행 → 조직변화 방향 수립 → 환경변화 인지 → 변화결과 평가

④ 환경변화 인지 → 조직변화 방향 수립 → 조직변화 실행 → 변화결과 평가

⑤ 조직변화 실행 → 환경변화 인지 → 조직변화 방향 수립 → 변화결과 평가

16 다음 중 국제 매너로 옳지 않은 것은?

① 프랑스에서 사업차 거래처 사람들과 식사를 할 때 사업에 관한 이야기는 정식 코스가 끝날 때 한다.

② 이란에서 꽃을 선물로 줄 때 노란색 꽃을 준비한다.

③ 멕시코에서 상대방에게 초대를 받았다면 나 또한 상대방을 초대하는 것이 매너이다.

④ 이탈리아에서 상대방과 대화할 때는 중간에 말을 끊지 않는다.

⑤ 생선 요리는 뒤집어먹지 않는다.

Answer. 10.② 11.④ 12.⑤ 13.② 14.④ 15.④ 16.②

17 한국금융그룹사(계열사 : 한국은행, 한국카드, 한국증권사)의 본사 총무 부서에 근무 중인 A는 2025년에 10년째를 맞이하는 '우수 직원 해외연수단'을 편성하기 위해 각 계열사에 공문을 보내고자 한다. 한국은행의 경우 3년차 직원, 한국카드는 5년차 직원, 한국증권사는 7년차 직원 중 희망자를 대상으로 인사부의 Y 부장은 P 과장에게 결재권한을 위임하였다. 기안문을 작성할 때, ㈎~㈐에 들어갈 내용으로 적절한 것을 고르시오.

㈎

수신자 : 한국은행, 한국카드, 한국증권사
(경유)

제목 : ㈏

---

1. 서무 1056-2431(2017. 02. 03.)과 관련입니다.
2. 2025년도 우수 직원을 대상으로 해외연수단을 편성하고자 하오니, 회사에 재직 중인 직원 중 기본적 영어회화가 가능하며 글로벌 감각이 뛰어난 사원을 다음 사항을 참고로 선별하여 2025. 03. 03.까지 통보해 주시기 바랍니다.

- 다음 -

가. 참가범위
    1) 한국은행 : 3년차 직원 중 희망자
    2) 한국카드 : ㈐
    3) 한국증권사 : ㈑
나. 아울러 지난해에 참가했던 책임자와 직원은 제외시켜 주시기 바라며, 지난해 참가 직원 명단을 첨부하니 참고하시기 바랍니다.
첨부 : 2024년도 참가 직원 명단 1부. 끝.

한 국 금 융 그 룹 사 장

사원 A   계장 B   과장 ㈒ P
협조자
시행 총무부-27(1.19)
접수 우13456 주소 서울 강남구 오공로75 5F / www.hkland.co.kr
전화 (02-256-3456) 팩스(02-257-3456) / webmaster@hkland.com / 완전공개

---

① ㈎ 한국은행그룹사
② ㈏ 2024년도 우수 직원 해외연수단 편성
③ ㈐ 4년차 직원 중 희망자
④ ㈑ 7년차 직원 중 희망자
⑤ ㈒ 대결

18   김 대리는 여성의류 인터넷쇼핑몰 서비스팀에 근무 중으로 최근 불만 및 반품 접수가 증가하고 있어 이와 관련하여 회의를 진행하였다. 아래의 회의록을 보고 알 수 있는 내용인 것을 고르시오.

회의록

❑ 회의일시 : 2017년 2월 13일
❑ 회의장소 : 웰니스빌딩 3층 303호 소회의장
❑ 부   서 : 물류팀, 개발팀, 서비스팀
❑ 참 석 자 : 물류팀 팀장, 과장, 개발팀 팀장, 과장, 서비스팀 팀장, 과장
❑ 회의 안건
제품 의류에 염료 얼룩으로 인한 고객 불만반품에 따른 원인조사 및 대책방안
❑ 회의 내용
주문폭주로 인한 물량증가로 염료가 덜 마른 부직포 포장지를 사용하여 제품인 의류에 염색 얼룩이 묻은 것으로 추측
❑ 의결 사항
  [물류팀]
  컬러 부직포로 제품포장 하였던 기존방식에서 내부비닐포장 및 염료를 사용하지 않는 부직포로 2중 포장, 외부 종이상자 포장으로 교체
  [서비스팀]
  - 주문물량이 급격히 증가했던 일주일 동안 포장된 제품 전격 회수
  - 제품을 구매한 고객에 사과문 발송 및 100% 환불 보상 공지
  [개발팀]
  포장 재질 및 부직포 염료 유해성분 조사

---

① 마케팅팀은 해당 브랜드의 전 제품을 회수 및 100% 환불 보상할 것을 공지한다.
② 주문량이 증가한 날짜는 2017년 02월 13일부터 일주일간이다.
③ 주문량이 많아 염료가 덜 마른 부직포 포장지를 사용한 것이 문제 발생의 원인으로 추측된다.
④ 개발팀에서 제품을 전격 회수해 포장재 및 인쇄된 잉크의 유해성분을 조사하기로 했다.
⑤ 개발팀에서 염료를 사용하지 않는 포장재를 개발할 것으로 추측된다.

▌19~20 ▌ 다음 결재규정을 보고 주어진 상황에 알맞게 작성된 양식을 고르시오.

〈결재규정〉

- 결재를 받으려면 업무에 대해서는 최고결재권자(대표이사)를 포함한 이하 직책자의 결재를 받아야 한다.
- '전결'이라 함은 회사의 경영활동이나 관리활동을 수행함에 있어 의사결정이나 판단을 요하는 일에 대하여 최고 결재권자의 결재를 생략하고, 자신의 책임 하에 최종적으로 의사결정이나 판단을 하는 행위를 말한다.
- 전결사항에 대해서도 위임 받은 자를 포함한 이하 직책자의 결재를 받아야 한다.
- 표시내용 : 결재를 올리는 자는 최고결재권자로부터 전결사항을 위임 받은 자가 있는 경우 결재란에 전결이라고 표시하고 최종 결재권자에 위임 받은 자를 표시한다. 다만, 결재가 불필요한 직책자의 결재란은 상황대각선으로 표시한다.
- 최고결재권자의 결재사항 및 최고결재권자로부터 위임된 전결사항은 다음의 표에 따른다.

구분	내용	금액기준	결재서류	팀장	본부장	대표이사
접대비	거래처 식대, 경조사비 등	20만 원 이하	접대비지출품의서 지출결의서	● ■		
		30만 원 이하			● ■	
		30만 원 초과				● ■
교통비	국내 출장비	30만 원 이하	출장계획서 출장비신청서	● ■		
		50만 원 이하		●	■	
		50만 원 초과		●		■
	해외 출장비			●		■
소모품비	사무용품		지출결의서	■		
	문서, 전산소모품					■
	기타 소모품	20만 원 이하		■		
		30만 원 이하			■	
		30만 원 초과				■
교육 훈련비	사내외 교육		기안서 지출결의서	●		■
법인카드	법인카드 사용	50만 원 이하	법인카드신청서	■		
		100만 원 이하			■	
		100만 원 초과				■

● : 기안서, 출장계획서, 접대비지출품의서

■ : 지출결의서, 세금계산서, 발행요청서, 각종 신청서

19 영업부 사원 L 씨는 편집부 K 씨의 부친상에 부조금 50만 원을 회사 명의로 지급하기로 하였다. L 씨가 작성한 결재 방식은?

①

접대비지출품의서			
결재	담당	팀장	본부장	최종 결재
	L			팀장

②

접대비지출품의서			
결재	담당	팀장	본부장	최종 결재
	L		전결	본부장

③

지출결의서			
결재	담당	팀장	본부장	최종 결재
	L	전결		대표이사

④

지출결의서			
결재	담당	팀장	본부장	최종 결재
	L			대표이사

⑤

지출결의서			
결재	담당	팀장	본부장	최종 결재
		L		대표이사

Answer. 19.④

20 영업부 사원 I 씨는 거래업체 직원들과 저녁 식사를 위해 270,000원을 지불하였다. I 씨가 작성해야 하는 결재 방식으로 옳은 것은?

①
접대비지출품의서			
결 재	담당	팀장	본부장	최종 결재

| 결 재 | I | | | 전결 |

②
접대비지출품의서			
결 재	담당	팀장	본부장	최종 결재

| 결 재 | I | 전결 | | 본부장 |

③
지출결의서			
결 재	담당	팀장	본부장	최종 결재

| 결 재 | I | 전결 | | 본부장 |

④
접대비지출품의서			
결 재	담당	팀장	본부장	최종 결재

| 결 재 | I | | 전결 | 본부장 |

⑤
지출결의서			
결 재	담당	팀장	본부장	최종 결재

| 결 재 | I | | | 팀장 |

21 D그룹 홍보실에서 근무하는 사원 민경 씨는 2025년부터 적용되는 새로운 조직 개편 기준에 따라 홈페이지에 올릴 조직도를 만들려고 한다. 다음 조직도의 빈칸에 들어갈 것으로 옳지 않은 것은?

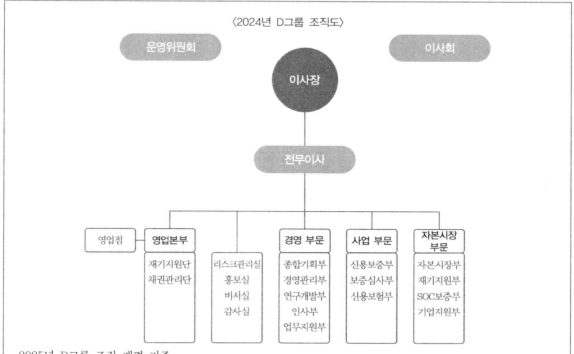

〈2024년 D그룹 조직도〉

2025년 D그룹 조직 개편 기준
- 명칭변경 : 사업부문 → 신용사업부문
- 감사위원회를 신설하고 감사실을 감사위원회 소속으로 이동한다.
- 경영부문을 경영기획부문과 경영지원부문으로 분리한다.
- 경영부문의 종합기획부, 경영관리부, 연구개발부는 경영기획부문으로 인사부, 업무지원부는 경영지원부문으로 각각 소속된다.
- 업무지원부의 IT 관련 팀을 분리하여 IT전략부를 신설한다.

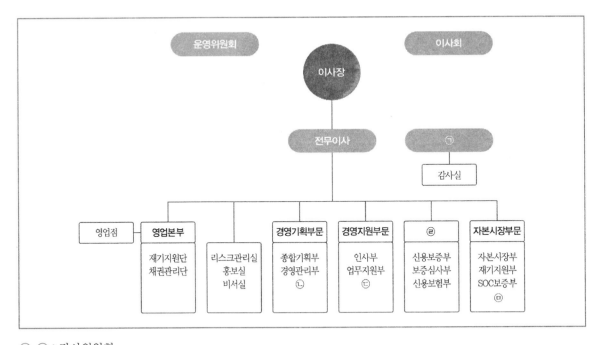

① ㉠ : 감사위원회

② ㉡ : 연구개발부

③ ㉢ : IT전략부

④ ㉣ : 사업부문

⑤ ㉤ : 기업지원부

22 21세기의 많은 기업 조직들은 불투명한 경영환경을 이겨내기 위해 많은 방법들을 활용하곤 한다. 이 중 브레인스토밍은 일정한 테마에 관하여 회의형식을 채택하고, 구성원의 자유발언을 통한 아이디어의 제시를 요구해 발상의 전환을 이루고 해법을 찾아내려는 방법인데 아래의 글을 참고하여 브레인스토밍에 관련한 것으로 보기 가장 어려운 것을 고르면?

> 전라남도는 지역 중소·벤처기업, 소상공인들이 튼튼한 지역경제의 버팀목으로 성장하도록 지원하는 정책 아이디어를 발굴하기 위해 27일 전문가 브레인스토밍 회의를 개최했다. 이날 회의는 정부의 경제성장 패러다임이 대기업 중심에서 중소·벤처기업 중심으로 전환됨에 따라 지역 차원에서 기업 지원 관련 기관, 교수, 상공인연합회, 중소기업 대표 등 관련 전문가들을 초청해 이뤄졌다. 회의에서는 중소·벤처기업, 소상공인 육성·지원과 청년창업 활성화를 위한 70여 건의 다양한 제안이 쏟아졌으며, 제안된 내용에 대해 구체적 실행 방안도 토론했다. 회의에 참석한 전문가들은 "중소·벤처기업이 변화를 주도하고, 혁신적 아이디어로 창업해 튼튼한 기업으로 성장하도록 정부와 지자체가 충분한 환경을 구축해주는 시스템의 변화가 필요하다."라고 입을 모았다.

① 쉽게 실행할 수 있고, 다양한 주제를 가지고 실행할 수 있다.
② 이러한 기법의 경우 아이디어의 양보다 질에 초점을 맞춘 것으로 볼 수 있다.
③ 집단의 작은 의사결정부터 큰 의사결정까지 복잡하지 않은 절차를 통해 팀의 구성원들과 아이디어를 공유가 가능하다.
④ 비판 및 비난을 자제하는 것을 원칙으로 한다.
⑤ 집단의 구성원들이 비교적 부담 없이 의견을 표출할 수 있다는 이점이 있다.

23 다음은 A기업의 조직도이다. 다음 중 총무부의 역할로 가장 적절한 것은?

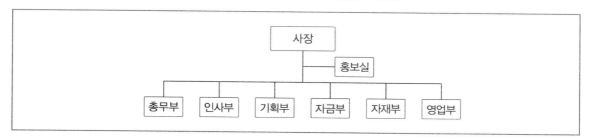

① 경영계획 및 전략 수집·조정 업무
② 의전 및 비서업무
③ 보험금융업무
④ 인력 확보를 위한 산학협동업무
⑤ 시장조사

24 다음은 기업용 소프트웨어를 개발·판매하는 A기업의 조직도와 사내 업무협조전이다. 주어진 업무협조전의 발신부서와 수신부서로 가장 적절한 것은?

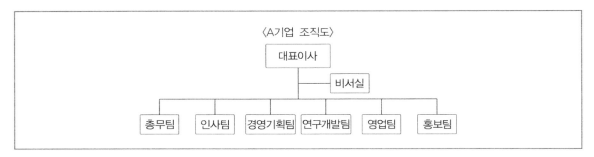

〈A기업 조직도〉

대표이사 — 비서실

총무팀 | 인사팀 | 경영기획팀 | 연구개발팀 | 영업팀 | 홍보팀

업무협조전

제목 : 콘텐츠 개발에 따른 적극적 영업 마케팅 협조
내용 : 2023년 경영기획팀의 요청으로 저희 팀에서 제작하기 시작한 업무매니저 "한방에" 소프트웨어가 모두 제작 완료되었습니다. 하여 해당 소프트웨어 5종에 관한 적극적인 마케팅을 부탁드립니다.
　　　"한방에"는 거래처관리 소프트웨어, 직원/급여관리 소프트웨어, 매입/매출관리 소프트웨어, 증명서 발급관리 소프트웨어, 거래/견적/세금관리 소프트웨어로 각 분야별 영업을 진행하시면 될 것 같습니다. 특히나 직원/급여관리 소프트웨어는 회사 직원과 급여를 통합적으로 관리할 수 있는 프로그램으로 중소기업에서도 보편적으로 이용할 수 있도록 설계되어 있기 때문에 적극적인 영업 마케팅이 더해졌을 때 큰 이익을 낼 수 있을 거라 예상됩니다.
　　　해당 5개의 프로그램의 이용 매뉴얼과 설명서를 첨부해드리오니 담당자분들께서는 이를 숙지하시고 영업에 효율성을 가지시기 바랍니다.
첨부 : 업무매니저 "한방에" 매뉴얼 및 설명서

　　　　발신　　　　　　　수신
① 경영기획팀　　　　홍보팀
② 연구개발팀　　　　영업팀
③ 　총무팀　　　　　인사팀
④ 　영업팀　　　　연구개발팀
⑤ 　인사팀　　　　경영기획팀

25 다음 중 아래의 조직도를 올바르게 이해한 것은?

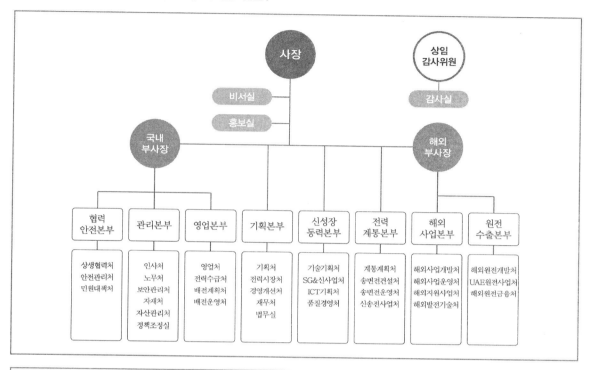

- ㉠ 사장직속으로는 3개 본부, 13개 처, 2개 실로 구성되어 있다.
- ㉡ 국내·해외부사장은 각 3개의 본부를 이끌고 있다.
- ㉢ 감사실은 다른 부서들과는 별도로 상임 감사위원 산하에 따로 소속되어 있다.
- ㉣ 노무처와 재무처는 서로 업무협동이 있어야 하므로 같은 본부에 소속되어 있다.

① ㉠
② ㉢
③ ㉡㉢
④ ㉡㉣
⑤ ㉢㉣

26 다음은 각 지역에 사무소를 운영하고 있는 A사의 임직원 행동강령의 일부이다. 다음 내용에 부합되지 않는 설명은?

제5조【이해관계직무의 회피】

① 임직원은 자신이 수행하는 직무가 다음 각 호의 어느 하나에 해당하는 경우에는 그 직무의 회피 여부 등에 관하여 지역관할 행동강령책임관과 상담한 후 처리하여야 한다. 다만, 사무소장이 공정한 직무수행에 영향을 받지 아니한다고 판단하여 정하는 단순 민원업무의 경우에는 그러하지 아니한다.

  1. 자신, 자신의 직계 존속·비속, 배우자 및 배우자의 직계 존속·비속의 금전적 이해와 직접적인 관련이 있는 경우

  2. 4촌 이내의 친족이 직무관련자인 경우

  3. 자신이 2년 이내에 재직하였던 단체 또는 그 단체의 대리인이 직무관련자이거나 혈연, 학연, 지연, 종교 등으로 지속적인 친분관계에 있어 공정한 직무수행이 어렵다고 판단되는 자가 직무관련자인 경우

  4. 그 밖에 지역관할 행동강령책임관이 공정한 직무수행이 어려운 관계에 있다고 정한 자가 직무관련자인 경우

② 제1항에 따라 상담요청을 받은 지역관할 행동강령책임관은 해당 임직원이 그 직무를 계속 수행하는 것이 적절하지 아니하다고 판단되면 본사 행동강령책임관에게 보고하여야 한다. 다만, 지역관할 행동강령책임관이 그 권한의 범위에서 그 임직원의 직무를 일시적으로 재배정할 수 있는 경우에는 그 직무를 재배정하고 본사 행동강령책임관에게 보고하지 아니할 수 있다.

③ 제2항에 따라 보고를 받은 본사 행동강령책임관은 직무가 공정하게 처리될 수 있도록 인력을 재배치하는 등 필요한 조치를 하여야 한다.

제6조【특혜의 배제】 임직원은 직무를 수행함에 있어 지연·혈연·학연·종교 등을 이유로 특정인에게 특혜를 주거나 특정인을 차별하여서는 아니 된다.

제6조의2【직무관련자와의 사적인 접촉 제한】

① 임직원은 소관업무와 관련하여 우월적 지위에 있는 경우 그 상대방인 직무관련자(직무관련자인 퇴직자를 포함한다)와 당해 직무 개시시점부터 종결시점까지 사적인 접촉을 하여서는 아니 된다. 다만, 부득이한 사유로 접촉할 경우에는 사전에 소속 사무소장에게 보고(부재 시 등 사후보고) 하여야 하고, 이 경우에도 내부정보 누설 등의 행위를 하여서는 아니 된다.

② 제1항의 "사적인 접촉"이란 다음 각 호의 어느 하나에 해당하는 것을 말한다.

  1. 직무관련자와 사적으로 여행을 함께하는 경우

  2. 직무관련자와 함께 사행성 오락(마작, 화투, 카드 등)을 하는 경우

③ 제1항의 "부득이한 사유"는 다음 각 호의 어느 하나에 해당하는 경우를 말한다.(제2항 제2호 제외)

  1. 직무관련자인 친족과 가족 모임을 함께하는 경우

  2. 동창회 등 친목단체에 직무관련자가 있어 부득이하게 함께하는 경우

  3. 사업추진을 위한 협의 등을 사유로 계열사 임직원과 함께하는 경우

  4. 사전에 직무관련자가 참석한 사실을 알지 못한 상태에서 그가 참석한 행사 등에서 접촉한 경우

① 이전 직장의 퇴직이 2년이 경과하지 않은 시점에서 이전 직장의 이해관계와 연관 있는 업무는 회피하여야 한다.

② 이해관계 직무를 회피하기 위해 임직원의 업무가 재배정된 경우 이것이 반드시 본사 행동강령책임관에게 보고되는 것은 아니다.

③ 임직원이 직무 관련 우월적 지위에 있는 경우, 소속 사무소장에게 보고하지 않는(사후보고 제외) 직무 상대방과의 '사적인 접촉'은 어떠한 경우에도 허용되지 않는다.

④ 지역관할 행동강령책임관은 공정한 직무수행이 가능한 직무관련자인지의 여부를 본인의 판단으로 결정할 수 없다.

⑤ 직무관련성이 있는 대학 동창이 포함된 동창회에서 여행을 가게 될 경우 사무소장에게 보고 후 참여할 수 있다.

27 어느 날 진수는 직장선배로부터 '직장 내에서 서열과 직위를 고려한 소개의 순서'를 정리하라는 요청을 받았다. 진수는 다음의 내용처럼 정리하고 직장선배에게 보여 주었다. 하지만 직장선배는 세 가지 항목이 틀렸다고 지적하였다. 지적을 받은 세 가지 항목은 무엇인가?

> ㉠ 연소자를 연장자보다 먼저 소개한다.
> ㉡ 같은 회사 관계자를 타 회사 관계자에게 먼저 소개한다.
> ㉢ 상급자를 하급자에게 먼저 소개한다.
> ㉣ 동료임원을 고객, 방문객에게 먼저 소개한다.
> ㉤ 임원을 비임원에게 먼저 소개한다.
> ㉥ 되도록 성과 이름을 동시에 말한다.
> ㉦ 상대방이 항상 사용하는 경우라면 Dr. 등의 칭호를 함께 언급한다.
> ㉧ 과거 정부 고관일지라도, 전직인 경우 호칭사용은 결례이다.

① ㉠㉡㉥

② ㉢㉤㉧

③ ㉣㉤㉥

④ ㉣㉤㉧

⑤ ㉣㉦㉧

28 대표적인 경영전략의 유형으로 차별화, 원가 우위, 집중화 전략을 꼽을 수 있다. 다음에 제시된 내용 중 차별화 전략의 특징으로 볼 수 없는 설명을 모두 고른 것은?

> ㉠ 브랜드 강화를 위한 광고비용이 증가할 수 있다.
> ㉡ 견고한 유통망은 제품 차별화와 관계가 없다.
> ㉢ 차별화로 인한 규모의 경제 활용에 제약이 있을 수 있다.
> ㉣ 신규기업 진입에 대한 효과적인 억제가 어렵다.
> ㉤ 제품에 대한 소비자의 선호체계가 확연히 구분될 경우 효과적인 차별화가 가능하다.

① ㉠㉡   ② ㉡㉣
③ ㉡㉢   ④ ㉣㉤
⑤ ㉢㉣

29 '경영참가제도'는 노사협의제, 이윤분배제, 종업원지주제 등의 형태로 나타난다. 다음에 제시된 항목 중, 이러한 경영참가제도가 발전하게 된 배경으로 보기 어려운 두 가지가 알맞게 짝지어진 것은?

> ㉠ 근로자들의 경영참가 욕구 증대
> ㉡ 노동조합을 적대적 존재로서가 아니라 파트너로서 역할을 인정하게 된 사용자 측의 변화
> ㉢ 노동조합의 다양한 기능의 점진적 축소
> ㉣ 기술혁신과 생산성 향상
> ㉤ 근로자의 자발적, 능동적 참여가 사기와 만족도를 높이고 생산성 향상에 기여하게 된다는 의식이 확산됨
> ㉥ 노사 양측의 조직규모가 축소됨에 따라 기업의 사회적 책임의식이 약해짐

① ㉠㉢   ② ㉡㉥
③ ㉡㉣   ④ ㉣㉥
⑤ ㉢㉥

30 다음과 같은 B사의 국내 출장 관련 규정의 일부를 보고 올바른 판단을 하지 못한 것은?

[제2장 국내출장]

제12조(국내출장신청) 국내출장 시에는 출장신청서를 작성하여 출장승인권자의 승인을 얻은 후 부득이한 경우를 제외하고는 출발 24시간 전까지 출장담당부서에 제출하여야 한다.

제13조(국내여비)

① 철도여행에는 철도운임, 수로여행에는 선박운임, 항로여행에는 항공운임, 철도 이외의 육로여행에는 자동차운임을 지급하며, 운임의 지급은 별도 규정에 의한다. 다만, 전철구간에 있어서 철도운임 외에 전철요금이 따로 책정되어 있는 때에는 철도운임에 갈음하여 전철요금을 지급할 수 있다.

② 공단 소유의 교통수단을 이용하거나 요금지불이 필요 없는 경우에는 교통비를 지급하지 아니한다. 이 경우 유류대, 도로사용료, 주차료 등은 귀임 후 정산할 수 있다.

③ 직원의 항공여행은 일정 등을 고려하여 필요하다고 인정되는 경우로 부득이 항공편을 이용하여야 할 경우에는 출장신청 시 항공여행 사유를 명시하고 출장결과 보고서에 영수증을 첨부하여야 하며, 기상악화 등으로 항공편 이용이 불가한 경우 사후 그 사유를 명시하여야 한다.

④ 국내출장자의 일비 및 식비는 별도 규정에서 정하는 바에 따라 정액 지급하고(사후 실비 정산 가능) 숙박비는 상한액 범위 내에서 실비로 지급한다. 다만, 업무형편, 그 밖에 부득이한 사유로 인하여 숙박비를 초과하여 지출한 때에는 숙박비 상한액의 10분의 3을 넘지 아니하는 범위에서 추가로 지급할 수 있다.

⑤ 일비는 출장일수에 따라 지급하되, 공용차량 또는 공용차량에 준하는 별도의 차량을 이용하거나 차량을 임차하여 사용하는 경우에는 일비의 2분의 1을 지급한다.

⑥ 친지 집 등에 숙박하거나 2인 이상이 공동으로 숙박하는 경우 출장자가 출장 이행 후 숙박비에 대한 정산을 신청하면 회계담당자는 숙박비를 지출하지 않은 인원에 대해 1일 숙박 당 20,000원을 지급 할 수 있다. 단, 출장자의 출장에 대한 증빙은 첨부하여야 한다.

---

① 특정 이동 구간에 철도운임보다 비싼 전철요금이 책정되어 있을 경우, 전철요금을 여비로 지급받을 수 있다.

② 회사 차량을 이용하여 출장을 다녀온 경우, 연료비, 톨게이트 비용, 주차비용 등은 모두 사후에 지급받을 수 있다.

③ 숙박비 상한액이 5만 원인 경우, 부득이한 사유로 10만 원을 지불하고 호텔에서 숙박하였다면 결국 자비로 3만 5천 원을 지불한 것이 된다.

④ 일비가 7만 원인 출장자가 3일은 대중교통을, 2일은 공용차량을 이용할 예정인 경우, 총 지급받을 일비는 28만 원이다.

⑤ 1일 숙박비 4만 원씩을 지급받은 갑과 을이 출장 시 공동 숙박에 의해 갑의 비용으로 숙박료 3만 원만 지출하였다면, 을은 사후 미사용 숙박비 중 1만 원을 회사에 반납하게 된다.

31 다음과 같은 팀장의 지시를 받은 오 대리가 업무를 처리하기 위해 들러야 하는 조직의 명칭이 순서대로 올바르게 나열된 것은?

> "오 대리, 갑자기 본부장님의 급한 지시 사항을 처리해야 하는데, 나 좀 도와줄 수 있겠나? 어제 사장님께 보고 드릴 자료를 완성했는데, 자네가 혹시 오류나 수정 사항이 있는지를 좀 확인해 주고 남 비서에게 전달을 좀 해 주게. 그리고 모레 있을 바이어 미팅은 대형 계약 성사를 위해 매우 중요한 일이 될 테니 계약서 초안 검토 작업이 어느 정도 되고 있는지도 한 번 알아봐 주게. 오는 길에 바이어 픽업 관련 배차 현황도 다시 한 번 확인해 주고, 다음 주 선적해야 할 물량 통관 작업에는 문제없는 지 확인해서 박 과장에게 알려줘야 하네. 실수 없도록 잘 좀 부탁하네."

① 총무팀, 회계팀, 인사팀, 법무팀
② 자금팀, 기획팀, 인사팀, 회계팀
③ 기획팀, 총무팀, 홍보팀, 물류팀
④ 기획팀, 비서실, 회계팀, 물류팀
⑤ 비서실, 법무팀, 총무팀, 물류팀

32 다음은 경영전략의 추진과정을 도식화하여 나타낸 표이다. 표의 빈칸 (가) ~ (다)에 대한 설명으로 적절하지 않은 것은?

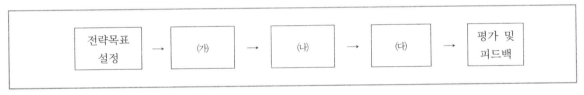

① (가)에서는 SWOT 분석을 통해 기업이 처한 환경을 분석해 본다.
② (나)에서는 조직과 사업부문의 전략을 수립한다.
③ (다)에서는 경영전략을 실행한다.
④ (나)에서는 경영전략을 도출하여 실행에 대한 모든 준비를 갖춘다.
⑤ (다)에서는 경영 목표와 전략을 재조정할 수 있는 기회를 갖는다.

33 다음에 열거된 국제 비즈니스 상의 테이블 매너 중 적절하지 않은 설명을 모두 고른 것은?

⊙ 상석(上席)을 정함에 있어 나이는 많은데 직위가 낮으면 나이가 직위를 우선한다.
ⓛ 최상석에 앉은 사람과 가까운 자리일수록 순차적으로 상석이 되며, 멀리 떨어진 자리가 말석이 된다.
ⓒ 주빈(主賓)이 있는 남자만의 모임 시 주빈은 초청자의 맞은편에 앉는다.
ⓔ 장갑, 부채와 같은 소형 휴대품은 테이블 위에 두어도 된다.
ⓜ 식사 중에 냅킨을 테이블 위에 올려놓는 것은 금기다. 냅킨을 올려놓는 때는 커피를 마시고 난 다음이다.
ⓗ 여성은 냅킨에 립스틱이 묻지 않도록 식전에 립스틱을 살짝 닦아낸 후 사용한다.
ⓢ 메뉴 판을 이해하기 어려울 때 웨이터에게 물어보는 것은 금기이며, 그날의 스페셜 요리를 주문하는 것이 좋다.
ⓞ 옆 사람이 먹는 것을 손가락으로 가리키며 주문하지 않는다.

① ⓛⓒⓜ   ② ⓒⓗⓞ
③ ⊙ⓔⓢ   ④ ⓔⓜⓢ
⑤ ⓜⓗⓞ

34 조직의 경영전략과 관련된 다음의 신문 기사에서 밑줄 친 '이 제도'가 말하는 것은?

중국 민성증권 보고서에 따르면 이미 현재 상장국유기업 39곳이 실시 중인 것으로 나타났다. 이 가운데 종업원의 우리사주 보유 비율이 전체 지분의 2%를 넘는 곳은 14곳이었다. 아직까지는 도입 속도가 느린 편이지만 향후 제도 확대와 기업 참여가 가속화되고 종업원의 지분보유 비율도 높아질 것으로 예상된다. 분야도 일반 경쟁 산업에서 통신·철도교통·비철금속 등 비경쟁산업으로 확대될 것으로 전망된다.

중국 정부는 종업원이 주식을 보유함으로써 경영 효율을 높이고 기업혁신에 기여할 수 있을 것으로 내다보고 있다. 남수중 공주대 교수는 이와 관련된 리포트에서 "중국에서 이 제도의 시행은 국유기업 개혁의 성공과 밀접하게 관련돼 있다"면서 "국유기업의 지배구조 개선에도 유리한 작용을 할 것으로 기대되며 국유기업 개혁 과정에서 발생할 가능성이 높은 경영층과 노동자들의 대립도 완화할 수 있을 것"이라고 분석했다.

① 스톡옵션제   ② 노동주제
③ 노사협의회제   ④ 종업원지주제
⑤ 이익배분제

Answer. 31.⑤   32.⑤   33.③   34.④

▎35~36 ▎ 수당과 관련한 다음 글을 보고 이어지는 물음에 답하시오.

〈수당 지급〉

◆ 자녀학비보조수당
○ 지급 대상 : 초등학교 · 중학교 또는 고등학교에 취학하는 자녀가 있는 직원(부부가 함께 근무하는 경우 한 쪽에 만 지급)
○ 지급범위 및 지급액
  (범위) 수업료와 학교운영지원비(입학금은 제외)
  (지급액) 상한액 범위 내에서 공납금 납입영수증 또는 공납금 납입고지서에 기재된 학비 전액 지급하며 상한액 은 자녀 1명당 월 60만 원.

◆ 육아휴직수당
○ 지급 대상 : 만 8세 이하의 자녀를 양육하기 위하여 필요하거나 여직원이 임신 또는 출산하게 된 때로 30일 이 상 휴직한 남 · 녀 직원
○ 지급액 : 휴직 개시일 현재 호봉 기준 월 봉급액의 40퍼센트
  (휴직 중) 총 지급액에서 15퍼센트에 해당하는 금액을 뺀 나머지 금액
  ※ 월 봉급액의 40퍼센트에 해당하는 금액이 100만 원을 초과하는 경우에는 100만 원을, 50만 원미만일 경우 에는 50만 원을 지급
  (복직 후) 총 지급액의 15퍼센트에 해당하는 금액
  ※ 복직하여 6개월 이상 계속하여 근무한 경우 7개월 째 보수지급일에 지급함. 다만, 복직 후 6개월 경과 이전 에 퇴직하는 경우에는 지급하지 않음
○ 지급기간 : 휴직일로부터 최초 1년 이내

◆ 위험근무수당
○ 지급 대상 : 위험한 직무에 상시 종사하는 직원
○ 지급 기준
  1) 직무의 위험성은 각 부문과 등급별에서 정한 내용에 따름.
  2) 상시 종사란 공무원이 위험한 직무를 일정기간 또는 계속 수행하는 것을 의미. 따라서 일시적 · 간헐적으로 위험한 직무에 종사하는 경우는 지급대상에 포함될 수 없음.
  3) 직접 종사란 해당 부서 내에서도 업무 분장 상에 있는 위험한 작업 환경과 장소에 직접 노출되어 위험한 업 무를 직접 수행하는 것을 의미.
○ 지급방법 : 실제 위험한 직무에 종사한 기간에 대하여 일할 계산하여 지급함.

35 다음 중 위의 수당 관련 설명을 잘못 이해한 내용은?

① 위험한 직무에 3일간 근무한 것은 위험근무수당 지급 대상이 되지 않는다.

② 자녀학비보조수당은 수업료와 입학금 등 정상적인 학업에 관한 일체의 비용이 포함된다.

③ 육아휴직수당은 휴직일로부터 최초 1년이 경과하면 지급받을 수 없다.

④ 부부가 함께 근무해도 자녀학비보조수당은 부부 중 한 쪽에게만 지급된다.

⑤ 초등학교 고학년에 재학 중인 자녀가 있는 부모에게는 육아휴직수당이 지급되지 않는다.

36 월 급여액 200만 원인 C 대리의 육아휴직에 대한 설명으로 옳은 것은?

① 3월 1일부로 복직을 하였다면, 8월에 육아휴직수당 잔여분을 지급받게 된다.

② 육아휴직수당의 총 지급액은 100만 원이다.

③ 복직 후 3개월째에 퇴직을 할 경우, 휴가 중 지급받은 육아휴직수당을 회사에 반환해야 한다.

④ 복직 후에 육아휴직수당 총 지급액 중 12만 원을 지급받을 수 있다.

⑤ 육아휴직일수가 한 달이 되지 않는 경우는 일할 계산하여 지급한다.

37 H사의 생산 제품은 다음과 같은 특징을 가지고 있다. 이 경우 H사가 취할 수 있는 경영전략으로 가장 적절한 것은?

• 제품 생산 노하우가 공개되어 있다.
• 특별한 기술력이 요구되지 않는다.
• 대중들에게 널리 보급되어 있다.
• 지속적으로 사용해야 하는 소모품이다.
• 생산 방식과 공정이 심플하다.
• 특정 계층의 구분없이 동일한 제품이 쓰인다.
• 다수의 소규모 업체들이 경쟁하며 브랜드의 중요성이 거의 없다.

---

① 집중화 전략

② 원가우위 전략

③ 모방 전략

④ 차별화 전략

⑤ SNS 전략

Answer. 35.② 36.④ 37.②

┃38~39┃ 다음 S사의 업무분장표를 보고 이어지는 물음에 답하시오.

팀	주요 업무	필요 자질
영업관리	영업전략 수립, 단위조직 손익관리, 영업인력 관리 및 지원	마케팅/유통/회계지식, 대외 섭외력, 분석력
생산관리	원가/재고/외주 관리, 생산계획 수립	제조공정/회계/통계/제품 지식, 분석력, 계산력
생산기술	공정/시설 관리, 품질 안정화, 생산 검증, 생산력 향상	기계/전기 지식, 창의력, 논리력, 분석력
연구개발	신제품 개발, 제품 개선, 원재료 분석 및 기초 연구	연구 분야 전문지식, 외국어 능력, 기획력, 시장분석력, 창의/집중력
기획	중장기 경영전략 수립, 경영정보 수집 및 분석, 투자사 관리, 손익 분석	재무/회계/경제/경영 지식, 창의력, 분석력, 전략적 사고
영업 (국내/해외)	신시장 및 신규고객 발굴, 네트워크 구축, 거래선 관리	제품지식, 협상력, 프리젠테이션 능력, 정보력, 도전정신
마케팅	시장조사, 마케팅 전략수립, 성과 관리, 브랜드 관리	마케팅/제품/통계지식, 분석력, 통찰력, 의사결정력
총무	자산관리, 문서관리, 의전 및 비서, 행사 업무, 환경 등 위생관리	책임감, 협조성, 대외 섭외력, 부동산 및 보험 등 일반지식
인사/교육	채용, 승진, 평가, 보상, 교육, 인재개발	조직구성 및 노사 이해력, 교육학 지식, 객관성, 사회성
홍보/광고	홍보, 광고, 언론/사내 PR, 커뮤니케이션	창의력, 문장력, 기획력, 매체의 이해

38 위의 업무분장표를 참고할 때, 창의력과 분석력을 겸비한 경영학도인 신입사원이 배치되기에 가장 적합한 팀은?

① 연구개발팀
② 홍보/광고팀
③ 마케팅팀
④ 영업관리팀
⑤ 기획팀

39 다음 중 해당 팀 자체의 업무보다 타 팀 및 전사적인 업무 활동에 도움을 주는 업무가 주된 역할인 팀으로 묶인 것은?

① 총무팀, 마케팅팀
② 생산기술팀, 영업팀
③ 홍보/광고팀, 연구개발팀
④ 인사/교육팀, 생산관리팀
⑤ 홍보/광고팀, 총무팀

40 다음 설명의 빈칸에 들어갈 말이 순서대로 바르게 짝지어진 것은?

> (   )은(는) 상대 기업의 경영권을 획득하는 것이고, (   )은(는) 두 개 이상의 기업이 결합하여 법률적으로 하나의 기업이 되는 것이다. 최근에는 금융적 관련을 맺거나 또는 전략적인 관계까지 포함시켜 보다 넓은 개념으로 사용되고 있다. 기업은 이를 통해서 시장 지배력을 확대하고 경영을 다각화시킬 수 있으며 사업 간 시너지 효과 등을 거둘 수 있다. 이러한 개념이 발전하게 된 배경은 기업가 정신에 입각한 사회 공헌 실현 등 경영 전략적 측면에서 찾을 수 있다. 그러나 대상 기업의 대주주와 협상·협의를 통해 지분을 넘겨받는 형태를 취하는 우호적인 방식이 있는 반면 기존 대주주와의 협의 없이 기업 지배권을 탈취하는 적대적인 방식도 있다.

① 인수, 제휴
② 인수, 합작
③ 인수, 합병
④ 합병, 인수
⑤ 합병, 제휴

Answer. 38.⑤ 39.⑤ 40.③

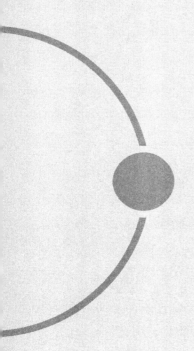

PART

03

직무상식평가

1 지역의 먹거리에 대한 생산, 유통, 소비 등 관련 활동들을 하나의 선순환 체계로 묶어서 관리하여 지역 구성 원 모두에게 안전하고 좋은 식품을 공급하고, 지역의 경제를 활성화시키며 환경을 보호하는 데 기여하도록 하는 종합적 관리 시스템을 의미하는 용어는?

① 로컬푸드   ② 푸드플랜
③ 사회적 농업   ④ 거버넌스
⑤ 블록체인

2 전통 경작 방식의 농 · 축 · 수산업에 인공지능과 빅데이터, 사물인터넷, 지리정보시스템 등 ICT첨단기술을 접 목해 생산성을 향상시키는 시스템을 일컫는 신조어는?

① 스마트그리드   ② 스마트팜
③ 사물인터넷   ④ 스마트뷰
⑤ 스마트워크

3 '모를 드물게 심는다.'는 의미로 단위면적당 필요한 육묘상자수를 크게 줄여 육묘상자를 만들고 운반하던 생 산비와 노동력이 감소되는 최근 농가에 도입된 벼 재배방식은?

① 직파재배   ② 소식재배
③ 이앙재배   ④ 이식재배
⑤ 육묘재배

4 다음 중 농협경제지주의 식품부문 계열사가 아닌 것은?

① 농협목우촌   ② 농협홍삼
③ 농협사료   ④ 농협양곡
⑤ 농협식품

5 친환경농업을 발전시키기 위하여 스스로 기금을 마련하여 운영하는 제도를 의미하며, 특정사업 수행으로 혜 택을 받는 자가 사업에 소요되는 비용을 스스로 부담하는 것은?

① 자본금제도   ② 기여금제도
③ 지원금제도   ④ 자조금제도
⑤ 출자금제도

6 다음 중 「농업협동조합법」상 총회의 의결을 거쳐야 하는 사항이 아닌 것은?

① 조합원의 자격 심사

② 조합원의 제명

③ 임원의 선출 및 해임

④ 규약의 제정 · 개정

⑤ 정관의 변경

7 다음 중 가축 사육 제한구역으로 지정할 수 없는 곳은?

① 주거 밀집 지역

② 수질 환경 보전 지역

③ 수변 구역

④ 환경 기준을 미달한 지역

⑤ 시 · 도지사가 지정하도록 요청한 구역

8 작물보호제에 대한 잠정기준을 없애고 기준이 없을 경우 일률기준인 0.01ppm을 적용하는 것으로 잔류허용기준이 설정된 작물보호제 외에는 사용을 금지하는 제도는?

① 농약허용물질목록관리제도   ② PLS제도

③ 농약잔류허용기준제도   ④ OTC제도

⑤ 업계간 자율거래제도

9 다음 중 채소 가격 안정제 대상 5개 품목이 아닌 것은?

① 배추   ② 양파

③ 대파   ④ 마늘

⑤ 고추

10 친환경 농산물의 기준에 대한 내용으로 옳지 않은 것은?

① 유기합성농약을 일체 사용하지 않고 재배한 농산물

② 화학비료를 일체 사용하지 않고 재배한 농산물

③ 화학비료는 권장 시비량의 1/3 이내 사용하여 재배한 농산물

④ 농약 살포횟수를 농약안전사용기준의 1/2 이하로 하여 재배한 농산물

⑤ 제초제를 권장시비량의 1/2 이내 사용하여 재배한 농산물

Answer. 1.② 2.② 3.② 4.③ 5.④ 6.① 7.④ 8.② 9.⑤ 10.⑤

11 유전자변형농산물, 유전자변형농산물을 원료로 사용하는 모든 가공식품, 건강기능 식품 등에 유전자변형농산물 사용을 하였다는 표시를 하는 제도는?

① GMO 표시제
② GMO 완전표시제
③ 유전자재조합식품 표시제
④ 유전자변형작물 표시제
⑤ GM식품 표시제

12 스마트팜 데이터베이스 환경 정보 수집 항목으로 옳지 않은 것은?

① 온실온도
② O_2
③ 일사량
④ 감우
⑤ 지온

13 농작물 재배 시 발생할 수 있는 병충해 등을 방제하기 위하여 살포계획을 수립하고 살포장비를 점검하여 드론을 조종하며 논, 밭 등에 농약을 살포할 수 있는 자는?

① 드론 조종사
② 가상 현실 전문가
③ 농업 드론 방제사
④ 로봇감성 인지전문가
⑤ 드론버타이징

14 농협의 농업·농촌 가치확산 운동으로 옳지 않은 것은?

① 새농민운동
② 신토불이운동
③ 고향사랑기부제
④ 식사랑 농사랑
⑤ 또 하나의 마을 만들기

15 다음에 설명하는 농업수리시설물은?

하천이나 하천 제방 인근으로 흐른 물이나 지하에 대량으로 고여 있는 층의 물을 이용하고자 지표면과 평행한 방향으로 다공관(표면에 구멍이 있는 관)을 설치하여 지하수를 모으는 관로로서, 지하수를 용수로 이용하기 위한 관로 시설

① 집수암거
② 양수장
③ 취입보
④ 관정
⑤ 배수장

16 다음 설명에 해당하는 것은?

> 귀농과 귀촌에 관심이 있고 이주를 고려 중인 도시민에게 농촌에 거주하면서 일자리와 생활 등을 체험하고 주민과 교류하는 기회를 제공하여 농촌에 정착할 수 있도록 지원하는 사업

① 귀농인의 집
② 함께 쓰는 농업일기
③ 마을 가꾸기
④ 농촌에서 살아보기
⑤ 귀농 닥터 프로그램

17 신세대 협동조합의 특징이 아닌 것은?

① 조합원에 의한 감시가 어려움
② 사업 이용 규모에 비례한 의결권 부여
③ 출하권 양도 시 손실 없이 협동조합에서 탈퇴 가능
④ 농산물 가공을 통해 부가가치 창출
⑤ 조합원 무임승차를 최대한 배제하자는 취지

18 고랭지 농업에 대한 설명으로 옳은 것은?

① 남부지방이나 제주도에서 주로 이루어지는 농업이다.
② 여름철 강우량이 적고 일조시간이 긴 기후를 이용한다.
③ 표고(標高) 200 ~ 300m 정도의 지대가 적당하다.
④ 벼, 보리 등 곡식류 재배가 주로 이루어진다.
⑤ 여름에도 서늘한 지역에서 이뤄지는 농업이다.

19 ICT를 활용하여 비료, 물, 노동력 등 투입 자원을 최소화하면서 생산량을 최대화하는 생산방식을 이르는 말은?

① 계약재배
② 겸업농가
③ 녹색혁명
④ 정밀농업
⑤ 생력농업

20 지역 간 균형발전과 영세규모 농가의 영농의욕을 높이기 위해 중산간 지역 등 소규모 경지정리사업 대상지구 중에서 규모가 아주 작은 지역에 대해서 간략한 설계로 사업비를 줄이고 소규모 기계화 영농이 가능한 수준으로 시행하는 사업을 일컫는 말은?

① 농지집단화
② 간이경지 정리
③ 수리시설개보수
④ 경지 계획
⑤ 환지처분

Answer. 11.① 12.② 13.③ 14.③ 15.① 16.④ 17.① 18.⑤ 19.④ 20.②

21 농촌공간상에서 최하위 중심지로서 기초마을 바로 위에 위계를 갖는 마을을 일컫는 용어는?

① 거점취락   ② 배후마을
③ 대표취락   ④ 중점마을
⑤ 성장마을

22 농협은행의 인재상으로 옳지 않은 것은?

① 소통하고 협력하는 사람
② 최고의 금융 전문가
③ 변화를 선도하는 사람
④ 고객을 먼저 생각하는 사람
⑤ 사회적 가치를 실현하는 사람

23 가을철에 하는 농사일이 아닌 것은?

① 겨울 날 밀, 보리를 심는다.   ② 생강, 고구마 등을 거둔다.
③ 마늘종을 따준다.   ④ 말려놓은 들깨를 턴다.
⑤ 땅콩, 콩, 수수 등을 걷는다.

24 식량 부족 문제 정도를 진단하기 위한 기준으로 5단계로 이루어져 있으며 하위 3단계는 식량부족으로 인해
    위험하다는 것을 의미하는 용어은?

① GHI   ② WFP
③ IPC   ④ ODA
⑤ GAFSP

25 만 65세 이상 고령 농업인이 소유한 농지를 담보로 노후생활 안정자금을 매월 연금형식으로 지급받는 제도는?

① 고농연금제도   ② 농지연금제도
③ 토지연금제도   ④ 농업연금제도
⑤ 농업안정제도

1 다음 중 예금자보호법에 따른 예금자보호 대상 금융기관이 아닌 것은?

① 상호저축은행
② 우체국 예금
③ 인터넷은행
④ 종합금융회사
⑤ 보험회사

2 다음 중 리카도의 비교우위론에 대한 설명으로 옳지 않은 것은?

① 다른 생산자에 비해 더 많은 기회비용으로 재화를 생산하는 능력을 말한다.
② 비교우위론에서 비교우위는 곧 기회비용의 상대적 크기를 나타낸다.
③ 비교우위론은 노동만이 유일한 생산요소이고 노동은 균질적으로 가정하고 있다.
④ 비교우위론은 생산함수를 규모의 불변함수이고 1차 동차함수로 가정하고 있다.
⑤ 비교우위론에서 무역은 비교생산비의 차이에서 발생한다고 보고 있다.

3 은행의 전통적인 자금중개기능을 보완하는 한편 금융업의 경쟁을 촉진함으로써 효율적인 신용 배분에 기여하는 순기능을 발휘하지만 글로벌 금융위기 과정에서 느슨한 규제하에 과도한 리스크 및 레버리지 축적, 은행시스템과의 직·간접적 연계성 등을 통해 시스템 리스크를 촉발·확산시킨 원인 중 하나로 지목되기도 한 이것은?

① 근원인플레이션
② 그린 본드
③ 그림자 금융
④ 글래스 – 스티걸법
⑤ 글로벌 가치사슬

4 다음 내용이 설명하고 있는 것은?

> 은행업 등 금융 산업은 예금이나 채권 등을 통하여 조달된 자금을 재원으로 하여 영업활동을 해서 자기자본비율이 낮은 특징이 있는데 이로 인해 금융 산업의 소유구조는 다른 산업에 비해 취약한 편이며 산업자본의 지배하에 놓일 수 있는 위험이 존재한다. 이러한 이유로 은행법을 통해 산업자본이 보유할 수 있는 은행지분을 4% 한도로 제한하고 있다.

① 금융 EDI
② 금본위제
③ 스왑레이트
④ 금산분리
⑤ 금리선물

Answer. 21.① 22.⑤ 23.③ 24.③ 25.② / 1.② 2.① 3.③ 4.④

5 다음 내용을 가장 잘 설명하고 있는 것은?

> 과거에 한 번 부도를 일으킨 기업이나 국가의 경우 이후 건전성을 회복했다 하더라도 시장의 충분한 신뢰를 얻기 어려워지며, 나아가 신용위기가 발생할 경우 투자자들이 다른 기업이나 국가보다 해당 기업이나 국가를 덜 신뢰하여 투자자금을 더 빨리 회수하고 이로 인해 실제로 해당 기업이나 국가가 위기에 빠질 수 있다.

① 긍정 효과 ② 자동 효과
③ 거래 효과 ④ 분수 효과
⑤ 낙인 효과

6 2001년 미국 모건스탠리사의 이코노미스트였던 로치(S. Roach)가 미국경제를 진단하면서 처음 사용한 용어로, 경기순환의 모습이 영문자 "W"를 닮았다 해서 "W자형 경기변동" 또는 "W자형 불황"이라고도 하는 이것은?

① 동일인 ② 더블 딥
③ 동행종합지수 ④ 등록발행
⑤ 디레버리징

7 다음 설명에 해당하는 것은?

> 네트워크에 참여하는 모든 사용자가 관리 대상이 되는 모든 데이터를 분산하여 저장하는 데이터 분산처리기술로, 누구나 열람할 수 있는 장부에 투명하게 기록할 수 있어 '공공거래장부'라고도 한다.

① 비트코인 ② 프로시저
③ 블록체인 ④ 가상화폐
⑤ 에어드랍

8 다음의 금융 관련 사건을 시간순으로 바르게 나열한 것은?

> ㉠ 한국 IMF 자금 지원 ㉡ 스페인 긴축 재정정책(유로 위기)
> ㉢ 브렉시트 ㉣ 리먼 브라더스 파산

① ㉠ – ㉡ – ㉣ – ㉢ ② ㉠ – ㉣ – ㉡ – ㉢
③ ㉣ – ㉠ – ㉢ – ㉡ ④ ㉣ – ㉡ – ㉠ – ㉢
⑤ ㉣ – ㉢ – ㉠ – ㉡

9 다음 설명에 해당하는 것은?

> 누구나가 잘못되었다는 것을 알고 있으면서도 먼저 그 말을 꺼내서 불러오게 될 위험이 두려워 아무도 먼저 말하지 않는 커다란 문제

① 방 안의 코끼리   ② 샤워실의 바보
③ 회색코뿔소   ④ 검은 백조
⑤ 경제적 폭풍

10 공공재의 특징으로 옳은 것은?

① 경합성과 배제성이 존재하는 재화다.
② 소비자들마다 동일한 만족을 얻는다.
③ 이득에 대한 대가를 지급하지 않고 회피하는 현상이 발생한다.
④ 공공재의 공급을 시장에 맡길 경우 적정량의 공공재가 공급된다.
⑤ 한 사람의 소비가 다른 사람에게 영향을 미친다.

11 다음 현상을 표현한 경제학 용어로 가장 적절한 것은?

> 시중금리가 지나치게 낮은 수준으로 하락하면 가계는 가까운 장래에 이자율이 상승할 것으로 예상해 여유자금을 채권 대신 현금이나 단기 금융상품에 투자한다. 또 기업은 같은 상황에서 경기 하락을 염려해 설비 투자와 채용 계획을 미루게 된다. 이런 국면이 지속되면 중앙은행이 아무리 통화 공급을 늘려도 시중금리는 더 하락하지 않고, 소비와 투자 역시 기대만큼 늘지 않아 경기 부양이 이루어지지 않는다.

① 구축 효과   ② 유동성 함정
③ 트릴레마   ④ 트리핀 딜레마
⑤ 양적완화

12 미국의 금리 인상이 끼칠 영향으로 가장 옳지 않은 것은?

① 원달러 환율이 오른다.   ② 국내 금리가 인상된다.
③ 국내 대출이 증가한다.   ④ 국내 투자가 감소한다.
⑤ 외환보유가 줄어든다.

📑 Answer. 5.⑤ 6.② 7.③ 8.② 9.① 10.③ 11.② 12.③

13 수요에 영향을 주는 요인이 아닌 것은?

① 재화 가격　　　　　　　　　　　② 소득 수준 변화

③ 선호도 변화　　　　　　　　　　④ 생산 기술 변화

⑤ 미래 예상 가격

14 호경기에는 소비재의 수요 증가로 인하여 상품의 가격이 상승하게 되는데, 이때 가격 상승의 폭이 노동자의 임금 상승의 폭보다 커서 노동자의 임금이 상대적으로 저렴해지는 효과가 나타난다. 이와 관련된 효과는?

① 전시 효과　　　　　　　　　　　② 리카도 효과

③ 톱니 효과　　　　　　　　　　　④ 베블렌 효과

⑤ 피구 효과

15 다음에서 설명하는 용어는?

> 각국은 자국에 상대적으로 풍부한 부존요소를 집약적으로 사용하는 재화생산에 비교우위가 있다. 즉, 노동풍부국은 노동집약재에 비교우위가 있고 자본풍부국은 자본집약재 생산에 비교우위가 있다.

① 헥셔 – 올린 정리

② 요소가격균등화 정리

③ 스톨퍼 – 사무엘슨 정리

④ 립진스키 정리

⑤ 리카도 정리

16 특정 상품 A의 생산과 판매를 독점하고 있는 기업의 시장에 대한 설명이 적절하지 않은 것은?

① 제품의 시장가격이 단위당 한계 생산비용보다 높게 책정되어 있어 비효율적인 자원배분이 발생한다.

② 자원배분의 비효율성을 감소시키기 위해 독점기업에게 판매 단위당 일정한 세금을 부과할 필요가 있다.

③ 경쟁시장과 비교하여 비용절감유인이 적어, 주어진 산출량을 생산하는 데 많은 비용이 드는 비효율성이 발생한다.

④ 기업은 독점이윤을 계속 유지하기 위해 진입장벽을 구축하거나 로비를 하는 등 추가적인 비용을 발생시킬 수 있다.

⑤ 독점기업은 경쟁기업이 존재하지 않으므로 투자유인이 적어 기술의 혁신이 더디게 이루어지는 편이다.

17 A국의 세계적인 기업이 최근 우리나라에 들어와 공장을 건설하고 생산활동을 통해 많은 이윤을 남기고 있다. 다음 중 이와 관련된 주장으로 가장 적절한 것은?

① 분쟁의 방지를 위해 외국인 투자기업에 대하여 더 높은 법인세율을 적용해야 한다.

② 공장이 우리나라에 있으므로 일자리가 증가하고 이에 따라 GDP도 증가한다.

③ 우리나라의 국부는 감소하지만 A국의 국부는 증가한다.

④ A국 기업이 모기업에 과실 송금한다면 국부유출이 되지만 이를 재투자한다면 우리나라의 국부가 증가한다.

⑤ A국 기업이 국내시장에 생산물을 판매한다면 국부가 유출되는 것이지만 국외로 수출하는 것이라면 우리나라의 국부는 증가하는 것이다.

18 다음 중 경제활동인구가 아닌 것은?

① 임시근로자

② 일일근로자

③ 일시휴직자

④ 실망실업자

⑤ 무급가족종사자

19 다음과 같은 조치의 시행에서 발생할 수 있는 통화량에 미치는 효과가 다른 하나는?

① 한국은행의 기준금리 인하

② 기술보증기금과 신용보증기금의 보증한도 감액결정

③ 금융위원회의 은행들의 국제결제은행 자기자본비율 권고치 인상

④ 저축은행 등에서 자금을 빌려 대출을 영위하는 대부업체들의 조달금리 상승

⑤ 신용정보회사(Credit Bureau)들이 3년에서 5년으로 과거 연체기록의 반영 기간을 늘리기로 합의

20 최고가격제와 최저가격제의 비교로 옳지 않은 것은?

① 최고가격제는 시장균형가격보다 아래로 설정한다.

② 최고가격제는 초과수요로 인해 암시장이 형성된다.

③ 최고가격제는 물가 안정 및 소비자를 보호하기 위한 목적이다.

④ 최저가격제는 시장균형가격보다 아래로 설정한다.

⑤ 최저가격제는 생산자 및 노동자를 보호하기 위한 목적이다.

CHAPTER 03 디지털 · IT

1 어떤 컴퓨터의 메모리 용량이 4096워드이고, 워드당 16bit의 데이터를 갖는다면 MAR은 몇 비트인가?

① 12   ② 14
③ 16   ④ 18
⑤ 20

2 4차 산업시대의 원유로 불리며 5V(Volume, Variety, Velocity, Value, Veracity)의 특징을 가지고 있는 것은?

① 인공지능   ② 사물 인터넷
③ 빅 데이터   ④ 빅 브라더
⑤ 클라우드

3 다음에서 설명하는 것은?

> • 인터넷상의 서버를 통하여 데이터 저장, 네트워크, 콘텐츠 사용 등 IT 관련 서비스를 한번에 사용할 수 있는 컴퓨팅 환경이다.
> • 정보가 인터넷상의 서버에 영구적으로 저장되고, 데스크톱 · 테블릿컴퓨터 · 노트북 · 넷북 · 스마트폰 등의 IT 기기 등과 같은 클라이언트에는 일시적으로 보관되는 컴퓨터 환경을 의미한다. 즉 이용자의 모든 정보를 인터넷상의 서버에 저장하고, 이 정보를 각종 IT 기기를 통하여 언제 어디서든 이용할 수 있다는 개념이다.
> • 구름(cloud)과 같이 무형의 형태로 존재하는 하드웨어 · 소프트웨어 등의 컴퓨팅 자원을 자신이 필요한 만큼 빌려 쓰고 이에 대한 사용요금을 지급하는 방식의 컴퓨팅 서비스로, 서로 다른 물리적인 위치에 존재하는 컴퓨팅 자원을 가상화 기술로 통합해 제공하는 기술을 말한다.

① 모빌 컴퓨팅   ② 클라우드 컴퓨팅
③ 인지 컴퓨팅   ④ 그린 컴퓨팅
⑤ 펜 컴퓨팅

4 라벨이 되어 있지 않은 학습 데이터를 이용하여 데이터 내 포함되어 있는 규칙을 알아내도록 하는 비지도 학습 유형으로 옳지 않은 것은?

① 의사결정 트릭   ② 계층적 클러스터링
③ 주성분분석   ④ 자기조직화지도
⑤ K-평균 클러스터링

5 분산처리시스템에 대한 설명으로 옳지 않은 것은?

① 여러 개의 분산된 데이터의 저장장소와 처리기들을 네트워크로 연결하여 서로 통신을 하면서 동시에 일을 처리하는 방식이다.

② 여러 개의 데이터 저장장소와 처리기들을 가지면 여러 처리기들이 동시에 여러 작업을 수행함으로써 성능이 향상될 수 있다.

③ 데이터 또한 복사본을 여러 곳에 여분으로 유지함으로써 신뢰도를 올릴 수 있다.

④ 네트워크에 새로운 처리기 등을 첨가함으로서 쉽게 시스템의 확장을 꾀할 수 있다.

⑤ 데이터 저장장소와 처리기들을 물리적으로 연결하여야 한다.

6 다음은 ADD 명령어의 마이크로 오퍼레이션이다. t2 시간에 가장 알맞은 동작은?(단, MAR : Memory Address Register, MBR : Memory Buffer Register, M(addr) : Memory, AC : 누산기)

t0 : MAR ← MBR(addr)
t1 : MBR ← M(MAR)
t2 : (   )

① AC ← MBR
② MBR ← AC
③ M(MBR) ← MBR
④ AC ← AC + MBR
⑤ AC + MBR ← MBR

7 양수 A와 B가 있다. 2의 보수 표현 방식을 사용하여 A − B를 수행하였을 때 최상위비트에서 캐리(carry)가 발생하였다. 이 결과로부터 A와 B에 대한 설명으로 가장 옳은 것은?

① 캐리가 발생한 것으로 보아 A는 B보다 작은 수이다.

② B − A를 수행하면 최상위비트에서 캐리가 발생하지 않는다.

③ A + B를 수행하면 최상위비트에서 캐리가 발생하지 않는다.

④ A − B의 결과에 캐리를 제거하고 1을 더해주면 올바른 결과를 얻을 수 있다.

⑤ B − A의 결과에 캐리를 제거하고 1을 더해주면 올바른 결과를 얻을 수 있다.

Answer. 1.① 2.③ 3.② 4.① 5.⑤ 6.④ 7.②

8 인터럽트 발생 시 동작 순서로 옳은 것은?

> ㉠ 현재 수행중인 프로그램의 상태 기억
> ㉡ 인터럽트 요청 신호 발생
> ㉢ 보존한 프로그램 상태로 복귀
> ㉣ 인터럽트 취급 루틴을 수행
> ㉤ 어느 장치가 인터럽트를 요청했는지 찾기

① ㉠ - ㉡ - ㉤ - ㉣ - ㉢
② ㉡ - ㉤ - ㉠ - ㉣ - ㉢
③ ㉡ - ㉠ - ㉣ - ㉤ - ㉢
④ ㉡ - ㉣ - ㉠ - ㉤ - ㉢
⑤ ㉡ - ㉠ - ㉤ - ㉣ - ㉢

9 다음 중 인터프리터(Interpreter)를 사용하는 언어에 해당하는 것은?

① BASIC   ② FORTRAN
③ PASCAL   ④ COBOL
⑤ Machine Code

10 DMA에 대한 설명으로 가장 옳은 것은?

① 인코더와 같은 기능을 수행한다.
② inDirect Memory Acknowledge의 약자이다.
③ CPU와 메모리 사이의 속도 차이를 해결하기 위한 장치이다.
④ 메모리와 입출력 디바이스 사이에 데이터의 주고받음이 직접 행해지는 기법이다.
⑤ 주변기기와 CPU 사이에서 데이터를 주고받는 방식으로 데이터가 많아지면 효율성이 저하된다.

11 가상메모리 시스템에서 20bit의 논리 주소가 4bit의 세그먼트 번호, 8bit의 페이지 번호, 8bit의 워드 필드로 구성될 경우 한 세그먼트의 최대 크기로 적당한 것은?

① 256word   ② 4kilo word
③ 16kilo word   ④ 32kilo word
⑤ 64kilo word

12 릴레이션의 특성에 대한 설명으로 옳지 않은 것은?

① 한 릴레이션에 포함된 튜플들은 모두 상이하다.

② 한 릴레이션에 포함된 튜플 사이에는 순서가 없다.

③ 한 릴레이션을 구성하는 애트리뷰트 사이에는 일정한 순서가 있다.

④ 모든 튜플은 서로 다른 값을 갖는다.

⑤ 모든 애트리뷰트 값은 원자값이다.

13 다음 중 데이터베이스의 특성으로 옳지 않은 것은?

① 실시간 접근성

② 동시 공용

③ 계속적인 변화

④ 내용에 의한 참조

⑤ 주소에 의한 참조

14 다음 논리 회로에 대한 설명으로 옳은 것만을 모두 고른 것은?

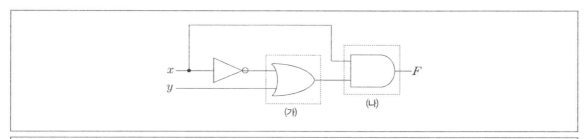

⊙ 논리 회로를 간소화하면 $F = xy$이다.

ⓒ (가)와 (나)를 서로 바꾸면 $F = x + y$이다.

ⓒ 피드백 회로가 있어 메모리 기능을 수행한다.

① ⊙

② ⊙ⓒ

③ ⊙ⓒ

④ ⓒⓒ

⑤ ⊙ⓒⓒ

15 다음 순서도의 최종 출력 값으로 옳은 것은?

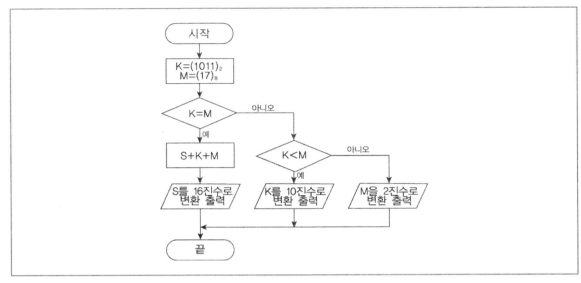

① $S = (1A)_{16}$ ② $S = (26)_{16}$

③ $K = (11)_{10}$ ④ $K = (13)_{10}$

⑤ $M = (1111)_2$

16 사용자 수준 스레드와 커널 수준 스레드와 그들의 조합 방법에 대한 설명으로 옳지 않은 것은?

① 사용자 수준 스레드는 사용자 영역에서 스레드 연산을 수행한다.
② 사용자 수준 스레드는 특권 명령을 실행할 수 없거나 커널 프리미티브에 직접 접근할 수 없는 런 타임 라이브러리가 스레드를 생성한다.
③ 커널 수준 스레드는 각 스레드마다 고유한 실행 문맥을 맵핑하는 방법으로 사용자 수준 스레드의 한계를 해결한 것이다.
④ 사용자 수준 스레드와 커널 수준 스레드의 조합을 수행하면 다대다 스레드 맵핑이 되며 많은 사용자 수준 스레드를 한 그룹의 커널 스레드에 맵핑하므로 오버헤드 문제를 해결한다.
⑤ 커널 수준 스레드는 다대일 스레드 맵핑이라고도 하며, 멀티 스레드 프로세스 하나에 있는 모든 스레드에 실행 문맥 하나를 맵핑한다.

17 인터넷 프로토콜로 사용되는 TCP/IP의 계층화 모델 중 Transport 계층에서 사용되는 프로토콜은?

① FTP

② IP

③ ICMP

④ UDP

⑤ SMTP

18 네트워크의 구성 유형에서 중앙에 컴퓨터가 있고 이를 중심으로 단말기를 연결시킨 중앙 집중식 네트워크 구성 유형은?

① 스타(Star)형

② 트리(Tree)형

③ 버스(Bus)형

④ 링(Ring)형

⑤ 그물(Mesh)형

19 플립플롭(Flip – Flop)의 설명으로 옳지 않은 것은?

① 플립플롭(Flip – Flop)은 이진수 한 비트 기억소자이다.

② 레지스터 상호 간 공통선들의 집합을 버스(Bus)라 한다.

③ 병렬전송에서 버스(Bus) 내의 선의 개수는 레지스터를 구성하는 플립플롭의 개수와 일치하지 않는다.

④ M비트 레지스터는 M개의 플립플롭으로 구성된다.

⑤ 입력이 변하지 않는 한, 현재 기억하고 있는 값을 유지한다.

20 데이터 전송에서의 검사 방식의 하나이며, 블록(block) 혹은 프레임(frame)마다 나눗셈을 기반으로 한 결과를 부여하여 추가적으로 전송하고, 그것에 따라서 전송 내용이 정확했는지의 여부를 조사하는 방법은?

① 블록 검사

② 해밍코드

③ 순환 중복 검사

④ 패리티 검사 비트

⑤ 오류 검출 코드

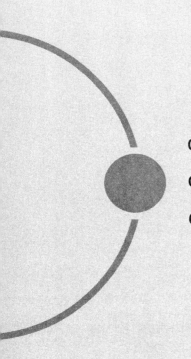

PART
04

논술평가

CHAPTER 01 금융권 경제논술 해제

1 경제논술과 일반논술의 차이점

과제 리포트와 일반적인 취업논술까지 논술은 생각보다 우리 주변 가까운 곳에 항상 자리하고 있다. 일반적으로 논술은 다양한 사회적 주제들에 대해 자신의 의견을 표현하고 그 주장을 뒷받침하는 증거, 자료 들을 제시함으로써 자신의 주장에 설득력을 실어주는 것이 그 핵심이다. 논술의 특성상 정답이 있는 문제들을 정해진 풀이과정에 맞게 풀어내는 지를 보는 것이 아니라는 점에서 맞고, 틀림의 극단성이 주는 부담감은 덜 수 있으나 주장을 펴는 데 익숙지 않거나 주장의 근거가 빈약한 경우 공허한 외침이나 궤변으로 전락하기 쉬운 어려움을 지니고 있다. '경제논술'이라는 이름에서 보이듯 주제가 경제·경영 쪽에 초점이 맞추어져있다. 자신의 주장을 펼쳐야 할 주제 자체가 경제·경영·시사 적인 문제라는 것이다. 경제·경영이라는 것이 우리가 접하는 사회의 일부라는 점에서 그것들이 던지는 문제들은 신문에서 접하듯 익숙하게 다가올 수 있으나 다양한 경제적 사건에 대해 경영·경제학적 배경 이론들을 사용하여 주장을 뒷받침하고 글의 흐름을 끌어내야하기 때문에 이러한 주제로 논술·구술을 해야 하는 대비생 입장에서는 여간 부담스럽지 않을 수 없다. 경제·경영 쪽 공부를 하고 다수의 문제들을 접한 수험생, 취업준비생 들도 각론적 지식들을 연결하여 자신의 논지에 맞게 배치하는 작업에서 상당한 어려움을 느낀다. '경제논술' 역시 논술이므로 일반적인 논술과 크게 다를 바 없으나 몇 가지 점에서 꼭 짚고 넘어가야할 차이점이 있다.

일반논술과 달리 경제논술이 가지는 첫 번째 차이점은 경제논술은 도덕적, 가치관적 찬반 논란과 다소 거리가 있으므로, 최대한 감정적인 논리전개를 배제해야 한다는 것이다. 존재여부조차 논란의 여지가 있는 막연한 책임감이나 도덕적 의제의무 등을 주장하거나 주장의 근거로 삼아서도 안 된다. 10장~20장 분량의 에세이를 작성하거나 일기장을 쓰는 것이 아닌 만큼 주어진 주제의 핵심을 파악하고 자신의 방향성을 정하여 적절한 인용을 통해 논술답안을 작성하여야 한다.

두 번째 차이점은 경제논술은 그 문제에 대한 자신의 주장을 뒷받침할 때 반드시 이론과 법칙들을 논리적으로 연결하여 사용하여야 한다는 점이다. 어떠한 사건이 주는 느낌으로만 그 효과를 분석하는 것은 무모하다. 논술에서 정해진 답은 없으므로 자신의 주장이 옳은가에 신경을 쏟는 것은 바람직하지 않다. 오히려 작은 연결고리들로 큰 논리적 흐름을 구성하기 위해 노력하는 과정같이, 자신의 주장을 옳게 만들기 위해 증명하는 데 신경을 쏟아야 한다.

논술에 정해진 구도나 표현 기법이 있는 것은 아니므로 경제적 법칙의 인용 시 본인의 문체와 논지와의 연결성을 고려하여 원하는 곳에 배치할 수 있다. 몇 개의 개념들을 인용해야 하는지도 글 쓰는 이의 선택이다. 그러나 일반적으로 논술에서 정해진 분량(예를 들어 2000자 내외)이 있는 경우 선호되는 구도와 그 구도에서 효과적인 전개방법이 존재한다. 경제논술에 초점을 맞추어 좋은 경제논술 쓰는 법을 살펴보자.

2 경제논술 잘 쓰는 법

경제논술을 잘 쓰는 첫걸음은 주어진 주제를 정확히 파악하는 것이다. 경제논술의 주제 자체는 생각보다 친숙하다. 그러나 그 주제의 친숙함과는 다르게 그 막후에 숨겨진 논리전개를 찾는 것은 어렵다. 이러한 논리전개 방향을 잘 잡기 위해서는 주제를 접하고 그 주제를 큰 범주별로 구별해야 한다. 주어진 제시문이 있다면 제시문을 읽고 그 제시문과 주제의 핵심이 포괄적이고 시사적인 접근인지 아니면 경제학적인 접근인지 경영학적인 접근인지 아니면 그것들을 모두 물어보고 있는지를 먼저 파악하는 것이 중요하다.

문제 파악과 분류를 마쳤으면 그 다음단계로 유기적인 논리전개를 해야 하는데, 이때에는 그동안 학습해온 내용을 바탕으로 서너 단계의 인과관계를 구상한다. 논리 연결이 과도하게 많아질 수 록 그 연결사이의 견련성이 약화될 수 있고 현실 설명력이 떨어질 수 있다. 또한 단순하게 이단 논법을 사용하여 ~이므로 ~이다. 라는 논지로만 논술을 구성하는 것은 논증이 빈약하고 무성의해 보일 수 있으므로 피해야 한다. 파급효과들의 구성을 마쳤다면 각 논리연결 단계마다 그 연결을 뒷받침할 법칙이나 사례들을 찾아야 한다. 이 경우 주어진 사회적 현상에 대한 기존의 이론적 해석이나 이론적으로 해석된 전례들을 인용하는 방법이 사용되는데 경제논술에 주로 사용되는 인용의 예를 보면 다음과 같다. 외부효과(네트워크 효과), 코즈의 정리, 무임승차 문제, 가치재, 공유지의 비극, 정부실패, 공리주의, 경제적지대, 신호이론, 정보비대칭, 내생적 성장모형, 성장회계분석, 총요소생산성, 구축효과, 통화승수, 효율적시장가설, 대부자금설, 필립스곡선, 화폐수량설, 피셔효과, 메츨러의 역설, 교역조건, 수입할당제, 구상무역, 사중손실, 신보호무역주의, 구매력평가설, 이자율평가설, 트리핀의 딜레마, 캐리트레이드, 한계소비성향, 래퍼곡선, 토빈의 q, 톱니효과, 전시효과, 총수요곡선의 자산효과, 이자율효과, 제품 간 대체효과, 소득효과, 메뉴비용, 스태그플레이션, 경기지수, 립스틱효과, 재할인율 정책, 지급준비율 정책, 공개시장조작, 공급충격, 재정정책의 시차 등의 경제학적 관점들을 도입하여 자신의 주장을 뒷받침 할 수 있다.

마지막으로 중요한 것은 법칙들을 인용할 때 단순히 정의의 나열이나 끼워 맞추기 식의 배열은 전혀 도움이 되지 않으므로 주의하여야 한다. 적은 수의 인용을 하더라도 논지에 알맞은 분석의 틀로서 적용하는 것이 제일 중요하다. 인용 법칙의 현실적 한계와 기타 변수들의 영향도 언급해 주는 것이 좋다. 수치 인용 시에도 논술에서 소수점 둘째자리까지의 정확도를 요구한다던지 하는 일은 없으므로 펼치고자 하는 주장에 일부로서 수치를 사용하는 것이 좋다. 물론 터무니없는 숫자를 사용하는 것은 안 되겠지만 합리적인 수준에서 숫자는 보조적으로만 사용하면 된다. 결국 평소에 경제 경영에 관한 이론지식과 시사상식들을 많이 알고 이에 대한 단순암기를 넘어서서 이해도를 높여놓는 것이 경제논술 잘 쓰는 법의 핵심이라 볼 수 있다.

기출 논제 및 개요 예시

기출논제 ❶

농협의 상생마케팅에 관하여 서술하고, 상생마케팅 지속 방안을 제시하시오.

※ 접근 방법 : 농협의 상생 마케팅 성공 예시와 이러한 노력을 지속 및 확대하기 위한 전략 탐색

I. 서론

A. 농협(농협중앙회)의 배경

→ 한국 농업 부문에서 농협의 역할

B. 상생 마케팅의 정의

→ 상생 마케팅의 의미와 현대 비즈니스 전략에서의 중요성

II. 농협의 상생마케팅 접근방식

A. 농민 지원

→ 농민에게 재정 지원, 교육, 유통망을 제공하는 농협의 역할

→ 지역 제품을 강조하고 농촌 경제를 향상시키는 마케팅 캠페인

B. 소비자를 위한 가치 창출

→ 소비자에게 경쟁력 있는 가격으로 신선한 고품질 농산물을 제공하는 데 중점을 둔 계획

→ 투명한 관행, 품질 관리, 공정한 가격 책정을 통해 소비자 신뢰를 구축한 사례

C. 다양한 이해관계자와의 협력

→ 농협과 지방자치단체, 소매업체, 기타 농업단체와의 파트너십

→ 이러한 협력이 농부부터 소비자까지 모든 관련 당사자에게 제공되는 혜택

III. 농협 상생마케팅의 효과

A. 농민을 위한 긍정적인 결과

→ 지역 농민을 위한 재정적 안정과 성장 기회

→ 시장 접근성이 향상, 안정적인 농산물 가격

B. 소비자 혜택

→ 안전하고 고품질의 제품 이용

→ 지역 농업 지원을 통해 지속 가능한 소비 순환 구축

C. 사회적, 경제적 기여

→ 지역 경제 강화

→ 농업의 지속 가능성과 식량 안보 촉진

IV. 농협의 상생마케팅이 직면한 과제

A. 글로벌 경쟁

→ 글로벌 농업 기업과의 치열한 경쟁

→ 지역 농민 지원과 글로벌 경쟁력 요구 사이의 균형

B. 소비자 선호도 변화

→ 유기농 식품, 식물성 식단, 지속 가능한 관행과 같은 새로운 트렌드

C. 기술

→ 마케팅, 유통, 고객 참여 분야의 디지털 혁신 필요

V. 상생마케팅 지속 및 강화 전략

A. 디지털 혁신 수용

→ 더 나은 마케팅 및 고객 서비스를 위해 전자상거래, 디지털 플랫폼, 데이터 분석 활용

→ SNS, 온라인 플랫폼을 통해 소비자와의 직접적인 연결

B. 지속 가능하고 친환경적인 마케팅

→ 유기농, 친환경, 윤리적으로 생산된 제품 홍보

→ 지속 가능성 이니셔티브를 주요 마케팅 포인트로 활용하여 환경에 관심이 있는 소비자 유치

C. 농민 중심 프로그램 강화

→ 현대 농업 기술과 지속 가능한 관행에 초점을 맞춘 농민 훈련 프로그램 강화

→ 소규모 농민에 대한 재정 및 기술 지원 확대

D. 파트너십 및 협력 확대

→ 기술 회사 및 국제 무역 기관을 포함한 지역 및 글로벌 이해관계자와 새로운 파트너십 개발

→ 공유된 가치와 목표를 강조하는 공동 마케팅 캠페인 구축

VI. 결론

→ 농협의 성공적인 상생마케팅 전략 실행 요약

→ 상생이라는 핵심 철학을 유지하면서 미래의 도전에 적응하는 것이 중요

→ 혁신적이고 지속 가능한 상생 마케팅 전략을 통해 지속적인 성장과 성공 가능성

논제 ❷

영유아, 청소년, 대학생, 사회 초년생에 따른 농협의 전략은 무엇인지 서술하시오.

※ 접근 방법 : 영유아, 청소년, 대학생, 청년 사회 진출을 위한 농협의 연령별 전략과 이러한 접근 방식이 충성심과 신뢰를 키우는 방법 탐색

I. 서론

A. 한국의 농업 및 금융 부문에서 농협의 역할
B. 연령별 마케팅 및 지원에 중점
→ 소비자와의 평생 관계 구축을 위해 다양한 생애 단계에 맞는 전략 맞춤화

II. 영유아와 가족을 위한 농협의 전략

A. 유아 저축 프로그램
→ 신생아를 위한 전문 저축 계좌로 조기 재정 책임과 가족 재정 계획 장려
→ 더 높은 이자율이나 정부 지원 등의 인센티브
B. 부모 지원 서비스
→ 농협이 제공하는 농산물을 중심으로 영양과 건강에 관한 교육자료 제공
→ 의료 서비스 제공자와 협력하여 유아를 위한 웰니스 패키지 또는 판촉 제품 제공
C. 유기농 및 안전한 식품 마케팅
→ 건강을 생각하는 부모들을 대상으로 한 농협의 유기농, 친환경 제품을 강조
→ 젊은 가족의 관심을 끌기 위한 이유식 및 영양 관련 농산물 프로모션

III. 농협의 청소년 전략

A. 금융 교육 프로그램
→ 청소년에게 기본적인 재무 관리 기술을 가르치기 위해 학교에서 금융 교육 워크숍 개최
→ 저축계좌, 청소년 맞춤형 모바일뱅킹 앱 등 농협의 청소년 중심 은행 상품 홍보
B. 장학금 및 인턴십 프로그램
→ 농업, 금융 또는 농촌 개발에 관심이 있는 고등학생에게 장학금 및 인턴십 기회 제공
→ 후원 프로젝트 및 견학을 통해 교육을 농업 및 농촌 지역 사회 개발 분야의 직업 전망과 연결
C. 농업 인식 증진
→ 지역 농업과 지속 가능한 농업 관행을 장려하는 캠페인에 청소년 참여
→ 청소년과 농업 부문을 연결하는 것을 목표로 학교 농장 견학, 워크숍, 농업 축제 등의 행사 기획

IV. 대학생을 위한 농협의 전략

A. 학생뱅킹 상품

→ 학자금 대출, 등록금 적금, 저금리 신용카드 등 맞춤형 금융상품 제공

→ 농협에 계좌를 개설하는 학생들에게 할인을 포함한 혜택 제공

B. 경력 개발 프로그램

→ 재무, 마케팅, 농업 부문을 포함한 농협의 다양한 부서에서 인턴십 및 취업 기회 제공

→ 취업준비생을 위한 취업 박람회, 멘토링 프로그램 등 기획

C. 학생창업 지원

→ 농업 또는 관련 분야의 학생 기업가를 위한 중소기업 대출 및 자문 서비스 제공

→ 농업 분야에서 스타트업을 개발하고 혁신과 기업가 정신을 장려하는 학생들을 위한 금융 상품

V. 농협의 사회초년생 전략

A. 초기 경력 전문가를 위한 재정 지원

→ 사회생활을 시작하는 개인을 대상으로 주택대출, 적금, 퇴직계좌 등 맞춤형 금융상품을 제공

B. 경력 개발 및 취업 기회

→ 농협의 금융, 농업, 행정 부문에서 졸업예정자를 대상으로 한 채용 프로그램

→ 학교에서 직업 생활로의 전환을 돕기 위해 직업 훈련 프로그램과 직업 지원 서비스 제공

C. 지속가능하고 윤리적인 소비 촉진

→ 지역 구매, 소규모 농민 지원 등 책임 있는 소비를 강조하는 마케팅 캠페인

→ 환경을 생각하는 브랜드와 파트너십을 맺고 지속 가능성과 윤리적 구매에 대한 제품 홍보

VI. 결론

A. 농협의 연령별 전략 요약

B. 장기 충성도 및 소비자 관계 구축

→ 이러한 맞춤형 전략이 어떻게 다양한 생애 단계에 걸쳐 충성도를 촉진하는지 강조

C. 미래 적응에 대한 최종 생각

→ 농협이 지속적으로 고객 기반을 확대함에 따라 변화하는 사회적 추세와 소비자 선호도에 대한 지속적인 적응의 필요성에 대해 논의

기출논제 ❸

금리인상이 농가에 미칠 영향과 농협의 역할에 대해 서술하시오.

※ 접근 방법 : 금리 인상이 농가에 미치는 영향과 농협이 이러한 영향을 완화하기 위해 취할 수 있는 조치

I. 서론

A. 금리 인상 개요

→ 금리 인상이 무엇인지, 그리고 그것이 경제에 미치는 일반적인 영향

B. 농업 부문에 대한 중요성

→ 운영을 위해 주로 대출에 의존하는 농장이 금리 상승에 특히 취약한 이유

II. 금리 인상이 농장에 미치는 영향

A. 대출 비용 증가

→ 높은 이자율로 인해 농민을 위한 기존 대출 비용의 증가와 농장 운영에 미치는 영향

B. 현금 흐름 및 수익성 압박

→ 이자 지불 증가로 인해 현금 흐름이 더욱 부족해지고 농장에 재투자할 수 있는 능력이 감소

→ 운영 비용이 증가함에 따라 수익성이 감소 및 낮은 마진

C. 농장 성장에 대한 투자 지연

→ 기술 업그레이드 또는 지속 가능한 농업 관행에 대한 새로운 투자를 방해

→ 장기적인 농장 생산성 및 경쟁력에 미치는 영향

D. 농장 폐쇄 위험

→ 소규모 및 부채가 많은 농장의 경우 대출금 상환액이 높아지면 재정적으로 불안정

→ 농촌 농업 공동체의 파산 위험 증가

III. 농협의 역할과 농민 지원 현황

A. 농민을 위한 금융서비스

→ 농민에게 대출, 보험, 보조금 등 금융 서비스를 제공하는 농협의 전통적인 역할

→ 저금리 대출 및 정부 지원 신용을 포함하여 농부들이 저렴한 자금 조달을 확보할 수 있도록 지원하는 프로그램

B. 비재정적 지원

→ 농민에게 교육, 기술 지원, 시장 접근 등의 자원을 제공하는 농협의 역할

→ 경제적 어려움에도 불구하고 농장 생산성을 강화하기 위해 정부 및 기타 이해관계자와 협력

IV. 금리인상에 대한 농협의 대응

A. 보조금 또는 저금리 대출 제공

→ 농협은 농가의 재정적 부담을 완화하기 위해 정부 보조금이나 금리 인하와 함께 새로운 대출 프로그램 도입

→ 정부와 협력하여 경제 상황에 영향을 받는 농장을 대상으로 농작물 보험 및 재해 구호와 같은 지원 프로그램 확대

B. 대출 구조 조정 및 연기 프로그램

→ 이자율 상승으로 인해 현금 흐름 문제에 직면한 농민을 위해 대출 구조 조정 또는 지불 유예 프로그램 제공

→ 농장이 계속 운영될 수 있도록 유연한 상환 옵션 제공

C. 금융 지식 및 계획 자원에 대한 접근성 확대

→ 경제적 압박을 받는 시기에 부채를 보다 효과적으로 관리할 수 있도록 돕는 금융 교육 프로그램 개발

→ 맞춤형 금융 상담 및 계획 서비스 제공

라. 농협의 육성

→ 농부들이 협동조합에 참여하여 자원을 공유하고 비용을 절감하며 집단 금융 옵션에 접근하도록 장려

→ 재정적 보호를 제공하고 교섭력을 향상시키기 위해 협동조합 육성

V. 농협의 관심이 높은 환경에서 농민을 지원하기 위한 장기 전략

A. 지속가능한 농업에 중점

→ 유기농업이나 영속 재배와 같이 자본 집약적인 투입물에 대한 의존도를 줄이는 농업 기술 장려

→ 농부들이 보다 비용 효율적이고 지속 가능한 농업 방식으로 전환할 수 있도록 기술 지원 및 교육 제공

B. 농민의 소득원 다각화

→ 농부들이 부가가치 제품, 농업 관광 또는 재생 에너지로 다양화하여 농장 소득을 보충할 수 있도록 지원

→ 농업의 세대 연속성을 보장하기 위해 젊은 농업인과 신규 농업인을 위한 지원 프로그램 확대

C. 위험 완화 도구 개발

→ 작물 보험, 재해 위험 관리, 금리 변동 헤지 등 농협이 제공하는 금융 도구의 범위 확대

→ 금융 기관과의 협력을 통해 차입 비용 상승 방지에 도움이 되는 상품 개발

D. 디지털 혁신 및 자동화

→ 생산성을 높이고 육체 노동에 대한 의존도를 줄이기 위해 정밀 농업 등의 디지털 농업 기술채택 장려

→ 기술 회사와 협력하여 더욱 저렴하고 쉽게 이용할 수 있도록 장려

VI. 결론

A. 이자율 인상의 영향 요약

→ 금리 인상이 특히 차입 비용 증가와 현금 흐름 압박 측면에서 농장에 미치는 영향

B. 농협의 역할과 책임

→ 농장이 경제적 어려움을 헤쳐 나갈 수 있도록 재정적, 비재정적 지원을 제공하는 농협의 역할

C. 미래 전망

→ 관심이 높은 환경에서 농장의 탄력성을 보장하기 위해 지속 가능한 농업, 다양한 소득원 등 장기 전략의 중요성을 강조

CHAPTER

03 농협 논술 기출문제

※ 개요를 작성하며 논술을 준비해보세요.

1 2023년도 논술 기출문제

〈농협은행 약술형〉

지방소멸대응기금이 농업과 농촌에 미치는 영향에 대해서 설명하시오.

〈농협은행 논술 택1〉

• 기준금리의 정의를 설명하고 한국과 미국이 기준금리를 올린 이유와 향후 전망에 대하여 서술하시오.

• 이커머스 산업이 활발해짐에 따라 발생할 수 있는 보안 문제를 아는대로 쓰고 대응방안을 서술하시오.

2 2022년도 논술 기출문제

〈농협계열사 약술형〉

지방소멸대응기금이 농업과 농촌에 미치는 영향에 대해서 설명하시오.

〈농협계열사 택1〉

• 3고 현상(고금리, 고환율, 고물가)에 직면한 현재 화폐금융정책으로 환율경로와 실물경제에 미치는 영향과 빅스텝을 지속함에도 원/달러 환율이 고환율인 이유를 서술하시오.

• 합성데이터의 정의와 장·단점에 대해서 설명하시오.

3 2021년도 논술 기출문제

〈농협계열사 약술형〉

경자유전의 원칙에 대해서 설명하시오.

4 2020년도 논술 기출문제

〈농협계열사 공통 논제〉

6차 산업에 대비하여 농협이 나아갈 방향에 대해 논하시오.

〈농협계열사 택1〉

• 블록체인에 대한 향후 전망에 대해 논하시오.
• 로컬푸드 직매장 활성화 방안에 대해 논하시오.

5 2019년도 논술 기출문제

〈농협계열사 공통 논제 중 택1〉

• 농협의 공익적 역할 방안에 대하여 논하시오.
• R의 공포와 대응 방안에 대하여 논하시오.
• 블록체인의 영향과 활용방안에 대하여 논하시오.

6 2019년도 논술 기출문제

〈농협중앙회 논술 택1〉

• 농협이 빅데이터를 활용해야 하는 이유를 밝히고, 어떻게 수집하고 활용할 것이며 궁극적으로 농가소득 5천만 원 달성에 어떻게 도움을 줄 수 있을지 서술하시오.
• 양적완화와 같은 통화정책의 예를 들고 어떤 파급효과를 불러오는지에 대해 서술하시오.

7 2018년도 논술 기출문제

〈농협경제지주 논술〉

하나로유통은 1인 가구의 증가로 인해 편의점사업을 직영점 형식으로 추진 중이다. 또한 국산농산물을 재료로 하는 가정 간편식도 선보일 예정이다. 농협경제지주는 편의점사업을 하지 않고 기존의 편의점과 협업하여 농산물유통사업, 농산물 배송사업 등을 추진 중이다. 이들 각각의 계열사가 하고 있는 사업의 장단점과 발전방향에 대해 서술하시오.

〈농협중앙회 논술 택1〉

• 농가소득과 농민의 소득보전에 대해 서술하시오.
• 금융지주로서 농협의 역할에 대해 서술하시오.
• Digital twin에 대해 설명하고 농협의 활용방향에 대해 서술하시오.

〈농협하나로유통 논술 택1〉

• 반농반X라고 하는 본업을 가지고 귀농하는 새로운 풍토에 대해 설명하고 이와 관련된 문제점에 대해 서술하시오.
• 농협 하나로미니(편의점형 매장)의 발전방향에 대해 서술하시오.

<농협은행 논술 택1>

• 「금융지주회사법」 도입에 따른 장점과 한계에 대해 서술하시오.
• 디지털 금융화에 따른 농협의 대응방안에 대해 서술하시오.

8 2017년도 논술 기출문제

<농협은행 공통 논술>

공유경제의 의미와 이것이 기존 산업에 미치는 영향 및 농협의 활용방안에 대해 서술하시오.

<농협은행 논술 택1>

• 고령화 시대 은행이 나아갈 방향에 대해 서술하시오.
• 미국금리인상이 우리나라에 미칠 영향과 농협의 대처방안에 대해 서술하시오.

<농협경제지주 논술 택1>

• 김영란법에 대해 설명하고 농축산물에 미치는 영향, 법 개정에 대한 의견을 서술하시오.
• 소, 돼지, 닭을 포함한 5개의 품목에 대한 생산액 변화를 논하시오.

9 2016년 논술 기출문제

<농협은행 공통 논술>

농촌 및 농업인이 처한 위기와 현실에 대해 설명하고, '국민의 농협'이 되기 위한 행동방안에 대해 서술하시오.

<농협은행 논술 택1 일반>

• 1인 가구가 증가하고 있는 현실에서 1인 가구 고객을 유치하기 위한 농협은행의 대처 방안에 대해 서술하시오.
• 인터넷 전문은행의 의의와 이에 대응하는 농협은행의 행동방안에 대해 서술하시오.

<농협은행 논술 택1 IT>

• 블록체인의 개념과 보안적 · 경제적 측면에 대해 서술하시오.
• 핀테크의 개념과 기존 전자금융과의 차이를 설명하고, 농협은행의 핀테크에 대해 서술하시오.
• 지능형 지속공격과 디도스에 대해 서술하시오.
• 빅데이터와 클라우드에 서술하시오.

<농협경제지주 논술 택1>

• 소셜커머스에 대해 서술하시오.
• 농협의 유통분야에서의 Push factor와 Pull factor에 대해 서술하시오.

10 2015년 논술 기출문제

〈NH농협은행 / NH농협생명 / NH농협손해보험 공통 논술〉

아담스미스의 「국부론」에 따르면 개인은 이기적이며 사리를 추구하는데 이것이 사회 전체에 이익을 가져온다. 하지만 현실에서는 개인의 합리성과 사회적 합리성이 불일치하는 현상이 발생하고 있다. 농업과 농협에서 이러한 사례를 제시하고 정부와 은행의 역할에 대해서 서술하시오.

〈NH농협은행 논술 택1〉
• 기술금융의 의의와 특징, 문제점을 논하고 이에 대한 은행의 해결방안을 서술하시오.
• 중소기업 금융의 의의와 문제점, 이에 대한 은행의 역할을 서술하시오.

11 2015년 논술 기출문제

〈NH농협은행〉

랜섬웨어, 트로이목마, 스파이웨어에 대한 정의를 서술하고 앞으로 이러한 악성코드를 방지하기 위한 방안을 작성하시오.

12 2014년 논술 기출문제

〈NH농협은행 / NH농협생명 / NH농협손해보험 공통 논술〉

생산자, 소비자, 농협의 상생 마케팅 전략에 대해 설명하고, 상생 마케팅이 발전해 나가기 위해서 필요한 것이 무엇인지에 대하여 서술하시오.

〈NH농협은행 택1〉
• 은행의 부외거래 강화를 위한 비이자수익활동에 대하여 서술하시오.
• 슈퍼달러 – 엔저현상의 의미와 원인에 대하여 설명하고 이 현상이 우리나라에 미치는 영향에 대하여 서술하시오.

〈NH농협은행 논술 택1〉
• 데이터 보안 기술과 개인 정보 보호 정책에 대하여 설명하고 개인 정보 보호 방안에 대하여 서술하시오.
• 최근 시중 은행에서 스마트폰을 이용한 모바일통장이 출시되었다. 이 모바일통장을 농협에 도입하였을 경우 나타날 수 있는 영향 및 장점에 대하여 서술하시오.

〈NH농협손해보험 논술 택1〉
• 데이터 보안 기술과 개인 정보 보호 정책에 대하여 설명하고 개인 정보 보호 방안에 대하여 서술하시오.
• 보험의 본질에 대하여 설명하고 NH농협손해보험이 나아가야 할 방향에 대해서 본인의 의견을 서술하시오.

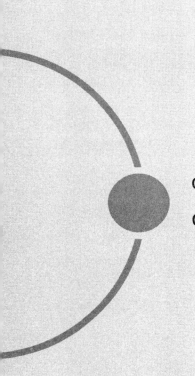

인·적성평가(Level2)

01 인 · 적성평가의 개요

목적 및 유의점

인성검사를 통하여 지원자의 발달된 특성과 부족한 특성, 그리고 그것이 직무의 성격 및 조직 문화와 얼마나 적합한가를 알아보고 합치하는 인재를 선발할 수 있다. 또한 적절한 직무 배분과 교육을 통해 보완하도록 할 수 있다. 지원자의 무성의한 응답과 좋은 결과를 꾸며내기 위한 응답을 가려낼 수 있음을 염두에 두고 검사에 임해야 한다. 솔직하지 못한 응답은 측정에서 제외될 수 있다. 기업에서 요구하는 인재상을 파악하여 그에 따른 대비책을 준비하는 것이 바람직하다.

1 인재상과 비전·목표를 숙지한다.

인성검사를 시행하는 기관은 다양하며 모두 다른 인재상, 비전 · 목표 등을 규정하고 있다. 그렇기 때문에 기관이 선호하는 인재 유형도 다르므로 본격적으로 시험에 응시하기 전에 준비하는 기관의 인재상이나 비전 · 목표 등을 파악해두는 것이 도움 된다.

2 극단적이고 거짓된 답변은 금물, 평소 자신의 모습을 표현한다.

인성검사는 평범한 일상생활 내용들을 다룬 짧은 문장과 어떤 대상이나 일에 대한 선호를 선택하는 문장으로 구성되어 있다. 가령 '나는 살면서 한 번도 타인에게 짜증을 낸 적이 없다'등의 질문에서 무조건 '그렇다'라고 답변할 경우 과장반응이 나올 수 있다. 왜냐하면 한 번쯤은 짜증은 내보았을 것이기 때문이다. 그러므로 준비하는 기관의 인재상이나 비전 · 목표 등을 기반으로 준비하되 극단적이고 거짓된 답변은 금물이다. 어렵지만 최대한 솔직하면서도 무난하게 답변하는 것이 중요하다.

3 모든 문제를 신속하게 대답한다.

인성검사는 일정한 시간제한을 두고 있다. 인성검사는 개인의 성격과 자질을 알아보기 위한 검사이기 때문에 정답이 없다. 다만, 해당 기관에서 바람직하게 생각하거나 기대되는 결과가 있을 뿐이다. 따라서 시간에 쫓겨서 대충 대답을 하는 것은 바람직하지 못하다.

4 일관성 있게 대답한다.

간혹 반복되는 문제들이 출제되기 때문에 일관성 있게 답하지 않으면 감점될 수 있으므로 유의한다. 실제로 공기업 인사부 직원의 인터뷰에 따르면 일관성이 없게 대답한 응시자들이 감점을 받아 탈락했다고 한다. 거짓된 응답을 하다보면 일관성 없는 결과가 나타날 수 있으므로 신속하고 솔직하게 체크하다 보면 일관성 있는 응답이 될 것이다.

5 마지막까지 집중해서 검사에 임한다.

장시간 진행되는 검사에 지칠 수 있으므로 마지막까지 집중해서 정확히 답할 수 있도록 해야 한다.

02 실전 인·적성평가

┃1~45┃ 다음 질문에 대해서 평소 자신이 생각하고 있는 것이나 행동하고 있는 것에 대해 박스에 주어진 응답요령에 따라 답하시오.

※ 인성검사는 응시자의 인성을 파악하기 위한 시험이므로 정답이 존재하지 않습니다.

응답요령

• 응답 I : 제시된 문항들을 읽은 다음 각각의 문항에 대해 자신이 동의하는 정도를 '①(전혀 그렇지 않다) ~ ⑤(매우 그렇다)'로 표시하면 된다.
• 응답 II : 제시된 문항들을 비교하여 상대적으로 자신의 성격과 가장 가까운 문항 하나와 가장 거리가 먼 문항 하나를 선택하여야 한다(응답 II의 응답은 가깝다 1개, 멀다 1개, 무응답 2개이어야 한다).

1

문항 예시	응답 I					응답 II	
	①	②	③	④	⑤	Most	Least
A. 모임에서 리더에 어울리지 않는다고 생각한다.							
B. 착실한 노력으로 성공한 이야기를 좋아한다.							
C. 어떠한 일에도 의욕적으로 임하는 편이다.							
D. 학급에서는 존재가 두드러졌다.							

2

문항 예시	응답 I					응답 II	
	①	②	③	④	⑤	Most	Least
A. 아무것도 생각하지 않을 때가 많다.							
B. 스포츠는 하는 것보다는 보는 것이 좋다.							
C. 게으른 편이라고 생각한다.							
D. 비가 오지 않으면 우산을 가지고 가지 않는다.							

3

문항 예시	응답 I					응답 II	
	①	②	③	④	⑤	Most	Least
A. 1인자보다는 조력자의 역할을 좋아한다.							
B. 의리를 지키는 타입이다.							
C. 리드를 하는 편이다.							
D. 신중함이 부족해서 후회한 적이 많다.							

4

문항 예시	응답 I					응답 II	
	①	②	③	④	⑤	Most	Least
A. 모든 일을 여유 있게 대비하는 타입이다.							
B. 업무가 진행 중이라도 야근은 하지 않는다.							
C. 타인을 방문하는 경우 상대방이 부재중인 때가 많다.							
D. 노력하는 과정이 중요하고 결과는 중요하지 않다.							

5

문항 예시	응답 I					응답 II	
	①	②	③	④	⑤	Most	Least
A. 무리해서 행동하지 않는다.							
B. 유행에 민감한 편이다.							
C. 정해진 대로 움직이는 것이 안심이 된다.							
D. 현실을 직시하는 편이다.							

6

문항 예시	응답 I					응답 II	
	①	②	③	④	⑤	Most	Least
A. 자유보다는 질서를 중요시 한다.							
B. 잡담하는 것을 좋아한다.							
C. 경험에 비추어 판단하는 편이다.							
D. 영화나 드라마는 각본의 완성도나 연출에 주목한다.							

7	문항 예시	응답 I					응답 II	
		①	②	③	④	⑤	Most	Least
	A. 타인의 일에는 별로 관심이 없다.							
	B. 다른 사람의 소문에 관심이 많다.							
	C. 실용적인 일을 할 때가 많다.							
	D. 정이 많은 편이다.							

8	문항 예시	응답 I					응답 II	
		①	②	③	④	⑤	Most	Least
	A. 협동은 중요하다고 생각한다.							
	B. 친구의 휴대폰 번호는 모두 외운다.							
	C. 정해진 틀은 깨라고 있는 것이다.							
	D. 이성적인 사람이고 싶다.							

9	문항 예시	응답 I					응답 II	
		①	②	③	④	⑤	Most	Least
	A. 환경은 변하지 않는 것이 좋다고 생각한다.							
	B. 성격이 밝다.							
	C. 반성하는 편이 아니다.							
	D. 활동 범위가 좁은 편이다.							

10	문항 예시	응답 I					응답 II	
		①	②	③	④	⑤	Most	Least
	A. 시원시원한 성격을 가진 사람이다.							
	B. 좋다고 생각하면 바로 행동한다.							
	C. 좋은 사람으로 기억되고 싶다.							
	D. 한 번에 많은 일을 떠맡는 것은 골칫거리이다.							

11

문항 예시	응답 I					응답 II	
	①	②	③	④	⑤	Most	Least
A. 사람과 만나는 약속은 늘 즐겁다.							
B. 질문을 받으면 그때의 느낌으로 대답한다.							
C. 땀을 흘리는 것보다 머리를 쓰는 일이 좋다.							
D. 이미 결정된 것이라면 다시 생각하지 않는다.							

12

문항 예시	응답 I					응답 II	
	①	②	③	④	⑤	Most	Least
A. 외출 시 문을 잠갔는지 몇 번씩 확인한다.							
B. 지위가 사람을 만든다고 생각한다.							
C. 안전책을 고르는 타입이다.							
D. 사교적인 사람이다.							

13

문항 예시	응답 I					응답 II	
	①	②	③	④	⑤	Most	Least
A. 사람은 도리를 지키는 것이 당연하다고 생각한다.							
B. 착하다는 소릴 자주 듣는다.							
C. 단념을 하는 것도 중요하다고 생각한다.							
D. 누구도 예상치 못한 일을 하고 싶다.							

14

문항 예시	응답 I					응답 II	
	①	②	③	④	⑤	Most	Least
A. 평범하고 평온하게 행복한 인생을 살고 싶다.							
B. 움직이는 일을 좋아하지 않는다.							
C. 소극적인 사람이라고 생각한다.							
D. 이것저것 평가하는 것이 싫다.							

15	문항 예시	응답 Ⅰ					응답 Ⅱ	
		①	②	③	④	⑤	Most	Least
	A. 성격이 급하다.							
	B. 꾸준히 노력하는 것을 잘 못한다.							
	C. 내일의 계획은 미리 세운다.							
	D. 혼자 일을 하는 것이 편하다.							

16	문항 예시	응답 Ⅰ					응답 Ⅱ	
		①	②	③	④	⑤	Most	Least
	A. 열정적인 사람이라고 생각하지 않는다.							
	B. 다른 사람 앞에서 이야기를 잘한다.							
	C. 행동력이 강한 사람이다.							
	D. 엉덩이가 무거운 편이다.							

17	문항 예시	응답 Ⅰ					응답 Ⅱ	
		①	②	③	④	⑤	Most	Least
	A. 특별히 구애받는 것이 없다.							
	B. 돌다리는 두들겨 보고 건너는 편이다.							
	C. 나에게는 권력욕이 없는 것 같다.							
	D. 업무를 할당받으면 부담스럽다.							

18	문항 예시	응답 Ⅰ					응답 Ⅱ	
		①	②	③	④	⑤	Most	Least
	A. 보수적인 편이다.							
	B. 계산적인 사람이다.							
	C. 규칙을 잘 지키는 타입이다.							
	D. 무기력함을 많이 느낀다.							

19	문항 예시	응답 I					응답 II	
		①	②	③	④	⑤	Most	Least
	A. 사람을 사귀는 범위가 넓다.							
	B. 상식적인 판단을 할 수 있는 편이라고 생각한다.							
	C. 너무 객관적이어서 실패한 적이 많다.							
	D. 보수보다는 진보라고 생각한다.							

20	문항 예시	응답 I					응답 II	
		①	②	③	④	⑤	Most	Least
	A. 내가 좋아하는 사람은 주변 사람들이 모두 안다.							
	B. 가능성보다 현실을 중요시한다.							
	C. 상대에게 꼭 필요한 선물을 잘 알고 있다.							
	D. 여행은 계획을 세워서 추진하는 편이다.							

21	문항 예시	응답 I					응답 II	
		①	②	③	④	⑤	Most	Least
	A. 무슨 일이든 구체적으로 파고드는 편이다.							
	B. 일을 할 때는 착실한 편이다.							
	C. 괴로워하는 사람을 보면 우선 이유부터 묻는다.							
	D. 가치 기준이 확고하다.							

22	문항 예시	응답 I					응답 II	
		①	②	③	④	⑤	Most	Least
	A. 밝고 개방적인 편이다.							
	B. 현실 직시를 잘 하는 편이다.							
	C. 공평하고 공정한 상사를 만나고 싶다.							
	D. 시시해도 계획적인 인생이 좋다.							

23

문항 예시	응답 I					응답 II	
	①	②	③	④	⑤	Most	Least
A. 분석력이 뛰어나다.							
B. 논리적인 편이다.							
C. 사물에 대해 가볍게 생각하는 경향이 강하다.							
D. 계획을 세워도 지키지 못한 경우가 많다.							

24

문항 예시	응답 I					응답 II	
	①	②	③	④	⑤	Most	Least
A. 생각했다고 해서 반드시 행동으로 옮기지 않는다.							
B. 목표 달성에 별로 구애받지 않는다.							
C. 경쟁하는 것을 즐기는 편이다.							
D. 정해진 친구만 만나는 편이다.							

25

문항 예시	응답 I					응답 II	
	①	②	③	④	⑤	Most	Least
A. 활발한 성격이라는 소릴 자주 듣는다.							
B. 기회를 놓치는 경우가 많다.							
C. 학창시절 체육수업을 싫어했다.							
D. 과정보다 결과를 중요시한다.							

26

문항 예시	응답 I					응답 II	
	①	②	③	④	⑤	Most	Least
A. 내 능력 밖의 일은 하고 싶지 않다.							
B. 새로운 사람을 만나는 것은 두렵다.							
C. 차분하고 사려가 깊은 편이다.							
D. 주변의 일에 나서는 편이다.							

27

문항 예시	응답 I					응답 II	
	①	②	③	④	⑤	Most	Least
A. 글을 쓸 때에는 미리 구상을 하고 나서 쓴다.							
B. 여러 가지 일을 경험하고 싶다.							
C. 스트레스를 해소하기 위해 집에서 조용히 지낸다.							
D. 기한 내에 일을 마무리 짓지 못한 적이 많다.							

28

문항 예시	응답 I					응답 II	
	①	②	③	④	⑤	Most	Least
A. 무리한 도전은 할 필요가 없다고 생각한다.							
B. 남의 앞에 나서는 것을 좋아하지 않는다.							
C. 납득이 안 되면 행동이 안 된다.							
D. 약속 시간에 여유 있게 도착하는 편이다.							

29

문항 예시	응답 I					응답 II	
	①	②	③	④	⑤	Most	Least
A. 매사 유연하게 대처하는 편이다.							
B. 휴일에는 집에 있는 것이 좋다.							
C. 위험을 무릅쓰고 까지 성공하고 싶지는 않다.							
D. 누군가가 도와주기를 하며 기다린 적이 많다.							

30

문항 예시	응답 I					응답 II	
	①	②	③	④	⑤	Most	Least
A. 친구가 적은 편이다.							
B. 결론이 나도 여러 번 다시 생각하는 편이다.							
C. 미래가 걱정이 되어 잠을 설친 적이 있다.							
D. 같은 일을 반복하는 것은 지겹다.							

31

문항 예시	응답 I					응답 II	
	①	②	③	④	⑤	Most	Least
A. 움직이지 않고 생각만 하는 것이 좋다.							
B. 하루종일 잠만 잘 수 있다.							
C. 오늘 하지 않아도 되는 일은 하지 않는다.							
D. 목숨을 걸 수 있는 친구가 있다.							

32

문항 예시	응답 I					응답 II	
	①	②	③	④	⑤	Most	Least
A. 체험을 중요하게 생각한다.							
B. 도리를 지키는 사람이 좋다.							
C. 갑작스런 상황에 부딪혀도 유연하게 대처한다.							
D. 쉬는 날은 반드시 외출해야 한다.							

33

문항 예시	응답 I					응답 II	
	①	②	③	④	⑤	Most	Least
A. 쇼핑을 좋아하는 편이다.							
B. 불필요한 물건을 마구 사드리는 편이다.							
C. 이성적인 사람을 보면 동경의 대상이 된다.							
D. 초면인 사람과는 대화를 잘 하지 못한다.							

34

문항 예시	응답 I					응답 II	
	①	②	③	④	⑤	Most	Least
A. 재미있는 일을 추구하는 편이다.							
B. 어려움에 처한 사람을 보면 도와주어야 한다.							
C. 돈이 없으면 외출을 하지 않는다.							
D. 한 가지 일에 몰두하는 타입이다.							

35

문항 예시	응답 I					응답 II	
	①	②	③	④	⑤	Most	Least
A. 손재주가 뛰어난 편이다.							
B. 규칙을 벗어나는 일은 하고 싶지 않다.							
C. 위험을 무릅쓰고 도전하고 싶은 일이 있다.							
D. 남의 주목을 받는 것을 즐긴다.							

36

문항 예시	응답 I					응답 II	
	①	②	③	④	⑤	Most	Least
A. 조금이라도 나쁜 소식을 들으면 절망에 빠진다.							
B. 다수결의 의견에 따르는 편이다.							
C. 혼자 식당에서 밥을 먹는 일은 어렵지 않다.							
D. 하루하루 걱정이 늘어가는 타입이다.							

37

문항 예시	응답 I					응답 II	
	①	②	③	④	⑤	Most	Least
A. 승부근성이 매우 강하다.							
B. 흥분을 자주하며 흥분하면 목소리가 커진다.							
C. 지금까지 한 번도 타인에게 폐를 끼친 적이 없다.							
D. 남의 험담을 해 본 적이 없다.							

38

문항 예시	응답 I					응답 II	
	①	②	③	④	⑤	Most	Least
A. 남들이 내 험담을 할까봐 걱정된다.							
B. 내 자신을 책망하는 경우가 많다.							
C. 변덕스런 사람이라는 소릴 자주 듣는다.							
D. 자존심이 강한 편이다.							

39

문항 예시	응답 I					응답 II	
	①	②	③	④	⑤	Most	Least
A. 고독을 즐기는 편이다.							
B. 착한 거짓말은 필요하다고 생각한다.							
C. 신경질적인 날이 많다.							
D. 고민이 생기면 혼자서 끙끙 앓는 편이다.							

40

문항 예시	응답 I					응답 II	
	①	②	③	④	⑤	Most	Least
A. 나를 싫어하는 사람은 없다.							
B. 과감하게 행동하는 편이다.							
C. 쓸데없이 고생을 사서 할 필요는 없다.							
D. 기계를 잘 다루는 편이다.							

41

문항 예시	응답 I					응답 II	
	①	②	③	④	⑤	Most	Least
A. 문제점을 해결하기 위해 많은 사람과 상의하는 편이다.							
B. 내 방식대로 일을 처리하는 편이다.							
C. 영화를 보면서 눈물을 흘린 적이 많다.							
D. 타인에게 화를 낸 적이 없다.							

42

문항 예시	응답 I					응답 II	
	①	②	③	④	⑤	Most	Least
A. 타인의 사소한 충고에도 걱정을 많이 한다.							
B. 타인에게 도움이 안 되는 사람이라고 생각한다.							
C. 싫증을 잘 내는 편이다.							
D. 개성이 강하다는 소릴 자주 듣는다.							

43

문항 예시	응답 I					응답 II	
	①	②	③	④	⑤	Most	Least
A. 주장이 강한 편이다.							
B. 고집이 센 사람을 보면 짜증이 난다.							
C. 예의 없는 사람하고는 말을 섞지 않는다.							
D. 학창시절 결석을 한 적이 한 번도 없다.							

44

문항 예시	응답 I					응답 II	
	①	②	③	④	⑤	Most	Least
A. 잘 안 되는 일도 될 때까지 계속 추진하는 편이다.							
B. 남에 대한 배려심이 강하다.							
C. 끈기가 약하다.							
D. 인생의 목표는 클수록 좋다고 생각한다.							

45

문항 예시	응답 I					응답 II	
	①	②	③	④	⑤	Most	Least
A. 무슨 일이든 바로 시작하는 타입이다.							
B. 복잡한 문제가 발생하면 포기하는 편이다.							
C. 생각하고 행동하는 편이다.							
D. 야망이 있는 사람이라고 생각한다.							

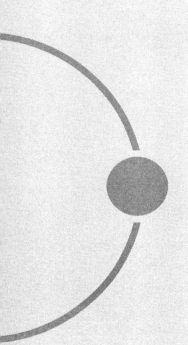

면접

CHAPTER 01 면접의 기본

❶ 면접 이미지 메이킹

(1) 성공적인 이미지 메이킹 포인트

① 인사

　　㉠ 의미 : 인사는 예의범절의 기본이며 상대방의 마음을 여는 기본적인 행동이라고 할 수 있다. 인사는 처음 만나는 면접관에게 호감을 살 수 있는 가장 쉬운 방법이 될 수 있기도 하지만 제대로 예의를 지키지 않으면 지원자의 인성 전반에 대한 평가로 이어질 수 있으므로 각별히 주의해야 한다.

　　㉡ 핵심 포인트

　　　• 인사말 : 인사말을 할 때에는 밝고 자신 있는 목소리로 하며, 자신의 이름과 수험번호 등을 간략하게 소개한다.

　　　• 시선 : 인사는 상대방의 눈을 보며 하는 것이 중요하며 너무 빤히 쳐다본다는 느낌이 들지 않도록 주의한다.

　　　• 표정 : 인사는 마음에서 우러나오는 존경이나 반가움을 표현하고 예의를 차리는 것이므로 살짝 미소를 지으며 하는 것이 좋다.

　　　• 자세 : 인사를 할 때에는 가볍게 목만 숙인다거나 흐트러진 상태에서 인사를 하지 않도록 주의하며 절도 있고 확실하게 하는 것이 좋다.

② 시선처리와 표정, 목소리

　　㉠ 시선처리와 표정 : 표정은 면접에서 지원자의 첫인상을 결정하는 중요한 요소이다. 얼굴 표정은 사람의 감정을 가장 잘 표현할 수 있는 의사소통 도구로, 표정 하나로 상대방에게 호감을 주거나 비호감을 사기도 한다. 면접 중에는 밝은 표정으로 미소를 지어 호감을 형성할 수 있도록 한다. 시선은 면접관과 고르게 맞추되 생기 있는 눈빛을 띄도록 한다.

　　㉡ 목소리 : 면접은 주로 면접관과 지원자의 대화로 이루어지므로 목소리가 미치는 영향이 상당하다. 답변을 할 때에는 부드러우면서도 활기차고 생동감 있는 목소리로 하는 것이 면접관에게 호감을 줄 수 있으며 적당한 제스처가 더해진다면 상승효과를 얻을 수 있다. 적절한 답변을 하였음에도 불구하고 빠른 속도, 자신감 없는 작은 목소리는 답변의 신뢰성을 떨어뜨릴 수 있으므로 주의하도록 한다.

③ 자세

　　㉠ 발바닥 전체가 닿는 느낌으로 안정감 있게 걸으며 발소리가 나지 않도록 주의한다.

　　㉡ 몸 전체를 곧게 펴고 가슴을 자연스럽게 내민 후 등과 어깨에 힘을 주지 않는다.

　　㉢ 정면을 바라본 상태에서 턱을 약간 당기고 아랫배에 힘을 주어 당기며 바르게 선다.

　　㉣ 의자 깊숙이 앉고 등받이와 등 사이에 주먹 1개 정도의 간격을 두며 기대듯 앉지 않도록 주의한다.

　　㉤ 시선은 정면을 바라보며 어깨를 펴고, 턱은 가볍게 당기고 미소를 짓는다.

　　㉥ 앉고 일어날 때에는 자세가 흐트러지지 않도록 주의한다.

(2) 면접 예절

① 행동 관련 예절

　　㉠ 지각은 절대 금물 : 면접장소가 결정되면 교통편과 소요시간을 확인하고 가능하다면 사전에 미리 방문해 보는 것도 좋다. 면접 당일에는 서둘러 출발하여 면접 시간 20 ～ 30분 전에 도착하여 면접장을 둘러보고 환경에 익숙해지는 것도 성공적인 면접을 위한 요령이 될 수 있다.

　　㉡ 면접 대기 시간 : 지원자들은 대부분 면접장에서의 행동과 답변 등으로만 평가를 받는다고 생각하지만 그렇지 않다. 면접 대기 시간에도 행동과 말을 조심해야 하며, 면접을 마치고 돌아가는 순간까지도 긴장을 늦춰서는 안 된다. 면접 중 압박적인 질문에 답변을 잘 했지만, 면접장을 나와 흐트러진 모습을 보이거나 욕설을 한다면 면접 탈락의 요인이 될 수 있으므로 주의해야 한다.

　　㉢ 입실 후 태도 : 본인의 차례가 되어 호명되면 또렷하게 대답하고 들어간다. 문을 여닫을 때에는 소리가 나지 않게 조용히 하며 공손한 자세로 인사한 후 성명과 수험번호를 말하고 면접관의 지시에 따라 자리에 앉는다. 이 경우 착석하라는 말이 없는데 먼저 의자에 앉으면 무례한 사람으로 보일 수 있으므로 주의한다. 의자에 앉을 때에는 끝에 앉지 말고 무릎 위에 양손을 가지런히 얹는 것이 예절이라고 할 수 있다.

　　㉣ 옷매무새를 자주 고치지 말 것 : 일부 지원자의 경우 옷매무새 또는 헤어스타일을 자주 고치거나 확인하기도 하는데 이러한 모습은 과도하게 긴장한 것 같아 보이거나 면접에 집중하지 못하는 것으로 보일 수 있다.

　　㉤ 불필요한 행동은 면접 탈락의 지름길 : 자신도 모르게 다리를 떨거나 손가락을 만지는 등의 행동을 하는 지원자가 있는데, 이는 면접관의 주의를 끌 뿐만 아니라 불안하고 산만한 사람이라는 느낌을 주게 된다.

② 답변 관련 예절

　　㉠ 면접관이나 다른 지원자와 가치 논쟁을 하지 않는다 : 질문을 받고 답변하는 과정에서 면접관 또는 다른 지원자의 의견과 다른 의견이 있을 수 있다. 면접에서 면접관이나 다른 지원자와 가치 논쟁을 할 필요는 없으며 오히려 불이익을 당할 수도 있다. 정답이 정해져 있지 않은 경우에는 가치관이나 성장배경에 따라 문제를 받아들이는 태도에서 답변까지 충분히 차이가 있을 수 있으므로 굳이 면접관이나 다른 지원자의 가치관을 지적하고 고치려 드는 것은 좋지 않다.

　　㉡ 답변은 항상 정직해야 한다 : 거짓말을 하게 되면 지원자는 불안하거나 꺼림칙한 마음이 들게 되어 면접에 집중을 하지 못하게 되고 수많은 지원자를 상대하는 면접관은 그것을 놓치지 않는다.

　　㉢ 경력직인 경우 전 직장에 대해 험담하지 않는다 : 지원자가 전 직장에서 무슨 업무를 담당했고 어떤 성과를 올렸는지는 면접관이 관심을 둘 사항일 수 있지만, 전 직장에 대해 험담을 늘어놓는다든가, 동료와 상사에 대한 악담을 하게 된다면 오히려 지원자에 대한 부정적인 이미지만 심어줄 수 있다.

　　㉣ 자기 자신이나 배경에 대해 자랑하지 않는다 : 자신의 성취나 부모 형제 등 집안사람들이 사회 · 경제적으로 어떠한 위치에 있는지에 대한 자랑은 면접관으로 하여금 지원자에 대해 오만한 사람이거나 배경에 의존하려는 나약한 사람이라는 이미지를 갖게 할 수 있다.

❷ 면접 질문 및 답변 포인트

(1) 성격 및 가치관에 관한 질문

Q 당신의 PR포인트를 말해 주십시오.

> **TIP** PR포인트를 말할 때에는 지나치게 겸손한 태도는 좋지 않으며 적극적으로 자기를 주장하는 것이 좋다. 앞으로 입사 후 하게 될 업무와 관련된 자기의 특성을 구체적인 일화를 더하여 이야기하도록 한다.

> MEMO

Q 당신의 장·단점을 말해 보십시오.

> **TIP** 지원자의 구체적인 장·단점을 알고자 하기 보다는 지원자가 자기 자신에 대해 얼마나 알고 있으며 어느 정도의 객관적인 분석을 하고 있나, 그리고 개선의 노력 등을 시도하는지를 파악하고자 하는 것이다. 따라서 장점을 말할 때는 업무와 관련된 장점을 뒷받침할 수 있는 근거와 함께 제시하며, 단점을 이야기할 때에는 극복을 위한 노력을 반드시 포함해야 한다.

> MEMO

Q 가장 존경하는 사람은 누구입니까?

> **TIP** 존경하는 사람을 말하기 위해서는 우선 그 인물에 대해 알아야 한다. 잘 모르는 인물에 대해 존경한다고 말하는 것은 면접관에게 바로 지적당할 수 있으므로, 추상적이라도 좋으니 평소에 존경스럽다고 생각했던 사람에 대해 그 사람의 어떤 점이 좋고 존경스러운지 대답하도록 한다. 또한 자신에게 어떤 영향을 미쳤는지도 언급하면 좋다.

> MEMO

(2) **학교생활에 관한 질문**

Q 지금까지의 학교생활 중 가장 기억에 남는 일은 무엇입니까?

> **TIP** 가급적 직장생활에 도움이 되는 경험을 이야기하는 것이 좋다. 또한 경험만을 간단하게 말하지 말고 그 경험을 통해서 얻을 수 있었던 교훈 등을 예시와 함께 이야기하는 것이 좋으나 너무 상투적인 답변이 되지 않도록 주의해야 한다.

> MEMO

Q 성적은 좋은 편이었습니까?

> **TIP** 면접관은 이미 서류심사를 통해 지원자의 성적을 알고 있다. 그럼에도 불구하고 이 질문을 하는 것은 지원자가 성적에 대해서 어떻게 인식하느냐를 알고자 하는 것이다. 성적이 나빴던 이유에 대해서 변명하려 하지 말고 담백하게 받아드리고 그것에 대한 개선노력을 했음을 밝히는 것이 적절하다.

> MEMO

Q 학창시절에 시위나 집회 등에 참여한 경험이 있습니까?

> **TIP** 기업에서는 노사분규를 기업의 사활이 걸린 중대한 문제로 인식하고 거시적인 차원에서 접근한다. 이러한 기업문화를 제대로 인식하지 못하여 학창시절의 시위나 집회 참여 경험을 자랑스럽게 답변할 경우 감점요인이 되거나 심지어는 탈락할 수 있다는 사실에 주의한다. 시위나 집회에 참가한 경험을 말할 때에는 타당성과 정도에 유의하여 답변해야 한다.

> MEMO

(3) 지원동기 및 직업의식에 관한 질문

Q 왜 우리 회사를 지원했습니까?

> **TIP** 이 질문은 어느 회사나 가장 먼저 물어보고 싶은 것으로 지원자들은 기업의 이념, 대표의 경영능력, 재무구조, 복리후생 등 외적인 부분을 설명하는 경우가 많다. 이러한 답변도 적절하지만 지원 회사의 주력 상품에 관한 소비자의 인지도, 경쟁사 제품과의 시장점유율을 비교하면서 입사동기를 설명한다면 상당히 주목 받을 수 있을 것이다.

MEMO

Q 만약 이번 채용에 불합격하면 어떻게 하겠습니까?

> **TIP** 불합격할 것을 가정하고 회사에 응시하는 지원자는 거의 없을 것이다. 이는 지원자를 궁지로 몰아넣고 어떻게 대응하는지를 살펴보며 입사 의지를 알아보려고 하는 것이다. 이 질문은 너무 깊이 들어가지 말고 침착하게 답변하는 것이 좋다.

MEMO

Q 당신이 생각하는 바람직한 사원상은 무엇입니까?

> **TIP** 직장인으로서 또는 조직의 일원으로서의 자세를 묻는 질문으로 지원하는 회사에서 어떤 인재상을 요구하는가를 알아두는 것이 좋으며, 평소에 자신의 생각을 미리 정리해 두어 당황하지 않도록 한다.

MEMO

Q 직무상의 적성과 보수의 많음 중 어느 것을 택하겠습니까?

> **TIP** 이런 질문에서 회사 측에서 원하는 답변은 당연히 직무상의 적성에 비중을 둔다는 것이다. 그러나 적성만을 너무 강조하다 보면 오히려 솔직하지 못하다는 인상을 줄 수 있으므로 어느 한 쪽을 너무 강조하거나 경시하는 태도는 바람직하지 못하다.

MEMO

Q 상사와 의견이 다를 때 어떻게 하겠습니까?

> **TIP** 과거와 다르게 최근에는 상사의 명령에 무조건 따르겠다는 수동적인 자세는 바람직하지 않다. 회사에서는 때에 따라 자신이 판단하고 행동할 수 있는 직원을 원하기 때문이다. 그러나 지나치게 자신의 의견만을 고집한다면 이는 팀원 간의 불화를 야기할 수 있으며 팀 체제에 악영향을 미칠 수 있으므로 선호하지 않는다는 것에 유념하여 답해야 한다.

MEMO

(4) **여가 활용에 관한 질문**

Q 취미가 무엇입니까?

> **TIP** 기초적인 질문이지만 특별한 취미가 없는 지원자의 경우 대답이 애매할 수밖에 없다. 그래서 가장 많이 대답하게 되는 것이 독서, 영화감상, 혹은 음악감상 등과 같은 흔한 취미를 말하게 되는데 이런 취미는 면접관의 주의를 끌기 어려우며 설사 정말 위와 같은 취미를 가지고 있다하더라도 제대로 답변하기는 힘든 것이 사실이다. 가능하면 독특한 취미를 말하는 것이 좋으며 이제 막 시작한 것이라도 열의를 가지고 있음을 설명할 수 있으면 그것을 취미로 답변하는 것도 좋다.

> MEMO

Q 본인만의 스트레스 관리 방법이 있습니까?

> **TIP** 대인관계에서 받는 스트레스를 통제하고 해소할 수 있는지 의지와 발전 가능성을 알아보기 위한 질문이다. 평상시 스트레스 관리법으로 현실가능한 수준의 대답을 하는 것이 좋다.

> MEMO

⑸ 지원자를 당황하게 하는 질문

Q 성적이 좋지 않은데 이 정도의 성적으로 우리 회사에 입사할 수 있다고 생각합니까?

TIP 비록 자신의 성적이 좋지 않더라도 이미 서류심사에 통과하여 면접에 참여하였다면 기업에서는 지원자의 성적보다 성적 이외의 요소, 즉 성격·열정 등을 높이 평가했다는 것이라고 할 수 있다. 그러나 이런 질문을 받게 되면 지원자는 당황할 수 있으나 주눅 들지 말고 침착하게 대처하는 면모를 보인다면 더 좋은 인상을 남길 수 있다.

MEMO

Q 우리 회사 회장님 함자를 알고 있습니까?

TIP 회장이나 사장의 이름을 조사하는 것은 면접일을 통고받았을 때 이미 사전 조사되었어야 하는 사항이다. 단답형으로 이름만 말하기보다는 그 기업에 입사를 희망하는 지원자의 입장에서 답변하는 것이 좋다.

MEMO

Q 당신은 이 회사에 적합하지 않은 것 같군요.

TIP 이 질문은 지원자의 입장에서 상당히 곤혹스러울 수밖에 없다. 질문을 듣는 순간 그렇다면 면접은 왜 참가시킨 것인가 하는 생각이 들 수도 있다. 하지만 당황하거나 흥분하지 말고 침착하게 자신의 어떤 면이 회사에 적당하지 않은지 겸손하게 물어보고 지적 당한 부분에 대해서 고치겠다는 의지를 보인다면 오히려 자신의 능력을 어필할 수 있는 기회로 사용할 수도 있다.

MEMO

Q 다시 공부할 계획이 있습니까?

> **TIP** 이 질문은 지원자가 합격하여 직장을 다니다가 공부를 더 하기 위해 회사를 그만 두거나 학습에 더 관심을 두어 일에 대한 능률이 저하될 것을 우려하여 묻는 것이다. 이때에는 당연히 학습보다는 일을 강조해야 하며, 업무 수행에 필요한 학습이라면 업무에 지장이 없는 범위에서 야간학교를 다니거나 회사에서 제공하는 연수 프로그램 등을 활용하겠다고 답변하는 것이 적당하다.

MEMO

Q 지원한 분야가 전공한 분야와 다른데 여기 일을 할 수 있겠습니까?

> **TIP** 수험생의 입장에서 본다면 지원한 분야와 전공이 다르지만 서류전형과 필기전형에 합격하여 면접을 보게 된 경우라고 할 수 있다. 이는 결국 해당 회사의 채용 방침상 전공에 크게 영향을 받지 않는다는 것이므로 무엇보다 자신이 전공하지는 않았지만 어떤 업무도 적극적으로 임할 수 있다는 자신감과 능동적인 자세를 보여주도록 노력하는 것이 좋다.

MEMO

(6) 인성 면접 기출 키워드

Q 입사 후 해보고 싶은 업무, 들어가고 싶은 부서는?

Q 인생에서 가장 큰 실수는?

Q 많이 알려진 사람 중 자신과 비슷하다고 생각하는 사람은 누구인가?

Q 농협의 장점은?

Q 농협에서 꼭 얻어 가고 싶은 것은?

Q 조직사회에서 적응하는 본인의 노하우는?

Q 본인의 강점은 무엇인가?

Q 부당한 지시에 대한 자신의 대처방법을 말해보시오.

Q 예측하기 힘든 상황이 왔던 사례와 대처 방안을 말해보시오.

Q 체력을 관리하는 방법은 무엇인가?

Q 받아들이기 힘든 요구를 받았을 때 어떻게 행동하였는가?

Q 하기 싫은 일을 맡은 경험과 그 대처방법은?

Q 조직을 위해 헌신했던 경험과 느낀 점을 말해보시오.

Q 농협 근무자로서 중요한 점은 무엇이라고 생각하는가?

Q 타인과 의견이 달라 갈등을 빚은 경험을 말해보시오.

Q 어떤 방법으로 고객의 기억에 남는 직원이 될 것인가?

Q 인생에서 가장 크게 한 실수는 무엇인가?

Q 자신에게 가장 큰 영향을 끼친 사람은 누구인가?

Q 가장 크게 화를 낸 적은 언제인가? 이유는 무엇인가?

Q 본인에게 농협은 어떤 이미지인가?

Q 농협인의 전문성은 무엇이라고 생각하는가?

Q 정직에 대한 자신의 생각과 관련된 경험을 말해보시오.

Q 본인이 생각하는 좋은 기업이란 무엇인가?

Q 자신이 겪은 가장 힘들었던 일과 그 극복과정을 말해보시오.

Q 농협인이 되기 위해 필요한 마음가짐은 무엇이라고 생각하는가?

Q 떠밀려서 일했던 경험과 이를 통해 깨닫게 된 것이 있다면 말해보시오.

Q 입사 후에 어떤 계획을 가지고 있는가?

Q 자신이 생각하는 성실의 의미는 무엇인가?

Q 오랜 시간 동안 소중하게 간직하고 있는 물건과 이유는 무엇인가?

Q 농업과 관련 있는 경험은 무엇인가?

농협 면접 기출문제

1 2024년 농협은행

Q. 지원자는 입행한 지 6개월 된 신입사원이다. 다른 팀과 협력 프로젝트를 진행 중인데 현재 본인이 맡은 부분은 타 팀이랑 같이 하지 않고 우리 팀 혼자서 진행하는 부분이라 본인 팀 선임에게만 보고했다. 협력하는 타 팀 선임이 자기한테도 똑같이 보고하라고 할 때 어떻게 할 것인가?

Q. 지원자는 입행한 지 6개월 된 신입사원이다. 기존 선임은 모든 업무 프로세스를 알려주는 선임이었으나 새로 온 선임은 업무는 직접 경험해야 알 수 있는 것이라며 업무 절차를 비롯하여 전혀 알려주는 것이 없다. 이런 상황에서 지원자가 어려움을 마주했을 때 어떻게 대처할 것인가?

Q. 왜 금융권에 지원했는가?

Q. 최근에 농협은행과 관련된 것을 제외한 경제 뉴스는 무엇인가?

Q. 어려움을 이겨낸 경험이 있는가?

Q. 직무와 관련해서 교내·교외 활동은 무엇인가?

Q. 상대방을 설득한 경험이 있는가?

Q. 지원자가 협업하기 힘든 유형의 사람과 이를 극복하기 위한 대안은 무엇인가?

Q. 경제 공부는 어떻게 하고 있는가?

2 2023년 농협은행

Q. 고객이 대출금리를 알아보려고 왔는데, 이미 주택담보대출은 타은행에 보유하고 있어서 신용대출 금리를 알려드렸다. 이후 고객이 다시 찾아와 왜 주택담보대출이 아닌 금리가 높은 신용대출 금리를 알려줬냐고 항의하는 상황에서 어떻게 할 것인가?

Q. 금융권 경험이 있는가?

Q. 추천하고 싶은 ETF 상품은 무엇인가?

Q. 최근에 본 금융·경제관련 뉴스는 무엇인가?

Q. 입행 후 어떤 일을 하고 싶은가?

Q. 농협 인재상 중 하나를 골라 자기의 경험과 연결하여 말해보시오.

Q. 조직에서 원만한 대인관계를 유지하는 나만의 팁이 있다면?

Q. 앞에 고객이 있다고 생각하고 농협은행 상품이나 제도에 대해 안내해보시오.

③ 2022년 농협은행

Q 1인가구의 높은 부채비율의 원인은? 이러한 사회적 현실에 따라 대출 및 펀드상품을 기획에 중요하게 생각해야할 것은?

Q 그린스완이 무엇인지 설명해보시오.

Q 농협에 취업을 하기위해서 했던 활동은 무엇이 있으며, 농협에 취업하기 위해 어디까지 해보았는가?

Q 농협에서 판매중인 상품 또는 서비스 중에서 기억에 남는 것은 무엇이고 그 이유를 말해보시오.

Q IRP에 대해서 설명하고, 상품을 구매하지 않으려는 고객에게 어떻게 이 상품을 판매할 것인가?

Q 리셀 문화의 문제점과 해결방안에 대해서 말해보시오.

Q 전체적인 프로세스나 기존에 유지되던 틀을 바꿔본 경험이 있는지? 있다면 무엇인지 자세히 설명하시오.

Q 고객을 응대해본 경험이 있는지? 있다면 어떻게 했었는가?

Q 재택근무로 인해서 팀원들 사이에 신뢰도가 저하되는 것에 대한 해결방안은?

Q ESG경영을 위한 상품을 기획해보시오.

Q 자산관리란 무엇인가? 또한, 본인이 자산관리를 위해 하고 있는 것은 무엇인가?

Q 본인이 기업여신을 담당하고 있다면 어떠한 기업에게 여신을 승인해줄 것인가?

④ 2021년 농협은행

Q 농협은행과 온라인뱅킹과의 차이점은 무엇입니까?

Q 본인 성격의 장단점을 말해보시오.

Q 농협은행을 수치로 표현한다면 어떻게 하겠습니까?

Q 기준금리가 하락할 때 은행에서 할 수 있는 일은 무엇입니까?

Q 리더쉽을 발휘한 경험이 있습니까?

Q 평소 닮고 싶다고 생각한 사람이 있습니까?

Q 개인 금융에 비해 기업 금융에 필요한 역량은 무엇이라고 생각합니까?

Q 농협은행에서 진행하고 있는 사업 중 눈여겨보고 있는 사업은 무엇입니까?

Q 조직에서 다른 동료가 실수할 수도 있는데, 이때 기분 나쁘지 않게 지적하는 노하우를 말해보시오.

Q 자신의 가장 큰 도전은 무엇인지, 그리고 어떤 과정을 거쳤는지 말해보시오.

Q 암호화폐의 정의와 견해를 말해보시오. 또한 자신이 기여할 수 있는 부분에 대해 말해보시오.

Q 팬데믹이 농협은행에 미친 영향은 무엇인지 말해보시오.

Q 메타버스가 화제인데 가상공간에 농협은행 지점을 만들면 주 고객층은 누구겠는지 말해보시오. 또한 판매하게 될 금융상품을 제시해보시오.

Q 숏케팅을 활용한 2030 고객유치방안을 말해보시오.

Q 고객에게 농협은행의 상품을 추천한다면 어떤 상품을 어떻게 추천할 것입니까?

5 2020년 농협사료

Q 가장 좋아하는 과목과 싫어하는 과목은?

Q 가장 힘들었던 경험은 무엇인가?

Q 농협사료에 지원한 이유와 가고 싶은 지역은 어디인가?

Q 1분 동안 자기소개를 해보시오.

6 2020년 농협은행

Q 기준금리와 가계부채의 상관관계에 대해서 말해보시오.

Q 행원으로써 중요한 세 가지 역량은 무엇이라고 생각하는가?

Q 생각하는 농협은행의 이미지는 무엇인가?

Q 원칙과 융통성 중 중요하다고 생각하는 것은 무엇인가?

Q 실적에 대해 어떻게 생각하는가? 실적으로 인해서 받게 될 스트레스는 어떻게 해소할 것인가?

Q 돌발상황이 발생했을 때 어떻게 대처할 것인가?

7 2020년 지역농협

Q 협동조합의 의의와 농협의 발전에 대해 말해보시오.

Q 최근 사회적 이슈를 농협 입장이 되어서 말해보시오.

Q 코로나로 인해 경제가 침체되는데 주식 시장이 호황인 이유에 대해 말해보시오.

Q 무점포 비대면 거래에 대해 지역농협의 대처를 말해보시오.

Q 사회적 이슈를 수용할 시에 객관성을 지키는 방법에 대해 말해보시오.

Q 인생의 가치관과 가치관대로 행동한 경험을 말해보시오.

Q 편견을 가지고 대했는데 아니었던 경험을 말해보시오.

Q 고령화 인구 대상 기능식품의 활성화가 갖는 의미를 말해보시오.

8 2019년 농협경제지주

Q 회사를 선택하는 본인만의 기준을 말해보시오.

Q 농협경제지주에서 펼치고 싶은 정책이 있다면 말해보시오.

Q 원하는 정책을 펼치기 위해서 자금이 필요할 시 그 자금은 어떻게 충당할 생각인지 말해보시오.

Q 지원동기와 삶의 가치에 대하여 말해보시오.

Q 좌절한 경험에 대해 말해보시오.

9 2019년 농협은행

Q 농협은행 발전 방법에 대하여 디지털 방면으로 접근하여 말해보시오.

Q 농협은행 상품 중 개선하고 싶은 상품이 있다면 개선 방안을 말해보시오.

Q 4차 산업기술에 대하여 설명하시오.

Q 지점 활성 방안에 대해 말해보시오.

Q 52시간 근무제를 대처할 수 있는 효율적인 업무 방안에 대해 말해보시오.

Q 프로슈머의 개념을 이용하여 농협은행의 상품을 제안해 보시오.

Q 고령화 사회에서 노인 일자리 확충을 위해 국가, 개인, 기업이 해야 할 일을 2가지씩 정하시오.

⑩ 2019년 지역농협

Q 스타트업과 기업이 함께 성장할 수 있는 방법에 대해 말해보시오.

Q 처음 만난 사람들과 어떻게 어색한 분위기를 해소할 것인지 말해보시오.

Q 자신이 생각하는 농협의 경쟁사가 있다면 그 이유와 이겨낼 방안을 말해보시오.

Q 지역농협에 입사한다면 가장 하고 싶은 일은 무엇인지 말해보시오.

Q 지역농협에서 자신이 어떻게 성장하고 싶은지 말해보시오.

Q 자신의 강점을 이야기하고 그로 인한 농협의 발전가능성을 말해보시오.

Q 휴경지 활용 기획안에 대해 말해보시오.

Q 특약용 작물 활용 방안에 대해 말해보시오.

⑪ 2018년 농협경제지주

Q 30초 동안 자기소개를 해보시오.

Q 효과적으로 농가소득을 증대시킬 수 있는 방안을 제시해 보시오.

Q 회사 업무에 바로 적용 가능한 본인의 역량을 어필해 보시오.

Q 동료와 갈등 발생 시 해결하는 자신만의 방법에 대해 말해보시오.

Q 인생에 있어서 중요한 가치로 삼고 있는 것이 있다면 말해보시오.

Q 국민연금보험료율 인상에 대해 입장을 밝히시오.

Q 크라우드펀딩을 활용한 농업경쟁력 제고 방안을 제시하시오.

Q 4차 산업혁명이 가져올 변화와 농협의 대응 방안을 제시하시오.

⑫ 2018년 농협케미컬

Q 농협을 지원하게 된 동기를 말해보시오.

Q 농협케미컬이 어떤 회사인지 알고 있는 대로 설명해 보시오.

Q 상사가 비합리적인 업무를 부여하면 어떻게 할 것인가?

Q 고객이 우리 회사의 제품에 대해 나쁘게 평가하면 어떻게 대처할 것인가?

Q 본인 성격의 장단점에 대해 말해보시오.

⑬ 2018년 농협네트웍스

Q 1분 동안 자기소개를 해보시오.

Q 낙뢰방지 대처방법에 대해 설명해 보시오.

Q 교류와 직류의 저압, 고압, 초고압의 기준을 말해보시오.

Q 교류전력과 직류전력의 차이를 설명해 보시오.

Q 신재생에너지사업에 대해 전망해 보시오.

Q 본인을 뽑아야 하는 이유에 대해 말해보시오.

⑭ 2017년 농협은행

Q 자신의 장점은 무엇이라고 생각하는가?

Q 5 ~ 10년 뒤에 자신의 모습을 그려보시오.

Q 회사에서 자신의 실력을 알아주지 않는다면 어떻게 할 것인가?

Q 농협 본사의 지리적 이점에 대해 설명해 보시오.

Q 핀테크 용어 중 알고 있는 것을 말해보시오.

Q 농가 소득 5,000만원을 달성하기 위해서 농협이 취해야 할 행동방안에 대해 말해보시오.

Q 농업 가치의 「헌법」 반영에 대해 알고 있는가? 어떻게 생각하는가?

Q 거리에서 나눠주는 전단지를 그냥 버리는 행동이 잘못되었다고 생각하는가?

⑮ 2017년 축산농협

Q 아르바이트 등 직무 경험을 통해 깨달은 자신의 강점이 있다면 말해보시오.

Q 입사 후 동료와 문제 상황이 발생했을 때 현명하게 대처하는 방안이 있다면?

Q 클라우드 펀딩에 대해 설명해 보시오.

Q 소고기이력추적제에 대해 설명해 보시오.

Q 코리아 패싱에 대해 설명해 보시오.

Q 절대농지가 무엇인지 말해보시오.

Q 블록체인과 비트코인에 대해 설명해 보시오.

Q 농협과 주식회사의 차이점에 대해 말해보시오.

16 2017년 지역농협

Q 다른 의견을 가진 사람을 설득하는 자신만의 방법이 있다면 말해보시오.

Q 맡은 일을 책임지고 마무리하기 위해 했던 노력에 대해 말해보시오.

Q 다른 사람을 위해 희생한 경험에 대해 말해보시오.

Q 학창시절 경험한 대외활동이 실무에 어떤 영향을 미칠 수 있을지 말해보시오.

Q 자신이 생각하는 농협의 정의를 설명해 보시오.

Q 당좌계좌에 대해 설명해 보시오.

Q 공공비축제에 대해 설명해 보시오.

Q 인터넷뱅킹 출범에 따라 농협이 나아가야 할 방향에 대해 말해보시오.

Q 농촌의 국제결혼이민자에 대해 농협이 지원할 수 있는 방법을 말해보시오.

Q 농업의 공익적 가치를 「헌법」에 반영하고자 1천만 명 국민서명운동에 대해 말해보시오.

Q 살충제 달걀 파동으로 피해를 입은 양계장을 지원할 수 있는 방안에 대해 말해보시오.

Q 농협을 5글자로 표현해보시오.

17 2016년 농협경제지주

Q 6차 산업과 농협에 대해 이야기해 보시오.

Q ODA와 농협의 역할에 대해 이야기해 보시오.

Q 농협의 옴니채널 구축사례 및 구축방안에 대해 이야기해 보시오.

Q 1분 동안 자기소개를 해보시오.

Q 1인당 쌀 소비량에 대해 말해보시오.

18 2016년 지역농협 하반기 6급

Q 조직 내에서 첨예한 갈등이 생겼던 경험과 그 상황에서 어떻게 해결했는지 말해보시오.

Q 업무 중 술 취한 고객이 난동을 부린다면 어떻게 할 것인가?

Q 핀테크로 인해 변화된 환경과 그에 대한 농협의 대응에 대해 말해보시오.

Q 6차 산업에 대해 아는 대로 말해보시오.

Q 평창올림픽이 열리는 기간을 알고 있는지 말해보시오.

⑲ 2015년 농협은행 6급

Q 농협은행에 지원한 이유에 대해 이야기해 보시오.

Q 자신의 장단점에 대해 이야기해 보시오.

Q 자신을 하나의 단어로 나타낸다면 무엇이라고 생각하는지 말해보시오.

Q 자신의 10년 후 모습에 대해 이야기해 보시오.

Q 최근에 접한 가장 인상 깊은 뉴스 기사에 대해 이야기해 보시오.

Q 자신이 권유한 투자 상품에 가입하여 손실을 보고 은행에 찾아와 항의하는 고객에게 어떻게 대응할 것인지 이야기해 보시오.

Q 미취학 아동에게 펀드에 대해 알려주려고 한다. 어떻게 설명할 것인지 이야기해 보시오.

Q 20대 후반 기혼인 직장인 여성에게 적합한 금융상품을 제안하고 그 이유를 설명해 보시오.

Q 자신이 살아오면서 가장 힘들었던 경험에 대해 이야기해 보시오.

Q 은행에 입사하여 평일 근무 외에 주말에 봉사활동을 하는 경우 참여 여부에 대해 이야기해 보시오.

⑳ 2014년 농협유통 하반기 6급

Q 쌀 시장 개방에 대해 어떻게 생각하는가?

Q 우리쌀의 소비량을 늘리기 위해 어떻게 해야 되는가?

㉑ 2014 농협은행 하반기 5급

Q 자신이 농협에서 무엇을 잘 할 수 있는지 말해보시오.

Q 동아리 경험이 있다고 하였는데 무슨 동아리 활동을 하였는가?

Q 자신의 단점을 직접적 사례를 들어 말해보시오.

Q 기억나는 전공과목은 무엇인가? 또 이유는 무엇인가?

Q 후강퉁제도에 대해 설명해 보시오.

Q 자기주장이 강한 성격인가?

Q 일을 혼자 하는게 편한가?

Q FTA개방으로 인한 농업 타격을 어떻게 극복할 것인가?

Q 대리모 제도에 관련해 찬반토론을 하시오.

22 2014 농협은행 하반기 6급

Q 향후 기준금리 전망을 말해보시오.

Q 농협의 금융상품에 대해 설명해 보시오.

Q 자신의 장·단점은 무엇인가?

Q 왜 학교 다니면서 교내활동을 한번도 하지 않았는가?

Q 영어로 자기소개를 해보시오.

Q 정부의 온정적 간섭주의에 대한 찬반토론을 하시오.

23 2014년 농협중앙회 상반기 5급

Q 본인의 장점과 단점에 대하여 이야기해 보시오.

Q 친구가 많은 편인가, 아니면 한 친구를 깊게 사귀는 편인가? 본인의 친구에 대하여 이야기해 보시오.

Q 최근 감명 깊게 읽은 책에 대해 소개해보시오.

Q 최근 감명 깊게 본 영화에 대해 이야기해 보시오.

Q 존경하는 인물이 있다면 누구이고 이유는 무엇인가?

Q 농업은 어떤 산업이라고 생각하는지 본인의 생각을 이야기해 보시오.

Q 농협 직원들의 높은 월급에 대해서 어떻게 생각하는가?

Q 지방으로 발령을 받게 되면 어떻게 할 것인가?

Q 새 농촌 새 농협 운동에 대해서 말해보시오.

Q 본인의 취미활동이 무엇인지 말해보시오.

Q 해외에 나가 본 경험이 있는가? 한국과 비교했을 때 안 좋은 점을 말해보시오.

Q 농협이 나아가야 할 방향에 대해서 이야기해 보시오.

24 2014 농협은행 상반기 5급

Q 대기업과 중소기업의 상생방법을 이야기해 보시오.

Q 한국경제의 세계적 위치에 대하여 이야기해 보시오.

Q 재산세에 대해 아는 대로 이야기해 보시오.

Q 변액보험이란 무엇인가?

Q 임대형 주택가격에 대해 아는 대로 말해보시오.

Q 현 정부의 경제 정책에 대한 본인의 의견을 솔직하게 말해보시오.

Q 농협은행의 발전방향에 대해서 이야기해 보시오.

Q 단체생활을 한 경험이 있는지 거기서 본인은 리더였는가?

㉕ 2014 농협은행 상반기 6급

Q 공소시효 폐지에 대한 찬반토론을 하시오.

Q 농협의 구조에 대한 개인의 의견을 말해보시오.

Q 까다로운 클라이언트를 만났을 때 어떻게 계약을 성사시킬 것인지 말해보시오.

Q 적립식 펀드에 대하여 아는 대로 말해보시오.

㉖ 2013년 시행

Q '나는 ○○이다.' 라는 주제로 40초 동안 자기소개 하기

Q 입사 후 일하기를 원하는 부서와 왜 그 부서에서 일하고 싶은지 말해보시오.

Q 경제신문에 나오는 '금리, 환율, 종합주가지수'의 용어에 대한 설명을 해보시오.

Q 학력과 학벌주의에 대해서 어떻게 생각하는가?

Q 은행의 주 수입원은 무엇인가?

Q 레버리지 효과란 무엇인가?

Q 타 은행 인턴경험이 있는지 말해보고 있다면 왜 농협을 지원했는지 이유를 말해보시오.

Q 직장생활 중 적성에 맞지 않는다고 느끼면 다른 일을 찾을 것인가?

Q 농협과 다른 은행의 차이점에 대해서 말해보시오.

Q 최근 저신용자에 대해 은행들이 대출을 늘리고 있는 상황인데 늘리는 것이 좋은가 줄이는 것이 좋은가?

Q 종교가 있는가? 종교는 사람에게 어떤 의미가 있다고 생각 하는지 말해보시오.

Q 주량이 어느 정도 되고, 술자리에서 제일 꼴불견인 사람의 유형에 대해 말해보시오.

Q 상사가 집에 안가고 게임과 개인적인 용무를 보고 있다. 어떻게 할 것인가?

Q 상사가 부정한 일로 자신의 이득을 취하고 있다. 이 사실을 알게 되면 어떻게 할 것인가?

Q 자신만의 특별한 취미가 무엇인가? 그걸 농협중앙회에서 어떻게 발휘할 수 있는가?

27 2012년 시행

Q 지원동기와 자기자랑을 영어로 해보시오.

Q 농협 직원으로서 로또 1등에 당첨된다면 어떤 곳에 사용할 것인가?

Q 스펙이 안 좋은 이유에 대해 말해보시오.

Q 전환사채가 무슨 뜻인지 말해보시오.

Q 지원자가 가진 역량으로 이룬 지원자의 생애에서 가장 기억에 남는 추억이 있다면 말해보시오.

Q 금리동향에 대해 말해보시오.

Q 어려운 일을 극복한 경험에 대해 말해보시오.

Q 자신의 단점으로 자기소개를 1분 동안 해보시오.

Q DTI란 무엇인지 설명해 보시오.

Q 우리나라 주택의 미분양 상태가 심각한데 해결책을 말해보시오.

Q 농협이 하는 일과 시중은행이 하는 일의 차이점에 대해 말해보시오.

28 2011년 시행

Q 1분 동안 자기소개를 해보시오.

Q 농협에 지원한 이유를 이야기해 보시오.

Q 최근 화제가 되고 있는 김훈의 소설 「남한산성」을 읽었는가? 읽었다면 소설에 등장하는 김상헌, 최명길의 주장에 대해 어떻게 생각하는가?

Q 펀드란 무엇입니까? 펀드를 한 번 판매해 보시오.

Q 농협에 입사하여 10년 후 나의 모습에 대해 말해보시오.

Q 농협에 입사하기 위해 본인이 한 노력은 어떠한 것이 있는가?

Q 역모기지론에 대해 이야기해 보시오.

Q 사업 분리 후 농협의 발전방향에 대해 말해보시오.

Q 한국 경제가 세계에서 어떤 위치에 있다고 생각하는지 말해보시오.

Q 농협에서 맡고 싶은 업무는 무엇인가?

Q 재산세, 변액보험, 임대형 주택가격 등에 대해 말해보시오.

㉙ 2010년 시행

Q 수입농산물 증가에 대한 당신의 생각을 말해보시오.

Q 노동조합과 협동조합의 차이점은 무엇인가?

Q 이마트와 하나로 마트의 차이점은 무엇인가?

Q 재무제표를 분석할 때 성장성을 보기 위해서는 어떤 지표를 사용해야 하는가?

Q 기술적 분석과 기본적 분석에 대해 설명하시오.

Q 예대율과 예대마진에 대해 설명하시오.

Q 농협 CI의 의미는 무엇인가?

Q 공제를 어떻게 소비자들에게 팔 것인가?

Q 쿠퍼현상이 무엇인가?

Q 농협이 농민을 상대로 장사를 한다는 말에 대해 어떻게 생각하는지 말해보시오.

Q FTA가 농업에 미치는 영향을 말해보시오.

Q 면접을 보러 가는데 신호등이 빨간불이다. 시간이 매우 촉박한 상황인데, 무단횡단을 할 것인가?

Q 농협에 근무하기 위해 어떤 마음가짐이 필요하다고 생각하는가?

Q 농협의 신용 업무에 대한 이미지를 말해보시오.

Q 농협과 다른 은행의 차이점은 무엇인가?

정답 및 해설

01 2024년 01월 14일 기출복원문제

1	2	3	4	5	6	7	8	9	10
②	③	①	④	⑤	②	④	⑤	①	②
11	12	13	14	15	16	17	18	19	20
⑤	②	⑤	③	②	④	③	⑤	③	②
21	22	23	24	25	26	27	28	29	30
⑤	①	④	⑤	①	②	③	②	①	①
31	32	33	34	35	36	37	38	39	40
③	②	①	②	③	③	①	②	②	②
41	42	43	44	45	46	47	48	49	50
③	②	②	②	④	⑤	⑤	②	④	⑤
51	52	53	54	55	56	57	58	59	60
⑤	④	①	④	⑤	④	③	④	③	④
61	62	63	64	65					
②	②	①	①	②					

1 ②

해설 (나) 문단에서는 바젤Ⅲ 도입목적에 대해서 설명하고 있다. 바젤Ⅲ가 은행의 자본 건전성을 강화하고 금융 시스템의 안정성을 높이기 위한 규제라고 설명하고 있으며, 폐단에 대한 언급은 없다.

2 ③

오답 ① 첫 번째 문단에 따라 디지털 유로란 유로지역에서 소매 지급서비스 이용이 가능한 디지털 법정화폐이다.
② 두 번째 문단에 따라 온라인 거래를 하는 경우에는 지급서비스 제공업자(PSP)는 제한된 정보에만 접근이 가능하다.
④ 네 번째 문단에 따라 소비자, 상점, 디지털 유로의 유통을 담당하는 PSP 등 모든 경제주체가 디지털 유로의 혜택을 받을 수 있도록 한다.
⑤ 다섯 번째 문단에 따라 준비단계를 진행하고 있는 중이다.

3 ①

오답 ② 일정 기간 동안 구 화폐와 신 화폐를 병행하여 유통한다.
③ 경제 상황에 따라서 발권업무가 이루어진다.
④ 시중 은행에 화폐를 유통한다.
⑤ 화폐의 보안 요소는 경제 상황과 기술 발전에 맞추어 지속적으로 개선된다.

4 ④

해설 본문에서 외상에 대한 고착이 무의식 속에 억압된 외상이 간접적으로 표현되며, 신경증과 같은 정신병리적 문제의 원인이 될 수 있다고 설명한다.

오답 ① 외상적 경험은 항상 자아에 의해 즉각적으로 의식에서 처리되지 않는다.
② 무의식은 다양한 방식으로 개인의 일상 행동과 감정에 영향을 미친다.
③ 정신분석 치료는 외상적 경험을 더 깊이 억압하는 것이 아니라, 무의식 속에 억압된 외상을 의식으로 끌어올려 분석하고 치료하는 것을 목표로 한다.
⑤ 외상에 대한 고착은 개인의 심리적 발달을 방해하고 신경증 등 여러 정신적 문제를 야기할 수 있다고 본문에서 언급된다.

5 ⑤

오답 ① 로마 제국은 내부 정치적 부패가 중요한 원인이었지만, 외부 침략(게르만족의 침입)도 몰락의 중요한 요소였다. 따라서 내부 요인만으로 몰락했다고 볼 수 없다.
② 마야 문명은 본문에서 경제적 요인이 주요 원인으로 설명되었으며, 기후 변화와 같은 환경적 요인에 대한 직접적인 언급은 없다. 경제적 붕괴가 주요 이유로 제시되었다.
③ 메소포타미아 문명은 토양 염분화 문제를 극복하지 못했고, 이것이 몰락의 주요 원인 중 하나였다.
④ 지배계층과 피지배계층의 갈등은 사회적 불평등과 내부 갈등이 심화되면 문명 몰락이 불가피하게 한다.

6 ②

오답 ① 수상음악은 관악기와 현악기의 화려한 조합으로 이루어진 다채로운 곡들로 구성된다.
③ 호른파이프는 느리고 우아한 리듬이 아니라, 빠르고 활기찬 리듬을 통해 장엄하고 축제적인 분위기를 조성하는 악장이다.
④ G장조는 부드럽고 안정적인 느낌을 주며, 밝고 희망찬 분위기를 나타내는 것은 F장조에 더 가깝다.
⑤ 메뉴에트는 3박자 계통의 춤곡으로, 그 우아함과 정형화된 리듬 패턴이 청중들에게 평온함을 제공한다.

7 ④

해설 에탄올은 상대적으로 안정한 분자로 설명되고 있다.

8 ⑤

해설 XAI는 LLM이 생성하는 답변의 정확성을 향상시키기 위한 기술적 방법으로 언급된 것이 아니라, AI의 의사결정 과정을 투명하게 설명하는 데 초점을 맞추고 있다.

9 ①

오답 ② 제00조(국민건강보험종합계획의 수립 등) 제3항과 제4항에 따라 연도별 시행계획을 건강보험정책심의위원회 심의를 거쳐 수립해야 하며, 보건복지부장관이 매년 시행계획에 따른 추진실적을 평가해야 한다.
③ 제00조(국민건강보험종합계획의 수립 등) 제5항에 따라 관련 사항에 대한 보고서를 작성하여 지체 없이 국회 소관 상임위원회에 보고하여야 한다.
④ 제00조(건강보험정책심의위원회) 제1항에 따라서 보건복지부장관 소속으로 건강보험정책심의위원회를 둔다.
⑤ 제00조(건강보험정책심의위원회) 제5의2호 나목에 따라 건강보험정책심의위원회에서 가입자의 소득 파악 및 소득에 대한 보험료 부과 강화를 위한 개선 방안에 관한 사항의 심의는 가능하지만 의결은 제외한다.

10 ②

해설　급격한 기술 발전, 개인화된 소비 패턴, 그리고 다양한 사회적 변화가 복합적으로 작용하면서, 평균보다는 개별화된 경험과 특화된 요구가 평균의 종말을 유발한다고 본문에 적혀있다.

오답　① 광고산업의 발달은 결과적으로 맞춤형 광고가 등장하게 되었지만, 이는 원인이 아니라 결과이다.
　　　③④⑤ 지문과는 관련이 적다.

11 ⑤

해설　제8조(산촌의 진흥)에 따라 산촌주문의 복지증진을 위해 노력하여야 한다.

오답　①② 제00조(국가 및 지방자치단체 등의 책무) 제1항과 제2항에 따라 알 수 있다.
　　　③ 제00조(산림기능의 증진)
　　　④ 제00조(국제협력 및 통일대비 정책) 제1항에 해당한다.

12 ②

해설　주어진 총 걸음 수인 299,997에서 각자의 기록된 숫자들을 모두 더한 후, 그 차이를 통해 빈칸에 들어갈 숫자들을 계산한다.
A의 걸음 수 : 1 □ 7 3 5 → 1 + □ + 7 + 3 + 5 = 16 + □
B의 걸음 수 : 8 2 □ 9 6 → 8 + 2 + □ + 9 + 6 = 25 + □
C의 걸음 수 : 9 □ 1 □ 8 → 9 + □ + 1 + □ + 8 = 18 + 2□
D의 걸음 수 : 7 8 □ 6 4 → 7 + 8 + □ + 6 + 4 = 25 + □
주어진 걸음 수의 총합은 299,997이므로, 현재 보이는 숫자들의 합을 먼저 구한다.
A의 보이는 합 : 1 + 7 + 3 + 5 = 16
B의 보이는 합 : 8 + 2 + 9 + 6 = 25
C의 보이는 합 : 9 + 1 + 8 = 18
D의 보이는 합 : 7 + 8 + 6 + 4 = 25
따라서 보이는 숫자들의 합은 16 + 25 + 18 + 25 = 84이다.
총합 299,997에서 84를 뺀 값은 299,997 − 84 = 299,913이다. 이 값은 빈칸들에 들어갈 숫자들의 합이다.
빈칸은 총 6개이므로, 빈칸 하나당 평균 값은 299,913 ÷ 6 = 16이다.
∴ 빈칸에 들어갈 숫자들의 합은 16이 된다.

13 ⑤

해설　㉠ 빨간색 공은 모두 다른 상자에 담겨야 한다는 조건을 고려하면, 공의 개수는 5개로, 각각 다른 상자에 나누어 담을 수 있다.
　　　㉡ 빨간색 공 3개, 초록색 공 1개는 60kg + 50kg = 110kg이므로 무게 제한을 초과한다.
　　　㉢ 빨간색 공이 담긴 상자에 파란색 공이 담기지 않는다는 조건은 없으므로 가능하다.
　　　㉣ 초록색 공은 무게가 50kg으로 가장 무거운 공이므로, 초록색 공이 담긴 상자가 무게 합이 가장 클 가능성이 높다.

14 ③

해설 B의 연간처리량은 700,000㎥이고, C의 연간처리량은 200,000㎥이므로, B는 C의 3배에 달한다.

오답 ① B는 연간 처리양과 관리인원이 가장 많다.
② 시설수 대비 연간처리량 비율이 가장 높은 시설은 B이다.
④ D의 시설수는 전체 2,500개 중 500개로 20%에 해당 한다.
⑤ 연간 처리량은 700,000㎥이므로, 일일 처리량은 약 1,917㎥으로 2,000㎥ 이하이다.

15 ②

해설 ㉠ 대칭키 암호화인 AES는 키 관리가 어려운 것이 단점이다.
㉢ 본문에 따라 암호화의 보안 수준은 주로 사용되는 키 길이(key length)에 의해 결정된다. 키 길이가 길어질수록 브루트 포스 공격에 대한 저항력이 커지며, 더 안전한 암호화를 제공한다.
㉡ 개인키는 비대칭키 암호화의 일종으로 서로 다른 두 개의 키를 사용하는 방식이다.
㉣ 본문에 따라 비대칭키 암호화는 대칭키 암호화에 비해 훨씬 긴 키 길이를 요구한다.

16 ④

해설 A 문서 : 3페이지이며, 중요도가 '상'으로 단면 인쇄한다. 따라서 A 문서에는 3장의 A4 용지가 필요하다.
B 문서 : 8페이지이며, 중요도가 '중'으로 양면 인쇄한다. 2페이지씩 양면에 인쇄할 수 있으므로, 4장의 A4 용지가 필요하다.
C 문서 : 5페이지이며, 중요도가 '하'로 양면 인쇄한다. 양면 인쇄는 2페이지씩 인쇄 가능하므로, 5 ÷ 2 = 2.5장으로 3장의 A4 용지가 필요하다.
D 문서 : 7페이지이며, 중요도가 '상'으로 단면 인쇄한다. 단면 인쇄이므로 7장의 A4 용지가 필요하다.
∴ 필요한 A4 용지의 총 장수는 3(A) + 4(B) + 3(C) + 7(D) = 17장이다.

17 ③

해설 ㉠ A 부서에서 사내 순위가 가장 높은 직원은 1위로 명시되어 있으므로 옳다.
㉡ C 부서 직원 중 사내 순위가 가장 높은 직원은 5위로 주어져 있으므로 옳다.
㉣ 사내 순위 8위 직원이 D 부서 소속이라는 조건은 주어진 내용과 일치하므로 옳다.
㉢ B 부서에서 가장 높은 직원은 2위로 주어져 있으므로 3위는 옳지 않다.

18 ⑤

해설 P 5kg을 생산하기 위해서는 M과 N이 3:2의 비율로 필요하다. 즉, M 3kg과 N 2kg이 필요하다.
M 1kg은 X 1kg과 Y 2kg을 혼합하여 만들 수 있다.
X 1kg의 비용은 2,000원, Y 2kg의 비용은 1,500원 × 2 = 3,000원이다.
M 1kg을 생산하는 비용은 2,000원 + 3,000원 = 5,000원이다.
M 3kg을 생산하는 비용은 5,000원 × 3 = 15,000원이다.
N 1kg은 W 1kg과 Z 1kg을 혼합하여 만들 수 있다.
W 1kg의 비용은 3,000원, Z 1kg의 비용은 2,500원이다.
N 1kg을 생산하는 비용은 3,000원 + 2,500원 = 5,500원이다.
N 2kg을 생산하는 비용은 5,500원 × 2 = 11,000원.
∴ P 5kg의 총 비용 : M 3kg의 비용 15,000원 + N 2kg의 비용 11,000원 = 26,000원.

19 ③

해설 2022년의 평균 가격이 6,000원이고, 2023년의 가격 지수가 144.4에 해당한다. 2018년을 기준으로 가격 지수는 144.4%로 증가했다.

2023년 평균 가격 $= 2018년 평균 가격 \times \frac{144.4}{100} = 4,500 \times 1.444 = 6,498(원)$ 으로 약 6,500원에 해당한다.

오답
① 2023년의 평균 가격은 6,500원이고, 2018년의 평균 가격은 4,500원이다. $\frac{6,500 - 4,500}{4,500} \times 100 = 44.4(\%)$로 40% 이상 상승했다.

② 2023년 쌀 2kg의 가격은 4,300원 × 2 = 8,600원, 고구마 1kg의 가격은 5,600원, 양파 2kg의 가격은 2,500원 × 2 = 5,000원이다. 총 비용은 19,200원에 해당한다.

④ 쌀, 고구마, 양파, 돼지고기 모두 2배 미만으로 상승했다.

⑤ 2018년의 평균 가격이 4,500원이고, 가격 지수가 80이라고 하면 이는 2018년 대비 20% 감소한 것이다.

가격 $= 2018년 평균 가격 \times \frac{80}{100} = 4,500 \times 0.8 = 3,600(원)$ 으로 4,000원 이하이다.

20 ②

해설 교육 미수료율은 경영부가 가장 높다.

오답
① 영업부의 프로젝트 완료율 = (360 ÷ 600) × 100 = 60%이다. 기획부의 프로젝트 완료율 = (250 ÷ 500) × 100 = 50%이다. 영업부의 완료율이 높다.

③ 교육 수료자가 10% 증가하면 전체 교육 수료자 수는 205 × 1.1 = 225.5명이다. 전체 교육 수료율은 (225.5 ÷ 1,500) × 100 = 15.03%으로 15% 이상이다.

④ 교육 수료자가 5% 감소하면 전체 교육 수료자 수는 205 × 0.95 = 194.75명이다. 전체 교육 수료율은 (194.75 ÷ 1,500) × 100 ≈ 12.98%이므로 13% 이하이다.

⑤ 영업부 15.0%, 기획부 15.0%, 경영부 10.0%로 경영부가 제일 낮다.

21 ⑤

해설 ②⑤ 1시간에서 2시간 이동거리는 70km, 속력은 70km/h이다. 2시간에서 3시간까지 이동한 거리는 70km, 속력은 70km/h이다. 3시간에서 4시간까지 이동한 거리는 70km, 속력은 70km/h이므로 자동차는 매 시간 일정한 속도로 이동했다.

오답
① 처음 2시간 동안의 총 이동 거리는 130km이다. 평균속력은 $\frac{130}{2} = 65km/h$ 이다.

③ 표에 4시간에 270km 이동한다.

④ 5시간 동안의 총 이동 거리는 340km이다. 평균속력은 $\frac{340}{5} = 68km/h$ 이다.

22 ①

해설 A팀의 프로젝트 완성률은 (60 ÷ 100) × 100 = 60%, C팀의 프로젝트 완성률은 (45 ÷ 75) × 100 = 60% 이다. A팀과 C팀의 프로젝트 완성률은 동일하다.

오답
② B팀의 평균 프로젝트 완료 수는 0.3, D팀의 평균 프로젝트 완료 수는 0.346으로 D팀이 B팀보다 높다.

③ B 부서의 프로젝트 완성률은 (30 ÷ 50) × 100 = 60%이다.

④ 전체 완료된 프로젝트 수는 180개, 전체 진행 중 프로젝트 수는 300개이다. 완료비율은 (180 ÷ 300) × 100 = 60%이다.

⑤ C팀과 D팀의 완료된 프로젝트 수는 45개로 동일하다.

23 ④

해설 ② A ~ E 은행의 연간 수익 합계는 840,000 + 1,015,000 + 910,000 + 680,000 + 627,500 = 4,072,500
천 원이다.

ⓜ 자산 대비 수익률이 가장 작은 은행은 E로, 66천 원/억 원이다.

⑦ X국의 전체 자산 규모는 A(12,000억) + B(14,500억) + C(13,000억) + D(10,200억) + E(9,500억) =
59,200억 원이다. 전체 자산 규모는 70,000억 원 미만이다.

ⓛ 자산 대비 수익률은 A, B, C가 동일하다.

ⓒ A, B, C 은행의 자산 대비 수익률은 70천 원/억 원이며, D는 67천 원/억 원, E는 66천 원/억 원이다.

24 ⑤

해설 공공 소각 비율은 (350 / 570) × 100 = 약 61.4%에 해당한다.

오답 ① 매립 비율은 (430 / 1,950) × 100 = 약 22.1%로, 20% 이상이다.

② 공공의 재활용은 500, 위탁의 재활용은 150이다. 500 / 150 = 약 3.33로 3배 이상에 해당한다.

③ 공공 소각 비율은 350 / 1,200 = 약 29.2%, 자가 소각 비율은 100 / 370 = 약 27.0%, 위탁 소각 비율
은 120 / 380 = 약 31.6%이다. 위탁이 가장 높은 비율에 해당한다.

④ 위탁 기타 비율은 30 / 380 = 약 7.9%이므로 10% 이하이다.

25 ①

해설 문학 비율은 (600 ÷ 1,450) × 100 = 약 41.4%로 40% 이상이다.

오답 ② 2학년 과학 120, 1학년 과학 150이므로 2학년이 더 적다.

③ 1학년 기타 비율 50 ÷ 500 = 10%, 2학년 기타 비율 60 ÷ 450 = 약 13.3%, 3학년 기타 비율 70 ÷
500 = 14%이다. 3학년이 가장 높다.

④ 3학년 역사 비율은 (80 ÷ 270) × 100 = 약 29.6%이므로 30% 미만이다.

⑤ 1학년 문학 비율은 200 ÷ 500 = 40%이다.

26 ②

해설 • 최고속도 : D(5점), E(4점), A(3점), C(2점), B(1점)

• 연비 : B(5점), A(4점)., C(3점), D(2점), E(1점)

• 안전성 : B/D(5점), A/E(3점), C(1점)

• 가격 : C(5점), A(4점), B(3점), E(2점), D(1점)

• 공공도로 주행 가능 여부 : A/B/C(1점), D/E(0점)

• 오프로드 주행 가능 여부 : B/D/E (1점), A/C(0점)

A : (3+4+3+4+1+0) = 15점

B : (1+5+5+3+1+1) = 16점

C : (2+3+1+5+1+0) = 12점

D : (5+2+5+1+0+1) = 14점

E : (4+1+3+2+0+1) = 11점

∴ B 자동차가 총 16점으로 가장 높으므로, 甲국은 B 자동차를 구매한다.

27 ③

해설 각 학생의 장학금은 다음과 같다.

A : $150 \times (200 \times 4) + (5 \times 30 \times 5) = 120,750$

B : $130 \times (150 \times 4) + (4 \times 25 \times 5) = 78,500$

C : $170 \times (300 \times 4) + (3 \times 20 \times 5) = 204,300$

D : $120 \times (250 \times 4) + (6 \times 40 \times 5) = 121,200$

∴ 가장 많은 장학금은 C(204,300)이고, 가장 적은 장학금은 B(78,500)이다.

28 ②

해설 직원 이름은 A 시트의 2번째 열에 위치하므로, 3번째 인수는 2가 되어야 하고, 정확한 값을 찾기 위해 마지막 인수는 FALSE가 되어야 한다.

29 ①

해설 월급 정보는 A 시트의 4번째 열에 위치하므로, 3번째 인수는 4가 되어야 하고, 정확한 값을 찾기 위해 마지막 인수는 FALSE가 되어야 한다.

30 ①

해설 총점 열에서는 SUM(B2:D2)로 각 과목 점수를 더한다.

결과 열에서는 총점이 200점 이상인 경우 '합격', 그렇지 않으면 '불합격'이 출력되도록 해야 한다.

31 ③

해설 수식 10 / B2에서 B2 셀이 비어 있으면 10 / 0으로 나누기 때문에 #DIV/0! 오류가 발생한다. IFERROR 함수는 오류가 발생할 경우 지정된 값(여기서는 Error)을 반환한다. 결과값은 Error에 해당한다.

32 ②

오답 ① 128비트는 IPv6의 주소 체계에 해당한다.

③ IPv4의 주소는 32비트 한정된 주소 체계에 해당한다. 약 43억 개만 생성이 가능하며 주소의 수량은 유한하다.

④ IPv4는 데이터를 전송하는 역할만 한다. 데이터 무결성 및 재전송 같은 신뢰성 있는 데이터 전송 기능은 상위 계층 프로토콜인 TCP가 담당한다.

⑤ IPv4는 기본적으로 브로드캐스트를 사용하여 네트워크 내의 모든 장치로 데이터를 전송한다.

33 ①

해설 주어진 코드에서 a = 5와 b = 10이므로, result = a * 2 + b / 2의 결과는 다음과 같다.

a * 2는 5 * 2 = 10

b / 2는 10 / 2 = 5

따라서, result = 10 + 5 = 15

34 ②

해설 코드에서 변수 num은 8로 초기화된다.

if 조건문에서 num % 2 == 0은 참(true)이므로, printf("Even\n");이 실행된다.

출력 결과는 Even이다.

35 ③

해설 calculateSum 메서드는 두 개의 정수 a와 b를 받아 더한 값을 반환한다.

main 메서드에서 calculateSum 메서드를 호출하며 x와 y를 전달한다.

x가 5이고, y가 10이므로, calculateSum(5, 10)의 결과는 5 + 10 = 15이다.

36 ③

해설 조합 논리 회로는 현재 입력에 의해서만 출력이 결정되며, 과거 상태나 피드백에 영향을 받지 않는다.

오답 ① 조합 논리 회로에는 피드백 경로가 없습니다. 피드백 경로가 있는 경우는 순차 논리 회로이다.

② 조합 논리 회로에서는 입력 값이 변경되면 출력이 즉시 변경된다.

④ 조합 논리 회로는 메모리 요소가 없기 때문에 상태를 저장할 수 없다. 회로 상태를 저장하려면 플립플롭 등과 같은 메모리 소자가 필요한 순차 논리 회로를 사용해야 한다.

⑤ 조합 논리 회로는 클럭 신호 없이 동작한다. 클럭 신호는 순차 논리 회로에서 시간에 따라 상태가 변하도록 제어하는 데 사용된다.

37 ①

해설 mkdir는 make directory의 줄임말로 새로운 디렉토리를 생성하는 명령어이다.

오답 ② del : Windows 운영체제에서 파일을 삭제할 때 사용한다.

③ copy : 파일을 다른 위치로 복사하는 데 사용한다.

④ cd : change directory의 줄임말로, 디렉토리를 이동하는 데 사용한다.

⑤ move : 파일을 이동하거나 이름을 변경할 때 사용된다.

38 ②

해설 로스앤젤레스에서 오후 5시에 해당한다.

39 ②

해설 프로젝트 B를 오전 9시에 시작하면 4시간 후인 오후 1시까지 완료된다.

오답 ① 팀의 근무 시작 시간이 오전 9시이므로 오전 8시에는 작업을 시작할 수 없다.

③ 오전 10시에 시작하면 오후 2시에 프로젝트 B가 완료된다. 오후 1시까지 완료해야 하는 조건을 만족하지 않는다.

④ 오전 11시에 시작하면 오후 3시에 프로젝트 B가 완료되므로 마감 시간인 오후 1시까지 완료할 수 없다.

⑤ 점심시간이 시작되기 때문에 작업을 시작할 수 없다.

40 ②

해설 임신 중인 여성공무원은 1일 2시간의 범위에서 휴식이나 병원 진료 등을 위한 모성보호시간을 사용할 수 있다.

오답 ① 임신 중인 공무원은 출산 전과 출산 후를 통하여 90일(한 번에 둘 이상의 자녀를 임신한 경우에는 120일)의 출산휴가를 사용할 수 있다.

③ 8세 이하 또는 초등학교 2학년 이하의 자녀가 있는 공무원은 자녀를 돌보기 위하여 36개월의 범위에서 1일 최대 2시간의 육아시간을 사용할 수 있다.

④ 한국방송통신대학교에 재학 중인 공무원은 출석수업에 참석하기 위하여 연가 일수를 초과하는 출석수업 기간에 대한 수업휴가를 받을 수 있다.

⑤ 남성공무원은 배우자가 유산하거나 사산한 경우 3일의 유산휴가 또는 사산휴가를 사용할 수 있다.

41 ③

해설 순수 급여액을 구하면 700만 원 - 200만 원 = 500만 원이다. 기본 시급은 500만 원 ÷ 2,080시간 = 약 24,038원 (소수점 이하 절사)이다.

시간 외 수당을 구하는 공식은 '기본 시급 × 1.5 × 시간 외 근무 시간'이다.

시간 외 수당은 24,038원 × 1.5 × 10시간 = 360,570원에 해당한다.

42 ②

해설 ㉠ 8명 × 7,000원 = 56,000원으로, 예산 내에서 주문할 수 있다.

㉡ 8명 × 8,500원 = 68,000원으로 예산 내에서 가능하다.

㉢ 8명 × 10,000원 = 80,000원으로, 70,000원 예산을 초과한다.

㉣ 자장면 6개(42,000원) + 샐러드 2개(20,000원) = 총 62,000원으로 예산 내에서 혼합하여 주문이 가능하다.

43 ②

해설 축의금 미지급이라면 경조금을 지급받을 수 있다.

오답 ①③④⑤ 언급되지 않은 사항은 알림조치만 진행된다.

44 ②

해설 甲 대리, 乙 부장이 현금과 화환을 모두 받을 수 있다.

45 ④

해설
- A업체 : 노트 1,400원 + 볼펜 600원 = 2,000원이다. 2,000원 × 100명 = 200,000원이다.
- B업체 : 노트 1,200원 + 볼펜 700원 = 1,900원이다. 1,900원 × 100명 = 190,000원이다.
- C업체 : 노트 1,500원 + 볼펜 500원 = 2,000원이다. 2,000원 × 100명 = 200,000원이다.
- D업체 : 노트 1,300원 + 볼펜 550원 = 1,850원이다. 1,850원 × 100명 = 185,000원이다.
- E업체 : 노트 1,250원 + 볼펜 650원 = 1,900원이다. 1,900원 × 100명 = 190,000원이다.
- ∴ 가장 저렴한 업체는 D업체에 해당한다.

46 ⑤

해설 농협의 인재상은 행복의 파트너, 정직과 도덕성을 갖춘 인재, 진취적 도전가, 최고의 전문가, 시너지 창출가가 있다.

47 ⑤

해설 「미래 경영」과 「조직문화 혁신」을 통해 새로운 농협으로 도약

48 ②

해설 2009년 2월 1일 산지유통혁신 112운동을 전개하였다.

49 ④

해설 「협동조합 기본법」 제22조(출자 및 책임) 제4항

오답 ① 조합원은 정관으로 정하는 바에 따라 1좌 이상을 출자하여야 한다〈협동조합 기본법 제22조(출자 및 책임) 제1항〉.
② 조합원 1인의 출자좌수는 총 출자좌수의 100분의 30을 넘어서는 아니 된다〈협동조합 기본법 제22조(출자 및 책임) 제2항〉.
③ 조합원이 납입한 출자금은 질권의 목적이 될 수 없다〈협동조합 기본법 제22조(출자 및 책임) 제3항〉.
④ 조합원의 책임은 납입한 출자액을 한도로 한다〈협동조합 기본법 제22조(출자 및 책임) 제5항〉.

50 ⑤

해설 기본원칙〈협동조합 기본법 제6조〉
① 협동조합등 및 협동조합연합회등은 그 업무 수행 시 조합원등을 위하여 최대한 봉사하여야 한다.
② 협동조합등 및 협동조합연합회등은 자발적으로 결성하여 공동으로 소유하고 민주적으로 운영되어야 한다.
③ 협동조합등 및 협동조합연합회등은 투기를 목적으로 하는 행위와 일부 조합원등의 이익만을 목적으로 하는 업무와 사업을 하여서는 아니 된다.

51 ⑤

해설 우루과이 라운드는 주로 농산물, 서비스, 지적 재산권 등의 무역 자유화를 중심으로 협상을 했다. 환경 보호 규제 강화는 우루과이 라운드의 주요 목표가 아니다.

52 ④

해설 도덕적 해이를 예방하기 위해서는 책임감과 윤리 의식을 강화하고, 성과에 따라 차등 보상을 제공하는 것이 효과적이다. 모든 직원에게 동일한 보상을 제공하면 개별 성과와 책임감이 줄어들어 도덕적 해이가 발생할 가능성이 높다.

53 ①

해설 경제활동인구는 취업자와 구직 활동을 하고 있는 실업자를 포함한다. 정년퇴직 후 연금을 받으며 생활하는 사람은 경제활동에 참여하지 않는 것으로 경제활동인구에 해당하지 않는다.

54 ④

해설 정치적 불안정이나 경제 전반의 변화는 체계적 위험의 예이다. 비체계적 위험은 특정 기업이나 산업에만 영향을 미친다.

55 ②

> **해설** 보통주는 우선주와 달리 배당금 지급이 우선권이 없다. 우선주는 배당금 지급 시 보통주보다 우선적으로 배당을 받을 권리가 있다. 보통주는 의결권이 있고, 배당금이 회사의 이익에 따라 변동되며, 청산 시 잔여 자산 배분에서 후순위를 갖는다.

56 ④

> **해설** 이표채(Coupon Bond)는 정해진 기간마다 이자를 지급하는 채권이다. 만기까지 여러 번 이자를 지급한다. 이자를 한 번만 지급하고 만기 시 원금과 함께 상환하는 채권은 할인채에 해당한다.

57 ③

> **해설** J커브는 환율 상승(자국 통화 가치 하락) 후 무역수지가 초기에는 악화되다가 시간이 지나면서 개선된다. 무역수지는 환율 변동에 즉각 반응하여 개선되는 것이 아니라, 시간이 걸리면서 수출 증가와 수입 감소의 영향을 받아 점차 개선된다.

58 ④

> **해설** 립진스키 정리는 두 상품을 생산하는 개방 경제에서 한 요소가 증가할 때, 해당 요소를 많이 사용하는 상품의 생산량은 증가하고, 다른 상품의 생산량은 감소하는 현상이다. 노동이 증가할 경우, 노동을 많이 사용하는 상품의 생산량은 증가하는 반면, 다른 상품의 생산량은 줄어든다.

59 ③

> **해설** CDS는 채무 불이행에 대비하기 위한 파생상품이지만 신용 위험을 회피하는 유일한 방법은 아니다.

60 ④

> **해설** 맨델-플레밍 모델은 개방 경제에서의 거시 경제 정책을 분석하는 모델로 자본 이동이 자유로운 상황을 가정한다. 고정 환율제도하에서는 통화정책이 비효과적이지만, 재정정책은 자본 이동을 유도해 실질 경제에 영향을 준다. 유동환율제도에서는 통화정책이 효과적이며, 재정정책은 자본 이동에 의해 상쇄되는 경향이 있다.

61 ②

> **해설** 콜옵션은 자산을 매수할 수 있는 권리를 제공하는 옵션이다. 자산을 매도할 수 있는 권리는 풋옵션의 특징에 해당한다. 콜옵션 보유자는 기초 자산을 사는 선택권을 갖지만 매도할 권리는 없다.

62 ②

> **해설** 독점 기업은 상품이나 서비스의 가격을 자유롭게 결정할 수 있다. 소비자는 독점자가 제공하는 가격을 수용하거나, 소비를 포기하는 선택만 할 수 있다.

63 ①

> **해설** 공공재는 비배제성과 비경합성의 특성을 지닌다. 많은 사람들이 동시에 사용해도 추가 비용 없이 누구나 이용할 수 있는 재화이다. 원은 일반적으로 무료로 개방되며, 이용자 수가 늘어나더라도 다른 사람이 이용할 수 있는 가능성이 줄어들지 않으므로 공공재에 해당한다. 반면, 영화관, 스포츠 경기장, 유료 도로, 콘서트 티켓은 사용자가 비용을 지불해야 하거나, 인원이 증가함에 따라 이용에 제한이 생길 수 있다.

64 ①

해설 HTML은 웹 페이지의 구조와 콘텐츠를 정의하는 언어이다. 스타일링과 레이아웃 제어 기능은 없다. 웹 페이지의 스타일링과 레이아웃은 CSS에 의해 정의된다.

65 ②

해설 PNG는 손실 압축이 아닌 무손실 압축 방식을 사용한다. 이미지 품질을 손상시키지 않고 압축하여 저장할 수 있다. PNG는 투명한 배경을 지원하는 대표적인 파일 형식이다.

1	2	3	4	5	6	7	8	9	10
③	⑤	①	⑤	③	④	②	④	②	①
11	12	13	14	15	16	17	18	19	20
⑤	①	⑤	②	④	②	①	①	③	②
21	22	23	24	25	26	27	28	29	30
②	③	④	③	④	①	②	①	④	①

1　③

　해설　지원부서가 홍보팀이고 경제학과를 졸업한 지원자의 점수합계를 구하는 것이다.

2　⑤

　해설　OFFSET(기준위치, 행의 이동 값, 열의 이동 값)을 의미한다. 행의 이동 값이 양수이면 하단으로 이동하고, 열의 이동 값이 양수인 경우에는 오른쪽으로 이동한다. 행의 이동 값이 2이므로 하단으로 2칸 이동하고, 열의 이동 값이 1이므로 왼쪽으로 한 칸 이동하여 '부장'에 해당한다.

3　①

　오답　② 갑, 을, 병, 정.. 등의 순서로 B1과 다른 데이터가 나온다.
　　　　③ 월, 화, 수, 목.. 등의 순서로 C1과 다른 데이터가 나온다.
　　　　④ 자, 축, 인, 묘.. 등의 순서로 D1과 다른 데이터가 나온다.
　　　　⑤ 1, 2, 3, 4, 5... 등의 순서로 E1과 다른 데이터가 나온다.

4　⑤

　해설　C2의 1번째 문자가 M이라면 '남'이고 M이 아니라면 '여'라는 의미의 수식이다.

5　③

　해설　식이나 식 자체의 값이 오류인 경우에 value_if_error를 반환한다.

6　④

　해설　$는 위치를 고정하는 것으로 =C$3*$B4으로 작성해야 모든 셀에 자동 채우기로 입력이 된다.

7　②

　해설　[B2] 셀의 값이 [B2:B8]의 평균값보다 이상이 되는지를 구하는 필터 값에 해당한다.

8 ④

해설 수식이 자체 계산을 시도하거나 자체에 대한 참조를 포함할 때 순환 참조에 대한 오류 메시지가 표시된다.

오답 ① 수식이 유효하지 않은 셀을 참조하는 경우 나타나는 오류이다.
② 수식이나 함수에 잘못된 숫자 값이 포함된 경우 나타나는 오류이다.
③ 유출된 배열 수식의 유출 범위가 비어 있지 않은 경우 나타나는 오류이다.
⑤ A1+B1의 합계를 나타낸 것으로 옳지 않다.

9 ②

해설 VLOOKUP(조회하려는 항목, 찾고자 하는 위치, 반환할 값이 포함된 범위의 열 번호, 대략적 또는 정확히 일치 반환 – 1/TRUE 또는 0/FALSE로 표시)이다. HLOOKUP은 표의 첫 행에 있는 값 또는 값의 배열을 검색한 다음 표나 배열에서 지정한 행으로부터 같은 열에 있는 값을 반환한다. 비교값이 데이터 표의 위쪽에 있을 때 지정한 행 수를 위에서 아래로 조사하려면 HLOOKUP을 사용, 비교값이 찾으려는 데이터의 왼쪽 열에 있으면 VLOOKUP을 사용한다.

10 ①

해설 조건부 서식의 규칙으로 넣어야 하는 것은 열의 번호를 나타내는 COLUMN(A$1)를 사용하고, 짝수 열에 색이 들어가야 하는 것으로 MOD(COLUMN(A$1),2)=0이 되어야 한다.

11 ⑤

오답 ① 결과값이 3이다.
② 결과값이 4이다.
③ 결과값이 1000이다.
④ 결과값이 200이다.

12 ①

해설 EOMONTH 함수는 지정된 달의 수 이전이나 이후 달의 일련번호를 반환한다. 새우과자 공장 출고일 [C2] 셀을 첫 번째에 넣고, 이후에는 시작날짜의 전이나 후의 개월 수를 나타낸다.

13 ⑤

해설 =IF(E3>75,"합격","불합격")으로 75점이 넘으면 합격, 아닌 경우 불합격으로 나오게 한 수식이다.

오답 ① 평균 값을 구하는 수식이다.
② 데이터가 원하는 조건에 부합하는 지 조건의 개수를 세어주는 수식이다.
③ 소수점을 삭제하기 위한 수식이다.
④ 주어진 조건에 의해 지정된 셀의 합을 구하는 수식이다.

14 ②

REPLACE 함수를 사용하여 변경하고자 하는 셀을 선택하고, 바꿀 데이터가 몇 번째에 위치하고 있는지 시작 위치로 '2'를 작성한다. 세 번째에서부터 두 개의 문자를 바꿀 것이므로 '2'를 등록하고 대신할 문자 **를 작성한다.

15 ④

셀에 한글과 특수기호가 작성되어 있기 때문에 결과로 0이 나온다.

① 수식의 오타가 있기 때문에 나타난다.
② 일반적으로 수식이 검색하도록 요청받은 항목을 찾을 수 없음을 나타낸다.
③ 숫자 0으로 숫자를 나누면 표시된다.
⑤ 필요한 리소스에 액세스할 수 없는 경우 나타난다.

16 ②

우박을 의미한다. 인삼(작물)은 우박 피해를 보장한다.

① 조수해 피해 보장은 명시되어 있지 않다.
③ 제3항에서 보험의 목적 중에 인삼은 잔존물 제거비용은 지급되지 않는다고 적혀있다.
④ 제4항에 제3호에서 시비관리(수확량 또는 품질을 높이기 위해 비료성분을 토양 중에 공급하는 것)를 하지 않아 발생한 손해를 보상하지 않는다고 적혀있다.
⑤ 보험금 청구서, 신분증, 기타 회사에서 요구하는 증거자료를 제출해야 한다.

17 ①

선택계약(특약)에 가입한 경우 보장된다.

② 기본계약 자동차사고부상치료비에 해당한다.
③ 보장기간 동안 납입하는 전기납이 가능하다.
④ 제4항 제2호에서 확인할 수 있다.
⑤ 제5항에서 확인할 수 있다.

18 ①

② 가금(닭, 오리, 꿩 등)은 가입대상에 포함되지 않는다.
③ 냉해는 포함되지 않는다.
④ 풍·수재, 설해·지진이 최저 50만원의 자기부담금에 해당한다. 화재는 손해액에 따라 다르다.
⑤ 신규 가입일에서부터 1개월 이내에 발생한 TGE, PED, Rota virus에 의한 손해는 보상하지 않는다.

19 ③

① FSB는 NBFI 복원력 강화를 위한 포괄적인 작업을 진행하고 있다.
② 유동성불균형의 축적요인 및 확산경로는 3가지로 식별할 수 있다.
④ 레버리지를 감축하는 것이다.
⑤ 직접거래를 확대한다.

20 ②

해설 신흥시장국의 대외채무와 함께 대외자금조달의 특징을 설명하고 있다.

21 ②

해설 $xyz = 2450 = 2 \times 5^2 \times 7^2$에서, 세 사람의 나이로 가능한 숫자는 2, 5, 7, 10, 14, 25, 35이다. 이 중 세 수의 합이 46인 조합은 (7, 14, 25)만 가능하고, 이 때 최고령자의 나이는 25세이다.

22 ③

해설 순서를 고려하지 않고 3명을 뽑으므로

$$_5C_3 = \frac{5!}{3! \times (5-3)!} = \frac{5 \times 4 \times 3 \times 2 \times 1}{3 \times 2 \times 1 \times 2 \times 1} = 10(가지)$$

23 ④

해설 신입직원 4명이 회의실 Ⅰ과 회의실 Ⅱ에 들어가게 되는 2명의 인원을 선택하는 것은 $_4C_2 = 6$이다.

24 ③

해설 5개의 숫자에서 숫자 '1' 2개, 숫자 '2' 2개, 숫자 '3' 1개가 있다.

$$\frac{5!}{2!2!1!} = \frac{5 \times 4 \times 3 \times 2 \times 1}{2 \times 2 \times 1} = 30$$

5개의 숫자를 일렬로 나열하는 순열의 수는 30가지이다.

25 ④

해설 주어진 표는 100g(5봉)에 대한 정보이므로 10봉을 섭취해야 1일 영양소 기준치 이상의 포화지방을 섭취하게 된다.

오답 ① 1회 제공량(1봉)은 20g이므로 탄수화물의 함량은 30/5 = 6g이다.

② K사 아몬드초콜릿 100g에서 지방이 제공하는 열량은 45g × 9kcal/g = 405kcal이다. 총 605kcal 중 지방이 제공하는 열량의 비율은 $\frac{405}{605} \times 100 ≒ 66.9\%$이다.

③ 1봉당 지방의 '% 영양소 기준치'는 18%이므로 100% 이상 섭취하려면 6봉 이상 섭취해야 한다.

26 ①

해설 $\dfrac{\text{회사원 수}}{\text{전체 창업지원금 신청자}} \times 100$

• 2019년 : $\frac{357}{790} \times 100 = 45.19\%$

• 2020년 : $\frac{297}{802} \times 100 = 37.03\%$

• 2021년 : $\frac{481}{1,166} \times 100 = 41.25\%$

• 2022년 : $\frac{567}{1,460} \times 100 = 38.84\%$

27 ②

① 사업자 수가 제일 많은 것은 총 합계가 68,141인 치과이다.
③ 연도별로 사업자 수가 줄고 있는 것은 산부인과이다.
④ 치과 다음으로 사업자 수가 증가한 것은 내과·소아과이다.
⑤ 성형외과가 2022년에 사업자 수가 가장 적다.

28 ①

해설 2학년 오후 돌봄교실 학생비율은 37.2%이다.

구분	학년	1	2	3	4	5	6	합
오후 돌봄교실	학생 수	124,000	91,166	16,421	7,708	3,399	2,609	245,303
	비율	50.5	37.2	6.7	3.1	1.4	1.1	100.0
저녁 돌봄교실	학생 수	5,215	3,355	772	471	223	202	10,238
	비율	50.9	32.8	7.5	4.6	2.2	2.0	100.0

② 학년이 올라갈수록 학생 수는 전체적으로 감소하고 있다.
③ 오후 돌봄교실을 이용하는 전체 학생 수 245,303명 저녁 돌봄교실 전체 학생 수가 10,238명이다.
④ 3학년 오후 돌봄교실 학생 수 비율은 6.7%이고 저녁 돌봄교실은 7.5%로 저녁 돌봄교실 비율이 더 높다.
⑤ 1학년 저녁 돌봄교실 학생비율은 50.9%이다.

29 ④

해설 총매출액 35,801,000원으로 백금례 사원의 매출액이 가장 크다.

30 ①

해설 세 사람은 모두 각기 다른 동에 사무실이 있으며, 어제 갔던 식당도 서로 겹치지 않는다.
• 세 번째 조건 후단에서 갑동이와 을순이는 어제 11동 식당에 가지 않았다고 하였으므로, 어제 11동 식당에 간 것은 병호이다. 따라서 병호는 12동에 근무하며 11동 식당에 갔었다.
• 네 번째 조건에 따라 을순이는 11동에 근무하므로, 남은 갑동이는 10동에 근무한다.
• 두 번째 조건 전단에 따라 을순이가 10동 식당에, 갑동이가 12동 식당을 간 것이 된다.
따라서 을순이는 11동에 사무실이 있으며, 어제 갔던 식당은 10동에 위치해 있다.

1	2	3	4	5	6	7	8	9	10
④	①	②	②	⑤	②	③	④	①	②
11	12	13	14	15	16	17	18	19	20
④	③	②	④	①	①	①	⑤	③	③
21	22	23	24	25	26	27	28	29	30
③	⑤	⑤	⑤	⑤	③	①	④	①	④
31	32	33	34	35	36	37	38	39	40
⑤	④	⑤	③	③	③	①	④	⑤	④
41	42	43	44	45	46	47	48	49	50
④	⑤	⑤	⑤	③	①	③	①	⑤	②
51	52	53	54	55	56	57	58	59	60
⑤	⑤	③	①	④	②	④	④	③	①
61	62	63	64	65	66	67	68	69	70
④	⑤	②	①	④	②	④	⑤	⑤	①
71	72	73	74	75	76	77	78	79	80
④	④	④	④	⑤	⑤	③	③	②	①

1 ④

해설 '5. 보험금을 지급하지 않는 사유'에 의하면 구조 목적으로 이용하는 중에 발생한 손해에 대한 배상책임으로는 지급하지 않는다고 명시되어있다.

오답 ① '7. 보험금 등의 지급한도'에 의해 실손해액이 2,000만 원 미만인 경우에는 2,000만 원을 수령받는다.
② '4. 보상한도액'에 라호에 의하면 대동물 피해 1사고당 자기부담금은 대인과 대동물 1사고당 각각 10만 원이다. 대인과 대동물이 각각 1건 총 2건이 발생한 것이므로 자기부담금은 20만 원이 된다.
③ '5. 보험금을 지급하지 않는 사유' 나호에 의하면 고의가 아니라면 동물보호법을 위반하더라도 보상을 한다고 적혀있다.
⑤ 〈부표〉 보험금을 지급할 때의 적립이율에 의하면 31일 이후부터 가산이율이 적립된다.

2 ①

해설 제시문은 편중된 수출 시장을 다변화하기 위한 노력과 코로나19의 확산에 따라 수출 시장 마케팅 방식 전환으로 전년 대비 농식품 수출 증가를 이뤄냈다고 언급하고 있다.

3 ②

해설 생산자물가 상승률은 3월이 제일 높지만 소비자물가 상승률 폭이 제일 큰 지점은 4월이다.

오답 ① 소비자물가 상승률 평균은 2.14이고 생산자물가 상승률 평균은 5.75로 생산자물가 상승률 평균이 더 높다.
③ 소비자물가는 7월과 8월은 2.6으로 동일하고 생산자물가도 7.4로 동일하다.
④ 2월 2.1에서 3월 4.1로 2.0% 상승률로 제일 크게 상승했다.
⑤ 1월부터 4월까지 생산자물가의 상승폭이 1.2%, 2%, 1.9%이고, 소비자물가 상승폭은 0.5%, 0.4%, 0.8%로 생산자물가 상승폭 이 더 높다.

4 ②

해설 2021년 생산액 상위 3개국은 중국, 인도, 미국이다. 상위 3개국 GDP 합은 34,637로 전세계 GDP는 80,737으로 50% 이상은 되지 않는다.

오답 ① 농림어업 생산액 상위 5개국 중에서 브라질만이 2017년 대비해서 2021년에 농림어업 생산액이 감소했다.
③ 2021년에 'GDP대비비율'이 증가한 국가는 브라질, 러시아, 이란, 멕시코, 호주, 스페인이다. GDP는 2017년 대비 감소하였다.
④ 2017년 대비해서 2021년 농림어업 생산이 생산한 국가는 중국, 인도, 미국, 인도네시아, 파키스탄, 멕시코, 호주, 수단, 아르헨티나, 베트남, 스페인이다. 이 국가 중에서 GDP대비비율이 제일 높은 국가는 수단이다.
⑤ 2017년 대비 2021년에 GDP가 상승한 국가는 중국, 인도, 미국, 인도네시아, 파키스탄, 태국, 수단, 아르헨티나, 베트남이 있다. 이중에서 GDP대비비율이 제일 낮은 국가는 미국이다.

5 ⑤

해설 작물별 수급계획을 확정하고 시행하는 것은 농림축산식품부이다.

오답 ① 다수확 품종과 외래품종인 고시히카리는 지속적으로 축소하고 있다.
② 기사에서 확인하면 선풍콩과 대찬콩은 수확과 수량성이 우수해서 공급을 확대할 예정이다.
③ 팥의 수급은 2022년과 2023년이 동일하게 50톤이다.
④ 다수확품종 공급량은 2023년에 15.9% 수준으로 축소할 계획이다.

6 ②

해설 제13조에 따라서 기반시설 지원 대상은 바닥면적 합계가 1천 제곱미터 이상이거나 부지면적 합계가 5천 제곱미터 이상인 시설이다.

오답 ① 제12조에 따라서 국가와 지방자치단체가 1항에서부터 5항까지의 보전계획을 수립하고 시행한다.
③ 제12조2에 포함되지 않는 정보이다.
④ 제12조2에 따라서 3항, 10항, 11항 등에 따르면 축산물과 관련된 정보도 포함된다.
⑤ 제16조에 따라서 중앙행정기관의 장 및 지방자치단체의 장이 한다.

7 ③

해설   교육내용에 대한 정보는 제공하지 않는다.

오답
① 농어촌주민의 소득 증대를 위한 사업인 것을 알 수 있다.
② 소화기, 피난구유도등, 난방기 등의 시설 기준이 있다.
④ 농어촌지역 및 준농어촌지역 주민이거나 본인이 직접 거주하는 주택에 한하여 농어촌민박 사업이 가능하다.
⑤ 본인이 거주하는 연면적 230제곱미터 미만의 단독주택이다.

8 ④

해설   제4항 대상농지 ②호에 따라, 상속받은 농지는 피상속인의 보유기간도 포함되므로 보유기간이 10년이 된다. 하지만 ②호의 요건은 2020년 1월 1일 이후 신규 취득한 농지에서부터 적용된다고 명시되어 있다.

오답
① 설정기간 동안 연금을 받는 기간정액형은 최소 만 68세 이상이 되어야 15년형부터 가입이 가능하다.
② 연속적이지 않더라도 합산 5년 이상 되어야 한다.
③ 압류·가압류·가처분 등의 목적물인 농지는 가입대상농지에서 벗어나기 때문에 가입이 어렵다.
④ 고정금리로 가입한 경우 금리 재산정은 불가하다.

9 ①

해설   배경지식이 전혀 없던 상태에서는 X선 사진을 관찰하여도 알 수 있는 것이 없었지만, 이론과 실습 등을 통하여 배경지식을 갖추고 난 후에는 X선 사진을 관찰하여 생리적 변화, 만성 질환의 병리적 변화, 급성 질환의 증세 등의 현상을 알게 되었다는 것을 보면 관찰은 배경지식에 의존한다고 할 수 있다.

10 ②

해설   학생의 1년 초과 응답자수는 611명 중에 27.5%로 약 168명이고 전업주부는 506명 중에 36.4%로 약 184명이므로 전업주부가 더 높다.

오답
① 남성은 1년 이하 응답비율은 42.5%이고 여성은 35.5%이므로 1년 이하로 비밀번호를 변경주기인 성별은 남성이 더 많다.
③ 20대는 18.2% 40대는 16.5%로 20대의 6개월 이하 비밀번호 변경주기 비율이 더 높다.
④ '변경하였음'과 '변경하지 않았음' 비율로 확인하면 전문직 0.5%, 사무직 0.6%, 판매직 0.3%, 기타 0.4%에서 무응답자가 있는 것을 확인할 수 있다. 전체 대상자수에서 응답률로 계산하면 전문직 3명, 사무직 7명, 판매직과 기타에서 각각 1명씩 나온 것을 예측할 수 있다.
⑤ '변경하였음'과 '변경하지 않았음' 비율로 확인하면 20대 이하 연령은 무응답자가 없다.

11 ④

해설   완제품에서 검출되었고 원료에서 잠정관리기준 이하로 검출되었다. N-니트로소디메틸아민는 제조공정에서 생기는 비의도적 생성물질로 원료에서 N-니트로소디메틸아민 위험이 있다는 추론은 옳지 않다.

12 ③

해설   일정량의 제품 생산을 투입되는 자본과 노동의 함수로 설명하는 것은 경제를 기계로 인식하는 고전학파 경제학자들의 주장이며, 이것은 주어진 글에서 제시한 포철의 종합제철소 건설의 예처럼 기업가의 위험부담 의지나 위기를 기회로 만드는 창의적 역할 등 기업 활동 결과의 변수로 작용하는 기업가 정신을 고려하지 않은 것이었다.

① 애덤 스미스는 '자기 이득'을 그 원리로 찾아내었다고 설명하고 있다.

② 고전학파 경제학자들은 애덤 스미스의 이론을 따랐으며, '경제를 기계로 파악한 애덤 스미스의 후학'이라는 언급을 통해 알 수 있는 내용이다.

④ 자본 및 노동 투입량 외에 '인적 요인'이 있어야 한다.

⑤ 포철의 종합제철소 건설은 경제를 기계로 보았던 고전학파 경제학자들의 관점을 뛰어넘은 결과였다.

13 ②

해설 최 대리와 윤 사원은 바이어 일행 체류 일정을 수립하는 업무를 담당하게 되었으며, 이것은 적절한 계획 수립을 통하여 일정이나 상황에 맞는 인원을 배치하는 일이 될 것이므로, 모든 일정에 담당자가 동반하여야 한다고 판단할 수는 없다.

오답 ① 작년 4/4분기 매출 부진 원인 분석 보고서 작성은 오 과장이 담당한다. 따라서 오 과장은 매출과 비용 집행 관련 자료를 회계팀으로부터 입수하여 분석할 것으로 판단할 수 있다.

③ 최 대리와 윤 사원은 바이어 일행의 체류 일정에 대한 업무를 담당하여야 하므로 총무팀에 차량 배차를 의뢰하게 된다.

④ 민 과장과 서 사원은 등반대회 진행을 담당하게 되었으므로 배정된 예산을 수령하기 위하여 회계팀, 회사에서 지원하는 물품을 수령하기 위하여 총무팀의 업무 협조를 의뢰하게 될 것으로 판단할 수 있다.

⑤ 본부장과 팀장의 변경된 항공 일정 예약은 최 대리 담당이므로 항공편 예약을 주관하는 총무팀과 업무 협조가 이루어질 것으로 판단할 수 있다.

(참고) 일반적으로 출장 관련 항공편 예약 업무는 대부분 기업체의 총무팀, 총무부 등의 조직 소관 업무이다.

14 ④

해설 결원이 생겼을 때에는 그대로 추가 선발 없이 채용을 마감할 수 있으며, 추가합격자를 선발할 경우 반드시 차순위자를 선발하여야 한다.

오답 ① 모든 응시자는 1인 1개 분야만 지원할 수 있다.

② 입사지원서 작성 내용과 다르게 된 결과이므로 취소 처분이 가능하다.

③ 지원자가 채용예정인원 수와 같거나 미달하더라도 적격자가 없는 경우 선발하지 않을 수 있다.

⑤ 장애인 또는 경력자의 경우 성적순위에도 불구하고 우선 임용될 수 있다.

15 ①

해설 ⓒ 카드의 월간 사용한도액이 회원 본인의 책임한도액이 되는 것은 아니므로 부정사용액 중 월간 사용한도액의 범위 내에서만 회원의 책임이 있는 것은 아니다.

ⓔ 신용카드 가맹점이 신용카드의 부정사용 여부를 확인하지 않은 경우에는 그 과실의 정도에 따라 회원의 책임을 감면해 주는 것이지, 회원의 모든 책임이 면제되는 것은 아니다.

16 ①

해설 주어진 조건을 잘 풀어보면 민수는 A기업에 다닌다, 영어를 잘하면 업무 능력이 뛰어나다, 업무 능력이 뛰어나지 못하면 영어를 못한다, 영어를 못하는 사람은 A기업에 다니지 않는다, A기업 사람은 영어를 잘한다. 전체적으로 연결시켜 보면 '민수 → A기업에 다닌다. → 영어를 잘한다. → 업무 능력이 뛰어나다.' 이므로 '민수는 업무 능력이 뛰어나다.'는 결론을 도출할 수 있다.

17 ①

해설　㉠과 ㉢에 의해 A − D − C 순서이다.

㉾에 의해 나머지는 모두 C 뒤에 들어왔다는 것을 알 수 있다.

㉡과 ㉾에 의해 B − E − F 순서이다.

따라서 'A − D − C − B − E − F' 순서가 된다.

18 ⑤

해설　오름차순으로 정리되어 있으므로 마지막 숫자가 8이다. 따라서 앞의 세 개의 숫자는 1 ~ 7까지의 숫자들이며, 이를 더해 12가 나와야 한다. 8을 제외한 세 개의 숫자가 4이하의 숫자만으로 구성되어 있다면 12가 나올 수 없으므로 5, 6, 7 중 하나 이상의 숫자는 반드시 사용되어야 한다. 또한 짝수와 홀수가 각각 2개씩이어야 한다.

• 세 번째 숫자가 7일 경우

　앞 두 개의 숫자의 합은 5가 되어야 하므로 1, 4 또는 2, 3이 가능하여 1478, 2378의 비밀번호가 가능하다.

• 세 번째 숫자가 6일 경우

　앞 두 개의 숫자는 모두 홀수이면서 합이 6이 되어야 하므로 1, 5가 가능하나, 이 경우 1568의 네 자리는 짝수가 연이은 자릿수에 쓰였으므로 비밀번호 생성이 불가능하다.

• 세 번째 숫자가 5일 경우

　앞 두 개의 숫자의 합은 7이어야 하며 홀수와 짝수가 한 개씩 이어야 한다. 따라서 3458이 가능하다.

결국 가능한 비밀번호는 1478, 2378, 3458의 세 가지가 되어 이 비밀번호에 쓰일 수 없는 숫자는 6이 되는 것을 알 수 있다.

19 ③

해설　A와 C 단체 중 적어도 한 단체가 최종 후보가 되지 못한다면, 대신 B와 E 중 적어도 한 단체는 최종 후보가 된다. 이미 지원받은 B단체와 부가가치 창출이 저조한 E탄체는 후보가 될 수 없다. 후보는 A와 C가 된다. 올림픽 관련단체가 우선이므로 C단체이다.

오답　① A 단체는 자유무역협정을 체결한 필리핀에 드라마 콘텐츠를 수출하고 있지만 올림픽과 관련된 사업은 하지 않는다. 최종 선정 시 올림픽 관련 단체를 엔터테인먼트 사업 단체보다 우선하므로 B, C와 같이 최종 후보가 된다면 A는 선정될 수 없다.

② 올림픽의 개막식 행사를 주관하는 모든 단체는 이미 보건복지부로부터 지원을 받고 있다. B 단체는 올림픽의 개막식 행사를 주관하는 단체이다. → B 단체는 선정될 수 없다.

④ D가 최종 후보가 된다면, 한국과 자유무역협정을 체결한 국가와 교역을 하는 단체는 모두 최종 후보가 될 수 없다. D가 최종 후보가 되면 A가 될 수 없고 A가 된다면 D는 될 수 없다.

⑤ 후보 단체들 중 가장 적은 부가가치를 창출한 단체는 최종 후보가 될 수 없고, 한국 음식문화 보급과 관련된 단체의 부가가치 창출이 가장 저조하였다. E 단체는 오랫동안 한국 음식문화를 세계에 보급해 온 단체이다. → E 단체는 선정될 수 없다.

20 ③

해설　인천에서 모스크바까지 8시간이 걸리고, 6시간이 인천이 더 빠르므로

09 : 00시 출발 비행기를 타면 $9 + (8 - 6) = 11$시 도착

19 : 00시 출발 비행기를 타면 $19 + (8 - 6) = 21$시 도착

02 : 00시 출발 비행기를 타면 $2 + (8 - 6) = 4$시 도착

21 ③

해설 먼저 표를 완성하여 보면,

면접관 ＼ 응시자	갑	을	병	정	범위
A	7	8	8	6	2
B	4	6	8	10	(6)
C	5	9	8	8	(4)
D	6	10	9	7	4
E	9	7	6	5	4
중앙값	(6)	(8)	8	(7)	—
교정점수	(6)	8	(8)	7	—

㉠ 면접관 중 범위가 가장 큰 면접관은 범위가 6인 'B'가 맞다.
㉡ 응시자 중 중앙값이 가장 작은 응시자는 6인 '갑'이다.
㉢ 교정점수는 '병'이 8, '갑'이 6이므로 '병'이 크다.

22 ⑤

해설 미곡과 맥류의 재배면적의 합은 2,081이고, 곡물 재배면적 전체는 2,714이므로 $\frac{2,081}{2,714} \times 100 = 76.6\%$

오답 ① 두류의 증감 방향 : 증가 → 증가 → 증가
　　미곡의 증감 방향 : 감소 → 증가 → 증가
② 1962년, 1963년, 1964년은 서류의 생산량이 더 많다.
③ 1964년의 경우 $\frac{208}{138} = 1.5$배이다.
④ 재배면적당 생산량을 계산해보면 두류 4, 맥류 7.5, 미곡 15.9, 서류 18.9, 잡곡 3.7로 가장 큰 곡물은 서류이다.

23 ⑤

해설 2011년 농가교역조건지수 : $\frac{92.5}{81.8} \times 100 = 113.08068 \cdots \%$

2020년 농가교역조건지수 : $\frac{111.3}{108.4} \times 100 = 102.67527 \cdots \%$

113.1 − 102.7 ≒ 10.4%p
∴ 지난 10년간 농가교역조건지수는 약 10.4%p 하락하였다.

24 ⑤

해설 올해 총 연봉은 A팀이 10억 원, E팀이 16억 원으로 E팀이 더 많다.

오답 ① 팀 선수 평균 연봉 $=\dfrac{\text{총 연봉}}{\text{선수 인원수}}$

A : $\dfrac{15}{5}=3$, B : $\dfrac{25}{10}=2.5$, C : $\dfrac{24}{8}=3$, D : $\dfrac{30}{6}=5$, E : $\dfrac{24}{6}=4$

② C팀 작년 선수 인원수 $\dfrac{8}{1.333}=6$명, 올해 선수 인원수 8명

D팀 작년 선수 인원수 $\dfrac{6}{1.5}=4$명, 올해 선수 인원수 6명

C, D팀은 모두 전년 대비 2명씩 증가하였다.

③ A팀의 올해 총 연봉은 $\dfrac{15}{1.5}=10$억 원, 작년 선수 인원수는 $\dfrac{5}{1.25}=4$명

작년 팀 선수 평균 연봉은 $\dfrac{10}{4}=2.5$억 원

올해 팀 선수 평균 연봉은 3억 원

④ 작년 선수 인원수를 구해보면 A−4명, B−5명, C−6명, D−4명, E−5명
전년 대비 증가한 선수 인원수는 A−1명, B−5명, C−2명, D−2명, E−1명
올해 총 연봉을 구해보면 A−10억, B−10억, C−20억, D−25억, E−16억
전년 대비 증가한 총 연봉은 A−5억, B−15억, C−4억, D−5억, E−8억

25 ⑤

해설 2021년 자산 대비 대출 비중은 신용협동조합이 상업은행보다 9.2%p 높다.

26 ③

해설 조건부서식 창 안에 '다음 값의 사이에 있음', 30, 40이라고 되어있는 것은 30 이상 40 이하의 셀 값에 대해서만 지정된 서식인 '굵게, 취소선'을 지정한다는 의미이다.

27 ①

해설 ㉠ '=MID(B4, 8, 1)'은 주민등록번호에서 8번째에 있는 1개의 문자를 추출하는 수식이다.
㉡ OR함수는 두 가지 중 한 가지 조건이라도 '참'이면 결과 값이 '참'이며, AND함수는 모든 조건이 '참'이어야 출력 값이 '참'이므로 ㉡의 결과 값은 '합격'으로 출력된다.

28 ④

해설 스프레드시트에서 셀에 데이터를 입력하고 '셀 복사'를 선택한 후에 채우기 핸들을 드래그하면 동일하게 복사되므로 [B6], [C6], [D6]은 모두 동일하게 '2'가 된다.

29 ①

해설 인터넷 옵션의 일반 설정 중 목록 지우기를 선택하면 최근 열어본 페이지의 목록이 지워지며 글꼴에서는 브라우저에서 사용되는 글꼴에 대한 설정을 할 수 있다.

30 ④

해설 아프리카(모잠비크, 케냐, 탄자니아) 국가만이 에너지/천연자원 부문에서 공통적으로 폐기물을 전략 산업군으로 선정한 것을 [산업·에너지 ODA 우선 추진국별 전략 산업군 선정결과] 표를 통해 알 수 있다.

오답 ① 2012년에 사업을 시작하였으므로 2020년 기준으로 9년째 추진 중이다.

② 성과 예시를 보면 베트남은 4년간 86억 원의 사업비가 투자되었고 연평균 21.5억 원이다. 에콰도르는 3년간 70억 원의 사업비가 투자되었고 연평균 약 23.3억 원이다. 투자된 사업비의 차이는 1.8억 원 가량이다.

③ 기업이 주도하는 후속 성과 창출 극대화를 위해서는 민간 수요기반의 상향식 수요 발굴 외에도 마스터플랜을 기반으로 한 하향식 과제 기획이 필요하다. 지원 대상에 대한 발굴은 국가별 수요뿐만 아니라 산업별 우선순위를 함께 고려하여 국가별 중점 협력 분야를 도출하였다.

⑤ 기사의 결론 부분에는 ODA 협력 요청을 받은 과제들이 공고에 포함되어 있으며 자세한 내용은 홈페이지를 통해 확인할 것을 제시하고 있다.

31 ⑤

해설 차트는 '가로 막대형'이며, 부서명은 '오름차순', 순위 [E4]셀 함수식은 '=RANK(D4,$D$4:$D$8,0)'이므로 ㉠㉡㉢ 모두 맞다.

32 ④

해설 A, B, C 부서에 10명(남자 6명, 여자 4명)의 신임외교관을 배치하고자 하는데, 각 부서에 적어도 한 명의 신임 외교관을 배치한다. 또한 각 부서에 배치되는 신임 외교관의 수는 각기 다르다. 또한, 신임 외교관의 수는 A가 가장 적고, C가 가장 많다. 이를 바탕으로 경우의 수는 총 4가지가 나올 수 있다.

A	B	C
1	2	7
1	3	6
1	4	5
2	3	5

이어서, 여자 신임 외교관만 배치되는 부서가 없다는 조건이 있으므로 여자 외교관이 배치되면 남자 외교관이 최소 1명이라도 함께 배치되어야 한다. 따라서 A는 배제된다. 마지막 조건에서는 B에는 새로 배치되는 여자 신임 외교관의 수가 새로 배치되는 남자 신임 외교관의 수보다 많아야 한다. 이 조건을 충족시키는 경우의 수는 2가지가 나온다.

B	남	여	비고
2	1	1	조건위배
3	1	2	조건충족
4	1	3	조건충족
3(동일)	1	2	조건충족

따라서 B에는 1명의 신임 외교관이 배치된다.

① A에는 신임 외교관이 1명 ~ 2명 배치된다
② B에는 신임 외교관이 2명 ~ 4명이 배치된다.
③ C에는 신임 외교관이 5명 ~ 7명이 배치된다.
⑤ C에는 5명 ~ 7명의 신임 외교관이 배치되나 여자 신임 외교관에 대한 조건이 제시되지 않았으므로 2명인지 확인할 수 없다.

33 ⑤

해설 ㉠ 모든 지목의 보상 배율을 감정가 기준에서 실거래가 기준으로 변경하는 경우 아래와 같이 총보상비는 변경 전의 2배 이상이다.

보상 배율		차이
감정가 기준	실거래가 기준	
1.8	3.2	1.8배
1.8	3.0	1.7배
1.6	4.8	3배
2.5	6.1	2.4배
1.6	4.8	3배
1.6	4.8	3배
총 10.9	총 26.7	총 2.4배

㉡ 보상 배율을 감정가 기준에서 실거래가 기준으로 변경하는 경우, 보상비가 가장 많이 증가하는 지목은 대지이다. 보상비는 용지구입비(면적 × 면적당 지가 × 보상 배율) + 지장물 보상비(20%)이다. 대지는 면적 및 면적당 지가가 가장 클 뿐만 아니라 보상배율에 있어서도 가장 크므로 보상비가 가장 많이 증가한다.

㉣ 공장의 감정가 기준 보상비와 전의 실거래가 기준 보상비는 같다.

지목	면적	면적당 지가	보생배율 (감정가 기준)	용지구입비	지장물 보상비	보상비
공장	100	150	1.6	2,4000(83%)	4,800(17%)	28,800
전	50	150	3.2	24,000(83%)	4,800(17%)	28,800

㉢ 보상 배율이 실거래가 기준인 경우, 지목별 보상비에서 용지 구입비가 차지하는 비율은 임야와 창고가 같다.

지목	면적	면적당 지가	보생배율 (실거래가 기준)	용지구입비	지장물 보상비	보상비
임야	100	50	6.1	30,500(83%)	6,100(17%)	36,600
창고	50	100	4.8	24,000(83%)	4,800(17%)	28,800

34 ③

해설 　①문단에 따르면 템포의 완급은 대단히 중요하며, 동일곡이라도 템포의 기준을 어떻게 잡아서 재현하느냐에 따라서 그 음악의 악상은 달라진다고 설명한다. 또한, 문화권에 따라 템포의 개념이 다를 수 있으나 완급을 바꾸어도 악상이 변하지 않음을 말하고 있지는 않다.

오답 　① ④문단에서는 "호흡의 문제는 모든 생리 현상에서부터 문화 현상에 이르기까지 우리의 의식 저변에 두루 퍼져있는 민족의 공통적 문화요소가 아닐 수 없다."고 함으로써 호흡의 사례를 들어 우리의 의식 저변에 두루 퍼져있는 민족의 문화요소임을 말하고 있다.
　② ②문단과 ④문단에 따르면 서양의 템포 개념은 맥박, 곧 심장의 고동에 기준을 두고 있다. 즉, 서양 음악은 심장 박동수를 박자의 준거로 삼고 있는 것이다.
　④ ⑤문단에서는 한국의 전통 음악이 서양 고전 음악에 비해서 비교적 속도가 느린 것이 분명함을 말하고 있다.
　⑤ ③문단에서는 우리 음악의 박자는 숨을 한 번 내쉬고 들이마시는 동안을 하나의 시간 단위로 설정함을 말하고 있다.

35 ③

해설 　"김 과장은 이번 주에 내부 미팅, 외부 미팅이 모두 예정되어 있다"는 일정은 회의내용 중 1. 개인 스케줄 및 업무 점검 항목에 김 과장은 내부(기획 관련 홍보팀 미팅)와 외부 디자이너 미팅 예정을 통해 알 수 있다.

오답 　① ○○기관은 외부 디자이너에게 브로슈어 표지 이미지 샘플을 요청하지 않고 최 사원과 이 사원이 브로슈어 표지 이미지 샘플을 조사한다.
　② 디자인팀은 이번 주 금요일이 아니라 한 주 뒤 월요일인 3월 23일에 전시회 관람을 한다.
　④ 이 사원은 7월 사보 편집 작업과 함께 브로슈어 표지 이미지 샘플 조사를 해야 한다.
　⑤ 브로슈어 표지 이미지 샘플 조사는 하단의 결정사항에 진행 일정이 명시되어 있으나 사보 편집 작업은 일정이 기재되어 있지 않다.

36 ③

해설 　③문단에서는 온혈동물의 배설물을 통해서 다수의 세균이 방출되고, 총대장균군에 포함된 세균 수는 병원에의 수에 비례한다고 설명하고 있으므로 바르게 이해하였다.

오답 　① ②문단에서는 비병원성 세균을 지표생물로 이용하고 그 대표적 예로 대장균을 들고 있다. 그러나 '온혈동물의 분변에서 기원된 모든 균이 지표생물이 될 수 있는지'는 확인할 수 없다.
　② ②문단에서는 수질 정화과정에서 총대장균군이 병원체와 유사한 저항성을 보인다는 사실이 나타나 있다. 그러나 '총대장균군이 병원체보다 높은 생존율을 보이는지'는 확인할 수 없다.
　④ ①문단에서는 병원체를 직접 검출하는 것이 비싸고 시간이 많이 걸리며 숙달된 기술을 요구한다고 본다. 이어서 이를 해결하기 위해 지표생물을 검출하는 것임을 설명하고 있다. 따라서 '지표생물을 검출하는 것이 병원체 검출보다 숙달된 기술을 필요로 하는지'는 확인할 수 없다.
　⑤ ③문단에서는 분변성 연쇄상구균은 장 밖에서는 증식하지 않아 시료에서 그 수를 일정하게 유지한다는 것을 확인할 수 있다.

37 ①

해설 신용보증기금은 지식재산금융 활성화를 위해 IP-Plus 보증을 시행한다. 중소기업과 금융회사(은행) 간 대출이 실행되면서 신용보증기금이 보증을 하는 구조이다. ㉠에는 신용보증기금과 금융회사가 특정 활동을 지원한다는 내용이 들어가야 하며 A의 "IP 담보대출 및 연계보증 활성화를 위한 업무협약을 체결하고 신용보증을 지원한다."가 가장 적절하다.

오답 ② 보증서는 신용보증기금이 금융회사에 발급하며 보증료는 보도자료 마지막에 언급되어 있으나 면제한다는 내용과는 거리가 멀다.
③ 보증신청은 중소기업이 신용보증기금에 직접 하는 것으로 신용보증기금은 보증심사를 하여 금융회사에 보증서를 발급하게 된다.
④ 신용보증기금은 기업에 IP담보대출금액의 50% 범위에서 기업당 최대 10억 원까지 운전자금을 추가 지원한다.
⑤ IP담보대출 실행 내역은 금융회사가 신용보증기금에 송부하며 IP가치평가는 신용보증기금이 기업을 대상으로 한다.

38 ④

해설 국민연금공단의 연금보험료 지원사업은 무이자, 무담보, 무보증으로 연금보험료를 지원하고 국민연금 수령 후 연금으로 분할 상환할 수 있는 사업이다. 1인당 300만 원 이내로 지원되며 접수 기간은 수시접수로 자금 소진 시 마감되므로 D의 평가는 적절하지 않다.

오답 ① A는 연금보험료 지원사업의 공고문의 내용을 바르게 이해하였다.
② 지원대상은 저소득자(기준 중위소득 80% 이하인 자)로 2인 가구의 기준 중위소득 80%는 2,325,000원이다.
③ 제출 서류는 지원신청서, 개인정보 조회동의서, 약정서 등으로 안내되어 있다.
⑤ 상환조건은 연금수급 개시 월부터 5년 이내로 3년도 포함된다.

39 ⑤

해설 〈보기〉는 이차 프레임을 만드는 물체를 언급하고 있다. ① 문단의 "문, 창, 기둥, 거울 등 주로 사각형이나 원형의 형태를 갖는 물체를 이용"한다는 내용과 관련된다. 이는 원형의 형태를 갖는 물체가 이차 프레임을 형성한다는 의미를 나타낸다. 따라서 채 사원이 말한 "행인이 들고 있는 원형의 빈 액자 틀로 바뀌더라도 이차 프레임이 만들어진다"는 평가가 가장 적절하다.

오답 ① ② 문단에서는 이차 프레임이 대상에 깊이감과 입체감을 부여한다고 했으므로 김 사원의 평가는 적절하지 않다.
② ⑤ 문단에서는 이차 프레임을 만드는 문이나 창을 없애는 것이 아니라 막아버림(봉쇄함)으로써 인물이나 공간의 폐쇄성을 드러낸다고 하였다.
③ ② 문단에서는 화면 안의 인물이나 물체에 대한 시선 유도 기능이 있다고 설명하고 있으므로 박 사원의 평가는 적절하지 않다.
④ ④ 문단에서는 이차 프레임은 대상이 작더라도 존재감을 부각한다고 설명하고 있으므로 한 사원의 평가는 적절하지 않다.

40 ④

해설　㉠의 이차 프레임의 범례에서 벗어나는 시도는 세 가지가 제시되어 있다. 첫째, 내부 이미지의 형체를 식별하게 어렵게 하는 것, 둘째, 이차 프레임인 창이나 문을 봉쇄해 버리는 것, 셋째, 이차 프레임 내의 대상이 이차 프레임의 경계를 넘거나 파괴하는 것이다. 이는 이차 프레임이 가진 기존의 기능에서 벗어난 사례가 아니라 ③ 문단에서 설명한 '이차 프레임이 주제나 내용을 드러내는 기능을 지닌다'는 사례에 해당한다.

오답　① 김 사원은 '팔과 다리는 틀을 빠져나와 있다'고 발표했다. 팔과 다리가 이차 프레임에 해당하는 직사각형 틀 밖으로 나온 것이므로, 이는 이차 프레임의 경계를 넘는 것에 해당한다.
② 이 사원은 '문이나 창이 항상 닫혀 있는데, 이는 주인공의 폐쇄적인 내면을 상징한다'고 발표했다. 여기서 문이나 창이 항상 닫혀 있는 것은 이차 프레임인 문이나 창을 봉쇄해버리는 것에 해당한다.
③ 박 사원은 "그 안은 실체가 불분명한 물체의 이미지"라고 발표했는데, ⑤ 문단은 이차 프레임 내부 이미지의 형체를 식별하기 어렵게 만들어 관객의 지각 행위를 방해한다고 설명하고 있다. 관객에게 혼란을 준다는 것은 관객의 지각을 방해하는 행위로 볼 수 있다.
⑤ 채 사원은 "이차 프레임인 차창을 안개로 줄곧 뿌옇게 보이게 하여 외부 풍경을 보여 준다"고 발표했다. 이는 이차 프레임 내부 이미지의 형체를 식별하기 어렵게 만드는 것에 해당한다.

41 ④

해설　'국민이 참여하는 혁신 제안 공모전'에는 공단 사업 혁신 또는 사업관련 동반성장 아이디어를 주제로 참여를 받는다. 이때, 두 명 이상이 제안할 경우 두 명 이름을 모두 명시한다.

오답　① 공단 사업에 관심 있는 국민 누구나 참여할 수 있으므로 관련 경력 보유 여부 및 유관기관 근무 여부를 묻지 않는다.
② 최우수상은 100만 원이 포상이 주어지며 6월 초에 결정되고 발표 평가가 아닌 서면심사로 평가한다.
③ 타 공모전 입상이 판명될 경우 입상이 취소될 수 있으나 수상자는 홈페이지 게시판이 아닌 개별 연락한다.
⑤ 아이디어를 추진한 이전과 이후의 모습을 대비되게 작성한다.

42 ⑤

해설　'국민이 참여하는 혁신 제안 공모전'의 작성요령 '5.'에는 "국내외 논문 발표작은 제출 불가하다"고 명시되어 있다. 따라서 박사논문을 받은 주제로 제안할 경우에는 제안 분야를 검토하기보다는 제출가능 여부를 검토하여 제출이 불가능함을 답변해야 한다.

오답　① 제안서는 A4 3페이지 이내로 작성하되 참고자료는 별첨으로 명시했으므로 적절히 답변하였다.
② 용량의 크기는 명시하지 않았고 용량을 작게 할 것으로 명시하였으므로 적절히 답변하였다.
③ 2명 이상이 제안서를 작성할 경우 이름은 모두 기재하되, 핸드폰 번호는 대표 제안자 한 명을 명시하면 되므로 적절히 답변하였다.
④ 제안서에는 아이디어 추진 이전과 이후의 모습이 대비되게 작성해야 한다고 명시하였으므로 적절히 답변하였다.

43 ⑤

해설 ⑤ 문단의 "이 시각은 경제 주체의 행동이 항상 합리적으로 이루어지는 것은 아니라는 관찰에 기초하고 있다. 예컨대 많은 사람이 자산 가격이 일정 기간 상승하면 앞으로도 계속 상승할 것이라 예상하고"를 통해 볼 때, ㉣은 자산 가격이 상승하면 계속 상승할 것이라고 예상하는 사람들의 행동을 비합리적르로 본다. 따라서 ㉣의 시각에서 본다면 〈보기〉의 각 경제 주체들이 낙관적인 투자 상황이 지속될 것이라고 예상한 것, 즉 가격이 계속 상승할 것이라고 예상하는 비합리적 행동을 했다는 점을 근거로 들어 그 경제 주체 모두를 비판하게 될 것이다. 이 과장이 가장 적절히 평가하였다.

오답 ① 최 팀장은 ㉠이 위험을 감수하고 고위험채권에 투자한 정도와 고위 경영자들에게 성과급 형태로 보상을 지급한 정도가 비례했다는 점을 들어 은행의 고위 경영자들을 비판할 것이라고 본다. 이는 ㉢의 내용에 해당하므로 적절하지 않은 평가다.

② 박 과장은 ㉡이 부동산 가격 상승에 대한 기대 때문에 예금주들이 책임질 수 없을 정도로 빚을 늘려 은행이 위기에 빠진 점을 들어 예금주의 과도한 위험 추구 행태를 비판할 것이라고 본다. 이는 ㉣의 시각이므로 적절하지 않은 평가다.

③ 김 대리는 ㉢이 저축대부조합들이 주식회사로 전환한 점을 들어 고위험채권 투자를 감행한 결정이 궁극적으로 예금주의 이익을 더욱 증가시켰다고 은행을 옹호할 것이라고 본다. 이는 ㉡의 시각에 가까우므로 적절하지 않은 평가다.

④ 홍 부장은 ㉢이 저축대부조합이 정부의 규제 완화를 틈타 고위험채권에 투자하는 공격적인 경영을 한 점을 들어 저축대부조합들의 행태를 용인한 예금주들을 비판할 것이고 본다. 이는 ㉡의 시각에 가까우므로 적절하지 않은 평가다.

44 ⑤

해설 ⓐ는 주식회사에 주주들의 이익과 책임의 크기에 차이가 있음을 보여준다. 회사의 이익이 커질수록 주주들의 이익은 커질 수 있는데, 반대로 손실을 볼 경우에는 자신의 주식만큼만 유한책임을 지게 된다. 이 과장은 주주들이 고위험 고수익 사업을 선호하는 것은 이런 사업이 회사의 자산 가치와 부채액 사이의 차이가 줄어들 가능성을 높이기 때문이라고 말하고 있다. 이는 ⓐ에 대한 설명과 모순되므로 평가 의견으로 적절하지 않다.

오답 ① ③ 문단의 "회사가 파산할 경우에는 주주의 손실은 그 회사의 주식에 투자한 금액으로 제한된다"에서 주주의 손실이 주식에 투자한 금액으로 제한된다는 것은 유한책임을 진다는 것을 의미하므로 김 주임의 의견은 적절하다.

② ③ 문단의 "주주들은 회사의 모든 부채를 상환하고 남은 자산의 가치에 대한 청구권을 갖는 존재"에서 '회사의 모든 부채를 상환하고 남은 자산'은 곧 회사의 자산 가치−부채액이다. 만약 이 값이 0보다 클 경우에는 이 몫이 주주의 몫이므로 박 대리의 의견은 적절하다.

③ ③ 문단에서 "주주의 손실은 그 회사의 주식에 투자한 금액으로 제한"됨이 나타나 있다. 이는 주주들은 투자 금액을 잃을 뿐 회사가 부채를 얼마나 많이 못 갚는지는 주주들의 이해와 무관하다는 것이므로 전 팀장의 의견은 적절하다.

④ ③ 문단에서는 "회사의 자산 가치가 부채액보다 더 커질수록 주주에게 돌아올 이익도 커지지만, 회사가 파산할 경우에는 주주의 손실은 그 회사의 주식에 투자한 금액으로 제한된다"고 설명하고 있다. 이는 주주의 입장에서 설명한 것이지만 회사의 입장에서 생각한다면 오 대리의 의견과 일치한다.

45 ③

해설 ② 문단과 ③ 문단을 종합적으로 고려해보면 식용 귀뚜라미 0.45kg을 생산하기 위해 물 3.8L가 필요하다. 그런데 쇠고기의 경우 19,000L의 4배 이상, 즉 7,600L 이상의 물이 필요하다. 즉 쇠고기는 귀뚜라미 생산보다 2,000배 이상의 물이 필요하다.

오답 ① ① 문단에 따르면 냉혈동물인 귀뚜라미는 먹이를 많이 소비하지 않는다고 설명한다. 이는 생산에 자원이 덜 들어간다는 것을 의미하므로 김 연구원은 적절히 평가하였다.

② ① 문단에 따르면 곤충의 종류 중 일부가 현재 식재료로 사용되고 있다. 또한, ③ 문단에서는 곤충 사육은 많은 지역에서 이루어지고 있음이 나타난다. 즉 사육은 많은 지역에서 이루어지고 있지만 식용으로 사용되는 곤충의 종류에 일부에 불과하다는 것으로 이 연구원은 적절히 평가하였다.

④ ② 문단에 따르면 동일한 자원으로 식용 귀뚜라미를 더 많이 생산할 수 있으므로 귀뚜라미 생산에 자원이 더 적게 든다는 것을 확인할 수 있다. 또한, ④ 문단에 따르면 식용 귀뚜라미의 판매 가격은 쇠고기의 가격과 큰 차이가 없으므로 정 연구원은 적절히 평가하였다.

⑤ ② 문단에 따르면 귀뚜라미를 사육할 때 발생하는 온실가스의 양은 가축을 사육할 때의 20%이다. 귀뚜라미를 기준으로 한다면 가축을 사육할 때 발생하는 온실가스의 양은 귀뚜라미를 사육할 때의 5배이므로 임 연구원은 적절히 평가하였다.

46 ①

해설 ⓐ에 따라 A사는 20억 원, B사는 60억 원을 지급받는다. 그리고 ⓑ에 따라 추가로 분배받는다.

㉠ ⓐ에 따른 금액이 결정되어 있으므로, 각자 ⓑ에 의해 분배받는 금액을 최대화하고자 한다. A사가 B사에 비해 지출한 비용의 비중이 가장 큰 것은 광고홍보비이며, B사가 A사에 비해 지출한 비용의 비중이 가장 큰 것은 연구개발비이다.

㉡ ⓐ에 따라 분배받는 비용은 B사가 A사의 3배이다. 또한 연구개발비로 지출한 비용의 비중도 B사가 A사의 3배이다. 따라서 ⓑ에 의해 B사가 A사의 3배를 분배받으며, 분배받는 총액 역시 3배가 된다.

오답 ㉢ A사와 B사의 판매관리비 지출액이 동일하므로 ⓑ에 따라서는 동일하게 분배받는다. 그러나 B사는 ⓐ에 따라 더 많이 분배받으므로 총액은 B사가 더 많다.

㉣ 광고홍보비를 기준으로 ⓑ에 따라 지급받는 액수는 A사 : $120 \times 2 \div 3 = 80$(억 원), B사 : $120 \times 1 \div 3 = 40$(억 원)이다. 따라서 ⓐ와 ⓑ를 모두 고려한 총액은 A사, B사 모두 100억 원이다.

47 ③

해설 (가) 처리 순서는 $50 \rightarrow 53 \rightarrow 37$ 순으로 가고 있다. 50에서 53으로 이동한 것은 트랙 번호가 높아졌는데, 그 다음에는 더 낮은 번호인 37번으로 이동했다. 이는 (가)의 헤드가 '일정하게 한쪽 방향'으로만 움직이는 것이 아니라는 것을 나타낸다. 따라서 특정한 방향으로 움직이면서 데이터를 처리하는 방식인 SCAN 스케줄링이나 LOOK 스케줄링은 아니라는 것이다. (가)의 처리 순서는 결국 계속 가까운 트랙부터 처리하는 SSTF 스케줄링이다.

(나) $50 \rightarrow 53 \rightarrow 98$ 순으로 이동한다. (가)와 달리 53번 트랙 다음에 가까운 37이 아니라 먼 쪽인 98로 이동한 것이다. 이후 $98 \rightarrow 122 \rightarrow 183$까지 트랙 번호가 점차 높아진다. 즉 그래프에서 헤드가 오른쪽으로 이동한다. 그리고 나서 183 다음에는 $37 \rightarrow 14$로 트랙 번호가 점차 낮아진다. 따라서 (나)는 특정한 방향으로 움직이면서 데이터를 처리하는 방식인 SCAN 스케줄링이나 LOOK 스케줄링 둘 중 하나라는 것을 알 수 있다. (나)의 그래프는 199가 아니라 183까지 이동했다가 낮은 트랙 번호 쪽을 방향을 바꾸어 37번 트랙으로 이동했기 때문에 LOOK 스케줄링이다.

48 ①

해설 SSTF 스케줄링은 헤드에서 가까운 트랙부터 데이터를 순서대로 처리하므로, 현재 헤드는 0에 있고 요청 순서가 3, 2, 1이라고 해도 $0 \to 1 \to 2 \to 3$의 순으로 헤드가 움직인다. 그럼 총 이동 거리는 3이 된다. LOOK 스케줄링은 대기 큐에 요청되는 트랙 번호의 최솟값과 최댓값 사이를 오가면서 모든 데이터를 처리하는 방식이다. 현재 0에서 출발하여 3까지 간 것이다. 즉 $0 \to 1 \to 2 \to 3$ 순으로 헤드가 움직일 것이고, 총 이동 거리는 3이다. 총 이동 거리는 탐색 시간에 비례하므로, 여기서 SSTF 스케줄링과 LOOK 스케줄링의 탐색 시간의 합은 같다.

오답 ② FCFS 스케줄링은 요청 순서대로 처리하므로 $0 \to 3 \to 2 \to 1$의 순서로 헤드가 움직이게 되어 총 이동 거리는 5가 된다. 이에 비해 SSTF 스케줄링은 헤드에서 가까운 것부터 처리하므로 $0 \to 1 \to 2 \to 3$의 순으로 헤드가 움직이고 총 이동 거리는 3이다. 따라서 FCFS 스케줄링이 SSTF 스케줄링보다 탐색 시간의 합이 크다.

③ 탐색 시간의 합은 이동 거리에 비례하는데 두 방식 모두 총 이동 거리가 3으로 같다. 따라서 둘의 탐색 시간의 합은 같다.

④ FCFS 스케줄링은 현재의 위치 0에서 디스크 반대쪽 끝까지 움직이면서 처리한다. 반면 SCAN 스케줄링은 디스크의 양 끝을 오가면서 이동 경로 위에 포함된 모든 대기 큐에 있는 트랙에 대한 요청을 처리하는 방식이다. 따라서 FCFS 스케줄링이 SCAN 스케줄링보다 탐색 시간의 합이 작다.

⑤ LOOK 스케줄링과 SCAN 스케줄링의 총 이동 거리는 같으므로 둘의 탐색 시간의 합은 같다.

49 ⑤

해설 • 전년 화학제품 매출액이 올해 화학제품 매출액의 80% 미만이라는 것은, 올해 화학제품 매출액의 전년 대비 증가율이 25%를 초과하는 것이라고 할 수 있다. → ㉠, ㉡, ㉢ 해당 … ③
• 올해 화학제품 매출액이 총매출액에서 화학제품을 제외한 매출액의 2배 미만이라는 것은, 화학제품 매출액이 총매출액에서 67% 미만을 차지한다는 의미이다. → ㉡, ㉣ 해당 … ①
• 올해 총매출액은 'C기업'가 'G기업'보다 작다. → ㉠, ㉡ 해당 … ②
• 'B기업'의 전년 화학제품 매출액은 $\frac{37.6 - x}{x} \times 100 = 5.3$, ∴ $x =$ 약 35.7이다. ㉠, ㉡, ㉢, ㉣ 각각의 전년 화학제품 매출액을 구하면 약 48.1, 약 42.1, 약 27.3, 27이다. → ㉢, ㉣ 해당 … ④

오답 조건분석 ① : ㉡, ㉣은 'H기업' 또는 'I기업' 중 하나이다.
조건분석 ② : ①에서 ㉡은 'H기업' 또는 'I기업' 중 하나라고 하였으므로 'G기업'은 ㉠이 된다.
조건분석 ③ : ①, ②에 따라 ㉠은 'G기업', ㉡은 'H기업' 또는 'I기업' 중 하나이므로, 'F기업'은 ㉢이 된다.
조건분석 ④ : ③에서 ㉢은 'F기업'이므로 'I기업'은 ㉣이 되고, 나머지 ㉡이 'H기업'이다.
주어진 화학제품 매출액 비율 공식과 전년 대비 증가율을 바탕으로 ㉠, ㉡, ㉢, ㉣의 올해 총매출액과 전년도 화학제품 매출액을 구하면 다음과 같다.

구분	올해 총매출액	전년도 화학제품 매출액
㉠	$\frac{62.4}{x} \times 100 = 100$ ∴ $x = 62.4$	$\frac{62.4 - x}{x} \times 100 = 29.7$ ∴ $x =$ 약 48.1
㉡	$\frac{54.2}{x} \times 100 = 63.2$ ∴ $x =$ 약 85.8	$\frac{54.2 - x}{x} \times 100 = 28.7$ ∴ $x =$ 약 42.1
㉢	$\frac{34.6}{x} \times 100 = 67.0$ ∴ $x =$ 약 51.6	$\frac{34.6 - x}{x} \times 100 = 26.7$ ∴ $x =$ 약 27.3
㉣	$\frac{29.7}{x} \times 100 = 54.9$ ∴ $x =$ 약 54.1	$\frac{29.7 - x}{x} \times 100 = 10$ ∴ $x =$ 약 27

50 ②

해설 〈보고서〉에서 언급하고 있는 '갑'국의 인수·합병 현황과 〈표 1〉, 〈표 2〉 〈표 3〉을 바탕으로 '갑'국이 A~E 중 어느 것인지를 확인해야 한다.
- 〈보고서〉에 따르면 '갑'국의 IT산업 인수·합병 건수는 3개 분야 모두에서 매년 미국의 10% 이하에 불과했다. 따라서 3개 분야 중 한 번이라도 미국의 10%를 초과한 적이 있다면 제외된다. → A, B, C 제외
- 〈보고서〉에 따르면 '갑'국의 연도별 인수·합병 건수 증가 추이는 소프트웨어 분야와 컴퓨터 분야의 인수·합병 건수는 매년 증가하였고, 인터넷 분야 인수·합병 건수는 한 해를 제외하고 매년 증가하였다고 하였으므로, 앞에서 제외되고 남은 D, E 중 D가 '갑'국에 해당함을 알 수 있다.

따라서 '갑'국의 2017년 IT산업 3개 분야 인수·합병 건수의 합을 구하면, $49+38+18=105$이다.

51 ⑤

해설 금융부문의 상호금융사업에 해당한다. 농협의 금융사업은 농협 본연의 활동에 필요한 자금과 수익을 확보하고 차별화된 농업금융 서비스 제공을 목적으로 한다.

52 ⑤

해설 1963년 1월 20일 ICA 집행위원회에 준회원 자격으로 가입이 결정되었다.

※ 농협의 ICA 연혁

1963년 1월 20일 ICA 집행위원회에 준회원 자격으로 가입이 결정되었다. 1972년 12월 15일 ICA 제25차 바르샤바 회의에서 정회원으로 승격되었다.

53 ③

해설 「협동조합기본법」 제10조 2항에 따라 국가 및 공공단체는 협동조합 및 사회적 협동조합 등의 사업에 대하여 적극적으로 협조하여야 하고, 그 사업에 필요한 자금 등을 지원할 수 있다.

오답 ① 「협동조합기본법」 제2조에 따라 협동조합의 정의이다.
② 「협동조합기본법」 제2조에 따라 사회적 협동조합에 대한 정의이다.
④ 「협동조합기본법」 제5조에 따라 협동조합의 설립목적이다.
⑤ 「협동조합기본법」 제7조 협동조합의 책무와 관련된다.

54 ①

해설 「협동조합기본법」 제9조에 따라 협동조합은 공직선거에 관여할 수 없다.

※ 「협동조합기본법」 제6조(기본원칙)

제1항 협동조합은 업무 수행 시 조합원등을 위하여 최대한 봉사하여야 한다.
제2항 협동조합은 자발적으로 결성하여 공동으로 소유하고 민주적으로 운영되어야 한다.
제3항 협동조합은 투기를 목적으로 하는 행위와 일부 조합원등의 이익만을 목적으로 하는 업무와 사업을 하여서는 아니 된다.

55 ④

해설 「협동조합기본법」 제23조(의결권 및 선거권)에 따라 조합원은 출자좌수와 관계없이 1개의 의결권과 선거권을 가진다.

오답
① 「협동조합기본법」 제22조(출자 및 책임)에 따라 출자금은 협동조합에 납입할 출자금은 협동조합에 대한 채권과 상계하지 못한다.
② 「협동조합기본법」 제26조(지분환급청구권과 환급정지)에 따라 청구권은 2년간 행사하지 아니하면 시효로 인하여 소멸된다.
③ 「협동조합기본법」 제22조(출자 및 책임)에 따라 조합원 1인의 출자좌수는 총 출자좌수의 100분의 30을 넘어서는 아니 된다.
⑤ 「협동조합기본법」 제22조(출자 및 책임)에 따라 출자금은 질권의 목적이 될 수 없다.

56 ②

해설 신토불이운동에 대한 설명이다. 식사랑 농사랑 운동은 급속히 확대되는 시장개방으로 국민의 식생활에 우리 농산물의 중요성을 인식시키기 위해 전개되었다.

오답
① 신토불이운동(1989), 농도불이운동(1994), 농촌사랑운동(2003) 순서로 전개되었다.
③ 신풍운동의 목표이다. 농협운영의 기본방침을 자력배영, 종합개발, 책임경영으로 설정하고 목표달성을 위해 임직원 실천강령을 제시했다.
④ 새마을운동 이전에는 자조·자립·협동이었다가 새마을운동을 전개하면서 근면·자조·협동을 새마을운동을 지도이념으로 정했다.
⑤ 농업과 농촌을 활성화하고 도시민과 농업인이 함께 실익을 창출하기 위해 전개되었다.

57 ④

오답
① 육지행선(陸地行船) : 육지에서 배를 타고 간다는 의미로 불가능한 일을 하려는 것을 의미한다.
② 계무소출(計無所出) : 계획이 통하지 않는 상황을 의미한다.
③ 신토불이(身土不二) : 사람의 몸과 땅은 나눌 수 없다는 것을 의미한다.
⑤ 양금택목(良禽擇木) : 어진 새는 나무를 가려서 둥지를 만든다는 것을 의미한다.

58 ④

오답
① 인슈어테크(InsureTech) : 보험(Insurance)과 기술(Technology)의 합성어로, 데이터 분석을 통해 다양한 보험 서비스를 제공하는 것이다.
② 핀테크 : 금융(Financial)과 기술(Technology)의 합성어로, 금융서비스와 관련된 소프트웨어 서비스를 제공한다.
③ 섭테크(Suptech) : 감독(Supervision)과 기술(Technology)의 합성어로, 최신 기술로 금융감독 업무를 수행하기 위한 것이다. 금융감독이나 검사 등의 금융상담서비스이다.
⑤ 블랙테크(black tech) : 잘 알려지지 않은 첨단 기술을 의미한다.

59 ③

오답
① NFC(Near Field Communication) : 근거리에 있는 사람과 무선 데이터를 주고받는 통신 기술이다.
② 페어링 : 블루투스 기기를 서로 연결하는 것을 의미한다.
④ 지그비(Zigbee) : 무선 네트워킹 기술로 근거리 통신을 지원하는 유비쿼터스 컴퓨팅의 핵심 기술이다.
⑤ 블루투스 : 휴대폰이나 이어폰 등을 연결하여 사용하는 근거리 무선 통신 기술을 의미한다.

60 ①

② 웹 어셈블리 : 웹에 있는 네이티브 애플리케이션과 같은 것으로, 빠른 실행을 위한 차세대 바이너리 포맷 표준이다.
③ 양자암호통신 : 송수신자만 해독이 가능한 일회성 암호키로 도청을 차단하는 통신 기술이다.
④ DNS(Domain Name System) : 인터넷에 연결된 특정컴퓨터의 도메인 네임을 IP Address로 바꾸어 주거나 또는 그 반대의 작업을 처리해주는 시스템이다.
⑤ MIME(Multipurpose Internet Mail Extensions) : 인터넷 전자메일을 통하여 여러 다른 종류의 파일들을 전송가능하게 하기 위해 개발된 것이다.

61 ④

④ 「도로교통법」에 따라 실물 운전면허증과 동일한 효력을 가진다.

② 블록체인 기반의 DID(Decentralized Identity)는 신원증명기술이다.

62 ⑤

① 아마존 웹서비스 : 클라우드 서비스를 주력으로 판매하는 아마존의 자회사이다.
② 아마존 레코그니션 : 기계 학습 전문 지식을 사용하지 않고 딥러닝 기술을 사용하여 이미지나 비디오에서 객체, 사람, 텍스트 등을 식별하고 부적절한 콘텐츠를 탐지하는 기술이다.
③ AI 머신비전 : 알고리즘으로 CCTV 모니터링을 하거나 공장에서 불량품을 판단하는 시스템을 의미한다.
④ 사물인터넷 : 인터넷으로 연결된 기기가 사람의 개입 없이 서로 정보를 주고받아 가전제품, 전자기기 등을 언제 어디서나 제어할 수 있는 인터넷이다.

63 ②

① 네이티브 앱 : 모바일 운영체제에 최적화된 언어에 맞춰 개발된 것이다.
③ 하이브리드 앱 : 기본기능은 HTML, 자바 등의 표준기술로 제작하고, 배포할 때는 모바일 운영체제 환경에 패키징 처리를 한 것이다.
④ 웹 앱 : 웹 페이지를 스마트폰 화면의 크기에 맞춰서 줄인 것으로 모든 기기에서 동일하게 사용할 수 있다.
⑤ 반응형 웹 : 디바이스 종류와 화면의 크기에 따라 웹 페이지가 반응하여 화면 구성을 하는 것이다.

64 ①

확장현실(XR : eXtended Reality) : 가상현실(VR), 증강현실(AR), 혼합현실(MR) 등의 다양한 기술로 구현되는 현실과 비슷한 공간으로 실감기술이라고도 부른다.

② 혼합현실(MR : Mixed Reality) : 가상현실과 증강현실을 혼합한 기술로 현실 배경에 현실과 가상의 정보를 혼합시켜 공간을 만드는 기술로 현대자동차의 헤드업 디스플레이, 인텔사의 스마트 헬멧 등이 있다.
③ 증강현실(AR : Augmented Reality) : 기술이 컴퓨터그래픽이 만든 가상환경에 사용자를 몰입하도록 함으로써 실제 환경은 볼 수 없다. HDM 기기를 머리에 쓰고 사용자가 가상공간을 볼 수 있다.
④ 가상현실(VR : Virtual Reality) : 현실 세계에 3차원 가상물체를 겹쳐 보여주는 기술
⑤ 홀로그램(Hologram) : 영상 입체 사진으로 홀로그래피를 원리로 만들어진다.

65 ④

해설 신용카드 지불 정보를 처리하기 위한 프로토콜에 사용되는 기술은 아니다.

오답 ① 카드 사용자의 정보를 공개키로 암호화 하기 위해서 사용된다.
② 카드 사용자가 제공한 비밀키를 공개키 방식으로 암호화해서 사용된다.
③ 정보의 위·변조를 방지하기 위해 사용된다.
⑤ 전자문서를 일정한 코드 값으로 만들기 위해 사용된다.

66 ②

해설 ⓛⓒ 경기불황을 극복하는 정책이 될 수 있다.

오답 ㉠ 기업의 투자를 감소시킨다.
㉣ 통화량 감소로 경기가 위축된다.

67 ④

오답 ① 공개매수 : 주식을 특별관계자가 공개적으로 대량 매수하는 것을 의미한다.
② 랩어카운트 : 종합자산관리 중에 하나로 고객의 투자 성향에 맞춰서 종목을 추천하는 서비스를 제공하고 수수료를 받는 상품을 의미한다.
③ 공매도 : 주가 하락이 예상되는 기업의 주식을 대량으로 빌려서 매도하고 주가가 떨어지면 싼값에 갚아서 차익을 보는 것이다.
⑤ 매수옵션 : 매수 위협을 받는 경우 회사의 가치 있는 자산을 우선적으로 매수하도록 하는 선택권을 의미한다.

68 ⑤

오답 ① 유상증자 : 신주를 발행해서 주주에게 판매하는 것으로 기업에서 자금을 확보하기 위한 수단이다.
② 오버행 : 대기물량의 양이 많은 것을 의미하는 것으로 대량으로 보유한 주식을 일괄적으로 매도하면서 발생하는 현상이다.
③ 데이트레이딩 : 매수한 주식을 당일에 매도하는 당일 매매를 의미한다.
④ 데드크로스 : 단기이동평균선이 하향세가 되는 것을 의미한다.

69 ⑤

해설 기업의 재무 건전성을 알 수 있는 대표적 지표는 이자보상비율로 기업의 지급 불능 상태를 파악하는 가장 중요한 지표이다. 이자보상비율은 영업이익을 이자비용으로 나눈 값으로 보통 2배 이상이면 양호한 것으로, 1배 미만이면 불량한 것으로 판단된다. E기업의 이자보상비율은 $100/250 = 0.4$배로 영업이익으로 이자비용의 40% 밖에 상환할 수 없는 상황임을 보여준다.

70 ①

해설 ① 선물은 현재 외환, 채권, 주식 등을 기초자산으로 하는 금융선물뿐만 아니라 곡물, 원유 등을 기초자산으로 하는 상품인 선물도 존재한다.

71 ④

| 오답 | ㄹ 환율의 하락 시에는 외국 재화의 가격이 낮아지기 때문에 수입품의 소비가 증가한다.

72 ④

해설　불경기로 우동의 판매량은 줄었지만 라면의 판매량은 증가하였으므로 우동은 정상재, 라면은 열등재에 해당한다.
※ 기펜재
경기침체시 열등재의 상품 중에서 대체효과보다 소득효과의 절대적 크기가 더 커서, 가격하락시 수요량의 감소가 나타나는 상품을 말한다.

73 ④

해설　관세철폐 후 경제적 후생변화
　　ㄱ 소비자잉여 : (B + C + D + E)만큼 증가
　　ㄴ 생산자잉여 : B만큼 감소
　　ㄷ 정부관세수입 : D만큼 감소
　　ㄹ 총잉여 : (C + E)만큼 증가

74 ④

해설　수입물가의 상승은 경상수지 적자요인으로 작용한다. 금융자산보다 실물자산을 보유한 사람이 인플레이션 상황하에서 유리하다. 인플레이션에 따른 시장이자율의 상승은 변동금리 대출이자율에 전가되므로 변동금리로 대출한 사람에게 불리하다.

75 ⑤

해설　다수의 투자자가 존재하는 것은 완전시장 요건에 해당하지 않는다.

76 ⑤

해설　〈요인 1〉은 수요 증가, 〈요인 2〉는 공급 증가의 요인이므로 변동 후 균형점은 C, D, E 중 하나이다. 그런데 전자로 인한 변동 폭이 후자로 인한 변동 폭보다 작으므로 환율이 하락한 E가 변동 후 균형점이 된다.

77 ③

해설　ㄴ 이자율 6%, 현재가치 8천 9백만 원, 기간 2년이므로 미래가치를 계산하면, 8,900만 원×$(1+0.06)^2$=1억 원이 되므로 옳다.
　　ㄹ 이자율 5%, 현재가치 100만 원인 경우, 10년 후의 미래가치는 100만 원×$(1+0.05)^{10}$=약 163만 원이 되므로 현재의 100만 원은 10년 후의 200만 원보다 가치가 적다.
　　ㅁ 반기 복리 이자율 3%, 현재가치 8,900만 원, 복리횟수가 4가 되므로 미래가치는 8,900만 원×$(1+0.03)^4$=1억17만 원이 된다.
　　ㄱㄷ은 옳은 이론이다.

78 ③

> **해설** 알프리드 마셜(Alfred Marshall)은 고전파 경제학을 발전시켜 신고전학파의 토대를 마련하였다. 마셜을 비롯한 신고전학파는 수요이론에서는 한계효용학설, 공급이론에서는 생산비설의 관점을 취하고 있다. 마셜은 사용가치(수요)와 생산비용(공급)이 모두 가격결정의 중요한 요소임을 역설하였다.

79 ②

> **해설** 소비자잉여는 수요곡선과 가격선 사이의 삼각형 면적으로 구해진다.

80 ①

> **해설** 단기의 총공급곡선이 좌측으로 이동하므로 물가수준은 상승하고 실질 GDP는 감소한다.

1	2	3	4	5	6	7	8	9	10
③	④	⑤	③	②	⑤	②	④	③	④
11	12	13	14	15	16	17	18	19	20
④	③	④	③	②	④	⑤	②	⑤	④
21	22	23	24	25	26	27	28	29	30
①	③	③	①	②	③	④	③	⑤	⑤
31	32	33	34	35	36	37	38	39	40
②	①	⑤	③	②	①	③	④	③	⑤
41	42	43	44	45	46	47	48	49	50
④	④	③	④	②	④	⑤	⑤	②	③
51	52	53	54	55	56	57	58	59	60
①	⑤	②	③	①	⑤	②	②	④	①
61	62	63	64	65	66	67	68	69	70
⑤	③	①	③	⑤	③	②	④	④	②
71	72	73	74	75	76	77	78	79	80
①	④	⑤	⑤	①	②	③	②	①	⑤

1 ③

해설 제33조(의결 취소의 청구 등)에 대한 설명이다. 위반 사유로 의결의 취소를 청구할 경우 의결일로부터 1개월 이내 조합원 300인 또는 100분의 5 이상의 동의를 받아서 청구해야 한다.

오답 ① 제31조(지분환급청구권과 환급정지)
② 제28조(가입)
④ 제26조(의결권 및 선거권)
⑤ 제27조(의결권의 대리)

2 ④

해설 대리인이 의결권을 행사하기 위해서는 가족일 경우 동거해야 하며 대리권을 증명하는 서면을 지역농협에 제출해야 한다.

오답 ② 대리인이 대리할 수 있는 조합원의 수는 1인이다.
③ 대리인은 조합원 또는 동거 중인 가족이어야 한다.
⑤ 대리권을 신청할 경우 서면을 제출해야 한다.

3 ⑤

해설 債(빚 채) 務(일 무)이다.

4 ③

해설 해당 기사는 '가짜 농민'의 부정수급에 대한 농업계의 우려를 나타내고 있다.

5 ②

해설 2. 가입내용에 따라서 피보험자는 보험계약자가 고용한 단기 피고용인이다.

오답 ① 3. 보장내용에 따라 특정감염병으로 진단이 확정된 경우에 1회당 30만원을 지급받는다.
③ 3. 보장내용에 따라 유족급여금은 유해생물방제제(농약)의 독성효과에는 제외된다.
④ 4. 유의사항에 따라 보험계약자 및 피보험자는 청약서에 자필서명 대신에 전자서명을 해도 가능하다.
⑤ 만 15~87세만 가입이 가능하다.

6 ⑤

해설 장해지급률이 85%인 장해상태일 경우에는 최초 1회에 한해 고도장해 급여금을 지급받는다. 따라서, 지급액은 1,000만 원이다.

7 ②

해설 ㉠ 뒷말에 대해 앞말이 토지 문제에 대한 근거를 말하고 있으므로 '따라서'가 들어가야 한다.
㉡ 상품 투자에 대한 설명과 상반되는 내용이므로 '그러나'가 와야 한다.

8 ④

해설 앞에서 토지는 상품 투자의 일종이라고 하였으므로 귀금속 · 주식 · 은행 등의 상품을 예로 들 수 있다.

9 ③

해설 ㉢ 근로기준법의 변경 기준에 대해 설명하며 차이점을 알아보고자 한다.
㉠ 개정 근로기준법과 기존 근로기준법에 따라 허용되는 최대 근로시간이 다른 점을 설명하고 있다.
㉡ 기존 근로기준법이 개정 근로기준법과 다른 이유가 휴일근로에 있다고 설명한다.
㉣ 기존 근로준법의 최대 근로시간이 68시간인 이유를 설명하고 있다.

10 ④

오답 ① 1주 40시간이므로 최대 12시간 연장근로가 가능하다.
② 휴일근로시간이 아닌 연장근로시간이다.
③ 주 50시간으로 52시간을 초과하지 않으므로 위반이 아니다.
⑤ 월요일부터 목요일까지 48시간이며 소정근로시간을 제외한 8시간이 연장시간이다. 여기에 6시간을 더하면 14시간 연장근로 시간이 된다. 그렇게 되면 총 54시간으로 개정 「근로기준법」에 위반된다.

11 ④

해설

이름	관심 갖는 아이디어	참석자	범인
민경	1개이거나 그 이상	모든	성아 ×
성아	1개 이상	모든	지수 또는 혜민
지수	1개이거나 그 이상	몇몇	혜민 ×
혜민	×	모든	민경

㉠ 민경과 지수가 모두 참말일 경우 : 참석자의 몇몇은 모든에 포함된다. 범인은 성아도 혜민도 아닐 경우, 지수 또는 혜민 중 하나이다.

㉡ 성아와 지수의 말이 모두 참일 경우 : 참석자의 몇몇은 모든에 포함되며 아이디어 또한 1개 이상이다. 지수는 혜민이 범인이 아니라고 하였으며 성아는 지수 또는 혜민이라 하였으므로 모두 참일 경우 지수가 범인이 될 수 있다. 따라서 모두 참이 가능하다.

㉢ 거짓말한 사람이 단 한명일 경우 : 참석자들 혜민을 뺀 나머지가 모두 적어도 1개의 아이디어에 관심을 갖는다고 말했으며 만약 용의자 중 거짓말한 사람이 혜민일 경우, 민경은 범인이 될 수 없다. 또한 성아와 혜민도 범인이 아니므로 지수가 범인이 된다.

12 ③

해설 ㉡ (다)는 전통적 인식론이 폐기되기 위한 앞선 전제들의 결론이며, (바)의 도출을 위한 전제이기도 하다.
㉢ (가)의 두 가지 목표 모두 이뤄줘야 (바)가 도출되지 않는다.

오답 ㉠ (라)의 전제가 제시되기 위해서는 전통적 인식론 폐기의 이유인 (다)가 와야 한다.
㉣ 보고서의 내용에서 철학자 A는 심리학을 자연과학의 하나라고 생각한다고 나타나 있다.

13 ④

해설 먼저 한 박스당 25% 할인 금액은 $20,000 \times 0.75 = 15,000$원이며 날짜별 판매량은 다음과 같다.

단위(box)	1일	2일	3일	4일	5일	6일
당일판매량	70	80	80	80	90	
이월판매량		30	20	20	20	10
총판매량	70	110	100	100	110	10

• 1일 : $70 \times 20,000 = 140$만 원
• 2일 : $80 \times 20,000 + 30 \times 15,000 = 205$만 원
• 3일 : $80 \times 20,000 + 20 \times 15,000 = 190$만 원
• 4일 : $80 \times 20,000 + 20 \times 15,000 = 190$만 원
• 5일 : $90 \times 20,000 + 20 \times 15,000 = 210$만 원
• 6일 : $10 \times 15,000 = 15$만 원
∴ 총 금액은 $140 + 205 + 190 + 190 + 210 + 15 = 950$만 원 이다.

14 ③

보기에 따르면 날짜는 다음과 같다.

		5월							6월				
1	2	3	4	5	6	7	1	2	3	4	5	6	7
8	9	10	11	12	13	14	8	9	10	11	12	13	14
15	16	17	18	19	20	21	15	16	17	18	19	20	21
22	23	24	25	26	27	28	22	23	24	25	26	27	28
29	30	31					29	30					

순서	소요 기간	해당 날짜
계약 의뢰	1일	5월 28일
서류 검토	2일	5월 29일
입찰공고	긴급계약의 경우로 10일	5월 31일
공고 종료 후 결과통지	1일	6월 10일
입찰서류 평가	7일	6월 11일
우선순위 대상자와 협상	5일	6월 18일
계약 체결일	우선순위 대상자 협상 후 다음날	6월 23일

15 ②

재확진된 경우에 대한 설명이 제시되어 있지 않다.

① 일시와 작성일이 동일하다.

③ 지역별 자가격리자 수

지역명	A	B	C	D
자가격리자 수	17,574	1,795	1,288	16,889

④ B지역 전일 기준 자가격리자 수 : 508 − 52 + 33 = 489명

∴ 내국인의 해제인원은 195명이므로 294명 더 많다.

⑤ 내외국인의 신규인원이 가장 적은 곳은 모두 C지역이다.

16 ④

내외국인을 합친 인원

인원(명)	A	B	C	D
자가격리자	17,574	1,795	1,288	16,889
신규인원	1,546	122	35	1,543
해제인원	1,160	228	12	1,370
모니터링 요원	10,142	710	196	8,898

㉠ 전일 기준 자가격리자(해당일 기준 자가격리자 + 해제인원 − 신규인원)

• A : 17,574 + 1,160 − 1,546 = 17,188명

• B : 1,795 + 228 − 122 = 1,901명

• C : 1,288 + 12 − 35 = 1,265명

• D : 16,889 + 1,370 − 1,543 = 16,716명

∴ 전일 기준 대비 자가격리자가 줄어든 곳은 과천시 뿐이므로 B가 과천시이다.

ⓒ 외국인 격리자가 가장 많은 곳은 고양시이다. A가 고양시이다.
ⓒ 모니터링 요원 대비 자가격리자의 비율
  • A : 10,142 ÷ 17,574 × 100 = 57.7%
  • B : 710 ÷ 1,795 × 100 = 39.5%
  • C : 196 ÷ 1,288 × 100 = 15.2%
  • D : 8,898 ÷ 16,889 × 100 = 52.6%
  ∴ 고양시, 과천시, 파주시는 모두 18% 이상이므로 C는 남양주시이다. D는 파주이다.

17 ⑤

해설 위의 문단에서 동양권의 세는 나이에 대해 설명하고 있으며 다음 문단은 한국이 아닌 동양의 나라들은 만 나이를 사용하고 있다고 나와 있다.

18 ②

해설 한국식의 세는 나이의 불편함을 나타내며 우리가 가지고 있는 나이에 대한 인식이 먼저 바뀌어야 한다고 설명하고 있다.

19 ⑤

해설 2021년 12월 17일을 기준, 혜미는 만 16세, 한솔이는 만 17세이므로 방역패스 인증을 하지 않아도 된다.

㉠ 찬휘 : 2002년 7월 18일(만 19세)	㉡ 종석 : 1990년 5월 13일(만 31세)
㉢ 한솔 : 2003년 12월 19일(만 17세)	㉣ 성은 : 1991년 12월 21일(만 29세)
㉤ 혜미 : 2005년 9월 25일(만 16세)	

오답 ① 종석이는 만 31세, 한솔이는 만 17세로 14살 차이다.
② 한솔이는 만 17세이므로 이번년도까지는 투표권이 없었다.
③ 찬휘는 만 19세로 운전면허 취득이 가능하다.
④ 찬휘는 만 19세, 성은이는 만 29세로 워킹홀리데이 신청이 가능하다.

20 ④

해설 A지역 거주자는 2,000만 명이며 1가구는 4명으로 구성되어 있다.

가구의 $\frac{1}{3}$ 이 정수기를 사용하며 2개월에 한 번(1년에 6번) 정수기 점검을 받는다.

따라서, 2,000만 × $\frac{1}{4}$ × $\frac{1}{3}$ × 6 = 1,000, 1년에 1,000만 번의 점검이 필요하다.

직원 1명은 4시간에 3가구의 정수기 점검이 가능하다. 따라서 하루에 6가구를 점검할 수 있으며, 일주일에는 5번, 1년은 52주 구성이므로 1명은 1년 동안 1,560가구를 점검한다. 1,000만 번을 점검하기 위해서는 6,410명(소수점 첫째 자리에서 반올림)의 직원이 필요하다.

21 ①

해설

구분	2016년	2017년	2018년	2019년	2020년	2021년
시간급 최저시급	6,030	6,470	7,530	8,350	8,590	8,720
전년 대비 인상률(%)	8.1	7.3	16.4	10.9	2.9	1.5
영향률(%)	23.9	23.3	24	25.9	24.3	25.9
적용 대상 근로자 수	18,510	18,734	19,240	20,757	21,678	21,453
수혜 근로자 수	4,420	4,366	4,625	5,376	5,264	5,546

㉠ 전년 대비 인상률(%) $= \dfrac{\text{해당연도시급} - \text{전년도시급}}{\text{전년도시급}} \times 100$ 이므로,

2018년 전년 대비 인상률은 $\dfrac{7{,}530 - 6{,}470}{6{,}470} \times 100 = 16.4$이다.

㉡ 영향률(%) $= \dfrac{\text{수혜 근로자 수}}{\text{적용대상 근로자 수}} \times 100$ 이므로, 2017년 영향률은 $\dfrac{4{,}366}{13{,}734} \times 100 = 23.3$이다.

㉢ 적용 대상 근로자 수 $= \dfrac{\text{수혜 근로자 수}}{\text{영향률}} \times 100$ 이므로, 2019년 적용 대상 근로자 수는 $\dfrac{5{,}376}{25.9} \times 100 = 20{,}757$
이다.

㉣ 전년 대비 인상률(%) $= \dfrac{\text{해당연도시급} - \text{전년도시급}}{\text{전년도시급}} \times 100$이므로,

2020년 전년 대비 인상률은 $\dfrac{8{,}590 - 8{,}350}{8{,}350} \times 100 = 2.9$이다.

22 ③

해설

㉡ 2015년의 시급은 5,580원으로,

인상률은 $\dfrac{6{,}030 - 5{,}580}{5{,}580} \times 100 = 8.064\cdots \fallingdotseq 8.1$으로 옳다.

㉣ 연도별 적용 대상 근로자 수(단위 : 천 명)
- 2017년 : 18,734 − 18,510 = 224
- 2018년 : 19,240 − 18,734 = 506
- 2019년 : 20,757 − 19,240 = 1,517
- 2020년 : 21,678 − 20,757 = 921
- 2021년 : 21,453 − 21,678 = −225

∴ 가장 많이 증가한 연도는 2019년이며 1,517,000명이다.

오답 ㉠ 수혜 근로자 수는 2018년 이후 2019년에 증가하다가 2020년에 감소한다.

㉢ 2018년의 인상률이 16.4%가장 높다. 따라서 2022년의 인상률이 가장 높아지기 위해서는

전년 대비 인상률(%) $= \dfrac{\text{해당연도시급} - \text{전년도시급}}{\text{전년도시급}} \times 100$ 에 대입하였을 때, x는 2022년도 시급이다.

$16.5 = \dfrac{x - 8{,}720}{8{,}720} \times 100$

$x = \dfrac{8{,}720 \times 16.5}{100} + 8{,}720 = 10{,}158.8 \fallingdotseq 10{,}160$원 정도이다.

23 ③

해설 ⓛ 유통업체 E가 B보다 16.3% 더 높다.

- 계약직 간접 고용 유통업체 B의 계약직 직접 고용 인원

  다 : $269 \times (\frac{100}{36.6} - 1) = $ 약 466명

  라 : $256 \times (\frac{100}{19.8} - 1) = $ 약 1,037명

- 계약직 간접 고용 유통업체 E의 계약직 직접 고용 인원

  자 : $619 \times (\frac{100}{73.7} - 1) = $ 약 221명

  차 : $557 \times (\frac{100}{57.2} - 1) = $ 약 417명

- 유통업체 B와 E의 간접 고용 비율

  B : $\frac{269 + 256}{269 + 466 + 256 + 1,037} \times 100 = $ 약 26(%)

  E : $\frac{619 + 557}{619 + 221 + 557 + 417} \times 100 = $ 약 64.8(%)

ⓔ 계약직 간접 고용 비율이 가장 높은 사업장 '카'와 가장 낮은 사업장 '라'의 직접 고용 인원의 합을 구하면,

- 카 : $944 \times (\frac{100}{90.5} - 1) = 99$명(명)

- 라 : $256 \times (\frac{100}{19.8} - 1) = 1,037$(명)

  ∴ 99 + 1,037 = 1,136(명)

오답 ⓖ '사'의 직접 고용 인원 = $718 \times (\frac{100}{48.3} - 1) = $ 약 769(명)

'타'의 직접 고용 인원 = $612 \times (\frac{100}{32.6} - 1) = $ 약 1,265(명)

'타'가 '사'의 5배 이상이 되려면 3,845(명)이 되어야 하므로 5배 미만이다.

ⓒ 마트의 계약직 간접 고용 총 인원은 2,888명이고 은행의 계약직 간접 고용 총 인원은 3,220명이므로 1.5배 미만이다.

24 ①

해설 선물세트별 비용은 다음과 같다.

- 한과 : 100,000 × 5 × 0.96 = 480,000(원)
- 보리굴비 : 150,000 × 11 × 0.92 = 1,518,000(원)

  700,000원 이상이므로 3% 추가 할인

  1,518,000 × 0.97 = 1,472,460(원)
- 한돈 : 110,000 × 8 × 0.96 = 844,800(원)

  700,000원 이상이므로 3% 추가 할인

  844,800 × 0.97 = 819,456(원)
- 한우 : 150,000 × 14 × 0.92 = 1,932,000(원)

  700,000원 이상이므로 3% 추가 할인

  1,932,000 × 0.97 = 1,874,040(원)
- 곶감 : 140,000 × 4 = 520,000(원)
- 꿀 : 120,000 × 3 = 360,000(원)

  ∴ 480,000 + 1,472,460 + 819,456 + 1,874,040 + 520,000 + 360,000 = 5,525,956(원)

25 ②

해설 2월 19일 통장으로 달러화를 송금 받을 경우 환율은 1달러에 1,174.40원이다. 따라서 5천 달러를 송금 받는다면 $5,000 \times 1,174.40 = 5,872,000$(원)이 입금된다. 이어 2월 20일에 엔화를 송금할 경우 100엔 기준으로 1,054.80원이다. 따라서 엔화를 송금한다면 $900 \times 1,054.80 = 949,320$(원)을 보내야 한다.

$\therefore 5,872,000 - 949,320 = 4,922,680$(원)

26 ③

해설 수수료는 고려하지 않으므로 3,000유로를 출금할 수 있다. 2월 20일 팔 때의 환율은 1유로에 1,326.74원이므로 $3,000 \times 1,326.74 = 3,980,220$(원)을 출금할 수 있다.

27 ④

해설 2차 필기시험 합격자가 총 180명이며 필기시험을 통과한 남녀의 비율이 4 : 6이라고 했으므로,

2차 필기시험 합격 여자 지원자 수 $= 180 \times \dfrac{6}{4+6} = 108$(명)

$\therefore$ 108명

28 ③

해설 관람 시간 한 시간 전에 직원들을 픽업할 수 있다고 했으므로 14시 30분에 픽업하는 버스는 15시 30분 공연을 관람하는 직원들이다. 15시 30분 공연 관람 직원 수를 구하면,

$560 \times \dfrac{35}{100} = 196$(명)이다. 버스 한 대당 50명씩 태울 수 있다고 했으므로 최소 4대가 필요하다.

29 ⑤

해설
- 甲 총결제 금액 : $(31,600 - 2,000) + 19,000 + (22,000 \times 0.95) + 3,000 = 72,500$(원)
- 乙 총결제 금액 : $23,800 + 21,900 + 59,800 = 105,500$(원)에서 N카드로 결제 시 5% 추가 할인된다.
  $105,500 \times 0.95 = 100,225$(원)

30 ⑤

해설
- 마스코트 인형 : $5,000$(원) $\times 300$(개) $= 1,500,000$(원)
- 다이어리 : $3,000$(원) $\times 330$(개) $= 990,000$(원)
- 우산 : $5,000$(원) $\times 330$(개) $= 1,650,000$(원)
- 수건 : $1,000$(원) $\times 660$(개) $= 660,000$(원)
- 3색 볼펜 : 500(원) $\times 360$(개) $= 180,000$(원)
- $\therefore 1,500,000 + 990,000 + 660,000 + 1,650,000 + 180,000 = 4,980,000$(원)

31 ②

해설
- 乙 : 샤인머스캣과 바나나를 한 번에 싸게 사려면 목요일 15시 30분에 가야 구입할 수 있다.
- 丁 : 모든 과일을 할인된 가격으로 사고 싶으면 월요일 또는 금요일 하루만 마트에 들려도 된다.

32 ①

해설 김 대리 점수를 ⓐ, 이 대리 점수를 ⓑ, 정 대리 점수를 ⓒ, 한 대리 점수를 ⓓ라고 할 때
㉠에 의해 ⓐ = 22
㉡에 의해 ⓒ + ⓓ = 22, ⓒ = 22 − ⓓ
㉢에 의해 22 − 5 = ⓑ, ⓑ = 17
㉣에 의해 ⓒ − ⓓ = 6
(22 − ⓓ) − ⓓ = 6
22 − 2ⓓ = 6
2ⓓ = 16
ⓓ = 8
ⓒ = 14
∴ 22(김 대리 점수) + 8(한 대리 점수) = 30(점)

33 ⑤

해설 '한국형 스마트팜'과 '전북 진안'을 반드시 포함해야 하며 '충북 청주'는 제외해야 하므로 '한국형 스마트팜'과 '전북 진안'은 검색기호 *(&)를 사용하고 '충북 청주'는 '−(!)'를 사용해야 한다.

34 ③

해설 112808나05 → 11월 28일에 S대학의 디자인과 학생들이 5번째로 신청

35 ②

해설 D대학은 11월 29일에 참가 신청을 했으며 같은 달에 참가 신청을 한 대학 팀은 K대학과 S대학 2팀이다.

36 ①

해설 =REPLACE(기존 데이터, 시작점, 개수, 새로운 데이터)는 기존 데이터의 시작부터 지정한 개수만큼 새로운 데이터로 변경하는 함수로 주민등록번호 뒷자리를 변경할 때 가장 적절하다.
∴ REPLACE(C3 ,8, 7, "*******")

37 ③

해설 A 씨의 경우 작년 기준으로 집행유예 6개월을 선고 받았으나 만료된 날짜로부터 1년이 경과하지 않았으므로 ㉢에 해당한다.

38 ④

해설 개선 방향의 공유마당 UI/UX를 보면 "시민이 가입할 때 관심분야를 설정할 수 있으면 자신이 원하는 정보를 얻을 수 있어 테마에 대한 접근성이 높아질 것 같다"고 발언하였고, 수행사는 2022년 접근성을 향상할 방안을 모색할 예정이라고 하였으며 H 대리는 회의록을 잘못 이해하였다.

오답
① 회의록 초반인 목적 및 방향성에서 만드는 지도와 보는 지도의 구분이 모호하며 보는 지도는 이미 사기업에서 하고 있다고 언급되어 있다.
② 개선 방향에서 사용 가이드 강화 부분에는 가이드가 제공되고 있으나 사용자가 쉽게 찾을 수 없다는 지적이 있고 수행사는 도시생활지도 가이드를 시작으로 체계적인 가이드를 제작하여 배포하겠다고 밝혔다.
③ 공유 마당 개선 사항에서 길 정보에서 선에 방향성에 대한 표출이 있었으면 좋겠다는 의견이 있었고 2022년 적용한다고 하였으므로 K 팀장은 바르게 이해하였다.
⑤ 시민참여단 전용 페이스북이나 블로그를 운영하면 좋겠다는 의견에 대하여 블로그는 현실적으로 운영이 어렵고 페이스북 운영 예정이라고 답변하였으므로 Y 주임은 바르게 이해하였다.

39 ③

해설 공유마당 개선사항에서 배경지도를 네이버 외 다음지도, 구글지도 등을 선택할 수 있으면 좋겠다는 의견이 있었다. 수행사는 다음지도, 구글지도와 좌표 체계가 다르기 때문에 배경지도로 적용하기에 어렵다고 하였으므로 구글지도 선택기능 개발은 회의록과 맞지 않는다.

오답
① 핵심내용 진행 예정 사항으로 도시생활지도 가이드 제작 및 배포가 2022년 12월 예정되어 있으므로 다음 회의 때 시안을 준비해야 한다.
② 2021년 12월에 이미지 지도 타일화 기능 제공이 예정되어 있으므로 다음 회의인 2022년 11월에는 해당 기능 시연을 해야 한다.
④ 2022년 등록 버튼 메인 표출을 하기 위해서는 먼저 등록 프로세스 변경이 이루어져야 하므로 이에 대한 절차를 진행해야 한다.
⑤ 2022년 12월 시민 테마 서브 카테고리를 적용해야 하므로 사전에 준비해야 한다.

40 ⑤

해설 편람 (나)를 바탕으로 〈보기〉에 따라 보험료 A를 $P(A)$, 보험료 B를 $P(B)$라 하고, 보험금을 각각 $Q(A)$, $Q(B)$라고 한다면 보험료율, 사고 발생 확률, 보험금에 대한 기댓값을 정리할 수 있다.

구분	A	B
보험료율	$\dfrac{P(A)}{Q(A)}$	$\dfrac{P(B)}{Q(B)}$
사고 발생 확률	0.1	0.2
보험금에 대한 기댓값	$0.1 \times Q(A)$	$0.2 \times Q(B)$

〈보기〉에서는 또한 "모두 공정한 보험이 항상 적용된다"고 명시하고 있으므로 편람 (나)의 '보험료 = 보험금에 대한 기댓값, 보험료율 = 사고 발생 확률'이라는 내용을 적용할 수 있다. 여기서 보험금에 대한 기댓값은 '사고 발생 확률×보험금'이고, 보험료율은 $\dfrac{보험료}{보험금}$가 된다.

구분	A	B
보험료 = 보험금에 대한 기댓값	$P(A) = 0.1 \times Q(A)$	$P(B) = 0.2 \times Q(B)$
보험료율 = 사고 발생 확률	$\dfrac{P(A)}{Q(A)} = 0.1$	$\dfrac{P(B)}{Q(B)} = 0.2$

하 사원은 A와 B에서의 보험료가 서로 같다면 A와 B에서의 보험금에 대한 기댓값은 서로 같다고 적절히 이해하였다. 즉 보험금에 대한 기댓값=보험료이므로 표에서 보듯이 $P(A) = 0.1 \times Q(A)$와 $P(B) = 0.2 \times Q(B)$의 관계가 성립된다. 하 사원은 $P(A)$와 $P(B)$가 같다는 가정을 하였으므로 $0.1 \times Q(A)$와 $0.2 \times Q(B)$은 같아진다.

오답
① 보험료율 = 사고 발생 확률이므로 A의 보험료율은 0.1로 정해져 있다. 여기서 $P(A) = 0.1 \times Q(A)$이므로 A에서 보험료를 두 배로 높이면 보험금은 두 배가 된다. 허 주임은 보험금에 대한 기댓값은 변하지 않는다고 했으므로 잘못 이해하였다.
② 공정한 보험에서는 보험료와 보험금에 대한 기댓값이 같아야 하므로 박 사원은 잘못 이해하였다.
③ 〈보기〉에는 A의 보험료율은 0.1, B의 보험료율은 0.2로 명시되어 있으므로 임 대리는 잘못 이해하였다.
④ 조건에 따라 A와 B의 보험금이 서로 같다면 B에서의 보험료는 A에서의 보험료의 두 배가 되므로 손 사원은 잘못 이해하였다.

41 ④

해설 함수율은 목재 내에 함유하고 있는 수분을 백분율로 나타낸 것이다.

$$함수율 = \frac{원종자\,무게 - 건조종자\,무게}{원종자\,무게} \times 100$$

일반적으로 종자저장에 적합한 함수율은 5 ~ 10%로 제시되어 있으므로 이를 활용하여 건조 종자 무게를 확인할 수 있다. 건조 종자 무게를 X로 두는 경우 5(5) < (10 − X) ÷ 10 × 100 < 10(5)의 식을 만들 수 있다. 이를 통해서 건조 종자 무게는 각각 10 − X = 0.5, 10 − X = 1이므로 건조 종자 무게 X의 범위는 9 < X < 9.5임을 알 수 있다.

42 ④

해설 甲이 신청할 수 있는 프로그램은 여성 농업인 바우처, 농촌 여성 결혼 이민자 모국 방문 지원 사업, 청년 농업인 영농 정착 지원 사업, 함께 나누는 프로젝트 총 4개이다.

43 ③

해설 제시된 조건을 다음과 같이 정리할 수 있다.
㉠ 식별코드는 최대 6개 부분으로 구성
㉡ 모든 항공기 식별코드는 기본임무부호나 특수임무부호 중 적어도 하나를 포함
㉢ 기본임무부호는 기본적 수행 임무를 나타냄(12가지)
㉣ 특수임무부호는 개량을 거쳐 기본임무와 다른 임무를 수행
㉤ 현재상태부호는 현재 정상적으로 사용되고 있지 않은 항공기에만 붙임
㉥ 설계번호는 항공기가 특정 그룹 내에서 몇 번째로 설계되었는지를 나타냄
㉦ 개량형부호는 한 모델의 항공기가 몇 차례 개량되었는지를 보여줌

'현재 정상적으로 사용 중인 개량하지 않은 일반 비행기의 경우' 정상적으로 사용 중이므로 ⒣에 따라 현재상태 부호는 생략한다. 이를 통해 '④ 최 연구원'과 '⑤ 우 연구원'은 제외된다. 개량을 하지 않았으므로 특수임무도 없을 것임을 알 수 있다. 따라서 ⒢에 의해 특수임무부호도 생략한다. ⒧에 따라 기본임무부호 또는 특수임무부호는 반드시 있어야 하므로 기본임무부호는 포함한다.

제시된 조건의 항공기는 일반 항공기이므로 ⒤에 따라 항공기종류부호도 생략한다. 설계번호는 일반항공기이므로 ⒣에 따라 1 ~ 100번 중 하나임을 알 수 있다. 이를 통해서 설계번호가 없는 '② 한 연구원'도 제외된다. 개량하지 않은 모델의 경우 항상 A를 부여받으므로 개량형부호도 반드시 포함되어야 한다. 이를 통해서 개량형부호가 없는 '① 김 연구원'도 제외된다. 따라서 이를 충족하는 박 연구원이 옳게 제시하였다.

44 ④

해설 공지에 따라 10월 스케줄 표를 만들면 다음과 같다.

월	화	수	목	금
4 • 성평등 교육 이해 • 인간의 성별과 성차에 대한 이해 • 혐오 프레임 분석 교육	5 • 혐오 프레임 분석 교육	6 • 성평등 교육 이해 • 인간의 성별과 성차에 대한 이해 • 혐오 프레임 분석 교육	7 • 성평등 교육 이해 • 인간의 성별과 성차에 대한 이해 • 혐오 프레임 분석 교육	8 • 혐오 프레임 분석 교육
11 • 성평등 교육 이해 • 인간의 성별과 성차에 대한 이해	12	13 • 성평등 교육 이해 • 인간의 성별과 성차에 대한 이해	14 • 성평등 교육 이해 • 인간의 성별과 성차에 대한 이해	15
18 • 성평등 교육 이해 • 인간의 성별과 성차에 대한 이해	19	20 • 성평등 교육 이해 • 인간의 성별과 성차에 대한 이해	21 • 성평등 교육 이해 • 인간의 성별과 성차에 대한 이해	22

'인간의 성별과 성차에 대한 이해' 교육은 월, 수, 목요일에 수강할 수 있다.

45 ②

해설 A계수는 총 가계 지출에서 차지하는 음식비의 비율로 보통은 음식이라면 소득 수준이 높을수록 A계수는 낮아지고 소득 수준이 낮을수록 A계수는 높아진다. 그러나 개별 음식 비용이 비싸다면 소득이 높더라도 A계수가 높을 수 있으므로 옳은 판단을 하였다.

오답 ① ㉠문단에 따르면 가계소득이 증가할 때 A계수는 일반적으로 낮아지는 경향이 있으나, ㉡문단에 따르면 B계수 역시 가계소득 하위 20%와 비교했을 때 가계소득 상위 20% 가구의 지출액이 증가하였다.
③ A의 법칙은 소득의 증가에 따라 총 가계지출 중 음식비 지출 비중을 나타내는 것이다. 이에 지출 비중(퍼센트)과 지출액(소비한 금액)은 다른 지표이므로 허 사원의 판단은 추가적으로 숫자가 제시되지 않는다면 알 수 없다.
④ B계수는 가계지출 대비 교육비 지출 비중을 통해 알 수 있다. 제시문에는 가계소득이 주어지지 않았으므로 문 사원의 평가는 주어진 정보만으로 알 수 없다.
⑤ ㉡문단에 따르면 가계소득 상위 20% 가구의 월평균 교육비 지출액과 비중이 가계소득 하위 20% 가구의 6배에 달할 정도로 더 크므로, 소득이 높을수록 교육열이 높을 것임을 예상할 수 있다.

46 ④

해설 통역료는 통역사 1인 기준으로 영어 통역은 총 4시간 진행하였으므로 기본요금 500,000원에 추가요금 100,000원을 합쳐 600,000원을 지급해야 한다. 인도네시아어 통역사에게는 2시간 진행하였으므로 기본요금 600,000원만 지급한다.
- 영어, 인도네시아 언어별로 2명에게 통역을 맡겼으므로
  (600,000 + 600,000) × 2 = 2,400,000원
- 출장비의 경우 통역사 1인 기준 교통비는 왕복 실비인
  100,000원으로 4회 책정되므로 400,000원
- 이동보상비는 이동 시간당 10,000원 지급하므로 왕복 4시간을 이동하였으므로
  10,000 × 4 × 4 = 160,000원
총 출장비는 교통비와 이동보상비를 합한 560,000원
총 통역경비는 2,400,000 + 560,000 = 2,960,000원

47 ⑤

해설 L 사원에게 주어진 예산은 월 3천만 원이며, 이를 초과할 경우 광고수단은 선택하지 않는다. 따라서 월 광고비용이 3,500만 원인 KTX는 배제된다.
조건에 따라 광고수단은 한 달 단위로 선택되며 한 달 동안의 광고비용을 계산해야 하므로 모든 광고수단은 30일을 기준으로 한다. 조건에 따른 광고 효과 공식을 대입하면 아래와 같이 광고 효과를 산출할 수 있다.

구분	광고횟수(회/월)	회당 광고노출자 수(만 명)	월 광고비용(천 원)	광고 효과
TV	3	100	30,000	0.01
버스	30	10	20,000	0.015
KTX	2,100	1	35,000	0.06
지하철	1,800	0.2	25,000	0.0144
포털사이트	1,500	0.5	30,000	0.025

따라서 L 사원은 예산 초과로 배제된 KTX를 제외하고, 월별 광고 효과가 가장 좋은 포털사이트를 선택한다.

48 ⑤

해설 만약 이메일을 선택한 20대 모두가 아이핀과 공인인증서를 동시에 선택했다면 아이핀을 선택한 20대 중에서 11.9%(36.0 − 24.1)는 조건에 따라 타 인증수단을 중복 선호할 수 있다. 신용카드를 선호하는 20대는 16.9%로 11.9%보다 더 크다. 따라서, 신용카드를 선택한 20대 모두가 아이핀을 동시에 선택한다고 평가하는 것은 옳지 않다.

오답 ① 30대의 인증수단은 공인인증서 → 휴대폰문자 인증 → 아이핀 순으로 선호도가 높다. 40대의 인증수단은 공인인증서 → 휴대폰문자 인증 → 아이핀 순으로 선호도가 높다. 따라서 30대와 40대 모두 아이핀이 3번째로 높으므로 박 주임은 옳게 검토하였다.
② 인증수단별 하단에 제시된 전체 선호도를 합산하면 252.9가 된다. 7개 인증수단 중 최대 3개까지 중복 응답이 가능하므로 선호 인증수단을 3개 선택한 응답자 수는 최소 40% 이상이 된다. 이 팀장은 옳게 검토하였다.
③ 남성의 인증수단 선호도를 살펴보면, 신용카드를 선택한 남성의 비율은 21.1%로, 바이오인증을 선호하는 9.9%의 3배인 29.7% 이하이다. 따라서 홍 사원은 옳게 검토하였다.
④ 20대와 50대의 인증수단별 선호도 차이는 공인인증서가 79.4 − 67.4 = 12.0으로 가장 큰 수치이므로 김 주임은 옳게 검토하였다.

49 ②

해설　㉠ 2021년 경지 면적 중 상위 5개 시·도는 '전남 > 경북 > 충남 > 전북 > 경기'이다.
　㉢ 2020년 전국 밭 면적은 751,179ha 이고, 2021년 전국 밭 면적은 740,902ha 이다. 따라서 (740,902ha
　　$-$ 751,179ha) ÷ (740,902ha × 100) = $-$1.387…
　∴ $-$1.4가 된다.

오답　㉡ 울산의 2021년 논 면적은 5,238ha 이고, 2020년 밭 면적은 4,696ha로 두 배가 되지 않는다.
　㉣ 2020년 논 면적 중 상위 5개 시·도는 전남 > 충남 > 전북 > 경북 > 경기이다.

50 ③

해설　화재강도 위험도를 환산하면 80점, 화재확률 위험도를 환산하면 60점이며 해당 업소의 업종은 고시원이므로 가중치 0.95를 적용하면,
화재위험 점수 = (80 + 60) × 0.95 = 133점이 된다.

51 ①

해설　FIDO(Fast Identity Online) : '신속한 온라인 인증'으로 온라인에서 아이디와 비밀번호 대신 지문, 얼굴 인식, 정맥 등의 생체 인식을 활용하여 편의성과 보안성을 갖춘 인증방식을 말한다.

오답　② FDS(Fraud Detection System) : 이상금융거래탐지시스템으로 결제자의 정보를 수집하여 패턴을 만들고 패턴과 다른 결제를 찾아 결제 경로를 차단하는 보안 방식
　③ ICO(Initial Coin Offering) : 암호화폐공개
　④ AML(Anti-Money Laundering) : 자금세탁방지제도로 불법자금의 세탁을 적발하고 예방하기 위한 장치의 사법·금융제도와 국제협력을 연결하는 종합관리망
　⑤ OLAP(On-Line Analytical Processing) : 대규모의 데이터를 다양한 관점에서 추출하고 분석할 수 있는 기술

52 ⑤

해설　개인이 정보의 주체가 되므로 수동적이 아닌 능동적으로 활용하는 것이다.

53 ②

해설　딥러닝과 페이크의 합성어인 딥페이크(Deepfake)에 대한 설명이다.

오답　① 딥러닝(Deep learning) : 컴퓨터가 사람처럼 생각하고 배울 수 있는 기술
　③ 확장현실(XR) : 가상현실과 증강현실, 혼합현실 등 현실과 비슷한 가상공간에서 시공간에서 소통하고 생활할 수 있는 기술
　④ 텐서플로(Tensorflow) : 딥러닝과 머신러닝 활용을 위해 만들어진 오픈소스 소프트웨어
　⑤ 프리소프트웨어(Free Software) : 원저작자가 권리를 보류하여 무료로 누구나 사용할 수 있는 공개 소프트웨어

54 ③

해설　로즈 다이어그램 … 원인별·월별 사망자 정보를 수집하여 한눈에 볼 수 있는 그래프로 면적 비교를 통해 직관적 이해가 가능하도록 하였다. 이는 빅데이터의 시초라고 할 수 있다.

오답 ① 빅데이터 : 대규모의 데이터를 수집하고 분석하여 제공하는 기술
② 블록 다이어그램 : 자료 처리 과정을 구역별로 체계화한 그림
④ 클래스 다이어그램 : 시스템의 논리 설계를 위한 클래스와 관계를 정의한 도식
⑤ 보로노이 다이어그램 : 평면을 분할하는 과정에서 나타나는 그림

55 ①

해설 여러 안테나를 통해 신호를 한 방향에 집중하여 보내는 것이다.

56 ⑤

해설 주가의 하락을 예상하는 종목의 주식을 빌려서 매도한 후, 주가가 실제로 떨어지게 되면 싼 값에 다시 사서 빌린 주식을 갚아서 차익을 얻는 매매 기법을 말한다. 이 전략은 초단기에 매매차익을 노릴 때 주로 사용되며, 하락장에서 수익을 낼 시 주로 사용한다.

오답 ① 공매도는 주식을 빌려 매도하는 것이다.
② 하락장에서 수익을 얻을 수 있다.
③ 공매도의 장점으로 증권시장의 유동성을 높이는 역할을 한다.
④ 초단기 매매차익 실현을 위해 한다.

57 ②

해설 블록세일은 정규 매매 거래시간 전과 이후의 시간외거래 또는 장외거래로 진행된다.

58 ②

해설 주식에 대한 설명이다. 선물거래는 발생한 손익이 매일 선물계좌에 더해지거나 차감된다.

오답 ① 거래소와 거래하므로 상대방을 알 수 없으며 상대방을 알 수 없기 때문에 신용상태 또한 알기 힘들다. 이는 계약 이행 여부도 확신할 수 없다.
④ 선물거래에서는 일일정산이라고 하는데 계약자가 거래를 청산하기 이전이어도 선물가격 종가로 선물거래 손익을 계산해 증거금에서 차감하거나 가산한다.
⑤ 선물가격이 하락한 경우에는 매도측에 이익이 발생하고 매입 측에는 손실이 발생한다.

59 ④

해설 총수요곡선이 우측으로 이동하는 요인
㉠ 세금 인하 및 주식 시장의 호황으로 인한 소비지출 증가
㉡ 기업경기의 낙관적인 전망으로 인한 투자지출의 증가
㉢ 정부의 재화 및 서비스 수요량의 증가
㉣ 해외 경제 호황 및 자국 화폐 가치가 하락하여 순수출의 증가

60 ①

오답 ② Tapering(테이퍼링) : 양적완화 정책의 규모를 축소해나가는 것이다.
③ IPO(Initioal Public Offering) : 상장을 목적으로 자사의 주식과 경영내용을 공개하는 것이다.
④ PMI(Post Merger Integration) : 합병 후 통합을 통한 기업인수 완료로 M&A 방법 중 하나이다.
⑤ LOI(Letter Of Intent) : 최종 계약이 이뤄지기 전 협약의 대략적인 사항을 문서화 한 것이다.

61 ⑤

해설 　디지털 드레스 … 컴퓨터 그래픽으로 만든 가상 드레스로 현실에 없는 옷이다. 현재 NFT와 메타버스가 만나 시장을 형성하며 세계적인 패션 브랜드들이 메타패션 시장에 뛰어들었다. 가상 피팅이 가능하거나 아바타만 입을 수 있는 디지털 드레스가 인기로 메타버스 아바타용 옷을 내놓고 있다.

오답 　① XR(eXtended Reality) : 확장현실로 가상현실(VR)과 증강현실(AR)의 기술을 더한 것이다.
　　② NFT(Non - Fungible Token) : 대체 불가능한 토큰으로 고유성과 희소성을 가지는 디지털 자산을 뜻한다.
　　③ HMD(Head Mounted Display) : 안경처럼 머리에 착용하는 모니터를 말한다.
　　④ 라이프로깅 : 개인의 생활 및 정보를 스마트 기기 등에 자동으로 기록하는 것이다.

62 ③

해설 　IoB(Internet Of Behaviors) … 사람의 행동 패턴을 분석하므로 온라인 또는 일상에서 어떤 상품을 사고 어떤 영상을 자주 시청하였는가에 대한 수집한 데이터를 기반으로 하여 사용자에 알맞은 물건 또는 영상을 추천한다.

오답 　① ICT(Information and Communications Technologies) : 정보 전달 및 개발 · 저장 · 관리 등의 정보통신기술이다.
　　② IoT(Internet Of Things) : 사물인터넷으로 세상에 존재하는 모든 사물들이 연결되어 구성된 인터넷이다.
　　④ OTA(Over The Air) : 소프트웨어의 실시간 업데이트가 가능한 무선통신 기술이다.
　　⑤ KLUE(Korean Language Understanding Evaluation Benchmark) : 한국어 기반 인공지능 평가체계이다.

63 ①

해설 　분산식별자(Decentralized Identity)에 대한 설명이다.

오답 　② DIY : 가정용품을 스스로 제작 · 수리하는 것을 말한다.
　　③ GPI(Genuine Progress Indicator) : 국민총생산, 국내총생산 등에 환경비용과 안전비용 등을 반영하여 측정하는 지표이다.
　　④ Wi - Fi 6 : 기가 속도와 저지연 성능을 구현한 무선 랜(LAN)이다.
　　⑤ API(Application Programming Interface) : 운영체제에서 사용하는 함수이다.

64 ③

해설 　사물인터넷 … 사물이 개별적으로 제공하지 못한 기능을 두 가지 이상의 사물이 연결되며 새로운 기능을 제공하는 것을 말한다. 예를 들면, 화장실에서 나가서 침실로 이동할 경우 자동으로 화장실 불이 꺼지며 실내등이 켜지는 기능이다.

65 ⑤

해설 　ⓒ 앱 한 곳에 서비스의 모든 기능을 넣으면서 앱 자체가 무거워지면서 오류발생 확률이 높다.
　　ⓔ 다양한 서비스를 제공하기 때문에 고객의 체류시간이 늘어나고 또한 다양한 데이터를 쌓을 수 있다.

오답 　ⓜ 쇼핑, 금융, 증권, 보험 등 다방면에서 활용하는 기술이다.

66 ③

해설 　딥러닝 … 컴퓨터가 사람처럼 생각하며 스스로 학습하는 기술이다.

오답 　① 머신러닝 : 데이터 처리의 경험을 이용한 정보 처리 능력 기술이다.
　　② 메타버스 : 현실과 같은 3차원 가상세계이다.
　　④ API : 운영체제와 프로그램 간의 통신을 처리하기 위해 호출할 수 있는 명령어이다.
　　⑤ 챗봇 : 문자 또는 음성으로 대화하는 기능이 있는 인공지능 컴퓨터 프로그램이다.

67 ②

해설 속도에 해당하는 특징이다. 매우 빠른 속도로 디지털 데이터가 생산되므로 실시간 저장 · 유통 · 수집 · 분석처리가 가능하다. 가변성(Variaivility)은 빅데이터의 새로운 V로 데이터가 맥락에 따라 의미가 달라진다는 특징을 가진다. 이 외에도 새로운 V로 정확성(Veracity), 시각화(Visualization)가 있다.

68 ④

오답 ① 퍼블릭 블록체인 : 모두에게 개방에 있어서 누구나 참여할 수 있는 형태의 공개된 시스템이다. 예를 들면, 비트코인과 이더리움 등의 가상통화가 대표적이다.
② 프라이빗 블록체인 : 개방형처럼 누구나 사용할 수 있는 권한을 가진 것이 아니다. 기관 또는 기업이 운영하며 사전에 허가를 받은 사람만 사용할 수 있기 때문에 상대적으로 속도가 빠르다.
③ 허가형 블록체인 : 블록체인 시스템 또는 블록체인 노드로 참여할 경우 허가가 필요한 시스템이다.
⑤ 서비스형 블록체인 : 특정 블록체인 플랫폼 개발 환경을 자동으로 설정 및 생성을 해주며, 편리한 스마트계약 코드 개발과 시험 환경을 지원하면서 문제를 해결한다.

69 ④

해설 LTE는 4G의 핵심기술이다.

70 ②

오답 ① 알고리즘 : 어떤 문제를 해결하기 위한 절차와 방법, 명령어
③ 모델링 : 데이터를 활용하여 그에 알맞은 모델을 만드는 것
④ 클러스터링 : 비슷한 데이터를 한데 묶어 그룹화 한 알고리즘
⑤ 프로파일링 : 고객에 대한 특징과 특성을 알아내는 것, 모델링 방법 중 하나

71 ①

오답 ② 대체효과 : 제품 간의 가격 변화로 비싸진 제품은 구매량이 감소하고, 상대적으로 저렴해진 제품은 구매량이 증가하는 효과
③ 가격효과 : 상품가격의 변화가 수요량에 미치는 효과
④ 기펜재 : 가격 하락(상승)이 수요량의 하락(상승)을 가져오는 재화
⑤ 정상재 : 소득이 증가(감소)하면 수요가 증가(감소)하는 재화

72 ④

해설 IRP(Individual Retirement Pension) : 개인형 퇴직연금

오답 ① DB(Defined Benefit) : 확정급여형 퇴직연금
② DC(Defined Contribution) : 확정기여형 퇴직연금
③ CB(Convertible Bond) : 전환사채
⑤ MFN(Most Favored Nation Treatment) : 최혜국 대우

73 ⑤

오답 ① 정책보험
② 미평가보험
③ 유니버설 보험
④ 무배당 보험

74 ⑤

해설 교육지원사업
㉠ 농·축협 육성·발전지도, 영농 및 회원 육성·지도
㉡ 농업인 복지증진
㉢ 농촌사랑, 또 하나의 마을 만들기 운동
㉣ 농정활동 및 교육사업·사회공헌 및 국제협력활동 등

오답 ② 농협의 금융부문 사업
①③④는 농협의 경제부문 사업

75 ①

해설 조합원의 경제적 참여가 올바른 원칙이다.

※ 협동조합 7대 원칙
㉠ 자발적이고 개방적인 조합원 제도 : 협동조합은 자발적이며 성(性)·사회·인종·정치·종교적 차별이 없이 열려있는 조직이다.
㉡ 조합원에 의한 민주적 관리 : 조합원은 동등한 투표권(1인 1표)를 가지며 민주적인 방식으로 조직·운영한다.
㉢ 조합원의 경제적 참여 : 협동조합의 자본은 공정하게 조성되고 민주적으로 통제되며 자본금의 일부는 조합의 공동재산이다.
㉣ 자율과 독립 : 협동조합이 다른 조직과 약정을 맺거나 외부에서 자본을 조달할 때 조합원에 의한 민주적 관리가 보장되며 협동조합의 자율성이 유지되어야 한다.
㉤ 교육·훈련 및 정보 제공 : 조합원, 선출된 임원, 경영자, 직원들에게 교육과 훈련을 제공하며 젊은 세대와 여론 지도층에게 협동의 본질과 장점에 대한 정보를 제공한다.
㉥ 협동조합 간의 협동 : 국내외 공동 협력 사업을 전개함으로써 협동조합 운동의 힘을 강화하고, 조합원에게 효과적으로 봉사한다.
㉦ 지역사회에 대한 기여 : 조합원의 동의를 토대로 조합이 속한 지역사회의 지속 가능한 발전을 위해 노력한다.

76 ②

해설 한국의 농업·농촌운동의 흐름
㉡ 새농민운동(1964 ~ 현재)
㉣ 신토불이운동(1989)
㉢ 농도불이운동(1996 ~ 2002)
㉦ 농촌사랑운동(2003 ~ 현재)
㉠ 식사랑농사랑운동(2011 ~ 2015)
㉤ 또 하나의 마을 만들기(2016 ~ 현재)
㉥ 국민과 함께하는 도농상생 활성화(2020 ~ 현재)

77 ③

① 직파재배 : 농경지에 직접 씨를 뿌려 재배하는 방법이다.
② 팜 스테이 : 농촌 · 문화 · 관광이 결합된 농촌체험 여행이다.
④ 푸드테크 : 식품산업과 ICT를 접목한 기술이다.
⑤ 애그플레이션 : 곡물 가격이 상승하며 물가가 덩달아 상승하는 현상이다.

78 ②

해설 ㉠㉡ 스마트팜에 대한 설명이다. 스마트팜의 기술로, 온 · 습도 조절, CO_2 수준 관리 등이 있다. 또한 온 · 습도, 일사량, CO_2, 생육환경 등의 정보 수집을 할 수 있다. 또한 자동 · 원격으로 환경관리가 가능하다.

오답 ㉢ 냉 · 난방기 구동, 창문 개폐, 사료 공급 등을 원격 또는 자동으로 관리할 수 있다.
㉣ 대체육인 배양육을 만들어내는 기술은 스마트팜의 기술과는 거리가 먼 푸드테크이다.
㉤ O_2가 아닌 CO_2의 수준을 유지 · 관리한다.

79 ①

오답 ② 논농업직불제 : 논농사를 짓는 개별 농가에게 정부가 지원함으로써 공익적 기능을 유지하도록 하는 제도
③ 공공비축제도 : 정부가 일정량의 쌀을 시가로 매입하여 시가로 방출하는 제도
④ 농산물가격 지지제도 : 농산물 가격이 대폭 하락되었을 때 생산자의 피해를 방지하기 위해 정부가 농산물 실제 가격을 보장하는 제도
⑤ 농산물품질인증제 : 농산물 품질이 우수한 것을 엄선하고 인증하는 제도

80 ⑤

해설 실질실효환율 … 교역상대국의 환율을 교역량으로 가중평균하고 물가변동을 감안해 산출한 것을 말한다.

오답 ① 명목환율 : 외환시장에 매일 나타나는 국제 통화 간 환율이다.
② 실질환율 : 명목환율에 두 나라 간 구매력 변동을 반영하여 조정한 환율이다.
③ 실효환율 : 자국통화와 교역 상대국 통화의 모든 관계를 타나낸 환율이다.
④ 균형환율 : 국가의 기초경제 여건을 반영하여 대내외 모든 부문의 균형을 유지할 수 있게 하는 환율이다.

1	2	3	4	5	6	7	8	9	10
③	①	①	④	④	④	②	③	⑤	①
11	12	13	14	15	16	17	18	19	20
⑤	④	②	②	③	②	②	①	⑤	⑤
21	22	23	24	25	26	27	28	29	30
④	④	①	⑤	④	④	②	⑤	②	②

1 ③

해설 　정부에서는 통일벼 재배를 적극 권장하며, 비싼 가격으로 농민들에게 쌀을 사들이고 저렴한 가격으로 이를 보급하는 이중곡가제를 실시하였다.

오답 　① 본격적으로 보급된 시기는 1972년이며, 재배면적이 확대된 시기는 1976년이다.
　②④ 주어진 글에 언급되지 않은 내용이다.
　⑤ 비탈립성은 낟알이 떨어지지 않는 특성을 말하며, 통일벼는 낟알이 쉽게 떨어져나가는 특성이 있어 개선이 요구되었다.

2 ①

해설 　동심동덕(同心同德) … 같은 목표를 위해 다 같이 힘쓰는 것을 이르는 말이다.

오답 　② 동공이곡(同工異曲) : 재주나 솜씨는 같지만 표현된 내용이나 맛이 다름을 이르는 말이다.
　③ 동기일신(同氣一身) : 형제와 자매는 한 몸이나 다름없음을 이르는 말이다.
　④ 동업상구(同業相仇) : 동업자는 이해관계로 인하여 서로 원수가 되기 쉬움을 이르는 말이다.
　⑤ 동귀수도(同歸殊塗) : 귀착점을 같으나 경로(經路)는 같지 않음을 이르는 말이다.

3 ①

해설 　산업 형태의 변화, 그리고 농촌의 인구 감소와 고령화, 수입 농산물 개방으로 인한 국내 농산물 경쟁력 약화 등의 문제로 새롭게 등장하였다.

오답 　② 알 수 없는 내용이다.
　③ 6차 산업은 1~3차를 융합한 산업이다.
　④⑤ 6차 산업 사업자를 대상으로 하는 인증제도의 특징이다.

4 ④

해설 　제시문의 개방은 문이나 어떠한 공간 따위를 열어 자유롭게 드나들고 이용하게 한다는 의미로 開放으로 표기하는 것이 옳다. 開方은 제곱근이나 세제곱근 따위를 계산하여 답을 구하는 것을 의미한다.

5 ④

해설 　36개월 이상, 48개월 이상, 60개월 이상인 사람의 기본 이율은 1.5%로 동일하다.

①② 알 수 없는 내용이다.
③ 해당 적금의 가입대상은 실명인 개인이다.
⑤ 서비스의 이용기간은 적금만기 후 3개월 이내이다.

6 ④

해설 제시문에서 공통적으로 언급하고 있는 것은 사물인터넷(IoT)임을 알 수 있다. ㈐에서 사물인터넷의 정의를 제시하며 ㈑에서는 사물인터넷의 궁극적인 목표와 요구되는 기술을 제시하고 있다. 사물인터넷과 혼용되는 사물통신(M2M)와의 차이를 언급하는 ㈎에 이어 ㈒에서는 사물인터넷에 대한 설명을 매듭짓고 있다. 따라서 순서대로 배열하면 '㈐ - ㈑ - ㈎ - ㈒'가 된다.

7 ②

해설 융합 … 다른 종류의 것이 녹아서 서로 구별이 없게 하나로 합하여지거나 그렇게 만듦을 이르는 말이다.

오답 ② 합성 : 둘 이상의 것을 합쳐서 하나를 이룸을 이르는 말이다.
① 협합 : 서로 협력하며 화합함을 이르는 말이다.
③ 상충 : 맞지 아니하고 서로 어긋남을 이르는 말이다.
④ 융화 : 서로 어울려 갈등이 없이 화목하게 됨을 이르는 말이다.
⑤ 분경 : 지지 않으려고 몹시 다투거나 그런 일을 이르는 말이다.

8 ③

해설 스마트팜을 이용하는 우리나라 농가의 구체적인 사례는 제시되어 있지 않다.

9 ⑤

해설 자동이체일이 말일이면서 휴일인 경우 다음 달 첫 영업일에 자동이체 처리된다.

오답 ① 직장인 전용 상품으로 근로소득자가 아니면 가입이 불가하다.
② 초입금 및 매회 입금 1만 원 이상, 분기별 3백만 원 이내로 제한한다.
③ 급여이체일을 전산등록 한 후 해당 일에 급여이체 실적이 있어도 공휴일 및 토요일에 이체할 시 실적으로 불인정된다.
④ 급여이체일 등록 시 재직증명서, 근로소득원천징수영수증, 급여명세표 中 하나를 지참하여 당행 영업점에 방문하여야 한다.

10 ①

해설 領收/領受(영수) … 돈이나 물품 따위를 받아들임

오답 ② 연안국의 주권이 미치는 해역을 의미한다.
③ 영어와 수학을 의미한다.
④ 여럿 중(中) 우두머리를 의미한다.
⑤ 영수하다의 어근으로 신령하고 깊숙함을 의미한다.

11 ⑤

해설 대리인에 관한 안내사항은 따로 기재되어 있지 않다.

오답 ① 가. 응모대상에서 확인할 수 있다.
② 자. 기타 유의사항에서 확인할 수 있다.
③④ 마. 제출서류에서 확인할 수 있다.

12 ④

해설 8월 14일은 성수기 주말에 해당한다. E방은 최대 정원이 6명이므로 주말 요금 15만 원에 인원 추가 요금 만 원이 붙는다. 따라서 예약금은 16만 원이며 일주일 전에 취소하였으므로 예약금의 90%가 환불되어 144,000원을 돌려받는다.

13 ②

해설 甲 일행은 6명으로, 최대 정원 5명의 D방 이용 시 만 원이 추가된다. 비수기에 이용하므로 지불한 금액은 총 24만 원이다. 乙 일행은 5명으로 B방 이용 시 성수기 주말 요금을 적용하여 총 30만 원을 지불하였다. 丙 일행은 7명으로, 최대 정원 6명의 E방 이용 시 만 원이 추가된다. 비수기에 이용하므로 지불한 금액은 총 18만 원이다. 따라서 가장 큰 금액을 지불하는 乙 일행과 가장 작은 금액을 지불하는 丙 일행의 금액 차이는 120,000원이다.

14 ②

오답 ① 이미 자사의 강점으로 강력한 브랜드 파워를 꼽을 수 있다. 강점인 강력한 브랜드 파워와 인정받은 농축산물 공급 전략을 활용하여 인터넷 직거래 유통 등의 구매를 극대화해야 한다.
③ 상품의 축소를 통한 비용 감축보다는 인정받은 농축산물을 강조하여 개발된 농·축협 브랜드 상품으로 대형 마트와의 경쟁에 대응해야 한다.
④⑤ 젊은 층 고객의 선호도 향상과 인식 전환을 도모할 수 있는 신제품 개발 및 유통 확대 방안을 모색해야 한다.

15 ③

해설 일반적인 문제해결 절차는 문제인식 → 문제 도출 → 원인 분석 → 해결안 개발 → 실행 및 평가로 이루어진다.
거래처의 연락(문제인식) → 도착 예상 날짜 파악(문제도출) → 부분배송이유(원인분석) → 답변에 따라 배송추적하여 예상 날짜 파악(해결안 개발) → 거래처 보고(실행 및 평가)

16 ②

오답 ① 마을 전체 인구 3/4 이상이 사업에 동의해야 하므로, 동의 인구수는 105명이고, 10호 이상의 농가가 사업에 참여 가능해야 한다.
③ 평가표상 2회 이상 기본마을(65점 미만)으로 득점했을 경우에 팜스테이 마을에서 지정 취소된다.
④ 등급 평가자는 마을을 방문하여 현지를 확인하고 주민 인터뷰를 진행한다.
⑤ 고객이 사용할 수 있는 편의시설 및 체험 프로그램을 개발 완료하여야 신규 팜스테이 마을 지정 기준에 부합한다.

17 ②

오답 ① 복사기를 같이 쓴다고 해서 같은 층에 있는 것은 아니다.
③ 디지털혁신실이 2층의 복사기를 쓰고 있다고 해서 2층에 위치하고 있는지는 알 수 없다.
④⑤ 제시된 조건으로 지역사회공헌부의 위치는 알 수 없다.

18 ①

해설 ㉠ 직접금융에 해당되는 주식과 채권의 보유비중이 줄어들었다.
㉡ 안전성이 높은 정기예금과 정기적금에 보유비중이 늘어났다.

오답 ㉢ 주식의 보유 비중은 낮아졌다.
㉣ 주식이나 채권의 보유비중을 줄이고 정기예금이나 정기적금의 보유 비중이 늘어난 것으로 보아 예금의 이자율이 상승한 것으로 예상할 수 있다.

19 ⑤

해설 전년 대비 10% 감액하게 될 정책은 '성과지표 달성도'에서만 '통과'를 받지 못한 A와 E정책으로 2개이다.

오답 ① 전년도와 비교하여 동일한 금액이 편성될 정책은 C, F이다.
② B정책은 '성과지표 달성도' 평가에서 '통과'를 받았음에도 예산을 감액해야 하는 정책이다.
③ 전년 대비 10% 감액하여 편성하게 될 정책은 2개(A, E정책), 전년 대비 15% 감액하여 편성하게 될 정책은 2개(B, D정책)으로 총 10억이 감액되어 올해 예산은 총110억 원이 될 것이다.
④ 전년 대비 15% 감액하여 편성하게 될 정책은 B, D정책으로 두 정책 모두 '계획 대비 실적'에서 '미통과'를 받았다.

20 ⑤

해설 시간 = $\dfrac{거리}{속도}$ 공식을 이용하여, 먼저 각 경로에서 걸리는 시간을 구한다.

경로＼구간	A → B		경로＼구간	B → C	
	출근 시간대	기타 시간대		출근 시간대	기타 시간대
경로 1	$\dfrac{30}{30}=1.0$	$\dfrac{30}{45}=\dfrac{2}{3}$	경로 3	$\dfrac{40}{40}=1.0$	$\dfrac{40}{60}=\dfrac{2}{3}$
경로 2	$\dfrac{30}{60}=0.5$	$\dfrac{30}{90}=\dfrac{1}{3}$	경로 4	$\dfrac{40}{80}=0.5$	$\dfrac{40}{120}=\dfrac{1}{3}$

경로 2와 경로 3을 이용하는 경우와 경로 1과 경로 4를 이용하는 경우, C지점에 도착하는 시간은 1시간 20분으로 동일하다.

오답 ① C지점에 가장 빨리 도착하는 방법은 경로 2와 경로 4를 이용하는 경우로 1시간이 걸리며, 도착하는 시각은 오전 9시가 된다.
② C지점에 가장 늦게 도착하는 방법은 경로 1과 경로 3을 이용하는 경우로 1시간 40분이 걸리며, 도착하는 시간은 오전 9시 40분이 된다.
③ B지점에 가장 빨리 도착하는 방법은 경로 2를 이용하는 경우로 30분이 걸리며, 도착 시각은 오전 8시 30분이 된다.
④ B지점에 가장 늦게 도착하는 방법은 경로 1을 이용하는 경우로 1시간이 걸리며, 도착 시각은 오전 9시가 된다.

21 ④

해설 택시로 A정류장까지 이동해서 버스를 타고 가게 되면 택시(5분), 버스(1시간 45분), 도보(5분)으로 1시간 55분이 소요된다.

오답
① 도보(30분), 지하철(1시간 25분), 도보(30분)이므로 총 2시간 25분이 소요된다.
② 도보(15분), 버스(1시간 45분), 도보(5분)이므로 총 2시간 5분이 소요된다.
③ 택시(10분), 지하철(1시간 25분), 도보(30분)이므로 총 2시간 5분이 소요된다.
⑤ 제시되어 있지 않다.

22 ④

해설 한정된 예산을 가지고 과업을 수행할 경우 중요도를 기준으로 예산을 사용한다. 위와 같이 불가피하게 비용 항목을 줄여야 한다면, 기본적인 항목인 숙박비, 식비, 교통비를 유지하고 그 다음으로 공지되었던 행사 참가 상품을 유지해야 한다. 때문에 비용 항목을 줄이기 가장 적절한 것은 기념품비가 된다.

23 ①

해설 1일째의 일비 50만 원이다. 1일째에 A지역에서 숙박하였으므로 1일째 숙박비는 15만 원이며, 2일째와 3일째의 숙박비는 13만 원이다. 여비액이 다를 경우 많은 액을 기준으로 삼는다 하였으므로 2일째의 일비는 50만원이다. 3일째와 4일째의 일비는 각각 40만원이며 3일째의 숙박비는 13만 원이다. 따라서 총일비는 180만 원이며 총숙박비는 41만 원이다.

24 ⑤

해설 인원은 모두 80명이므로 대강당을 예약해야 한다. 예약시간은 9시간으로 기본시간 10시간을 초과하지 않기 때문에 추가 금액은 발생하지 않는다. 부대시설을 이용할 예정이지만 사용금액은 당일 지급이므로 예약 시에는 포함되지 않는다. 따라서 예약금은 기본 대관료 120만 원의 50%인 60만 원이며, 9일전에 취소할 경우 예약금의 20%를 위약금으로 지불해야하기 때문에 48만 원을 돌려받을 수 있다.

25 ④

해설 개별 PC이용이 가능한 채움방은 수용 인원으로 인해 이용 가능한 강의실에서 제외되므로 질문하지 않아도 된다.

오답
①③ 인원과 교육 제외 날짜를 제외한 정보를 말하지 않았으므로 교육의 시작 시각, 교육 진행시간에 대한 정보가 필요하다.
② 필요한 부대시설은 개별 연락을 달라는 문구가 있으므로 필요한 부대시설에 관한 질문은 해야 한다.
⑤ 대리 P가 제시한 정부에 따르면 가능한 강의실은 A강당과 B강당 그리고 나눔방이다. 강당의 차이점은 의자/테이블 이동 여부에 따라 달라지므로 확인이 필요하다.

26 ②

해설 프로젝트를 진행 중 계획서에 작성하지 않은 식자재 관리 전산 시스템에 대한 비용을 추가해야 하는 상황이 발생하여 문제가 되고 있다. 따라서 물적 자원관리 계획이 제대로 수립되지 않았다는 설명이 가장 적절하다.

27 ②

오답 ① A와 H가 같은 부서에 배정되어야 한다는 조건 4를 충족하지 못하였다.
③④ A와 H가 같은 부서에 배정되어야 한다는 조건 4와 B와 C는 서로 다른 부서에 배정되어야 한다는 조건 2를 충족하지 못하였다.
⑤ B와 C는 서로 다른 부서에 배정되어야 한다는 조건 2와 정보보호부에는 7급 두 명이 배정되어야 한다는 조건 3을 충족하지 못하였다.

28 ⑤

해설

사원	평점 합	순위	산정금액
경운	23	3	200만 원 × 130% = 260만 원
혜민	26	1	200만 원 × 150% = 300만 원
허윤	22	4	500만 원 × 80% = 400만 원
성민	17	6	400만 원 × 100% = 400만 원
세훈	25	2	500만 원 × 150% = 750만 원
정아	21	5	400만 원 × 100% = 400만 원

가장 많은 금액은 750만 원이고 가장 적은 금액은 260만 원으로 금액 차이는 490만 원이다.

29 ②

해설 ② 추천상품의 경우 3명 이상을 추천해도 최대 0.3%p만 가능하다.

오답 ① 2년 만기(2.15)에 우대이율 모바일 가입(0.1)+A은행 행복적금(0.2)=0.3%p로 2.45%p이다. A은행 행복적금 종이통장을 발급받았기 때문에 0.3%p 우대이율을 받을 수 없다.
③ 모바일카드 서비스 이용건은 실적으로 인정되지 않는다.
④ 영업점에서 가입한 적금인 종이통장은 모바일에서 중도해지가 불가하다.
⑤ 영업점에서도 가입이 가능하다.

30 ②

해설 총 운송비는 기종점 비용과 이동 거리가 늘어나면서 증가하는 주행 비용으로 구성된다. 따라서 '기종점 비용 + 단위 거리당 주행 비용 × 거리'로 계산 할 수 있다. ㉠ 지점까지 총 운송비는 전남지사 13,000원, 경북지사 13,500원, 경남지사 14,000원으로 전남지사가 가장 저렴하다. ㉡ 지점까지 총 운송비는 전남지사 25,000원, 경북지사 24,000원, 경남지사 23,000원으로 경남지사가 가장 저렴하다.

직무능력평가

01 의사소통능력

1	2	3	4	5	6	7	8	9	10
②	②	⑤	①	②	①	③	⑤	①	①
11	12	13	14	15	16	17	18	19	20
④	①	③	①	④	④	①	③	①	③
21	22	23	24	25	26	27	28	29	30
①	①	④	③	③	③	③	③	②	③
31	32	33	34	35					
②	④	④	④	④					

1 ②

해설 │ 취소 수수료 규정과 동일하게 적용되어 3일 이전이므로 납부금액의 10% 수수료가 발생하게 된다.

오답 │ ① 임대일 4일 전에 예약이 되었을 경우 이용요금 결제는 회의실 사용 당일이 아닌 예약 당일에 해야 한다.
③ 사용일 1일 전까지만 변경이 가능하다. 당일에는 변경이 불가하다.
④ 세금계산서 발행을 원할 경우 반드시 법인 명의로 예약해야 한다고 규정되어 있다.
⑤ 준수사항 네 번째 항목에 'A기업의 동의 없이 장비, 중량물을 반입하는 등 제반 금지 행위'라고 명시되어 있다.

2 ②

해설 │ 글의 첫 문장에서 4차 산업혁명이 문화예술에 미치는 영향은 어떤 것들이 있는지를 소개하였으며, 이어지는 내용은 모두 그러한 영향들에 대한 부연설명이라고 볼 수 있다. 후반부에서 언급된 문화여가와 디지털기기의 일상화 등에 대한 내용 역시 4차 산업혁명이 사회에 깊숙이 관여해 있는 모습을 보여준다는 점에서 문화예술에 미치는 4차 산업혁명의 영향을 뒷받침하는 것이라고 볼 수 있다.

오답 │ ① 노인들의 삶에 변화가 있을 것이라는 언급을 하고 있으나, 이는 글의 일부분에 해당하는 내용이므로 제목으로 선정할 수는 없다.
③ 4차 산업혁명에 의해 나타나는 사회적 부작용에 대하여 언급하지는 않았다.
④⑤ 역시 글 전체를 포괄하는 제목으로는 부족한 내용을 언급하고 있다.

3 ⑤

해설 │ 지식과 경험을 획득하고 삶의 의미를 찾고 성취감을 위한 진지한 여가에 대한 열망도가 점차 높아질 것으로 관측된다는 설명은 '내적이고 진지한 여가 시간에 대한 욕구가 줄어들 것'이라는 것은 필자의 의견과 다른 것임을 알 수 있다.

① 필자는 4차 산업혁명의 영향으로 문화예술 활동을 다양하게 즐기는 사람들이 많아지고 있다는 언급을 하고 있다.
② 순수문화예술 부분에서는 스마트폰 등 디지털기기가 아직 홍보 수단 정도의 기능에 머물러 있다고 설명하였다.
③ 문화 자체의 다양성뿐 아니라 문화를 누리는 대상 역시 어린이, 장애인, 시니어 등으로 점차 다양화될 것을 전망하고 있다.
④ 문화는 국민 모두가 향유해야 할 보편적 가치로 자리잡아가고 있다는 설명을 통해 알 수 있다.

4 ①

타고난 재능은 인정하지 않고 재능을 발휘한 노동의 부분에 대해서만 그 소득을 인정하게 된다면 특별나게 열심히 재능을 발휘할 유인을 찾기 어려워 결국 그 재능은 상당 부분 사장되고 말 것이다. 따라서 이러한 사회에서 ㉠과 같이 선천적 재능 경쟁이 치열해진다고 보는 의견은 글의 내용에 따른 논리적인 의견 제기로 볼 수 없다.

5 ②

'능력'은 선천적인 것과 후천적인 것이 있다고 말하고 있으며, 후천적인 능력에 따른 결과에는 승복해야 하지만 선천적인 능력에 따른 결과에 대해서는 일정 부분 사회에 환원하는 것이 마땅하다는 주장이다. 따라서 능력에 의한 경쟁 결과가 반드시 불평의 여지가 없이 공정하다고만은 볼 수 없다는 것이 필자의 견해라고 할 수 있다.

6 ①

'보유·관리하는 정보만이 대상이므로 공공기관은 정보를 새로 작성(생성)하거나 취득하여 공개할 의무는 없음' 이라고 언급되어 있으므로 정보 요청자의 요구에 맞게 새로 작성하여 공개할 의무는 없다.

② 공공기관이 자발적·의무적으로 공개하는 것을 '정보제공'이라고 하며 요청에 의한 공개를 '청구공개'라 한다.
③ 법에 의해 보호받는 비공개 정보가 언급되어 있다.
④ 결재 또는 공람절차 완료 등 공식적 형식 요건 결여한 정보는 공개 대상 정보가 아니다.
⑤ 학술·연구의 목적도 아니며, 국내에 일정한 거주지가 없는 외국인은 정보공개 요청 대상이 되지 않는다.

7 ③

비교우위에 의한 자유무역의 이득은 한 나라 내의 모든 경제주체가 혜택을 본다는 것을 뜻하지 않는다. 자유무역의 결과 어느 나라가 특정 재화를 수입하게 되면, 소비자는 보다 싼 가격으로 이 재화를 사용할 수 있게 되므로 이득을 보지만 이 재화의 국내 생산자는 손실을 입게 된다.

① 동일한 종류의 재화라 하더라도 나라마다 독특한 특색이 있게 마련이다. 따라서 자유무역은 각국 소비자들에게 다양한 소비 기회를 제공한다.
② 어느 나라가 비교우위가 있는 재화를 수출하게 되면 이 재화의 생산량은 세계시장을 상대로 크게 늘어난다. 이 경우 규모의 경제를 통해 생산비를 절감할 수 있게 된다.
④ 독과점의 폐해를 방지하려면 진입장벽을 없애 경쟁을 촉진하여야 한다. 따라서 자유무역은 경쟁을 활성화하여 경제 전체의 후생 수준을 높일 수 있다.
⑤ 자유무역은 나라 간의 기술 이동이나 아이디어의 전파를 용이하게 하여 각국의 기술 개발을 촉진해주는 긍정적인 파급 효과를 발휘하기도 한다.

8 ⑤

해설   필자는 현재 우리나라의 역간거리가 타 비교대상에 비해 짧게 형성되어 있어 운행 속도 저하에 따른 속도경쟁력 약화를 문제점으로 지적하고 있다. 따라서 역간거리가 현행보다 길어야 한다는 주장을 뒷받침할 수 있는 선택지 ① ～ ④와 같은 내용을 언급할 것으로 예상할 수 있다. 다만, 역세권 문제나 부동산 시장과의 연계성 등은 주제와의 관련성이 있다고 볼 수 없다.

9 ①

해설   첫 문단에서 '4차 산업혁명시대인 현재, 독자들의 독서문화 변화 방향 인식과 나아가 디지털시대에 어울리는 디지털출판산업의 전략 및 성장기회를 도모하기 위한'이라고 기획의도가 제시되어 있다. 그러므로 추가적으로 들어가지 않아도 된다.

10 ①

해설   문맥으로 보아 전염률, 점유율, 질병률은 전혀 관계가 없다. 유병률과 발병률은 다른 의미이며, 이 차이를 구분하는 것이 문제 해결의 관건이 될 수 있다. 유병률은 전체 인구 중 특정한 장애나 질병 또는 심리신체적 상태를 지니고 있는 사람들의 분율로서, 어느 시점 또는 어느 기간에 해당 장애나 질병, 심리신체적 상태를 지니고 있는 사람의 수를 전체 인구 수로 나누어 계산한다. 유병률은 이전부터 해당 장애가 있었든 아니면 해당 장애가 새로 생겼든 간에 현재 그 장애를 앓고 있는 모든 사람을 뜻하는 반면, 발병률 또는 발생률(Incidence rate 또는 Incidence)은 일정 기간 동안에 모집단 내에서 특정 질병을 새롭게 지니게 된 사람의 분율을 뜻한다. 유병은 집단 내의 개체 간차이를 반영하는 현상이라는 점에서 발생과 구별된다. 발생은 한 개체 내에서 일어난 특정 상태의 변화를 말한다.

11 ④

해설   '구별하지 못하고 뒤섞어서 생각함'을 이르는 '혼동'은 올바르게 사용된 단어이며, '혼돈'으로 잘못 쓰지 않도록주의한다.

오답   ① 최저임금 인상이 인건비 인상의 원인이 된다는 내용이므로 '표출'이 아닌 '초래'하는 것이라고 표현해야 한다.
② 앞의 내용으로 보아 급하고 과도한 최저임금인상에 대한 수식어가 될 것이므로 '급격한'이 올바른 표현이다.
③ 최저임금인상 대신 그만큼에 해당하는 근로 장려세제를 '확대'하는 것의 의미를 갖는 문장이다.
⑤ 취업 의지가 낮은 노동자들을 노동시장으로 참여시킨다는 의미가 포함된 문장이므로 그대로 둔다는 의미의 '유보'가 아닌, '유인'이 적절한 표현이 된다.

12 ①

해설   전통은 과거로부터 이어온 것 중 현재의 문화 창조에 이바지할 수 있는 것만을 말한다. 인습이나 유물은 현재문화 창조에 이바지할 수 없으므로 전통과는 구별되어야 한다는 것이 글의 중심 내용이다.

13 ③

해설   정규직 공무원(최종합격자 포함)은 재직기간과 관계없이 대출을 받을 수 있다.

오답   ① 3개월 대출상품의 최저금리 6.37%p, 최고금리 7.27%p이다.
② 30만원(연 0.1%p), 60만원(연 0.2%p), 90만원(연 0.3%p)으로 이용실적별로 다르다.
④ 「N은행 직장인 자동대출 상품」의 경우는 중도상환수수료가 없다.
⑤ 자동이체의 실적은 3건이 되어야 0.3%p 혜택을 받을 수 있다.

14 ①

> **해설** 대출이 되기 위해서는 재직기간 3개월 이상인 경우 당행 선정 우량 직장인인지를 확인을 먼저 해야 한다.

> **오답** ② 재직기간이 1년 이상이라면 최대 1억원 이상이 가능하다.
> ③ 금융소외계층은 최대 3백만원 이내 기본한도로 제공이 된다.
> ④ 최근 3개월간 30만원 이상 급여이체 실적 확인되는 경우에 급여이체 관련 실적으로 확인이 된다.
> ⑤ 실적연동 우대금리는 각 항목의 우대조건 충족여부에 따라 대출신규 3개월 이후 매월 재산정되어 적용된다.

15 ④

> **해설** 외환위기 이후 생존을 위해 경영실적을 올려야 했던 것이 결과적으로 은행으로 하여금 마진율이 높고 리스크가 적은 가계대출 위주의 영업을 지향하게 했던 것이므로 이러한 단기성과주의가 가장 핵심적인 은행의 보수적 금융행태라고 할 수 있다.

16 ④

> **해설** B전자는 세계 스마트폰 시장 1등이며, 최근 중저가 폰의 판매량이 40%로 나타났지만 B전자가 주력으로 판매하는 폰이 중저가 폰인지는 알 수 없다.

17 ①

> **해설** 제시된 글은 당뇨병 정의를 비롯하여 만성 합병증으로 진행되지 않도록 위험인자 조절을 위한 식사요법, 운동요법, 약물요법 가운데 당뇨병 교육 프로그램의 일환인 식사요법을 수행한 환자들의 긍정적인 효과에 대해 설명하고 있다.

18 ③

> **해설** 제시문을 가장 자연스럽게 배열하면 다음과 같다. ⓒ 다양한 미감들의 공존(화제 제시) → ⓔ 순수예술에서 현대예술과 전통예술의 상호보완 가능성 → ⓐ 현대예술과 전통예술이 상호보완 가능성을 품는 이유 → ⓑ 현대예술과 전통예술의 상호보완이 실현된 예

19 ①

> **해설** 제시문을 가장 자연스럽게 배열하면 다음과 같다. ⓒ 무한한 지식의 종류와 양 → ⓐ 인간이 얻을 수 있는 지식의 한계 → ⓔ 체험으로써 배우기 어려운 지식 → ⓑ 체험으로 배우기 위험한 지식의 예 → ⓓ 체험으로써 모든 지식을 얻기란 불가능함

20 ③

> **해설** 고객에게 불친절하거나 불손한 응대법을 사용하고 있지는 않으나, 책임자의 권한으로 보다 신속히 처리될 수 있는 다급한 업무인 경우, 군이 담당자가 원칙에만 입각하여 경직된 업무 태도를 보이는 것은 매뉴얼의 내용과도 부합되지 않는다고 볼 수 있으므로, 책임자에게 즉각적인 처리를 요청하는 것이 더욱 바람직한 상황이라고 판단할 수 있다.

> **오답** ① 고객의 불평에 직접적으로 대응하기보다 불평의 원인을 찾으려는 바람직한 자세로 볼 수 있다.
> ② 적절한 업무 처리를 고객에게 통보하고 있으며, 처리결과에 대한 사후 관리까지 신경 쓰는 자세를 보이고 있으므로 바람직하다고 볼 수 있다.
> ④ 고객의 불만족 사유를 다 들어보려는 태도를 보이고 있으므로 바람직한 경청의 자세라고 할 수 있다.
> ⑤ 고객의 불만 사항에 적극적인 자세를 보이며 고객의 입장에서 해결책을 강구해 준 경우로 고객 이해를 바탕으로 한 바람직한 업무 자세로 평가할 수 있다.

21 ①

해설 '부지 용도가 단독주택용지이고 토지사용 가능시기가 '즉시'라는 공고를 통해 계약만 이루어지면 즉시 이용이 가능한 토지임을 알 수 있다.

오답 ② 계약체결 후 남은 금액은 공급가격에서 계약금을 제외한 33,250,095,000원이다. 이를 무이자로 3년간 6회에 걸쳐 납부해야 하므로 첫 번째 내야 할 중도금은 5,541,682,500원이다.
③ 규모 400m²의 단독주택용지를 주택건설업자에게 분양하는 공고이다.
④ 계약금은 공급가격의 10%로 보증금이 더 적다.
⑤ 본 계약은 선착순 수의계약이다.

22 ①

해설 사회적 기업의 기원은 해당 내용에서 확인할 수 없다.

오답 ② 취약 계층에게 사회서비스 또는 일자리 등을 제공하여 지역주민의 삶의 질을 높이는 등의 사회적 목적을 추구하면서 재화 및 서비스의 생산·판매 등 영업활동을 수행하는 기업이 나와 있다.
③ 취약 계층에 일자리 및 사회서비스 제공 등의 사회적 목적 추구, 영업활동 수행 및 수익의 사회적 목적 재투자, 민주적인 의사결정구조 구비 등이라는 것이 나와 있다.
④ 일자리 제공형, 혼합형, 기타형으로 나뉜다고 나와 있다.
⑤ 주민의 삶의 질 향상에 기여하는 기업임이 나와 있다.

23 ④

해설 ㉠ 사건의 확률로 미래를 예측 → 도박사의 오류가 아니다.
㉡ 도박사의 오류 B(확률이 낮은 사건이 일어난 것은 시행을 많이 해봤을 것이다)가 맞다.
㉢ 도박사의 오류는 특정사건을 예측하거나 과거를 추측하는 문제이지 확률이 높고 낮음을 추론하는 것이 아니다. 도박사의 오류 A, B 둘 다 아니다.

24 ③

해설 1천만 원 이상의 과태료가 내려지게 되면 공표 조치의 대상이 되나, 모든 공표 조치 대상자들이 과태료를 1천만 원 이상 납부해야 하는 것은 아니다. 과태료 금액에 의한 공표 대상자 이외에도 공표 대상에 포함될 경우가 있으므로 반드시 1천만 원 이상의 과태료가 공표 대상자에게 부과된다고 볼 수는 없다.

오답 ① 행정처분의 종류를 처분 강도에 따라 구분하였으며, 이에 따라 가장 무거운 조치가 공표인 것으로 판단할 수 있다.
② 제시글의 마지막 부분에서 언급하였듯이 개인정보보호위원회 심의·의결을 거쳐야 하므로 행정안전부장관의 결정이 최종적인 것이라고 단언할 수는 없다.
④ 과태료 또는 과징금 처분 시에 공표 사실을 대상자에게 사전 통보하게 된다.
⑤ 공표기준의 5번째와 6번째 내용은 반복적이거나 지속적인 위반 행위에 대한 제재를 의미한다고 볼 수 있다.

25 ③

해설 노지 스마트 농업에 대한 글이다. ㉢은 작물에 비료를 사용하는 이유를 말하고 있으므로 노지 스마트 농업과 직접적인 관련이 없는 부분이다. ㉠은 노지 스마트 농업에 대해 서술하기 전 배경지식 서술에 해당한다. ㉡은 노지 스마트 농업의 4단계 중 관찰단계에 대한 설명이다. ㉣은 현재 국내 노지 스마트 농업 시범사업에 대한 내용이며 ㉤은 국내 미래 노지 스마트 농업의 긍정적인 전망을 제시하고 있다.

26 ③

해설 불쾌한 골짜기 현상은 로봇의 외관 즉, 얼굴 형상에 의해 느끼는 것이므로 옷차림은 불쾌한 골짜기 현상에 영향을 미치지 않는다.

오답 ① 인간과 유사한 외관의 마네킹 로봇을 보고 불쾌함, 거부감, 섬뜩함 등을 느끼는 심리적 현상을 불쾌한 골짜기 현상이라고 한다.
② 지능형 로봇을 접했을 때 어느 정도 호감을 느끼는데, 이는 인간이 아닌 대상으로부터 인간과 유사한 점을 찾으려고 하기 때문이다.
④ 인간은 인간과 전혀 다른 모습을 한 산업용 로봇에게 호감도나 거부감 등을 느끼지 못한다.
⑤ 외관의 유사성이 어느 지점에 도달했을 때 호감도가 낭떠러지처럼 급격하게 떨어졌다가 인간과 구별하지 못할 정도로 닮았을 때 호감도는 다시 상승한다.

27 ③

해설 ⓒ 파편을 찾을 수 없으면 결손이고 결손은 복원의 대상이 된다.
② 한 쌍일 때도 한 점, 한 짝만 있을 때도 한 점으로 계산된다.

오답 ㉠ 뚜껑과 도자기 몸체는 한 점으로 분류된다.
ⓒ 재료만 동일하고 제작기법, 문양, 형태는 모두 다르다.
ⓜ 파편이 발견되면 기존의 철불과 일괄로 한 점 처리된다.

28 ③

해설 ㉠ 자율성주의는 예술작품에 대한 도덕적 가치판단을 범주착오에 해당하는 것으로 보기 때문에 극단적 도덕주의와 온건적 도덕주의 모두를 범주착오로 본다.
ⓒ 극단적 도덕주의는 모든 예술작품을, 온건적 도덕주의는 일부 예술작품을 도덕적 판단의 대상으로 본다.

오답 ⓛ 모든 도덕적 가치가 예술작품을 통해 구현된다는 말은 언급한 적이 없다.

29 ②

해설 첫 번째 의미 – 기적적인 것의 반대
두 번째 의미 – 흔하고 일상적인 것
세 번째 의미 – 인위적의 반대
②는 흔하고 일상적인 것이 아니고, 인위적인 행위에 해당한다.

오답 ① 기적적인 것의 반대는 맞으나 인위적인 것의 반대는 아니다.
③ 기적적인 것의 반대이므로 맞으나 흔하고 일상적인 것은 아니다.
④ 기적적인 것의 반대이므로 맞으나 흔하고 일상적인 것은 아니다.
⑤ 흔하고 일상적인 것이며, 인위적인 것의 반대가 맞다.

30 ③

해설 흡습형태변형은 한쪽 면에 있는 세포의 길이(크기)가 반대 쪽 면에 있는 세포에 비해 습도에 더 민감하게 변하여, 습도가 낮아져 세포 길이가 짧아지면 그쪽 면을 향해 휘어지는 것을 의미한다고 언급되어 있다. 따라서 등에 땀이 나면 세포 길이가 더 짧은 바깥쪽으로 옷이 휘어지게 되므로 등 쪽 면에 공간이 생기게 되는 원리를 이용한 것임을 알 수 있다.

31 ②

① mtDNA와 같은 하나의 영역만이 연구된 상태에서는 그 결과가 시사적이기는 해도 결정적이지는 않다.

③ 그 수형도는 인류학자들이 상상한 장엄한 떡갈나무가 아니라 윌슨이 분석해 놓은 약 15만 년밖에 안 된 키 작은 나무와 매우 유사하였다.

④ 언더힐의 가계도도 윌슨의 가계도와 마찬가지로 아프리카 지역의 인류 원조 조상에 뿌리를 두고 갈라져 나오는 수형도였다.

⑤ Y염색체가 하나씩 존재하는 특성이 있어 재조합을 일으키지 않고, 그 점은 연구 진행을 수월하게 하기 때문이다.

32 ④

① 정약용은 청렴을 당위의 차원에서 주장하는 기존의 학자들과 달리 행위자 자신에게 실질적 이익이 된다는 점을 들어 설득하고자 하였다.

② 정약용은 "지자(知者)는 인(仁)을 이롭게 여긴다."라는 공자의 말을 빌려 "지혜로운 자는 청렴함을 이롭게 여긴다."라고 하였다.

③ 청렴은 큰 이득이 남는 장사라고 말하면서, 지혜롭고 욕심이 큰 사람은 청렴을 택하지만 지혜가 짧고 욕심이 작은 사람은 탐욕을 택한다고 설명한다.

⑤ 이황과 이이는 청렴을 사회 규율이자 개인 처세의 지침으로 강조하였다.

33 ④

체내 수분은 생태에 일어나는 생화학적 반응의 용매로서 작용할 뿐만 아니라 영양소의 운반·배출·분비, 삼투압 조절 및 체온 조절 등에 관여하고 혈량을 유지하는 데 필수적이며 체내 영양 공급 및 노폐물 배설에도 주요한 역할을 한다. 신체의 향상성 유지, 면역력 증진 등에도 도움이 된다.

34 ④

① 단절 전 형성 방식은 이동단말기와 기존 기지국 간의 통화 채널이 단절되기 전에 새로운 기지국과의 통화 채널을 형성하는 방식이다. 각 기지국이 같은 주파수를 사용하고 있다면, 그런 주파수 조정이 필요 없으며 새로운 통화 채널을 형성하고 나서 기존 통화 채널을 단절할 수 있다.

② 신호의 세기가 특정값 이하로 떨어지게 되면 핸드오버가 명령되어 이동단말기와 새로운 기지국 간의 통화 채널이 형성된다. 형성 전 단절 방식과 단절 전 형성 방식의 차이와는 상관 없다.

③ 새로운 기지국 간의 통화 채널이 형성되어야 함도 포함되어야 한다.

⑤ 핸드오버는 신호 세기가 특정값 이하로 떨어질 때 발생하는 것이지 이동단말기와 기지국 간 상대적 신호 세기와는 관계가 없다.

35 ④

① 고전주의적 관점에서는 보편적 규칙에 따라 고전적 이상에 일치시켜 대상을 재현한 작품에 높은 가치를 부여한다. 반면 낭만주의적 관점에서는 예술가 자신의 감정이나 가치관, 문제의식 등을 자유로운 방식으로 표현한 것에 가치를 부여한다.

② 독백과 같이 특정한 청자를 설정하지 않는 발화 행위도 존재한다. 낭만주의적 관점에서 예술작품을 이해하고 감상하는 것도 이와 유사하다.

③ 고전주의적 관점에서는 재현 내용과 형식이 정해지기 때문에 화자인 예술가 중심이 된 의사소통 행위가 아니라 청자가 중심이 된 의사소통 행위라 할 수 있다.

⑤ 낭만주의적 관점에서는, 예술작품을 예술가가 감상자를 고려하지 않은 채 자신의 생각이나 느낌을 자유롭게 표현한 것으로 보아야만 작품의 본질을 오히려 잘 포착할 수 있다고 본다.

1	2	3	4	5	6	7	8	9	10
①	③	④	④	③	②	②	②	③	①
11	12	13	14	15	16	17	18	19	20
②	⑤	③	③	③	④	⑤	③	②	④
21	22	23	24	25	26	27	28	29	30
④	③	①	③	①	③	①	④	⑤	③
31	32	33	34	35					
①	⑤	③	⑤	⑤					

1 ①

해설   둥글게 앉은 자리를 일렬로 펼쳐 생각해 볼 수 있다.

최 차장과 남 대리가 마주보고 앉았다는 것은 이 두 사람을 기준으로 양쪽으로 두 개의 자리씩 있다는 것이 된다. 또한 오 부장과 박 과장이 나란히 앉아 있으므로 오 부장과 박 과장은 최 차장과 남 대리가 둘로 가른 양쪽 중 어느 한쪽을 차지하고 앉아 있게 된다.

남 대리가 양 사원의 오른쪽에 앉았다고 했으므로 양 사원의 왼쪽은 남은 조 사원이 앉게 되는 경우만 있게 됨을 알 수 있다. 따라서 오 부장과 박 과장의 정확한 자리만 결정되지 않았으며, 이를 오 부장을 중심으로 시계방향으로 순서대로 정리하면, 오 부장 – 박 과장 – 남 대리 – 양 사원 – 조 사원 – 최 차장의 순서 또는 오 부장 – 남 대리 – 양 사원 – 조 사원 – 최 차장 – 박 과장의 순서가 됨을 알 수 있다. 결국 조 사원의 양 옆에는 두 가지 경우에 모두 양 사원과 최 차장이 앉아 있게 된다.

2 ③

해설   주어진 조건에서 확정 조건은 다음과 같다.

B, F	A ( )	C, D, E 중 2명
( )	갑	( )

그런데 세 번째 조건에서 을은 C와 F에게 교육을 하지 않았다고 하였으므로 F가 있는 조와 이미 갑이 교육을 하는 조를 맡지 않은 것이 된다. 따라서 맨 오른쪽은 을이 되어야 하고 남는 한 조인 B, F조는 병이 될 수밖에 없다. 또한 이 경우, 을이 C를 교육하지 않았다고 하였으므로 을의 조는 D와 E가 남게 되며, C는 A와 한 조가 되어 결국 다음과 같이 정리될 수 있다.

B, F	A, C	D, E
병	갑	을

따라서 선택지 ③에서 설명된 'C는 갑에게 교육을 받는다.'가 정답이 된다.

3 ④

> **해설** 가위바위보를 해서 모두 이기면 $30 \times 5 = 150$점이 된다.
>
> 여기서 한 번 비기면 총점에서 4점이 줄고, 한 번 지면 총점에서 6점이 줄어든다.
>
> 만약 29번 이기고 1번 지게 되면 $(29 \times 5) + (-1) = 144$점이 된다.
>
> 즉, 150점에서 -6, 또는 -4를 통해서 나올 수 있는 점수를 가진 사람만이 참말을 하는 것이다. 정의 점수 140점은 1번 지고, 1번 비길 경우 나올 수 있다. $(28 \times 5) + 1 - 1 = 140$

4 ④

> **해설** 3개 회사는 각 종목 당 다른 회사와 5번씩 경기를 가졌으며 이에 따른 승수와 패수의 합은 항상 10이 된다. 갑사가 C 종목에서 거둔 5승과 5패는 어느 팀으로부터 거둔 것인지 알 수 있는 근거가 없어 을사, 병사와 상대 전적이 동일하다고 말할 수 없다. 또한, 특정 팀과 5회 경기를 하여 무승부인 결과는 없는 것이므로 상대 전적이 동일한 두 팀이 생길 수는 없다.

> **오답** ① 병사의 6패 중 나머지 5패를 을사로부터 당한 것이 된다. 따라서 을사와의 전적은 0승 5패의 압도적인 결과가 된다.
>
> ② 갑사와 병사의 승수 중 각각 4승씩을 제외한 나머지 승수가 상대방으로부터 거둔 승수가 된다. 따라서 갑사는 병사로부터 3승을, 병사는 갑사로부터 2승을 거둔 것이 되어 갑사의 상대 전적이 병사보다 더 우세하게 된다.
>
> ③ 을사의 A 종목 3패 중 적어도 2패 이상이 갑사에게 당한 것이 되고 나머지 패수가 병사에게 당한 것이 되므로 을사는 병사보다 A 종목의 상대 전적이 더 우세하다. 이와 같은 논리로 살펴보면 병사의 C 종목 3패 중 1패 또는 0패가 을사와의 경기 결과가 되어 병사는 을사보다 C 종목 상대 전적이 더 우세하게 된다.
>
> ⑤ 승과 패에 대하여 부여되는 승점이 세 종목 모두 동일하므로 승수와 패수의 합을 단순 비교하여 순위를 결정할 수 있다. 따라서 17승 13패를 거둔 병사가 가장 높은 성적을 거두었으며 2위는 16승 14패를 거둔 갑사, 가장 낮은 성적을 거둔 을사는 12승 18패가 된다.

5 ③

> **해설** ㉠ ⑷와 ⑺ 조건에 따르면
>
> '자료 추합 → 보고서 작성 → 메일 전송 → 보고일지 작성' 순이 된다.
>
> ㉡ 그 다음 ⑺, ⑷, ⑷ 조건에 따르면
>
> '자료 추합 → 파일 저장 → 보고서 작성 → 메일 전송 → 보고일지 작성' 순이 된다.
>
> 그러므로 가장 먼저 처리해야 하는 업무는 자료 추합이 된다.

6 ②

> **해설** A와 D의 면접 점수(x로 치환)가 동일하므로 $14 + 18 + 19 + 16 + 2x = 17.5 \times 6 = 105$가 된다. 따라서 A와 D의 면접 점수는 19점이 된다. 이를 통해 문제의 표를 정리하면 다음과 같다.

응시자 \ 분야	어학	컴퓨터	실무	NCS	면접	평균
A	16	14	13	15	19	15.4
B	12	14	10	10	14	12.0
C	10	12	9	10	18	11.8
D	14	14	20	17	19	16.8
E	18	20	19	17	19	18.6
F	10	13	16	15	16	14
계	80	87	87	84	105	88.6
평균	13.3	14.5	14.5	14	17.5	14.8

따라서 2명의 최종 채용자는 D와 E가 된다. 그러므로 ②와 같은 조건의 경우에는 A와 D의 평균 점수가 각각 16.8점과 15.4점이 되어 최종 채용자가 A와 E로 바뀌게 된다.

> **오답** ① E의 평균 점수가 17.6점이 되어 여전히 1위의 성적이므로 채용자는 변경되지 않는다.
> ③ F의 평균 점수가 16점이 되므로 채용자는 변경되지 않는다.
> ④ B의 평균 점수가 16점이 되므로 채용자는 변경되지 않는다.
> ⑤ C의 평균 점수가 14점이 되므로 채용자는 변경되지 않는다.

7 ②

> **해설** 외부환경 요인 분석은 언론매체, 개인 정보망 등을 통하여 입수한 상식적인 세상의 변화 내용을 시작으로 당사자에게 미치는 영향을 순서대로, 점차 구체화하는 것이다. 내부환경과 외부환경을 구분하는 기준은 '나', '나의 사업', '나의 회사' 등 환경 분석 주체에 직접적인 관련성이 있는지 여부가 된다. 대내외적인 환경을 분석하기 위하여 이를 적절하게 구분하는 것이 매우 중요한 요소가 된다.

8 ②

> **해설** 저렴한 제품을 공급하는 것은 자사의 강점(S)이며, 이를 통해 외부의 위협요인인 대형 마트와의 경쟁(T)에 대응하는 것은 ST 전략이 된다.

> **오답** ① 직원 확보 문제 해결과 매출 감소에 대응하는 인건비 절감 등의 효과를 거둘 수 있어 약점과 위협요인을 최소화하는 WT 전략이 된다.
> ③ 자사의 강점과 외부환경의 기회 요인을 이용한 SO 전략이 된다.
> ④ 자사의 기회요인인 매장 앞 공간을 이용해 지역 주민 이동 시 쉼터를 이용할 수 있도록 활용하는 것은 매출 증대에 기여할 수 있으므로 WO 전략이 된다.
> ⑤ 고객 유치 노하우는 자사의 강점을 이용한 것이며, 이를 통해 편의점 이용률을 제고하는 것은 위협요인을 제거하는 것이 되므로 ST 전략이 된다.

9 ③

다음 달의 첫째 날이 금요일이므로 아래와 같은 달력을 그려 볼 수 있다.

일	월	화	수	목	금	토
					1	2
3	4	5	6	7	8	9
10	11	12	13	14	15	16
17	18	19	20	21	22	23
24	25	26	27	28	29	30

3박 4일 일정이므로 평일에 복귀해야 하며 주말이 모두 포함되는 일정을 피하기 위해서는 출발일이 일, 월, 화요일이어야 한다. 또한 출장 결과 보고를 위해서는 금요일에 복귀하게 되는 화요일 출발 일정도 불가능하다. 따라서 일요일과 월요일에만 출발이 가능하다. 그런데 27일과 13일이 출장 일정에 포함될 수 없으므로 10, 11, 24, 25일은 제외된다. 따라서 3, 4, 17, 18일에 출발하는 4가지 일정이 가능하다.

출발 가능한 일수는 15일 기준으로 이전과 이후에 동일하게 이틀씩이다.

10 ①

35명이므로 2인실을 이용할 경우 총 18개의 방이 필요하게 된다. 또한 회의실과 운동장을 사용하게 되므로 식사를 제외한 총 소요비용은 900,000 + 250,000 + 130,000 = 1,280,000원이 되어 식사비용으로 총 1,220,000원을 사용할 수 있다.
따라서 낙지볶음 30인분과 설렁탕 5인분, 삼겹살 55인분과 마른안주 10개, 맥주와 소주 각각 40병은 240,000 + 35,000 + 500,000 + 110,000 + 180,000 + 140,000 = 1,255,000원이 되어 예산을 초과하게 된다.

② 삼겹살 60인분과 맥주, 소주 각각 30병은 740,000원이 되므로 식사류 어느 메뉴를 주문해도 예산을 초과하지 않는다.
③ 600,000 + 132,000 + 144,000 + 135,000 + 105,000 = 1,116,000원이 되어 주문이 가능하다.
④ 삼겹살 60인분, 골뱅이 무침 10개와 맥주 50병은 915,000원이므로 역시 식사류 어느 것을 주문해도 예산을 초과하지 않는다.
⑤ 삼겹살 50인분, 과일안주 15개와 맥주 30병은 총 815,000원으로, 25인분의 식사 메뉴와 관계없이 주문이 가능하다.

11 ②

1억 원을 1년 동안 예금하면 이자 소득은 210만 원이 된다. 이자 소득의 15.4%에 해당하는 세금 32만 3,400원을 제하면 실제로 예금주가 받게 되는 이자는 177만 6,600원이다. 즉, 세후 명목이자율은 1.77%를 조금 넘는 수준에 지나지 않는다. 만기가 돌아오는 1년 후에 물가가 1.0% 상승했다고 가정했으므로 세후 실질이자율은 1.77% − 1.0% = 0.77%가 된다.

12 ⑤

전세자가 많다는 것은 이미 전세를 살고 있다는 것이므로 전세금 안심 대출을 홍보할 필요가 없다.

13 ③

해설 〈보기〉의 대화에서 고객은 예 · 적금보다 높은 수익을 낼 수 있으면서 어느 정도 원금 손실을 감수할 생각이 있다고 했으므로 중간 위험의 위험중립형에 해당한다고 볼 수 있다.

14 ③

해설 명제가 항상 참이면 그 대우도 항상 참이다.
예금 메뉴, 조회 메뉴, 펀드 메뉴를 모두 이용하는 고객이 있다.
• 예금 메뉴를 이용하는 모든 고객은 조회 메뉴를 이용한다. (명제)
→ 조회 메뉴를 이용하는 모든 고객은 예금 메뉴를 이용한다. (역)
  예금 메뉴를 이용하지 않는 어떤 고객은 조회 메뉴를 이용하지 않는다. (이)
  조회 메뉴를 이용하지 않는 어떤 고객은 예금 메뉴를 이용하지 않는다. (대우)
• 조회 메뉴를 이용하는 어떤 고객은 이체 메뉴를 이용한다. (명제)
→ 이체 메뉴를 이용하는 어떤 고객은 조회 메뉴를 이용한다. (역)
  조회 메뉴를 이용하지 않는 모든 고객은 이체 메뉴를 이용하지 않는다. (이)
  이체 메뉴를 이용하지 않는 모든 고객은 조회 메뉴를 이용하지 않는다. (대우)
• 펀드 메뉴를 이용하는 모든 고객은 조회 메뉴를 이용한다. (명제)
→ 조회 메뉴를 이용하는 모든 고객은 펀드 메뉴를 이용한다. (역)
  펀드 메뉴를 이용하지 않는 어떤 고객은 조회 메뉴를 이용하지 않는다. (이)
  조회 메뉴를 이용하지 않는 어떤 고객은 펀드 메뉴를 이용하지 않는다. (대우)

15 ③

해설 12,000원의 요금에 무료 이용권을 사용하면 차액 2,000원을 지불해야 하므로 아들의 8,000원과 함께 1만 원의 추가 요금을 지불해야 한다.

오답 ① 중국 비자 수수료 청구 할인을 받을 수 있는 것은 연 1회로 제한되어 있다.
② 1만 원 미만 승차권 교환 시 잔액은 환불되지 않는다.
④ 국제브랜드사가 부과하는 수수료(UnionPay 0.6%)를 포함하여 매출표 접수일의 N은행에서 고시하는 1회차 전신환매도율 적용 후에 N은행카드가 부과하는 해외서비스수수료(0.25%)가 포함된다.
⑤ 카드를 등록한 해당 월에는 중국 비자 수수료 할인 서비스가 제공되지 않고 등록 익월부터 적용된다.

16 ④

해설 주어진 해외이용 시 청구금액 산정 방법에 따라 혜택 전 원화 환산 청구금액은 다음과 같다.
• $a : 500 \times 1,080 = 540,000$ 원
• $b : 500 \times 1,080 \times 0.006 = 3,240$ 원
• $c : 500 \times 1,080 \times 0.0025 = 1,350$ 원
• $a + b + c = 544,590$ 원
N여행카드 이용 시, b와 c 금액에서 할인 혜택이 주어져 각각 $500 \times 1,080 \times 0.0057 = 3,078$ 원과 $500 \times 1,080 \times 0.0015 = 810$ 원이 된다.
따라서 혜택 받은 금액은 $(3,240 - 3,078) + (1,350 - 810) = 162 + 540 = 702$ 원이 된다.
혜택이 적용되는 할인율인 0.03%와 0.1%를 더하여 $500 \times 1,080 \times 0.0013 = 702$ 원으로 간단하게 계산할 수도 있다.

17 ⑤

해설 ⑤ 윤초희는 최대 3억 원이 가능하다

오답 ① 한미영은 최대 1억 원이 가능하다.
② 이준서는 최대 1억 원이 가능하다.
③ 김민영은 대출신청이 불가하다.
④ 정선영은 대출신청이 불가하다.

18 ③

해설 • A : 영어 → 중국어
• B : ~영어 → ~일본어, 일본어 → 영어
• C : 영어 또는 중국어
• D : 일본어 ↔ 중국어
• E : 일본어
㉠ B는 참이고 E는 거짓인 경우
  • 영어와 중국어 중 하나는 반드시 수강한다(C).
  • 영어를 수강할 경우 중국어를 수강(A), 일본어를 수강(D)
  • 중국어를 수강할 경우 일본어를 수강(D), 영어를 수강(E는 거짓이므로) → 중국어도 수강(A)
  • 그러므로 B가 참인 경우 일본어, 중국어, 영어 수강
㉡ B가 거짓이고 E가 참인 경우
  • 일본어를 수강하고 영어를 수강하지 않으므로(E) 반드시 중국어를 수강한다(C)
  • 중국어를 수강하므로 일본어를 수강한다(D)
  • 그러므로 E가 참인 경우 일본어, 중국어 수강
  • 영식이가 반드시 수강할 과목은 일본어, 중국어이다.

19 ②

해설 丙은 25점 만점 중 20점이므로 한 개만 틀렸기 때문에 丙의 답안지를 기준으로 정답을 가려낼 수 있다.

• 1번 문항이 틀렸다고 가정할 때

구분	1번	2번	3번	4번	5번	총점(25점)
甲	O	X	X	X	O	10점
乙	X	O	X	O	O	15점
丙	X	X	O	O	O	20점
丁	X	X	O	O	O	25점

甲 = 10점, 乙 = 15점, 丙 = 20, 丁 = 25점이므로 조건이 성립될 수 없다.

• 2번 문항이 틀렸다고 가정할 때

구분	1번	2번	3번	4번	5번	총점(25점)
甲	O	X	X	X	O	10점
乙	X	O	X	O	O	15점
丙	O	O	O	O	O	20점
丁	X	X	O	O	O	15점

甲 = 10점, 乙 = 15점, 丙 = 20점, 丁 = 15점이므로 조건이 성립될 수 없다.

• 3번 문항이 틀렸다고 가정할 때

구분	1번	2번	3번	4번	5번	총점(25점)
甲	O	X	X	X	O	20점
乙	X	O	X	O	O	15점
丙	O	X	X	O	O	20점
丁	X	X	O	O	O	15점

甲 = 20점, 乙 = 15점, 丙 = 20점, 丁 = 15점이므로 조건이 성립될 수 없다.

• 4번 문항이 틀렸다고 가정할 때

구분	1번	2번	3번	4번	5번	총점(25점)
甲	O	X	X	X	O	20점
乙	X	O	X	O	O	5점
丙	O	X	O	X	O	20점
丁	X	X	O	O	O	15점

甲 = 20점, 乙 = 5점, 丙 = 20점, 丁 = 15점이므로 조건이 성립될 수 없다.

• 5번 문항이 틀렸다고 가정할 때

구분	1번	2번	3번	4번	5번	총점(25점)
甲	O	X	X	X	O	10점
乙	X	O	X	O	O	5점
丙	O	X	O	O	X	20점
丁	X	X	O	O	O	15점

甲 = 10점, 乙 = 5점, 丙 = 20점, 丁 = 15점이므로 조건이 성립된다.
∴ 乙의 총점은 5점이다.

20 ④

해설 연체발생일이 1월 6일이고, 등록 사유 발생일이 4월 6일이다. '연체 등' 정보가 등록되는 날은 등록 사유 발생일 그때로부터 10일 이내이다.

21 ④

해설 두 번째 조건을 부등호로 나타내면, C < A < E
세 번째 조건을 부등호로 나타내면, B < D, B < A
네 번째 조건을 부등호로 나타내면, B < C < D
다섯 번째 조건에 의해 다음과 같이 정리할 수 있다.
∴ B < C < D, A < E

오답 ① 주어진 조건만으로는 세 번째로 월급이 많은 사람이 A인지, D인지 알 수 없다.
② B < C < D, A < E이므로 월급이 가장 많은 E는 월급을 50만 원을 받고, A와 D는 각각 40만 원 또는 30만 원을 받으며, C는 20만 원을, B는 10만 원을 받는다. E와 C의 월급은 30만 원 차이가 난다.
③ B의 월급은 10만 원, E의 월급은 50만 원이므로 합하면 60만 원이다.
C의 월급은 20만 원을 받지만, A는 40만 원을 받는지 30만 원을 받는지 알 수 없으므로 B와 E의 월급의 합은 A와 C의 월급의 합보다 많을 수도 있고, 같을 수도 있다.
⑤ 월급이 가장 적은 사람은 B이다.

22 ③

해설 ㉠ "옆에 범인이 있다."고 진술한 경우를 ○, "옆에 범인이 없다."고 진술한 경우를 ×라고 하면

1	2	3	4	5	6	7	8	9
○	×	×	○	×	○	○	○	×
							시민	

• 9번이 범인이라고 가정
9번은 "옆에 범인이 없다.'고 진술하였으므로 8번과 1번 중에 범인이 있어야 한다. 그러나 8번이 시민이므로 1번이 범인이 된다. 1번은 "옆에 범인이 있다."라고 진술하였으므로 2번과 9번에 범인이 없어야 한다. 그러나 9번이 범인이므로 모순이 되어 9번은 범인일 수 없다.

• 9번이 시민이라고 가정
9번은 "옆에 범인이 없다."라고 진술하였으므로 1번도 시민이 된다. 1번은 "옆에 범인이 있다."라고 진술하였으므로 2번은 범인이 된다. 2번은 "옆에 범인이 없다."라고 진술하였으므로 3번도 범인이 된다. 8번은 시민인데 "옆에 범인이 있다."라고 진술하였으므로 9번은 시민이므로 7번은 범인이 된다. 그러므로 범인은 2, 3, 7번이고 나머지는 모두 시민이 된다.

㉡ 모두가 "옆에 범인이 있다."라고 진술하면 시민 2명, 범인 1명의 순으로 반복해서 배치되므로 옳은 설명이다.

오답 ㉢ 다음과 같은 경우가 있음으로 틀린 설명이다.

1	2	3	4	5	6	7	8	9
○	○	○	○	○	○	○	×	○
범인	시민	시민	범인	시민	범인	시민	시민	시민

23 ①

해설 〈보기〉에 나와 있는 병수의 투자성향을 등급으로 나타내면 1등급 최고위험인 공격투자형에 해당한다. 따라서 〈표 1〉에 제시된 상품들 중에서 병수에게 적당한 상품은 'ⓒ 배당 우선주 증권자 투자 신탁1호' 상품이라고 할 수 있다.

24 ③

해설 ③ 아르바이트 일수가 갑은 3일, 병은 2일임을 알 수 있다. 무는 갑이나 병이 아르바이트를 하는 날 항상 함께 한다고 했으므로 5일 내내 아르바이트를 하게 된다. 을과 정은 일, 월, 화, 목 4일간 아르바이트를 하게 된다. 병에 따라 갑이 아르바이트를 하는 요일이 달라지므로 아르바이트 하는 요일이 확정되는 사람은 세 명이다.

오답 ① 수요일에는 2명, 나머지 요일에는 4명으로 인원수는 확정된다.
② 갑은 3일, 을은 4일, 병은 2일, 무는 5일 이므로 갑과 을, 병과 정의 아르바이트 일수를 합한 값은 7로 같다.
④ 일별 인원수는 4명 또는 2명으로 모두 짝수이다.
⑤ 일요일에는 갑, 을, 정, 무 네 명으로 어느 경우에도 같다.

25 ①

오답 ⓒ ㈎의 경우 매년 물가가 5% 상승하면 두 번째 해부터 구매력은 점차 감소한다.
ⓔ 금융 기관에서는 단리 뿐 아니라 복리 이자율이 적용되는 상품 또한 판매하고 있다.

26 ③

해설 먼저, 제시된 조건을 정리하면 다음과 같다.
a. 모두 일렬로 주차되어 있으며 지정주차다.
c. 7년차, 5년차, 3년차, 2년차, 1년차로 연차가 높을수록 지정번호는 낮다.

1	2	3	4	5
7년차	5년차	3년차	2년차	1년차

b. 차량의 색은 빨간색, 주황색, 노란색, 초록색, 파란색이다.
d. 지정번호가 가장 낮은 자리에 주차한 차량의 색은 주황색이다.
e. 노란색 차량과 빨간색 차량의 사이에는 초록색 차량이 주차되어 있다.
h. 2년차 차량 색상은 빨간색이다.

1	2	3	4	5
7년차	5년차	3년차	2년차	1년차
주황색	노란색	초록색	빨간색	

f. 乙의 차량 색상은 초록색이다.
g. 1이 아닌 맨 뒷자리에 주차한 사람은 丙이다.
i. 戊의 차량은 甲의 옆자리에 주차되어 있다.

1	2	3	4	5
7년차	5년차	3년차	2년차	1년차
주황색	노란색	초록색	빨간색	
甲 or 戊	甲 or 戊	乙		丙

戊의 차량과 甲의 차량이 옆자리여야 하므로 7년차와 5년차이다. 이를 조합하여 다시 표로 정리하면 다음과 같다.

1	2	3	4	5
7년차	5년차	3년차	2년차	1년차
주황색	노란색	초록색	빨간색	파란색
甲 or 戊	甲 or 戊	乙	丁	丙

2년차 차량의 색은 빨간색이다. (O)

오답
① 甲은 7년차 또는 5년차이므로 항상 참은 아니다.
② 戊의 차량은 주황색 차량 또는 노란색 차량이므로 항상 참은 아니다.
④ 乙은 3년차로, 乙보다 연차가 높은 사람은 7년차, 5년차 두 명이다.
⑤ 丙의 주차장 번호는 5이고 정의 주차장 번호는 4이므로 뺀 값은 1이다.

27 ①

해설
① 매각된 목적물에 설정된 모든 저당권은 매각으로 소멸하므로 乙의 저당권도 소멸한다.

오답
② 임차권이 등기가 되면 그 등기 이후에 성립한 물권보다 우선하는 효력이 있지만, 乙이 자신의 임차권을 등기하지 않았으면 丙의 지상권이 물권이므로 채권인 乙의 임차권보다 우선한다.
③ 전세권의 경우 전세권자가 배당요구를 하면 매각으로 소멸된다. 따라서 乙이 배당요구를 하지 않으면 그의 전세권은 매수인이 인수한다.
④ 등기된 임차권은 매수인이 인수한다. 乙이 임차권을 등기하였으므로 매수인인 丁은 乙의 등기된 임차권을 인수한다.
⑤ 부동산 물권을 취득하기 위해서는 원칙적으로 자신의 명의로 등기가 이루어져야 하지만, 경매 기타 법률규정에 의하여 부동산에 관한 물권을 취득하는 경우에는 등기를 요하지 아니한다.

28 ④

해설
C거래처 사원(9시 ~ 10시) – A거래처 과장(10시 ~ 12시) – B거래처 대리(12시 ~ 14시) – F은행(14시 ~ 15시) – G미술관(15시 ~ 16시) – E서점(16 ~ 18시) – D거래처 부장(18시 ~)

오답
① E서점까지 들리면 16시가 되는데, 그 이후에 G미술관을 관람할 수 없다.
② F은행까지 들리면 13시가 되는데, B거래처 대리 약속은 18시에 가능하다.
③ G미술관 관람을 마치고 나면 11시가 되는데 F은행은 12시에 가야 한다. 1시간 기다려서 F은행 일이 끝나면 13시가 되는데, B거래처 대리 약속은 18시에 가능하다.
⑤ A거래처 과장을 만나고 나면 1시간 기다려서 G미술관 관람을 하여야 하며, 관람을 마치면 14시가 되어 B거래처 대리를 18시에 만나게 될 수밖에 없는데 그렇게 되면 D거래처 부장은 만날 수 없다.

29 ⑤

해설 사원과 근무부서를 표로 나타내면

배정부서	기획팀	영업팀	총무팀	홍보팀
처음 배정 부서	갑	을	병	정
2번째 배정 부서				
3번째 배정 부서				병

㉠ 규칙 1을 2번째 배정에 적용하고 규칙 2를 3번째 배정에 적용하면 기획팀↔총무팀 / 영업팀↔홍보팀이므로 갑↔병 / 을↔정, 규칙 2까지 적용하면 다음과 같다.

배정부서	기획팀	영업팀	총무팀	홍보팀
처음 배정 부서	갑	을	병	정
2번째 배정 부서	병	정	갑	을
3번째 배정 부서			을	갑

㉡ 규칙 3을 먼저 적용하고 규칙 2를 적용하면

배정부서	기획팀	영업팀	총무팀	홍보팀
처음 배정 부서	갑	을	병	정
2번째 배정 부서	을	갑	병	정
3번째 배정 부서	을	갑	정	병

30 ③

해설 ㉠ 인터넷뱅킹을 통한 해외 외화 송금이므로 금액에 상관없이 건당 최저 수수료 3,000원과 전신료 5,000원 발생 → 합 8,000원
㉡ 은행 창구를 통한 해외 외화 송금이므로 송금 수수료 10,000원과 전신료 8,000원 발생 → 합 18,000원
㉢ 금액에 상관없이 건당 수수료가 발생하므로 → 10,000원
따라서 총 지불한 수수료는 8,000 + 18,000 + 10,000 = 36,000원이다.

31 ①

해설 ㉠ 얼굴이 검붉은 사람은 육체적 고생을 한다고 하나 얼굴이 검붉은 사람이 편하게 사는 것을 보았다. (참)
㉣ 관상의 원리가 받아들일만하지 않다면 관상의 원리에 대한 과학적 근거를 찾으려는 노력은 헛된 것이다. (참)

오답 ㉡ 관상의 원리가 받아들일 만하다면. 우리가 사람의 얼굴에 대해서 갖는 인상이란 한갓 선입견에 불과한 것이 아니다.
㉢ 사람의 인상이 평생에 걸쳐 고정되어 있다고 할 수 있는 경우에만 관상의 원리는 받아들일 만하다.
㉤ 관상의 원리에 대하여 과학적 근거가 있을 것이라고 기대하는 사람은 우리의 삶에 위안을 얻기 위해 관상의 원리에 의존한다고 믿는다.

32 ⑤

해설 블랙은 이 열이 실제로 온도계에 변화를 주지 않기 때문에 이를 '잠열(潛熱)'이라 불렀다.

→ ㉠ A의 온도계로는 잠열을 직접 측정할 수 없었다. (참)

눈이 녹는점에 있음에도 불구하고 많은 양의 뜨거운 물은 눈을 조금밖에 녹이지 못했다. 이는 잠열 때문이다.

→ ㉡ 얼음이 녹는점에 이르러도 완전히 녹지 않는 것은 잠열 때문이다. (참)

A에서는 얼음이 녹으면서 생긴 물과 녹고 있는 얼음의 온도가 녹는점에서 일정하게 유지되었는데 이 상태는 얼음이 완전히 녹을 때까지 지속되었다.

→ ㉢ A의 얼음이 완전히 물로 바뀔 때까지, A의 얼음물 온도는 일정하게 유지된다. (참)

33 ③

해설 ㉠ A가 참인 경우
- E는 무단 투기하는 사람을 못 봤다고 했으므로 E의 말은 거짓이 된다.
- A는 B가 참이라고 했으므로 B에 의해 D가 범인이 된다.
- 그러나 C는 D가 무단 투기하지 않았다고 했으므로 C도 거짓이 된다.
- 거짓말을 한 주민이 C, E 두 명이 되었으므로 D의 말은 참이 된다.
- 그러나 D는 쓰레기를 무단 투기하는 사람을 세 명의 주민이 보았다고 했는데 A는 본인과 E만 보았다고 했으므로 D는 범인이 될 수 없다.

㉡ A가 거짓인 경우
- A의 말이 거짓이면 B의 말도 모두 거짓이 된다.
- 거짓말을 한 사람이 A, B이므로 C, D, E는 참말을 한 것이 된다.
- C에 의하면 D는 범인이 아니다.
- D에 의하면 B는 범인이 아니다.
- E에 의하면 A는 범인이 아니다.

따라서 C가 범인이다.

34 ⑤

해설 갑은 '㉠ 예금'이란 상품의 가입을 통해 N은행의 최초 거래 고객이 되었고(0.2%) 이때 N은행 체크카드를 신청해 가입 기간이 지난 현재까지 약 120만 원의 이용 실적을 쌓았으며(0.1%) 현재까지 N은행 보통예금 통장에서 N은행 적립식 펀드로 매달 10만 원씩 자동이체를 하고 있다(0.1%). 그리고 N투자증권 Asset 글로벌 증권 통장의 증권계좌를 통해 증권 거래까지 함(0.1%)으로써 그는 최대 0.5%의 우대금리를 받을 수 있다.

35 ⑤

해설 주어진 조건을 표로 정리하면 다음과 같다.

경우	갑	을	병	정	무
㉠	검은색	파란색	빨간색	흰색	검은색
㉡	파란색	검은색	흰색	빨간색	파란색

따라서 보기 ⑤에서 언급한 바와 같이 을이 검은색 옷을 입고 있다면 갑과 무는 파란색 옷을 입고 있는 것이 되므로 파란색 옷을 입고 있는 사람은 2명이 된다.

1	2	3	4	5	6	7	8	9	10
①	①	④	②	②	⑤	①	④	②	③
11	12	13	14	15	16	17	18	19	20
①	⑤	②	③	⑤	③	③	②	④	④
21	22	23	24	25	26	27	28	29	30
④	③	③	②	①	③	③	④	④	④
31	32	33	34	35					
③	④	②	④	⑤					

1 ①

> **해설** 주택담보대출의 경우이므로 3개월의 연체기간을 월별로 나누어 계산해 보면 다음 표와 같이 정리될 수 있다.

연체기간	계산방법	연체이자
연체발생 ~ 30일분	지체된 약정이자(50만 원) × 연 8%(5% + 3%) × 30/365	3,288원
연체 31일 ~ 60일분	지체된 약정이자(100만 원) × 연 8%(5% + 3%) × 30/365	6,575원
연체 61일 ~ 90일분	원금(1억 2천만 원) × 연 8%(5% + 3%) × 30/365	789,041원
합계		798,904원

> 따라서 798,904원이 된다.

2 ①

> **해설** 부채를 알기 위해서는 자기자본을 알아야 하며, 타인자본이 제시되어 있으므로 자기자본을 알기 위해서는 총 자본을 알아야 한다. 또한 순운전자본비율이 제시되어 있으므로 유동자산, 유동부채를 이용하여 총 자본을 계산해 볼 수 있다. 따라서 이를 계산하여 정리하면 다음과 같은 표로 정리될 수 있다.

(단위 : 억 원, %)

	A기업	B기업	C기업	D기업
유동자산	13	15	22	20
유동부채	10	12	20	16
자기자본	20	15	24	28
총 자본	30	35	36	42
순운전자본비율	10	8.6	5.6	9.5
타인자본	10	20	12	14
부채비율	90	140	84	88
부채	18	21	20	25

> 따라서 부채가 많은 기업은 D기업 - B기업 - C기업 - A기업의 순이 된다.

3 ④

> **해설** 복리후생비 성격을 가진 식대와 가족수당, 그리고 초과근무 수당은 최저임금 계산에서 제외되어야 한다. 따라서 기본급 + 직무수당인 2,350,000원이 계산된다. 월 209시간 근무하였으므로 이것을 기준으로 시급을 구해 보면 2,350,000 ÷ 209 = 11,244원이 된다.
> 따라서 최저임금 지급 규정에 따른 시급인 9,860원과는 1,384원의 차이가 난다.

4 ②

해설 ㉠ A직업의 경우는 200명 중 35%이므로 200 × 0.35 = 70명이, C직업의 경우는 400명 중 25%이므로 400 × 0.25 = 100명이 부모와 동일한 직업을 갖는 자녀의 수가 된다.
㉡ B와 C직업 모두 75%로 동일함을 알 수 있다.
㉣ 기타 직업을 가진 자녀의 수는 각각 200×0.05 = 10명, 300×0.15 = 45명, 400×0.1 = 40명으로 B직업을 가진 부모가 가장 많다.

오답 ㉢ A직업을 가진 자녀는 70+75+100 = 245명이며, B직업을 가진 자녀는 40+75+160 = 275명이다.

5 ②

해설

식자재(kg)	금액
두부(20kg)	50,000
상추(4kg)	80,000
연근(8kg)	32,000
브로콜리(3kg)	19,200
부추(2kg)	50,000
표고버섯(3kg)	30,000

총 40kg 구매하였으므로 10% 할인대상이 된다. 단, 브로콜리는 특가 상품으로 이벤트 할인이 적용되지 않으므로, $(50,000+80,000+32,000+50,000+30,000) \times 0.9 + 19,200 = 237,000$(원)
∴ 237,000(원)이다.

6 ⑤

해설 −20.9%는 서비스업이 아닌 제조업의 수입액 증감률이며, 2018년 서비스업의 수입액 증감률은 −6.9%로 2020년의 13.2%, 2017년의 9.9%에 이어 세 번째로 크다.

오답 ① 연도별로 매년 178억 불, 182억 불, 183억 불, 189억 불, 202억 불로 매년 100억 불 이상의 흑자를 보이고 있다.
② 2018년이 12.2%로 가장 낮은 비중을 보이고 있다.
③ 두 해 모두 11.3%의 가장 낮은 구성 비율을 보이고 있다.
④ 수출액은 322→325→344억 불, 수입액은 568→597→669억 불로 2018년 이후 모두 매년 증가하였다.

7 ①

해설 네 명의 업무평가 득점과 성과급을 표로 정리하면 다음과 같다.

	갑	을	병	정
성실도	7	8	9	8
근무태도	6	8	9	9
업무실적	8	8	10	9
득점	$7 \times 0.3 + 6 \times 0.3 + 8 \times 0.4 = 7.1$	$8 \times 0.3 + 8 \times 0.3 + 8 \times 0.4 = 8.0$	$9 \times 0.3 + 9 \times 0.3 + 10 \times 0.4 = 9.4$	$8 \times 0.3 + 9 \times 0.3 + 9 \times 0.4 = 8.7$
등급	D	C	B	C
성과급	30만 원	40만 원	45만 원	40만 원

따라서 총 성과급 금액의 합은 30+40+45+40 = 155만 원이 된다.

8 ④

해설 B에너지의 가격만 상승했을 때 시가총액은 38,500억 원으로 1위가 된다.

오답 ① A 전자의 시가총액은 전체 주식시장의 42%를 차지하므로 시장의 시가총액은 38,000억/0.42＝105,960억＝10조 5,960억으로 15조 원을 넘지 못한다.
② 상위 5개 주식만 제시되어 있으므로 전체 주식시장의 통화량 순위는 알 수 없다.
③ 감소율은 E자동차가 가장 크지만 B에너지의 가격이 훨씬 높으므로 전날 대비 가격이 가장 크게 하락한 주식은 B에너지다.
⑤ D화학의 가격만 상승했을 때 시가총액은 11,000억 원으로 그대로 4위이다.

9 ②

해설 ⓒ 농산물과 수산물은 2019년 이후 매년 '감소 – 감소 – 증가 – 감소'의 동일한 증감추이를 보이고 있다.
ⓔ 연도별로 전체 합산 수치는 103,285천 달러, 106,415천 달러, 121,068천 달러, 128,994천 달러, 155,292천 달러로 매년 증가한 것을 알 수 있다.

오답 ⓐ 수산물 수출 실적이 '전체'가 아닌 1차 산품에서 차지하는 비중이므로 2022년과 2023년에 각각 61.1%와 62.8%인 것을 알 수 있다.
ⓑ 2019, 2020년을 제외한 2021 ~ 2023년이 동일하므로 모든 해의 수출 실적 순위가 동일한 것은 아니다.

10 ③

해설 A에서 B로 변동된 수치의 증감률은 $(B - A) \div A \times 100$의 산식으로 계산한다.
농산물: $(21,441 - 27,895) \div 27,895 \times 100 = -23.1\%$
수산물: $(38,555 - 50,868) \div 50,868 \times 100 = -24.2\%$
축산물: $(1,405 - 1,587) \div 1,587 \times 100 = -11.5\%$
따라서 감소율은 수산물, 농산물, 축산물의 순으로 큰 것을 알 수 있다.

11 ①

해설 750만 원의 수익과 250만 원의 손해
$7,500,000 - 3,500,000 = 4,000,000$(원) … ㉠
200만 원 초과분 9.9% 분리과세(지방소득세 포함)라고 했으므로 기초 공제금 200만 원을 제하면 2,000,000원의 순수 이익이 남는다.
$2,000,000 \times 0.099 = 198,000$(원) … ㉡
∴ 198,000(원)

12 ⑤

해설 연도별 인원의 합계를 추가하여 정리하면 다음 표와 같다.

〈2022년〉

(단위 : 명)

구분	A지점	B지점	C지점	D지점	E지점	계
부장	1	1	0	1	0	3
차장	1	0	0	1	1	3
과장	3	3	2	0	3	11
대리	7	4	5	11	6	33
사원	14	12	11	5	13	55
계	26	20	18	18	23	105

구분	A지점	B지점	C지점	D지점	E지점	계
부장	2	0	1	0	1	4
차장	1	0	1	1	0	3
과장	5	5	4	4	3	21
대리	10	2	8	3	4	27
사원	12	10	15	7	10	54
계	30	17	29	15	18	109

C지점의 대리 수가 전체 대리 수에서 차지하는 비중은 2022년에는 5 ÷ 33 × 100 = 15.2%이며, 2022년에는 8 ÷ 27 × 100 = 29.6%가 되어 2배에 조금 못 미친다.

오답 ① (109 − 105) ÷ 105 × 100 = 3.8%이므로 5% 이내에서 증원한 것이 된다.

② A지점(26 → 30명), C지점(18 → 29명)만 인원이 증가하였다.

③ 5 ÷ 18 × 100 = 27.8% → 7 ÷ 15 × 100 = 46.7%로 변동한 D지점만 사원의 비중이 증가하였다.

④ E지점은 과장급 인원이 전년과 동일하지만 나머지 지점의 인원 증감 현황을 볼 때, 전체적으로 과장급 인원을 가장 많이 증원한 것으로 판단할 수 있다.

13 ②

해설 주어진 2개의 자료를 통하여 다음과 같은 상세 자료를 도출할 수 있다.

(단위 : 건, %)

연도	노선	1호선	2호선	3호선	4호선	합
2022	아동	37	159	11	2	209
	범죄율	17.7	76.1	5.3	1.0	
	비아동	187	112	71	37	407
	범죄율	45.9	27.5	17.4	9.1	
	전체	224	271	82	39	616
	전체 범죄율	36.4	44.0	13.3	6.3	
2023	아동	63	166	4	5	238
	범죄율	26.5	69.7	1.7	2.1	
	비아동	189	152	34	56	431
	범죄율	43.9	35.3	7.9	13.0	
	전체	252	318	38	61	669
	전체 범죄율	37.7	47.5	5.7	9.1	

따라서 이를 근거로 〈보기〉의 내용을 살펴보면 다음과 같다.

㉠ 2023년 비아동 상대 범죄 발생 건수는 3호선이 71건에서 34건으로 전년보다 감소하였다.

㉡ 2023년의 전년 대비 아동 상대 범죄 발생 건수의 증가폭은 238 − 209 = 29건이며, 비아동 상대 범죄 발생 건수의 증가폭은 431 − 407 = 24건이 된다.

㉢ 2023년의 노선별 전체 범죄율이 10% 이하인 노선은 5.7%인 3호선과 9.1%인 4호선으로 2개이다.

㉣ 2호선은 2022년과 2023년에 각각 44.0%와 47.5%의 범죄율로, 두 해 모두 전체 범죄율이 가장 높은 노선이다.

14 ③

해설 홍보팀의 직원 수를 구해야 하므로 직원 수를 x라 놓고,
평균 나이가 32살이고 24살의 신입직원의 입사로 30살이 되었으므로
평균 구하는 식으로 하면 $\dfrac{32x+24}{x+1}=30$
∴ $x=3$
신입직원도 포함해야 하므로 $3+1=4$명이다.

15 ⑤

해설 예금의 단리 지급식은 원금×이율×기간으로 구하므로 6개월 이상의 연이율은 1.6%, 24개월의 연이율은 1.8%이다.
원금 2,000만 원의 6개월 이자는 $2,000×0.016×\dfrac{6}{12}=16$만 원 … ㉠
원금 2,000만 원의 24개월 이자는 $2,000×0.018×\dfrac{24}{12}=72$만 원 … ㉡
∴ $72-16=56$(만 원)이다.

16 ③

해설 세계 10대 은행의 BIS비율이 국내 5대 은행보다 높기 때문에 위기상황 대처능력은 세계 10대 은행이 더 높다.

17 ③

해설 단리이므로 세후 이자는 원금 × 금리 × (1 − 이자소득세)로 계산한다.
원금은 2년 만기 100만 원이므로 $24×1,000,000=24,000,000$원 … ㉠
1년 세후 이자는 $1,000,000×12×0.05×(1-0.154)=507,600$원 … ㉡
2년 세후 이자는 $1,000,000×24×0.05×(1-0.154)=1,015,200$원 … ㉢
원금과 1년 이자, 2년 이자를 모두 더하면
$24,000,000+507,600+1,015,200=25,522,800$원이다.

18 ②

해설 두 사람의 속력은 걸음의 수와 보폭에 비례한다.
같은 거리를 수정이는 세 걸음, 미연이는 네 걸음을 걸어야 하므로
보폭의 비는 수정 : 미연 $=\dfrac{1}{3} : \dfrac{1}{4}=4 : 3$
수정이, 미연이가 걷는 속도의 비는 수정 : 미연 $=4×4 : 5×3=16 : 15$
미연이가 150m를 걸었을 때 수정이는 160m를 걸어 나가므로 두 사람의 거리 차는 10m이다.

19 ④

해설 색이 칠해진 9개의 날짜 중 정중앙의 화요일을 x라 하고, 색이 칠해진 9개의 날짜의 합을 구하면
$(x-8)+(x-7)+\cdots+(x-1)+x+(x+1)+\cdots+(x+8)=9x$
이 값이 135라고 했으므로 정중앙의 화요일은 $9x=135$, $x=15$
15일이 화요일이므로 2주 후 29일이 화요일이 되므로 31일은 목요일이 된다.

20 ④

해설 서울역에서 승차권 예매를 한 20분의 시간을 제외하면 걸은 시간은 총 36분이 된다.

갈 때 걸린 시간을 x분이라고 하면 올 때 걸린 시간은 $36-x$분

갈 때와 올 때의 거리는 같으므로 $70 \times x = 50 \times (36-x)$

$120x = 1,800 \rightarrow x = 15$분

사무실에서 서울역까지의 거리는 $70 \times 15 = 1,050$m

왕복거리를 구해야 하므로 $1,050 \times 2 = 2,100$m가 된다.

21 ④

해설 ㉠ 94.7 → 100.0으로 증가한 것이므로, $(100 - 94.7) \div 94.7 \times 100 =$ 약 5.6%의 증가율을 나타내며 지수를 100으로 한 기준 연도가 된다.

㉢ 2023년의 담배 1갑이 4,500원이면 2022년의 담배 1갑은 $4,500 \div 1.015 =$약 4,433.5원이 된다. 같은 계산을 적용하여 2021에는 $4,433.5 \div 1.007 =$약 4,402.7원, 2020년에는 $4,402.7 \div 1.501 =$약 2,933.2원이 된다.

오답 ㉡ 소비자물가 지수 상승률을 통해 소비자물가 지수의 상승분을 계산할 수 있다. 실제로 2016년의 품목별 소비자물가 지수를 모두 100이라고 했을 때, 매년의 상승률을 적용하여 계산해 보면 2023년의 식료품은 약 122.3, 주류 및 담배는 약 159.5이며, 의류 및 신발은 약 120.8이 되어 가장 많이 상승한 세 가지 품목이 된다.

㉣ 2020년 이후 −0.6%, −0.8%, 1.5%로 변동되었으므로 100 → 99.4 → 98.6 → 100.1이 되어 100보다 크다.

22 ③

해설 A의 매출액의 합계를 x, B의 매출액의 합계를 y로 놓으면

$x + y = 91$

$0.1x : 0.2y = 2 : 3 \rightarrow 0.3x = 0.4y$

$x + y = 91 \rightarrow y = 91 - x$

$0.3x = 0.4 \times (91 - x)$

$0.3x = 36.4 - 0.4x$

$0.7x = 36.4$

$\therefore x = 52$

$0.3 \times 52 = 0.4y \rightarrow y = 39$

x는 10% 증가하였으므로 $52 \times 1.1 = 57.2$

y는 20% 증가하였으므로 $39 \times 1.2 = 46.8$

두 기업의 매출액의 합은 $57.2 + 46.8 = 104$

23 ③

해설 200g에 들어 있는 소금의 양은 섞기 전 5%의 소금의 양과 12% 소금이 양을 합친 양과 같아야 한다.

5% 소금물의 필요한 양을 x라 하면 녹아 있는 소금의 양은 $0.05x$

15% 소금물의 소금의 양은 $0.15(200-x)$

$0.05x + 0.15(200-x) = 0.12 \times 200$

$5x + 3,000 - 15x = 2,400$

$10x = 600$

$x = 60(g)$

$\therefore$ 5%의 소금물 60g, 15%의 소금물 140g

24 ②

해설 규칙을 보면, $+1$, $\div 2$, $+1$, $\div 2$, … 반복됨을 알 수 있다.

그러나 잘 살펴보면 정확하게는 전항이 홀수인 항은 $+1$, 전항이 짝수인 항은 $\div 2$가 되고 있다. 그러므로 $\frac{4}{2} = 2$가 답이 된다.

25 ①

해설 홀수 항과 짝수 항을 나누어서 생각해 보면 홀수 항은 68 ( ) 73 82 → 73과 82 사이에는 9 → 3^3 을 의미하므로 자연스럽게 1^2, 2^2, 3^2이 됨을 알 수 있다. 그러므로 ( ) 안의 수는 69이다.

짝수 항은 71 70 68 65 → 각 항은 -1, -2, -3의 순서를 나타내고 있다.

26 ③

해설 두 사람이 달리는 속도를 초속으로 바꾸어 계산하면 $\frac{3.6 \times 1,000}{60 \times 60} = 1\text{m/s}$

기차와 같은 방향으로 달릴 때는 기차가 달리는 사람을 지나치는데 오랜 시간이 걸리므로 A가 기차와 같은 방향, B가 기차와 반대방향으로 달리고 있다.

A는 24초, B는 20초이므로 두 사람의 거리 차는 $1 \times (24+20) = 44\text{m/s}$

기차는 이 거리를 4초 만에 통과하였으므로 기차의 속력은 $\frac{44}{4} = 11$

기차와 같은 방향으로 달리는 A를 지나칠 때의 속력은 $11-1 = 10\text{m/s}$, 반대 방향으로 달리는 B를 지나칠 때의 속력은 $11+1 = 12\text{m/s}$

기차의 길이는 $10 \times 24 = 12 \times 20 = 240\text{m}$

27 ③

해설 합격하기 위한 최소 문항을 x라고 했을 때,

$4x - 2(30-x) \geq 70 = x \geq 21.7$

따라서 합격하기 위한 최소문항은 22문항이다.

28 ④

해설 통화량을 x, 문자메시지를 y라고 하면

A요금제 → $(5x+10y) \times \left(1 - \frac{1}{5}\right) = 4x + 8y = 14,000$원

B요금제 → $5,000 + 3x + 15 \times (y-100) = 16,250$원

두 식을 정리해서 풀면

$y = 250$, $x = 3,000$

29 ④

해설 4명이 각자 받은 금액을 x라 하면, 4명이 받은 금액은 모두 같으므로, 하루 매출액의 총액은 $4x$

A가 받은 금액 → $x = 10 + (4x-10) \times \frac{1}{5}$

$\therefore \ x = 40$

하루 매출총액은 $4x = 4 \times 40 = 160$만 원

30 ④

해설 ㉠ 11% 소금물의 소금의 양 $= 11\% \times 400 \div 100 = 44g$, 2% 소금물의 소금의 양 $= 0.02x$

㉡ $(400 \times x)g$, $(44 + 0.02x)g$

㉢ $\dfrac{44 + 0.02x}{400 + x} = \dfrac{6}{100}$, $\dfrac{100(44 + 0.02x)}{100(400 + x)} = \dfrac{6(400 + x)}{100(400 + x)}$

㉣ $\dfrac{4400 + 2x}{40000 + 100x} = \dfrac{2400 + 6x}{40000 + 100x}$

㉤ $4400x + 2x = 2400 + 6x$, $2x - 6x = 2400 - 4400$

㉥ $-4x = 2000$

∴ $500(g)$

31 ③

해설 ㉡ 2020년의 산업부문의 최종에너지 소비량은 115,155 천 TOE이므로 전체 최종 에너지 소비량인 193,832 천 TOE의 50%인 96,916 천 TOE보다 많으므로 50% 이상을 차지한다고 볼 수 있다.

㉢ 2018 ~ 2020년 동안 석유제품 소비량 대비 전력 소비량의 비율은 $\dfrac{전력}{석유제품}$으로 계산하면 2018년 $\dfrac{18.2}{53.3} \times 100 = 34.1\%$, 2019년 $\dfrac{18.6}{54} \times 100 = 34.4\%$, 2020년 $\dfrac{19.1}{51.9} \times 100 = 36.8\%$이므로 매년 증가함을 알 수 있다.

오답 ㉠ 2018 ~ 2020년 동안의 유형별 최종에너지 소비량 비중이므로 전력 소비량의 수치는 알 수 없다.

㉣ 2020년 산업부문과 가정·상업부문에서 $\dfrac{무연탄}{유연탄}$을 구하면 산업부문의 경우 $\dfrac{4,750}{15,317} \times 100 = 31\%$, 가정·상업부문의 경우 $\dfrac{901}{4,636} \times 100 = 19.4\%$이므로 모두 25% 이하인 것은 아니다.

32 ④

해설 2015년 대비 2020년 무상원조 비중은 약 13.2%p 감소하였다.

33 ②

해설 ㉠ 습도가 70%일 때 연간소비전력량은 790으로 A가 가장 적다.

㉢ 40%일 때 E = 660, 50%일 때 B = 640이다.

오답 ㉡ 60%와 70%를 많은 순서대로 나열하면 60%일 때 D − E − B − C − A, 70%일 때 E − D − B − C − A이다.

㉣ 40%일 때의 값에 1.5배를 구하여 80%와 비교해 보면 E는 1.5배 이하가 된다.

　• A = 550 × 1.5 = 825, B = 560 × 1.5 = 840, C = 580 × 1.5 = 870, D = 600 × 1.5 = 900 E = 660 × 1.5 = 990

34 ④

해설 2019년은 92.5%, 2020년은 87.4% 2021년은 91.8% 2022년은 94.4%, 2023년은 94.5%로 손해율이 가장 컸던 해는 2023년이다.

오답 ① 2022년 손해보험 경과보험료는 전년 대비 감소하였다.

② 2020년의 생명보험 손해율은 87.4%로 90%를 넘지 않는다.

③ 약 1.5배다.

⑤ 손해율이 가장 컸던 해는 2019년(115.2%), 적었던 해는 2021년(93.5%)으로 20을 넘는다.

35 ⑤

해설

ⓒ A : $\dfrac{1+2+1}{3}=\dfrac{4}{3}$, B : $\dfrac{1+1+1}{3}=1$, C : $\dfrac{2+1+2}{3}=\dfrac{5}{3}$

ⓔ 화질 : $3+2+3+3+2+2+3+3+3=24$

내비게이션 : $3+2+3+3+3+1+3+2+2=22$

멀티미디어 : $3+3+3+3+3+3+3+3+2=26$

배터리 수명 : $3+1+1+2+2+2+2+2+3=18$

통화성능 : $1+2+1+1+1+1+2+1+2=12$

오답

ⓐ 200달러인 스마트폰 중 종합품질점수가 가장 높은 스마트폰은 g이다.

ⓑ 소매가격이 가장 낮은 스마트폰은 h이며, 종합품질점수가 가장 낮은 스마트폰은 f이다.

1	2	3	4	5	6	7	8	9	10
①	⑤	③	③	⑤	⑤	⑤	①	③	④
11	12	13	14	15	16	17	18	19	20
②	⑤	③	③	③	③	①	②	④	④
21	22	23	24	25	26	27	28	29	30
⑤	④	③	④	⑤	④	④	⑤	③	①
31	32	33	34	35					
①	②	③	③	③					

1 ①

해설 RANK 함수는 지정 범위에서 인수의 순위를 구할 때 사용하는 함수이다. 결정 방법은 수식의 맨 뒤에 0 또는 생략할 경우 내림차순, 0 이외의 값은 오름차순으로 표시하게 되면, 결과값에 해당하는 필드의 범위를 지정할 때에는 셀 번호에 '$'를 앞뒤로 붙인다.

2 ⑤

해설 'ping'은 원격 컴퓨터가 현재 네트워크에 연결되어 정상적으로 작동하고 있는지 확인할 수 있는 명령어이다. 해당 컴퓨터의 이름, IP 주소, 전송 신호의 손실률, 전송 신호의 응답 시간 등이 표시된다.
ⓜ 'tracert'에 대한 설명으로, tracert는 특정 사이트가 열리지 않을 때 해당 서버가 문제인지 인터넷 망이 문제인지 확인할 수 있는 기능, 인터넷 속도가 느릴 때 어느 구간에서 정체를 일으키는지 확인할 수 있는 기능 등을 제공한다.

3 ③

해설 IF(조건, 인수1, 인수2) 함수는 해당 조건이 참이면 인수1을, 거짓이면 인수2를 실행하게 하는 함수이다. 따라서 [A1] 셀이 0 이상(크거나 같음)이면 "양"을, 그렇지 않으면 "음"을 표시하게 되는 것이다.

4 ③

해설 WAN(광대역 통신망)은 한 국가, 한 대륙 또는 전 세계에 걸친 넓은 지역의 수많은 컴퓨터를 서로 연결하여 정보를 송·수신할 수 있도록 하는 통신망이다.
③에 제시된 설명은 B−ISDN(광대역 종합정보 통신망)에 해당한다.

5 ⑤

해설 목표값 찾기는 수식으로 구하려는 결과 값은 알지만 해당 결과를 구하는 데 필요한 수식 입력 값을 모르는 경우 사용하는 기능이다. 제시된 대화 상자의 빈 칸에는 다음과 같은 내용이 입력된다.
㉠ 수식 셀 : 결과 값이 출력되는 셀 주소를 입력 → 반드시 수식이어야 함
㉡ 찾는 값 : 목표값으로 찾고자 하는 값 입력
㉢ 값을 바꿀 셀 : 목표 결과값을 계산하기 위해 변경되는 값이 입력되어 있는 셀 주소 입력

6 ⑤

> **해설** LARGE 함수는 데이터 집합에서 k번째로 큰 값을 반환한다. 즉 LARGE(배열, 순위)로 [B2:B11] 범위에서 2번째로 큰 값을 구하면 2,506,970이 된다.

7 ⑤

> **해설** DAVERAGE 함수는 지정된 범위에서 조건에 맞는 자료를 대상으로 지정된 열의 평균을 계산하는 함수이다. =DAVERAGE(A4:E10, "체중", A1:C2)는 A4:E10 영역에서 직급이 대리이고 키가 170 초과 180 미만인 데이터의 체중 평균을 구하는 함수식으로, 직급이 대리이고 키가 170 초과 180 미만인 체중은 [D5], [D6] 셀이므로 이에 해당하는 72와 64의 평균인 68이 결과값이 된다.

8 ①

> **해설** COUNTIF 함수는 통계함수로서 범위에서 조건에 맞는 셀의 개수를 구할 때 사용된다.
> =COUNTIF(C2:C13, "<"&AVERAGE(C2:C13))의 수식은 AVERAGE 함수로 평균 금액을 구한 후, 그 금액보다 적은 개수를 세게 된다. 반면, =COUNTIF(C2:C13, ">="&AVERAGE(C2:C13))의 결과값은 AVERAGE 함수로 평균 금액을 구한 후, 그 금액과 같거나 큰 개수를 세게 된다.

9 ③

> **해설** CHOOSE 함수는 'CHOOSE(인수, 값1, 값2, …)'과 같이 표시하며, 인수의 번호에 해당하는 값을 구하게 된다. 다시 말해, 인수가 1이면 값1을, 인수가 2이면 값2를 선택하게 된다. 따라서 두 번째 인수인 B4가 해당되어 B2 : B4의 합계를 구하게 되므로 정답은 267이 된다.

10 ④

> **해설** 표시 위치를 지정하여 특정 문자열을 연결하여 함께 표시할 경우에는 @를 사용한다. 따라서 '신재생'을 입력하여 '신재생에너지'라는 결과값을 얻으려면 '@에너지'가 올바른 서식이다.

11 ②

> **해설** 알파벳 중 U, M 2개가 일치하기 때문에 시스템 상태는 경계 수준이며, input code는 alert이다.

12 ⑤

> **해설** 10개의 알파벳이 모두 일치하기 때문에 시스템 상태는 복구 불능 수준이며, input code는 unrecoverable이다.

13 ③

> **해설** 알파벳 중 W, S, X, E, D, C 6개가 일치하기 때문에 시스템 상태는 경계 수준이며, input code는 vigilant이다.

14 ③

> **해설** C2*VLOOKUP(B2, $B$8:$C$10, 2, 0) 상품코드 별 단가가 수직(열)형태로 되어 있으므로, 그 단가를 가져오기 위해서는 VLOOKUP함수를 이용해야 되며, 상품코드 별 단가에 수량(C2)를 곱한다. $B$8:$C$10에서 단가는 2열이고 반드시 같은 상품코드 (B2)를 가져와야 되므로, 0 (False)를 사용하여 VLOOKUP (B2, $B$8:$C$10, 2, 0)처럼 수식을 작성해야 한다.

15 ③

해설 INDEX(범위, 행, 열)이고 MOD 함수는 나누어 나머지를 구해서 행 값을 구한다.
INDEX 함수 = INDEX($E$2:$E$4, MOD(A2 − 1, 3) + 1)
범위 : $E$2:$E$4
행 : MOD(A2 − 1, 3) + 1
MOD 함수는 나머지를 구해주는 함수 = MOD(숫자, 나누는 수), MOD(A2 − 1, 3) + 1의 형태로 된다.
A2의 값이 1이므로 1 − 1 = 0, 0을 3으로 나누면 나머지 값이 0이 되는데
0 + 1을 해줌으로써INDEX($E$2:$E$4,1)이 된다.
번호 6의 김윤중의 경우 INDEX($E$2:$E$4, MOD(A7 − 1, 3) + 1)
6(A7의 값) − 1 = 5, 5를 3으로 나누면 나머지가 2
2 + 1 = 3이므로 3번째 행의 총무팀 값이 들어감을 알 수 있다.

16 ③

해설 =COUNTIF를 입력 후 범위를 지정하면 지정한 범위 내에서 중복값을 찾는다.
㉠ COUNT함수 : 숫자가 입력된 셀의 개수를 구하는 함수
㉡ COUNTIF함수 : 조건에 맞는 셀의 개수를 구하는 함수
'철'을 포함한 셀을 구해야 하므로 조건을 구하는 COUNTIF함수를 사용하여야 한다.
A2행으로부터 한 칸씩 내려가며 '철'을 포함한 셀을 찾아야 하므로 A2만 사용한다.

17 ①

해설 LOOKUP은 LOOKUP(찾는 값, 범위 1, 범위 2)로 작성하여 구한다.
VLOOKUP은 범위에서 찾을 값에 해당하는 열을 찾은 후 열 번호에 해당하는 셀의 값을 구하며, HLOOKUP은 범위에서 찾을 값에 해당하는 행을 찾은 후 행 번호에 해당하는 셀의 값을 구한다.

18 ②

해설 '#,###,'이 서식은 천 단위 구분 기호 서식 맨 뒤에 쉼표가 붙은 형태로 소수점 이하는 없애고 정수 부분은 천 단위로 나타내면서 동시에 뒤에 있는 3자리를 없애준다. 반올림 대상이 있을 경우 반올림을 한다. 2451648.81 여기에서 소수점 이하를 없애주면 2451648이 되고, 그 다음 정수 부분에서 뒤에 있는 3자리를 없애주는데, 맨 뒤에서부터 3번째 자리인 6이 5 이상이므로 반올림이 된다. 그러므로 결과는 2,452가 된다.

19 ④

해설 =SUM($B$2:C2) 이렇게 수식을 입력을 하고 아래로 채우기 핸들을 하게 되면 셀 주소가 다음과 같이 변한다.
=SUM($B$2:C2) → [D2] 셀
=SUM($B$2:C3) → [D3] 셀
=SUM($B$2:C4) → [D4] 셀
[B2] 셀은 절대참조로 고정하였으므로 셀 주소가 변하지 않고, 상대참조로 잡은 셀은 열이 C열로 고정되었고 행 주소가 바뀐다.
그러면 각각 셀에 계산된 결과가 다음과 같이 나온다.
[D2] 셀에 나오는 값 결과 : 15 (5 + 10 = 15)
[D3] 셀에 나오는 값 결과 : 36 (5 + 7 + 10 + 14 = 36)
[D4] 셀에 나오는 값 결과 : 63 (5 + 7 + 9 + 10 + 14 + 18 = 63)

20 ④

해설 　MIN 함수에서 최솟값을 반환한 후, IF 함수에서 "이상 없음" 문자열이 출력된다. B3의 내용이 1로 바뀌면 출력은 "부족"이 된다.

오답 　㉠ 반복문은 사용되고 있지 않다.
　　　㉢ 현재 입력으로 출력되는 결과물은 "이상 없음"이다.

21 ⑤

해설 　코드 부여 안내에 따르면 적절한 코드는 다음과 같다.
제조 연월 200619 – 국가와 공장라인 코드 4C – 제품 코드 04 – 상세코드 001 – 1112번째 품목 01112
따라서 2006194C0400101112가 된다.

22 ④

해설 　03002이므로 'oz'에 용량은 '1TB'이다.

23 ③

해설 　2021년 12월 23일 제조 : 211223
한국 제4공장 : 1D
xs2 2TB : 02003
13698번째 품목 : 13698

24 ④

해설 　숫자의 자릿수가 일정하지 않으므로 전체 문자에서 '수량:' 세 자리를 뺀 개수를 추출해야 한다. LEN(C2)은 [C2] 셀에 입력된 문자열이 몇 개의 문자로 구성되어 있는지 계산한다. 즉, =RIGHT(C2,LEN(6-3))를 의미한다. =RIGHT 함수는 텍스트 문자열의 마지막 문자부터 지정한 개수의 문자를 반환하는 함수로, [C2] 셀에서 문자열의 오른쪽 끝 글자 수 3(수량:)을 뺀 값을 반환한다. 그러므로 =RIGHT(C2,LEN(C2)−3)가 적절하다.

25 ⑤

해설 　지정 범위에서 인수의 순위를 구하는 경우 'RANK' 함수를 사용한다. 이 경우, 수식은 '=RANK(인수, 범위, 결정 방법)'이 된다. 결정 방법은 0 또는 생략하면 내림차순, 0 이외의 값은 오름차순으로 표시하게 된다.

26 ④

해설 　XOR 또는 Exclusive OR이라고도 하며, 모든 인수의 논리 배타적 OR을 반환한다.

27 ④

해설 　제시된 내용은 폰 노이만에 의해 소개된 '프로그램 내장방식'이다. 이 개념은 데이터뿐만 아니라 컴퓨터의 명령을 컴퓨터의 내부 기억 장치 내에 기억하는 것으로, 이 명령은 더 빠르게 접근되고, 더 쉽게 변경된다.

28 ⑤

해설 　고급검색 기능을 사용하면 언어, 지역, 최종 업데이트, 파일 형식, 사용 권한 등을 기준으로 검색결과를 좁힐 수 있다. 검색 결과에 pdf만 나오기를 원한다면, file type을 Adobe Acrobat PDF(.pdf)로 설정하면 된다.

29 ③

해설 COUNTBLANK 함수는 비어 있는 셀의 개수를 세어 준다. COUNT 함수는 숫자가 입력된 셀의 개수를 세어 주는 반면 COUNTA 함수는 숫자는 물론 문자가 입력된 셀의 개수를 세어 준다. 즉, 비어있지 않은 셀의 개수를 세어주기 때문에 이 문제에서는 COUNTA 함수를 사용하여야 한다.

30 ①

해설 "Best Fit"은 가장 낭비가 적은 부분에 할당하기 때문에 영역1에 할당한다.

31 ①

오답 ② 괄호에 주어진 매개값을 모니터로 출력하고 개행한다.
③ 괄호에 주어진 매개값을 모니터로 출력하나, 개행하지 않는다.
④ 키보드에 입력된 코드를 출력한다.
⑤ 키보드에서 입력된 내용을 읽기 위해 사용해야 한다.

32 ②

해설 ② #VALUE! : 논리 값 또는 숫자가 필요한 수식에 텍스트를 입력했거나 배열 수식을 입력한 후 올바른 단축키를 누르지 않았을 때 발생한다.

오답 ① #DIV/0! : 숫자를 0으로 나누었을 때 발생한다.
③ #NAME? : 함수명을 잘못 입력하거나 잘못된 인수를 사용할 때 발생한다.
④ #NUM! : 함수의 인수나 수식이 잘못된 형식으로 입력되었을 때 발생한다.
⑤ ##### : 셀의 값보다 열의 너비가 좁거나 엑셀에서 처리할 수 있는 숫자 범위를 넘었을 때 발생한다.는 디자인, 사용하면서 불편해 하는 사항, 지불 가능한 액수 등에 대한 정보가 반드시 필요하다.

33 ③

해설 ㉠ [C1] 셀의 수식 '=SUM(A1:B1)'를 채우기 핸들로 드래그하면, 상대주소는 변경되어야 하므로 [D1] 셀에 '=SUM(B1:C1)'이 복사되어 결과 값은 '50'이 출력된다.
㉡ [C1] 셀의 수식 '=SUM($A$1:B1)'를 채우기 핸들로 드래그하면, 절대주소는 변경되지 않으므로 [D1] 셀에 '=SUM($A$1:C1)'이 복사되어 결과 값은 '60'이 출력된다.

34 ③

해설 고급 언어로 프로그래밍하는 과정은 '원시 프로그램 → 번역(Compile) → 목적프로그램 → 링킹(Linking) → 로드 모듈 → 로딩(Loading) → 프로그램 실행'이다.

35 ③

해설 스파이웨어는 사용자의 동의 없이 설치되어 컴퓨터의 정보를 수집하고 전송하는 악성코드의 일종으로 개인의 금융정보, 신상정보 등의 각종 정보를 수집하여 전송한다.

1	2	3	4	5	6	7	8	9	10
⑤	④	③	④	④	②	③	④	⑤	①
11	12	13	14	15	16	17	18	19	20
②	④	③	③	②	⑤	②	③	④	③
21	22	23	24	25	26	27	28	29	30
③	②	②	②	②	③	③	④	④	④

1 ⑤

해설 자원을 적절하게 관리하기 위해서 거쳐야 하는 4단계의 자원관리 과정과 순서는 다음과 같다.
1. 어떤 자원이 얼마나 필요한지를 확인하기 → 2. 이용 가능한 자원을 수집(확보)하기 → 3. 자원 활용 계획 세우기 → 4. 계획에 따라 수행하기
따라서 각 단계를 설명하고 있는 내용은 '(라) – (다) – (나) – (가)' 순서가 된다.

2 ④

해설 ④ 광산물의 경우 총 교역액에서 수출액이 차지하는 비중은 $39,456 \div 39,975 \times 100 =$ 약 98.7%이나, 잡제품의 경우 $187,132 \div 188,254 \times 100 =$ 약 99.4%의 비중을 보이고 있으므로 총 교역액에서 수출액이 차지하는 비중이 가장 큰 품목은 잡제품이다.

오답 ① A국의 총 수출액은 1,136,374천 달러이며, 총 수입액은 1,206,744천 달러이다.
② B국은 1차 산업인 농림수산물 품목에서 A국으로의 수출이 매우 적은 반면, A국으로부터 수입하는 양이 매우 크므로 타당한 판단으로 볼 수 있다.
③ 기계류는 10개 품목 중 가장 적은 1,382천 달러의 수출입 액 차이를 보이고 있다.
⑤ A국은 10개 품목 중 섬유류, 전자전기, 생활용품, 플라스틱/고무를 제외한 6개 품목에서 수입보다 수출을 더 많이 하고 있다.

3 ③

해설 무역수지가 가장 큰 품목은 잡제품으로 무역수지 금액은 187,132−1,122=186,010천 달러에 달하고 있다.

4 ④

해설 한 달 평균 이동전화 사용 시간을 x라 하면 다음과 같은 공식이 성립한다.
$15,000 + 180x > 18,000 + 120x$
$60x > 3,000$
$x > 50$
따라서 x는 50분 초과일 때부터 B요금제가 유리하다고 할 수 있다.

5 ④

해설 긴급한 일과 중요한 일이 상충될 경우, 팀장의 지시에 의해 중요한 일을 먼저 처리해야 한다. 따라서 시간관리 매트릭스 상의 Ⅰ → Ⅱ → Ⅲ → Ⅳ의 순으로 업무를 처리하여야 한다.
따라서 ④의 (B) – (F) – (G) – (L)이 가장 합리적인 시간 계획이라고 할 수 있다.

6 ②

해설 　제시된 항목 중 직접비는 직원 급여, 출장비, 설비비, 자재대금으로 총액 4,000만 원이며, 간접비는 사무실 임대료, 수도/전기세, 광고료, 비품, 직원 통신비로 총액 1,025만 원이다. 따라서 출장비가 280만 원이 되면 직접비 총액이 4,080만 원이 되므로 여전히 간접비는 직접비의 25%가 넘게 된다.

오답 　① 30만 원이 절약되므로 간접비는 직접비의 25% 이하가 된다.
　③ 간접비가 35만 원 절약되므로 팀장의 지시 사항에 어긋나지 않게 된다.
　④ 간접비 총액이 1,000만원 밑으로 내려가므로 팀장의 지시 사항에 어긋나지 않게 된다.
　⑤ 직접비가 220만 원 상승하므로 팀장의 지시 사항에 어긋나지 않게 된다.

7 ③

해설 　식량 부족 문제를 해결하기 위해서는 더 많은 식량을 생산해 내야하지만, 토지를 무한정 늘릴 수 없을 뿐 아니라 이미 확보한 토지마저도 미래엔 줄어들 수 있음을 언급하고 있다. 이것은 식량이라는 자원을 초점으로 하는 것이 아닌 이미 포화 상태에 이르러 유한성을 드러낸 토지에서 어떻게 하면 더 많은 식량을 생산할 수 있는지를 고민하고 있다. 따라서 토지라는 자원은 유한하며 어떻게 효율적인 활용을 할 수 있는지를 주제로 담고 있다고 볼 수 있다.

8 ④

해설 　일반적 질병으로 60일 병가를 모두 사용하였고, 부상으로 인한 지각 · 조퇴 · 외출 누계 허용 시간인 8시간을 1시간 넘겼으므로 규정 내의 병가 사용이라고 볼 수 없다.

오답 　① 공무상 질병으로 인한 병가는 180일 이내이며, 조퇴 누계 시간이 8시간 미만이므로 규정 내에서 사용하였다.
　② 일반적 질병으로 60일 범위 내에서 사용한 병가이므로 규정 내에서 사용하였다.
　③ 정직일수는 병가일수에서 공제하여야 하므로 60일(정직 30일 + 공무상 병가 30일)의 공무상 병가이며, 지각 누계 시간이 8시간 미만이므로 규정 내에서 사용하였다.
　⑤ 진단서 없이 6일간의 기한 내 병가 사용이며 지각 · 조퇴 · 외출 누계 시간이 각각 6시간으로 규정 내에서 사용하였다.

9 ⑤

해설 　A사는 높은 가격으로 인한 거래선 유치의 어려움으로 인해 결국 시장점유율이 하락할 것이며, B사는 지속적인 적자 누적으로 제품 생산을 계속할수록 적자폭도 커지게 되는 상황을 맞이하게 될 것이다. 따라서 개발 책정 비용과 실제 발생하는 비용을 동일하게 유지하는 것이 기업에게 가장 바람직한 모습이라고 할 수 있다.

10 ①

해설 　기업이 예산 투입을 하는 과정에 있어 비용을 적게 들이는 것이 반드시 좋은 것은 아니다. 기업에서 제품을 개발한다고 할 때, 개발 책정 비용을 실제보다 높게 책정하면 경쟁력을 잃어버리게 되고, 반대로 낮게 책정하면 개발 자체가 이익을 주는 것이 아니라 오히려 적자가 나는 경우가 발생할 수 있다. 그로 인해 책정 비용과 실제 비용의 차이를 줄이고, 비슷한 상태가 가장 이상적인 상태라고 할 수 있다. 또한, 아무리 예산을 정확하게 수립하였다 하더라도 활동이나 사업을 진행하는 과정에서 계획에 따라 적절히 관리하지 않으면 아무런 효과가 없다. 즉 아무리 좋은 계획도 실천하지 않으면 되지 않듯이 예산 또한 적절한 관리가 필요하다. 이는 좁게는 개인의 생활비나 용돈관리에서부터 크게는 사업, 기업 등의 예산관리가 모두 마찬가지이며, 실행과정에서 적절히 예산을 통제해주는 것이 필수적이라고 할 수 있다.

11 ②

해설 기준에 따라 각 상담원의 점수를 계산해 보면 다음과 같다.

	응대친절	의사소통	신속처리	전문성	사후 피드백	합계
상담원A	$1 \times 1.3 = 1.3$	$2 \times 1.3 = 2.6$	$2 \times 1.2 = 2.4$	$4 \times 1.2 = 4.8$	$3 \times 1.1 = 3.3$	14.4
상담원B	$4 \times 1.3 = 5.2$	$4 \times 1.3 = 5.2$	$2 \times 1.2 = 2.4$	$2 \times 1.2 = 2.4$	$4 \times 1.1 = 4.4$	19.6
상담원C	$2 \times 1.3 = 2.6$	$2 \times 1.3 = 2.6$	$3 \times 1.2 = 3.6$	$4 \times 1.2 = 4.8$	$5 \times 1.1 = 5.5$	19.1
상담원D	$2 \times 1.3 = 2.6$	$4 \times 1.3 = 5.2$	$4 \times 1.2 = 4.8$	$4 \times 1.2 = 4.8$	$2 \times 1.1 = 2.2$	19.6
상담원E	$4 \times 1.3 = 5.2$	$3 \times 1.3 = 3.9$	$1 \times 1.2 = 1.2$	$3 \times 1.2 = 3.6$	$4 \times 1.1 = 4.4$	18.3

따라서 동일한 점수를 얻은 상담원B, D 중 응대친절 항목에서 높은 점수를 얻은 상담원B가 최우수 상담원이 된다.

12 ④

해설 평가항목 당 가중치가 없었다면 상담원B, C, D가 모두 16점이 되나 응대친절 항목에서 높은 점수를 얻은 상담원B가 최우수 상담원이 된다.

오답 ① 대면 상담에서는 상담원D가 7.8점, 상담원E가 9.1점을 받았다.
② 대면 상담 항목의 가중치가 비대면 상담 항목의 가중치보다 높으므로 대면 상담 항목을 더 중요하게 여긴다고 볼 수 있다.
③ 가중치와 동일 점수 시의 기준으로 볼 때 고객에게 친절하게 응대하는 것을 가장 중요시하는 평가 기준이라고 볼 수 있다.
⑤ 고객이 부여한 득점 결과가 1위인 항목은 상담원C가 전문성과 사후 피드백 2개로 가장 많다.

13 ③

해설 ⓒ 중부지방, 남부지방, 제주도의 2022년 장마 기간 대비 강수일수 비율은 각각 $18.5 \div 35 \times 100 =$ 약 52.9%, $16.7 \div 36 \times 100 =$ 약 46.4%, $13.5 \div 30 \times 100 = 45\%$이므로 강수일수의 많고 적은 순서(중부지방 18.5일, 남부지방 16.7일, 제주도 13.5일)와 동일하다.
ⓔ 평년에는 강수일수와 강수량이 모두 제주도, 중부지방, 남부지방의 순으로 높은 수치였으나, 2022년에는 강수일수는 중부지방, 남부지방, 제주도 순인 반면 강수량은 제주도, 남부지방, 중부지방의 순임을 알 수 있다.

오답 ⊙ 남부지방은 평년 대비 2022년에 장마 기간은 늘어났지만 강수일수와 강수량은 각각 17.1일 → 16.7일, 348.6mm → 254.1mm로 감소하였다.
ⓛ 2022년의 장마 기간 1일 당 평균 강수량은 중부지방이 $220.9 \div 35 =$ 약 6.3mm, 남부지방이 $254.1 \div 36 =$ 약 7.1mm, 제주도가 $518.8 \div 30 =$ 약 17.3mm로 제주도-남부지방-중부지방 순으로 많다.

14 ③

해설 다음 달의 첫째 날이 금요일이므로 아래와 같은 달력을 그려 볼 수 있다.

일	월	화	수	목	금	토
					1	2
3	4	5	6	7	8	9
10	11	12	13	14	15	16
17	18	19	20	21	22	23
24	25	26	27	28	29	30

3박 4일 일정이므로 평일에 복귀해야 하며 주말이 모두 포함되는 일정을 피하기 위해서는 출발일이 일, 월, 화요일이어야 한다. 또한 팀장 보고를 위해서는 금요일에 복귀하게 되는 화요일 출발 일정도 불가능하다.

따라서 일요일과 월요일에만 출발이 가능하다.

그런데 27일과 13일이 출장 일정에 포함될 수 없으므로 10, 11, 24, 25일은 제외된다.

따라서 3, 4, 17, 18일에 출발하는 4가지 일정이 가능하다.

오답 ⑤ 출발 가능일은 15일 기준으로 이전과 이후에 동일하게 이틀씩이다.

15 ②

해설 각 공급처로부터 두 물품 모두를 함께 구매할 경우(ⓒ)와 개별 구매할 경우(㉠)의 총 구매가격을 표로 정리해 보면 다음과 같다. 구매 수량은 각각 400개 이상이어야 한다.

공급처	물품	세트 당 포함 수량(개)	세트 가격	㉠	ⓒ
A업체	경품 1	100	85만 원	340만 원	5,025,500원 (5% 할인)
	경품 2	60	27만 원	189만 원	
B업체	경품 1	110	90만 원	360만 원	5,082,500원 (5% 할인)
	경품 2	80	35만 원	175만 원	
C업체	경품 1	90	80만 원	400만 원	5,120,000원 (20% 할인)
	경품 2	130	60만 원	240만 원	

16 ⑤

해설 경품 1의 세트당 가격을 5만 원 인하하면 총 판매가격이 4,920,000원이 되어 가장 낮은 공급가가 된다.

오답 ① 경품 1의 세트당 포함 수량이 100개가 되면 세트 수량이 5개에서 4개로 줄어들어 판매가격이 80만 원 낮아지나, 할인 적용이 되지 않아 최종 판매가는 오히려 비싸진다.

② 경품 2의 세트당 가격을 2만 원 인하하면 총 판매가격이 5,056,000원이 되어 A업체보다 여전히 비싸다.

17 ②

해설 (나) 혜린이 2시간을 공약하고 동철이 3시간을 공약한다면, 0~2시간을 선호하는 학생들은 혜린에게, 3~6시간을 선호하는 학생들은 동철에게 투표할 것이다. 따라서 혜린이 더 많은 표를 얻을 것이다.

(다) 동철이 5시간을 공약하면 모든 학생이 50%의 확률로 동철에게 투표하므로 학생의 절반이 동철에게 투표한다고 할 수 있다. 동철이 4시간을 공약하면 0~4시간을 선호하는 학생들이 동철에게 투표한다. 따라서 4시간을 공약하면 더 많은 표를 얻을 수 있다.

(라) 동철이 1시간을 공약할 때 혜린이 2시간을 공약하면 2~6시간을 선호하는 학생들이 혜린에게 투표한다. 3시간을 공약하면 3~6시간을 선호하는 학생과 2시간을 선호하는 학생의 절반(2시간을 선호하는 학생이 50%의 확률로 동철에게 투표)이 혜린에게 투표한다. 따라서 2시간을 공약하면 더 많은 표를 얻을 수 있다.

18 ③

해설 　동철이 0시간 혹은 1시간을 공약하면 혜린은 동철보다 1시간 더 많은 시간을 공약하는 것이 더 많은 표를 얻을 수 있다. 동철이 3, 4, 5, 6시간을 공약하면 혜린은 동철보다 1시간 더 적은 시간을 공약하는 것이 더 많은 표를 얻을 수 있다. 동철이 2시간을 공약하면 같은 2시간을 공약하는 것이 가장 많은 표를 얻을 수 있다. 이는 동철에게도 마찬가지이다. 따라서 동철과 혜린 모두 2시간을 공약하게 될 것이다.

　＊ 적은 시간을 선호하는 학생부터 줄을 세운다면 560명의 절반인 280번째 또는 281번째 학생(이를 '중위 투표자'라 한다. 중위 투표자란 중간의 선호를 가진 사람으로, 두 대안을 대상으로 하는 다수결 투표의 결과는 이 투표자에 의해 결정된다고 한다)은 2시간을 선호할 것이다. 위에서 제시된 논리에 따라 두 명의 후보는 모두 중위 투표자가 선호하는 시간을 공약할 것이다.

19 ④

해설 　직접비용은 4,100만 원으로 출장비 200만 원이 지급되지 않는다면 3,900만 원이 된다. 간접비용은 905만 원으로 직접비용은 간접비용의 4배 이상이 된다.

오답 　①②⑤ 직접비용 항목은 급여, 상여금, 출장비, 원료비로 4가지 항목이며, 간접비용 항목은 광고비, 사무비품비, 화재보험료, 사무실 임대료, 사무실 관리비, 인터넷 사용료로 6가지 항목이다.

　③ 간접비용은 905만 원, 직접비용은 4,100만 원이므로 간접비용은 직접비용의 약 22%에 해당한다.

　※ 직접비용 및 간접비용

　　㉠ 직접비용 : 제품 생산 또는 서비스 창출을 위해 직접 소비된 것으로 여겨지는 비용(인건비, 재료비, 출장비 등)

　　㉡ 간접비용 : 제품을 생산하거나 서비스 창출을 위해 소비된 비용 중 직접비용을 제외한 비용으로, 제품 생산에 직접적으로 관련되지 않은 비용(보험료, 건물관리비, 광고비, 통신비, 사무비품비, 공과금 등)

20 ③

해설 　응시자들의 점수를 구하기 전에 채용 조건에 따라 서류전형과 2차 필기에서 최하위 득점을 한 응시자 B와 1차 필기에서 최하위 득점을 한 응시자 D는 채용이 될 수 없다. 면접에서 최하위 득점을 한 응시자 A는 90점 이상이므로 점수를 계산해 보아야 한다. 따라서 응시자 A, C, E의 점수는 다음과 같이 계산된다.

응시자 A : $89 \times 1.1 + 94 \times 1.15 + 88 \times 1.2 + 90 \times 1.05 = 406.1$점

응시자 C : $94 \times 1.1 + 89 \times 1.15 + 90 \times 1.2 + 93 \times 1.05 = 411.4$점

응시자 E : $93 \times 1.1 + 91 \times 1.15 + 89 \times 1.2 + 93 \times 1.05 = 411.4$점

응시자 C와 E가 동점이나, 가중치가 많은 2차 필기의 점수가 높은 응시자 C가 최종 합격이 된다.

21 ③

해설 　회사에서 첫 번째로 갈 수 있는 곳은 모두 4개 지역이다.

그런데 C지역으로 가게 되면 같은 지역을 한 번만 지나면서 모든 지역을 거치는 방법이 없게 된다. 따라서 나머지 세 지역으로 갈 경우를 따져 보면 되며, 이것은 다음과 같다.

1. 회사-A지역-B지역-C지역-D지역-E지역-회사
2. 회사-A지역-B지역-C지역-E지역-D지역-회사
3. 회사-D지역-E지역-C지역-B지역-A지역-회사
4. 회사-E지역-D지역-C지역-B지역-A지역-회사

따라서 모두 4가지의 경로가 존재한다.

22 ②

해설 위 문제에서 총 4가지의 경로가 있다고 했으나 이동 거리를 살펴보면 첫 번째와 네 번째가 같은 방법이며, 두 번째와 세 번째가 같은 방법이라는 것을 알 수 있다.(상호 역순으로 이루어진 경로이다.) 이 두 가지 경우 중 최단 거리에 대한 연비를 계산하면 다음과 같다.

첫 번째의 경우 총 이동 거리는 15+12+12+17+13+13=82km이다.

두 번째의 경우 총 이동 거리는 15+12+12+8+13+10=70km이다.

따라서 두 번째 방법으로 이동했을 경우의 연비를 알아보면 된다.

앞의 세 가지 도로는 국도이며 뒤의 세 가지 도로는 고속도로이므로 연료비는 각각 $(15+12+12) \div 18 \times 1,540 = 3,336$원과 $(8 + 13 + 10) \div 22 \times 1,540 = 2,170$원이 된다.

따라서 총 금액은 $3,336 + 2,170 = 5,506$원이 된다.

23 ②

해설 전문가는 모두 8명이고 프로젝트 甲, 乙에 투입되어야 하는 인원은 3명, 5명이므로 프로젝트 甲, 乙은 동시에 진행될 수 있다. 프로젝트 丙에 투입되어야 하는 인원은 4명으로 프로젝트 乙이 끝나야 필요한 인원을 동시에 투입할 수 있으므로 총 소요기간은 4일+2일 = 6일이다.

24 ②

해설 인적자원개발은 개인과 조직의 공동 목표 달성을 위해 진행되는 것이라고 이해할 수 있으므로 개인의 경력개발을 중심으로 전개된다는 것은 타당하지 않다.

오답 ① 인적자원개발은 학습을 통한 교육과 훈련이 핵심이므로 추상적이고 복합적인 개념이라고 할 수 있다.

③④ 기존의 조직 내 인력의 양성 차원을 넘어 근로자, 비근로자, 중고령자, 지역인재 등으로까지 확대 적용되는 것이 인적자원개발의 의의라고 판단할 수 있다.

⑤ 인적자원개발법에서는 '사회적 규범과 네트워크를 형성하는 모든 제반 활동'을 인적자원개발이라고 제시하고 있으므로 이는 개인과 조직의 성장을 동시에 도모하는 활동이라고 볼 수 있다.

25 ②

해설 책정비용과 실제비용과의 관계는 다음과 같이 정리할 수 있다.

책정비용 > 실제비용→ 경쟁력 손실

책정비용 < 실제비용→ 적자 발생

책정비용 = 실제비용→ 이상적

따라서 ②와 같은 경우 예상되는 예산을 많이 책정하여 실제 비용을 예상보다 덜 집행한 경우가 되므로 적자가 발생하지는 않으나, 가격경쟁력이 약해지는 결과를 초래하게 된다.

26 ③

> **해설** 영업1 ~ 4팀은 총무용품 구매 비용으로 각각 20만 원, 50만 원, 50만 원, 60만 원을 지출하였다. 지출 금액의 구성비에 따라 팀별 금액을 계산해 보면 다음과 같다.

	영업1팀	영업2팀	영업3팀	영업4팀
복사용품	20×10%=2만 원	50×10%=5만 원	50×30%=15만 원	60×15%=9만 원
팩스용품	20×20%=4만 원	50×25%=12.5만 원	50×25%=12.5만 원	60×35%=21만 원
탕비용품	20×30%=6만 원	50×30%=15만 원	50×25%=12.5만 원	60×20%=12만 원
기타	20×40%=8만 원	50×35%=17.5만 원	50×20%=10만 원	60×30%=18만 원

> 따라서 복사용품은 영업3팀, 팩스용품은 영업4팀, 탕비용품은 영업2팀, 기타는 영업4팀임을 알 수 있다.

27 ③

> **해설** 예산관리 절차는 '필요한 과업 및 활동 규명 → 우선순위 결정 → 예산 배정' 순으로 진행된다. 제시문에서 A는 예산 범위 내에서 수행해야 하는 활동과 예상되는 예산을 정리하는 단계 후에, 한정된 예산으로 모든 업무를 수행할 수 없기 때문에 상대적인 우선순위를 결정하였다. 이후 최종적으로 우선순위가 높은 활동부터 적절하게 예산을 배정하였다.

28 ④

> **해설** 기념품 여유분은 주문량의 20%로 제작해야 한다고 명시되어 있으므로 50개를 제작해야 한다.

29 ④

> **해설** K 씨의 월 급여액에서 비용을 모두 지출하고 남은 금액은 70만 원이다. 90%를 넘지 않아야 하므로 아파트 입주를 위한 최대 지출 가능 금액은 63만 원이다. 또한, 한도액 내에서 가장 넓어야 하므로 보증금과 월 임대료의 합이 611,000인 D지역의 큰 방이 가장 적절한 곳이 된다.

30 ④

> **해설** 둘째 달은 보증금이 지출되지 않으므로 의식주와 관련된 직접비용은 의류구입비 300,000원, 외식비 500,000원, 월 임대료 71,000원 도합 871,000이다. 따라서 이는 월 급여액인 3,000,000원의 30%보다 조금 적은 비중의 금액이 된다.

1	2	3	4	5	6	7	8	9	10
①	②	③	④	①	②	③	④	①	②
11	12	13	14	15	16	17	18	19	20
④	⑤	②	④	④	②	④	③	④	④
21	22	23	24	25	26	27	28	29	30
④	②	②	②	②	④	②	②	⑤	⑤
31	32	33	34	35	36	37	38	39	40
⑤	⑤	③	④	②	④	②	⑤	⑤	③

1 ①

해설 조직체제 구성요소

㉠ 조직목표 : 조직이 달성하려는 장래의 상태로 조직이 존재하는 정당성과 합법성을 제공한다. 전체 조직의 성과, 자원, 시장, 인력개발, 혁신과 변화, 생산성에 대한 목표가 포함된다.

㉡ 조직구조 : 조직 내의 부문 사이에 형성된 관계로 조직목표를 달성하기 위한 조직구성원들의 상호작용을 보여준다. 조직구조는 결정권의 집중정도, 명령계통, 최고경영자의 통제, 규칙과 규제의 정도에 따라 달라지며 구성원들의 업무나 권한이 분명하게 정의된 기계적 조직과 의사결정권이 하부구성원들에게 많이 위임되고 업무가 고정적이지 않은 유기적 조직으로 구분될 수 있다. 조직의 구성은 조직도를 통해 쉽게 파악할 수 있는데, 이는 구성원들의 임무, 수행하는 과업, 일하는 장소 등을 파악하는데 용이하다.

㉢ 조직문화 : 조직이 지속되게 되면서 조직구성원들 간에 공유되는 생활양식이나 가치로 조직구성원들의 사고와 행동에 영향을 미치며 일체감과 정체성을 부여하고 조직이 안정적으로 유지되게 한다. 최근 조직문화에 대한 중요성이 부각되면서 긍정적인 방향으로 조성하기 위한 경영층의 노력이 이루어지고 있다.

㉣ 조직의 규칙과 규정 : 조직의 목표나 전략에 따라 수립되어 조직구성원들의 활동범위를 제약하고 일관성을 부여하는 기능을 하는 것으로 인사규정, 총무규정, 회계규정 등이 있다. 특히 조직이 구성원들의 행동을 관리하기 위하여 규칙이나 절차에 의존하고 있는 공식화 정도에 따라 조직의 구조가 결정되기도 한다.

2 ②

해설 제시된 글은 비공식 집단에 대한 설명이다.
②는 공식적 집단에 관한 설명이다.

3 ③

해설

전략목표설정	환경분석	경영전략 도출	경영전략 실행	평가 및 피드백
• 비전 설정 • 미션 설정	• 내부환경 분석 • 외부환경 분석 (SWOT 등)	• 조직전략 • 사업전략 • 부문전략	경영목적 달성	• 경영전략 결과 평가 • 전략목표 및 경영전략 재조명

4 ④

해설 조직목표의 기능
- 조직이 존재하는 정당성과 합법성 제공
- 조직이 나아갈 방향 제시
- 조직구성원 의사결정의 기준
- 조직구성원 행동수행의 동기유발
- 수행평가 기준
- 조직설계의 기준

5 ①

해설 경영참가제도
㉠ 목적
- 경영의 민주성을 제고할 수 있다.
- 공동으로 문제를 해결하고 노사 간의 세력 균형을 이룰 수 있다.
- 경영의 효율성을 제고할 수 있다.
- 노사 간 상호 신뢰를 증진시킬 수 있다.
㉡ 유형
- 경영참가 : 경영자의 권한인 의사결정과정에 근로자 또는 노동조합이 참여하는 것
- 이윤참가 : 조직의 경영성과에 대하여 근로자에게 배분하는 것
- 자본참가 : 근로자가 조직 재산의 소유에 참여하는 것

6 ②

해설 영리조직은 대표적으로 사기업을 말한다.

7 ③

해설 제시된 글은 기획부의 업무에 해당한다.
※ 업무의 종류
㉠ 총무부 : 주주총회 및 이사회개최 관련 업무, 의전 및 비서업무, 집기비품 및 소모품의 구입과 관리, 사무실 임차 및 관리, 차량 및 통신시설의 운영, 국내외 출장 업무 협조, 복리후생 업무, 법률자문과 소송관리, 사내외 홍보 광고업무
㉡ 인사부 : 조직기구의 개편 및 조정, 업무분장 및 조정, 인력수급계획 및 관리, 직무 및 정원의 조정 종합, 노사관리, 평가관리, 상벌관리, 인사발령, 교육체계 수립 및 관리, 임금제도, 복리후생제도 및 지원업무, 복무관리, 퇴직관리
㉢ 기획부 : 경영계획 및 전략 수립, 전사기획업무 종합 및 조정, 중장기 사업계획의 종합 및 조정, 경영정보 조사 및 기획보고, 경영진단업무, 종합예산수립 및 실적관리, 단기사업계획 종합 및 조정, 사업계획, 손익추정, 실적관리 및 분석
㉣ 회계부 : 회계제도의 유지 및 관리, 재무상태 및 경영실적 보고, 결산 관련 업무, 재무제표 분석 및 보고, 법인세, 부가가치세, 국세 지방세 업무자문 및 지원, 보험가입 및 보상업무, 고정자산 관련 업무
㉤ 영업부 : 판매 계획, 판매예산의 편성, 시장조사, 광고 선전, 견적 및 계약, 제조지시서의 발행, 외상매출금의 청구 및 회수, 제품의 재고 조절, 거래처로부터의 불만처리, 제품의 애프터서비스, 판매원가 및 판매가격의 조사 검토

8 ④

해설 제시된 글은 영업부의 업무에 해당한다.

※ 영업부 : 판매 계획, 판매예산의 편성, 시장조사, 광고 선전, 견적 및 계약, 제조지시서의 발행, 외상매출금의 청구 및 회수, 제품의 재고 조절, 거래처로부터의 불만처리, 제품의 애프터서비스, 판매원가 및 판매가격의 조사 검토

9 ①

해설 조직은 목적과 목표를 가지고 있으며, 이를 달성하기 위해 다양한 조직구조를 사용한다. 이렇게 조직이 형성되고 발전되면 조직구성원들이 공유하는 가치관, 신념, 규범 등의 조직문화가 형성되게 된다. 또한 조직의 효율성을 높이기 위해서 규칙과 규정을 제정하고 업무를 분화한다. 본 문항은 한 조직의 구성원으로서 조직의 구조와 목적, 체제 구성요소, 규칙, 규정 등 자신이 속한 조직의 체제를 제대로 이해하고 있는지에 대해 묻는 문항이다.

※ 조직체제 구성요소

ⓐ 조직목표 : 조직이 달성하려는 장래의 상태로 조직이 존재하는 정당성과 합법성을 제공한다. 전체 조직의 성과, 자원, 시장, 인력개발, 혁신과 변화, 생산성에 대한 목표가 포함된다.

ⓑ 조직구조 : 조직 내의 부문 사이에 형성된 관계로 조직목표를 달성하기 위한 조직구성원들의 상호작용을 보여준다. 조직구조는 결정권의 집중정도, 명령계통, 최고경영자의 통제, 규칙과 규제의 정도에 따라 달라지며 구성원들의 업무나 권한이 분명하게 정의된 기계적 조직과 의사결정권이 하부구성원들에게 많이 위임되고 업무가 고정적이지 않은 유기적 조직으로 구분될 수 있다. 조직의 구성은 조직도를 통해 쉽게 파악할 수 있는데, 이는 구성원들의 임무, 수행하는 과업, 일하는 장소 등을 파악하는데 용이하다.

ⓒ 조직문화 : 조직이 지속되게 되면서 조직구성원들 간에 공유되는 생활양식이나 가치로 조직구성원들의 사고와 행동에 영향을 미치며 일체감과 정체성을 부여하고 조직이 안정적으로 유지되게 한다. 최근 조직문화에 대한 중요성이 부각되면서 긍정적인 방향으로 조성하기 위한 경영층의 노력이 이루어지고 있다.

ⓓ 조직의 규칙과 규정 : 조직의 목표나 전략에 따라 수립되어 조직구성원들의 활동범위를 제약하고 일관성을 부여하는 기능을 하는 것으로 인사규정, 총무규정, 회계규정 등이 있다. 특히 조직이 구성원들의 행동을 관리하기 위하여 규칙이나 절차에 의존하고 있는 공식화 정도에 따라 조직의 구조가 결정되기도 한다.

10 ②

해설 조직구조의 유형

ⓐ 기계적 조직
- 구성원들의 업무가 분명하게 규정
- 엄격한 상하 간 위계질서
- 다수의 규칙과 규정 존재

ⓑ 유기적 조직
- 비공식적인 상호의사소통
- 급변하는 환경에 적합한 조직

11 ④

해설 총무부는 주주총회 및 이사회개최 관련 업무, 의전 및 비서업무, 법률자문과 소송관리의 업무를 하며, 영업부가 외상매출금의 청구 및 회수, 판매예산의 편성, 견적 및 계약의 업무를 다룬다.

12 ⑤

> **해설**   레드오션은 경쟁을 목표로 하고, 존재하는 소비자와 현존하는 시장에 초점(시장경쟁전략)을 맞춘 반면, 블루오션은 비 고객에게 초점(시장창조전략)을 맞추고 새로운 수요를 창출하고자 한다.

13 ②

> **해설**   경영전략의 추진 과정 … 전략목표 설정 → 환경 분석 → 경영전략 도출 → 경영전략 실행 → 평가 및 피드백

14 ④

> **해설**   매일 신문의 국제면을 읽는다.
>
> ※ 국제동향 파악 방법
>   ㉠ 관련 분야 해외 사이트를 방문하여 최신 이슈를 확인한다.
>   ㉡ 매일 신문의 국제면을 읽는다.
>   ㉢ 업무와 관련된 국제잡지를 정기 구독한다.
>   ㉣ 노동부, 한국산업인력공단, 산업자원부, 중소기업청, 상공회의소, 산업별인적자원개발협의체 등의 사이트를 방문해 국제동향을 확인한다.
>   ㉤ 국제학술대회에 참석한다.
>   ㉥ 업무와 관련된 주요 용어의 외국어를 알아둔다.
>   ㉦ 해외 서점 사이트를 방문해 최신 서적 목록과 주요 내용을 파악한다.
>   ㉧ 외국인 친구를 사귀고 대화를 자주 나눈다.

15 ④

> **해설**   조직변화의 과정 … 환경변화 인지 → 조직변화 방향 수립 → 조직변화 실행 → 변화결과 평가

16 ②

> **해설**   이란에서 노란색 꽃은 적대감을 표시한다.

17 ④

> **해설**   ㈎ 한국금융그룹사, ㈏ 2025년도 우수 직원 해외연수단 편성, ㈐ 5년차 직원 중 희망자, ㈑ 전결이다.

18 ③

> **해설**   ③은 회의에서 알 수 있는 내용이다.
>
> **오답**   ① 서비스팀은 주문폭주 일주일 동안 포장된 제품을 전격 회수와 제품을 구매한 고객에 사과문 발송 및 100% 환불 보상을 공지한다.
>   ② 주문량이 증가한 날짜는 회의록만으로 알 수 없다.
>   ④ 서비스팀에서 제품을 전격 회수하고, 개발팀에서 유해성분을 조사하기로 했다.
>   ⑤ 염료를 사용하지 않는 포장재 개발은 회의에서 알 수 없는 내용이다.

19 ④

> **해설**   경조사비는 접대비에 해당하므로 접대비지출품의서나 지출결의서를 작성하고 30만 원을 초과하였으므로 결재권자는 대표이사에게 있다. 또한 누구에게도 전결되지 않았다.

20 ④

해설 거래처 식대이므로 접대비지출품의서나 지출결의서를 작성하고 30만 원 이하이므로 최종 결재는 본부장이 한다. 본부장이 최종 결재를 하고 본부장 란에는 전결을 표시한다.

21 ④

해설 사업부문은 신용사업부문으로 명칭이 변경되어야 한다.

22 ②

해설 브레인스토밍 기법은 아이디어의 질보다 양에 초점을 맞춘 것으로서 집단 구성원들은 즉각적으로 생각나는 아이디어를 제시할 수 있으며, 그로 인해 브레인스토밍은 다량의 아이디어를 도출해낼 수 있다. 또한, 구성원들은 자신이 가지고 있던 기존 아이디어를 개선해 더욱 더 발전된 형태의 아이디어를 창출할 수 있는데, 이는 다른 사람의 의견을 참고해서 창의적으로 조합할 수 있기 때문이다.

23 ②

오답 ① 기획부 ③ 자금부 ④ 인사부 ⑤ 영업부
※ 총무부의 주요 업무
  ⊙ 문서 및 직인관리
  ⓒ 주주총회 및 이사회개최 관련 업무
  ⓒ 의전 및 비서업무
  ⓔ 사무실 임차 및 관리
  ⓜ 차량 및 통신시설의 운영
  ⓗ 국내외 출장 업무 협조
  ⓢ 사내외 행사 관련 업무(경조사 포함)
  ⓞ 기타 타부서에 속하지 않는 업무 등

24 ②

해설 발신부서는 소프트웨어를 제작하는 팀이므로 연구개발팀이고, 발신부서는 수신부서에게 신제품 개발에 대한 대략적인 내용과 함께 영업 마케팅에 대한 당부를 하고 있으므로 수신부서는 영업팀이 가장 적절하다.

25 ②

해설 ⊙ 사장직속으로는 3개 본부, 12개 처, 3개 실로 구성되어 있다.
ⓒ 해외부사장은 2개의 본부를 이끌고 있다.
ⓔ 노무처는 관리본부에, 재무처는 기획본부에 소속되어 있다.

26 ④

해설 임직원행동강령에서는 '그 밖에 지역관할 행동강령책임관이 공정한 직무수행이 어려운 관계에 있다고 정한 자가 직무관련자인 경우'라고 규정하고 있으므로 지역관할 행동강령책임관의 판단으로 결정할 수 있다.

오답 ① 이전 직장 퇴직 후 2년이 경과하지 않으면 직무관련성이 남아 있는 것으로 간주한다.
② '지역관할 행동강령책임관이 그 권한의 범위에서 그 임직원의 직무를 일시적으로 재배정할 수 있는 경우에는 그 직무를 재배정하고 본사 행동강령책임관에게 보고하지 아니할 수 있다.'고 규정하고 있다.
③ 규정되어 있는 '사적인 접촉'은 어떠한 경우에도 사전에 보고되어야 하며, 보고받는 자가 부재 시에는 사후에 반드시 보고하도록 규정하고 있다.
⑤ 여행을 가는 경우는 사적인 접촉에 해당되며, 직무관련자가 대학 동창인 것은 부득이한 사유에 해당한다. 따라서 이 경우 사무소장에게 보고를 한 후 여행에 참여할 수 있으며 정보 누설 등의 금지 원칙을 준수하여야 한다.

27 ②

해설 하급자를 상급자에게 먼저 소개해 주는 것이 일반적이며, 비임원을 임원에게 먼저 소개하여야 한다. 또한 정부 고관의 직급명은 퇴직한 경우라고 사용하는 것이 관례이다.

28 ②

해설 ㉡ → 강력하고 견고한 유통망이 있을 경우, 고객을 세분화하여 제품 차별화 전략을 활용할 수 있다.
㉣ → 차별화를 이루게 되면 경험과 노하우에 따른 더욱 특화된 제품이나 서비스가 제공되므로 신규기업 진입에 대한 효과적인 억제가 가능하게 된다.
㉠㉢ → 차별화에는 많은 비용이 소요되므로 반드시 비용측면을 고려해야 하며 일정 부분의 경영상 제약이 생길 수 있다.
㉤ → 지역별, 연령별, 성별 특성 등의 선호체계 구분이 뚜렷할 경우 맞춤형 전략 수립이 용이하다.

29 ⑤

해설 ㉢ 노동조합의 기능이 다양하게 확대됨에 따라 근로자의 경영참가를 자연스럽게 받아들일 수밖에 없는 사회 전반적인 분위기 확산도 경영참가제도의 발전 배경으로 볼 수 있다.
㉥ 노사 양측의 조직규모는 지속적으로 거대화 되었으며, 이에 따른 사회적 책임이 증대되었고 노사관계가 국민경제에 미치는 영향이 커짐으로 인해 분쟁을 가능한 한 회피하고 평화적으로 해결하기 위한 필요성도 경영참가제도를 발전시킨 배경으로 볼 수 있다.
㉣ 기술혁신은 인력의 절감효과를 가져와 격렬한 노사분쟁을 유발하고 생산성 향상에 오히려 역효과를 초래하게 되어, 결국 이러한 문제 해결을 위해 노사 간의 충분한 대화가 필요해지며 이런 대화의 장을 마련하기 위한 방안으로 경영참가제도가 발전하였다고 볼 수 있다.

30 ⑤

해설 공동 숙박에 의해 숙박비를 지출하지 않은 인원에 대해서는 1일 숙박 당 20,000원을 지급 할 수 있다고 규정하고 있으므로 처음 지급된 4만 원의 숙박비에서 2만 원을 제외한 나머지 2만 원을 회사에 반납하여야 한다.

오답 ① '철도운임에 갈음하여 전철요금을 지급할 수 있다.'고 규정하고 있으므로 전철요금이 더 비싸도 철도운임 대신 전철요금이 지급된다.
② 유류대, 도로사용료, 주차료에 해당되는 지출이므로 모두 귀임 후 정산이 된다.

③ 부득이한 경우에도 숙박비 상한액의 10분의 3을 넘지 아니하는 범위에서 추가로 지급할 수 있다고 규정하고 있으므로 숙박비 상한액 5만 원의 10분의 3인 1만 5천 원이 추가되어 6만 5천 원만 지급하는 것이므로 3만 5천 원은 자비로 지불한 것이 된다.

④ 공용차량을 이용한 출장일수는 일비의 2분의 1이 지급되므로 $70,000 \times 3 + 35,000 \times 2 = 28$만 원이 일비로 지급된다.

31 ⑤

해설 오 대리가 들러야 하는 조직과 업무 내용은 다음과 같이 정리할 수 있다.
보고 서류 전달 – 비서실
계약서 검토 확인 – 법무팀
배차 현황 확인 – 총무팀
통관 작업 확인 – 물류팀

32 ⑤

해설 ㈎는 환경분석 단계로 내부와 외부의 환경을 SWOT 분석을 통하여 파악해 본다.
㈏는 경영전략 도출 단계로 조직, 사업이나 부분 등의 전략을 수립한다.
㈐는 경영전략 실행 단계로 경영목적을 달성하는 단계이다.

33 ③

해설 ㉠ 상석(上席)을 정함에 있어 나이는 많은데 직위가 낮으면 나이가 직위를 우선한다.
→ 이 경우, 나이보다 직위가 높은 사람이 상석에 앉게 된다.
㉣ 장갑, 부채와 같은 소형 휴대품은 테이블 위에 두어도 된다.
→ 핸드백이나 기타 휴대품은 식탁 위에 올려놓는 것은 금물이다. 핸드백은 의자의 등받이와 자신의 등 사이에 놓는 것이 원칙이다. 장갑, 부채와 같은 소형 휴대품은 어떤 경우에도 테이블 위에 두어서는 안 되며, 귀중품이 들어 있지 않은 비교적 큰 핸드백 종류는 바닥에 내려놓아도 된다.
㉇ 메뉴 판을 이해하기 어려울 때 웨이터에게 물어보는 것은 금기이며, 그날의 스페셜 요리를 주문하는 것이 좋다.
→ 메뉴 판을 이해하기 어려울 때는 웨이터에게 물어보거나, 그날의 스페셜 요리를 주문하는 것이 좋다.

34 ④

해설 조직의 구성원들이 경영에 참여하는 것을 경영참가제도라 한다. 경영참가제도는 조직의 경영에 참가하는 공동의 사결정제도와 노사협의회제도, 이윤에 참가하는 이윤분배제도, 자본에 참가하는 종업원지주제도 및 노동주제도 등이 있다.
종업원지주제란 회사의 경영방침과 관계법령을 통해 특별한 편의를 제공, 종업원들이 자기회사 주식을 취득하고 보유하는 제도를 말한다.

35 ②

해설 자녀학비보조수당은 수업료와 학교운영지원비를 포함하며 입학금은 제외된다고 명시되어 있다.

오답 ① 위험근무수당은 위험한 직무에 상시 종사한 직원에게 지급된다.
③ 육아휴직수당은 휴직일로부터 최초 1년 이내에만 지급된다.
⑤ 육아휴직수당은 만 8세 이하의 자녀를 양육하기 위하여 필요한 경우 지급된다.

36 ④

해설 월 급여액이 200만 원이므로 총 지급액은 200만 원의 40퍼센트인 80만 원이며, 이는 50~100만 원 사이의 금액이므로 80만 원의 15퍼센트에 해당하는 금액인 12만 원이 복직 후에 지급된다.

오답 ① 3월 1일부로 복직을 하였다면, 6개월을 근무하고 7개월째인 9월에 육아휴직수당 잔여분을 지급받게 된다.
② 육아휴직수당의 총 지급액은 80만 원이다.
③ 복직 후 3개월째에 퇴직을 할 경우, 복직 후 지급받을 15퍼센트가 지급되지 않으며 휴가 중 지급받은 육아휴직수당을 회사에 반환할 의무 규정은 없다.
⑤ 육아휴직수당의 지급대상은 30일 이상 휴직한 남·녀 직원이다.

37 ②

해설 제품의 생산 기술력이 공개되어 있고 특별한 노하우가 필요하지 않다는 점, 브랜드 이미지나 생산업체의 우수성 등이 중요한 마케팅 요소로 작용되지 않는다는 점 등으로 인해 기술적 차별화를 이루기 어려우며, 모든 대중들에게 계층 구분 없이 같은 제품이 보급되어 쓰이고 있는 소모품이라는 점 등으로 인해 일부 특정 시장을 겨냥한 집중화 전략도 적절하다고 볼 수 없다. 이 경우, 원자재 구매력 향상이나 유통 단계 효율화 등을 통한 원가우위 전략이 효과적이라고 볼 수 있다.

38 ⑤

해설 경영전략을 수립하고 각종 경영정보를 수집/분석하는 업무를 하는 기획팀에서 요구되는 자질은 재무/회계/경제/경영 지식, 창의력, 분석력, 전략적 사고 등이다.

39 ⑤

해설 지원본부의 역할은 생산이나 영업 등 자체의 활동보다 출장이나 교육 등 타 팀이나 전사 공통의 업무 활동에 있어 해당 조직 자체적인 역량으로 해결하기 어렵거나 곤란한 업무를 원활히 지원해 주는 일이 주된 업무 내용이 된다.
제시된 팀은 지원본부(기획, 총무, 인사/교육, 홍보/광고), 사업본부(마케팅, 영업, 영업관리), 생산본부(생산관리, 생산기술, 연구개발) 등으로 구분하여 볼 수 있다.

40 ③

해설 제시문은 기업 인수와 합병 즉, M&A의 의미와 기업에게 주는 의미를 간략하게 설명하는 글이다. 기업 입장에서 M&A는 기업의 외적 성장을 위한 발전전략으로 이해된다. 따라서 M&A는 외부적인 경영자원을 활용하여 기업의 성장을 도모하는 가장 적절한 방안으로 볼 수 있는 것이다. '인수'는 상대 기업을 인수받아 인수하는 기업의 일부로 예속하게 되는 것이며, '합병'은 두 기업을 하나로 합친다는 의미를 갖는다. 두 가지 모두 기업 경영권의 변화가 있는 것으로, 제휴나 합작 등과는 다른 개념이다.

01 농업 · 농촌

1	2	3	4	5	6	7	8	9	10
②	②	②	③	④	①	④	②	⑤	⑤
11	12	13	14	15	16	17	18	19	20
①	②	③	③	①	④	①	⑤	④	②
21	22	23	24	25					
①	⑤	③	③	②					

1 ②

해설 푸드플랜 … 지역의 먹거리에 대한 생산, 유통, 소비 등 관련 활동들을 하나의 선순환 체계로 묶어서 관리하여 지역 구성원 모두에게 안전하고 좋은 식품을 공급하고, 지역의 경제를 활성화시키며 환경을 보호하는 데 기여하도록 하는 종합적 관리 시스템을 말한다.

2 ②

해설 스마트팜 … 스마트(Smart)와 농장(Farm)의 합성어로, 농사 기술에 정보통신기술(ICT)을 접목하여 만들어진 지능화된 농장을 말한다. 스마트 팜은 사물인터넷(IoT : Internet of Things) 기술을 이용하여 농작물 재배 시설의 온도 · 습도 · 햇볕량 · 이산화탄소 · 토양 등을 측정 분석하고, 분석 결과에 따라서 제어 장치를 구동하여 적절한 상태로 변화시킨다. 그리고 스마트폰과 같은 모바일 기기를 통해 원격 관리도 가능하다. 스마트 팜으로 농업의 생산 · 유통 · 소비 과정에 걸쳐 생산성과 효율성 및 품질 향상 등과 같은 고부가가치를 창출시킬 수 있다.

3 ②

해설 소식재배 … 노동력 · 생산비 절감을 전제로 하는 기술로서 '모를 드물게 심는다.'는 의미이다. 최근 벼농가들 사이에서 화제가 되고 있는 방식으로 이양할 때 단위면적당 재식포기를 관행 80주에서 37 · 50 · 60주로 줄이고, 한 포기당 본수를 3 ~ 5개로 맞추는 농법이다. 이렇게 하면 단위면적당 필요한 육묘상자수를 크게 줄이는 효과가 있다. 평소 육묘상자를 만들고 운반하는 데 드는 생산비와 노동력이 부담되었던 농가들은 이에 반색하며 소식재배를 관심 있게 지켜보고 있다.

4 ③

해설 농협경제지주의 계열사
  ㉠ 유통부문 : 농협하나로유통, 농협유통
  ㉡ 제조부문 : 농우바이오, 남해화학, 농협케미컬, 농협에코아그로
  ㉢ 식품부문 : 농협홍삼, 농협양곡, 농협식품, 농협물류, NH농협무역
  ㉣ 축산/서비스 : 농협사료, 농협목우촌

5 ④

해설　자조금제도 … 특정사업 수행으로 혜택을 받는 자가 사업에 소요되는 비용을 스스로 부담하는 제도로, 친환경농업인들이 친환경농업을 발전시키기 위해 스스로 기금을 마련하여 운용하는 제도를 말한다.

　ⓐ 필요성 : 소비자 신뢰 저하, 판로부족 문제 등으로 재배면적이 감소하고 있는 친환경농립의 어려움을 타개하고 산업의 새로운 발전을 기하기 위해서는 자조금을 활용한 소비 촉진 홍보 및 판로확대 사업을 수행함으로써 일반소비자의 수요창출을 통해 시장 확대가 필요하다.

　ⓑ 목적
　　• 친환경농산물의 자율적 수급안정과 유통구조 개성 등의 노력을 통한 생산농가의 소득 향상 실현
　　• 강력한 홍보기반 구축을 통하여 친환경농산물 소비 · 유통과 생산을 확대함으로써 궁극적으로 농업환경 개선에 기여
　　• 친환경농산물의 품질 및 생산성 향상, 안전성 제고 등을 통하여 국민에게 신뢰받는 친환경농업 구현
　　• 친환경농산물 생산농가에 대한 정보제공, 교육 · 훈련 등을 통하여 개방화 시대에 대비한 대응능력 향상

　ⓒ 친환경의무자조금
　　• 친환경농업인과 지역농협이 자조금단체를 설립
　　• 납부한 거출금과 정부지원금을 활용
　　• 소비촉진 및 판로확대, 수급안정, 교육 및 연구개발 등 수행
　　• 친환경농산물 생산 · 유통 · 가공 등 산업 전반을 전략적으로 육성하는 제도
　　• 친환경농업인 83%가 동의 및 참여, 2016년 7월 1일 출범

6 ①

해설　총회의결사항등〈농업협동조합법 제35조 제1항〉
　1. 정관의 변경
　2. 해산 · 분할 또는 품목조합으로의 조직변경
　3. 조합원의 제명
　4. 합병
　5. 임원의 선출 및 해임
　6. 규약의 제정 · 개정 및 폐지
　7. 사업 계획의 수립, 수지 예산의 편성과 사업 계획 및 수지 예산 중 정관으로 정하는 중요한 사항의 변경
　8. 사업보고서, 재무상태표, 손익계산서, 잉여금 처분안과 손실금 처리안
　9. 중앙회의 설립 발기인이 되거나 이에 가입 또는 탈퇴하는 것
　10. 임원의 보수 및 실비변상
　11. 그 밖에 조합장이나 이사회가 필요하다고 인정하는 사항

7 ④

해설　가축 사육 제한구역
　ⓐ 지역주민의 생활환경보전 또는 상수원의 수질보전을 위하여 가축사육의 제한이 필요하다고 인정되는 경우에 시장 · 군수 · 구청장이 「가축분뇨의 관리 및 이용에 관한 법률」 및 해당 지방자치단체의 조례가 정하는 바에 따라 지정한 구역을 말한다.
　ⓑ 가축사육제한구역으로 지정할 수 있는 대상지역
　　• 주거밀집지역으로 생활환경의 보호가 필요한 지역
　　• 「수도법」에 따른 상수원보호구역, 「환경정책기본법」에 따른 특별대책지역 및 그밖에 이에 준하는 수질환경 보전이 필요한 지역

- 「한강수계 상수원수질개선 및 주민지원 등에 관한 법률」, 「낙동강수계 물관리 및 주민지원 등에 관한 법률」, 「금강수계 물관리 및 주민지원 등에 관한 법률」, 「영산강 · 섬진강수계 물관리 및 주민지원 등에 관한 법률」에 따라 지정 · 고시된 수변구역
- 「환경정책기본법」에 따른 환경기준을 초과한 지역
- 환경부장관 또는 시 · 도지사가 가축사육제한구역으로 지정 · 고시하도록 요청한 지역

ⓒ 시장 · 군수 · 구청장은 가축사육제한구역에서 가축을 사육하는 자에 대하여 축사의 이전 그 밖에 위해의 제거 등 필요한 조치를 명할 수 있으며, 축사의 이전을 명할 때에는 1년 이상의 유예기간을 주어야 하고, 이전에 따른 재정적 지원, 부지알선 등 정당한 보상을 하여야 한다.

8 ②

해설 농약허용기준강화제도(PLS) … 작물보호제를 지금보다 더욱 신중하게 사용해, 더 안전한 농산물을 생산할 수 있도록 관리하는 제도이다. 기존에는 잔류허용기준(MRL, Maximum Residue Limits)이 설정되지 않은 작물보호제에 대해 잠정기준을 적용해 왔다. PLS는 잠정기준을 없애고, 기준이 없을 경우 일률기준인 0.01ppm을 적용하는 것으로, 잔류허용기준이 설정된 작물보호제 외에는 사용을 금지하는 제도이다.

※ PLS 시행에 따른 변화 … 기존에는 안전성 조사 시 잔류허용기준이 없는 작물보호제 또는 미등록 작물보호제 성분에 대해 외국 기준을 적용하거나, 유사한 농산물에 설정된 기준을 적용하여 적합과 부적합을 판정했다. 그러나 농약허용기준강화제도(PLS) 시행으로 미등록 작물보호제의 경우 0.01ppm이라는 일률기준을 적용받게 되었다.

9 ⑤

해설 채소가격안정제 대상 5개 품목에는 배추, 무, 대파, 마늘, 양파가 있다.

※ 채소가격안정제 … 정부와 지방자치단체 · 농협 · 농민이 함께 조성한 수급안정사업비로 평년가격의 80% 수준으로 가격을 보전해주는 사업으로, 농가 부담을 완화하는 대신 정부와 지자체 · 농협이 일정 비율로 사업비를 분담하는 제도를 말한다.

10 ⑤

해설 친환경 농산물의 기준
㉠ 유기합성농약과 화학비료를 일체 사용하지 않고 재배(전환기간 : 다년생 작물은 3년, 그 외 작물은 2년)
㉡ 유기합성농약은 일체 사용하지 않고, 화학비료는 권장 시비량의 1/3 이내 사용
㉢ 화학비료는 권장시비량의 1/2 이내 사용하고 농약 살포횟수는 "농약안전사용기준"의 1/2 이하
※ 사용시기는 안전사용기준 시기의 2배수 적용
　㉠ 제초제는 사용하지 않아야 함
　㉡ 잔류농약 : 식품의약품안전청장이 고시한 "농산물의 농약잔류허용기준"의 1/2 이하

11 ①

해설 GMO 완전표시제 … GMO 농산물, GMO 농산물을 원료로 사용하는 모든 가공식품, 건강기능 식품 등에 GMO 사용을 하였다는 표시를 하는 제도를 말한다.

※ GMO 표시제 … 유전자변형농수산물(GMO)을 원료로 사용할 경우 함량과 관계없이 그 사용 여부를 표기해야 한다는 GM 식품 표시 방식을 말한다. 우리나라에서는 2001년 3월부터 소비자에게 올바른 구매정보를 제공하기 위하여 농수산물 품질관리법에 근거하여 콩, 옥수수, 콩나물에 대한 '유전자변형농산물 표시제'를 시행했으며, 6개월간의 계도기간을 거쳐 2001년 9월부터 본격적으로 실시하였다.

12 ②

> **해설** 스마트 팜 환경 정보 수집 항목 … 온실온도, 온실습도, CO_2, 일사량, 감우, 관수, 지온

13 ③

> **해설** 농업 드론 방제사 … 방제 장비 운용절차 파악, 방제지역 특성파악, 방제지역 병충해 특성파악, 방제작업 피해 예상지역 파악, 살포면제에 따른 약제충전량 계산 등 살포계획을 수립한다. 살포장비의 가동여부, 살포약제 특성파악, 살포지역 특성, 이착륙 지역 파악 등 살포장비를 점검한다. 드론을 적정한 장소에 설치하고 조정기를 조정하여 약제를 살포한다. 살포과정을 모니터링하고 필요시 드론을 재조정한다. 방제 결과를 확인 평가한다. 드론 조종이 끝나면 드론을 회수하고 장비를 세척한다. 드론 및 조종기구에 이상이 없는지 점검한다. 필요시 드론을 수리 및 정비하기도 한다.

14 ③

> **해설** 고향사랑기부제 … 개인이 고향에 기부하고 지자체는 이를 모아서 주민복리에 사용하는 제도로 기부자에게는 세액 공제와 기부한 고향의 답례품 혜택을 제공한다.

15 ①

> **오답** ② 양수장 : 하천수나 호수 등 수면이 관개지역보다 낮아 자연 관개를 할 수 없는 경우에 양수기를 설치하여 물을 퍼올려 농업용수로 사용하기 위해 설치하는 용수공급 시설
> ③ 취입보 : 하천에서 필요한 농촌용수를 용수로로 도입할 목적으로 설치하는 시설
> ④ 관정 : 우물통이나 파이프를 지하에 연직방향으로 설치하여 지하수를 이용하기 위한 시설
> ⑤ 배수장 : 일정지역에 우천이나 홍수 시 고인 물을 지역 밖으로 배제하기 위한 시설

16 ④

> **해설** 농촌에서 살아보기 … 귀농·귀촌을 희망하는 도시민에게 체험 기회를 제공하여 성공적 정착을 유도하는 프로그램이다. 유형에 따라 다양한 프로그램이 운영된다.

구분	내용
귀농형	• 원하는 지역에서 원하는 품목을 재배하며 영농기술을 익히고, 지역민과 교류하고자 하는 귀농 중심 프로그램 운영 • 수당을 지급하는 농작업 또는 관련 일자리 기회제공
귀촌형	• 농촌이해, 지역교류·탐색, 영농 실습 등 다양한 프로그램 운영 • 수당을 지급하는 농작업 또는 관련 일자리 기회 제공
프로젝트 참여형	• 농촌지역연고·경험은 적으나 다양한 활동과 경험을 원하는 청년들의 특성에 맞춰 프로그램 운영 • 마을 주민과의 교류, 지역 내 인적 네트워크 구축을 위한 활동 지원 병행

> **오답** ① 귀농인의 집 : 귀농귀촌 희망자에게 제공하는 임시거처로, 거주지나 영농기반 등을 마련할 때까지 거주하거나 일정 기간 동안 영농기술을 배우고 농촌체험 후 귀농할 수 있게 머물 수 있도록 임시거처를 제공한다.
> ② 함께 쓰는 농업 일기 : 농업·농촌에 정착한 우수 결혼이민 여성의 이야기를 담은 사례집이다.
> ③ 마을 가꾸기 : 농협이 주관하는 농촌 환경 및 농촌 경관 조성 사업이다.
> ⑤ 귀농 닥터 프로그램 : 귀농 희망자와 귀농 닥터(전문가)를 연결해주는 서비스로 귀농 닥터들은 귀농과 귀촌 희망자들의 안정적인 농촌 정착을 위해 애로사항을 해결하는 멘토가 된다.

17 ①

> **해설** 출자지분 거래를 양성화함으로써 경영진에 대한 통제 장치를 마련하였다.

18 ⑤

해설 고랭지 농업은 고원이나 산지 등 여름철에도 서늘한 지역에서 이루어지는 농업을 말한다.

오답 ① 강원도의 정선·평창·홍천·횡성군 등지에서 주로 이루어진다.
② 여름철 비교적 선선하고 강우량이 많으며 일조시간도 짧은 산간 기후를 이용한다.
③④ 표고 400m로부터 1,000m 정도의 높은 지대에서 채소·감자·화훼류 등을 재배하거나 가축을 사육한다.

19 ④

해설 정밀농업(Precision Agriculture) ··· 4차 산업의 핵심 기술을 통해 전통적인 투입자원인 노동력 및 투입재를 최소화하면서 생산량을 최대화하는 농업 방식 즉, ICT 기술을 통해 정보화·기계화된 농업 분야를 의미한다. 정밀농업을 통해 적절한 수확량과 품질을 유지하면서도 환경적으로 안전한 생산체계를 만들 수 있으며 정보화, 기계화가 가능할 것으로 전망된다.

오답 ① 계약재배(Contract Cultivation) : 생산물을 일정한 조건으로 인수하는 계약을 맺고 행하는 재배방식이다. 주로 담배 재배, 식품 회사나 소비자 단체 등과 제휴하여 행해지고 있다.
② 겸업농가(Part Time Farm Household) : 농업에 종사하면서 농업 외의 다른 직업을 겸하는 것으로 농업을 주업으로 하는 경우에는 제1종 겸업농가라고 하며 농업 외의 다른 직업이 주업이 되면 제2종 겸업농가로 구별한다.
③ 녹색혁명(Green Revolution) : 20세기 후반 개발도상국의 식량증산을 이루어낸 농업정책으로 품종개량, 화학비료, 수자원 공급시설 개발 등의 새로운 기술을 적용하여 농업생산량일 일궈낸 과정 및 결과를 의미한다.
⑤ 생력농업(Labor Saving Technique of Agriculture) : 작업 공동화 혹은 기계화를 추진하여 투입 노동력 및 투입 시간을 줄이고자 하는 경영방법이다.

20 ②

해설 간이경지 정리 ··· 경지정리사업 대상지구 중에서 일반경지정리 대상지구 내의 급경사지나 대상에서 제외된 1단지 규모 2 ~ 10ha 정도인 지역으로, 주민의 참여도가 좋아 사업시행이 가능하고 기계화 영농 효과가 뚜렷이 나타날 수 있는 지역을 대상지구로 선정한다.

오답 ① 농지집단화 : 각 농가의 분산되어 있는 소유농지를 서로의 권리를 조정함으로써 집단화하는 것이며, 교환, 분합, 환지처분 등은 이를 위한 수단이다.
③ 수리시설개보수 : 농업용수리시설로서 노후되거나 기능이 약화된 시설을 개량 또는 보수하여 재해위험을 방지하고 기능을 회복시키거나 개선하는 사업으로 시설의 유지관리를 위한 사업이다.
④ 경지계획 : 토지분류 결과에 따라 영농에 알맞게 구획을 나누는 것을 말한다.
⑤ 환지처분 : 경지정리사업이나 토지구획정리사업 시행 종료 후 토지의 형질, 면적, 위치 등이 변경되었을 때에 종래의 토지에 대신하여 이에 상당하는 토지를 주든지 금전으로 청산하는 등의 행정처분이다.

21 ①

해설 농촌지역은 마을의 규모가 작아 규모 및 집적의 경제효과를 거둘 수 없으므로 중심성을 갖는 거점마을에 투자와 개발을 집중시켜 투자효과를 높이고 배후마을과의 접근도를 개선하여 중심마을에 대한 서비스 이용편의를 제공하고자 한다. 중심마을이라고도 한다.

22 ⑤

해설 농협은행의 인재상
ⓐ 최고의 금융 전문가 : 최고의 금융 서비스를 제공하기 위해 필요한 금융전문지식을 갖추고 부단히 노력하는 사람
ⓑ 소통하고 협력하는 사람 : 고객 및 조직 구성원을 존중하고 소통과 협력에 앞장 서는 사람
ⓒ 사회적 책임을 실현하는 사람 : 도덕성과 정직성을 근간으로 고객과의 약속을 끝까지 책임지는 사람
ⓓ 변화를 선도하는 사람 : 다양성과 변화를 적극 수용하여 독창적 아이디어와 혁신을 창출하는 사람
ⓔ 고객을 먼저 생각하는 사람 : 항상 고객의 입장에서 고객을 먼저 생각하고 고객 만족에 앞장 서는 사람

23 ③

해설 마늘종 따기는 5 ~ 6월경에 시행한다.

24 ③

오답 ① GHI : 독일 세계기아원조(Welthungerhilfe)와 미국 세계식량연구소(IFPRI)가 협력하여 2006년부터 전 세계 기아 현황을 파악·발표하는 세계 기아지수를 말한다.
② WFP : 기아 인구가 없는 제로 헝거(Zero Hunger) 달성을 목표로 하는 유엔 세계식량계획을 말한다.
④ ODA : 국제농업협력사업은 개발도상국을 위한 우리나라 농업기술 개발·보급 협력 사업이다.
⑤ GAFSP : 세계농업식량안보기금은 빈곤 국가 농업 생산성 제고를 위해 만들어진 국제기금이다.

25 ②

해설 농지연금제도 … 만 65세 이상 고령농업인이 소유한 농지를 담보로 노후생활 안정자금을 매월 연금형식으로 지급 받는 제도로, 농지자산을 유동화하여 노후생활자금이 부족한 고령농업인의 노후 생활안정 지원하여 농촌사회의 사회 안정망 확충 및 유지를 목적으로 한다.

02 금융·경제

1	2	3	4	5	6	7	8	9	10
②	①	③	④	⑤	②	③	②	①	③
11	12	13	14	15	16	17	18	19	20
②	③	④	②	①	②	②	④	①	④

1 ②

해설　우체국 예금은 금융기관이 아니므로 예금자보호법에 따른 예금자보호 대상이 아니다. 다만, 우체국 예금·보험에 관한 법률에 따라 예금을 보호한다.

2 ①

해설　비교우위론 … 영국의 경제학자 데이비드 리카도가 주장한 이론으로, 다른 나라에 비해 더 작은 기회비용으로 재화를 생산할 수 있는 능력을 뜻한다. 한 나라에서 어떤 재화를 생산하기 위해 포기하는 재화의 양이 다른 나라보다 적다면 비교우위가 있는 것이다. 비교우위는 경제적 능력이 서로 다른 국가 간에 무역이 이루어질 수 있게 해주는 원리이다. 각 나라의 경제 여건의 차이는 비교우위를 결정하는 요인이 된다. 애덤 스미스의 절대우위론에 미루어 본다면 양국은 모두 재화를 특화하기 어렵다. 반면, 데이비드 리카도의 비교우위론에 따르면 한 나라가 상대적으로 어떤 재화를 다른 나라보다 더 유리하게 생산할 수 있을 때 비교 우위를 가진다고 할 수 있으며, 각 나라가 자국에 비교우위가 있는 재화를 특화 생산하여 무역을 하면 서로 이득을 얻을 수 있다.

3 ③

해설　그림자 금융 … 집합투자기구(MMF·채권형·혼합형 펀드 등), RP 거래, 유동화기구 등과 같이 은행시스템 밖에서 신용중개기능을 수행하지만 은행 수준의 건전성 규제와 예금자보호가 적용되지 않는 기관 또는 활동을 의미한다.

4 ④

해설　산업자본이 은행지분을 일정한도 이상 소유하지 못하도록 하는 것을 금산분리라고 한다.

5 ⑤

해설　낙인 효과 … 어떤 사람이 실수나 불가피한 상황에 의해 사회적으로 바람직하지 못한 행위를 한 번 저지르고 이로 인해 나쁜 사람으로 낙인찍히면 그 사람에 대한 부정적 인식이 형성되고 이 인식은 쉽게 사라지지 않는다. 이로 인해 추후 어떤 상황이 발생했을 때 해당 사람에 대한 부정적 사회인식 때문에 유독 그 사람에게 상황이 부정적으로 전개되어 실제로 일탈 또는 범죄행위가 저질러지는 현상을 낳기도 하며, 경제 분야에서도 이러한 현상이 발생한다.

6 ②

해설　더블 딥 … 경기가 두 번(double) 떨어진다(dip)는 뜻으로, 경기침체가 발생한 후 잠시 경기가 회복되다가 다시 경기침체로 접어드는 연속적인 침체 현상을 의미한다. 일반적으로 경기침체는 2분기 연속 마이너스 성장을 보이는 경우를 말하므로 더블 딥은 경기침체가 발생하고 잠시 회복 기미가 관측되다 다시 2분기 연속 마이너스 성장에 빠지는 것으로, 1980년대 초 있었던 미국의 경기침체는 더블 딥의 예로 자주 활용되어지고 있다.

7 ③

오답　① 비트코인 : 디지털 단위인 '비트(bit)'와 '동전(coin)'의 합성어로, 온라인 가상화폐의 하나
　　② 프로시저 : 일반적인 어떤 행동을 수행하기 위한 일련의 작업순서
　　④ 가상화폐 : 지폐 또는 동전 등의 실물이 없이 컴퓨터 등에 정보 형태로 남아 온라인에서만 디지털 통화
　　⑤ 에어드랍 : 특정 가상화폐를 보유한 사람에게 투자 비율에 따라 신규 코인 등을 무상으로 지급하는 것

8 ②

해설　㉠ 1997년, ㉣ 2008년, ㉡ 2010 ~ 2011년, ㉢ 2016년

9 ①

오답　② 샤워실의 바보 : 경기과열 또는 경기침체에 대응하는 정부의 시장개입이 섣부를 경우 발생하는 역효과를 경고
　　하는 말이다.
　　③ 회색코뿔소 : 지속적인 경고로 충분히 예상할 수 있지만 쉽게 간과하는 위험 요인이다.
　　④ 검은 백조(블랙스완) : 도저히 일어날 것 같지 않지만 만약 발생할 경우 시장에 엄청난 충격을 몰고 오는 사
　　건이다.
　　⑤ 경제적 폭풍 : IMF의 라가르드 총재가 국제적인 경제 성장이 예상보다 더 느리다면서, 2019년의 글로벌 경제
　　상태가 위험한 상황에 빠질 수 있음을 알리기 위해 사용한 표현이다.

10 ③

해설　③ 공공재는 대가를 지급하지 않은 사람도 재화의 특성상 배제할 수 없으므로 공공재를 이용하여 얻은 이득에
　　대한 대가를 지급하지 않고 회피하려는 무임승차자 문제가 발생한다.

오답　①⑤ 경합성과 배제성이 존재하지 않아, 한 사람의 소비가 다른 사람에게 영향을 미치지 않는다.
　　② 동일한 수량이 주어지지만 사람마다 동일한 만족을 얻을 수 없다.
　　④ 무임승차자로 인해 공공재의 공급을 시장에 맡길 경우, 적정량의 공공재가 공급되기 어려우며 적정량보다
　　적게 생산될 수 있다.

11 ②

해설　유동성 함정 … 정부가 통화량, 즉 유동성을 늘려도 금리가 매우 낮은 상태에서는 개인이나 기업들이 현금을 보
　　유하려 하고 소비나 투자를 하지 않는 현상을 말한다.

12 ③

해설　미국의 금리가 인상될 경우, 미국 달러의 가치가 증가하여 원달러 환율이 오르게 된다. 또한 미국 금리가 인상
　　되면서 우리나라에 투자했던 달러들이 다시 미국으로 몰려가 외환보유가 줄어드는데 이를 유지하기 위해서는
　　국내 금리가 인상될 가능성이 커진다. 국내 금리가 인상될 경우 예금이 증가하고 대출이 감소하며, 투자도 감소
　　하게 된다.

13 ④

해설　특정 상품의 수요에 영향을 주는 요인을 수요 결정 요인이라고 하며 수요를 결정하는 요인은 복합적이나 일반적
　　으로 수요에 영향을 미치는 것을 살펴보면 재화의 가격, 소득 수준, 소비자 선호도 변화, 관련 재화의 가격, 미래
　　예상 가격 등이 있다. 기술 개발로 생산 기술이 변화되면 생산성이 향상되어 상품의 공급에 영향을 주게 된다.

14 ②

해설 호경기에는 소비재의 수요 증가로 인하여 상품의 가격이 상승하게 되는데, 이때 가격 상승의 폭이 노동자의 임금 상승의 폭보다 커서 노동자의 임금이 상대적으로 저렴해진다. 이러한 경우 기업은 기계를 대신하여 노동력을 사용하려는 경향이 발생하게 되는데 이를 리카도 효과라고 한다.

15 ①

해설 헥셔 – 올린 정리(Heckscher – Ohlin theorem) … 각국은 자국에 상대적으로 풍부한 부존요소를 집약적으로 사용하는 재화생산에 비교우위가 있다는 것이다. 즉, 노동풍부국은 노동집약재에 비교우위가 있고 자본풍부국은 자본집약재 생산에 비교우위가 있다.

16 ②

해설 세금을 부과하게 되면 독점기업에서는 부과한 세금만큼을 제품가격에 반영하여 소비자 가격을 인상시킨다. 따라서 자원배분의 비효율성은 해소하지 못하며 소비자 가격의 인상만을 가져올 수 있으므로 적절한 방안이라 할 수 없다.

17 ②

해설 GDP는 한 국가 안에서 창출되는 부가가치의 합을 나타내므로 A국 기업이 우리나라에서 생산활동을 벌임으로써 우리나라의 GDP는 증가한다.

오답 ① 외국인 투자자들에게 높은 세율을 적용하는 것은 외국 기업들의 국내투자를 제한하는 요소로 작용한다. 따라서 대부분의 국가에서는 외국 기업의 유치를 위해 낮은 법인세율을 적용하거나 세금감면 등의 혜택을 주고 있다.
③ 외국에 투자하여 얻은 이익금을 본국에 송금하는 것을 과실 송금이라 하는데 이를 우리나라에 재투자하는 것이나 그대로 과실 송금하는 것이나 우리나라 경제에 이롭게 작용한다.
⑤ A국 기업이 생산물을 수출하지 않고 국내에 판매하더라도 국내 생산품이 판매되는 것과 같으므로 국부가 유출된다고 볼 수 없다.

18 ④

해설 실망실업자 … 취업을 원하지만 경기침체나 조건에 맞는 일자리를 구하지 못해 구직을 단념한 사람으로, '구직단념자'라고도 한다. 실망실업자는 적극적으로 구직활동을 해야 하는 조건에 맞지 않아 고용통계상 비경제활동인구로 분류된다.

19 ①

해설 시중의 통화량이 증가한다.

오답 ②③④⑤ 시중의 통화량이 감소한다.

20 ④

해설 최고가격제는 정부가 물가를 안정시키고 소비자를 보호하기 위하여 가격 상한을 설정하고 최고가격 이하에서만 거래하도록 통제하는 제도이다. 최저가격제는 공급과잉과 생산자 간의 과도한 경쟁을 대비, 방지하며 보호하기 위하여 가격 하한을 설정하고 최저가격 이하로는 거래를 못하도록 통제하는 제도이다.

1	2	3	4	5	6	7	8	9	10
①	③	②	①	⑤	④	②	⑤	①	④
11	12	13	14	15	16	17	18	19	20
⑤	③	⑤	②	⑤	⑤	④	①	③	③

03 디지털·IT

1 ①

해설 메모리를 구할 경우 bit 전체의 넓이를 구하는 것과 같으므로 세로의 길이가 4096워드로 2의 12제곱의 값을 가진다. 그러므로 MAR의 비트수는 12bit이다.
MAR이 12bit라는 것은 각 비트당 0 또는 1의 2가지 선택이 있고 모든 경우의 수가 2의 12제곱만큼 된다는 것이다. 2의 12제곱이 4096이다.

2 ③

해설 빅 데이터 … 빅 데이터가 다양한 가치를 만들어내기 시작하면서 사람들은 빅 데이터를 '원유'에 비유하기 시작했다. 미국의 시장조사기관 가트너는 "데이터는 미래 경쟁력을 좌우하는 21세기 원유"라며 "기업들은 다가오는 데이터 경제시대를 이해하고 이에 대비해야 한다."라고 강조했다. 21세기 기업에게 가장 중요한 자산은 '데이터'이며 이를 관리하고 여기서 가치를 이끌어내지 못하면 경쟁에서 살아남을 수 없다는 뜻이다. 기존의 기업 환경에서 사용되는 '정형화된 데이터'는 물론 메타정보와 센서 데이터, 공정 제어 데이터 등 미처 활용하지 못하고 있는 '반정형화된 데이터', 여기에 사진, 이미지처럼 지금까지 기업에서 활용하기 어려웠던 멀티미디어 데이터인 '비정형 데이터'를 모두 포함한다.

3 ②

해설 클라우드 컴퓨팅 … 인터넷 상의 서버를 통하여 데이터 저장, 네트워크, 콘텐츠 사용 등 IT 관련 서비스를 한 번에 사용할 수 있는 컴퓨팅 환경이다. 클라우드 컴퓨팅을 도입하면 기업 또는 개인은 컴퓨터 시스템을 유지·보수·관리하기 위하여 들어가는 비용과 서버의 구매 및 설치 비용, 업데이트 비용, 소프트웨어 구매 비용 등 엄청난 비용과 시간·인력을 줄일 수 있고, 에너지 절감에도 기여할 수 있다.

4 ①

해설 의사결정 트리 … 데이터 속성을 기반으로 한 결정 규칙을 학습하여 데이터를 분류하거나 예측한다. 데이터를 가장 잘 구분할 수 있는 질문을 반복적으로 선택하여 트리를 구성하며, 지도학습 유형 중 하나이다.

오답 ② 계층적 클러스터링 : 데이터 포인트들을 계층적 구조로 나누는 클러스터링 방법으로, 클러스터의 수가 미리 정해져 있지 않을 때 유용하게 사용된다.
③ 주성분분석 : 데이터의 차원을 줄이기 위해 사용되는 통계적 기법이다.
④ 자기조직화지도 : 입력 데이터를 저차원 격자에 매핑하여 유사한 데이터 포인트를 클러스터링한다.
⑤ K-평균 클러스터링 : 주어진 데이터를 K개의 클러스터로 그룹화하는 알고리즘으로, 각 클러스터는 중심으로 표현된다.
※ 클러스터링 … 데이터 유사성에 기초하여 데이터를 몇 개의 그룹으로 분류하는 기법이다.

5 ⑤

해설 분산처리시스템의 장점을 실제로 달성하려면 데이터 저장장소와 처리기들을 물리적으로 연결해서는 안 되고, 그 위에 논리적인 설계가 추가적으로 필요하다.

6 ④

해설 AC(누산기)와 메모리의 내용을 더하여 결과를 AC에 저장하는 연산명령을 ADD라고 한다.
※ ADD의 동작순서
　　㉠ MAR ← MBR(AD)
　　㉡ MBR ← M(MAR)
　　㉢ AC ← AC + MBR

7 ②

해설 양수 A와 B에 대해 2의 보수 표현방식을 사용하여 A−B를 수행하였을 때 최상위비트에서 캐리가 발생하였다면 B−A는 최상위비트에서 캐리가 발생하지 않는다.
A = 6, B = 5로 놓고 예를 들어보면
A = 6 = 110, B = 5 = 101, B의 1의 보수는 010
A + B = 1011(캐리 발생)
A − B = 1000, 여기에 캐리를 제거하고 1의 보수를 더하면 올바른 결과가 나온다.

8 ⑤

해설 인터럽트 수행 순서
(1) 인터럽트 요청 신호가 발생 − ㉡
(2) 현재 수행 중인 명령 완료 및 상태를 기억 − ㉠
(3) 어느 장치가 인터럽트를 요청했는지 찾기 − ㉣
(4) 인터럽트 취급 루틴 수행 − ㉢
(5) 보존한 프로그램 상태로 복귀 − ㉤

9 ①

해설 인터프리터(Interpreter) … 원시 프로그램을 한 줄 단위로 번역을 즉시 실행시키는 프로그램을 말한다. 목적 프로그램을 생산하지 않으며 인터프리터를 사용하는 언어로는 BASIC, LISP, APL 등이 있다.

10 ④

해설 DMA(Direct Memory Access) … 입출력장치가 다이렉트로 직접 주기억장치에 접근하여 데이터블록을 입출력하는 방식으로 입출력을 전송한다. 장치들의 데이터가 CPU를 경유하지 않고 수행된다.

11 ⑤

해설 세그먼트 최대 크기$=2^{페이지\ 번호\ 비트+워드\ 필드\ 비트}$
$2^{16} = 2^6 \times 2^{10} = 2^6 \times kilo = 64kilo\ word$

12 ③

해설 릴레이션의 특성
ⓐ 하나의 릴레이션에는 동일한 튜플이 존재할 수 없다.
ⓑ 하나의 릴레이션에서 튜플 사이의 순서는 무의미하다.
ⓒ 하나의 릴레이션에서 속성 사이의 순서는 무의미하다.
ⓓ 속성값으로 원자값만 사용할 수 있다.

13 ⑤

해설 데이터베이스의 특성
ⓐ 데이터베이스는 실시간 접근이 가능하다.
ⓑ 데이터베이스는 계속 변화한다.
ⓒ 데이터베이스는 동시 공유가 가능하다.
ⓓ 데이터베이스는 내용으로 참조가 가능하다.

14 ②

해설 피드백 회로가 없는 조합 논리 회로로 메모리 기능이 없으며,
$F = x(x' + y) = xx' + xy = xy$가 된다.
(가), (나)의 논리게이트를 바꾸면
$F = x + x'y = (x + x')(x + y) = x + y$가 된다.

15 ③

해설 $M = (17)_8 = (1111)_2$로 $K = (1011)_2$ 보다 크다.
따라서, K를 십진수로 변환하면 $(11)_{10}$이 된다.

16 ⑤

해설 커널 수준 스레드는 일대일 스레드 맵핑이라고도 하며 상호작용성이 증가하는 장점이 있다. 사용자 수준 스레드는 다대일 스레드 맵핑이라고도 하며 멀티 스레드 프로세스 하나에 있는 모든 스레드에 실행 문맥 하나를 맵핑한다.

17 ④

해설 프로토콜의 종류
ⓐ 응용 계층 : telnet, FTP, SMTP, SNMP
ⓑ 전송 계층 : TCP, UDP
ⓒ 인터넷 계층 : IP, ICMP, IGMP, ARP, PARP
ⓓ 네트워크 엑세스 계층 : 이더넷, IEEE, HDLC, X.25 등

18 ①

해설 스타(Star)형 네트워크 … 모든 노드가 중앙으로 연결되어 있는 형태로 한 워크스테이션이 동작을 멈추더라도 전체 시스템에는 영향을 주지 않으며, 확장성도 뛰어나다는 장점이 있다.

19 ③

해설   병렬전송은 버스 내의 선의 개수가 레지스터를 구성하는 플립플롭의 개수와 일치한다. 플립플롭에는 RS, JK, D, T 플립플롭이 있다.

20 ③

해설   순환 중복 검사 ··· 데이터 전송에서의 검사 방식의 하나이며, 블록(block) 혹은 프레임(frame)마다에 여유 부호를 붙여 전송하고, 그것에 따라서 전송 내용이 정확했는지의 여부를 조사하는 방법으로, 순환 중복 검사(CRC) 방식은 시간적으로 나뉘어져 발생하는 연속적인 오류(버스트 오류)에 대해서 효과가 있다.

오답   ① 데이터 전송에서 오차 제어 절차의 일부. 전송해야 할 데이터를 적당한 크기의 블록으로 구분짓고, 그 블록마다 오차를 조사하는 것으로, 실제로는 한 블록 모두를 전송하며, 그 후에 오차를 조사하여 오차가 있으면 그 블록을 재전송하고, 오차가 없으면 다음 블록을 전송한다. 각 블록 뒤에 검사용 문자가 부가되는데, 이 문자를 블록 검사 문자(BCC)라고 한다.

② 오류 검출이나 수정 코드 중의 하나로 구별되는 정보 비트의 조합마다 짝수 패리티 검사 비트를 더하여 만든다.

④ 사용되는 패리티가 짝수인지 홀수인지에 따라 비트 그룹에 추가되어 홀수나 짝수를 만드는 추가 비트(0 또는 1). 패리티 비트는 대개 모뎀이나 널 모뎀을 통해 컴퓨터 간에 데이터를 전송할 때 오류를 검사하는 데 사용된다.

⑤ 데이터의 처리나 전송중에 데이터의 오류가 발생했는지의 여부를 조사하기 위해 첨가된 코드. 수직 패리티 비트, 수평 패리티 비트, 사이클릭 코드, 해밍 코드 등이 있다. 이 코드는 오류가 일어났을 때 금지된 조합을 만들어내는 코드이다.